Jan Faust

Heinz Fiukowski
Sprecherzieherisches Elementarbuch

Heinz Fiukowski

Sprecherzieherisches Elementarbuch

8., unveränderte Auflage

De Gruyter

ISBN 978-3-11-023373-5

Bibliografische Information der Deutschen Nationalbibliothek
Die Deutsche Nationalbibliothek verzeichnet diese Publikation in der Deutschen Nationalbibliografie;
detaillierte bibliografische Daten sind im Internet über http://dnb.d-nb.de abrufbar.

© 2010 Walter de Gruyter GmbH & Co. KG, Berlin/New York

Satz: epline, Kirchheim unter Teck
Gesamtherstellung: AZ Druck und Datentechnik GmbH, Kempten
∞ Gedruckt auf säurefreiem Papier

Printed in Germany

www.degruyter.com

Inhaltsverzeichnis

Konsonanten und Lautverbindungen

XII

Adressaten – Anliegen – Themenfelder

Diese Publikation *erwuchs* aus langjähriger Lehrpraxis an der Universität und in vielfältigen Formen der Erwachsenenbildung. Der Stoffauswahl, Darstellung und dem Aufbau des Buches liegen Erfahrungen insbesondere in der Lehrer- und Dolmetscherausbildung, der Ausbildung von Pädagogen und Erziehern sowie von Rezitatoren, Schauspielern und Sprechern für Funk und Fernsehen zugrunde. Es wurde seit vielen Jahren im In- und Ausland von zahlreichen Berufsgruppen erprobt und bestätigt.

Das „Elementarbuch" *wendet sich* an Deutsche und an Ausländer (Fortgeschrittene), an Lerner und Lehrende: an Lehramts-, Pädagogik- und Dolmetscherstudenten, an Dolmetscher, Lehrer, Pädagogen, Krippenerzieherinnen, Kindergärtnerinnen und Horterzieherinnen, an Germanisten, Phonetiker und Logopäden, an Juristen, Politiker, Prediger und Manager, an zukünftige und ausgebildete Berufssprecher und Schauspieler, an Studierende der Sprechwissenschaft, Sprecherziehung, Logopädie, Phonetik, Kommunikations- und Medienwissenschaft sowie an Fachkollegen. Es wendet sich nicht nur an die Angehörigen stimm- und sprechintensiver Berufe, sondern an alle, die aus privaten oder beruflichen Gründen an *überregionaler, natürlicher und deutlicher Aussprache des Deutschen* sowie an *funktionell richtigem und hygienischem Sprechen* interessiert sind.

Gemäß dem *unterschiedlichen Anliegen* – Lehr- und Übungsbuch für die fachspezifische Ausbildung, Übungsgrundlage und Empfehlungen für die fachliche Anleitung, Übungsstoffe und Hinweise für die Weiterbildung und Selbstkontrolle bereits ausgebildeter SprecherInnen sowie Unterstützung und Anregungen für den gelenkten Selbstunterricht – geht das Buch über den Rahmen einer ausschließlichen Übungssammlung zur Sprechbildung hinaus und bezieht die Elementarprozesse[1] der mündlichen Kommunikation in angemessener Weise ein. In den praxisbezogenen *anatomischen* und *physiologischen Grundlagen* des Sprechens wird die organische Struktur des Atmungsapparates, des Kehlkopfes und der Artikulationsorgane nur überblicksweise behandelt. Ihre Funktionen bei der Stimm- und Lautbildung indessen sind differenzierter dargestellt und mit *methodischen Hinweisen* zur Beeinflussung von Sprechatmung, Stimmeinsatz, Sprechstimmlage und Artikulation verbunden. Der dominierende Komplex *Artikulation* umfaßt weiter neben einer *Klassifizierung* und *Einteilung der Laute* eine Überblicksdarstellung zu Wesen und Funktion der *Koartikulation* und der *Intonation* in der deutschen Standardaussprache sowie Hinweise zur *Phonostilistik*. Wenn Atmung, Stimmerzeugung und Artikulation auch hier sukzessive dargestellt werden, notwendigerweise, sollte man unbedingt bedenken und beherzigen, daß sie stets komplex und simultan wirksam werden.

1

Das umfangreiche Material zur Sprechbildung enthält Hinweise zur *Methodik* und zur *Lautbeeinflussung*, stimm- und sprechbildnerische *Basisübungen* sowie die wichtigsten *Ausspracheregeln*, beschreibt die *Bildung* der einzelnen *Laute*, behandelt eingehend *Artikulationsfehler* sowie *regionale Abweichungen* vom Aussprache standard und unterbreitet detaillierte *Abhilfevorschläge*. Differenzierte, kommunikativ orientierte *Satz-* und *Wortbeispiele* zu den Lauten und Lautverbindungen der deutschen Standardaussprache berücksichtigen die unterschiedlichen Belange verschiedener Arbeitsbereiche bzw. Zielgruppen.

Bei der Auswahl und Ausführung dieser Stoffkomplexe ließ ich mich von der erfahrungsgestützten Auffassung leiten, daß auch der Sprechschüler über hinreichendes Sprechwissen verfügen sollte, um sich einerseits gegen Scharlatanerie und Mechanistik zu verwahren. Andererseits muß er seine Sprechorgane und ihre Funktion kennen, um sie beeinflussen zu können: er soll wissen, was für eine Übung er macht und warum er sie durchführt. Jedes sprecherzieherische Lehrwerk ist nur ein Hilfsmittel für die Ausbildung in mündlicher Kommunikation, es kann das sprecherische Vorbild, die Erläuterung und Anleitung durch den Sprecherzieher nicht ersetzen. Seiner methodischen Konzeption und Erfahrung, die nicht durch individualistische und subjektivistische Positionen, Verfahren und Ziele bestimmt sein sollten, bleibt es überlassen, in der Vermittlung notwendiger Kenntnisse Akzente zu setzen, dem Lerner die Übungen bewußtzumachen, Übungsstoff auszuwählen und die Reihenfolge der Übungen den Ansprüchen und Bedürfnissen der jeweiligen Lernergruppe bzw. den individuellen Bedingungen anzupassen. Die Aufgabe besteht nicht darin, isoliertes Sprechwissen zu lehren, sondern das sprechkommunikative Können zu verbessern. Festigen und Ausbau des Vermittelten obliegt dem Lerner. Jedoch erst, wenn ausreichendes Hintergrundwissen und insbesondere umfassendes Selbstkontrollvermögen vorausgesetzt werden können; erst dann kann selbständiges Üben zum Erfolg führen.

Methodische Prinzipien der Sprecherziehung

Die Sprecherziehung verfügt gegenwärtig noch nicht über (verbindliche) Fachmethodiken, weder für ihre Teilbereiche (Rhetorische und Ästhetische Kommunikation sowie Elementarprozesse der mündlichen Kommunikation) noch für die verschiedenen konkreten Praxisbereiche, z. B. Sprechbildung des Lehrers, rhetorische Kommunikation des Dolmetschers (vgl. FIUKOWSKI 1981). GEISSNERS „Sprecherziehung", die zwar den Untertitel „Didaktik und Methodik der mündlichen Kommunikation" führt, ist wohl mehr Theorie der Sprecherziehung und weniger Darlegung ihrer Lehr- und Unterrichtsverfahren, und „verbannt" zudem die Elementarprozesse in einen (sehr kurzen) Anhang (vgl. GEISSNER 1986). Doch die Sprecherziehung verfügt heute über didaktische Grundlagen und über eine Fülle theoretisch begründeter Unterrichtsmethoden und Übungsverfahren, auch und besonders für den Wirkungsbereich Sprechbildung, die spekulatives Vorgehen und willkürliches Experimentieren ausschließen helfen (vgl. 3.8.1.–3.8.4., S. 99 ff.).

Im Mittelpunkt sprecherzieherischer Praxis stehen „von ihren psycho- und soziokulturellen Bedingungen geprägte miteinandersprechende Menschen" (GEISSNER 1986, 21). Grundlage des Miteinandersprechens ist die *Gesprächsfähigkeit*. Sie ist das generelle Lehr- und Lernziel der Sprecherziehung. Sprecherziehung sollte folglich weder auf „das Sprechen des Menschen" oder „den sprechenden Menschen" noch auf die mündlichen Elementarprozesse oder gar Artikulationsschulung reduziert werden (vgl. GEISSNER 1986).

Bei der Entwicklung und Entfaltung elementarer sprechkommunikativer Fähigkeiten und Fertigkeiten geht die Sprecherziehung demnach vornehmlich von folgenden Erkenntnissen aus: Sprechen – ausgenommen das monologische Selbstgespräch – ist stets inhalts-, partner- und situationsbezogen, es erfolgt in bestimmter Absicht und strebt eine verhaltensbeeinflussende Wirkung an. Sprechen verwirklicht und aktualisiert Sprache, es verläuft in strukturierten, akzentuierten und modulierten Sprecheinheiten. Neurophysiologisch und genetisch ist Sprechen ein komplexes Bewegungskontinuum, das vom Zentralnervensystem geplant, gesteuert und koordiniert wird. Die neuro- und bewegungsphysiologischen Gesetzmäßigkeiten wie die kommunikative und situative Orientierung des Sprechens bewirken phonetische Erscheinungen wie Assimilationen, Lautschwächungen und Elisionen.

Die am Sprechen beteiligten Organgruppen – die Atmungs-, Stimm- und Lautbildungsorgane – bilden zusammen mit der zentralen Steuerungs-, Differenzierungs- und Integrationssphäre eine Einheit. Die komplizierten Funktionen der Sprechorgane – Atmung, Stimmerzeugung und Lautbildung – sind in spezifischer Weise gekoppelt, vollziehen sich in bestimmter Abhängigkeit und Beeinflussung.

3

Erst durch den aufeinander abgestimmten, präzis abgestuften und gesteuerten Bewegungsablauf sämtlicher drei Organgruppen werden die Sprachlaute erzeugt.

Die Sprecherziehung vertritt deshalb das methodische Prinzip, auch die Elementarprozesse nur im Rahmen der ganzheitlichen Sprechtätigkeit zu schulen und verfährt *analytisch*. Die Sprechbildung lenkt die Aufmerksamkeit wohl auf spezifische (Teil-)Funktionen; Einzelheiten, die noch der Ausbildung bedürfen, werden zwar vorübergehend herausgelöst und gesondert geübt; aber jegliche Atem-, Stimm- oder Artikulationsschulung mündet stets und umgehend in die Ganzheit der psycho-physischen Sprechleistung, von der sie ausging. Damit distanziert sich diese Sprecherziehung ausdrücklich von jenem prinzipiell *synthetischen* Vorgehen, in dem Atmung, Stimmbildung und die Bildung einzelner Laute zunächst isoliert und unabhängig voneinander geübt werden, die komplexe Einheit des Sprechens vorerst gleichsam *atomistisch zerlegt* wird, um dann allmählich die Elementarprozesse zum „Sprechen" zu *addieren* („additive" oder synthetische Sprecherziehung). Selbst die sprecherzieherische Übungsbehandlung des Stammelns, z. B. des „Lispelns", verzichtet seit geraumer Zeit auf ein ausschließlich synthetisches Verfahren. Die *s*-Phoneme werden also nicht abgesondert und nicht isoliert, in Silben oder Logatomen geübt, sondern von bildungsverwandten, richtig artikulierten Lauten abgeleitet und im „Lautverband", d. h., in Sprechbewegungseinheiten (Wörtern oder Wortgruppen), richtiggestellt.

Alle Formen der sprechsprachlichen Kommunikation, auch die Sprechübungen sind als *Dialog* zwischen mehreren Kommunikationspartnern aufzufassen: *Ich spreche mit dir in bestimmter Absicht über etwas!* Wird diese Grundtatsache in der Sprechschulung im weitesten Umfang berücksichtigt, dann kann es eigentlich nicht zu ungerichteter Sprechhaltung mit mechanischem Vorsichhinsprechen, zu sinnlosem Herunterleiern von Versen oder Wortreihen kommen. Die *Sprechsituation der Sprechübung* ist grundsätzlich *dialogisch und kontaktiv*: Der Sprecher teilt sich – sinnvermittelnd und sinndeutend – (tatsächlichen oder vorgestellten) Hörern mit: *Das* meine ich – und *So* meine ich es! Dieser feste *Hörerbezug*, der sich zunächst im Blickkontakt, der inneren und äußeren Wendung zum Hörer, also gleichfalls im körpersprachlichen Verhalten äußert, vermag auch Lautstärke, Sprechtempo und Sprechstimmlage zu steuern. Zu lautes und zu schnelles Sprechen, ruckartige und hörbare Stimmatmung sowie fortdauernde Überschreitung der physiologischen Sprechstimmlage sind demnach meistens Ausdruck fehlenden Kontaktes zum Hörer und fehlenden Raumbezugs.

1. Respiration

1.1. Funktionen der Atmung

Einzelne Mikroorganismen ausgenommen, ist ohne Atmung kein Leben – weder menschliches, tierisches noch pflanzliches – möglich. Zum anderen gibt es ohne Atmung, ohne den Ausatmungsluftstrom keine Stimme und auch kein normales Sprechen, so daß man (vereinfachend) das Sprechen als „tönend gemachtes Ausatmen" bezeichnen kann.

Wir stellen also *zwei Funktionen* der Atmung fest: eine primäre Vitalfunktion und eine sekundäre Sprechfunktion. In dem lebensnotwendigen Gasaustausch, der Aufnahme von Sauerstoff und Ausscheidung von Kohlendioxid, besteht die primäre Aufgabe der Atmung. Die Sekundärfunktion der Atmung besteht darin, die für die Phonation und Artikulation benötigte Ausatmungsluft mit optimalem Druck, in erforderlicher Menge und ausreichender Dauer zur Verfügung zu stellen. Die Stimmatmung ist der primären, vitalen Funktion gleichsam „aufgestockt". Die automatisch und unbewußt ablaufende Vitalfunktion ist die ältere, ihre zentrale Repräsentanz liegt in tieferen Schichten des Zentralnervensystems.

Dieser Tatsache begegnen wir auch bei den anderen physischen Voraussetzungen des Singens und Sprechens: Sämtliche Organbereiche, die für das Sprechen und Singen komplex und wechselseitig zusammenwirken, sind nicht ursprünglich für diese Aufgabe eingerichtet, dienten und dienen (!) primär anderen Zwecken, vitalen Funktionen. So ist die entwicklungsgeschichtlich ältere, primäre Vitalfunktion der Stimmlippen (bzw. des Kehlkopfes) eine Schutzfunktion. Sie verläuft dementsprechend außerhalb unseres Bewußtseins, reflektorisch. Die Aufgabe, Nahrung aufzunehmen, sie zu zerkleinern und zu befördern, ist die ursprüngliche und (heute noch) vorrangige Funktion des Ansatzrohres bzw. der Artikulationsorgane.

Die Atmung bildet die Voraussetzung für die Phonation und Artikulation, der Ausatmungsstrom ist „physiologisches Ausgangsmaterial" des Sprechens. Im folgenden sollen nun Bau und Funktion des Atemapparates überblicksweise beschrieben und Hinweise zur Beeinflussung der Atmung gegeben werden.

1.2. Bau des Atemapparates

Der Brustkorb, die ganze Wirbelsäule, der Schultergürtel sowie die gesamte Atem- und Atemhilfsmuskulatur, Rumpf und Becken zählen zum *äußeren* Atemapparat. Er umfaßt faktisch den ganzen Körper bis zum Becken.

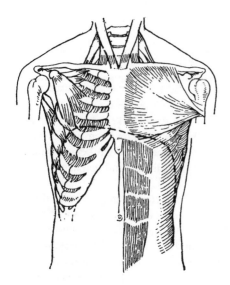

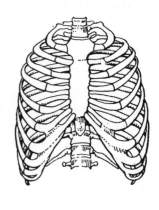

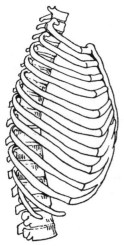

oben links
Äußerer Atemapparat von vorn (nach SCHMITT)

oben rechts
Brustkorb von vorn (nach VOSS/HERRLINGER)

unten links
Brustkorb von der Seite (nach VOSS/HERRLINGER)

Der knöcherne kegelförmige **Brustkorb** (Thorax) wird gebildet von den *Brust-wirbeln* der Wirbelsäule, dem *Brustbein* (Sternum) und 12 Paar Rippen. Die *Rippen* (Costae) sind hinten schräggelenkartig mit den Brustwirbeln verbunden, die oberen 7 Rippenpaare („echte" oder „wahre" Rippen) ebenfalls vorn durch eine Knorpelbrücke d i r e k t mit dem Brustbein. Die 8., 9. und 10. Rippe ist jeweils mit ihrer vorhergehenden durch Knorpelspangen verbunden, sie stehen also nur i n d i r e k t mit dem Brustbein in Verbindung. Die beiden letzten Rippen-paare (11. und 12.), kurze oder „falsche" Rippen genannt, enden nach vorn zu frei.

Von den *Brustmuskeln* seien die als Rippenheber wirkenden *äußeren Zwischen-rippenmuskeln* (Inspiratoren = Einatmer) und die als Rippensenker wirkenden *inneren Zwischenrippenmuskeln* (Exspiratoren = Ausatmer) erwähnt.

Beim *inneren* Atemapparat ist zu unterscheiden zwischen den oberen und unteren Luftwegen. Zu den *oberen Luftwegen* (vgl. 3.2., S. 60 ff.) gehören die *Nasenhöhle,* die *Mundhöhle,* der *Rachen* und der *Kehlkopf,* zu den *unteren* die *Luftröhre,* der *Bronchialbaum* und die *Lungen.* Des weiteren zählt zum inneren Atempaparat das *Zwerchfell.*

Das **Zwerchfell** (Diaphragma), eine dünne Muskel-Sehnen-Platte, trennt Brust- und Bauchhöhle. Seine Muskelfasern entspringen an den Innenwänden des Un-terleibes bzw. an der Umrahmung der unteren Brustkorböffnung und der Len-denwirbelsäule, steigen an der Innenseite der Rippen steil auf und ziehen von allen Seiten strahlenförmig nach der in der Mitte des Muskels befindlichen zentralen Sehnenplatte, an deren Rändern sie angreifen. Die Sehnenplatte wölbst sich kuppelartig in die Brusthöhle. Auf Grund der besonderen Beschaffenheit seiner Muskulatur ist das gesamte Zwerchfell in Ruhesituation hochgewölbt (bei anstrengungsloser Ausatmung etwa bis zur 5.–4. Rippe). Die Form der Platte ist beständig, d. h., sie flacht sich kaum ab. Bei Kontraktion der Zwerchfellmus-keln (z. B. bei tiefer Einatmung) wird die Sehnenplatte herabgezogen, das Zwerch-fell tritt also weitgehend in Kuppelform tiefer und erweitert den Brustraum nach unten.

Der **Kehlkopf** (vgl. 2.2., S. 31 ff.) bildet den „Abschluß" der unteren Atemwege (des Bronchialbaumes). Primär übt er eine lebenswichtige Schutzfunktion für die Lunge aus, hat er drei „rein vitale Aufgaben, nämlich 1. den Zugang zur Luft-röhre für die Atmung offenzuhalten, 2. Luftröhre und Lunge vor dem Eindringen schädigender Stoffe zu schützen, 3. die Hinausbeförderung von Sekreten und eingedrungenen Fremdstoffen zu ermöglichen" (v. ESSEN 1979, 33). Die zweite Aufgabe wird durch seine Fähigkeit, „den Zugang zur Luftröhre augenblicklich zu sperren" (v. ESSEN 1979, 33), ermöglicht. Diese Unterbrechung des Atemwe-ges kann durch Kehldeckel, Taschenfalten- und Stimmlippenverschluß erfolgen. Auch die dritte Aufgabe wird durch einen Kehlverschluß (durch die Stimmlippen) gelöst: Der hermetische Stimmlippenverschluß läßt einen hohen Überdruck im Bronchialbaum entstehen, kraftvolle Atemstöße (die Bauchdecke schnellt ruck-artig einwärts, das Zwerchfell wird „hochgeworfen") sprengen den Verschluß, und durch die außerordentliche Explosionskraft werden Sekrete oder Fremdkör-per aus der Luftröhre gerissen. (Bei Hustenstößen kann die Strömungsgeschwin-digkeit der Luft durch die Stimmritze bis 120 m/sec betragen. Das entspricht etwa dreifacher Orkangeschwindigkeit).

Die elastische **Luftröhre** (Trachea) besteht aus 16–20 hufeisenförmigen Knor-pelspangen, „deren Bogen nach vorn gerichtet ist, während die offene Seite von der bindegewebig-muskulösen Hinterwand ... zum ... Rohr geschlossen wird" (VOSS/HERRLINGER II 1974, 132). Sie beginnt unterhalb des Ringknorpels. Etwa in der Höhe des 4.–5. Brustwirbels teilt sie sich in die beiden *Hauptbronchien.* Sie

verästeln sich, so daß jeder „Ast" sich in zwei kleinere Äste teilt, in die immer
enger werdenden *Luftröhrchen* (Bronchiolen). (Die knorpelige Wandversteifung
wird mit abnehmendem Durchmesser der Bronchien spärlicher und verliert sich
in den Bronchiolen). Diese verzweigen sich in die *Alveolargänge* und enden
schließlich in den von feinen Blutgefäßen (Kapillarnetz) umspannten *Lungenbläschen* (Alveolen), d. h., der luftleitende Bronchialbaum verästelt sich in dem
gasaustauschenden Alveolarsystem.

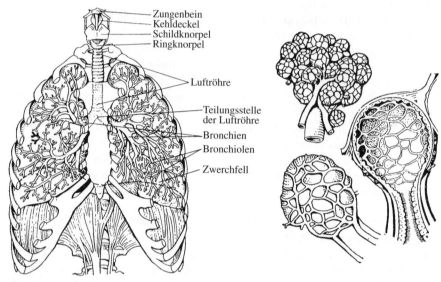

Zungenbein
Kehldeckel
Schildknorpel
Ringknorpel

Luftröhre

Teilungsstelle
der Luftröhre
Bronchien
Bronchiolen

Zwerchfell

Lunge im geöffneten Thorax
(nach SCHMITT)

Lungenbläschen, stark vergrößert
(nach MOLL)

Die **Lungen** (Pulmones) füllen den größten Teil des Brustraumes aus. Die
Lungenspitzen überragen die obere Brustkorböffnung. Die Basis der Lungen
paßt sich dem Zwerchfell an, auf dem sie ruhen, und die äußere Oberfläche der
Innenwandung des Brustkorbes. Jeder Lungenflügel steckt in einem luftleeren
„Sack", der *Pleurahöhle*, die von dem *Lungenfell* (Pleura) ausgekleidet ist und
die Lungen überzieht. Die gegenüberliegende Wand, die der Innenwand des
Brustkorbes und dem Zwerchfell anliegt, heißt *Brustfell*. In dem Raum zwischen
den beiden Pleurablättern, dem *Pleuraspalt*, befindet sich eine kapillare Flüssig-
keitsschicht, durch die beide Blätter mit erheblicher Kraft zusammengehalten
werden und beim Atmen nahezu reibungslos aufeinandergleiten.[2] Die Lunge steht
mit der atmosphärischen Luft nur über den Atemtrakt in Verbindung.

In den Lungen findet die „äußere" Atmung statt, „der Austausch von Sauerstoff und Kohlendioxid zwischen dem Blut in den Lungenhaargefäßen und der
Luft" in den Alveolen (LUCHSINGER 1951, 1).

1.3.   Funktion des Atemapparates

1.3.1.   Körperhaltung und äußerer Atemapparat

Am Atmungsvorgang ist der ganze Körper beteiligt. Physiologisches Atmen ist von der normalen und richtigen Tätigkeit des gesamten Atemapparates abhängig. Seine Funktion, besonders Bau und Funktion des äußeren Atemapparates (selbstverständlich auch das Geschehen im Körperinnern) wird beeinflußt und bestimmt durch Haltung und Form der Wirbelsäule, die als Achse des Gesamtorganismus zugleich Achse des äußeren Atemapparates ist.

Die ideale Körperhaltung ist bei maximaler Aufrichtung (Streckung) der Wirbelsäle gegeben (vgl. J. L. SCHMITT 1981, 55 ff.). So soll die *Lendenwirbelsäule*, die Becken und Brustwirbelsäule verbindet, nur gering nach vorn gebogen sein (physiologische Lendenlordose). Diese weitgehend abgeflachte Krümmung der Lendenwirbelsäule bedingt eine ebenso geringe Neigung des Beckens (also ein fast waagerecht stehendes Becken) und ist Voraussetzung für die günstigste Haltung der sich anschließenden Brustwirbelsäule.

Die Normalhaltung der *Brustwirbelsäule* wächst organisch aus der normalen Lendenwirbelsäulenhaltung. Auch sie soll im Prinzip gestreckt, nur geringgradig nach hinten gekrümmt sein (physiologische Brustkyphose). Die Haltung der Brustwirbelsäule ist mitbestimmend für Haltung und Form des Brustkorbes und somit für den Atmungsablauf. Beide sind von Einfluß auf die Schultergürtelhaltung. Ferner beeinflußt die Beweglichkeit der Brustwirbelsäule die Brustkorbbeweglichkeit.

Aus der aufrechten Brustwirbelsäule entwickelt sich die günstigste Haltung der *Halswirbelsäule*: gestreckt und nur etwas nach hinten und vorn veränderlich.

Die normale Haltung des *Schultergürtels,* die sich zwanglos bei durchgestreckter Wirbelsäule einstellt, kennzeichnen seitwärts zurückgenommene (nicht hochgezogene) Schultern. Ein gesundes Haltungsverhältnis für die Atmung liegt vor, denn sie wird weitgehend von der Schultergürtelbelastung befreit (der Schultergürtel wird von seiner eigenen Muskulatur und dem entsprechenden Gerüst getragen).

Die Streckhaltung der Wirbelsäule bewirkt eine Erweiterung des mit ihr gelenkig verbundenen *Brustkorbes* nach den Seiten und nach vorn, die Rippen sind angehoben, das Brustbein ist „aufgestellt", die obere Brust gewölbt. Die Funktion des Brustkorbes ist die Atmung, die gleichzeitig einen physiologischen Wachstumsreiz auf ihn ausübt, d. h., die Gestalt des Brustkorbes wird entscheidend von der Atmungsfunktion beinflußt. „In gegenseitiger Abhängigkeit sind Fehlformen der Atmung an Fehlformen des Brustkorbes [und Fehlhaltungen der Wirbelsäule, H.F.] gebunden und umgekehrt" (KRECH 1967, 12).

Zusammenfassend können wir sagen, daß für die ideale Haltung eine weitgehende Abflachung sämtlicher Wirbelsäulenkrümmungen charakteristisch ist.

Die gesamte Wirbelsäule steht mit dem äußeren Atmungsablauf in enger Verbindung, ihre Streckhaltung ist nicht nur ein wichtiger Faktor für die Gesamtatembewegung, sondern die günstigste Voraussetzung für „ideale" Atembewegungen.

Die *maximale Aufrichtung* ist jedoch nicht als unsere „typische" Haltung anzusehen. Sie ist vielmehr in erster Linie *Norm*, aber auch *Leistungshaltung*, d. h. eine Sonderform der Leistungs- bzw. Arbeitshaltungen. Gesteigerte (nicht forcierte) stimmlich-sprecherische Leistungen (die ja zugleich erhöhte Anforderungen namentlich an das Atmungsgeschehen stellen) setzen eine Leistungshaltung mit – der jeweiligen Anforderung entsprechender – Wirbelsäulenstreckung voraus. Je ausgeprägter die stimmliche Leistung, um so ausgeprägter die Aufrichtung (Streckung). Es gibt mithin unzählige Arbeitshaltungen, aber nur eine maximale Aufrichtung (und nur eine tiefe Ruhehaltung).

Schon daraus können wir folgern, daß es für die Haltung eine „physiologische Richtigkeitsbreite" geben muß. Noch deutlicher wird dies, wenn wir bei normaler, unbeeinflußter Atmung tiefste Einatmung (der maximale Aufrichtung entspricht) mit tiefster Ausatmung vergleichen, bei der u. a. sämtliche natürlichen Krümmungen der Wirbelsäule etwas vertieft sind, der Brustkorb abgeflacht ist und der Schultergürtel nach vorn-unten hängt. Mit der Ausatmungsstellung ist gleichzeitig unsere Ruhestellung umrissen. Sie entspricht dem Bedürfnis nach nicht allein körperlicher Erholung und Entspannung, wir stellen sie z. B. auch bei gemütlicher Unterhaltung fest (und im Sitzen fast immer), so daß wir sie zwar gleichfalls nicht als „typisch", aber selbst diese Haltung als noch durchaus normal bezeichnen, wenn sie nicht eingeschliffen ist (vgl. K.-H. FRITZSCHE 1961). Ruhehaltung und Leistungshaltung stehen in einem funktionellen Zusammenhang, beide Haltungsformen bedingen einander und ergänzen sich. Man kann deshalb der Meinung beipflichten, daß zwischen ihnen „alle Möglichkeiten *physiologischer* Haltungsarten liegen" (ADERHOLD 1998, 99). Mithin entspricht die Forderung nach ständiger straffer Haltung nicht den wirklichen Verhältnissen mit ihren vielfältigen (unterschiedlichen) Anforderungen. Außerdem sollte jede sprecherzieherische Einflußnahme auf die „Superstruktur" Sprechen sich stets „im Rahmen der natürlichen Möglichkeiten" (WÄNGLER 1976, 8) halten (bzw. von ihnen ausgehen), die die ursprünglichen und vitalen Organfunktionen des Sprechapparates zulassen. Somit muß die willkürliche Beeinflussung des Atmungsgeschehens mit den unwillkürlichen automatischen Abläufen übereinstimmen, sie dürfen durch die willensmäßige Einflußnahme auf den äußeren Atemapparat nur motorisch unterstützt werden. Demnach muß einseitiges Festlegen auf dauernde Streckhaltung abgelehnt werden, weil sie der menschlichen Natur offensichtlich widerspricht, nicht zu erfüllen und auch nicht notwendig ist. Entscheidend ist vielmehr, daß die Fähigkeit, die Wirbelsäule völlig zu strecken, vorhanden ist und erhalten bleibt. Nicht minder wesentlich ist das Vermögen, sich gänzlich zu entspannen. Wir müssen haltungsmäßig flexibel im Sinne von elastisch und anpassungsfähig sein.

Keineswegs soll Willkür toleriert werden, doch jede Einseitigkeit ist genauso zu vermeiden. Denn es droht nicht nur vom Absinken in die Ruhehaltung Gefahr (das Verharren in tiefer Ruhestellung, das Nicht-mehr-Zurückfinden aus ihr führt allmählich zu Haltungsschwäche und letzten Endes zu graduell unterschiedlichen Haltungsschäden mit Sitzbuckel, Hohlkreuz und Rückenbuckel oder seitlicher Abbiegung der Wirbelsäule), sondern auch ständig übertriebene Streckhaltung kann schließlich zu eingeschliffener bzw. verfestigter Fehlhaltung und damit zur Fehlatmung führen. Anzustreben ist eine gelöste, von Verkrampfungen und Fehlspannungen freie Haltung mit gesunder Normalspannung und jener Flexibilität, die das Einnehmen unterschiedlicher, physiologischer Arbeitshaltungen ermöglicht.

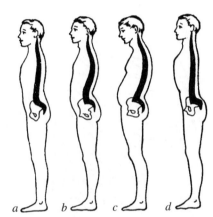

Rückenformen (aus FRITZSCHE):
a normal
b hohlrund (Hohlkreuz)
c totalrund (Rückenbuckel)
d flach

1.3.2.   Äußerer Vorgang der Atmung

Er besteht aus der Einatmung, der Ausatmung und der Ruhepause.

Einatmung (Inspiration)

Die Zwerchfellmuskeln ziehen sich zusammen und die Zentralsehnenplatte herab; der Brustraum wird um etwa ein Drittel nach unten erweitert.[3] Das tiefertretende Zwerchfell drängt die Bauchorgane zusammen und nach vorn. Die elastische Bauchwand gibt dem Druck nach und wölbt sich nach vorn außen.[4] Dieser passiven Dehnung setzt die Bauchmuskulatur einen gewissen Widerstand entgegen (physiologische Haltefunktion); sie wirkt demnach auch dem Abwärtszug des Zwerchfells entgegen (bzw. fordert seine Aktivität heraus), ist somit Gegenspieler (Antagonist) des Zwerchfells.[5]
    Fast gleichzeitig mit der Senkung des Zwerchfells setzt das Anheben der Rippen und des Brustbeins ein, ein Vorgang, an dem neben der Wirbelsäulen-

11

streckung und der Zwischenrippenmuskulatur auch die Zwerchfellmuskulatur beteiligt ist. Der Abstand zwischen den Rippen wird verkleinert, das Brustkorbgerüst „entfächert". Art und Ausmaß der Brustkorbentfaltung hängen mit dem Verlauf und der Bewegung der Rippen zusammen. So wird der obere Teil des Brustraumes wenig und hauptsächlich nach vorn erweitert. Der (zunächst) schräg nach abwärts gerichtete Verlauf und die größere Beweglichkeit der unteren Rippen ermöglichen eine größere Erweiterung des unteren Brustraumes, hauptsächlich nach seitwärts außen, aber auch nach vorn. Da die Zwerchfellmuskulatur am unteren Rahmen des Brustkorbes angreift, unterstützt die Seitwärtsbewegung der Flanken das Herabtreten des Zwerchfells. Unterer Brustkorb und Zwerchfell arbeiten also bei der Einatmung als Mitspieler (Synergisten).

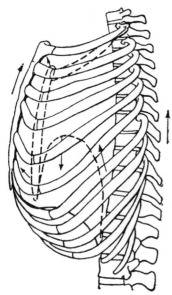

links
Brustraumerweiterung bei der Einatmung, von der Seite (nach SCHMITT)

unten
Schema der Brustkorbbewegungen (nach MOLLIER)
a Ausatmungsstellung von vorn
b Einatmungsstellung von vorn
c Ein- und Ausatmungsstellung von der Seite

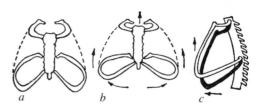

a   b   c

Durch die Erweiterung des Brustraumes (nach unten, den Seiten und vorn) und die damit verbundene Ausdehnung der Lungen – das Vakuum im Pleuraspalt bewirkt, daß sie der Innenwand des Brustkorbes dicht anliegen und seinen Bewegungen passiv folgen müssen[6] – sinkt der Luftdruck in den Lungen (Intrapulmonaldruck), der in ihrer Ruhestellung gleich dem atmosphärischen Druck ist, unter den Atmosphärendruck ab. Infolge dieser Druckdifferenz strömt Luft in die Lungenbläschen, angesogen durch den Unterdruck in den Lungen (intrapulmonaler Sog), und zwar so lange, bis am Ende der Inspirationsphase Druckausgleich hergestellt ist.

Ausatmung (Exspiration)

Die Spannung der inspiratorischen Kräfte läßt nach. Die Einatmungsmuskulatur erschlafft, die Bauchwand sinkt einwärts, das Zwerchfell steigt nach oben,[7] der Thorax sinkt durch seine eigene Schwere ein, Brustbein und Rippen kehren in ihre Ausgangslage zurück (bzw. werden gesenkt), die Brustwirbelsäule krümmt sich leicht.

Andererseits sind an der exspiratorischen Verkleinerung des Brustraumes bestimmte Muskeln durchaus aktiv beteiligt. So ziehen sich die Bauchmuskeln, die die vordere Bauchwand aufbauen, zusammen und drängen die Baucheingeweide nach innen und oben, gleichfalls das sich entspannende Zwerchfell, das der Bauchwand jedoch einen gewissen Widerstand entgegensetzt. Eine sofortige Lösung des Zwerchfells in seine Ruhelage (Hochstellung) wird auch durch den unteren Brustkorb verhindert, der während der Ausatmung noch eine Weile erweitert bleibt.

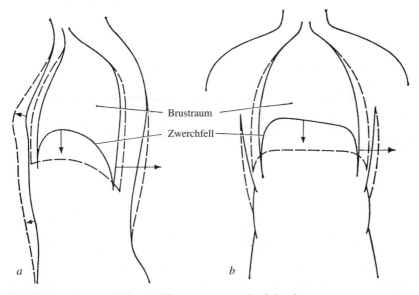

Kombinierte Atmung (*Schema*): Einatmung *a* von der Seite, *b* von vorn

Die Verringerung des Thoraxvolumens (und das Verkleinern und Zusammenziehen der Lungen) führt zu einem vorübergehenden Steigen des Intrapulmonaldrucks über Atmosphärendruck. Infolge der Druckdifferenz strömt die Luft aus, hinausgestoßen durch den Überdruck in der Lunge. Am Ende der Exspirationsphase, in der Atempause, erfolgt Druckausgleich.

Atempause

Nach der Ausatmung tritt in der Regel eine Atempause ein, in der Ruhe (im Zustand körperlicher und seelischer Entspannung, während des Schlafes) regelmäßig und ausgeprägt. In dieser Ausatempause entspannen und lockern sich die an der Einatmung beteiligten Kräfte, ein für den Gesamtorganismus, für unsere Leistungsfähigkeit äußerst wichtiger Vorgang, der mit der Ausatmung eingeleitet wird. Das Nichteinhalten der Atempause (die auch für die Sprechplanung wichtig ist) führt zu überhasteter und flacher Atmung. Die Kosten dieser „Sauerstoffunterbilanz" muß das Herz tragen. Andererseits geht Beschleunigung der Atmung auf Kosten der Atempause.

Tiefatmung

Die bei der Einatmung und Ausatmung beschriebenen Bewegungen sind jeweils miteinander verkoppelt, aufeinander abgestimmt. Das Zusammenspiel, die vereinte Tätigkeit der Atemmuskulatur bei der physiologischen Optimalatmung bezeichnet man als *Voll-* oder *Tiefatmung*. Sie besteht aus einem „kombinierten costo-diaphragmalen und sterno-costalen Mechanismus" (SCHMITT 1981, 86). Grundlage dieser *kombinierten Atmung* ist die „costo-diaphragmale Aktion". Die Tiefatmung wird (auch und besonders vom medizinischen Standpunkt) als die natürliche, allein richtige und vertretbare Normalatmung angesehen. Bei geringster Muskelarbeit wird ein höchstmöglicher Nutzeffekt erreicht. Sie bildet die günstigste Voraussetzung für den lebensnotwendigen Gasaustausch und die bewußte Führung der Ausatmung beim Sprechen.

„Atmungstypen"

Demnach ist es müßig, auf die sogenannten *Atmungstypen* (auch „Atmungsarten" oder „-formen" genannt) einzugehen, die man nach den Körperabschnitten mit der stärksten Atmungsbewegung bezeichnete und unterschied: Schulter- oder Schlüsselbein- (Clavicular-)atmung, Brust- (oder thorakale), Rippen- (oder Costal-)atmung, Flankenatmung und Bauch- (oder Abdominal-), Zwerchfell- (oder Diaphragmal-)atmung sowie Rückenatmung. Isolierte, ungemischte „Atmungsarten" kommen physiologisch nicht vor. Nur die Größe des Zwerchfell- und Zwischenrippenmuskelanteils an der Gesamtatembewegung schwankt. Das ist von vielerlei Faktoren abhängig, u. a. von psychischen Einwirkungen, körperlicher Belastung und vom Körperbau. Nach den KRETSCHMERschen *Konstitutionstypen* weist beim Rundwüchsigen (Pykniker) das Zwerchfell, beim Schlankwüchsigen (Leptosomen) die Brust stärkere Atmungsbewegungen auf, der muskuläre Typ (Athletiker) zeigt entweder deutlicheren Rippen- oder Bauchanteil (KRETSCHMER 1929).

Daß die Atembewegungen durch äußere und innere Einflüsse erheblich von der Vollatmung abweichen können (die Skala reicht vom noch Physiologischen bis zu ausgeprägten Atmungsstörungen), trifft auf Männer und Frauen zu. Eine verallgemeinernde Trennung in geschlechtsgebundene Atemtypen („weiblicher Typus": Brustatmung, „männlicher Typus": Bauchatmung) ist unzulässig. Daran ändert auch die Feststellung nichts, daß bei den Frauen eine stärkere Neigung zur Brust- und Hochatmung besteht, nicht zuletzt durch das modische Ideal: Bauch herein, Brust heraus (betonen), unterstützt durch Leib und Brustkorb beengende Kleidung. Sie bildet u. a. ein ernstes Hindernis für normale Gesamtatembewegungen, die oft zitierte Schwangerschaft dagegen nicht; selbst in der letzten Zeit der Gravidität sind die Zwerchfellexkursionen noch recht ergiebig. Und sämtliche Methoden der schmerzarmen Geburt laufen mit darauf hinaus, diese Beweglichkeit nicht nur zu erhalten, sondern noch zu vertiefen.

Hochatmung

Über das pathologische Atmungsgeschehen (wie Bronchialasthma) und die *Atmungsstörungen* beim Singen und Sprechen gibt die medizinische Fachliteratur Aufschluß. Hier soll nur auf ein gefährliches Abirren von der Vollatmung hingewiesen werden, das man leider nur allzuoft beobachtet (selbst bei ausgebildeten Sängern und namhaften Schauspielern bzw. Sprechern), nämlich auf die isolierte *Hochatmung*, einer Kombination von (oberer) Brust- und Schulteratmung.

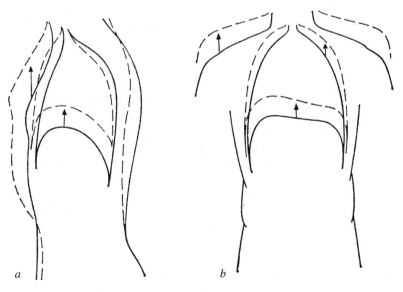

Hochatmung (*Schema*): Einatmung *a* von der Seite, *b* von vorn

15

Das Erscheinungsbild dieser funktionellen Fehlleistung ist vielseitig. Am auffälligsten ist, daß unter Beteiligung der Halsmuskeln, die ihrer Funktion nach nur Haltemuskeln sind, Schultergürtel und Thorax als Ganzes hochgezogen oder eine Dehnung nur des oberen Brustkorbes angestrebt wird. Der Hals erscheint mehr oder weniger in den Schultern eingebettet. Die Thoraxwände sind versteift oder (vor allem) der mittlere Brustkorb ist (mitunter bereits chronisch) überdehnt (Spindelform). Die Bauchdecke ist entweder grundsätzlich festgestellt oder sie wird (völlig konträr) bei der Einatmung eingezogen (die Flanken gleichfalls) und tritt bei der Ausatmung meist schlaff hervor (bzw. wird vorgewölbt!). Die Folge ist zumindest eine Vernachlässigung, meistens jedoch eine Beeinträchtigung (oder gar Paradoxie) der physiologischen Zwerchfellfunktion. Denn das Zwerchfell wird während der Einatmung durch den Einwärtszug der Bauchmuskulatur mit den Bauchorganen passiv in die Höhe gedrängt und *verkleinert* den Brustraum von unten, unterstützt durch das Anheben des Brustkorbes und das Einziehen der Flanken, was häufig noch zum Zusammendrücken der Lungenbasis führt. „Kompensiert wird dieser Verlust durch eine forcierte Aktivierung der Zwischenrippenmuskulatur" (ZACHARIAS 1976, 28) und der Atemhilfsmuskulatur (v. a. der Halsmuskeln). Die körperlich enorm belastete Einatmung ist meistens hörbar (Mundatmung) und flach, es werden nur die oberen Lungenspitzen belüftet (außerdem ist die Luftmenge gering).

Bei der Ausatmung entspannt die „gewaltsam" angehobene Schulter- und obere Brustpartie sich plötzlich, fällt durch ihre Schwere herab bzw. zusammen, und das Zwerchfell senkt sich. Eine Regulierung und Steuerung, das Stützen der sehr beschleunigten Ausatmung ist fast unmöglich. Andererseits kann die erwähnte chronische Überdehnung dazu führen, daß Rippen und Brustbein nicht mehr in ihre Ausgangslage zurückkehren können (so bleibt beim Asthmatiker der Brustkorb in der Einatmungsstellung stehen, „wird steif und unelastisch", daß „die Eigenschwere des Brustkorbes und die Elastizität der Lungenfasern" nicht mehr ausreichen, „um eine vollständige Ausatmung durchzuführen". Durch rasche und oberflächliche (unvollständige) Ausatmung bleibt „die Kohlendioxidmenge im Blut … verhältnismäßig hoch" und regt unter Einengen oder Umgehen der notwendigen Ausatempause *Einatmung* an, „obwohl eigentlich eine *Ausatmung* notwendig wäre, um den Körper entsprechend zu entgiften" (BLAHA 1957, 30).

Die ungenügende Sauerstoffernährung verursacht Ermüdungserscheinungen, mindert unsere Leistungsfähigkeit. Die „Sauerstoffunterbilanz" im Zusammenhang mit gesteigerter Atemfrequenz belastet v. a. das Herz. Die Atmung ist überhastet, es wird ruckartig nach Luft geschnappt (Kurzatmigkeit). Die Verspannungen am Hals wirken sich auf die äußere und innere Kehlkopfmuskulatur aus und gefährden die Stimmgebung in mehrfacher Hinsicht: insbesondere durch die Fehlatmung, zum anderen durch die Fehlspannungen der Kehlkopfmuskulatur und nicht zuletzt durch die Fixierung des Kehlkopfes in unphysiologischer Hochstellung (vgl. 2.2.2., S. 33 ff.). Die Stimme wird hart und schneidend, aber auch

Stimmstörungen können die Folge sein. Jede Fehlhaltung begünstigt diese Fehlatmung, die bei größter Anstrengung den geringsten Nutzeffekt bewirkt.

Lungenvolumina und *-kapazitäten*

Der *Luftverbrauch* richtet sch nach dem Sauerstoffbedarf des Organismus. In völliger Ruhe ist er klein, etwa 500 cm^3 Luft passieren in jedem Atmungszyklus (Ein- und Ausatmung) die Lungen eines Erwachsenen und in der Minute (bei durchschnittlich 10–12 Atmungszyklen) 5–6 Liter. Bei schwerer körperlicher Arbeit erhöht sich die Luftmenge, die wir bewegen, auf etwa 80 Liter und bei großen sportlichen Leistungen sogar auf etwa 120 Liter pro Minute. Der Luftverbrauch beim Sprechen[8] entspricht ungefähr dem beim Gehen (zwischen 15 und 25 l/min).

Vom Sauerstoffbedarf des Körpers ist auch die *Lungenventilation* abhängig. Während in der Ruhe nur ein Teil der Gesamtoberfläche der Alveolen (die 80–100 m^2 beträgt) zum Gasaustausch gebraucht und in Anspruch genommen wird, steigt die Lungenbelüftung mit erhöhtem Sauerstoffbedarf (z. B. bei Fieber oder großen körperlichen Leistungen). Die Lungen werden also stets nur weniger oder mehr belüftet.

Die *Atemfrequenz* (Zahl der Atmungszyklen pro Minute) ist starken Schwankungen unterworfen, v. a. vom Lebensalter, von psychischen Einflüssen und der körperlichen Belastung abhängig. Die Atemfrequenz des Neugeborenen liegt bei ca. 50/min, beim Erwachsenen beträgt die mittlere Frequenz für ruhige Atmung 12–24, meist 16–20 Atemzüge pro Minute. Der sportlich Trainierte zeigt eine geringere Atemfrequenz als der Untrainierte. Seelische Erregung beschleunigt die Atmung (20–24 Atemzüge je Minute), in seelischer Ruhelage wurden 6–10 Atemzüge registriert. Während schwerer Arbeit werden für den Trainierten Grenzwerte von 30, für den Untrainierten von 64 Atmungszyklen in einer Minute angegeben. „Grundsätzlich gilt während Arbeit als *rationell* die *tiefe langsame Atmung* (Atmung des Trainierten), als *unrationell flache Atmung* mit *hoher Frequenz*" (Schmitt 1981, 213), eine Feststellung, die in vollem Maße auch auf das Sprechen bezogen werden kann. Bei Arbeitsbelastung sollte man folglich in erster Linie die *Atemtiefe* bzw. *-menge* verändern und die Atemfrequenz nur in geringem Maße erhöhen.

Wie erwähnt, bedeuten die etwa 500 ml Luft, die wir bei ruhiger Atmung mit jedem Atemzug bewegen (*Atemzug-* oder *Atemruhevolumen*), nicht die Totalkapazität der Lungen, die wesentlich größer ist. Nach normaler Einatmung können etwa 2500 ml Luft noch zusätzlich eingeatmet werden (*inspiratorisches Reservevolumen*). Nach normaler Ausatmung können etwa 1500 ml Luft noch zusätzlich ausgeatmet werden (*exspiratorisches Reservevolumen*). Auch nach tiefster Ausatmung bleiben etwa 1200 ml Luft in den Lungen (*Residualvolumen*), die erst nach Öffnen des Brustkorbes und totalem Zusammenfallen beider Lungen entweichen.

Die Summe aller Volumina (im einzelnen individuell sehr schwankend) wird mit *Totalkapazität* bezeichnet, sie umfaßt folglich die gesamte Luftmenge, die die Lungen nach einer maximalen Einatmung enthalten (in unserem Falle etwa 5700 ml). Nach Abzug des Residualvolumens erhält man die *Vitalkapazität*. Sie bezeichnet also nicht das gesamte Fassungsvermögen der Lungen, sondern sie ist vielmehr jene Luftmenge, die nach tiefster Einatmung durch stärkste Ausatmung abgegeben werden kann. Die Vitalkapazität hängt u.a. von der Körpergröße, dem Bau des Brustkorbes, Alter, Gesundheitszustand, der momentanen körperlichen Verfassung, Körperstellung und nicht zuletzt von der beruflichen Tätigkeit ab (v. Essen), gerade durch sie kann sie erheblich gesteigert werden (was die Sprecherziehung jedoch nicht anstrebt!). Sie beträgt durchschnittlich 3000–5000 cm^3, schwankt aber erheblich und kann namentlich bei Sportlern wesentlich höher sein. Grundsätzlich ist die Größe der Vitalkapazität keineswegs unwichtig (für ausgiebige körperliche Betätigung z.B. sehr wichtig), aber für die Stimmbildung ist die ökonomische Luftabgabe, das Haushalten mit der vorhandenen Luftmenge wesentlicher, d.h. der *Durchschnittsluftverbrauch*, der sich aus dem Verhältnis Volumen:Zeit ergibt. Wer z.B. 2500 cm^3 in 25 Sekunden ausatmet, leistet vom Standpunkt der Atmungsökonomik weit mehr als der, der sich mit Luft überlädt und 5500 cm^3 in 15 Sekunden abgibt (d.h. auf Grund der Mehrspannung meist in noch kürzerer Zeit ausstoßen muß, um sich zu erleichtern). Der Durchschnittsluftverbrauch ist vor allem vom subglottalen Druck und der Stimmlippenfunktion abhängig, er wird aber auch von der Sprechfunktion des Ansatzrohres beeinflußt.

1.3.3.   Atmungsformen

Den beiden Funktionen der Atmung entsprechen zwei Formen der Atmung: Vitalatmung und Stimmatmung; hinzu kommt noch eine sehr variable Form, die mit Leistungsatmung bezeichnet wird.

1.3.3.1.   Vitalatmung

Die Vitalatmung verläuft unbewußt, automatisch durch subkortikale Atemzentren[9] gesteuert; überwiegend durch die „bulbären Atemzentren" im verlängerten Rückenmark, für die weitgehende Autonomie und hochgradige Automatie charakteristisch sind und die die sog. Grundatmung aufrechterhalten. Sie gelten als Hauptatemzentrum. Es reagiert auf kohlendioxidreiches Blut mit nervalen Impulsen an die Atmungsmuskulatur.[10] Der Kohlendioxidreiz auf das Zentrum löst automatisch einen zentralnervalen Reiz auf die Einatmungsmuskeln aus, d.h., der Impuls für die Einatmung erfolgt reflektorisch in Abhängigkeit vom Sauerstoffbedarf des Organismus, der in völliger Ruhe relativ gering ist. Eine ausschließlich subkortikale Regulierung der Atmung erfolgt während des Schlafes, bei dem die

Großhirnrinde ausgeschaltet ist. Während bewußter Entspannung (z. B. vor dem Einschlafen) wird dagegen auch die stumme Ruheatmung kortikal reguliert.

Die Vitalatmung läuft im Prinzip so ab, wie unter dem äußeren Vorgang der Atmung beschrieben, sie ist also kombinierte Atmung. Hingewiesen muß jedoch darauf werden, daß die Atmungsbewegungen sich der augenblicklichen Leistungsanforderung anpassen, die zumal während des Schlafes gering ist. Zeitlich verhalten sich Ein- und Ausatmung zueinander wie 1:1,2, sie sind also fast gleich. Der Ausatmungsstrom fließt gleichmäßig. Verglichen mit der Ruhe*ein*atmung, kann man die *Aus*atmung als passiven Vorgang bezeichnen, da der Brustraum hauptsächlich durch das Erschlaffen der Inspirationsmuskulatur und durch die eigene natürliche Schwerewirkung (Elastizität) des Brustkorbes verkleinert wird. Die Vitaleinatmung erfolgt überwiegend durch die Nase (biologischer Zweck: Reinigen, Anfeuchten, Vorwärmen und Entkeimen der Luft).

1.3.3.2. Stimmatmung (Phonationsatmung)

Die Stimmatmung geschieht mehr oder weniger willensmäßig (halbautomatisch), vorwiegend von den kortikalen Zentren gesteuert. Diese kortikale Steuerung geschieht unbewußt. Zur chemischen Atemsteuerung tritt der Einfluß der Sprechsituation.

Der Luftverbrauch ist, in Abhängigkeit vom höheren Sauerstoffbedarf des Körpers, größer. Obwohl beim Sprechen und Singen tiefer eingeatmet wird als in der Ruhe und die Atmungsbewegungen intensiver sind, ist für die Stimmatmung jede Anstrengung beim Einatmen und jede unnötige Vergrößerung des Luftvolumens zu vermeiden. Es kommt nicht auf eine große Vitalkapazität, nicht darauf an, große Atemzüge zu machen, nicht das Viel-Luft-Haben ist entscheidend (sie wird dann meistens mit einem Seufzer der Erleichterung ausgeächzt), sondern das Haushalten mit der zur Verfügung stehenden Luftmenge, die im allgemeinen ausreicht. Außerdem wird zum Sprechen oder Singen nur ein Volumen von etwa 1000–1500 cm^3 benötigt, eine Menge, über die jeder gesunde Mensch ohne Anstrengung verfügt.

Es muß geräuschlos, oftmals plötzlich, kurz und schnell eingeatmet werden. Der verkürzten Einatmungszeit steht eine verlängerte und geregelte Ausatmungsdauer gegenüber (Verhältnis der Ein- zur Ausatmungszeit etwa wie 1:8). Es kommt aber nicht auf eine möglichst lange Ausatmungsdauer an – die normale Fähigkeit, 15–25 Sekunden auszuatmen, reicht für das Spontansprechen bzw. Lesen (Bewältigen der längsten Sprecheinheit) aus –, sondern auf Führung der Ausatmung, auf sparsamen Luftverbrauch. Übungen zur Verlängerung der Ausatmung sind genausowenig erforderlich wie Übungen zur Volumenvergrößerung. Der Vorrat an Luft wird bereits wieder aufgefüllt, bevor er erschöpft ist. Zeitpunkt und Menge des Nachfüllens richten sich danach, was ich sagen will (werden kortikal gesteuert). An den Sinnpausen kann ein- bzw. nachgeatmet werden (eigentliche Atempausen). An den Pausen, an denen der Sinn der Rede nur ein kurzes Einhalten ermöglicht oder bedingt (sog. Spann- oder Staupausen), soll jedoch nicht zwischengeatmet werden (womöglich gar noch hastig und keuchend durch den Mund!). Die Ausatmung beim Phonieren kann also durchaus in verschieden langen Ausatmungsstrecken erfolgen, der Ausatmungsstrom ungleichmäßig sein. Auch hierin äußert sich der Einfluß des Sprechsinns auf die Atmung. Die kortikale Steuerung und Kontrolle der Exspirationsphase äußert sich nicht nur in der längeren und langsameren Luftabgabe beim Singen und Sprechen, sondern auch in den Luftdruckverhältnissen. Der subglottale Luftdruck muß bei der Stimmbildung ausgeglichen und relativ gering sein, Luftdruck und Stimmlippenfunktion müssen in richtigem Verhältnis zueinander stehen. Die Anpassung und Abstufung des Ausatmungsdruckes ist durch willkürliche Muskeltätigkeit regulierbar (Stütze).

1.3.3.3. Leistungsatmung

Mit Leistungsatmung wird stummes Atmungsgeschehen bezeichnet, das jedoch nicht mit der Ruheatmung identisch ist, das weder der Vitalatmung noch der Stimmatmung zuzuordnen ist, das aber mit beiden verwandt ist. Sie kann vornehmlich bei sportlichen (Hoch-)Leistungen beobachtet werden, natürlich auch bei anderen großen körperlichen Anstrengungen. Sie läuft einerseits unbewußt ab, andererseits willensmäßig beeinflußt; sie paßt sich einesteils bis zu einem gewissen Grade den unterschiedlich großen körperlichen Anforderungen automatisch an, anderenteils intensivieren wir die Atmung willkürlich bei bestimmten Belastungen. Das Verhältnis der Ein- zur Ausatmungszeit ist variabel, selten gleich; die Pausengröße zwischen den Atemzügen verändert sich ebenfalls. Gerade für die Leistungsatmung gilt tiefe, kombinierte Atmung, mit verstärkter, aber physiologischer Tätigkeit der Atmungsmuskulatur, die zunächst auf Vergrößerung des Atemvolumens hinzielt, eine höhere Atemfrequenz aber nicht ausschließt, natürlich nach dem „Grundsatz vom kleinsten Kraftmaß". Voraussetzung für physiologische Leistungsatmung ist eine Leistungshaltung.

1.3.4. Weg der Atmungsluft

Die *oberen Atemwege* sowie die *Luftröhre* und die *Bronchien* haben neben dem „Atemtransport" zunächst folgende vitalen Aufgaben zu erfüllen: die Luft vorzuwärmen, zu reinigen und anzufeuchten. Nasenhöhle, Rachen und luftleitender Bronchialbaum (also Alveolen ausgenommen, gleichfalls die Stimmlippen) sind mit einer Schleimhaut ausgekleidet, die zum größten Teil Flimmerepithel und Schleimdrüsen trägt. Diese Schleimdrüsen feuchten die eingeatmete Luft an und „bilden eine klebrige Schicht, an der Staubpartikelchen der Atemluft hängenbleiben und durch den Flimmerstrom wieder herausbefördert werden" (Voss/ HERRLINGER II 1967, 132).

Von besonderer Bedeutung ist in diesem Zusammenhang die Funktion der **Nase**. Die Flimmerhärchen und Schleimdrüsen führende Schleimhautoberfläche der Nasenhöhle ist sehr groß. Ihre reinigende Funktion wird noch unterstützt durch die als Grobfilter oder -sieb dienenden borstigen Härchen des (schleimhautfreien) Nasenvorhofes. Vor allem die Muschelschleimhaut ist von einem Gewirr von Blutgefäßen – einem weitverzweigten, gefäßreichen Venengeflecht, das als Schwellkörper funktioniert – durchzogen, die im gefüllten Zustand wie eine Zentralheizung wirken und die durchstreichende Atemluft bis fast auf Körpertemperatur erwärmen. (Der Unterschied zwischen der Temperatur des Körpers und der Außenluft kann im Winter selbst 50°C betragen.) Durch den Drüsenreichtum der Nasenschleimhaut wird die Atemluft auf dem langen, engen, mehrfach geschlängelten Nasenweg nahezu völlig mit Wasserdampf gesättigt. Wesentlich ist auch, daß über den Nasenweg die Einatmungsluft entkeimt wird, d.h., Stoffe, die bei Mundatmung zur Beeinträchtigung der Gesundheit führen, können über die Nasenatmung unschädlich gemacht werden.[11]

Und schließlich sei noch darauf verwiesen, daß durch die Nasenatmung auch „nervös-reflektorische Fernwirkungen" (SCHMITT 1981, 21) ausgelöst werden. Normale Reizung der Nasenschleimhaut begünstigt reflektorisch u.a. die Einatmungsstellung des Brustkorbes und regt festen Mundverschluß an.

Durch den spezifischen Innenaufbau der Nase entsteht eine Parallelströmung bis in die Lungenluftwege; innere und äußere Reibungswiderstände werden hierdurch auf ein Mindestmaß reduziert. Neben der *Lenkung* des Luftstromes bewirkt die Eigenart der Nasenpassage auch die *Stabilisierung* dieser an sich recht instabilen Parallelströmung. Der physiologisch enge Nasenweg läßt einen ausgeprägten Strömungswiderstand auftreten.[12] Dieser Einatmungswiderstand in der Nase erhöht den „Sog und Unterdruck im Brustkorb" (SCHMITT 1981, 21), führt u.a. zu Vertiefung der Atembewegung. Er trägt also zum Erhalten und Steigern der Lungenelastizität bei und fordert das Zwerchfell zu größerer Aktivität heraus. Abschließend soll noch erwähnt werden, daß mit tiefer Naseneinatmung zwanglose Senkung des Kehlkopfes einhergeht (vgl. u.a. 3.8.3.4., S. 113 f.), daß bei tiefer Naseneinatmung die Stimmlippen weit auseinander-, an die Kehlkopfwand zurückweichen (vgl. 2.2.3.2., S. 37).

Zusammenfassend läßt sich sagen, daß nur der Nasenweg eine gründliche Vorbereitung und Angleichung des Luftstromes an die Erfordernisse der unteren Luftwege ermöglicht. Zur Verdeutlichung der Vorzüge der Nasenatmung bzw. Nachteile der Mundatmung sei betont, daß demnach ausschließliche *Mundatmung* die Luft ungenügend erwärmt, säubert und anfeuchtet, ebenfalls ungenügend oder nicht entkeimt, somit häufig Ursache von Katarrhen im Mund- und Kehlrachen, Kehlkopf und der tieferen Atemwege ist. Die obenerwähnten respiratorischen Reize der Einatmungsluft auf die Nasenschleimhaut und die dadurch bedingten Reflexe, die Atmung, Blutkreislauf, Stoffwechsel und Leistungsfähigkeit beeinflussen, werden ausgeschaltet. Der Atem strömt durch die frontal gelegene Mundöffnung horizontal ein und fließt ohne Hemmstellen direkt dem

Kehlkopf zu, wo er durch die sich reflektorisch gering nähernden Stimmlippen etwas eingedämmt wird. Diese Regulierung des Einatmungsluftstromes bleibt nicht ohne nachteilige Folgen v. a. für die empfindlichen Schleimhäute der Stimmlippen und des gesamten Kehlkopfbereiches; sie werden einer ständigen chemischen bzw. mechanischen Reizung ausgesetzt. Kälte- und Trockenheitsempfindungen im Kehlrachen- und Kehlkopfgebiet, die zumindest Räuspern provozieren, sind spürbare, ein keuchendes Inspirationsgeräusch von unterschiedlicher Stärke an den enggestellten Stimmlippen hörbare Begleiterscheinungen.

Als Ergebnis dieser Feststellungen halten wir fest, daß für die Einatmung grundsätzlich der Nasenweg in Frage kommt. Und zwar bei der Vitalatmung ausschließlich; denn hier sind nur gesundheitliche Erwägungen maßgebend. Für die Stimmatmung muß variiert werden, gilt Nasen- und Mundweg. Beim Sprechen sollte immer dann durch die Nase geatmet werden, wenn die Sprechsituation langsameres Luftschöpfen erlaubt (z. B. im sachbetonten Unterrichtsgespräch, ruhig-ausgeglichenen Spontansprechen, affektarmen Unterhaltungsgespräch, beim Lesevortrag von rhythmisch, dynamisch und melisch etwas eingeglichener Prosa). In anderen Fällen erfolgt nur vor Beginn einer Satzkette ein nasaler Atemzug, „inmitten der Kette aber bleibt dazu keine Zeit, … es wird blitzschnell durch den Mund eingeatmet" (Drach 1969, 16), d. h., das Nachfüllen in den Sinnpausen (zwischen den Sprecheinheiten) erfolgt in diesem Falle fast stets durch den Mund. (Andere Eindrücke beruhen auf Selbsttäuschung.) Bei Texten mit lebhafter Dynamik und Rhythmik, mit starker affektiver Unterlagerung beobachtet man meistens nur (allerdings schnelle und geräuschlose) Mundatmung; denn der lange, gewundene und enge Nasenweg benötigt zuviel Zeit. Schnelles Sprechen (und Singen) lösen also häufig Antriebe für den Mundweg aus.

Eine einfache Methode, die unvermeidbare Mundeinatmung ohne stimmschädigende und unästhetische glottale Geräusche durchzuführen, besteht darin, die Einatmungsluft in der vorderen Mundhöhle durch den zum vorderen Hartgaumen gewölbten vorderen Zungenrücken (bei an den lingualen Flächen der unteren Frontzähne fixiertem vorderem Zungenrand) unhörbar zu hemmen (der Zungenrücken sollte sich etwa in /e/- oder /j/-Stellung befinden).

1.4.   Übungsteil

1.4.1.   Methodische Hinweise zur Atemschulung

Auch wenn zur *sprecherzieherischen Beeinflussung* der Atmung sicherlich kein ausgefeiltes Atmungstraining erforderlich ist, so sind Atem*übungen*, mit denen zugleich Einflußnahme auf Körperhaltung und Sprechen verbunden wird, in der Regel durchaus wünschenswert (besonders zu Beginn der Ausbildung künftiger „Berufssprecher"). Damit soll gleichzeitig eingeräumt und betont werden, daß eine besondere Atemschulung nicht prinzipiell durchgeführt werden muß. Zwingend ist die Atemschulung gewiß dann, wenn z. B. körperliche und stimmliche Verspannungen sowie gepreßte und verlagerte Stimmgebung abgebaut werden sollen. Denn Atmung und Stimmerzeugung und darüber hinaus Artikulation stehen in einem steten, so engen Zusammenhang, daß die Veränderung eines dieser Vorgänge eine Veränderung der anderen bewirkt (v. ESSEN) (vgl. 2.3.1., S. 39 ff.). Sprachstörungen (z. B. Stottern) und Stimmstörungen sind von Atmungsfehlleistungen begleitet, zum anderen kann die gestörte Atmungsfunktion zu stimmlichen Fehlleistungen führen, so daß eine sorgfältige Koordination von Atmung und Stimmbildung erstrebenswert ist, wie sie COBLENZER/MUHAR (1992) mit der „atemrhythmisch angepaßten Phonation" vorschlagen.

Eine Atmungs*therapie* mit differenzierter Atmungs*gymnastik* ist bei generellen Störungen der Atmung angezeigt, sie gehören in den Kompetenzbereich der Medizin und Psychotherapie. Ebenfalls ausgeprägte Störungen der Stimmatmung, die sich aus generellen Atmungsfehlleistungen ergeben; gegen sie grenzen wir uns also gleichfalls ab. Wir setzen demnach die im Prinzip ungestörte Vitalatmung, wie sie z. B. bei gänzlicher (bewußter oder unbewußter) Entspannung gegeben ist, voraus.

Eine Steigerung der Vitalkapazität und auffällige Verlängerung der Ausatmung wird ebenfalls nicht angestrebt; denn sowohl die Atemgröße wie die Ausatmungszeit reichen im allgemeinen aus. Es geht vielmehr um das Bewußtmachen und -werden der Atmung und um ein Erkennen des physiologischen Ablaufes. Diese Voraussetzungen sind erforderlich, um zunächst insbesondere funktionelle Fehlleistungen wie die Hochatmung, paradoxe Atembewegungen, auffällig hörbares, ruckartiges und zu häufiges Einatmen („Luftschnappen") zu vermeiden bzw. abzubauen (vgl. 1.3.4., S. 20 ff.). Dazu trägt ein mehr oder weniger eingekleidetes Hinführen zur physiologischen Haltung und zur physiologischen kombinierten Atmung wie ein Verdeutlichen der Atmungsbewegungen bei, so daß man sie spürt und empfindet, den richtigen Vorgang bewußt erlebt und zu einem spezifischen Körpergefühl kommt, d. h. zunehmend lernt, die Atembewegungen über die Bewegungsempfindungen zu kontrollieren. Der sprecherzieherische Einfluß auf die Atmung umfaßt weiterhin, Atemübungen mit text- und situationsadäquater Sprechgestaltung zu verbinden (vgl. 3.8.2., S. 102 ff.) und physiologisches Einatmen für die Ausspruchsplanung zu nutzen.

Das Atmungsgeschehen ist besonders und über längere Zeit an behutsame Unterweisung und Kontrolle durch den Sprecherzieher bzw. Therapeuten gebunden, die überdies das Aufprägen standardisierter Formen unbedingt zu vermeiden und unveränderbare individuelle Gegebenheiten (wie z. B. Körperbau, Temperament) sowie situative Symptome (z. B. aktuelle psychische Disposition) zu beachten haben.

1.4.2. Haltungskorrektur

Eine der wichtigsten Voraussetzungen für den ungestörten Atemablauf ist die elastische Streckhaltung der Wirbelsäule. In vielen Fällen wird man daher „bei einer Haltungskorrektur anzusetzen (haben)" (KRECH 1967, 15). Denn Haltungsschwäche und selbst Haltungsverfall, die stets das Atmungsgeschehen beeinträchtigen, nehmen in erschreckendem Maße zu. Diesen gilt es bereits beim Säugling durch Säuglingsturnen, in der Vorschulerziehung und Schulzeit durch entsprechende Gymnastik, frühzeitiges Schwimmen und angemessene Sitzmöbel vorzubeugen; denn „Sitzen bedeutet fast immer ein Absinken in die Ruhehaltung" (ADERHOLD 1998, 98), und langes Sitzen ohne Kreuzstütze und körperlichen Ausgleich führt mit der Zeit zum Einschleifen dieser Ruhestellung, d. h. zur Fehlatmung. Oder diese Haltungsfehler müssen durch Gymnastik, Schwimmen oder andere, auf die lockere Durchbildung des gesamten Körpers gerichtete Sportarten „ausgeschliffen" bzw. – so gut es zu einem späteren Zeitpunkt noch möglich ist – zumindest etwas korrigiert werden.

Der Sprecherziehung mit ihrer komplexen Bemühung um Gesprächsfähigkeit und den allenthalben auch zeitlich geringen Einwirkungsmöglichkeiten sind hier verständlicherweise Grenzen gesetzt, zumal wenn eine tiefgreifende Berichtigung der Haltung erforderlich ist. Über die in der sprecherzieherischen Übung mögliche vorübergehende Haltungskorrektur stellt sich häufig ein momentaner Erfolg im Sinne eines Einspielens der Tiefatmung ein. Auch das sollte zu denken geben und Übungen zum „Festigen" dieser berichtigten Haltung unbedingt notwendig erscheinen lassen. Der Sprecherzieher kann nur hoffen, daß diese Anregungen, die gleichermaßen seit langem vom (Kinder-)Arzt ausgehen, endlich v. a. in der Ausstattung der Unterrichtsräume, in der Unterrichtsgestaltung und im Sportunterricht berücksichtigt werden.

1.4.3. Atemübungen unter besonderer Berücksichtigung der Haltung

1.4.3.1. Atemschlürfen (Vorübung)

Legen Sie sich bitte ohne beengende Kleidungsstücke auf eine harte, gerade Unterlage (z. B. Fußboden, Matratze oder Atemliege) flach auf den Rücken, mit niedriger Kopfstütze. Der ganze Körper ist gelockert, völlig entspannt. Kopf, Schultergürtel, Arme und Hände, Rücken, Gesäß und Beine geben der eigenen Schwere nach, „lasten" auf der Unterlage und empfinden deren Härte. Die Wirbelsäule ist physiologisch gestreckt. Die Arme liegen zwanglos neben dem Körper, auch die Hände und Finger sind gelöst. Dabei ist es gleichgültig, ob die Handflächen nach oben oder unten weisen. Die Beine sind gering gespreizt und fallen (der Schwere folgend) etwas nach außen, so daß die Fußspitzen nicht senkrecht in die Höhe, sondern ebenfalls nach auswärts weisen.

Stellen Sie sich bitte eine angenehme Situation vor, z. B. ein Sonnenbad im Urlaub und genießen Sie dieses Wohlbehagen „in vollen Zügen" (entspannen Sie sich also auch seelisch!). Nach einer gewissen Anlaufzeit, die nur von der Vorstellung wohliger Entspannung und Ruhe ausgefüllt ist, legen Sie kontrollierend eine Hand auf die Leibwand. Mit der Ausatmung senkt sie sich. In der folgenden Atempause warten Sie den „Lufthunger" ab. Dann ziehen Sie die Luft zwischen den vorgestülpten, leicht geöffneten Lippen hörbar auf inspiratorisches *doppellippiges f* ein (als wenn man aus der hohlen Hand Wasser schlürft) „unter dem Leitbild des von Unten-nach-oben-Füllens".[13] Spüren Sie, wie sich die kalte Luft am Innensaum der Lippen und an den Schneidezähnen reibt. Der Gürtelumfang erweitert sich allseitig (Rundum-Weitwerden!), die aufgelegte Hand wird „weggeatmet". Schultergürtel und obere Brust verändern ihre Position dagegen nicht. Die Einatmungsstellung sollten Sie zwanglos (bei sanft verschlossenem Mund) etwas beibehalten, um sich des Muskelgefühls deutlich zu vergewissern.

Die Ausatmung wird durch ein schwaches Sprenggeräusch ([p]) eingeleitet, sie erfolgt ohne besonderes Hinzutun auf *doppellippiges f*, d. h., die locker aufeinanderliegenden Lippen lassen den Atem durch eine kleine ovale Öffnung ausströmen, so daß er sich an ihrem Innenrand reibt. Bauchdecke und Flanken kehren ohne jeden Druck von selbst in ihre Ruhelage zurück. Mit geschlossenem Mund warten Sie wieder den Einatmungsimpuls ab, und die gleiche Übung beginnt von neuem.

Atmen Sie später zur Kontrolle gleichmäßiger Luftabgabe auf [f] oder [s] aus. Geräuschunterschiede (Flackern) lassen auf fehlerhafte Luftdruckunterschiede schließen (Schieben, Stoßen). Das „schmeckende" Atemschlürfen lösen wir ab durch genießerisches lautloses Einatmen durch die Nase, gleichsam als ob wir langsam Blumenduft aufnehmen würden, bei dem die Nasenflügel im allgemeinen etwas enger gestellt werden (wodurch der Einatmungsimpuls bzw. die Zwerchfellsenkung verstärkt wird). Schniefende Einatmungsgeräusche die durch zu eng gestellte Nasenflügel auftreten können, vermeiden.

Diese Übung bietet erstens günstige Voraussetzungen (durchgestreckte Wirbelsäule) für einen physiologischen Atmungsbewegungsablauf, der in den anderen Stellungen keine erheblichen Veränderungen erfahren darf. Zweitens fördert sie kontrollierte gleichmäßige bzw. dosierte Luftabgabe. Und drittens verdeutlicht sie uns, daß sich während der Einatmung insbesondere der Gürtelumfang allseitig erweitert und während der Ausatmung lösend verringert. Für diesen Bewegungsvorgang, für die Wirkungsweise der Flanken, der Bauch- und Rückenmuskulatur, für die ungezwungene Streckhaltung des Körpers müssen wir ein spezifisches Muskelgedächtnis bekommen.

Der Rhythmus dieser wie der anderen Atmungsbewegungen ist: Ausatmung – Pause (Einatmungsreiz abwarten) – Einatmung – Pause (Ausatmungsreiz abwarten) usw.

1.4.3.2. Flanken- und Rückenatmung (Vorübung)

Eine Variante der obigen Übung wird in Bauchlage durchgeführt (ebenfalls auf harter, flacher Unterlage). Die Arme sind in Schulterhöhe vorgeschoben und zum Kopf eingewinkelt (die Handflächen liegen auf der Unterlage), so daß der Kopf mit einer Gesichtshälfte auf dem Handrücken ruht. Die Wirbelsäule ist gestreckt. Ohne Verspannungen, ohne Beteiligung der Schultern tritt ausgeprägte Tiefatmung ein. Die Erweiterung der Gürtellinie wird besonders in den Flanken und im Rücken spürbar. Die Bauchbewegung ist zwar durch die Körperschwere gedämpft, trotzdem hebt und senkt sich der Rumpf gering mit der Ein- und Ausatmung. Wichtig ist natürlich auch bei dieser Übung das lösende Gefühl des Wohlbehagens. Haltungsfehler sind in dieser Lage automatisch beseitigt.

Die Ausatmung geschieht durch gering geöffneten Mund (durch die Körperlast wird die Luft gleichsam ausgeblasen), so daß am Innensaum der Lippen ein Pustgeräusch bzw. *doppellippiges f* entsteht, die Einatmung durch die Nase. Indem wir gegebenenfalls ein Nasenloch abdecken („Halbnasenatmung"), verstärken wir den Strömungswiderstand bzw. erhöhen wir den inspiratorischen Sog, wodurch das Zwerchfell zu größerer Aktivität angeregt wird.

Unter Umständen kann man auch in Bauchlage das (unten beschriebene) „Atemschnüffeln" anwenden, allerdings mit höchstens 3 Einatmungsstößen.

1.4.3.3. Atemschnüffeln

Diese Übung soll anfangs im Stehen gemacht werden, da erfahrungsgemäß in Rückenlage mitunter im Rhythmus des Einschnüffelns ruckartige Schulterbewegungen eintreten.

Die Körperhaltung ist locker, ungezwungen (wie im Liegen), unsere Haltung (unser Lebensgefühl) sei umweltoffen, aufnahmefreudig. Körpermitte, Brustkorb und Hals dürfen nicht durch Kleidung eingeengt sein. Die Beine sind ein wenig gegrätscht, also kein Spielbein – Standbein. Wir stehen nicht plump auf den ganzen Fußsohlen, sondern stützen den Körper vor allem elastisch mit den Ballen. Knie zwanglos durchgedrückt. Die Gesäßmuskulatur ist gestrafft. Das Becken steht waagerecht zur Wirbelsäule (mit geringer Neigung nach vorn). Die Wirbelsäule ist von den Lendenwirbeln bis zu den Halswirbeln durchgestreckt, so daß der Kopf frei aufgerichtet ist. Die Schultern sind etwas zurückgenommen. Durch die Streckhaltung hat sich automatisch auch der Brustkorb geweitet (das Brustbein ist „aufgestellt"), die obere Brust weist eine natürliche Wölbung auf (sie wird nicht herausgestreckt!). Obwohl diese Beschreibung viele Einzelheiten berücksichtigen mußte, sollte es nicht schwerfallen, die erforderliche Haltung auf einmal einzunehmen.

Nach der Ausatmung, bei der die Weitung der Brust nicht aufgehoben wird, das Einatmungsbedürfnis abwarten. Nun wird mit kurzen, aber kräftigen Schnüffelzügen durch die Nase eingeatmet (wie beim Sich-vergewissernden-Riechen). Es entsteht also ein leicht schniefendes Geräusch. Mit jedem Schnüffler erweitert sich der Gürtelumfang etwas. Zwischen jedem Schnüffelzug liegt eine kleine Pause, in der die spürbare „Gürtelspannung" jedoch nicht aufgehoben werden darf. (Aber sich nicht bis zum äußersten „vollpumpen"!) Auf eine kurze Pause folgt die Ausatmung: Die Luft fließt aus, reibt sich an den Innenrändern der leicht geöffneten Lippen.

Die Hände in die Taille legen (bzw. eine Hand auf die Bauchdecke, die andere an die Flanke), die Ellenbogen weisen nach hinten, so daß die Schultern zurückgenommen sind und die obere Brust geweitet bleibt.

Die Vorstellung des hörbaren Riechens unterstützt die Übung wesentlich. Es tritt eine leichte Verengung der Nasengänge ein, wodurch (wie erwähnt) der Strömungswiderstand verstärkt wird. (Gegebenenfalls mit Daumen und Zeigefinger die Nasenflügel schwach andrücken oder ein Nasenloch zuhalten.)

Wird die Übung im Sitzen durchgeführt, ist besonders auf die Streckhaltung der Wirbelsäule zu achten. Denn gerade im Sitzen tritt meist eine übertrieben tiefe Ruhehaltung ein. Aber auch in dieser Stellung muß der Oberkörper senkrecht über dem Becken stehen; denn nur durch „physiologisches Aufrichten der Wirbelsäule wird die richtige Tiefatmung aktiv" (KRECH 1959, 41). Gesäß und Oberschenkel nehmen anfangs die ganze harte Sitzfläche ein. Zur Stütze der Wirbelsäule lege man etwa in Höhe der Taillengegend die Hände und einen Teil der Unterarme auf den Rücken, wobei eine Hand das Handgelenk (bzw. den Unterarm) der anderen umfaßt, und lehne sich so gegen die Rückenlehne des Stuhles oder sitze frei aufgerichtet. Durch diese *Konzentrationshaltung* fällt die übertrieben tiefe Ruhehaltung fort, sie wirkt dem Haltungsverfall entgegen.

Dann lehne man sich ohne den Querriegel der Unterarme bequem zurück und entspanne sich, ohne die Streckhaltung aufzugeben. Die Unterarme ruhen auf den Seitenlehnen (des Armstuhles), Ellenbogen leicht nach hinten genommen, die Hände hängen locker über die Bauchseiten herab. Sitzt man auf einem Stuhl, hängen die Arme bei seitwärts zurückgenommenen Schultern schwer über die Rückenlehne oder am Oberkörper herunter.

Später auf jegliche Stütze der Wirbelsäule verzichten, der Oberkörper ist frei aufgereckt, der Körper entspannt, die Arme hängen herab, ohne die Brust einzuengen. Nur das Gesäß „lastet" auf der Sitzfläche. Die Unterschenkel verlaufen parallel zum Oberkörper, und die Füße stehen mit der ganzen Fläche auf dem Boden.

Selbstverständlich kann auch die Einatmung variiert werden, es muß nicht immer geschnüffelt werden, also mit Duftsaugen und anderen Formen wechseln.

1.4.3.4.   Lungenfeger

Sie haben ausgeatmet, warten in einer kleinen Pause den Einatmungsimpuls ab und lassen die Luft durch die Nase einströmen. Nach einer Pause von einigen Sekunden, in der der Atem mit der Muskulatur, nicht mit den Stimmlippen gehalten wird, läßt man einen kleinen Teil der Luft „durch eine ganz kleine Lippenöffnung entweichen. Den Rest des Atems hält man wieder einige Sekunden, um dann wieder einen kleinen Teil durch die Lippen herauszulassen, und dies wiederhole man so lange, bis der ganze Atemzug heraus ist. Die Lippen müssen während der Unterbrechungen der Ausatmung geschlossen und beim Entweichen der Luft ganz locker sein" (KOFLER 1955, 62).

Diese Übung führt man am besten im Stehen durch. Die Luft darf nicht hinausgeschoben oder gar -gestoßen, evtl. „bis auf den letzten Rest" ausgepreßt werden, sondern es handelt sich um einen kontinuierlichen Ausatmungsverlauf, der lediglich periodisch unterbrochen wird, so daß der Atem portionsweise ausfließt. Über die in die Flanken gestützten Hände (wir wechseln: Einmal weisen die Daumen, dann die Finger nach vorn; oder wir legen eine Hand an die Flanke, die andere auf die Oberleib-Magenpartie) verdeutlichen wir uns das Einsinken der Gürtellinie.

1.4.3.5. Stützvorgang

Der unverkrampfte Stützvorgang soll sich nach H. KRECH (1967) faktisch automatisch aus der Tiefatmung bei durchgestreckter Wirbelsäule entwickeln. Aber „auch in Abweichung von der maximalen Aufrichtung, also in unterschiedlichen Arbeitshaltungen, kann richtig gestützt werden" (SEIDNER/WENDLER 1997, 64). Er ist also von der gesamten körperlichen Einstellung nicht zu trennen, er ist weder isoliertes körperliches Geschehen, auch kein isolierter Atmungsvorgang, noch darf er von Stimmbildung und Artikulation isoliert gesehen werden. Das Ziel der Stütze sind bewußte Führung und Regulierung des Ausatmungsluftstromes, Herstellen eines optimalen Verhältnisses zwischen Atemdruck und Stimmlippenspannung sowie -schwingung und und eine zwanglose Verlängerung der Ausatmung unter Kontrolle spezifischen Muskelempfindens. Von besonderer Bedeutung ist der Stützvorgang fraglos für hohe gesangliche Leistungen. Doch auch die Sprechstimme gewinnt durch ihn, z. B. an „Dichte"; außerdem kann „langer" Atem wünschenswert sein bei der Bewältigung langer bzw. komplizierter Sinnschritte.

Dementsprechend soll ein Weg beschrieben werden, wie man die Stützfunktion auf- und einbauen kann. Hierbei soll der Stützvorgang lediglich verdeutlicht werden, damit sich ein entsprechendes Muskelgefühl einstellt.

Nehmen Sie die unter *Flanken- und Rückenatmung* beschriebene Bauchlage ein (bei der sich die Wirbelsäule von selbst streckt), die uns bei tiefer Einatmung durch die Nase (evtl. ein Nasenloch abgedeckt) besonders deutlich starke Flankenbewegung und einen Zug in der Rückenmuskulatur spüren läßt. Lassen Sie auf der Höhe der Einatmung bei geweitetem unterem Brustkorb (Flanken und Rücken verharren in Inspirationsstellung, somit bleibt das Zwerchfell mehr oder weniger „herabgezogen", es behält also auch Einatmungstendenz) die Luft durch eine kleine Lippenöffnung auf *doppellippiges f* bzw. *w* ausfließen, während die

Bauchdecke in die Ausgangslage zurückkehrt, unterstützt durch die Rumpf-schwere. Die Einatmungsposition des Brustkorbes soll also über den Anfang – ungefähr während eines Drittels – der Ausatmung bzw. der Stimmgebung bei-behalten werden (anfangs 2–3, dann steigern auf 5–8 Sekunden, evtl. zunächst langsam zählen), wobei man eine sogenannte „inspiratorische Spannung" emp-findet. Man gewinnt den Eindruck, als ob v. a. die geweitete Flanken- und Rük-kenpartie den Atem gleichsam festhalten bzw. nur ganz allmählich ausfließen lassen würde, während das Zwerchfell sich langsam aufwärts in die Ruhestellung bewegt. Es darf kein Spannungsdruck in der Gürtellinie und Bauchmuskulatur (sog. Bauchpresse) erzeugt, nicht gepreßt werden! Kein An- oder Zurückhalten des Atems unter Druck, kein Stemmen oder Drücken gegen einen Widerstand, also auch kein bewußtes Stauen der Luft gegen die Stimmlippen! Unerwünschte Verkrampfungen im Bereich des Stimmorgans wären noch die „harmlosesten" Folgen.

Gegen Ende der Ausatmung hebt man die „inspiratorische Spannung" auf, läßt Flanken und Rücken in Ausgangssituation zurückkehren und bläst den restlichen Atem unter federndem Einziehen der Bauchmuskulatur rasch und kräftig aus.

Auf diese Vorübung, in der Bauchlage fühlt der Lernende die „inspiratorische Spannung" besonders ausgeprägt, folgt die Anwendung der Stütze im Sitzen und im Stehen in der beim *Atemschnüffeln* beschriebenen Haltung (vgl. 1.4.3.3., S. 26 f.). Im Stehen ist die Weitung des gesamten Thorax – „aufgestelltes" Brust-bein, Erweiterung des Brustraumes auch nach vorn – ausgeprägter, die Bauch-muskulatur sinkt langsam ein; denn die „Bedrängnis" durch die Körperlast fällt fort. Das Übungsmaterial um Zwillingsformeln und Sprichwörter sowie um län-gere Aussprüche erweitern.

Z u s a m m e n f a s s e n d (und definierend) läßt sich mit F. WINCKEL (1952, 105) sagen: „Stütze ist der Halt, den die Einatmungsmuskulatur dem Zusammensin-ken des Atembehälters entgegensetzt [während etwa eines Drittels der Ausat-mungszeit, H.F.]. Die Stütze dient dazu, den zur Phonation notwendigen sub-glottalen Atemdruck auf den kritischen Druck (optimalen Betriebsdruck) zu reduzieren. An dem Stützvorgang ist im allgemeinen die ganze Rumpfmuskulatur beteiligt. Das Schwergewicht liegt vornehmlich in der Brust-, Flanken-, Bauch-muskulatur."

1.4.4. Sprechantrieb

Unter den Einflüssen des Sprechens auf die Atmung kommt dem Sprechantrieb besondere Bedeutung zu (vgl. KRECH 1967). Er ergibt sich aus der Sprechsitua-tion und der individuell verschiedenen Mitteilungshaltung und hängt von ihnen ab (vgl. KLEESTADT 1925).

Ich erwähnte, daß beim affektiv ausgeglichenen *Spontansprechen* die kortikale Steuerung sich darin äußert, daß unbewußt die Luftmenge eingeatmet wird, die für die lauthafte Realisierung der mehr oder weniger vor- und ausformulierten Gedanken (der innersprachlichen Formulierung)[14] notwendig ist. Unsere Ausatmungsdauer stimmt mit der Länge der Sprecheinheit überein, die Sinneinheit ist zugleich Atemeinheit. Sicherlich liegen hier Wechselwirkungen zwischen den innersprachlichen Prozessen und der Atmung vor. Sprechsituativ bedingte psychische Verfassung beeinflußt die Atmung ebenfalls, so besteht z. B. bei affektivem Sprechen die Tendenz zu ruckartigem Verlauf der Atembewegungen (TROJAN).

In der direkten Mitteilung steuert das eigene Spontansprechen bzw. eigene Sprechenwollen (die Sprechplanung) die Sprechatmung, also der jeweilige Sprechantrieb.

Ähnliches können wir auch beim *lautlosen unhörbaren Lesen,* dem inneres Sprechen[15] zugrunde liegt, feststellen. Die zur äußeren Sprechhandlung tendierenden Begleiterscheinungen erstrecken sich u. a. auch auf die Atmung. Unter der Zwangseinwirkung des Textes – konzentriertes und zugleich aufgeschlossenes Einleben in die schriftliche Vorlage, Mitdenken, gedankliches Nachvollziehen vorausgesetzt – ähneln die Atmungsabläufe der Sprechatmung. Diese Tatsache läßt sich für die Richtigstellung der Atmung insofern verwenden, daß man Texte auswählt, die eine Hinwendung zur kombinierten Atmung anregen (z. B. stimmungsausgeglichene Naturlyrik, u. a. Goethe-Dichtung). Unter günstigen Umständen (die obenerwähnten Voraussetzungen sind noch um körperliches und seelisches Entspanntsein zu erweitern) stellt sich die Atmung auf den Text ein, zumindest im Rahmen einer Richtigkeitsbreite und für die Dauer der Anregung.

Beim folgenden *lauthaften Lesen* mit gleich starker Einfühlung und Anteilnahme kann man ähnliches beobachten; mit einem gewissen Rückschritt im Einschwingen der Tiefatmung muß jedoch gerechnet werden, eine automatische Umstellung auf richtige Stimmatmung erfolgt nicht immer.

Auch beim *Hören einer fremden Sprachleistung* kann durch den funktionellen Nachvollzug des mitgehenden Empfängers in gewissen Grenzen inneres Sprechen ausgelöst und können somit Atmungsabläufe des Sprechers mit- bzw. nachvollzogen werden. Dies Geschehen läßt sich ebenfalls (wie oben ausgeführt) für die Hinführung zur Tiefatmung nutzen. Und eine Variation der Sprechantriebe trägt erheblich zur Atmungsschulung bei.

2. Phonation

2.1. Grundsätzliches

Mit Phonation wird die Stimmerzeugung im Kehlkopf bezeichnet. Sie ist unmittelbar von der Atmung abhängig. Die Stimmbildung, d. h. die Umwandlung des kontinuierlichen Ausatmungsluftstromes in rhythmische Luftstöße, in periodische tongebende Luftschwingungen, „ist zunächst ein Ergebnis der Muskeltätigkeit des Kehlkopfes" (SCHWEINSBERG 1946, 123). Über die komplizierten Vorgänge bei der Stimmbildung sollten Sprecherzieher und -schüler eine möglichst klare Vorstellung haben. Das ist ohne eine gewisse Kenntnis des Baus und der Muskelfunktion des Kehlkopfes nicht möglich. Die folgenden Angaben sollen dem Verständnis des Kehlkopfgeschehens sowie der Übungen dienen, mit denen die Stimmbildung mittelbar beeinflußt werden kann.

2.2. Bau des Kehlkopfes

Der **Kehlkopf** (Larynx) bildet das obere Ende der elastischen Luftröhre. Er ist durch die sog. Rahmenmuskulatur und durch Bänder zwischen dem *Zungenbein* (Os hyodeum), einem hufeisenförmigen Knochen, und dem flachen langen *Brustbein* gleichsam „aufgehängt".[16] Das Kehlkopfskelett besteht aus mehreren, durch Haftbänder miteinander verbundenen Knorpeln, die gegeneinander beweglich sind.

2.2.1. Das Gerüst des Kehlkopfes

Der **Ringknorpel** (Cartilago cricoidea) sitzt als geschlossener Knorpelring der Luftröhre (dem obersten hufeisenförmigen Luftröhrenknorpel) auf. Er ähnelt einem Siegelring, dessen Bogen (schmaler Teil) nach vorn weist und den man leicht mit den Fingern fühlen kann. An den Seiten und auf der nach hinten gerichteten Platte befinden sich je zwei Gelenkpfannen. Der Ringknorpel ist in den Schildknorpel-Ringknorpel-Gelenken gegen den Schildknorpel beweglich, so daß der Ringknorpel vor- und zurückkippen kann.

Die beiden **Stell-** oder **Aryknorpel**, seltener Gießbeckenknorpel genannt (Cc. arythaenoideae), sitzen auf den oberen Gelenkflächen der Ringknorpelplatte. Sie haben die Gestalt kleiner Pyramiden (danach auch *Pyramidenknorpel* genannt), deren Spitzen nach hinten-oben weisen. Die Grundfläche jedes Aryknorpels läuft in zwei Fortsätzen aus. Der nach vorn (in das Kehlkopfinnere) gerichtete schlanke Knorpelfortsatz ist am längsten. Da an seinem inneren Rand und an der Spitze die Stimmlippe angewachsen ist, heißt er *Stimmfortsatz* (Processus vocalis). An dem nach hinten-außen zeigenden, hakenförmig abwärts gekrümmten, stumpfen Knorpelfortsatz greifen verschiedene Muskeln an; daher die Bezeichnung *Muskelfortsatz* (Processus muscularis).

Die Aryknorpel können sich in gewissen Grenzen um ihre senkrechte Achse drehen, nach vorn und hinten neigen, sie können zur Seite (voneinander weg) gezogen bzw. zur Mittellinie zusammengeführt werden. Da diese Stellungen die verschiedenen Einstellungen der Stimmlippen bewirken, werden sie meist *Stellknorpel* genannt.

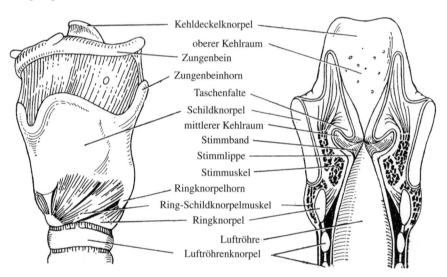

Kehldeckelknorpel
oberer Kehlraum
Zungenbein
Zungenbeinhorn
Taschenfalte
Schildknorpel
mittlerer Kehlraum
Stimmband
Stimmlippe
Stimmmuskel
Ringknorpelhorn
Ring-Schildknorpelmuskel
Ringknorpel
Luftröhre
Luftröhrenknorpel

links Kehlkopf von vorn-seitlich,
rechts Frontalschnitt durch den Kehlkopf (*schematisch*, von hinten)

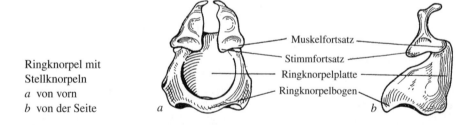

Ringknorpel mit
Stellknorpeln
a von vorn
b von der Seite

Muskelfortsatz
Stimmfortsatz
Ringknorpelplatte
Ringknorpelbogen

a　　　　　　　　　　　　　　*b*

Der schneepflugartige **Schildknorpel** (C. thyreoidea) ist der größte Kehlkopfknorpel. Wie ein Schild steht er schützend vor den anderen Knorpeln und den Stimmlippen. Er besteht aus zwei vorn in einem (beim Manne spitzen, bei der Frau stumpfen) Winkel zusammengewachsenen Platten. Ihre oberen Ränder senken sich nach vorn zu einer dreieckigen Kerbe. Die untere schwach wulstige Umrandung dieses Einschnittes, zugleich das obere Ende der kantigen Vereinigungsstelle der Schildknorpelplatten, steht etwas nach außen vor („Adamsapfel"). Kante und „Adamsapfel" kann man leicht ertasten und besonders bei hageren Männern deutlich sehen.

Die hinteren senkrechten Plattenränder laufen in zylindrische Fortsätze, die großen oberen und kleinen unteren Hörner, aus. Die *Unter-* oder *Ringknorpelhörner* artikulieren in den seitlichen Gelenkflächen des Ringknorpels; auch der Schildknorpel ist in diesem Gelenk (gegen den Ringknorpel) beweglich. Die *oberen* oder *Zungenbeinhörner* sind über Bänder mit dem Zungenbein verbunden.

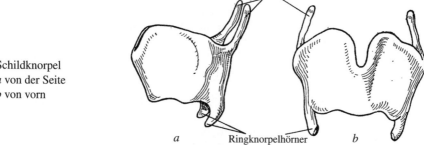

Zungenbeinhörner

Schildknorpel
a von der Seite
b von vorn

a   Ringknorpelhörner   *b*

Der **Kehldeckelknorpel** (C. epiglottidis), kurz *Kehldeckel* oder *Epiglottis*, ist ein flacher, im Umriß kartenherzförmiger Knorpel. Seine Spitze ist durch ein Band mit der Innenseite des Schildknorpelwinkels (unterhalb des „Adamsapfels") verbunden. Einem aufgerichteten, nach außen gekehrten Schuhlöffel ähnlich, ragt er schräg nach oben-hinten, mit dem oberen Teil frei in den Rachen. Über ein Band steht er mit dem Zungengrund in Verbindung. Der obere Rand der Epiglottis bildet die vordere Umrandung des Kehlkopfeinganges. Beim Schluckakt klappt der Kehldeckel nach hinten-unten und verschließt den Eingang zum Kehlkopf, so daß die Speisen über ihn in den hinter der Luftröhre liegenden Speiseschlauch hinabgleiten können.

2.2.2. Die Muskulatur des Kehlkopfes

Nicht nur die einzelnen Knorpel des Kehlkopfes sind untereinander beweglich, sondern auch die Stellung des ganzen Kehlkopfes ist sehr veränderlich. So steigt er beim Schluckakt hoch und senkt sich beim Gähnen (auch sonst bei tiefer Einatmung). Diese vertikalen Bewegungen ermöglicht die Rahmen- oder *äußere Kehlkopfmuskulatur*, die den Kehlkopf mit dem Brustbein, dem Zungenbein und dem Rachen verbindet; außerdem kann sie den Kehlkopf in seiner jeweiligen Lage fixieren.

Auch beim Sprechen verändert der Larynx seinen Stand, und zwar dauernd. Die Artikulationsbewegungen (Öffnungsbewegungen des Mundes, Unterkiefer- und besonders Zungenbewegungen) üben also ebenfalls „einen merklichen Einfluß auf den Kehlkopfstand aus. Der Kehlkopf wird dabei rein passiv von den Artikulationsorganen mitbewegt" (GUTZMANN 1928, 170).

Ausgeprägter sind die vertikalen Kehlkopfbewegungen beim Gesang, d. h. bei der unausgebildeten Naturstimme. Beim Natursänger stellt man stark wechselnden Kehlkopfstand fest. Wir können es an uns selbst beobachten, wie mit steigender Tonhöhe der Kehlkopf nach oben gehoben wird und daß er bei tiefen Tönen sinkt. Diese Feststellung trifft auch für das Sprechen zu. (Es sei an die emotionell bedingte Erhöhung der Sprechstimme, z. B. schrilles Keifen, erinnert, die mit einer Aufwärtsbewegung des gesamten Organs einhergeht.)

Im Gegensatz dazu bleibt der Kehlkopf bei geschulten Stimmen, namentlich beim Aufwärtssingen, verhältnismäßig ruhig stehen, und zwar in relativer Tiefstellung. Sie wird für den Kunstgesang als günstig erachtet und sollte auch für ausdauernde wie kraftvolle Leistungen der Sprechstimme angestrebt werden. Erzwungene tiefe Fixierung des Kehlkopfes dagegen ist nach SEIDNER/WENDLER (1997, 83) unphysiologisch und kann stimmschädigend wirken.

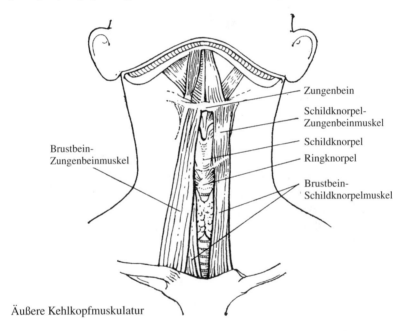

Zungenbein

Schildknorpel-
Zungenbeinmuskel

Schildknorpel

Ringknorpel

Brustbein-
Schildknorpelmuskel

Brustbein-
Zungenbeinmuskel

Äußere Kehlkopfmuskulatur

Die Tiefstellung bewirkt in erster Linie der **Brustbein-Schildknorpelmuskel** (M. sterno-thyreoideus), der sich in zwei Strängen von der Innenseite des oberen Randes des Brustbeines zu den Seitenflächen des Schildknorpels erstreckt. Nach den älteren Untersuchungen C. L. MERKELS und R. SCHILLINGS soll er den Schildknorpel gleichzeitig nach hinten kippen. Beides ist für die Stimmfunktion von großer Bedeutung. Durch die Rückkippfunktion würden die Stimmlippenansätze einander genähert, die Stimmlippen passiv entspannt werden.[17] Somit wäre dieser Muskel ein wichtiger Antagonist des Ring-Schildknorpelmuskels, der die Stimmlippen verlängert und passiv spannt. Er würde den Stimmuskel entlasten und ihm freies Spiel gestatten. Mit der zwanglosen Tiefstellung geht eine Weitung des Kehlresonanzraumes (und meist auch des größten Teiles des Ansatzrohres) einher. Neben der Verbesserung der Resonanzverhältnisse wirkt sie sich auf die Schwingtätigkeit der Stimmlippen günstig aus.

Der **Schildknorpel-Zungenbeinmuskel** (M. thyreo-hyoideus) bildet gleichsam die Fortsetzung des vorigen nach oben. Er geht von der Ansatzstelle des Brustbein-Schildknorpelmuskels aus nach den Seitenteilen des Zungenbeins. Dies kann er herabziehen, ist es festgestellt, zieht er den Kehlkopf aufwärts.

Der ebenfalls paarige **Brustbein-Zungenbeinmuskel** (M. sterno-hyoideus) verläuft gleichsinnig, jedoch über den beiden vorigen. Tritt er in Aktion, so verändert sich mit dem Herabziehen des Zungenbeins auch die Lage des Kehlkopfes (Begleitbewegung des Zungenbeins). Seine Funktion beeinflußt ebenfalls indirekt die Stimmbildung.

Es ist einleuchtend, daß *Hochatmung* (vgl. 1.3.2., S. 15 ff.), bei der sich entweder nur der obere Teil des Brustkorbs bewegt oder der gesamte Brustkorb und die Schultern hochgezogen werden, zu Fehl- und Überspannungen der äußeren Kehlkopf- und Halsmuskulatur führen muß. Der Kehlkopf wird krampfhaft fixiert. Die negativen Einwirkungen auf die Stimmfunktion sind bedeutend.

Zu den äußeren Kehlkopfmuskeln zählt auch der bereits erwähnte **Ring-Schildknorpelmuskel** (M. crico-thyreoideus). Er beginnt an der Außenfläche des Ringknorpelbogens und setzt am unteren inneren Rand und Horn des Schildknorpels an. Bei Kontraktion werden die beiden Knorpel vorne einander genähert und dadurch die Stimmlippen passiv gespannt ("äußere" Spannung). Bei seinem Funktionsausfall würde die Stimmlippenspannung versagen, hohe Töne könnten nicht erzeugt werden.

Die an den Stellknorpeln ansetzenden *inneren Kehlkopfmuskeln* verändern die (in anderem Zusammenhang beschriebene) Form und Weite der Stimmritze. Einer Gruppe von 3 Muskeln, die nicht nur die Stellknorpel und mit ihnen die Stimmlippen zueinander bewegt (*Verengerer* oder *Schließmuskulatur*), sondern auch deren Elastizität und Spannung während der Phonation aufrechterhält, steht ein *Erweiterer* bzw. *Öffner* gegenüber. Die Veränderung der "inneren Spannung" der Stimmlippen erfolgt durch "aktive" Änderung ihrer Elastizität und Länge durch den sie in Längsrichtung durchziehenden **Stimmuskel**. Außer der Spannung der Stimmlippen kann der Stimmuskel "durch teilweise Kontraktion ... auch die Form der Stimmlippen verändern" (RANKE/LULLIES 1953, 175), Spannungsunterschiede und Änderungen der Masseverteilung innerhalb der Stimmlippen bewirken. Er arbeitet als Gegenspieler des Ring-Schildknorpelmuskels, indem er seine Ansatzpunkte einander nähern kann, die durch Kontraktion dieses Muskels voneinander entfernt werden.

Aus dem oben Gesagten ist ersichtlich, daß der Spannungsmechanismus der Stimmlippen und die Funktion der äußeren Kehlkopfmuskulatur in engem Zusammenhang stehen, daß die Leistungsfähigkeit der Stimmlippen von der richtigen Funktion der äußeren Kehlkopfmuskeln abhängig ist. Sie wurden darum etwas ausführlicher dargestellt, weil über die äußere Kehlkopfmuskulatur die innere Kehlkopfmuskulatur mittelbar beeinflußt werden kann.

2.2.3. Die Stimmlippen

2.2.3.1. Grundsätzliches

Von den seitlichen Kehlkopfwänden ragen je zwei lippenartige Wülste in das Kehlkopflumen hinein. Das obere „Lippenpaar" (*Taschenfalten*) ist normalerweise an der Stimmbildung nicht beteiligt. (Siehe 3. 2., S. 60 f.)

Das untere Faltenpaar, die sog. **Stimmlippen** (Labia vocalia), ist das eigentliche Stimmorgan. Es handelt sich um Schleimhautfalten (daher auch **Stimmfalten**, Plicae vocalis), die sich um den *Stimmuskel* (M. vocalis) herumlegen. Diese Schleimhautüberkleidung ist gegenüber der Unterlage verschiebbar. Die Bezeichnung Stimm*bänder* ist darum sachlich unrichtig. Einzig der obere freie Rand der Stimmfalten wird *Stimmband* (Ligamentum vocale) genannt. Das Fasersystem des Stimmmuskels ist die formgebende Grundlage der Stimmfalten und bewirkt ihre feinere Spannung.[18]

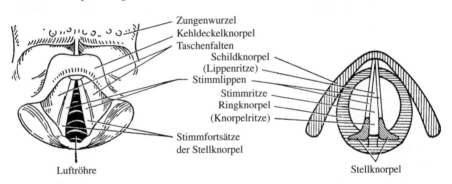

links Spiegelbild des Kehlkopfes
rechts Querschnitt durch den Kehlkopf oberhalb der Stimmlippen (*schematisch*)

Die Stimmlippen verlaufen waagerecht, vorn sind sie an der Innenseite des Schildknorpelwinkels (etwa auf der Höhe des „Adamsapfels") befestigt, hinten an den Stimmfortsätzen der Stellknorpel. Je nach ihrer Stellung begrenzen die Stimmfalten eine mehr oder weniger breite längliche Öffnung, die *Stimmritze* (Rima glottidis, auch Glottis). Man unterscheidet an ihr:

a) die *Lippenritze* (Glottis ligamentosa): d. i. der von den Stimmlippen begrenzte, vordere längere, aber schmalere Teil;

b) die *Knorpelritze* (Glottis cartilaginea): d. i. der von den Stimmfortsätzen der Stellknorpel begrenzte, hintere, kürzere, aber breitere Teil.

(Die unterschiedliche Bezeichnung der Teile der Glottis besagt jedoch nicht, daß sie in zwei voneinander getrennte Bereiche zerfällt.)

Die an den Muskelfortsätzen der Stellknorpel ansetzenden inneren Kehlkopf-muskeln bewegen die Stellknorpel, mit deren Hilfe sie die Stimmritze erweitern (bzw. öffnen) und verengen (bzw. schließen).

2.2.3.2. Stellungen der Stimmlippen (Formen der Stimmritze)

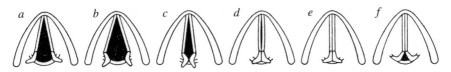

Stellungen der Stimmlippen:

a Vitalatmungs- oder Ruhestellung   *c* Hauchstellung   *e* Vollverschlußstellung

b weite Atemstellung   *d* Stimmstellung   *f* Flüsterstellung

Vitalatmungs- oder *Ruhestellung*

Bei ruhiger geräuschloser Atmung hat die Stimmritze die Form eines langge-streckten schmalen gleichschenkligen Dreiecks.

Weite Atemstellung

Für besonders tiefe (stärkere) und zugleich geräuschlose Atmung erweitert sich die Glottis zu größter Öffnungsweite, sie nimmt die Form eines symmetrischen Fünfecks an. Diese kommt dadurch zustande, daß die Stimmfortsätze der Stell-knorpel nach außen (voneinander weg) gedreht werden.

Hauch- oder *Exspirationsstellung*

In der Hauchstellung bzw. bei der Ausatmung verengt sich die Glottis zu einer spindelförmigen Längsöffnung (vgl. 2.3.2.2., S. 41 f.).

Stimm- oder *Phonationsstellung*

Stimmlippen und Stellknorpel (sowohl mit den Spitzen wie in der Basis) sind zusammengeführt, so daß sie parallel fast aneinanderliegen. Während die Knor-pelritze fest verschlossen ist, erscheint die Lippenritze als feiner strichförmiger elliptischer Längsspalt (vgl. 2.3.2.3., S. 42 f.)

Vollverschlußstellung

Die Stimmlippen und Stellknorpel liegen aneinander, die Glottis ist verschlossen. Dieser Kehlverschluß kann durchaus unterschiedlich beschaffen sein. Es ist zumindest zwischen hermetischem Abschluß (mit fest aneinandergepreßten Stimmlippen) und einem mehr lockeren Verschluß zu unterscheiden.

Vorübergehend liegt *absoluter Kehlverschluß* u. a. bei der *Bauchpresse* (z. B. beim Stuhlentleeren), beim Aufheben von schweren Lasten und beim *Husten* vor. Wird der Preßverschluß über längere Zeit beibehalten, z. B. beim Heben von schweren Gegenständen, können organische Schäden an den Stimmlippen (Muskelrisse) auftreten. Bei andauerndem vollständigem Verschluß der Glottis (Stimmritzenkrampf) besteht Erstickungsgefahr. Aber auch gewohnheitsmäßiger Stimmbeginn vom absoluten Kehlverschluß (und seiner gewaltsamen Sprengung) aus hat schädigende Wirkung.

Beim *Räuspern* liegen ähnliche Verhältnisse vor wie beim Husten. Der hermetische Glottisverschluß muß explosionsartig durch verstärkten Ausatmungsdruck überwunden werden. Allerdings tritt während des Räusperns häufig noch eine Mischung von gepreßt-kratziger Phonation und hauchigem Stimmlippen-Reibegeräusch hinzu. Zwar verschafft das Räuspern momentane Linderung, die Stimmlippen werden schleimfrei, aber ihre Schleimhaut wird zugleich von neuem gereizt, zu neuer Schleimbildung angeregt, so daß wir eine „Kettenreaktion" auslösen. Bei ausgeprägtem Räusperzwang ist deshalb vorsichtiges Abhusten besser als anhaltendes Räuspern. Auch reduzierte Atemwürfe mit ihrer Orientierung auf die Peripherie, auf schnelles Ausatmen durch federndes Einziehen der Bauchdecke, und auf Wurfsilben wie [həp], [hɔp], [hup] o. ä., mit denen lockerer Kehlverschluß anstrengungslos überwunden wird, haben sich bewährt (vgl. 2.4.1.2., S. 51 f.).

Lockerer Kehlverschluß liegt beim hygienischen Glottisschlageinsatz für den wortanlautenden Vokal vor (vgl. 3.4.3.7, S. 81).

Flüsterstellung

Beim Flüstern ist die Lippenritze geschlossen, nur die Knorpelritze ist geöffnet und bildet ein kleines Dreieck. Diese Y-förmige Stimmritze entsteht, wenn die Stimmfortsätze der Stellknorpel zueinander, nach innen gedreht werden, so daß sich ihre Spitzen berühren, ohne daß sich jedoch die Stellknorpelbasen einander nähern.

In diesem Zusammenhang einige Bemerkungen zur sogenannten *Flüstersprache*. Dem *Mundflüstern* liegt jene erwähnte ideale Flüsterstellung der Stimmlippen zugrunde, bei der die Lippenritze geschlossen und nur die Knorpelritze geöffnet ist („Flüsterdreieck"). Da die Stimmlippen beim Mundflüstern nicht schwingen, entsteht kein Stimmklang. „Lediglich der *Eigenton* der jeweiligen Ansatzrohrform wirkt in gewissem Maße schallgebend" (SCHWEINSBERG 1946, 190). Hiervon können wir uns überzeugen, wenn wir unsere Artikulationsorgane auf einen Vokal einstellen, der Mundhöhle eine beliebige Vokalform geben und mit dem Zeigefinger eine Wange beklopfen; wir erzeugen (ohne auszuatmen, ohne Stimmlippenbeteiligung) eine dem gewünschten Laut durchaus ähnliche Vokalfarbe. Gesprochen wird nun bei geringstem, fast unmerklichem Atemverbrauch durch genaue, intensive Artikulationsbewegungen. Die reinen Geräuschlaute bleiben also nicht nur erhalten, sondern damit diese Flüstersprache trotz des Ausschaltens der Phonation für den Hörer gut verständlich wird, muß die artikulatorische Ausformung besonders der stimmlosen Laute sehr klar ausgeprägt sein. Das Artikulieren tritt somit in den Vordergrund, die Geräuschseite des Sprechens wird überbetont. So kann das Mundflüstern eine wertvolle Artikulationsschulung und -übung (vor allem für die Bildung der Konsonanten) darstellen, es belegt außerdem, wie wichtig das konsonantische Gerüst für die Deutlichkeit und Verständlichkeit unserer Sprache ist.

Die Flüsterübungen sollten nur unter Anleitung eines erfahrenen Sprecherziehers durchgeführt werden, auch die Übertragung der gewonnenen genauen stimmlosen Artikulation auf das Sprechen mit vollem Stimmklang. Die Anleitung durch den Sprecherzieher empfiehlt sich um so mehr, da die Flüsterübungen häufig fehlerhaft ausgeführt werden, unrichtiges Flüstern jedoch stimmschädigende Auswirkungen haben kann ("Flüsterheiserkeit").

Das fehlerhafte, stimmlich *unhygienische Flüstern* entsteht, wenn die Lippenritze schwach geöffnet ist, so daß sich die Luft auch an der Schleimhaut der Stimmlippen reibt (vgl. 2.3.2.2., S. 41 f.). Dies kann zum Austrocknen der empfindlichen Schleimhäute und zu entzündlichen Prozessen führen. Dieses Flüstern ist deutlich an dem Kehlkopfreibe- bzw. Hauchgeräusch oder an der hauchigen Mischung von Stimme und Flüsterpressen zu erkennen. Es ist mit wesentlich erhöhtem Luftverbrauch verbunden, leistet der *Atemverschwendung* ("wilde Luft") Vorschub und kann sich – indem sich die Stimmlippen an den "undichten" Schluß gewöhnen – in mattem hauchigem Stimmklang äußern.

Wegen seiner Gefahren (u. a. Verlagerung der Artikulationsspannung in den pharyngalen und glottalen Bereich, zu starke Inanspruchnahme des Flüstergeräusches) ist dieses Flüstern auch nicht zur Stimmschonung (z. B. bei Erkältungen) zu empfehlen.

2.3. Stimmfunktion des Kehlkopfes

2.3.1. Die Stimmerzeugung

Die menschliche Stimme entsteht mit Hilfe der Stimmlippen. Nach der führenden *muskelelastischen* (myoelastisch-aerodynamischen) Stimmlippenschwingungstheorie geraten die durch das Zentralnervensystem eingestellten Stimmlippen aus der Phonationsstellung durch ein abgewogenes Verhältnis zwischen dosiertem

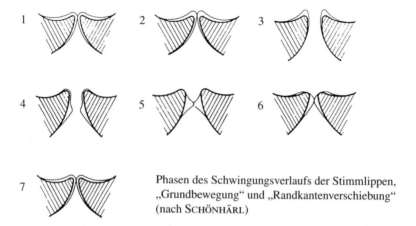

Phasen des Schwingungsverlaufs der Stimmlippen,
„Grundbewegung" und „Randkantenverschiebung"
(nach SCHÖNHÄRL)

Druck eines bestimmten Atemvolumens, elastischer Stimmlippenspannung und Sogwirkung der Luftströmung in einen komplizierten stabilen Schwingungsvorgang.[19] Seitlich gegeneinander gerichtete, horizontale und zugleich vertikale Bewegungen der Stimmlippen („Grundbewegung") sowie elliptisch verlaufende rhythmische Wälzbewegungen der gegenüber ihrer „Unterlage" verschiebbaren Schleimhautüberkleidung der Stimmlippen, bei denen die Verschlußstelle an der Innenseite der Stimmlippen vertikal wandert (Eigenbewegung der Schleimhaut bzw. „Randkantenverschiebung", nach SCHÖNHÄRL), durch die die Glottis wechselnd (relativ lang) geschlossen und (relativ kurz) geöffnet wird, wandeln den Luftstrom in rhythmische Luftstöße um. Diese periodischen Luftverdichtungen und -verdünnungen nimmt unser Ohr als sog. Ton, d. i. im physikalischen Sinne Klang, wahr. Die Stimmlippen wirken also als elastische Schwingkörper oder „schwingende Hemmkörper" (wie die Mundlippen des Blechbläsers, im übertragenen Sinne) „und nicht als selbsttätige Schallgeber (wie die Saiten der Streichinstrumente)" (SCHWEINSBERG 1946, 130).

Nach der herrschenden *muskelelastischen* Theorie ist die Ausatmungsluft das „tönende Medium" *und* die treibende Kraft der Stimmlippenschwingungen. Der Ausatmungsvorgang läßt die Luft im Windrohr aufsteigen. Unterhalb der sich in Phonationsstellung befindenden Stimmlippen staut und verdichtet sich die Luft etwas. Die Bewegungen des Atmungsorgans steuern den subglottalen Druck einer bestimmten Atemmenge,[20] bis er ausreicht, den elastischen Widerstand der Stimmlippen zu überwinden. Sie werden auseinandergedrängt, d. h., ihre Auswärtsschwingung wird ausgelöst. Die etwas größere Glottisöffnung läßt mehr Luft nach außen fließen, dadurch sinkt der subglottale Atemdruck, die Elastizität der Stimmlippen überwiegt und führt sie zusammen, d. h., sie schwingen einwärts, in ihre Ausgangsstellung zurück.[21] Der Anblasedruck steigt wieder, die Stimmlippen werden von neuem auseinandergedrückt, sie schwingen wieder einwärts.

Dieser Vorgang wiederholt sich nun in schneller Folge, die Stimmlippen vibrieren gegeneinander.

Demnach sind myoelastische sowie aerodynamische Kräfte allein (ohne jeden Nervenimpuls) durchaus in der Lage, Stimmlippenschwingungen zu erregen.[22]

Dieser „reine Stimmton", der normalerweise nicht zu hören ist, wird stimmphysiologisch als *„primärer Ton"* bezeichnet, weil er nur den „Ausgangspunkt" für die Stimmgebung darstellt.[23] Physikalisch handelt es sich vielmehr um einen *„komplexen Ton",* d. h. *Klang.*[24] Das Ansatzrohr verstärkt und modifiziert resonatorisch den Primärklang. Es ist aber nicht nur Modifikator (für die Klanglaute), sondern auch Schallquelle (für die Geräuschlaute). Durch ein abgestuftes Zusammenwirken der peripheren Sprechorgane wird der Stimmton oder der Luftstrom im Ansatzrohr verändert, d. h. entstehen die Sprachlaute.

2.3.2. Die Stimmeinsätze

2.3.2.1. Grundsätzliches

Als Stimmeinsatz bezeichnet man den Moment, in dem die Stimmlippen aus einem schwingungslosen Zustand in die Stimmstellung übergehen, und die Art, wie sie zum Schwingen ansetzen. Bei ruhiger Atmung bildet die Glottis ein langgestrecktes Dreieck. Zur Phonation muß die Stimmritze bis auf einen feinen elliptischen Spalt verschlossen werden. Dieser Übergang der Stimmlippen aus einer *Atmungsform* der Glottis (Glottis respiratoria) in die *Stimmform* (Glottis phonatoria) und ihr Schwingungsbeginn kann sich auf drei Arten vollziehen. Nach dem dabei entstehenden akustischen Effekt unterscheidet man (nach GUTZMANN) gehauchte, weiche und Glottisschlageinsätze.

2.3.2.2. Der gehauchte Stimmeinsatz

Die Stimmlippen gehen von einer Atmungsstellung allmählich in die Stimmstellung, die geöffnete Glottis schließt sich relativ langsam. Während dieser Schließbewegung (die Stimmlippen befinden sich also noch in der Hauchstellung), die in die Ausatmungsluft hinein erfolgt, setzen bereits verhaltene Stimmlippenschwingungen ein. Der Ausatmungsstrom reibt sich an den Stimmlippen, so daß ein sanftes Hauchgeräusch mit synchronem pharyngalem und oralem Hauch entsteht. Dieses Reibegeräusch hält so lange an, bis sich die Stimmlippen auf den strichförmigen elliptischen Spalt genähert haben, sich also in Stimmstellung befinden, und ihre Schwingungen in voller Intensität einsetzen. Der Phonation geht demnach ein mehr oder weniger langes Hauchgeräusch voraus, das rasch, kontinuierlich in die anklingende Stimme übergeht. Dieses Hauchgeräusch ist in der deutschen Sprache phonologisch relevant und repräsentiert das Phonem /h/ im Anlaut vor Vokal (vgl. /h/, S. 348 ff.).

In Hauchstellung befinden sich die Stimmlippen auch bei Fortis-Verschluß-lauten und -Reibelauten. Der gehauchte Einsatz tritt bei Vokalen in inlautender Position nach behauchten Verschluß- und nach Reibelauten auf.

Ansonsten (v. a. für den vokalischen Wortanlaut) sollte der gehauchte Einsatz in der Praxis ausscheiden, da er zu *phonatorischer Luftverschwendung* führen und sich schließlich in vielfältiger Beeinträchtigung der Stimme („undichte" Stimme) äußern kann. Aus diesem Grunde sollte man ihn bzw. die Anhauchstellung im allgemeinen auch nicht zum Erlernen des Vokaleinsatzes verwenden.

Es soll jedoch eingeräumt werden, daß der hygienische gehauchte Stimmein-satz in der fachlich versierten Stimmtherapie zur Beseitigung des gepreßten Vokaleinsatzes, d. h. im Rahmen der phonopädischen Übungsbehandlung von hyperfunktionellen Dysphonien, seine Berechtigung hat.

Und doch erziehen manche Gesangspädagogen diesen Vokaleinsatz ihren Schülern an. Sie dulden nicht nur, sondern sie fördern es offenbar, daß z. B. *Es, es, es und es ...* wie *hes, hes, hes hund hes ...* intoniert wird (was einigermaßen lächerlich wirken kann), um auf diese Weise dem – wie sie meinen – stimm-schädigenden Glottisschlag zu begegnen. Sie leisten damit u. U. funktioneller Stimmschwäche Vorschub und setzen sich auch über eine andere wichtige stimm-physiologische Erkenntnis hinweg. Der Einsatz stellt kein isoliertes Geschehen dar, sondern Güte wie Fehlleistungen sind symptomatisch für den Zustand der Stimme überhaupt und selbstverständlich auch umgekehrt.

Ebenso muß in diesem Zusammenhang auf die Abhängigkeit der Stimmge-bung von körperlichen und seelischen Vorgängen hingewiesen werden. So wie wir bei Ungeduld, starker Verärgerung, Zorn, Wut, aber auch Trauer, Schmerz eine harte, gepreßte, sich überschreiende bzw. brüchige Stimme mit unphysiologischen Glottisschlageinsätzen feststellen können, ist der gehauchte Vokaleinsatz für die Hörer häufig Ausdruck der Unsicherheit, fehlenden Selbstbewußtseins und -ver-trauens, der Beklommenheit. Und die gesamte Stimme klingt dann wie ver-schleiert, ist matt und hauchig.

2.3.2.3.   Der weiche Stimmeinsatz

Die Stimmlippen gehen von einer Atmungsstellung schnell in die Stimmstellung über, die geöffnete Glottis verengt sich rasch bis auf einen schmalen elliptischen Längsspalt. Durch allmählich steigenden Atemdruck setzen nun gleichmäßig zunehmende Stimmlippenschwingungen ein. Herstellen des schwingungsfähigen Zustandes und Strömungsbeginn der Ausatmungsluft erfolgen gleichzeitig, so daß weder ein Hauch- noch ein Knallgeräusch entstehen kann.

Der weiche Einsatz wird von vielen Stimmbildnern, Sprecherziehern und Me-dizinern als stimmhygienisch bester Einsatz bezeichnet und wegen dieser Stimm-günstigkeit mit Recht empfohlen. Doch läßt er sich in der deutschen Sprache nicht ausschließlich verwenden. Selbstverständlich sind in der deutschen Sprache Wörter mit stimmhaften Konsonanten wie [m], [n], [l] im Anlaut weich einzusetzen; aber der vokalische Anlaut muß ohne Zweifel vorwiegend mit einem festen (hygienischen) Glottisschlageinsatz gebildet werden (vgl. 3.4.3.7., S. 81). Den weichen Einsatz kann man beim Lallen, jener Lustäußerung der Säuglinge, beobachten. Man hört diesen Stimmbeginn überhaupt bei Äußerungen der Freude und Bewunderung (z. B. freudiges „Oh" oder bewunderndes „Ah"). Auch in ruhiger, stimmungsausgeglichener, affektloser Rede ist er festzustellen. Jedoch – eine gewisse Tendenz zum Verhauchen liegt nahe, ebenfalls die Neigung zum „Verschleifen", bei dem das in der deutschen Standardaussprache typische *Neueinsetzen* der vokalischen Silbenanlaute zugunsten der *Bindung* aufgegeben wird. Aus *vereisen* wird dann *verreisen*, aus *Bild-erfolge* wird *Bilderfolge*.

Stark ausgeprägte Bindung in Verbindung mit grundsätzlich durchgeführtem weichem Einsetzen fördert zwar den Legato-Charakter einer Sprechweise, macht aber die Aussprache auch weicher (wie z. B. im Österreichischen, auch im Französischen), z. T. getragener.

Weiche Einsätze und Silbenbinden sind eine vorwiegend umgangssprachliche und mundartliche Eigenart, z. B. im Österreichischen und Bayrischen. Aber ihre uneingeschränkte, allgemeine und alleinige Verwendung in der deutschen Sprache lehnen wir ab, weil sie spezifischen Eigentümlichkeiten unserer Muttersprache widerspricht.

2.3.2.4. Glottisschlageinsätze

Im Prinzip ist den Glottisschlageinsätzen gemeinsam, daß die Schwingungstätigkeit der Stimmlippen aus ihrer Verschlußstellung beginnt. Die Stimmlippen legen sich zur Stimmerzeugung aneinander, die Glottis ist also vor der Stimmbildung verschlossen. Unter den Stimmlippen staut und komprimiert sich die Luft etwas; dieser gering erhöhte Atemdruck drängt schließlich beim Nachgeben der muskulären Spannung die Stimmlippen auseinander (der Stimmlippenverschluß wird gewissermaßen „gesprengt"). Dabei entsteht gleichsam ein „Einschaltknack", der den Schwingungsbeginn der Stimmlippen einleitet. Der Stimmbeginn ist also von einer Art „Sprenglaut" begleitet.

Man kann den leichten *Knacklaut* deutlich hören, wenn Wörter mit vokalischem Anlaut, z. B. *es ist*, geflüstert werden. Mit jedem anlautenden „Vokal" erscheint dieser „Einschaltknack" (vgl. 2.4.1.4., S. 55f.). Es ist jedoch darauf zu achten, daß es sich um reines „Mundflüstern" handelt, bei dem die Schwingtätigkeit der Stimmlippen ausgeschaltet ist. Wir erzeugen also keine Stimme, demnach auch keinen Vokal, sondern beim vorsichtigen Öffnen des lockeren Kehlverschlusses entsteht ein wenig intensiver Knall, der durch die Einstellung des Ansatzrohres auf eine bestimmte Vokalform lediglich entsprechende Vokalfärbung erhält (vgl. *Flüsterstellung*, S. 38f.).

Vor allem hinsichtlich der Beschaffenheit und Stärke des Kehlverschlusses und dieses Knacklautes sind nun zwei Glottisschlageinsätze zu unterscheiden.

Der *hygienische Glottisschlageinsatz* wird mit naturgemäßer „relativer Tiefstellung" des Kehlkopfes gebildet; der Kehlresonanzraum ist dadurch erweitert. Bei maximaler Annäherung der Stimmlippeneinsätze liegen die Stimmlippen entspannt aneinander und bilden einen lockeren Kehlverschluß, den schon schwacher Atemdruck öffnet. Hierbei fangen die weichen Stimmlippenpolster den Luftstrom gleichsam ab und erzeugen einen Knall, der etwa dem Platzen einer Seifenblase gleicht und selbst bei Steigerung der Lautstärke physiologisch bleibt. Dieser hygienische Glottisschlag schont die Stimmlippen, ihm ist deshalb stimmgesundheitlich günstige Wirkung beizumessen.

Der physiologische Glottisschlag ist Bestandteil des anlautenden Vokals, er ist quasi „eingebettet" in die gleichzeitig einsetzende Stimme, mit „unbewaffnetem" Ohr gar nicht herauszuhören. (Aber er ist mühelos festzustellen, wenn man z. B. mit einem Stethoskop den Kehlkopf abhört.) Eigentlich ist seine Existenz „nur nachweisbar an der Präzision, mit der der Vokal eingesetzt wird" (ADERHOLD 1998, 136).

Der hygienische Glottisschlag entspricht etwa dem SCHILLINGschen *„Ventiltönchen"*, jenem, „weichen" Knall, der bei behutsamem Sprengen des lockeren Kehlverschlusses beim stimmlosen Vokalflüstern entsteht (vgl. 2.4.1.4., S. 55 f.). Er darf weder von einem Knarr- noch von einem Kratz- oder Reibegeräusch begleitet werden, sondern er muß klar und deutlich sein. Mit seiner Hilfe sind Einsatzstörungen leicht nachzuprüfen. Zum anderen ist das „Ventiltönchen" eine gute Vorübung für den festen Vokaleinsatz.

Für den vokalischen Anlaut, besonders für den Wortanlaut, ist in der deutschen Standardaussprache der hygienische Glottisschlageinsatz charakteristisch, er dient als aphonematisches Grenzsignal (vgl. E. M. KRECH 1964).

Beim *unhygienischen Glottisschlageinsatz* sind die Stimmlippen in ihrer ganzen Tiefe vollständig fest zusammengepreßt, so daß ein hermetischer Verschluß entsteht. Die Masse der Stimmlippen ist maximal gespannt. Erhöhter subglottischer Atemdruck reißt die Stimmlippen beim Einsetzen der Stimme weit auseinander, sprengt den Preßverschluß explosionsartig mit einem harten forcierten Knall, der nicht nur unschön wirkt, sondern äußerst stimmschädigend und deshalb unbedingt zu vermeiden ist. Dieser Preß- oder harte Einsatz (wie er auch genannt wird) ist zumeist mit Kehlkopfhochstand verbunden. Der geringe Abstand zwischen Zungenwurzel und Rachenrand, der schräg gestellte Kehldeckel und der angehobene Kehlkopf verkleinern besonders den Kehlresonanzraum.

Das gepreßte, scharfe Knack- oder Knarrgeräusch des unhygienischen Glottisschlages ist recht deutlich zu hören, und zwar v o r der eigentlichen Tongebung.

Dieser gepreßte Glottisschlageinsatz ist „an und für sich schon das Anzeichen einer bereits bestehenden ... Hyperkinese,[25] also einer Überaktion, die sich nicht nur auf den ‚Stimmapparat im engeren Sinne' zu beschränken braucht" (SCHWEINSBERG 1946, 141 f.).

Die Beschreibung der Stimmeinsätze wäre unvollständig, würde man nur von einem gestörten Einsatz bei Vokalbeginn (unhygienischer Glottisschlageinsatz, unrationelles gehauchtes Einsetzen) sprechen. H. FERNAU-HORN weist darauf hin, daß auch n a c h einem [h] oder anderen stimmlosen Konsonanten eine Überaktion der Stimmlippen auftreten kann. Selbst bei a n l a u t e n d e n stimmhaften Konsonanten sind – zwar selten – Einsatzstörungen festzustellen, so daß man auch einen *unhygienischen gehauchten* und einen *unhygienischen weichen Stimmeinsatz* unterscheiden muß.

2.3.3. Die Stimmabsätze

2.3.3.1. Grundsätzliches

Als Stimmabsatz bezeichnet man den Moment, in dem die Stimmlippen in einen schwingungslosen Zustand übergehen, und die Art, wie die Schwingungen aufhören. Der Klang der Stimme hört auf, wenn die Schwingungen der Stimmlippen aufhören. Analog den beschriebenen Stimm*ein*sätzen sind drei bzw. vier Arten des Phonations*endes* zu erwähnen. Die Absätze sind für unsere Sprache phonologisch irrelevant, wir führen sie lediglich aus stimmhygienischen Gründen an.

2.3.3.2. Der gehauchte Stimmabsatz

Am Ende der Stimmgebung öffnet sich die Stimmritze, die Stimmlippen weichen schwingend auseinander und stellen ihre Schwingungen ein. Hierbei reibt sich die entweichende Luft an den Stimmlippen und wird als Atemgeräusch hörbar. Auf den Laut folgt also ein vernehmbares Hauchgeräusch.

Abgesehen von emotional bedingten Äußerungen (z. B. erleichtertes Seufzen) und der positionsabhängigen sowie sprechsituativ bedingten Behauchung der Fortis-Verschlußlaute, ist das gehauchte Absetzen in der deutschen Sprache nicht üblich.

2.3.3.3. Der weiche Stimmabsatz

Am Phonationsende öffnet sich die Glottis, die Stimmlippen weichen unter schneller Dämpfung ihrer Schwingungen auseinander. Die Stimme klingt mit dem Aufhören des subglottischen Atemdruckes ohne Hauchgeräusch aus.

Das weiche Absetzen ist der in der deutschen Sprache übliche Ausklang der stimmhaften Konsonanten und Vokale.

2.3.3.4. Der feste Stimmabsatz

Die Stimmlippen legen sich aneinander, so daß ihre Schwingungstätigkeit aufhört. Der Ton endet ohne Geräusch.

Werden die Stimmlippen dagegen plötzlich energisch zusammengepreßt, so wird der Ton gewaltsam abgedrückt, und es entstehen stimmschädigende Spannungen und Verkrampfungen an den Stimmlippen, in der Kehlkopf- und Halsmuskulatur.

(Eine übermäßige Stimmlippenkompression äußert sich auch im „Abknarren", nach H. FERNAU-HORN, einer Mischung von unhygienischen Knacklauten und gepreßtem Knarren. Es tritt mitunter am Ende von längeren Sprecheinheiten, bei unökonomischer Atemführung, auf. Das „Abknarren" ist wegen seiner stimmschädigenden Auswirkung unbedingt zu vermeiden.)

2.3.4. Die physiologische Sprechstimmlage (Indifferenzlage, IL)[26]

Unter physiologischer Sprechstimmlage versteht man jenen Tonbezirk innerhalb des Sprechbereichs unseres Stimmumfanges, der mit geringstem Kraftaufwand der Kehlkopfmuskulatur und mit geringstem Atemdruck erzeugt wird, d. h. mit physiologisch geringem Energieaufwand der spezifischen Sprechmuskulatur. Die bereits in anderem Zusammenhang erwähnten Untersuchungen von W. und A. ZENKER belegen, daß in der physiologischen Sprechstimmlage sämtliche Kehlkopfteile, auch die Rahmenmuskulatur, „eine Position einnehmen, die sich nicht wesentlich von jener bei statischer Ruhelage unterscheidet, bei welcher … ein Minimum an Muskelaktivität herrscht" (ZENKER/ZENKER 1960, 25). In dieser Sprechstimmlage steht der Kehlkopf naturgemäß tief, Kehlkopf- und Rachenlumen sowie mittlerer und oberer Kehlraum sind optimal erweitert und somit das Ansatzrohr verlängert. Die Stimmlippen „sind lang bei höchstmöglicher Entspannung … und schwingen in toto mit größter Masse und mit größter Amplitude" (JESCHEK 1964, 197). Nur in der physiologischen Sprechstimmlage kann mühelos, ausdauernd und kräftig gesprochen werden. Die Variabilität und Modulationsfähigkeit der Stimme ist in der IL besonders gut. Die physiologische Sprechstimmlage umfaßt das untere Drittel des *musikalischen Stimmumfanges*[27] bzw. die unteren zwei Drittel des *Gesamtsprechbereiches,* der sich ungefähr über die untere Oktave des musikalisch verwertbaren Stimmumfanges ausbreitet, und erstreckt sich im allgemeinen bei Männern etwa von G–c (97 Hz – 129 Hz), bei Frauen etwa von g–c¹ (194 Hz – 259 Hz).

Die sog. *mittlere Sprechstimmlage*, d. i. die durchschnittliche Tonhöhe der Sprechstimme, liegt nach W. PREISSLER (1939) beim Baß um G–A, beim Bariton um B–c, beim Tenor um c. Bei Frauen liegt sie normalerweise eine Oktave höher.

Um einem eventuellen Irrtum vorzubeugen, sei nachdrücklich betont: Die mittlere Sprechstimmlage stellt einen Mittelwert, einen Durchschnitt dar, *um* den sich die Sprechtonlage bewegt. Auch die physiologische Sprechstimmlage ist kein feststehender Ton, auf dem monoton gesprochen wird, sondern (wie Name und Kennzeichnung des Tonumfanges besagen) ein Bereich (bis zu einer Quinte), in dem sich die Sprechmelodie gleitend auf und ab bewegt, die obere und untere Grenze gelegentlich auch überschreitend.

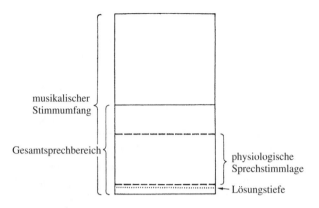

musikalischer Stimmumfang

Gesamtsprechbereich

physiologische Sprechstimmlage

Lösungstiefe

Damit wird also durchaus eingeräumt, daß – dem jeweiligen Grad der affektiven Unterlagerung entsprechend – sich die *Tonhöhenbewegungen der Sprechstimme* mitunter über einen größeren Bereich ausdehnen und überaus lebhaft kurvig höher- und tiefergleiten können. (Zugleich würde sich der gesamte rhythmische Verlauf ändern, das Sprechen würde an dynamischer und temporaler Bewegtheit und Variabilität gewinnen.) Doch selbst von dieser Seite, z. B. von einer vorübergehenden Stimmerhöhung im Feuer der Begeisterung, droht Gefahr (es sei an das „Überschnappen" der Stimme erinnert). Zwar ist unser Kehlkopf ein leistungsfähiges Organ. Er reagiert selbst auf geringste körperliche Einwirkungen (z. B. Bewegungen des Ansatzrohres) und Gefühlsregungen äußerst fein und sofort. Er ist auch zu Höchstleistungen fähig (denken wir an Volumen und Lautstärke der Rufstimme, an manche schier unerschöpfbare Rednerstimme), wenn die Beanspruchung in einem gesunden Wechsel von Spannung und Lösung erfolgt, wenn der Sprecher für eine derartige Höchstbelastung geschult ist und im Prinzip die IL einhält. Aber – auf jede ständig einseitige Beanspruchung antwortet der Kehlkopf (wie andere Organe bzw. Muskeln) mit Ermüdung und schließlich Erkrankung.

Eine solche einseitige Belastung ist *überhöhtes Sprechen*. Bei ständigem, gewohnheitsmäßigem Überschreiten der physiologischen Sprechstimmlage treten unweigerlich stimmliche Schädigungen auf, die allerdings oft schon nach dem Einpegeln der IL verschwinden oder sich doch wesentlich bessern, ein Zeichen dafür, daß ein großer Teil dieser stimmlichen Beeinträchtigungen auf dem Verlassen der IL beruht.

Aus den verschiedensten Ursachen, die eine Tonerhöhung bewirken, wollen wir zwei, die in der Praxis am häufigsten auftreten, herausgreifen: Bei fast allen Menschen ist mit beabsichtigtem lautem Sprechen, also mit der Vergrößerung der Stimm*stärke* (z. B. im Freien, in großen Räumen oder bei einer gewissen „Geräuschkulisse", die man übertönen oder durchdringen will) meistens (ungewollte) Stimmerhöhung gekoppelt (*physiologische Tonerhöhung*). Von dieser nicht immer scharf zu trennen ist die *gefühlsbedingte Tonerhöhung*. Jede Gemütsbewegung

47

(Emotion) bewirkt Stimmveränderung; Eifer, Begeisterung, starke geistige Konzentration beim Sprechen, aber auch Wut, Unbeherrschtsein u. ä. treiben die Stimme in die Höhe. Mit der Steigerung der Tonhöhe nimmt auch die Spannung der Stimmlippen zu. Zur stärkeren Wirksamkeit antagonistischer Muskelkräfte, die sich sowohl in einer Verkürzung als auch Streckung (Dehnung) der Stimmlippen bzw. Verringerung der schwingenden Masse auswirkt, kommt erhöhter, meistens jedoch forcierter Anblasedruck, eine starke Vorverlagerung des Zungenbeins und eine Aufwärtsbewegung des gesamten Kehlkopfes, so daß der Kehlresonanzraum verkleinert und dadurch das Ansatzrohr verkürzt wird. Es treten Verspannungen an der Kehlkopfrahmenmuskulatur, die sich der Artikulationsmuskulatur mitteilen (und die Rachenhöhle verengen), ja sogar gesamtkörperliche Verspannungen und Verkrampfungen auf. Vor allem wenn verschiedene stimmerhöhende Faktoren zusammenwirken, bedeuten sie für das Stimmorgan eine maßlose Überanstrengung.

Nun wird oft eingewandt, in größeren Räumen müsse man lauter sprechen (durchaus!) und damit sei zwangsläufig („organisch") höheres Sprechen verbunden und diese höhere Lage dringe auch besser durch. Daß ein höherer Ton im Moment gleichsam durchschlägt, sei nicht bestritten. Daß bei vielen Menschen *Lautheitssteigerung* mit Tonerhöhung einhergeht, sei ebenfalls zugegeben. Doch es muß nicht so sein. Lauter sprechen heißt niemals automatisch höher sprechen, sondern trotzdem im Bereich der IL und mit guter Konsonantenausformung. Gerade im Indifferenzbereich ist der sog. Abstrahleffekt, die *Raumwirksamkeit der Stimme* (die außerdem noch auf anderen Faktoren wie Stütze, Sprechzeitmaß beruht) besonders groß. Oder – anders ausgedrückt: Mit der für die Vergrößerung der Stimmstärke notwendigen Steigerung des Anblasedrucks darf die Stimmlippenspannung nicht zunehmen, sondern sie muß verringert werden (v. ESSEN) (vgl. 2.4.1., S. 55 ff.).

Andererseits ist die Überhöhung der Sprechstimme dem Sprecher häufig nicht bewußt, und sie erscheint ihm (wenigstens anfangs) nicht unbequem. Ganz im Gegenteil – die zu hohe Tonlage ist bereits zur Gewohnheit geworden und wird als natürlich bezeichnet. Dementsprechend wird die IL als zu tief abgelehnt, sie wird als unnatürlich empfunden. Leider rächt sich die Überschreitung erst nach einiger Zeit, anfangs mit schnell einsetzender stimmlicher Ermüdung und Unlustgefühlen, mit Druckgefühl und Schmerzempfindungen in der Kehlkopfregion, den Sprecher quält ständiger Räusperzwang (durch kehliges Quetschen und Pressen, die das Übel noch verschlechtern, versucht er, die verschiedenen Symptome stimmlicher Beeinträchtigung zu überwinden), zeitweilige oder dauernde Heiserkeit usw. treten auf.

Es muß aber ebenfalls darauf hingewiesen werden, daß bei *Untersteuerung* der physiologischen Sprechstimmlage – v. a. durch die Verkürzung der Stimmlippen und Abnahme ihrer Spannung, undichten Glottisschluß, zu geringen Anblasedruck, also eine verstärkte Aktivität spezifischer Muskelgruppen, die Verengung des epiglottischen Raumes und der Rachenhöhle – die Stimme intensitätsschwach wird und nicht mehr modulationsfähig ist.

Doch nicht allein wegen der Gefahr für die eigene Stimme darf die IL nicht verlassen werden, sondern auch deshalb, weil dauernde forcierte Sprechspannung (die ja beim überhöhten Sprechen vorliegt) sich auf den Hörer überträgt. Der Zuhörer empfindet derartige Erschöpfungszustände und vergebliche Anstrengungen nicht nur als „peinlich", sondern ahmt schließlich unbewußt durch *„inneres Sprechen"*[28] die Sprechweise des Redners nach (*„funktioneller Nachvollzug"*). „Eine stumme Masse spricht nämlich ununterbrochen mit" (TUCHOLSKY). Die unausbleiblichen Folgen sind vorerst Unruhe und Unaufmerksamkeit unter den Zuhörern, sie können sich zu ausgesprochenem Unbehagen, zu Unlustgefühlen verdichten, sogar zu im Kehlkopfgebiet lokalisierbaren Schmerzempfindungen führen. Der Kontakt wird empfindlich gestört, oft gänzlich unterbrochen. Denn spätestens jetzt verschließt sich der Hörer dem Sprecher und seinem Anliegen, denn jetzt geht von dem Sprecher nicht nur keine Ansprechwirkung aus, die Stimme, die Wohlklang und Tragfähigkeit verloren hat, wirkt nicht nur langweilig, ermüdend (einschläfernd), sondern „es tut einem weh". Und man wehrt sich mitunter nicht mehr länger, Abwehr und Ablehnung auch auf die Sache zu übertragen.

In der Schule z. B. wenden sich die Schüler Nebenbeschäftigungen zu, „die sich zur aktiven, wenn auch unbewußten Abwehr steigern. Es treten mehr und mehr Disziplinschwierigkeiten auf, deren der Lehrer sich mit erhöhter stimmlicher Anstrengung (und Indifferenzlage) zu erwehren sucht" (KRECH 1967, 35). Es entsteht ein fehlerhafter Kreislauf mit dem sicheren Ergebnis einer Erkrankung der Lehrerstimme!

Welche S c h l u ß f o l g e r u n g e n sind aus alledem zu ziehen? Ich wiederhole: Nur in der physiologischen Sprechstimmlage kann mühelos, ausdauernd und kräftig gesprochen werden. Wird sie bei berufsmäßiger Beanspruchung dauernd gewohnheitsmäßig überschritten oder nur an ihrer oberen Grenze benutzt, zieht dies Stimmstörungen nach sich. Wir verlangen kein sklavisches Festhalten an der IL, aber der Sprecher muß in der Lage sein, immer wieder in die IL zurückzukehren. Jeder Berufssprecher (Lehrer u. a.) muß deshalb mit dem Indifferenzproblem genau vertraut sein. Er muß seine individuelle IL kennen. Sie muß ihm bewußt sein bzw. bewußt gemacht werden. Der Lehrervortrag ist normalerweise relativ affektarm, sachlich, ruhig-überzeugend; er ist mit einer gewissen Einebnung der dynamischen, melodischen und temporalen Lebendigkeit und Variabilität verbunden (dies ist nicht gleichzusetzen mit langweiliger, leiernder Monotonie!) und weist ausgeglichenen Wechsel zwischen Spannung und Lösung auf. Auch dieser Bedingungen sollte er sich bewußt sein; denn sie erleichtern ihm das elastische Einhalten der IL. Physiologische bedingte Tonerhöhungen müssen grundsätzlich ausgeschaltet werden und gegenüber emotionell bedingten Überschreitungen der IL sollte man ebenfalls nicht nachsichtig sein. Zulässig sind faktisch nur solche Höhenkurven der Sprechmelodie, die durch „die herkömmliche Satztonbewegung bedingt" (DRACH 1969, 27) sind, die zur Verdeutlichung sprachlicher Unterschiede notwendig sind. Und danach heißt es: Sofort in den Indifferenzbereich zurück!

2.4.   Übungsteil

2.4.1.   Richtigstellung der Stimmeinsätze

2.4.1.1.   Grundsätzliches

Richtigstellung der Einsätze heißt in diesem Zusammenhang Anerziehung des hygienischen Glottisschlageinsatzes, das bedeutet andererseits Aberziehung des gepreßten und des verhauchten Vokaleinsatzes. Eine wesentliche Ursache für fehlerhafte Stimmeinsätze ist das Mißverhältnis zwischen subglottalem Atemdruck und Stimmlippenkompression (die entweder unzureichend oder übermäßig ist); dadurch wird ihr Schwingungsbeginn beeinträchtigt (überhauchter oder gepreßter Ton). Das heißt, sie beruhen auf ungenügender Beherrschung der Stimmatmung, auf Fehlspannungen im Stimmuskel (also der inneren) und in der äußeren Kehlkopfmuskulatur. Denn an der Stimmerzeugung (der Einstellung, Spannung und Schwingfähigkeit der Stimmlippen) ist die gesamte Kehlkopfmuskulatur beteiligt (ja sogar die Rachen- und Nackenmuskulatur, im weitesten Sinne selbst die Artikulationsorgane). Zwar sind diese Vorgänge im Kehlkopf bei der Stimmbildung unserer direkten willentlichen Einwirkung entzogen, sie sind unfühlbar und laufen selbständig ab (wir sind faktisch nur in der Lage, die Glottis willkürlich zu schließen und zu öffnen, die Art und Weise der Stimmlippenbewegung bleibt uns jedoch auch unbewußt); aber wir können sie in gewissen Grenzen indirekt beeinflussen.

Ausgehend von der Erkenntnis, daß die Leistungsfähigkeit der Stimmlippen in hohem Maße von der richtigen Funktion der äußeren Kehlkopfmuskulatur abhängt (sie ist an der Rahmenspannung der Stimmlippen beteiligt, ermöglicht die senkrechten Bewegungen und das Feststellen des Kehlkopfes), daß Fehlspannungen im Bereich des Stimmapparates an falsche Tätigkeit oder Schwäche der äußeren Kehlkopfmuskulatur gebunden ist, müssen wir diese Rahmenmuskulatur funktionstüchtig machen. Wichtige Vorübungen sind demnach die *Gähn-, Pleuel-* und *Zungenschleuderübung* (und ihre Kombinationen untereinander, s. 3.8.3., S. 110 ff.). Leistungsfähige äußere Kehlkopfmuskulatur schafft folgende Voraussetzungen für die ungehinderte Funktion der Stimmlippen: Federnde Kehlkopfbewegung innerhalb eines kleinen Bereiches beim Sprechen, zwangloses Tiefstellen des Kehlkopfes (dadurch werden die Stimmlippen „aktiv entspannt"[29]), unverkrampftes Beibehalten dieser relativen Tieflage bzw. nur mäßige Bewegung bei besonderen stimmlichen Anforderungen und bei den reinen Stimmelementen (der Atemdruck treibt also den Kehlkopf nicht hinauf). Zusammen mit der Gähnmechanik bewirkt sie Weite des mittleren und oberen Kehlraumes, des Kehl- und Mundrachens.

Das *Stoßdämpfungsprinzip* nutzt diese Erkenntnis und Ergebnisse: Es löst die Tätigkeit der äußeren Kehlkopfmuskulatur aus (und aktiviert sie zugleich), es bedient sich der Gähnmechanik, bringt Atmung, Stimmgebung und Artikulation automatisch in einen untrennbaren Zusammenhang, es koordiniert den subglottalen Luftdruck und die Stimmlippentätigkeit zu Beginn der Phonation (ihren elastischen Widerstand im exakten Stimmverschluß und dessen hygienische Sprengung), erzieht den physiologischen Glottisschlageinsatz auf dem Wege über den Vollverschluß an.

2.4.1.2. Atemwurfübung

Innerhalb des Tiefatmungsgeschehens wölbt sich die Bauchdecke beim Einatmen mit der „allseitigen Erweiterung der Gürtelpartie" weich heraus, bei ruhiger Ausatmung (z. B. affektarmem Sprechen) kehren die Bauchwände in die Ruhelage zurück. Bei raschem, stoßweisem Ausatmen (z. B. beim Husten, Niesen, „zwerchfellerschütternden" Lachen, unvermittelten lauten Rufen) schnellt die Bauchdecke plötzlich ruckartig nach „innen" (dem Anlaß entsprechend unterschiedlich).

Vergleichsweise Ähnliches liegt beim *Atemwurf* nach H. FERNAU-HORN (1954, 239 ff.) vor, der im Prinzip eine verstärkte und beschleunigte Ausatmung ist. Für unsere Zwecke ist es angebracht, ihn vorerst isoliert zu üben. „Nach weichem Anhub der vorderen Bauchwand bei Einatmung wird die Bauchwand blitzschnell federnd" (1954, 241) über die Ruhelage hinaus eingezogen, unterstützt durch leichten Druck der Fingerspitzen, so, als wolle man in einen Gummiball eine Delle drücken. Sprechen Sie dabei in normaler Lautstärke (wie im Gespräch) *„hupp"* oder besser noch eine „unartikulierte" Silbe, bestehend aus einem „Lippenkonsonanten", nicht deutlich ausgeformtem Vokal und beschließendem [p] (etwa [bəp, mʊp, vɔp, pap] oder ähnliches). Das Einwärtsfedern der Bauchdecke erfolgt erst auf dem Vokal. Der Mundverschluß (abschießendes [p]) und das Einziehen der Bauchdecke wird einen Moment beibehalten. Mit der Lösung des [p]-Verschlusses wird die (durch diesen Verschluß unterbrochene) Ausatmung fortgesetzt, und dabei kehrt die Bauchdecke in die Ruhelage zurück.

Stellen Sie sich vor, als würde allein das durch die federnde Kontraktion der Bauchdecke hochschnellende Zwerchfell einen Luftstoß auslösen, Atem direkt bis hinter die locker aufeinanderliegenden Lippen hochwerfen. Der Luftdruck unterbricht den Mundverschluß für einen Augenblick auf einen wenig ausgeprägten Vokal, ähnlich dem sog. Indifferenzvokal [ə], er wird also sofort wieder hergestellt und erst mit der Lösung der Bauchdeckenkontraktion auf Hauch gesprengt. Wohlgemerkt, es handelt sich nur um eine Übungsfiktion, die sich in der Praxis bewährt hat, indem sie auf äußere körperliche Vorgänge hin- und vom Kehlkopfgeschehen ablenkt.

Auf eine Ausatmung erfolgt nur ein Atemwurf. Schon daraus ist ersichtlich, daß wir für ihn nicht viel Luft benötigen. Für den Wurf ist zwar kombinierte Atmung erforderlich, aber es soll nur kurz und knapp eingeatmet werden. Es ist darauf zu achten, daß Brustkorb und Schultergürtel während der Übung völlig ruhig bleiben.

2.4.1.3. Federungsübung

Für die Erarbeitung des hygienischen Glottisschlageinsatzes wird der Atemwurf etwas modifiziert und mit der Gähnübung zu einer *Federungsübung*[30] verquickt. Wie eingangs erwähnt, ist die Beherrschung der Gähnmechanik (s. 3.8.3.4., S. 113 f.) eine weitere Voraussetzung für diese Übung nach dem Stoßdämpfungsprinzip. Tiefes Einatmen unter Gähnvorstellung bewirkt zwangloses Herabziehen des Kehlkopfes, Weitung der Kehl- und Rachenräume und u. a. den weichen Anhub der vorderen Bauchwand. (Ich wiederhole bewußt:) Unter Kontrolle oder mit sanftem, helfendem Druck der aufgelegten Fingerspitzen wird die Bauchdecke blitzschnell (waagerecht) eingezogen (über die Ruhelage hinaus). „Synchron" mit diesem Einwärtsschleudern rufen wir (aber zunächst in gemäßigter Lautstärke)[31] ein „Wort", das mit einem stimmhaften Konsonanten der vorderen Artikulationszonen beginnt, auf den ein kurzer weiter Vokal folgt, und das auf ein [p] endet. Es entstehen nonverbale Lautfolgen wie: [bʊp, bɔp, bɛp, bɪp ..., mʊp, mɔp, map ..., wʊp, wɔp, wɪp ..., dʊp, dɔp, dɛp ...] usf. Der Atemwurf erfolgt „erst im Augenblick des Vokals" (Fernau-Horn 1954, 244). Zusammen mit dem beschließenden [p]-Verschluß wird auch das Einziehen der Bauchwand kurz beibehalten. Die Luft staut sich hinter den Lippen, drängt sie von den Zähnen und entweicht mit der Sprengung des Lippenverschlusses; zugleich läßt die Spannung der Bauchdecke nach, sie tritt p a s s i v hervor, kehrt also in ihre Ruhelage zurück.

Das Einwärtswerfen der Bauchdecke und das ruckartige Hochfedern des Zwerchfells versetzen das Brustbein in spürbare Vibration. Dieses Schwirren und der Luftdruck wirken als „mechanischer Reiz auf die ... Kehlkopfherabzieher" (Fernau-Horn 1956, 367), die an der Innenseite des oberen Randes des Brustbeins ansetzen; die Muskeln „kontrahieren sich bzw. bleiben kontrahiert" (Fernau-Horn 1954, 243). Sie fangen den von unten kommenden Stoß federnd ab, der Kehlkopf verharrt in „relativer Tiefstellung" und bewegt sich nur mäßig. Damit bleibt die Rachenweite erhalten; ohne stimmliche Belastung wird ein kräftiger, klarer und voller Ton erzeugt.

Erst wenn das Federungsprinzip beherrscht wird, das Übungsmaterial variieren. Statt der sinnleeren Wörter „werfen" wir dann einsilbige Wörter, die im Prinzip die gleiche Lautfolge haben – Konsonanten der vorderen Artikulationsgebiete umfassen einen offenen Vokal:

Bit Bild bist Belt Ben Bett Band Bann bald Bob Bund Butt | Dip dicht Depp dann Docht Duft Dutt Dunst Dust | mit mild mißt Mett Match matt Mast

Matsch Mop Most Mund mußt | Netz Nest Nepp nett | List lind läßt Land Last lallt Laps Lust Lund lullt | wild wißt Witz Wind Welt West Wand Wald Watt Volt wund wups ||

Pit Pest pellt Petz Patt paßt Pott Post Pomb Pult Puff Pump | Tip Tisch Test Tand Taft tollt Topp Tusch | fit Fips Fisch fett Feld fesch Fest fast fand falls Fund | Schild Schicht Schiff schellt Chef schallt Schaft Schatz Shop Schott Schuld Schuft Schutt ||

Danach Wortpaare zusammenstellen, bei denen das zweite Wort durch Weglassen des anlautenden Konsonanten des ersten Wortes entsteht:

Bist (List, mißt, wißt, hißt) – ist, dich (mich, sich) – ich, paßt (Bast, Last, Mast, Hast, fast) – Ast, bald (Wald, hallt, lallt) – alt, halb (Kalb) – Alb, Bob (Topp, hopp, Mob) – ob, Most (Post) – Ost, wund (Bund, Fund, Mund, Hund, Lund) – und, Schelf – elf, Lenz – Enz, Papp – ab ||

Jedes Wort ist natürlich mit gesondertem Atemwurf zu bilden. Schalten Sie jetzt den „Lautgriff" ein (s. 3.8.3.11., S. 118 f.). Stellen Sie sich vor, als würden die Konsonanten mit elastischer, ausschöpfender Bewegung den Vokal „umgreifen".

Paare hinzunehmen, die mit einem palatal-dorsalen Konsonanten bzw. auf einen stimmhaften Konsonanten enden:

Bum (dumm, Mumm) – um, Tim (nimm, Kim) – im, bin (Sinn, Kinn, Pin, Zinn) – in, Bill (will, Dill, Till) – Ill, wann (Bann, dann, Tann, Mann) – an, Ball (Fall, Schall, Hall, Stall, Wall) – All, Damm (Kamm, Stamm, Lamm, Schlamm) – am, Dach (Bach, Fach, wach) – ach, weg (Deck, Scheck, Heck, keck, Leck) – Eck, dumm (zum, stumm) – um, Wacht (Macht, Nacht, lacht) – acht, Pulk – Ulk, Film – Ilm ||

Später erweitern wir auf zweisilbige Wortpaare, Wörter mit auslautendem Vokal und inlautendem langem Vokal (der Atemwurf erfolgt nur auf dem Vokal der Akzentsilbe):

Banden (fanden, landen, wanden) – Anden, Pinnen (binnen, Linnen, Finnen) – innen, balgen – Algen, pinseln (winseln) – Inseln, wenden (schänden) – enden, wessen (dessen, nässen, messen) – Essen, Kosten (mosten, Posten) – Osten, toben (Koben, loben) – oben, teilen (feilen, weilen, peilen) – eilen, Pinsel – Insel ||

Pässe (Nässe, Bässe, Messe) – Esse, Pelle (Welle, Bälle, Delle, Fälle) – Elle, Kanne (Wanne, Tanne) – Anne, Tunke (Dschunke) – Unke, Finder (Binder, Kinder) – Inder, walle – alle, Pinne (Finne) – inne ||

Dom – Ohm, Wahn (Bahn, Kahn, Lahn, Pan) – Ahn, Wien (Kien) – ihn, Wahl (Mahl, kahl, fahl) – Aal ||

Weben (neben, leben, geben, Theben, beben) – eben, Kübel – Übel, Dohle (Mohle, Kohle, Bohle) – Ole, Geifer – Eifer, Base (Nase, Gase) – Aase, Wesel – Esel, Bohne (None) – ohne, hüben – üben ||

Nun folgen als Zwischenglied Wortbeispiele mit Vokaleinsatz im Wortinneren. Die konsonantisch anlautende Initialsilbe bzw. das konsonantisch anlautende Wort ist gewissermaßen das reduzierte bzw. veränderte erste Wort der oben erwähnten Wortpaare und „Anlaufsilbe" (*vgl. Lippenblähübung, Lautgriffübung,* S. 117 ff.). Die Bauchfederung trifft auf den akzentuierten silbenanlautenden Vokal (der Akzent über dem Vokal kennzeichnet den Atemwurf): *beéiden beérdigen beéilen ...; Geäst geéignet geändert ...; veráltet veránstalten Veréin verénden verédeln ...; Wasseréimer Sonnenáufgang Kornápfel* u. ä.

Schließlich kann man auf diese Hilfe verzichten und nur noch mit vokalischem Anlaut üben. Einsilbige Wörter mit Vokal im Anlaut (s. oben) werden abgelöst durch kleine Sätze, denen sich Einsatzhäufungen in einem Wort anschließen, wobei jeder anlautende Vokal mit Atemwurf gebildet wird: *um oft Abt echt im ...; és íst álles áus | és íst éine Éiche (Ésche, Éller, Éspe, Éibe) | ér íst és ...; éntéhren éntéignen éntéisen ... abändern abérkennen abúrteilen ... éinármig Éinákter éinéngen éinéinhalb ... únábkömmlich únérhört únéingeschränkt ... Ánárchie ánérkennen ánéinander ... áchtúndáchtzig Ábendéssen Áutoéinfahrt ...* und anderes. Die konsonantisch anlautende Silbe, die auf die Silbe mit vokalischem Anlaut folgt, wird an die Wurfsilbe gerafft, z. B. *áb-úrteilen Ábendéssen ...; ám Ábend ín die Óper.*

Sobald die Kehlfederung automatisiert abläuft und der hygienische Glottisschlageinsatz einwandfrei gelingt, bauen wir den Atemwurf langsam ab. In den kleinen Sätzen wird nur noch das Sinnwort, das durch besondere Lautheit und Tonhöhe hervorgehoben wird (Satzakzent), „geworfen" (bzw. in mehrsilbigen deutschen Wörtern die Stammsilbe oder in Zusammensetzungen das Bestimmungswort) u. a.: *Es íst eine Eiche | es ist eine Éiche ...; Éisenerz Éinakter Úrenkel ....*

Endlich können wir den Atemwurf ganz entbehren, d. h., die zwanglose Tiefstellung bzw. Federung des Kehlkopfes funktioniert nun auch ohne den von unten kommenden Atemstoß. Eines sollte jedoch weiterhin beibehalten werden, nämlich die Pause, die ehemals der Atemwurf füllte. Benutzen Sie diese Zäsur, um lockeren Kehlverschluß und schwachen Atemstau herzustellen (vgl. 2.4.1.4. „Abknallübung", 1. Phase, S. 55 f.); Einstellen der Vokalform und Kehlkopftiefstellung funktionieren ja schon selbsttätig. Und schließlich kann auch darauf verzichtet werden.

Beim Husten, Niesen, Lachen begegnet man dem, allerdings reflektorischen Atemwurf ständig. Und überall dort, wo der Stimme besondere Leistungen abverlangt werden (Ruf, Kommando, „Ausbruch" bei der Sprechgestaltung von Dichtungen, nachdrücklicher Satzakzent), verwenden wir ihn bewußt.

Obwohl es eigentlich selbstverständlich sein sollte, möchte ich doch betonen, daß dieser Übungsgang nicht in einer Sitzung bewältigt werden kann und darf. Jede Stufe setzt die einwandfreie Beherrschung der vorherigen Stufe voraus. Es ist ratsam, stets zurückzugreifen und innerhalb dieser Wiederholungen die Abfolge zu wechseln.

Abschließend möchte ich noch dem eventuellen Einwand begegnen, daß dieses Verfahren umständlich und langwierig sei. Daß dieser Weg lang und zeitaufwendig ist, sei zugegeben. Es läßt sich nicht vermeiden. Ich wiederhole, daß der Stimmeinsatz kein isoliertes Geschehen darstellt, daß der gehauchte und der gepreßte Vokaleinsatz häufig Symptome einer funktionellen Stimmstörung sind. Wir stellen mit dieser Methode nicht allein den Einsatz richtig, sondern führen auch ein umfassendes intensives Training durch. Besonders eignet sie sich zur phonopädischen Behandlung hypofunktioneller Dysphonie. Sie ist aber nicht nur *Stimmkräftigungsübung*, sondern gleichfalls Übung zur *Kraftstimme*. Die Stimmlippen werden nicht überanstrengt, sondern die Kehlkopfmuskulatur wird trotz aller durchbildenden Beanspruchung entlastet. Wir beeinflussen mittelbar die Rahmenspannung der Stimmlippen, regen ständigen Umbau der „Masseverteilung" und Spannungsverhältnisse innerhalb der Schwingkörper an und schulen die Arbeit der Glottisschließer und -öffner. Von der „Gefahrenzone" lenken wir ab (wir schalten sie gedanklich aus) durch die Hinwendung zu peripherem körperlichem Geschehen.

2.4.1.4. „Abknallübung"

Ich erwähnte, daß das „*Ventiltönchen*" eine wertvolle Vorübung für den hygienischen Vokaleinsatz ist. Für seine Erarbeitung und für das Erlernen des festen Glottisschlageinsatzes empfiehlt H. FERNAU-HORN (1954, 244f.) folgende „*Abknallübung*", die sich auch in meiner Praxis bestens bewährt hat. Das Prinzip dieser Übung besteht ebenfalls darin, den „tönenden Stimmverschluß" (die Phonationsform der Glottis) über den Vollverschluß, den jeder Mensch mit funktionstüchtigem Stimmorgan richtig ausführt, oder der doch verhältnismäßig leicht richtiggestellt werden kann, zu erarbeiten. Sie geht davon aus, daß wir die Stimmritze willkürlich schließen und öffnen können.[32]

a) Vorübung: *Stimmloser hygienischer Glottisschlag* (stimmloser fester „Vokaleinsatz")

Den beiden Phasen entsprechend, in denen der hygienische Glottisschlageinsatz physiologisch zustande kommt – nämlich Glottisschluß und Glottissprengung –, unterscheidet sie 1. eine tonlose, aber aktive Vorphase und 2. eine gleichfalls tonlose, jedoch mehr passive Sprengphase, die zeitlich (zunächst langsam) aufeinanderfolgen.

1. Phase: Einstellen der Artikulationsorgane auf eine weite Vokalform (untere Zungenkontaktstellung!); Weitung des Ansatzrohres und Tiefstellen des Kehlkopfes über die Gähnmechanik (also Herstellen der Gähnfas-

sung); lockerer Glottisschluß (der Atem wird zwanglos angehalten und staut sich etwas unter den aneinanderliegenden Stimmlippen).

2. Phase: Behutsame Glottissprengung durch gering erhöhten subglottalen Atemdruck ohne Ausatmungsbewegung (also bei angehaltenem Atem) und ohne Stimme (willentlicher Öffnungsimpuls bei völliger Entspannung); beim Auseinanderdrängen der Stimmlippen entsteht ein schwacher stimmloser Knall, der durch die Einstellung des Ansatzrohres auf eine Vokalform entsprechende Vokalfärbung annimmt. Dieses „Abknallen" wiederholen wir einige Male. Es darf weder ein Stöhnen noch ein Knarr-, Kratz- oder Reibegeräusch zu hören sein.

Wenn die Produktion des „Ventiltönchens" nicht sofort gelingt, muß nicht gleich eine stimmliche Störung vorliegen. Es gehört auch ein wenig Geschick dazu. Im Anfang bereitet das Finden des richtigen Verhältnisses zwischen Atemstau (geringem Überdruck) und lockerem Kehlverschluß Schwierigkeiten. Trotz aller Hinweise dauert die Vorphase zu lange, der Anfänger pumpt sich voll Luft und staut sie lange und übermäßig, er stellt (mitunter) hermetischen Preßverschluß der Glottis her, der schließlich allzu kraftvoll auseinandergerissen wird, unter ähnlichen Begleitumständen, als wenn sich Dampf durch ein Ventil zwängt.

Am besten gelingt die Übung, wenn man vorher nicht oder nur wenig einatmet. Die beiden Phasen sollen zunächst zwar langsam aufeinanderfolgen, aber nicht zu langsam. Die Vorphase muß auf Anhieb eingestellt werden. Auch hier gilt: Besser als alles Beschreiben erklärt persönliches Vormachen!

b) *Stimmhafter fester Vokaleinsatz* (stimmhafter hygienischer Glottisschlag)

Diese Übung gleicht der Vorübung, auch hier sind die beiden Phasen zu beachten. Während die 1. Phase ebenfalls aktiv und stumm bleibt, ist die 2. Phase zwar passiv, aber tönend. Das heißt, die Überwindung des lockeren Stimmlippenverschlusses erfolgt mit Stimme, anfangs mit weiten Kurzvokalen. Den Vokal fangen wir mit einem Verschlußlaut ab: [ʔʊp, ʔʊp, ʔʊp ..., ʔɔp ..., ʔap ...] usw. mit anderen Vokalen. Danach zu einsilbigen Wortbeispielen übergehen (z. B. *um an alt ...*; mehrsilbige Beispiele hinzunehmen: *anfangen eingehen ...*) und das Material weiterhin modifizieren bzw. den Schwierigkeitsgrad allmählich steigern (vgl. Übungsmaterial zur *Federungsübung*, 2.4.1.3., S. 52 ff.).

2.4.2. Übungen zur Sprechstimmlage

2.4.2.1. Das Finden der physiologischen Sprechstimmlage

Häufig wird zur Ermittlung der IL in der Literatur die Meinung vertreten, daß sog. ungespannte Antworten auf ungespannte Fragen in der Höhe der IL erfolgen, daß affektlose Unterhaltung oder affektloses Vorlesen die IL ergeben. Es soll eingeräumt werden, daß ein solches Verfahren von Mal zu Mal Erfolg haben kann. Da jedoch die subjektiven Fehlerquellen zu groß sind, begegnen wir dieser unsicheren Methode mit Skepsis. Denn eine derartige Entspannung oder ein affektiv bzw. emotionell „eingeebnetes" Phlegma, wie es hier notwendig wäre, stellt sich nur selten auf Anhieb ein.

In meiner Praxis hat sich die von W. ORTMANN (1956) und H. KRECH (1958/ 59, 414 ff.) weiterentwickelte Methode gut bewährt. Sie ist einfach, allgemein verwendbar, und nach entsprechender Anleitung kann sich mit ihrer Hilfe jeder immer wieder seiner IL vergewissern.

Es ist bekannt, daß gutes Essen uns in behagliche Stimmung, in eine wohlige Gelöstheit versetzt.[33] Das Sichfreuen auf das Essen und während einer guten Mahlzeit verdichtet sich im allgemeinen zu einem „Lusterlebnis des Essens" und äußert sich sofort in einer gewissen Entspannung. Lassen wir nun bei einem wirklich guten Essen, dem wir uns genießerisch schmeckend und kauend hingeben, bei dem Zunge, Nase und Augen gleichermaßen „auf ihre Kosten kommen", die Stimme mitbrummen, so überträgt sich das Genußerlebnis und die Entspannung beim Essen auf unsere Stimme. Sie äußert Wohlbehagen (im Sinne von: Das schmeckt ja „herrlich"), tönt voll, tief und dunkel-weich. Die so gefundene Tonhöhe markiert den unteren Bereich der Sprechstimmlage, gegebenenfalls die *Lösungstiefe*; die IL liegt im Umfang etwa einer großen Terz darüber.

Nicht in jeder Situation können wir uns der *Kauphonation* mit realem Kaugut bedienen. Nach ausreichendem Üben läßt auch lustbetontes Kauen mit fiktivem Kaugut (bei lebendig vorgestellter genußvoller Eßsituation) den unteren Bezirk des Sprechbereiches anklingen. Und schließlich – bei genügender Schulung gewisser Kontrollmechanismen (kinästhetisch-motorisches Empfinden und Klanggedächtnis) – kann uns lediglich vorgestellte Kausituation in ein „momentanes Lusterlebnis" des Essens und die damit verbundene Entspannung versetzen. Das heißt, wir können uns dann über die Lösungstiefe unserer individuellen IL sofort bewußt, in jeder Situation versichern.

Da die Kauphonation zum Ermitteln der IL mitunter abgelehnt bzw. eigentümlich geziert verwendet wird, sei auf folgende Gleitübung (*fallendes Glissando*) hingewiesen: Man summe/brumme ein *m* mit gering vorgestülpten und spannungslosen Lippen in hoher Tonlage, lasse den Ton kontinuierlich in eine bequeme tiefe Stimmlage gleiten und „fange" ihn hier „schmeckend" oder mit stimmhaftem Lippenflattern bzw. spielerischen Kombinationen der Lippenübungen auf (vgl. 3.8.3., S. 110 ff.). Die mühelos erreichte tiefe Stimmlage entspricht ungefähr der Lösungstiefe.

2.4.2.2. Richtigstellung der Sprechstimmlage

Die obigen Hinweise beziehen sich auf Menschen mit gesundem Stimmorgan. Aber auch bei gewohnheitsmäßigem Überschreiten der IL, also zum „Einpegeln" der IL, zur Beeinflussung vorübergehender stimmlicher Ermüdungserscheinungen und sogar zur Behandlung von Stimmstörungen mit ihrem vielfältigen Erscheinungsbild empfiehlt sich die von E. FRÖSCHELS (1952) entwickelte, von W. ORTHMANN (1956) ausgebaute und von H. KRECH (1958/59) modifizierte *Kaumethode*. Eine detaillierte Beschreibung der Kaumethode und ihrer Anwendung überschreitet den Rahmen eines sprecherzieherischen Elementarbuches. (In anderem Zusammenhang – s. 3.8.3.12. Resonanzübung, S. 119 ff. – werde ich nochmals auf die Kaustimme eingehen.) Außerdem ist die Korrektur individuell durchzuführen. Hier sollen deshalb nur einige allgemeine Hinweise gegeben werden.

Grundsätzlich ist die Stimmerkrankung von einem Phoniater zu diagnostizieren (auch eine Stimme, die im Indifferenzbereich nicht mühelos anspricht, gehört zunächst vor den Stimmfacharzt), ihm bzw. einem entsprechend geschulten Sprecherzieher oder Stimmtherapeuten obliegt dann die Durchführung der Kauphonations-Therapie.

Das Bewußtmachen und Sichbewußtwerden der IL heißt in erster Linie objektives phonetisches Hören erlernen; die auditive Perzeption und das Klanggedächtnis sind also zu schulen und nach Möglichkeit zum *funktionellen Hören* (vgl. 3.8.2., S. 102 ff.) zu entwickeln. Ebensosehr ist die IL gefühlsmäßig bewußt zu machen, ein spezifisches Muskelempfinden muß sich einstellen. Die Luftschwingungen im Bronchialbaum übertragen sich auf die Körperwandungen. Sie erzwingen ein Mitschwingen des knöchernen Brustkorbes, das recht gut zu spüren ist, wenn man die Fingerkuppen einer Hand tastend auf das Brustbein legt. Dieses fühlbare Vibrieren ist eine bedingte Kontrollmöglichkeit (*Körpergefühl*) (vgl. LINDNER 1975, 41 f.). Während der Indifferenzlageübungen ist grundsätzlich die mittlere Lautstärke einzuhalten. Später kann dann zu Lautheitssteigerungen übergegangen werden (Steigerungen, „Ausbrüche", Ruf- und Kommandostimme u. ä.).

Die IL ist gefühls- und klangmäßig derart bewußtzumachen, die (individuell durchaus verschiedenen) Kontrollmechanismen sind soweit auszubilden, daß sie möglichst schon zu Beginn des Sprechens (trotz Auftrittserregung) vorhanden ist. Mit anderen Worten: Der Sprecher muß durch beharrliches Üben daran gewöhnt werden, stets in der physiologischen Sprechstimmlage einzusetzen und selbst zu beobachten, ob er die IL elastisch einhält bzw. (nach gelegentlich notwendigen Überschreitungen) auch wiederfindet. Er muß in der Lage sein, sich jeweils nach kurzer Zeit mühelos selbst zu korrigieren, z. B. mit Herstellen der Verbindung zum Hörer, der gegenseitigen Kontaktnahme, mit dem Überwinden verständlichen Aufgeregtseins, mit dem Abklingen einer Gefühlsbewegung, nach der Verdeutlichung sprachlicher Unterschiede (durch Hochgleiten der Melodiekurve) usw.

3. Artikulation

3.1. Grundsätzliches

Mit Artikulation bezeichnet man die Formung der Sprachlaute im Ansatzrohr. Sie ist die Sekundärfunktion der Artikulationsorgane. Indem die Artikulationsorgane den im Kehlkopf erzeugten Primärklang resonatorisch modifizieren und andererseits mit Hilfe der Ausatmungsluft neue Schallquellen bilden, ist die Artikulation mittelbar und unmittelbar von Respiration und Phonation abhängig. Speziell versteht man unter Artikulation die sowohl grundsätzlich wie individuell günstigste Haltung und Bewegungsform der Artikulationsorgane bei der Lautbildung.

Das läßt sich sowohl allgemein auf die Nationalsprachen beziehen als auch auf den Einzellaut (z. B. seine physiologische Bildungsnorm). Für jede Sprache kann man aus ihren typischen Lautungs- bzw. Sprechbewegungseigenheiten ein gemeinsames Bildungsprinzip der Sprachlaute aufstellen, das man gebräuchlich, aber aus verschiedenen Gründen und in verschiedener Beziehung ungünstig mit *„Artikulationsbasis"* bezeichnet.[34] Es ist keine terminologische Nuance, sondern ein anderer Inhalt, wenn im folgenden von *Sprechfunktion des Ansatzrohres* die Rede sein wird, in der *allgemeine Artikulationsmerkmale* der deutschen Standardaussprache beschrieben werden und zwar unter normativen physiologischen Gesichtspunkten, also Hinweise gegeben werden für deutliche, natürliche und hygienische Artikulation. Es handelt sich um eine aus der sprecherischen und sprecherzieherischen Praxis gewonnene leitbildhafte Abstraktion, die erzieherisch wertvoll und notwendig ist.

Mit selbstverständlicher Bereitwilligkeit wird zugestanden, daß normative Aussprache artikulatorisch auch weniger „aufwendig" sein kann – die aufmerksame Beobachtung des guten Fernsehsprechers belegt es. Die für die Standardaussprache charakteristischen Bewegungsabläufe der Artikulationsorgane vollziehen sich im Normalfall ökonomisch und sind automatisiert – sie sind zu *Artikulationsgewohnheiten* der Standardaussprache geworden –, so daß mit geringst möglichem artikulatorischem Aufwand orthoepisch gesprochen werden kann.

Andererseits fixiert dialektale und dialektgeprägte umgangssprachliche Sprechweise individuelle Artikulationsgewohnheiten, deren Merkmale sich erheblich von denen der Standardaussprache unterscheiden und somit die Unterschiede zwischen diesen Ausspracheformen begründen.

3.2.   Bau des Ansatzrohres

Unter der weder sachlich noch sprachlich befriedigenden, aber eingebürgerten Bezeichnung *Ansatzrohr* ist der gesamte Hohlraumkomplex oberhalb der Stimmlippen zu verstehen. Es wird als ein System miteinander gekoppelter Hohlräume bzw. als Rohr mit veränderlichem Querschnitt aufgefaßt, das als Resonator wirksam sein kann. Dieses Raumsystem besteht aus: mittlerem und oberem *Kehlraum, Rachen, Mundhöhle, Mundvorhof* und *Nasenhöhle*.

Der **mittlere Kehlraum** (Ventriculus laryngis) oder Morgagnischer Raum (nach den Morgagnischen Ventrikel) wird unten von der Oberfläche der Stimmlippen und oben von den *Taschenfalten* (Plicae ventriculares) oder „falschen Stimmlippen" begrenzt. Die weichen wulstigen Taschenlippen gehen gleichlaufend mit

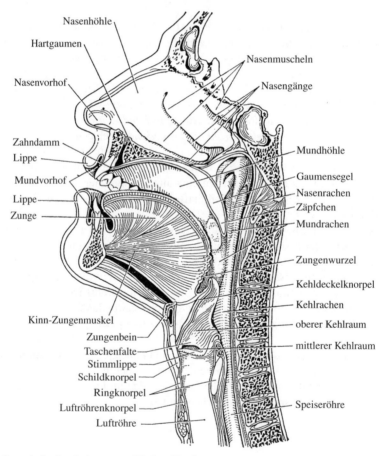

Medianschnitt durch den menschlichen Kopf

den Stimmlippen von vorn nach hinten, ragen jedoch nicht so weit vor wie diese. An der Stimmbildung sind sie nicht beteiligt, sie haben vor allem die Aufgabe, die Stimmlippen aus zahlreichen Drüsen feucht zu halten und vor Fremdkörpern zu schützen.

Der **obere Kehlraum** oder epiglottischer Raum (Vestibulum laryngis) liegt zwischen dem Kehldeckel, den Taschenfalten und den Stellknorpeln. Oben und hinten geht er in den unteren Teil des Rachens über.

Der **Rachen** (Pharynx), ein mit Schleimhaut ausgekleideter, schlauchartiger Hohlraum, erstreckt sich vor der Halswirbelsäule vom Schädelgrund bis zum Eingang in die Speiseröhre bzw. in den Kehlkopf. Nach vorn hin steht die Rachenhöhle mit dem oberen Kehlraum, der Mund- und Nasenhöhle in Verbindung. Dementsprechend wird sie unterteilt in den Kehlhöhlenteil oder *Kehlrachen* (Pars laryngica), den Mundhöhlenteil oder *Mundrachen* (Pars oralis) und den Nasenhöhlenteil oder *Nasenrachen* (Pars nasalis).

Der untere Teil des Rachens (Hypopharynx) oder *Kehlrachen* befindet sich hinter und über dem Kehlkopf. Er gehört zum größten Teil schon dem Speiseweg an, reicht bis zum unteren Rand des Ringknorpels und geht nach vorn-oben in den oberen Kehlraum über. Der mittlere Teil (Mesopharynx) oder *Mundrachen* liegt hinter der Zungenwurzel und schließt sich der Mundhöhle an. Der obere Teil (Hyperpharynx bzw. Epipharynx) oder *Nasenrachen* mündet über die *Choanen* (dem hinteren Nasenausgang) in die Nasenhöhle, nach vorn-unten vom Zäpfchen begrenzt.

Der **Mundvorhof** (Vestibulum oris) wird durch das Zahngehege von der eigentlichen Mundhöhle abgetrennt. Vorn und seitlich begrenzen den Vorhof die *Lippen* (Labia oris) und *Wangen* (Buccae), hinten die *Zähne* (Dentes) und die vom Zahnfleisch überzogenen *Alveolarfortsätze* des Ober- und Unterkiefers.

Die **eigentliche Mundhöhle** (Cavum oris) erstreckt sich hinter den Zähnen bis zur Rachenenge, über die sie in den Mundrachen mündet. Die vordere und seitliche Begrenzung bilden die *Zähne* und deren *Zahntaschen* (Alveolen), die untere der muskulöse *Mundboden*, die obere der *Gaumen*.

Den größten Teil der Mundhöhle nimmt die *Zunge* (Lingua) ein. Komplizierte Muskelsysteme machen sie zum beweglichsten Organ unseres Körpers, ermöglichen ihre reiche Formveränderung und befähigen sie, ihre vielfältigen Aufgaben zu erfüllen.

Durch die *Außen-* oder *Skelettmuskulatur* ist die Zunge mit ihrer Umgebung verbunden; sie bewirkt die Lageveränderung und Bewegung der Zunge (z. B. Vorziehen, Zurückziehen). Innerhalb der Zunge verlieren die Skelettmuskeln ihre Selbständigkeit und schließen sich den Systemen der *Binnenmuskulatur* an, die der Formveränderung der Zunge (z. B. Abflachung, Aufwölbung, Verkürzung, Streckung) dienen.

Das Mundhöhlendach wird durch das *obere Zahndamm-* oder Alveolargebiet und den *Gaumen* (Palatum) gebildet. Sein vorderer knöcherner Teil heißt *vorderer* oder *harter Gaumen* (Palatum durum), der hintere muskulöse *hinterer* oder *wei-*

cher Gaumen (Palatum molle). Der größte Teil des weichen Gaumens hängt bogenförmig herab; er hat die Form eines dreieckigen Segels und wird danach *Gaumensegel* (Velum palatinum) genannt. Die hintere untere Spitze des Gaumensegels endet im *Zäpfchen* (Uvula).

Beiderseits vom Zäpfchen führen je zwei hintereinanderliegende Falten nach unten: der *vordere* und der *hintere Gaumenbogen*. Der vordere Gaumenbogen und das Zäpfchen bilden die **Rachenenge** (Isthmus faucium), „die über den Zungengrund wie ein Tor in den Rachen führt" (Voss/Herrlinger II 1967, 30).

Auch der *weiche Gaumen* besteht aus einem komplizierten Muskelsystem, das seine ausgiebige Beweglichkeit ermöglicht. Im Ruhezustand ist das Gaumensegel gesenkt und öffnet so den Nasenweg. Es kann nach hinten-aufwärts gehoben und gespannt werden und mit Hilfe einer Verdickung an der hinteren Rachenwand (des sog. Passavantschen Wulstes), die sich dem Velum bei der Hebung entgegenwölbt, den Mundrachen vom Nasenrachen vollkommen abschließen. Dabei legt sich das oberhalb des Zäpfchens rechtwinklig abgeknickte Velum mit einem Teil seiner Rückfläche dem Passavantschen Wulst an (ein Teil des Velums mit dem Zäpfchen hängt frei herab), es beteiligt sich also von vorn an dem meist sphinkterartigen Verschluß des Nasenrachenraumes.

Die **Nasenhöhle** (Cavum nasi) wird durch die *Nasenscheidewand* (Septum nasi) in zwei Hälften geteilt.

Wir unterscheiden *äußere Nase* und *eigentliche Nasenhöhle*. Im Bereich der **äußeren Nase** liegen die beiden *Nasenlöcher* (Nares), der Eingang zur Nasenhöhle, und die beiden (mit borstigen Härchen besetzten) *Vorhöfe* (Vestibuli nasi). Die **eigentliche Nasenhöhle** ist ein paariger Raum, den Boden bildet der Gaumen, die Innenwand das Septum. Von jeder Außenwand ragen je drei *Nasenmuscheln* (Conchae nasales) in das Innere der Nasenhöhle hinein; unter ihnen befinden sich die *Nasengänge*.

Über die paarigen „*inneren*" *Nasenlöcher* (Choanen), den hinteren Ausgängen der Nasenräume, steht die Nasenhöhle mit dem Nasenrachen in Verbindung.

3.3.   Sprechfunktion des Ansatzrohres

Grundsätzlich spielen bei der Lautbildung die beweglichen (aktiven) Teile des Ansatzrohres, also *Lippen, Unterkiefer, Zunge* und *Gaumensegel* (im weitesten Sinne auch Zungenbein und Kehldeckel) die Hauptrolle. Durch ihre flexible Motorik und Bewegungsspezifik und durch das genau abgestufte Zusammenwirken ihrer Bewegungen werden die Sprachlaute geformt. Der für die Sprechfunktion der peripheren Sprechorgane im Ganzen betonte koordinierte, differenzierte und zugleich integrierte Bewegungsablauf ist auch für die Funktion jedes einzelnen Organbereiches charakteristisch und innerhalb eines Organbereiches, z. B. der Artikulationsorgane, für dessen einzelne Organe.

So können beispielsweise intensive Bewegungen eines Artikulationsorganes ein anderes bewegliches Teil bzw. die gesamte Ansatzrohrmotorik aktivieren bzw. unvollkommen ausgeformte Bewegungen bis zu einem gewissen Grade kompensieren. Sprecherzieherisch gleichermaßen bedeutsam ist die Tatsache, daß Bewegungsinaktivität eines Teiles die Motorik eines anderen Artikulationsorganes bzw. des gesamten Artikulationsapparates beeinträchtigen kann.

In der *Ruhelage* liegen die **Lippen** locker aufeinander. Bei Unterkiefersenkung wird die Unterlippe p a s s i v mitbewegt. An der *Lautbildung* sind beide Lippen durch Öffnen, Vorstülpen, Runden, Spreizen, Schließen und Spannverschluß sowie Veränderung ihrer elastischen Konsistenz a k t i v beteiligt. Mit Ausnahme der labialen Verschluß-, Nasen- und Engelaute sollte die Öffnungsbewegung der Lippen so beschaffen sein, daß stets ein Teil der labialen Flächen der Frontzähne freigegeben wird. Im Zusammenhang mit ausreichender Unterkiefersenkung ist also vornehmlich vertikale Lippenöffnung anzustreben. Viele dialektal orientierte Sprecher, die häufig Lippen- und Kieferbewegungen gänzlich außer acht lassen, sollte man immer wieder darauf hinweisen, daß die Ausformung der Laute nicht zuletzt ein Ergebnis intensiver Lippentätigkeit ist.

Für die deutsche Standardaussprache ist grundsätzlich ein gewisses *Vorstülpen* und eine *hochrunde Einstellung* der Lippen anzustreben. Hierbei ist die Oberlippe, die im allgemeinen ziemlich träg und steif ist, leicht anzuheben, ohne daß sie sich verkrampft (kräuselt) und ohne daß die Nase gerümpft wird. Mit labialer Beteiligung (Vorstülp- und Rundungstendenz) lassen sich alle *Vokale* bilden, auch die *i*- und *e*-Phoneme. Selbstverständlich dürfte sein, daß man nicht mit ständig gleichbleibend „rüsselartigen“ Lippen sprechen soll, daß der Grad der labialen Ausformung bei den einzelnen *Vokale* durchaus unterschiedlich ist, ausgeprägter z. B. bei /u/, /y/, /o/, /ø/ – schwächer bei /i/ oder /ɪ/. Ohne zu schematisieren, denn auch die komplexe Lippentätigkeit unterliegt koartikulatorischen Einflüssen, sei auf folgende Lippeneinstellungen hingewiesen:

– graduell abgestuft *vorgestülpt* und *gerundet* (mit abnehmender Tendenz) von /u/, /y/, /ʊ/, /ʏ/, /o/, /ø/ zu /ɔ/, /œ/;
– *angedeuteter Mundvorhof* und *flachrund* (mit zunehmender Tendenz) von /i/, /ɪ/ zu /e/, /ɛ/;
– *hochrund* und *angedeuteter Mundvorhof* bei /ɑː/, /a/.

Bei den *Konsonanten* ist ebenfalls eine ausgeprägte Lippenaktivität anzustreben, aber auch hier, besonders für dialektal orientierte Sprecher, mit gewissen Modifikationen. Bei /ç/ und /j/ z. B. genügen angedeuteter Mundvorhof und ovale Lippenrundung (evtl. leichte Lächeleinstellung, jedoch kein Lippenspreizen!), um Annäherungen dieser Laute an /ʃ/ und /ʒ/ vorzubeugen.

Diese Lippenformung ist nicht als starre Haltung aufzufassen, sondern als Teil der differenzierten, intensiven und lockeren Ansatzrohrmotorik. Die Lippen werden weder „eingestellt“ noch vorgestoßen, sondern sie greifen („umgreifen“) die Laute mit elastischer, die Form ausschöpfender Bewegung (vgl. 3.8.2., S. 102 ff.).

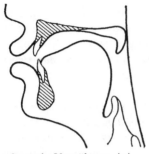

sehr starke Vorstülpung, /u/

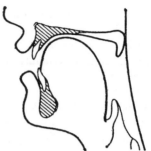

angedeuteter Mundvorhof, /i/

enge Rundung, /u/

flachrund, /i/

hochrund, /ɑ:/

Die beschriebene Lippenaktivierung ist sowohl resonatorisch wie artikulatorisch bedeutsam. Durch das Vorstülpen der Lippen bildet sich der *Mundvorhof* (die natürliche Verlängerung des Ansatzrohres im Bereich der Lippen), der – ähnlich wie der Schallbecher bei den Blasinstrumenten – als Schalltrichter wirkt, also resonatorisch verstärkend und verbessernd.

Unzureichende Ausformung im Lippengebiet läßt stets auf mangelhafte Unterkiefer- und Zungenbewegungen schließen; daraus ergeben sich erhebliche resonatorische und artikulatorische Fehler. So verändert auffälliger *Lippenbreitzug* den Stimmklang wesentlich, der Klang wird meist hart, grell („plärrig"). U.a. wird der *Zahnreihenabstand* verkrampft eingeengt, die Lippenverspannung teilt sich dem Mundboden mit und führt zu Versteifung der Halsmuskulatur, der Kehlkopf wird hochgedrückt. Aber nicht nur starre Haltung und verfestigte Bewegung des Unterkiefers ist mit beeinträchtigter Lippenbewegung gekoppelt, sondern auch zwischen Lippen- und Zungenbewegungen bestehen „synchrone" Verhältnisse. Während pokalartiges Lippenvorstülpen Zungenvorschub bewirkt, veranlaßt nichtausreichende Lippenbewegung häufig *Zurückfallen der Zunge*, so daß der Mundrachenraum verengt wird. Und schließlich sei noch daran erinnert, daß mit jenem hochrunden Lippenabheben auch ein wichtiges *ökonomisches* (und ästhetisches) *Prinzip* verbunden ist („*Grundsatz vom kleinsten Kraftmaß*"). Diese Bewegungsform gleicht extreme artikulatorische Einstellungen bzw. Bewegungen aus. Denn der Sprecherzieher erlebt nur zu häufig, wie grimassierend die angestrengte, zwischen forciertem Breitzug und Öffnen pendelnde Mundarbeit des dialektgebundenen Umgangssprachlers wirkt, wenn er sich anschickt, „hochdeutsch" zu sprechen, und meint, darin erschöpfe es sich.

Der **Unterkiefer** kann vertikal und horizontal (lateral und sagittal) bewegt werden. An der deutschen Standardaussprache ist er vornehmlich durch gleitende, lockere *Vertikal*bewegungen innerhalb weiter Grenzen beteiligt. Darauf seien besonders die Sprecher mit oberdeutscher oder obersächsisch-thüringischer Aussprachebindung hingewiesen. Ihre eigentümlichen Unterkieferbewegungen (vertikal und lateral- sowie sagittal-horizontal), durch die z. B. *enges langes o* ([o:]) etwa zu [ɔ‿u:] diphthongiert wird (*Oma* ['o:mɑ˙] wie ['ɔ‿u:mɔ:]), sind unangebracht; denn sie bewirken artikulatorische und resonatorische Fehlleistungen. Lediglich /ʃ/ und /ʒ/ sowie /s/ und /z/ werden in der deutschen Standardaussprache mit Hilfe einer kombinierten Bewegung gebildet. Der Unterkiefer wird gering gesenkt und sagittal-horizontal etwas vorgeschoben, bei /ʃ/ und /ʒ/ zum geöffneten Kopfbiß.

Von der Unterkieferstellung, bezeichnet mit *Zahnreihenabstand*, ist das Volumen der Mundhöhle abhängig. Zur Verstärkung des Primärklanges, beispielsweise für die Vokalrealisationen, ist eine relativ große Mundöffnung und weite Mundhöhle anzustreben. Sprechen ohne ausgeprägte Unterkieferbewegungen beeinträchtigt Deutlichkeit und Wohlklang der Aussprache.

Es gibt in der deutschen Sprache keinen Laut, der mit *Kieferschluß* gebildet werden muß. Selbst beim bilabialen Nasal /m/ und bei den bilabialen Klusilen /p, b/ (also bei Lauten mit Lippenverschluß) werden die Kiefer nicht geschlossen. Zu *enger* Zahnreihenabstand (vgl. Lippen) ist genauso zu vermeiden wie übertriebenes Öffnen des Mundes („Nußknackersprechen"). Der *Zahnreihenabstand*, koartikulatorisch stark beeinflußt und veränderlich, sollte beim /i/, dem Vokal mit dem geringsten Zahnreihenabstand, wenigstens Kleinfingerhöhe, beim /ɑ:/, dem Vokal mit dem größten Abstand der Zahnreihen, ungefähr Daumenbreite betragen.

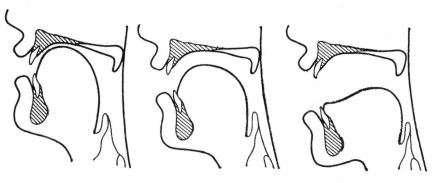

geringer Zahnreihen-   mittlerer Zahnreihen-   großer Zahnreihenabstand, /i/   abstand, /ɛ/   abstand, /ɑ:/

Auch die *Unterkieferbewegungen* haben sich der intensiven und geschmeidigen Gesamtbewegung einzufügen. Die gleitenden Auf-und-ab-Bewegungen und den notwendigen Zahnreihenabstand leiten wir wieder von der „einnehmenden", greifenden Bewegungstendenz der Artikulationsorgane bei der Nahrungsaufnahme (Trinkstellung) ab. Der Unterkiefer wird nicht aktiv gesenkt, wie etwa auf die Anweisung hin, den Mund aufzumachen: Dies könnte zu verkrampftem Aufreißen des Mundes führen. Das erforderliche Fallen- oder Hängenlassen des Unterkiefers erreicht man sehr schnell über jenen verwunderten Gesichtsausdruck, bei dem einem vor Staunen der Mund offen steht. Freudig-bewunderndes *„ah"* führt ebenfalls zu entspanntem Hängenlassen des Unterkiefers.

Die **Zunge** ist durch ihre große Beweglichkeit und Gestaltveränderung (ihr Volumen verändert sich jedoch nicht) das aktivste Artikulationsorgan. Im Zusammenwirken mit Lippen, Unterkiefer, Velum und faukaler Muskulatur gestaltet die Zunge durch Aufrichten und -wölben, Abflachen, Vor- und Zurückziehen für die Bildung der Laute die entsprechenden Resonanzräume und Hemmstellen. Eine besondere Rolle spielt die Zungenspitze.

Für die deutsche Standardaussprache ist der flexible elastische Kontakt der Zungenspitze oder des vorderen Zungenrandes mit den lingualen bzw. palatinalen Flächen der Frontzähne, besonders die untere Zungenkontaktstellung, sprechökonomisch und resonatorisch vorteilhaft. Mit der *unteren Zungenkontaktstellung* lassen sich nicht nur sämtliche *Vokale,* sondern auch, bis auf das *Zungenspitzen-r* (das ohnehin als territoriale Variante angesehen werden muß), sämtliche *Konsonanten* bilden. (Ein verkürztes Zungenbändchen, ja selbst die am Mundboden festgewachsene Zungenspitze, führen also nicht zu einer Sprachstörung. Zwar ist dann die Zungenspitze nicht frei beweglich, *Zungenspitzen-r* fällt aus, aber die sogenannten Zungenspitzenlaute können in sehr geschickter Weise vom vorderen Teil des Zungenrückens gebildet werden.)

Jedoch sollte man für die Konsonanten nicht ausschließlich Zungenkontakt mit den unteren Frontzähnen fordern, sondern die individuellen sprechüblichen nicht gestörten Bildungsweisen berücksichtigen; denn viele Sprecher bilden die dental-alveolaren und alveolaren Konsonanten apikal, also mit der Zungenspitze oder dem vorderen Zungenrand.

Der *Zungenkontakt* unterstützt die Horizontalverlagerung der Zungenmasse nach vorn, das Abflachen des hinteren Zungenrückens und das Vorziehen des Zungengrundes, bewirkt demnach auch das Aufrichten des Kehldeckels, der durch ein Bändchen mit dem Zungengrund verbunden ist, trägt also zur Erweiterung des Rachenraumes bei (vgl. 3.8.3.8., S. 116 f.; 3.8.3.2., S. 112 f.; 3.8.3.4., S. 113 f.).

Kontaktlosigkeit begünstigt das Zurückfallen bzw. Zurückziehen des Zungenkörpers, das Auf- und Zurückwölben des Hinterzungenrückens gegen den weichen Gaumen und die Rachenwand und das Zurückweichen des Zungengrundes (mit Druck nach hinten-unten), durch das der Kehldeckel heruntergedrückt und der Eingang zum Kehlkopf zugedeckt wird. Dieses unphysiologische Einengen der hinteren Mundhöhle, des Mundrachens und des oberen Kehlraumes muß zwangsläufig zu einer eigentümlich verdumpften (verstopften) Stimme führen, die wir je nach Art und Grad der Verlagerung (oder der Behinderung der Stimmklangbildung) als gaumig, „geknödelt" („halsig") oder gepreßt (kehlig, auch rachig) bezeichnen.

Zusammenfassend läßt sich also über die Gestaltung der **Mundhöhle,** dem veränderungsfähigsten Hohlraum und für die Lautbildung wichtigsten Teil des Ansatzrohres sagen, daß sie durch die Stellung und Bewegung der Zunge und des Unterkiefers, die bei der Form- und Größenveränderung differenziert zusammenwirken, bestimmt wird. Auch und besonders für sie gilt der bekannte sprecherzieherische Grundsatz vom *Raumerweitern,* zu dessen sprecherischem Umsetzen und Verwirklichen wir u. a. durch geräumigen *Mundvorhof, Zungenkontakt,* der weiten Mundrachen bewirkt (unnötige Engen sind zu vermeiden!) und lockere *Unterkieferbewegungen* innerhalb genügender und erforderlicher Öffnungsweite (notwendige Engen sind relativ weit zu bilden!) beitragen können.

„Das **Gaumensegel** regelt wie ein Klappenventil die Passage des Luftstroms im Dreierweg Rachenraum – Mundraum – Nasenraum" (WÄNGLER 1983, 70). So kann es zusammen mit dem Zungenrücken die Mundhöhle absperren oder mit Hilfe des PASSAVANTschen Wulstes den Nasenrachen und somit auch die Nasenhöhle abschließen. Nur bei den Nasenlauten /m, n, ŋ/ gibt es den Nasenweg völlig frei, indem es schlaff herunterhängt. Bei allen anderen Lauten der deutschen Sprache ist es gehoben und behindert den Nasenweg mehr oder weniger (Vokale, sth. Engelaute und sth. Schwinglaute) bzw. verschließt ihn (Verschlußlaute, stl. Reibelaute). Die Velumfunktion ist aber nicht als starre Einstellung im Sinne eines Entweder-Oder aufzufassen, sondern es soll sich um ein artikulatorisches Spiel mit feinsten Abstufungen handeln. Nach H.-H. WÄNGLER gibt es offensichtlich lautgerechte Grade der Annäherung des gehobenen Gaumensegels an den PASSAVANTschen Wulst, denen eine bestimmte Logik eigen ist: Der Annäherungsgrad ist von der oralen Engebildung bzw. Öffnungsweite abhängig. Ist der Mundweg ganz frei (z. B. bei /ɑː/), „so ist die Abschließungstendenz am geringsten, wird er jedoch auf verschiedene Weise mehr und mehr verlegt (ɛ → e → i oder o → u → y), so wächst sie, bis sie über die Reibelaute mit den Verschlußlauten am größten wird. Jetzt wird völlige Absperrung des Nasenweges tatsächlich erreicht. Das Gaumensegel richtet sich damit hinsichtlich seiner Funktion bei der Lautgebung nach der jeweils gegebenen artikulatorischen Notwendigkeit" (WÄNGLER 1983, 71).

Diese Gaumensegeltätigkeit könnte bewirken, daß die **Nasenräume** in gewissem Maße und graduell unterschiedlich bei der Bildung eines großen Teiles der deutschen Sprachlaute als Resonanzraum beteiligt werden und die als *Nasalität* bezeichnete Klangfarbenänderung erklären. Durch sie gewinnt die Sprache an Wohlklang; sie ist eine wesentliche stimmhygienische Hilfe, macht die Stimme tragfähiger und entlastet den Kehlkopf – Nasalität ist ein natürlicher Klangbestandteil jeder guten Stimme. Nasalität trägt, neben anderen Faktoren, aber nicht nur zur „Fülle" (Tragfähigkeit), Durchsetzungskraft und „Fernwirkung" (Raumwirksamkeit) der Stimme bei, sondern es ist wohl ebenfalls unstrittig, daß „ein gewisser nasaler Beiklang ästhetisch als angenehm empfunden wird ..." (SEIDNER/WENDLER 1997, 129). Angehörige bestimmter sprech- und stimmintensiver Berufe verwenden Nasalität außerdem als kompensatorisches Mittel, um z. B. situative stimmliche Indisposition bzw. selbst gewisse akute Heiserkeitssymptome zu kaschieren.

Von Nasalität als gesundem Klanganteil ist **Näseln** als unangenehm auffallende und unästhetisch wirkende Klangstörung der Sprache grundsätzlich zu unterscheiden. Es beruht auf einer Schädigung der artikulatorischen Gaumenfunktion. Man unterscheidet: 1. *offenes Näseln* (Rhinophonia/Rhinolalia aperta), 2. *geschlossenes Näseln* (Rhinophonia/Rhinolalia clausa) und 3. *gemischtes Näseln* (Rhinophonia/Rhinolalia mixta). Die verschiedenen Formen können organisch oder funktionell (meist durch falsche Sprechgewohnheit oder Nachahmung) bedingt sein.[35]

Zwar gehört der **Kehlresonanzraum** zu den passiven Teilen des Ansatzrohres (wie die Zähne, Zahndämme und der harte Gaumen), aber wir wollen ihn trotzdem – entsprechend dem anatomischen Überblick – auch im Zusammenhang mit der Sprechfunktion des Ansatzrohres erwähnen.

Der **mittlere Kehlraum** muß bei der Stimmbildung möglichst weit sein, damit die Stimmlippen Platz zum Ausschwingen haben. Er sichert also die Bewegungsfreiheit der Stimmlippen und ist zugleich Resonanzraum. Der Morgagnische Raum hat im übertragenen Sinne die gleiche Aufgabe wie der Mundstückkessel der Blechblasinstrument für die Lippen des Bläsers.

Auch der über den Taschenlippen liegende **obere Kehlraum** ist für die Stimmbildung wichtig. Wie der mittlere Kehlraum, so ist auch seine Gestalt sehr beeinflußbar durch die *Stellung des Kehlkopfes,* sie hängt ab von der Entfernung des Kehlkopfes zum Zungenbein. Wird der Kehlkopf durch Verspannungen in die Höhe gedrückt,[36] verkleinert sich der epiglottische Raum, die Zungenwurzel drückt nach hinten-unten (und verstopft den Mundrachen), so daß sich der Kehldeckel senkt; die Stimme klingt „kloßig", „halsig" bis guttural-gepreßt.

Auf die *natürliche Tiefstellung des Kehlkopfes,* die bereits in Verbindung v. a. mit der physiologischen Sprechstimmlage erwähnt wurde, muß deshalb auch in diesem Zusammenhang nachdrücklich hingewiesen werden.

Die *supraglottalen Kehlräume* bleiben bei der Sprachlautbildung passiv, doch ihnen werden die *Stimmklangabstufungen* zugeordnet. Diese Klangfarben stammen aus der Affekt- und Gefühlswelt, und mit ihr steht auch die Gestaltung des Kehlresonanzraumes in engem Zusammenhang. So ist an Lustgefühle laryngofaukale Weite gebunden, mit ihr hängt „der weichere, geschmeidigere vollere und meist auch dunklere Klang einer Sprechweise in Behaglichkeit und Wohlsein ... zusammen" (WÄNGLER 1983, 71), während laryngo-faukale Enge mit hartem, sprödem, dünnem, abgeschnürtem und meist auch hellem Stimmklang an Unlustgefühle gekoppelt ist.

3.4. Bildung und Einteilung der Laute

3.4.1. Konsonant und Vokal

Es ist im allgemeinen üblich, die Laute nach phonetischen Kriterien, und zwar nachphysiologisch-genetischen und akustischen Gesichtspunkten, zu beschreiben und einzuteilen.

Die traditionelle Zweiteilung in Konsonanten und Vokale beruht auf physiologisch-genetischen Merkmalen.

Das konstruktive Bildungsprinzip der **Konsonanten** ist die Hemmstellen- oder Hindernisbildung im Ansatzrohr. Die Artikulationsorgane erzeugen im Ansatzrohr Hemmstellen, die mit Hilfe des Exspirationsstromes als Sekundärschallquellen wirken, entweder allein (bei den stimmlosen Geräuschkonsonanten) oder gemeinsam mit dem Primärklang (bei den stimmhaften Geräuschkonsonanten). Vereinfachend läßt sich auch sagen: Wird die freie Passage des tonlosen oder tönenden Luftstromes an einer bestimmten Stelle des Ansatzrohres auf spezifische Weise behindert, entsteht ein Konsonant. Nach der Hemmstellenbildung nennt man die Konsonanten auch **Hemmlaute.**

Das konstruktive Bildungsprinzip der **Vokale** ist die Hohlraumgestaltung des Ansatzrohres. Der im Kehlkopf erzeugte obertonreiche Primärklang wird im Ansatzrohr resonatorisch überformt. Der spezifische Vokalklang, die für den jeweiligen Vokal charakteristische Klangfarbe, beruht auf der spezifischen Formung insbesondere der Mundhöhle, d. h. auf der unterschiedlichen komplexen Einstellung und Bewegung der Artikulationsorgane. Vereinfachend läßt sich auch sagen: Passiert der Phonationsstrom unbehindert den geöffneten Mundraum, entsteht ein Vokal. Daher nennt man die Vokale auch **Öffnungslaute.** Da bei der Bildung der Vokale der deutschen Sprache außerdem die Nasenhöhle als Resonator durch das gehobene Gaumensegel ausgeschlossen ist, werden sie auch als **Mundöffnungslaute** (Orale) bezeichnet.

Während sich demnach bei den Konsonanten im Prinzip der Mundraum physiologisch verengt („Schließbewegungen"), weitet er sich bei den Vokalen („Öffnungsbewegungen"). Beim zusammenhängenden Sprechen wechseln beide Lautbildungsprinzipien ständig miteinander ab, befinden sich die Sprechorgane in einer harmonischen Dauerbewegung.

Der akustische Gesichtspunkt führt zu einer Dreiteilung in: Klanglaute, Geräuschlaute und Klang-Geräusch-Laute.

Zu den **Klanglauten** zählen sowohl die Vokale, die im physikalischen Sinne Klänge mit periodischem Bau der Schwingungskurve sind, als auch die konsonantischen Klanglaute, die sog. Sonorkonsonanten (/m, n, ŋ, l/, [ʀ, r]), deren akustischer Aufbau dem der Vokale ähnelt.

Zu den **Geräuschlauten** werden die stimmlosen Geräuschkonsonanten gerechnet, die im physikalischen Sinne reine Geräusche mit verschiedener Färbung sind.

Ihr Geräuschspektrum enthält nur unharmonische Teiltöne; die Schwingungen sind also aperiodisch.

Zu den **Klang-Geräusch-Lauten** rechnet man die stimmhaften Geräuschkonsonanten, die im physikalischen Sinne Gemische aus Klang und Geräusch sind. Periodische und aperiodische Schwingungen überlagern sich.

Die akustische Einteilung verwischt einerseits den bestehenden physiologisch-genetischen Unterschied zwischen Vokal und Konsonant und trennt andererseits Zusammengehörendes, indem die Sonore einseitig neben die Vokale gestellt werden.

Auch jene populäre Unterscheidung bzw. Einteilung in **Selbstlaute** = Vokale und **Mitlaute** = Konsonanten ist ungünstig bzw. sogar irreführend. Denn nicht nur die Vokale sind „selbstlautende" Elemente und können „für sich allein tönen" bzw. Silbenträger sein, sondern auch die Konsonanten können selbständig auftreten (nicht nur in Verbindung mit einem Vokal bzw. von ihm abhängig), Silbenträger (z. B. in den Interjektionen *ph, pst, scht, pscht*) und „selbstlautend" sein (wie /m, n, ŋ, l/, [ʀ, r]). Auch die andere Definition der Mitlaute als Laute, bei denen etwas (ein Geräusch) „mittönt", ist nicht stichhaltig; denn bei /m, n, ŋ, l/ kann von „irgendwelcher Geräuschbeimischung keine Rede sein" (v. ESSEN 1979, 96).

Für unterrichtspraktische Zwecke ist es am günstigsten, die Laute von ihrer genetischen Seite her zu klassifizieren in Konsonanten und Vokale. Für die Ausspracheschulung werden also nicht die akustischen Merkmale der Laute beschrieben, sondern die ihnen zugrunde liegenden Bildungsweisen, d. h. die Artikulationsmerkmale.

3.4.2. Konsonanten

3.4.2.1. Konstitutive Merkmale

„Alle Laute, die nicht unter die Vokaldefinition fallen,[37] sind Konsonanten" (v. ESSEN 1979, 96). Das konstruktive Artikulationsprinzip der Konsonanten besteht in der Bildung spezifischer Hemmstellen. Demnach ist die A r t der Hemmstelle und w i e sie gebildet wird – der Artikulationsmodus –, das bestimmende konstitutive Merkmal. Die anderen konstitutiven Merkmale ergeben sich aus der Kennzeichnung des O r t s, w o die Hemmstelle gebildet wird – die Artikulationsstelle – und der Angabe, w a s das Hindernis bildet – das artikulierende Organ – sowie dem Aufschluß darüber, auf w e l c h e W e i s e die Ausatmungsluft die Hemmstelle ü b e r w i n d e t – der Überwindungsmodus –. Der Intensitätsgrad ist ein weiterer Hinweis sowohl zum Artikulationsmodus als auch zum Überwindungsmodus. Nach jedem dieser konstitutiven Merkmale lassen sich die Konsonanten einteilen und bezeichnen.

Im p h y s i k a l i s c h e n Sinne sind die Konsonanten teils *Geräusche* (ohne Stimmbeteiligung wie die reinen Geräuschlaute), teils *Klänge* (ohne Geräusch wie die vokalischen und konsonantischen Klanglaute) und teils *Klang-Geräusch-*

Gemische (neben dem Artikulationsgeräusch noch mit Stimmbeteiligung wie die stimmhaften Geräuschlaute).

3.4.2.2. Einteilung nach der Artikulationsstelle

Als Artikulationsstelle bezeichnet man den Ort, wo die lautbildende Hemmstelle erzeugt wird. Zur Angabe der Artikulationsstelle eignen sich jene Teile des Ansatzrohres am besten, die sich bei der Artikulation im wesentlichen passiv verhalten: obere Zähne, oberer Zahndamm und Hartgaumen, auch Rachenraum und Kehlkopf. Obwohl Oberlippe, Weichgaumen bzw. Gaumensegel und Zäpfchen aktive Artikulationsorgane sind, werden auch sie aus praktischen Erwägungen zur Kennzeichnung der Artikulationsstelle verwendet. An bzw. mit diesen Stellen erzeugt das artikulierende Organ die lautbildende Hemmstelle.

Artikulationsstelle	Lautbezeichnung
Oberlippe (labiale Zone)	Lippenlaute (Labiale)
Obere Zahnreihe (dentale Zone)	Zahnlaute (Dentale)
Obere Frontzähne (dentale Zone)	Zahnlaute (Dentale)
Oberer Zahndamm (alveolare Zone)	Zahndammlaute (Alveolare)
Hartgaumen (palatale Zone)	Hartgaumenlaute[38] (Palatale)
vorderer H. (präpalatale Zone)	vordere H. (Präpalatale)
mittlerer H. (mediopalatale Zone)	mittlere H. (Mediopalatale)
hinterer H. (postpalatale Zone)	hintere H. (Postpalatale)
Weichgaumen (velare Zone)	Weichgaumenlaute[39] (Velare)
vorderer W. (prävelare Zone)	vordere W. (Prävelare)
mittlerer W. (mediovelare Zone)	mittlere W. (Mediovelare)
hinterer W. (postvelare Zone)	hintere W. (Postvelare)
Zäpfchen (uvulare Zone)	Zäpfchenlaute (Uvulare)
Mundrachen (pharyngale Zone)	Rachenlaute (Pharyngale)
Stimmlippen oder Kehlkopf (glottale oder laryngale Zone)	Stimmlippen- oder Kehlkopflaute (Glottale oder Laryngale)

Artikulationsstellen der Konsonanten der deutschen Sprache

Oberlippe (labial)	/p, b; m/
Obere Frontzähne (dental)	/f, v/
Obere Frontzähne und deren Zahndamm (dental-alveolar)	/t, d; n/; [r]; /s, z/
Obere Zahnreihe und deren Zahndamm (dental-alveolar)	/l/
Oberer vorderer Zahndamm oder oberer vorderer Zahndamm und vorderer Hartgaumen (alveolar oder alveolar-präpalatal)	/ʃ, ʒ/
Vorderer bis mittlerer Hartgaumen (prä-mediopalatal)	/ç, j/
Hartgaumen bis vorderer Weichgaumen (palatal-prävelar)	/k, g; ŋ/
Hinterer Hartgaumen und Weichgaumen (postpalatal-velar)	/x/
Zäpfchen (uvular)	/ʁ/

Hinterer Zungenrücken (postdorsal)	[ʀ]
Stimmlippen oder Kehlkopf (glottal oder laryngal)	/h/

Die deutschen Konsonanten (ausgenommen [ʁ, ʀ, h]) werden demnach vornehmlich im Artikulationsgebiet zwischen Lippen und Hartgaumen gebildet, d. h. artikulatorisch genaue und günstige sowie stimmhygienische Hemmstellenbildung sollte in diesem Bereich erfolgen. Die Artikulationsstellen lassen sich sehr genau bezeichnen. Allein sind sie kein hinreichendes Darstellungs- und Unterscheidungskriterium. Denn Zahnlaute beispielsweise sind so unterschiedliche Laute wie die Engelaute /f, v, s, z/, die Verschlußlaute /t, d/, der Nasal /n/ und der Seitenengelaut /l/. Fast jeder Laut hat zudem eine gewisse „physiologische Breite". Bezogen auf die Artikulationsstelle ist darunter zu verstehen, daß sie nicht generell eng begrenzt (punktuell), sondern häufig flächig ist, z. B. für [t] und [d] nicht isoliert dental, sondern dental-alveolar. Größere und zugleich etwas zurückverlagerte Berührungs- bzw. Annäherungsflächen des artikulierenden Organs ergeben sich grundsätzlich bei Zungenrücken-Artikulation. Außerdem können die Variationsbreite bzw. gewisse Veränderungen der Artikulationsstelle auch koartikulatorisch bedingt sein. So werden beispielsweise /k, g, ŋ/ in der Umgebung von Vorderzungenvokalen (z. B. /k/ in *Kies*) am vorderen bis mittleren Hartgaumen gebildet, dagegen in der Umgebung von Hinterzungenvokalen (z. B. /k/ in *Mokka*) am hinteren Hartgaumen bis Weichgaumen.

3.4.2.3. Einteilung nach dem artikulierenden Organ

Als artikulierendes Organ bezeichnet man das Organ oder Organteil, das an bzw. mit der Artikulationsstelle die lautbildende Hemmstelle erzeugt. Die artikulierenden Organe sind jene Teile des Ansatzrohres, die sich bei der Artikulation a k t i v verhalten, ausgenommen Oberlippe, Gaumensegel und Zäpfchen, die zu den Artikulationsstellen zählen. Es handelt sich vornehmlich um die Unterlippe und die Zunge.

Artikulierendes Organ	**Lautbezeichnung**
Unterlippe (labial)	Lippenlaute (Labiale)
Vorderer Zungenrand oder -saum[40] (koronal)	Vorderzungenrandlaute (Koronale)
Zungenspitze (apikal)	Zungenspitzenlaute (Apikale)
Seitlicher Zungenrand (lateral)	Seitenlaute (Laterale)
Zungenrücken oder -oberfläche (dorsal)	Zungenrückenlaute (Dorsale)
vorderer Z. (prädorsal)	Vorderzungenrückenlaute (Prädorsale)
mittlerer Z. (mediodorsal)	Mittelzungenrückenlaute (Mediodorsale)
hinterer Z. (postdorsal)	Hinterzungenrückenlaute (Postdorsale)
Stimmlippen (glottal)	Stimmlippenlaute (Glottale)

Bei allen Konsonanten, bei denen nicht der vordere Zungenrand oder die Zungenspitze artikulierendes Organ ist, hat der vordere Zungenrand elastischen Kontakt mit den lingualen Flächen der unteren Frontzähne. Dieser Kontakt trägt dazu bei, daß die Hemmstellen in der Mundhöhle so weit vorn gebildet werden, wie es für den betreffenden Konsonanten möglich ist. Die *untere Zungenkontaktstellung* wirkt demnach einer Rückverlagerung des Zungenkörpers, unphysiologischer Hemmstellenbildung des Zungenrückens am Weichgaumen und dem Verengen der hinteren Mundhöhle, des Mund- und Kehlrachens entgegen. Ist der vordere Zungenrand (oder die Zungenspitze) artikulierendes Organ, so hat er (bzw. sie) Kontakt mit den oberen Frontzähnen und (ausgenommen /ʃ/, /ʒ/, apikales /s/, /z/) den palatinalen Flächen der oberen Frontzähne (*obere* Zungenkontaktstellung) (vgl. 3.3., S. 66 f.).

Artikulierendes Organ und Artikulationsstelle wirken zwar bei der Hemmstellenbildung zusammen, zwischen ihnen besteht jedoch kein spezifisches funktionales Verhältnis wie zwischen Artikulations- und Überwindungsmodus (vgl. 3.4.2.4., 3.4.2.5., S. 73 ff.). So können die sogenannten Vorderzungenrand- bzw. Zungenspitzenlaute bis auf das [r] auch mit dem Zungenrücken gebildet werden.

3.4.2.4. Einteilung nach dem Artikulationsmodus

Der Artikulationsmodus kennzeichnet die Art der lautbildenden Hemmstelle und wie artikulierendes Organ und Artikulationsstelle bei ihrer Erzeugung zusammenwirken. Somit gibt der Artikulationsmodus auch Aufschluß über die Mechanik der Lautbildung. Der Artikulationsmodus ist unter den konstitutiven Merkmalen das bestimmende Merkmal; er bestimmt den Charakter des Konsonanten, nach ihm werden die Konsonanten im allgemeinen benannt und vornehmlich eingeteilt.

Artikulationsmodus	**Lautbezeichnung und Einteilung der Konsonanten der deutschen Sprache**
Verschluß	Verschlußlaute
(oral und nasal, Luftstrom abgesperrt, staut sich hinter dem Mundverschluß)	(Klusile, auch Plosive, Okklussive) /p, b, t, d, k, g/
Nasenöffnung	Nasen- oder Nasenöffnungslaute
(oraler Verschluß, Gaumensegel gesenkt, Luftstrom kann Nasenraum ungehindert passieren)	(Nasale) /m, n, ŋ/
Unterbrochener (intermittierender) Verschluß	Unterbrochene Verschlußlaute (intermittierende Klusile)
(durch schnelle Aufeinanderfolge von oraler Verschlußbildung und -lösung wird der Luftstrom unterbrochen, nasaler Verschluß)	[ʀ, r]

Enge	Engelaute
(Luftstrom oral behindert, nasaler Verschluß)	
seitlich	Seitenengelaut
(lateral)	(Lateralengelaut)
	/l/
Mitte	Enge- bzw. Reibelaute
(medial, auch zentral)	(mediale Engelaute bzw. Frikative)
	/f, v, s, z, ʃ, ʒ, ç, j, x/, [ʁ]
Stimmlippen oder Kehlkopf	Stimmlippen- oder Kehlkopfengelaut
(glottal oder laryngal)	(glottaler oder laryngaler Engelaut)
	bzw. Hauchlaut
	(Spirant)
	/h/
Verschluß und Enge	Verschluß- und Engelaut-Verbindungen
(medial)	(Affrikaten)
	[pf, ts, tʃ]

3.4.2.5. Einteilung nach dem Überwindungsmodus

Der Überwindungsmodus beschreibt die Art und Weise, wie der Luftstrom die durch artikulierendes Organ und Artikulationsstelle erzeugte lautbildende Hemmstelle überwindet. Um die Konsonantenbildung in der deutschen Sprache zu kennzeichnen, genügen folgende Überwindungsmodi.

Überwindungsmodus	**Lautbezeichnung und Einteilung der Konsonanten der deutschen Sprache**
Sprengung (exspiratorisch)	Sprenglaute
	(Explosive)
	/p, b, t, d, k, g/
Fließend	Fließlaute
	(Liquide)
	/m, n, ŋ; l/, [r], [ʁ]
Schwingen (Flattern, Schwirren, Rollen oder Zittern)	Schwing- (Flatter-, Schwirr-, Roll- oder Zitter-)laute
	(Vibranten)
	[ʁ, r]
Reibung	Reibelaute
	(Frikative)
	/f, v, s, z, ʃ, ʒ, ç, j, x/, [ʁ]
Hauch	Hauchlaut
	(Spirant)
	/h/

Sprengung und Reibung	Spreng- und Reibelaut-Verbindungen (Affrikaten) [p͡f, t͡s, t͡ʃ]

Zum Überwindungsmodus gehören auch Angaben über die Stimmbeteiligung: Stimmhaftigkeit, teilweise Stimmhaftigkeit, Stimmlosigkeit sowie zur Behauchung. Artikulations- und Überwindungsmodus sind funktional miteinander verbunden. So setzt beispielsweise der Überwindungsmodus Sprengung den Artikulationsmodus Verschluß voraus, und der Artikulationsmodus Enge wird überwiegend durch Reibung überwunden. Die enge Beziehung zwischen diesen Artikulationsmerkmalen drückt sich auch in den Lautbezeichnungen aus: Verschluß- und Sprenglaut bzw. Explosiv sowie Enge- und Reibelaut werden synonym verwendet.

Weder die Artikulationsstelle noch das artikulierende Organ, der Artikulationsmodus noch der Überwindungsmodus allein ist ein ausreichendes Einteilungs- und Bezeichnungskriterium. (Vom artikulierenden Organ ausgehend sind beispielsweise so unterschiedliche Laute wie die Verschlußlaute [p], [b], der Nasal [m] und die Engelaute [f] und [v] sämtlich Lippenlaute.) Zur genauen und eindeutigen Lautcharakterisierung wird aus den erwähnten konstitutiven Merkmalen jeweils ein Artikulationsmerkmal verwendet. Man konzentriert sich dabei jedoch auf das Wesentliche. Im allgemeinen ist der erste Bestandteil der Lautcharakterisierung die Angabe der Artikulationsstelle, die mit der Kennzeichnung des artikulierenden Organs zusammengefügt wird, um das Zusammenwirken dieser beiden Artikulationsmerkmale auszudrücken.[41] Darauf folgt der Überwindungsmodus, der jedoch häufig nicht gesondert angegeben werden muß, da er oft durch den Artikulationsmodus mit erfaßt wird, und die Lautbezeichnung nach dem Artikulationsmodus. Nach der vollständigen Lautcharakterisierung ist beispielsweise das deutsche [f] ein dental-labialer (auch denti-labialer) stimmloser Fortis-Engelaut.

3.4.2.6. Artikulationsintensität

Indem auch aus dem Intensitätsgrad ersichtlich ist, wie artikulierendes Organ und Artikulationsstelle bei der Erzeugung der lautbildenden Hemmstelle zusammenwirken, ist er vornehmlich ein weiterer Hinweis zum Artikulationsmodus; er gibt jedoch gleichfalls zusätzlichen Aufschluß über den Überwindungsmodus. Der Unterschied in der Artikulationsintensität wird mit *fortis* (intensitäts-„stark") und *lenis* (intensitäts-„schwach") bezeichnet. Allgemein läßt sich sagen, daß ein Fortis-Konsonant mit stärkerem Spannungsgrad der Artikulationsmuskulatur und höherem Exspirationsdruck gebildet wird als seine Lenis-Entsprechung.

So ist bei den Fortis-Verschlußlauten /p, t, k/ die Verschlußbildung (Implosion) intensiver, die Berührungsfläche zwischen artikulierendem Organ und Artikulationsstelle geringer, der intraorale Druck während der Haltephase (Plosion) höher, die aktive Verschlußsprengung (Explosion) etwas heftiger als bei den entsprechenden Lenis-Verschlußlauten /b, d, g/. Während die aktive Verschlußlösung bei den Fortis-Verschlußlauten der Standardaussprache stets stimmlos erfolgt und positions- sowie sprechsituativbedingt behaucht sein kann, ist sie bei den Lenis-Verschlußlauten unbehaucht und positionsabhängig stimmhaft.

Bei den Lenis-Engelauten /v, z, ʒ, j/ ist die Engebildung etwas weiter (lockerer), der Exspirationsdruck niedriger und die Reibung schwächer als bei den entsprechenden Fortis-Engelauten /f, s, ʃ, ç, x/. Während die frikativen Lenis-Engelaute positionsabhängig stimmhaft sein können, sind ihre Fortis-Entsprechungen stets stimmlos.

In der deutschen Sprache ist der Unterschied zwischen stimmhaften und stimmlosen Geräuschkonsonanten mit dem Unterschied zwischen lenis und fortis gekoppelt. So werden die stimmhaften Verschlußlaute [b, d, g] sowie die stimmhaften frikativen Engelaute [v, z, ʒ, j] zugleich als Lenes und die stimmlosen Verschlußlaute [p, t, k] sowie die stimmlosen frikativen Engelaute [f, s, ʃ, ç, x] zugleich als Fortes gebildet.

Für das heutige Deutsch muß die Artikulationsintensität, die Lenis- und Fortis-Konsonanten unterscheidet, als distinktives Merkmal angesehen werden.

3.4.2.7. Beteiligung der Stimmlippen

Laute können mit dem oder ohne den mit Hilfe der Stimmlippen erzeugten Primärklang gebildet werden. Ist der Primärklang an der Konsonantenbildung beteiligt, wie bei den konsonantischen Klanglauten und den Klang-Geräusch-Lauten, werden sie *stimmhafte* Konsonanten genannt. Wandeln die Stimmlippen den Ausatmungsluftstrom nicht in periodische Luftstöße um, erfolgt im Ansatzrohr lediglich eine akustische Modifizierung des Exspirationsstromes, entstehen *stimmlose* Konsonanten. Der Unterschied zwischen stimmhaften und stimmlosen Konsonanten beruht also nicht – wie oft irrig angenommen wird, unterstützt durch populäre Literatur[42] – auf einer unterschiedlichen Artikulationsweise. In Abhängigkeit beispielsweise von der Lautposition, der Sprechsituation, den Akzentuierungsverhältnissen, unterliegt die Stimmhaftigkeit Schwankungen. Sie kann uneingeschränkt sein (Vollstimmhaftigkeit), aber auch unterschiedlich partiell bis total reduziert werden. Es ist also angemessen, einerseits von einem G r a d d e r S t i m m h a f t i g k e i t und andererseits von S t i m m l o s i g k e i t, beispielsweise infolge *Koartikulation,* zu sprechen (vgl. 3.5, S. 84 ff.).

In der deutschen Standardaussprache sind die Lenis-Konsonanten /b, d, g; v, z, ʒ, j/ nur stimmhaft im Silben- und Wortanlaut (innerhalb der Sprecheinheit) in postvokalischer und -sonorer Stellung. Im absoluten Anlaut, im Silben- und Wortanlaut (innerhalb der Sprecheinheit) nach stimmlosen Geräuschkonsonanten tritt bei den Lenis-Konsonanten infolge Koartikulation entweder Reduktion der Stimmhaftigkeit oder Stimmlosigkeit ein (vgl. 3.5.4., S. 89 f.).

In der deutschen Standardaussprache ist die Stimmhaftigkeit der Lenis-Konsonanten demnach positionsabhängig und damit koartikulatorisch bedingt, sie ist also ein redundantes Merkmal.

76

3.4.2.8. Aussprache bei Doppelschreibung von Konsonanten

Zwischen Einfach- und Doppelschreibung gleicher Konsonanten in einfachen Wörtern besteht in der Aussprache kein quantitativer Unterschied. Das doppelte Konsonantenzeichen kennzeichnet nur die Kürze des vorausgehenden Vokals und den sich daraus ergebenden festen Anschluß des Konsonanten (vgl. 3.4.3.8, S. 81). Es wird also nur ein Verschluß-, Nasen- oder Engelaut angesprochen, z. B. in *Kiepe* und *Kippe* nur ein [p], in *eben* und *ebben* nur ein [b], in *Kieme* und *Kimme* nur ein [m] und in *Ofen* und *offen* nur ein [f].

3.4.2.9. Auslautverhärtung (-fortisierung)

Im Wort- und Silbenauslaut sind die Verschluß- und Reibelaute der deutschen Sprache als stimmlose Fortes zu sprechen.

3.4.2.10. Behauchung (Aspiration) der stimmlosen Fortis-Verschlußlaute

Die Aspiration beruht auf der Öffnungsstellung der Stimmlippen während der Bildung eines stimmlosen Fortis-Verschlußlautes. Wird beispielsweise während des Übergangs vom Fortis-Verschlußlaut zum folgenden Vokal der orale Verschluß bereits gesprengt, bevor die Stimmlippen in Phonationsstellung gegangen sind (sie befinden sich dagegen noch in einer Atmungs- oder in der Hauchstellung), so folgt auf die Verschlußsprengung ein vernehmbarer Hauch, der dem Verschlußlaut zugerechnet wird. Die Behauchung kann natürlich auch bei einem Fortis-Verschlußlaut in Auslautposition auftreten.

Die Fortis-Verschlußlaute /p, t, k/ werden *behaucht:*[43]

a) im betonten absoluten Anlaut: *Prahle nicht!* (wie [ˈpʰʀɑːlə nɪçtʰ]); *Trümpfe her! Komme gleich!*

b) im Anlaut einer betonten Silbe: *Polen, Pläne, Epistel, Kompresse, Appell; Tunke, Truhe, Athen, wattieren; Kufe, knuffen, bekommen, Makrone, blockieren*

c) im absoluten Auslaut: *Bist du taub | ich habe dich dreimal gerufen*[44] (aber unbehaucht: *Er muß taub sein*); *Ich fahre in die Stadt | kommst du mit? Stell' dich an den Weg!*

d) im Wortauslaut, wenn die letzte Silbe betont ist: *Mikroskop; Paket; Bibliothek.*

Die Fortis-Verschlußlaute werden überwiegend *nicht* behaucht:

a) im Anlaut einer betonten Silbe: *Parade, Provinz, Lupe, Suppe, aufpassen, ausplaudern, berappen; Tüftelei, mutig, Mutter, Verwandte, auftafeln, eintreten, bemuttern; Kanone, Klavier, Luke, Buckel, Mokka, Ausverkauf, Hohlkreuz, Mehlsäcke*

b) im Silben- und Wortauslaut (innerhalb der Sprecheinheit): *Typfrage, hoppla, Liebling, Tobsucht, lobte, abernten; plump_sein, Galopp_reiten, ab_Fulda, gab_etwas – Ostsee, Mutprobe, Fettschnitte, Bildnis, Stadtbummel, enterben; nicht_so, glatt_streichen, bald_fertig, in die Stadt_fahren, mit_einem – Oktober, Spukschloß, Schlückchen, Bugwand, tagaus; Zank_suchen, mit Speck_fangen, log_tüchtig, zog_auseinander*

c) im Inlaut vor Konsonanz: *Haupt, klappt, Abt, ebbt, hopst, klappst, gibst, robbst; nichts, rechts; spukt, bückt, legt, eggt, spukst, bückst, legst, eggst*

d) in den Lautverbindungen [pf], [ps], [ts], [tʃ], [ks]: *Pferd; Pseudonym, Krebs; Zaun, Bajazzo, wetzen, Cicero, Portion; Tschako, Klatsch, Couch; Xanten, Wachs, Koks, tags*

e) in den Lautgruppen [ʃp], [sp], [ʃt], [st] [sk]: *sprechen, versprechen; Spektabilität; stellen, bestellen; Stimulans; Skat, deskriptiv.*

In der deutschen Standardaussprache ist die Behauchung positions- und sprech-situativbedingt, sie ist also ein redundantes Merkmal.

Es ist zu beachten, daß die Behauchung nicht durch ein indifferentes Reibege-räusch ersetzt wird (z. B. häufig festzustellen bei /t/ in unbetonter Position, bei-spielsweise in *hatte*), das als gekünstelt empfunden wird (vgl. /t/, 2.3., S. 149).

(Konsonantentabelle auf S. 86 f.)

3.4.3.   Vokale

3.4.3.1.   Konstitutive Merkmale

Vokale sind Mundöffnungslaute, deren wesentliches Merkmal die Klangfarbege-staltung durch die Resonanz des Ansatzrohres ist und die ohne medialen Zunge-Gaumen-Kontakt sowie ohne aktive Beteiligung der Zungenspitze gebildet wer-den (v. ESSEN 1979, 84). Das konstruktive Artikulationsprinzip der Vokale be-steht in der Formung von Hohlräumen im oralen Teil des Ansatzrohres. An der spezifischen Gestaltung der Mundhöhle, die den charakteristischen Klang des jeweiligen Vokals bedingt, sind die Lippen, der Unterkiefer und insbesondere die Zunge maßgeblich beteiligt. Die Z u n g e n s t e l l u n g , d. h. Richtung und Grad der Zungenbewegung, ist das entscheidende konstitutive Merkmal für die Vokal-bildung, für die spezifische Klangfarbe. Die anderen konstitutiven Merkmale ergeben sich aus der Kennzeichnung des M u n d ö f f n u n g s g r a d e s und der L i p p e n t ä t i g k e i t .

Nach jedem dieser konstitutiven Merkmale lassen sich die Vokale einteilen und bezeichnen, vornehmlich jedoch nach der Höhen- und sagittalen Zungenbewe-gung.

Wir unterscheiden *einfache* Vokale (Monophthonge), z. B. /i, e, u, o/, und *Zwielaute* oder Doppelvokale (Diphthonge), z. B. [ae].

78

3.4.3.2. Einteilung nach der Richtung der Zungenbewegung

Je nachdem, welcher Teil der Zunge an der Formung der Mundhöhle beteiligt ist und in welcher Richtung er sich aufwölbt, d. h. nach der sagittal-horizontalen Zungenbewegung, unterscheidet man *Vorder-* (/i, ɪ, e, ɛ ɛ:, y, ʏ, ø, œ/), *Mittel-* ([ə]) und *Hinterzungenvokale* (/u, ʊ, o, ɔ/) oder prä-, medio- und postdorsale Vokale. Die Vokale /ɑ:, a/ lassen sich hier nicht einordnen.

Die Vorderzungenvokale werden auch „helle", die Hinterzungenvokale „dunkle" Vokale genannt.

3.4.3.3. Einteilung nach dem Grad der Zungenbewegung

Nach der Höhenbewegung der Zunge, d. h. nach dem Grad der vertikalen Zungenbewegung, durch die der Abstand der Zungenoberfläche vom Mundhöhlendach bestimmt wird, ergibt sich eine Gliederung in *hohe* (/i, ɪ, y, ʏ, u, ʊ/), *mittelhohe* oder mittlere (/e, ɛ, ɛ:/, [ə], /o, ɔ, ø, œ/) und *flache* oder tiefe (auch niedrige) Vokale (/ɑ:, a/).

Die allgemeine Vokalcharakterisierung spiegelt die komplexe vertikale und horizontale Bewegung der Zunge wider: Das /e/, beispielsweise in *Lehm* [le:m], ist ein mittelhoher Vorderzungenvokal, das /u/, beispielsweise in *Hut* [hu:t], ist ein hoher Hinterzungenvokal.

3.4.3.4. Mundöffnungsgrad

Jeder Vokal hat einen spezifischen Klang (absolute Qualität), durch den er sich deutlich von einem anderen unterscheidet. An diesen Klangunterschieden ist auch der Mundöffnungsgrad beteiligt, der im wesentlichen von der Stellung des Unterkiefers abhängig ist und allgemein mit g e s c h l o s s e n, h a l b o f f e n und o f f e n bezeichnet wird.

In der deutschen Standardaussprache lassen sich die Vokale, ausgenommen die *e*-Vokale, zu Korrelationspaaren gruppieren mit einem mehr oder weniger ausgeprägten Klangunterschied als Korrelationsmerkmal.

Dieser relative Klangunterschied (relative Qualität) wird mit *eng* oder gespannt (auch geschlossen) und *weit* oder ungespannt (auch offen) bezeichnet. Allgemein läßt sich sagen, daß der enge Vokal mit stärkerem Spannungsgrad der Artikulationsmuskulatur und geringerem Mundöffnungsgrad gebildet wird als der entsprechende weite.

Dieser relative Klangunterschied, der bei den einzelnen Vokalen nicht gleich stark auftritt, beruht auf folgenden physiologisch-genetischen Merkmalen: Der *enge* Vokal, z. B. /o/ in *Ofen* ['o:fn̩], wird im Unterschied zum entsprechenden weiten, z. B. /ɔ/ in *offen* ['ɔfn̩], mit engerer Lippenöffnung, geringerem Zahnreihenabstand und etwas höherer Zungenaufwölbung, so daß die Passage zwischen Zungenoberfläche und Gaumen enger wird, gebildet. Genetische Kennzeichen des entsprechenden *weiten* Vokals sind demnach etwas größere Lippenöffnung, etwas größerer Zahnreihenabstand und verminderte Zungenaufwölbung.

In der deutschen Sprache ist der relative Klangunterschied (relative Qualität) in bestimmter Weise mit der relativen Lautdauer (relative Quantität) gekoppelt: Im allgemeinen sind die engen Vokale lang und die weiten kurz (Ausnahmen: [ɛ:, a, ɑ:]).

Relative Vokalqualität in Verbindung mit der relativen Vokalquantität ist in der deutschen Sprache phonologisch relevant, z. B. langer Vokal in *Miete* ['mi:tə] – kurzer Vokal in *Mitte* ['mɪtə]. Allerdings bestimmt die relative Qualität in stärkerem Maße als die relative Quantität den Vokalcharakter.

3.4.3.5. Lippentätigkeit

Die Lippen haben für die artikulatorisch genaue und günstige sowie stimmhygienische Vokalbildung wesentliche Bedeutung. Sie sind an der Formung des Mundvorhofs (des sog. prä-oralen Hohlraumes) beteiligt, dessen Volumen sie durch Vorstülpen vergrößern können, und unterstützen somit die Resonanzwirkungen der Mundhöhle.

Nach der Lippentätigkeit werden *ungerundete* (illabiale) Vokale (/i, ɪ, e, ɛ, ɛ:/, [ə], /ɑ:, a/) und *gerundete* (labiale) Vokale (/u, ʊ, o, ɔ, y, ʏ, ø, œ/) unterschieden.

In der deutschen Sprache sind die Hinterzungenvokale (/u, ʊ, o, ɔ/) sämtlich gerundete Vokale, dagegen unterscheiden wir gerundete (/y, ʏ, ø, œ/) und ungerundete Vorderzungenvokale (/i, ɪ, e, ɛ, ɛ:/).

Die Unterlippe folgt zunächst passiv der Unterkiefersenkung (passive Lippenöffnung). Bei den ungerundeten Vokalen bleiben die Lippen zwar im wesentlichen neutral und haben eine relativ indifferente Stellung, sie haben jedoch bei den Vorderzungenvokalen /i, ɪ, e, ɛ/ eine in dieser Reihenfolge zunehmende Tendenz zur *flachrunden* (ovalen) Einstellung und sind bei den Flachzungenvokalen /ɑ:, a/ *hochrund* geformt und sollten stets gering von den Zähnen abgehoben werden und einen Teil der Frontzähne freigeben. (Das Breitspannen der Lippen führt zu artikulatorischen Verspannungen und grellem Klang!) Dagegen ist bei den *gerundeten* Vokalen die Lippenstellung deutlich und graduell unterschiedlich vorgestülpt.

3.4.3.6. Länge und Kürze

Wichtiger als die absolute Lautdauer (Quantität) der Vokale, die u. a. von der persönlichen Sprechart, der Sprechsituation und dem Sprechtempo abhängt, ist für phonetische Belange ihre relative Lautdauer, die für Vokale der deutschen Sprache mit *lang* oder *kurz* bezeichnet wird, wobei diese Angaben das Verhältnis der langen und kurzen Vokale zueinander kennzeichnen. Die relative Lautdauer bei den deutschen Vokalen ist ein bedeutungsunterscheidendes Merkmal, sie unterliegt jedoch erheblich stärker als die relative Qualität Schwankungen.

Lange Vokale können ohne Gefahr der Wortentstellung gedehnt werden (emotional bedingte Überlänge), *kurze* Vokale nicht; die emotionale Dehnung trägt der auf einen Kurzvokal folgende Konsonant, er kann ohne Gefahr der Wortverzerrung gelängt werden (z. B. zorniges *„Lasss das!"*).

Weder die Zungenbewegung noch der Mundöffnungsgrad oder die Lippentätigkeit allein ist ein ausreichendes Einteilungs- und Bezeichnungskriterium. Zur genauen und eindeutigen Lautcharakterisierung wird aus den erwähnten konstitutiven Merkmalen jeweils ein Artikulationsmerkmal verwendet und die relative Quantität angegeben. So ist beispielsweise das [iː] in *Liebe* [ˈliːbə] ein ungerundeter eng-langer hoher Vorderzungenvokal und das [ɔ] in *offen* [ˈɔfn̩] ein gerundeter weit-kurzer mittelhoch-verminderter Hinterzungenvokal. Es ist aber nicht üblich, sich ständig dieser zwar vollständigen und genauen, jedoch wohl auch umständlichen Charakterisierung zu bedienen.

3.4.3.7. Vokaleinsatz[45]

Alle Vokale im Wort- und Silbenanlaut (außer im Anlaut von Suffixen) werden vorwiegend n e u   e i n g e s e t z t , also nicht mit dem vorangehenden Laut (über die Silbenfuge oder Wortgrenze hinweg) gebunden. Dieser Vokaleinsatz (bzw. Neueinsatz) erfolgt in der deutschen Standardaussprache im allgemeinen „fest", d. h. mit hygienischem Glottisschlag (vgl. 2.3.2.4., S. 44).

Der Neueinsatz unterbleibt
in Zusammensetzungen mit *dar-* und *wor-*, z. B. *darunter, worauf,* und
in betonter Silbe in Zusammensetzungen mit *her-, hin-* und *vor-*, z. B. *herüber, hinüber, vorüber;* aber: *vorerst* mit Neueinsatz.

3.4.3.8. Konsonantenanschluß

Die Verbindung zwischen langem Vokal und Konsonant ist locker, z. B. zwischen [eː] und [t] in *Beet;* zwischen kurzem Vokal und Konsonant eng, z. B. zwischen [ɛ] und [t] in *Bett.* Der Klang eines Langvokals schwächt sich allmählich ab, der folgende Konsonant schließt sich locker an (*loser* Anschluß). Der Klang eines Kurzvokals wird plötzlich „abgeschnitten", der folgende Konsonant schließt sich eng an (*fester* Anschluß).

3.4.3.9. Untere Zungenkontaktstellung

Auf die Notwendigkeit der Zungenkontaktstellung wurde verschiedentlich hingewiesen (vgl. 3.3., S. 66 f.; 3.4.2.3., S. 72 f.). Wenn auch die Zungenspitze an der Bildung der Vokale nicht aktiv beteiligt ist, so ist die untere Zungenkontaktstellung – indem sie das Aufwölben des Zungenrückens nach vorn-oben unterstützt und einer Rückverlagerung der Zunge entgegenwirkt – jedoch indirekt an der Formung der Mundhöhle beteiligt und somit auch bedeutsam für die Klangfarbegestaltung, Resonanz und Schallfülle. Der klangliche Unterschied zwischen Vorder- und Hinterzungenvokalen ist uns allen geläufig, jene bezeichnen wir als „hell" – diese als „dunkel". Das unhygienische Einengen der hinteren Mundhöhle, des Mund- und Kehlrachens führt jedoch zu einem auffällig dumpfen Klang mit beeinträchtigter Resonanz. Zum anderen behindern kleine Resonanzräume, neben anderen wichtigen Faktoren, die Schallfülle (Sonorität). Stark vereinfacht: Je weiter „vorn" artikuliert wird, begünstigt durch die untere Zungenkontaktstellung, um so größer ist die Tragfähigkeit (Schallfülle) des Vokals.

3.4.3.10. *a*-Vokale

Die *a*-Vokale bedeuten in verschiedener Beziehung eine Ausnahme. Wenn wir die Wörter *Wahl* [v̥ɑ:l] und *Wall* (v̥al) sprechen, hören wir deutlich zwei *a*-Vokale, die sich nicht nur in Länge und Kürze (quantitativ), sondern auch in der Klangfarbe (qualitativ) unterscheiden. Die h e l l e r e [a]-Färbung (in *Wall*) geht auf den im Vergleich zu [ɑ:] geringeren Zahnreihenabstand und auf eine geringe Aufwölbung des mittleren Zungenrückens nach vorn zurück. Beim d u n k l e r e n [ɑ:] (in *Wahl*) ist der Zahnreihenabstand größer als beim [a] und der mittlere Zungenrücken etwas stärker und etwas weiter hinten aufgewölbt. Da die Zunge bei beiden Vokalen ansonsten flach liegt, bezeichnet man sie als *vorderen* ([a]) bzw. *hinteren Flachzungenvokal* ([ɑ:]). Da das hellere (vordere) [a] im allgemeinen kürzer ist als das dunklere (hintere), ist es üblich, von einem kurzen, helleren (vorderen) [a] im Unterschied zum langen, dunkleren (hinteren) [ɑ:] zu sprechen.

Den relativen Klangunterschied sollte man also ausnahmsweise nicht mit weit und offen angeben; denn dazu müßte man die gebräuchliche Terminologie umkehren, d. h., das hellere kurze [a] müßte als enger kurzer Vokal bezeichnet werden, weil der Mundöffnungsgrad geringer als beim [ɑ:] ist.

3.4.3.11. *e*-Vokale

Auch die *e*-Vokale nehmen eine Sonderstellung ein. Neben das weite kurze /ɛ/ z. B. in *Stätte* ['ʃtɛtə], tritt das weite lange /ɛ:/, z. B. in *Städte* ['ʃtɛ:tə], als einziger weiter langer Vokal in der deutschen Standardaussprache. Der artikulatorische Unterschied zum /ɛ/ ist gering. Im allgemeinen wird /ɛ:/ etwas geschlossener gesprochen als /ɛ/ (der Mundöffnungsgrad ist geringer als beim /ɛ/), aber nicht so eng, daß *Bären* ['b̥ɛ:ʀən] wie ['b̥e:ʀən] klingt. Andererseits soll der quantitative Unterschied zum /ɛ/ nicht durch Überlänge des /ɛ:/ ausgedrückt werden, die beispielsweise im Obersächsischen mit einer allzu weiten Aussprache zusammenfällt.

3.4.3.12. Zwielaute (Diphthonge)

Die deutsche Standardaussprache kennt drei Zwielaute: [a̯o], geschrieben *au*, [a̯e], geschrieben *ei, ai, ey, ay,* und [ɔ̯ø], geschrieben *eu, äu, oi, oy.* Sprachlich sind Zwielaute eine untrennbare Einheit (wie einfache Vokale), phonetisch handelt es sich um Zwielaute in zeitlicher Aufeinanderfolge (aber in einem Artikulationsverlauf) mit – in der deutschen Standardaussprache – Dynamikabschwächung (*fallende* Diphthonge).

Name und Buchstabenfolge sind irreführend. Denn Zwielaute sind nicht einfach Lautfolgen, es werden nicht zwei abgegrenzte Laute gebildet (z. B. für *ei* ([a̯e]) nicht /e/ + neu eingesetztes /i/), sondern sie entstehen durch eine gleitende Veränderung von Lippenform und -öffnung, Zahnreihenabstand und Zungenlage in einem Artikulationsverlauf während nichtabgesetzter Tongebung. Bei den Zwielauten der Standardaussprache gehen die Artikulationsorgane von der weiteren Anfangsstellung (/a/ oder /ɔ/) schnell in die engere Endstellung (/o/, /e/ oder /ø/) über.

Zur Gleitbewegung der Artikulationsorgane (bei den Zwielauten der Standardaussprache also von einer offeneren Gestaltung der Mundhöhle zu einer geschlosseneren) tritt noch eine gewisse dynamische Wandlung (Abstufung). In der Standardaussprache werden die Zwielaute mit fallender Tendenz gesprochen, d. h. zu Beginn am kräftigsten (aber kurz!) und dann schwächer (und sehr kurz!). Beide Lautmerkmale sind also kurz, auch das einsetzende und beherrschende erste Lautmerkmal (der sog. Basisvokal). Der Veränderung des Exspirationsdrucks und der Artikulation entsprechend, ebbt auch der Klang ab. Die deutsche Standardaussprache kennt weder *lange* Zwielaute (mit Gleitbewegung von enger zu weiter Einstellung, wie sie z. B. im Bayrischen und Österreichischen auftreten: *hüten* [ˈhyːtn̩] > [ˈhyːɛ̯tɛn]) noch *steigende* Zwielaute (gleichfalls mit Gleitbewegung von enger zu weiter Einstellung, aber mit stärkerem zweitem Lautmerkmal und entsprechendem Anschwellen des Klanges), wie z. B. im Französischen: *Boudoir* [buˈdwɑːʀ].

Zum anderen entsprechen die Schriftzeichen nicht den Lautmerkmalen, z. B. ist im *ei* geschriebenen Zwielaut [a̯e] weder ein /e/ noch ein /i/ als artikulatorisches Element enthalten. Hinzu kommt noch die verwirrende unterschiedliche Schreibung.

Schematische Darstellung der Vokale der deutschen Sprache

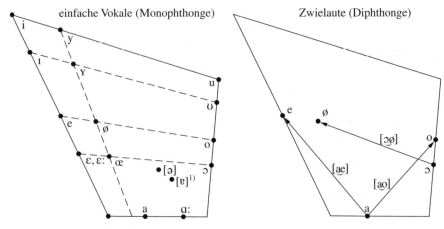

einfache Vokale (Monophthonge)   Zwielaute (Diphthonge)

¹ *Vokalisches r* (vgl. /r/, S. 230).

3.5.   Koartikulation

3.5.1.   Grundsätzliches

Das zusammenhängende Sprechen kennt keine isolierten Laute. Im Sprechakt wird nicht jeder Laut einzeln geplant und mit deutlich abgegrenzten Einstellungen der Artikulationsorgane gebildet, werden die einzelnen Laute nicht („säuberlich" voneinander geschieden) nebeneinandergestellt.⁴⁶ Unser Sprechen ist kein Aneinanderreihen von einzelnen Stellungsphasen der Sprechorgane. Neurophysiologisch und genetisch ist Sprechen vielmehr ein komplexes Bewegungskontinuum. Nicht ein Einzellaut, sondern eine Sprecheinheit wird „als Bewegungsganzes zentral entworfen und gesteuert; sie entsteht daher aus einer flüssig ablaufenden Dauerbewegung, in der Atmung, Stimmgebung und Artikulation komplex verbunden sind" (GWDA 1982, 69). Diesen kontinuierlichen Bewegungsablauf bezeichnet man als *Koartikulation* oder Synkinese.

Im zusammenhängenden Sprechen befinden sich sämtliche Sprechorgane in einer harmonischen Dauerbewegung. So gehen die Bewegungen der beteiligten Artikulationsorgane gleitend ineinander über, überlagern sich und wirken wechselweise aufeinander ein, Artikulationsstelle und -modus werden in dieser Dauerbewegung gleichsam nur „gestreift". Die Folge ist, daß die Laute untereinander eine relativ enge Verbindung eingehen, sich gegenseitig mehr oder weniger beeinflussen, daß die Bildung eines Lautes von den artikulatorischen Bewegungen für den vorhergehenden und den folgenden Laut mitbestimmt wird.

Artikulationsorgane, die an der Bildung eines bestimmten Lautes nicht unmittelbar beteiligt sind, bereiten den folgenden Laut, bei dem sie beteiligt sein

Tabelle der einfachen Vokale der deutschen Sprache (Monophthonge)

Grad der Zungenbewegung (vertikal)	Richtung der Zungenbewegung mit Lautbezeichnung (sagittal-horizontal)				Grad der Mundöffnung
	vorn (prädorsal) Vorderzungenvokale		Mitte (mediodorsal) Mittelzungenvokale	hinten (postdorsal) Hinterzungenvokale	
hoch	i	y		u	eng (geschlossen, gespannt)
– vermindert	ɪ	ʏ		ʊ	weit (offen, ungespannt)
mittelhoch	e	ø		o	eng (geschlossen, gespannt)
– vermindert	ɛ, ɛː	œ	[ə] [ɐ][1]	ɔ	weit (offen, ungespannt)
flach	a	hoch-rund		ɑː	
Lippentätigkeit	ungerundet (illabial)	gerundet (labial)	ungerundet (illabial)	hoch-rund gerundet (labial)	

[1] *Vokalisches r* (vgl. /r/, S. 230).

Tabelle der Konsonanten der deutschen Sprache

Artikulationsstelle	Artikulierendes Organ	Artikulationsmodus mit		
		Verschluß Verschlußlaute (Klusile)		Nasenöffnung Nasenlaute (Nasale)
		fortis	lenis	
Oberlippe (labial)	Unterlippe (labial)	p	b	m
Oberlippe > Zähne (labial > dental)	Unterlippe (labial)			
Zähne (dental)	Unterlippe (labial)			
Zähne – Zahndamm (dental-alveolar)	vorderer Zungenrand bzw., mit Ausnahme des [r], vorderer Zungenrücken (koronal bzw. prädorsal)	t	d	n
Zahndamm bzw. Zahndamm – vorderer Hartgaumen (alveolar bzw. alveolar-präpalatal)	vorderer Zungenrand bzw. -rücken (koronal bzw. prädorsal)			
vorderer – mittlerer Hartgaumen (prä-mediopalatal)	vorderer – mittlerer Zungenrücken (prä-mediodorsal)			
Hartgaumen – vorderer Weichgaumen (palatal-prävelar)	Zungenrücken (dorsal)	k	g	ŋ
hinterer Hartgaumen – Weichgaumen (postpalatal-velar)	hinterer Zungenrücken (postdorsal)			
Zäpfchen (uvular)	hinterer Zungenrücken (postdorsal)			
hinterer Zungenrücken (postdorsal)	Zäpfchen (uvular)			
Stimmlippen (glottal)	Stimmlippen (glottal)			
Überwindungsmodus mit Lautbezeichnung		stl.	[1]	sth.
		Sprengung Sprenglaute (Explosive)		fließend Fließlaute (Liquide)

[1,2] Positionsabhängig stimmhaft

Lautbezeichnung					
unterbrochener Verschluß unterbrochene Verschlußlaute (intermittierende Klusile)	Enge Engelaute				Verschluß > Enge (Affrikaten)
	seitlich (lateral)	Mitte (medial)		Stimmritze (glottal)	
		fortis	lenis		
					[p͡f]
		f	v		
[r]	l	s	z		[t͡s]
		ʃ	ʒ		
		ç	j		
		x			
			[ʁ]		
[ʀ]					
				h	
sth.	sth.	stl.	²	stl.	stl.
Schwingen Schwinglaute (Vibranten)	fließend Fließlaut (Liquid)	Reibung Reibelaute (Frikative)		Hauch Hauchlaut (Spirant)	

werden, vor. So bereiten in der Wortreihe *Lieder, Leder, Laden, Loden, luden* die Lippen beim [l], bei dessen Artikulation sie nicht notwendig beteiligt sind, die notwendige Einstellung für den folgenden Vokal vor. Die umgekehrte Tendenz, die Beeinflussung der Organeinstellung durch die Bildungsweise des vorangehenden Lautes, läßt sich z. B. an der Wortreihe *Sieg, Weg, lag, log, Lug* beobachten: Unter dem Einfluß der verschiedenen Einstellung des Zungenrückens für die Vokale wandert die Artikulationsstelle bzw. Verschlußstelle des folgenden [k]. Derartige Lautveränderungen werden *Angleichungen* (Assimilationen) genannt.

Trotzdem können wir die Laute voneinander abgrenzen und ihre *physiologische Bildungsnorm* beschreiben. Denn wir hören in einer Sprecheinheit tatsächlich unterschiedliche Laute, und zwar ihre akustisch ausgeprägte Mittelphase. Und dieser Klarphase muß innerhalb der Dauerbewegung der Artikulationsorgane eine gewisse stationäre Phase, ein organogenetisches Substrat entsprechen, d. h., dieser Ausschnitt aus der artikulatorischen Dauerbewegung kann genetisch „als der sprachlautbestimmende Moment angesehen werden" (WÄNGLER 1981, 18).

So wünschenswert es wäre, in der Sprecherziehung sowie in der Fremdsprachenphonetik grundsätzlich von Sprechbewegungs- bzw. koartikulatorischen Einheiten auszugehen, so wenig kann man jedoch für unterrichtspraktische Zwecke auf die – aus dem Bewegungsablauf der Artikulationsorgane gewonnene – Beschreibung des einzelnen Lautes, seiner normativen physiologisch-genetischen Merkmale, verzichten. Hinweise zur physiologischen Bildungsnorm eines Lautes stellen eine vertretbare, weil erzieherisch notwendige, leitbildhafte Abstraktion dar. Das belegt nicht zuletzt der Fremdsprachenunterricht. Von den bemerkenswerten Erfolgen auf der Grundlage vorwiegend dieser methodischen Orientierung konnte ich mich vor allen an der Ersten Moskauer Fremdsprachenhochschule am Beispiel des Deutschunterrichts für Träger der russischen Sprache überzeugen. Es ist jedoch notwendig, darauf hinzuweisen, daß auch die Relation Einzellaut : artikulatorische Bewegungseinheit als dialektische Einheit aufzufassen ist und daß jede Verabsolutierung der einen oder anderen Betrachtungsweise und damit des methodischen Verfahrens unangemessen ist.

Prinzipiell macht eine zu starke Angleichung der Laute die Aussprache undeutlich, die Wortverständlichkeit leidet, Formstufenschwund tritt auf (Annäherung an eine nachlässige Form der Umgangssprache). Andererseits wird eine zu starke Abgrenzung der Laute (z. B. Hyperkorrektheit) in der Kommunikation als gekünstelt empfunden. Anzustreben ist eine den Sozialkontakt und die sprechsprachliche Kommunikation fördernde „Mitte" zwischen Lautabgrenzung (Differenzierung bzw. Delimitation) und -angleichung (Integration). Für die in der Standardaussprache zulässigen Angleichungen ist mit dem GWDA (1982, 70) zu fordern: „Sie dürfen weder die Wortverständlichkeit gefährden noch als Ganzes die Abgrenzung gegenüber den Mundarten und mundartgeprägten Umgangssprachen übertreten." Auf einige wesentliche Angleichungen infolge Koartikulation soll hier eingegangen werden;[47] es handelt sich um Angleichungen der Artikulationsstellen, der Artikulationsmodi und der Überwindungsmodi.

3.5.2. Angleichung der Artikulationsstellen

Bei Elision des [ə] in der Finalsilbe -en wird [n] nach Verschlußlauten zum entsprechenden homorganen Nasenlaut assimiliert, nach [p] und [b] zu silbischem [m̩], nach [k] und [g] zu silbischem [ŋ̩], weil die Verschlußlaute „nicht oral, sondern nasal gelöst werden und die ursprüngliche Verschlußstelle auf diese Weise erhalten bleibt" (GWDA 1982, 71), z. B. *Lippen* wie ['lɪpm̩], *lieben* wie ['li:bm̩], *Haken* wie ['hɑ:kŋ̩], *Hagen* wie ['hɑ:gŋ̩].

In verbreiteten Fremdwörtern mit der Initialsilbe *kon-* wird [n] vor [k] und [g] häufig zum entsprechenden homorganen Nasenlaut [ŋ] assimiliert, z. B. in *konkret, Kongreß*.

3.5.3. Angleichung der Artikulationsmodi

Beim Zusammentreffen homogenetischer und zugleich homorganer Konsonanten in zusammengesetzten Wörtern und Ableitungen (an der Wort- bzw. Silbenfuge) oder innerhalb der Sprecheinheit (an der Wortgrenze) wird jeweils nur e i n Artikulationsmodus hergestellt. Beim Zusammentreffen gleicher Verschluß-, Enge- oder Nasenlaute wird also nur e i n Verschluß, e i n e Enge bzw. e i n e nasale Öffnung gebildet. Wenn es das Sprechtempo erlaubt, soll bei Enge- und Nasenlauten eine gewisse Längung der Laute und bei Verschlußlauten eine gewisse Längung der Haltephase gewährt werden, z. B. *abplatten* wie ['ap·latn̩], *ab Paris* wie [ap·ɑ'ʀi:s]; *Schaffell* wie ['ʃa:f·ɛl], *tief fallen* wie [ti:'f·alən]; *Schwimmeister* wie ['ʃvɪm·a̯estɐ], *im Munde* wie [ɪ'm·ʊndə].

Besonders zu beachten ist der *Konsonantenanschluß*, um Verwechslungen (z. B. zwischen *Halbpunkt* und *Hallpunkt*) zu vermeiden; in den erwähnten Beispielen muß der Anschluß des [p] an [l] in *Halbpunkt* fester ausfallen, in *Hallpunkt* loser.

Beim Zusammentreffen ungleicher Verschlußlaute entfällt meistens die doppelte Verschlußlösung und Behauchung. Während der Haltephase des ersten Lautes wird die Verschlußphase des zweiten Lautes gebildet (Verschiebung der Artikulationsstelle), so daß die erste behauchte Verschußlösung entfällt, z. B. *Akt* statt [akhth] – [akth], *Abt* wie [apth], *lobte* wie ['lo:ptə].

3.5.4. Angleichung der Überwindungsmodi (Grad der Stimmhaftigkeit)

Im absoluten Anlaut, nach stimmlosen Geräuschkonsonanten im Wortanlaut (innerhalb der Sprecheinheit) und im Silbenanlaut wird die Stimmhaftigkeit der Lenis-Engelaute und -Verschlußlaute unterschiedlich partiell bis total reduziert. Während die Lenis-Verschlußlaute /b, d, g/ und der Lenis-Engelaut /z/ überwiegend als stimmlose Lenes gesprochen werden, tritt bei den Lenis-Engelauten /v, ʒ, j/, [ʁ] häufig lediglich eine positionsbedingt unterschiedliche Reduktion der Stimmhaftigkeit auf, von der /ʒ/ und die absolute Anlautposition am wenigsten betroffen wird. Die Stimmlosigkeit und die unterschiedliche Reduktion der Stimmhaftigkeit werden im Übungsteil nicht differenziert, sondern einheitlich durch einen Kreis unter bzw. über dem Transkriptionszeichen gekennzeichnet, z. B. *Band* wie [b̥antʰ]; *mit Bauern* wie [mɪt'b̥a̯o̯ɐn], *ich bleibe* wie [ɪç'b̥la̯ɛbə]; *Hutband* wie ['huːtb̥ant], *Aufbau* wie ['a̯ofb̥a̯o], *Bobbahn* wie ['b̥ɔpb̥aːn] – *Sicht* [zɪçtʰ]; *ab Sonntag* [ap'z̥ɔntɑːk], *ich sage* [ɪç'z̥ɑːgə]; *Absicht* ['apzɪçt], *Aufsatz* ['a̯ofz̥ats], *Aussicht* ['a̯osz̥ɪçt] – *Wind* [ʋɪntʰ]; *ab Wien* [ap'ʋiːn]; *aus Wolle* [a̯os'ʋ̥ɔlə]; *entweder* [ɛnt'ʋeːdɐ], *Reichweite* ['ʀa̯ɛçʋ̥a̯ɛtə], *Schafwolle* ['ʃɑːfʋ̥ɔlə].

3.6.   Hinweise zur Phonostilistik

Angleichungen sind nicht nur koartikulatorisch (neuro- und bewegungsphysiologisch gesetzmäßig) bedingt. Komplexe sprechsituative Bedingungen und von ihnen beeinflußte prosodische und phonetische Mittel, insbesondere Rhythmisierung, Sprechtempo und -spannung, sowie Textsorte bzw. Kommunikationsgegenstand und Kommunikationsabsicht bewirken in der deutschen Standardaussprache – wie auch in anderen Sprachen – ebenfalls phonetische Erscheinungen wie Assimilationen, Reduktionen und Elisionen, die mit MEINHOLD (1973) als *Lautschwächungen* und unter funktional-stilistischem Aspekt als *stilistische Varianten* der Standardaussprache bezeichnet und klassifiziert werden.

Von den drei Wörterbüchern zur Aussprache des Deutschen schließen der „Siebs" (1969) und das Duden-Aussprachewörterbuch (2000, 35) im Prinzip eine stilistische Differenziertheit der deutschen Standardaussprache aus. Lediglich das GWDA (1982, 73ff.) unterscheidet drei phonostilistische Ebenen. Sie können allgemein dadurch charakterisiert werden, daß Grad und Verbreitung der Lautschwächung von Ebene 1, der Aussprache in der Rezitation und im feierlichen, festlichen (vorgelesenen, H.F.) Vortrag, zu Ebene 3, der Aussprache im ruhigen, sachlichen Gespräch sowie beim (vorgelesenen?, H.F.) Vortrag mit geringem Spannungsgrad zunehmen und in akzentlosen Silben besonders ausgeprägt sind. Oder anders ausgedrückt: Die Artikulationspräzision soll, als Folge nachlassender Sprechspannung, die mit einer Erhöhung der Sprechgeschwindigkeit verbunden ist, von Ebene 1 („voller" Aussprachestil) zu Ebene 3 („reduzierter" Aussprachestil) kontinuierlich abnehmen.

Im „Elementarbuch" entsprechen die Aussprachehinweise in erster Linie den Anforderungen an eine hohe Formstufe, die allerdings auch den Anspruch nach kommunikativer Adäquatheit berücksichtigen. Nicht nur nachlässig-verschliffenes, sondern auch hyperkorrektes Sprechen können gleichermaßen befremdlich und akontaktiv wirken.

Für die sehr komplexe phonostilistische Ebene 3, der in der kommunikativen und sprecherzieherischen Praxis eine besondere Rolle zukommt (vgl. 3.8.2., S. 107), liegen bisweilen nur wenige validierte Untersuchungsergebnisse vor. Im GWDA (1982, 74) wird sie zudem nicht genügend differenziert. Außerdem können die für die sogenannte Gesprächsstufe als „stilistische Möglichkeiten" der Standardaussprache gekennzeichneten phonetischen Merkmale wie Behauchungsschwund der Fortis-Verschlußlaute, Lenisierungstendenz bei den Fortis-Konsonanten sowie regressive Stimmhaftigkeitsassimilation, die bekanntlich charakteristische obersächsisch-thüringische Merkmale sind, durchaus als dialektal geprägte umgangssprachliche Symptome aufgefaßt werden (vgl. FIUKOWSKI 1990; 1991).

3.7. Intonation[48]

Wiederholt wurde darauf verwiesen, daß das vorliegende Lehr- und Lernmittel zur Entwicklung einer Sprachverwendung im Bereich der Normtoleranz der deutschen Standardaussprache beitragen will. Zwar steht im Vordergrund die Artikulationsschulung, jedoch stets als Bestandteil einer umfassenderen Ausspracheschulung, d. h. als Beitrag zur Gesprächsfähigkeit. In jeder Sprechübung werden neben vorgegebenen grammatischen Strukturen zugleich artikulatorische und intonatorische Mittel realisiert. Auch hierbei erweist sich, daß für das Verständnis einer sprechsprachlichen Äußerung, für das Verdeutlichen der kommunikativen Absicht die intonatorische Gestaltung des Ausspruchs eine wesentliche Rolle spielt und daß die Artikulation (im engeren Sinne) in bestimmender Weise durch die intonatorische Gestaltung beeinflußt wird. Vor allem aus diesem, aber auch aus dem Grunde, um sukzessives, monotones, sinnloses Übungssprechen von vornherein zu vermeiden, ist in j e d e r Sprechübung planmäßig die Verbindung von Artikulations- und Intonationsschulung zu realisieren.

3.7.1. Wesen und Funktion der Intonation

Die Intonation ist ein Bestandteil der sprechsprachlichen Kommunikation. Nach der sogenannten w e i t e n Intonationsauffassung besteht sie aus einem Komplex suprasegmentaler oder prosodischer Mittel, die in jeder sprechsprachlichen Äußerung eine Einheit bilden. Es handelt sich um den Tonhöhenverlauf (die Sprechmelodie), den dynamischen Verlauf, um Sprechtempo und Pausierung und die Klangfarbe der Stimme. Mit Hilfe dieser phonetischen (ektosemantischen) und expressiven Mittel moduliert, gliedert und akzentuiert der Sprecher seine Äußerung, erhält die Äußerung gemäß der konkreten kommunikativen Situation und Absicht ihre aktuelle Bedeutung. Hieran werden jedoch nicht stets sämtliche intonatorische Mittel gleichmäßig und in gleicher Stärke beteiligt. Andererseits werden die intonatorischen Mittel auch nicht wahllos eingesetzt. Innerhalb der einzelnen kommunikativen Gemeinschaften haben sich usuelle Normative herausgebildet. So fällt in der deutschen Sprache besonders die Melodiebewegung (Änderung des Grundtones) und der dynamische Verlauf (Änderung der Lautheit) auf, wobei der Tonhöhenverlauf auch für die deutsche Sprache als wichtigste intonatorische Komponente anzusehen ist.

Aus der spezifischen Kombination dieser sogenannten satzphonetischen Mittel und ihrem Verlauf ist zu entnehmen:

1. ob die Aussprüche abgeschlossen sind oder nicht und ob es sich um eine Aussage, Frage oder Aufforderung handelt (hauptsächlich durch den Melodieverlauf), kommunikative Funktion
2. wie der Ausspruch gegliedert ist, eingegliedert in einen größeren Kontext und untergliedert in Teilaussprüche, sogenannten Syntagmen (vorwiegend durch die Pausierung), strukturierende Funktion
3. welche Stelle im Wort hervorgehoben wird (Wortakzent) bzw. welches Wort das kommunikativ Wichtige, der Informationskern eines Ausspruchs (Ausspruchsakzent) ist (vornehmlich durch das Zusammenwirken von Tonhöhenbewegung und Intensität), semantische Funktion
4. ob sachlich bzw. emotional neutral oder mit emotionaler Beteiligung gesprochen wird, so daß es zu sogenannten emotionalen Nebenbedeutungen kommen kann, expressive Funktion.

3.7.2. Wortakzentuierung

Unter Akzentuierung ist die Hervorhebung bzw. Betonung einer bestimmten Stelle im Wort (Wortakzentuierung) bzw. eines Wortes im Ausspruch (Ausspruchsakzentuierung) zu verstehen. Allgemein läßt sich für die deutsche Sprache feststellen, daß in sachlicher, affektfreier Rede die Akzentuierung insbesondere durch das Zusammenwirken von Melodie, Dynamik (Intensität) und Tempo bzw. Dauer hervorgerufen wird; die Akzentsilbe wird im allgemeinen etwas höher, lauter (nachdrücklicher) und gegebenenfalls gedehnter gesprochen.

In deutschen und eingedeutschten einfachen und abgeleiteten Wörtern liegt der Wortakzent vorwiegend auf dem Wortstamm. Unterschiedlicher Wortakzent kann gelegentlich mit einem Bedeutungsunterschied verknüpft sein, z. B. *'Kaffee* (Getränk), *Kaf'fee* (gastronomische Einrichtung). Auch in manchen zusammengesetzten Wörtern wirkt die Akzentverlagerung bedeutungsunterscheidend, z. B. *'blutarm* (arm an Blut), *blut'arm* (sehr arm). Lediglich in mehrgliedrigen Zusammensetzungen ist zwischen Haupt- und Nebenakzent, der sich akustisch dem Hauptakzent unterordnet, zu unterscheiden.

Im zusammenhängenden Sprechen ordnet sich der Wortakzent dem Ausspruchsakzent unter, der von der Sprechsituation abhängt. Starke affektive Unterlagerung kann auch zu emphatischer Wortakzentuierung führen, die von der Akzentuierung in sachlicher Rede erheblich abweicht, z. B. statt *'unmöglich – un'möglich*. Zu beachten ist, daß beim Sprechen von versgebundenen Texten nicht jede Hebung gleichmäßig beschwert werden darf, sondern daß der Sinnakzent, der von der Sprechsituation der Dichtung abhängt, die Akzentuierung bestimmt.

Detaillierte Informationen über die Wortakzentuierung könnten dem GWDA (1982, 106ff.) entnommen werden. Hier seien nur einige allgemeine Richtlinien genannt.

– Einfache und abgeleitete deutsche Wörter haben e i n e n Akzentwert, es wird der Wortstamm betont, z. B. *'laufen, ver'laufen, Ver'lauf.*
– In Wörtern mit den Affixen *ur-, -ei, -ieren* wird das Affix beont, z. B. *'Urwald, Bumme'lei, mar'schieren.*
– Das Präfix *un-* ist immer betont, wenn es sich um die Negierung eines unter gleichen Bedingungen einsetzbaren Wortes handelt, z. B. *'Undank, 'undankbar*; aber *un'säglich.*
– Das Präfix *miß-* ist nur in Verben unbetont, wenn auf das Präfix der Wortstamm folgt, z. B. *'mißverstehen,* aber *miß'lingen.*
– Zusammensetzungen, die aus Bestimmungs- und Grundwort bestehen, haben e i n e n Akzentwert, es wird in der Regel das Bestimmungswort betont, z. B. *'Bahnhof, 'Güterbahnhof, 'Hauptbahnhof.*
– In dreigliedrigen Zusammensetzungen trägt das Bestimmungswort den Hauptakzent, während der Nebenakzent häufig auf dem dritten Wortglied liegt, z. B. *Ver'kaufsstellen,leiterin, 'Bundestags,abgeordneter.*
– In Abkürzungen aus einzelnen Buchstaben wird in der Regel der letzte Buchstabe betont, z. B. SPD [ˀɛspeˈdeː], CDU [ʦeːdeːˀˈˀuː], GmbH [ĝeːˀɛmbeˈhɑː].
– In sogenannten Wortreihungen trägt das letzte Wort den Hauptakzent, z. B. *mit ,Mann und 'Maus, ,Max und 'Moritz.*
– Abkürzungen nach dem Lautwert, z. B. *'UNO,* Wortkürzungen, z. B. *'Foto,* und Zusammensetzungen aus Buchstabe und Wort, z. B. *'D-Zug,* haben, wie vermerkt, Anfangsakzent.

Keineswegs dürfen die artikulatorischen Bemühungen zu jener hyperkorrekten, d. h. im Grunde falschen Aussprache führen, die beispielsweise durch monotones Gleichmaß hinsichtlich Melodie, Intensität und Tempo gekennzeichnet ist bzw. in der gänzlich unbetonte Affixe, z. B. *be-, ent-, er-, ge-, ver-, zer-, -e, -er,* einen Nebenton erhalten, *schwachtoniges e* ([ə]) als *kurzes weites e* ([ɛ]) oder statt des *vokalischen r* ([ɐ]) die Allophonfolge [ɛɐ] oder [eɐ] realisiert wird, z. B. statt *Muttermal* [ˈmutɐmɑːl] – [ˈmuˌteɐˈˌmɑːl], statt *erhalten* [ɐˈhaltn̩] – [ˌɛɐˈhalˌtɛn] (vgl. 3.8.2., 102 ff.).

3.7.3. Ausspruchsakzentuierung

Jene Feststellung, daß die Akzentuierung in erster Linie von der kommunikativen Situation und der durch sie bestimmten kommunikativen Absicht des Sprechers abhängt und daß relativ verbindliche Regeln nur für die sogenannte neutrale Betonung aufgestellt werden können, trifft in noch stärkerem Maße für die Ausspruchsakzentuierung zu. In den emotional neutral gesprochenen Einzelwortbeispielen fällt der Ausspruchsakzent mit dem Wortakzent zusammen, sie haben den Charakter von Einwortaussprüchen.

Kurze Aussprüche (Zwei- oder Mehrwortaussprüche) gleichen hinsichtlich Melodiebewegung, Intensität und Tempo den Einwortaussprüchen. Auch sie haben nur einen Akzentwert; die Betonung in diesen kurzen Aussprüchen, der Ausspruchsakzent, beispielsweise in vielen Redensarten und Wortgruppen, fällt in sachlicher, affekt- und kontrastierungsfreier Sprechweise mit dem Wortakzent zusammen. Die ausspruchsakzentlosen Wörter gruppieren sich um die akzentuierte Silbe des Informationskerns des Ausspruchs zu einer sogenannten *Akzentgruppe*, die wie ein Wort gesprochen wird, also ohne Zäsur bzw. Pause innerhalb der Gruppe. Dabei werden die akzentlosen Wörter ungefähr so ausgesprochen wie die nichtakzentuierbaren Silben im Einwortausspruch, sie liegen melodisch tiefer, haben eine geringere Lautheit und werden im Sprechtempo etwas gerafft, z. B. *aus dem Léim gehen.*

Eine grafische Darstellung – das sogenannte *Verlaufsmuster in einem Liniensystem* und die sogenannte *Interlineartranskription* (Intonationsumschrift innerhalb der Zeile)[1] – soll Aufschluß über den Intensitätsverlauf und v. a. über den ungefähren Tonhöhenverlauf geben:

Verlaufsmuster

Interlineartranskription

Aus dem/ Léim \gehen.

Die Sprechmelodie steigt aus einer entspannten Lage (die sich um die Grenze zwischen unterem und mittlerem Sprechbereich bewegt) zur Akzentsilbe (an der

---

[1] Zeichenerläuterung:
 ´ über dem Vokalbuchstaben einer Silbe bzw. über dem ersten Vokalbuchstaben bei Diphthongen = akzentuierte Silbe, im folgenden auch Kernakzent eines Ausspruchs.
 ` über dem Vokalbuchstaben einer Silbe bzw. über dem ersten Vokalbuchstaben bei Diphthongen = Nebenakzent eines Ausspruchs.
 ″ über dem Vokalbuchstaben einer Silbe bzw. über dem ersten Vokalbuchstaben bei Diphthongen = Hauptkernakzent eines gegliederten Ausspruchs.
 – Kennzeichnung einer nichtakzentuierten Silbe.
 – Kennzeichnung einer akzentuierten Silbe. Die Richtung der Striche kennzeichnet den Verlauf der Sprechmelodie
 / steigender Melodieverlauf.
 \ fallender Melodieverlauf.
 – ebener Melodieverlauf.
 ↘ Absinken der Sprechmelodie bis an die untere Grenze des Gesamtsprechbereichs.
 ′ (Kurzstrich) Zäsur nach einer Akzentgruppe.
 | (Langstrich) Pause nach einem Teilausspruch.

94

oberen Grenze des mittleren Sprechbereichs) und sinkt dann bis in die Lösungstiefe (vgl. 2.3.4., S. 47).

Für die Betonung im sachlichen, affekt- und kontrastierungsfreien Ausspruch gilt zunächst folgende Regel. Nicht akzentuierbar sind: „Artikel, Präpositionen, Konjunktionen, Hilfsverben bzw. modifizierte Verben, die mit Vollverben verbunden sind, Relativpronomen, Relativadverbien; ferner Personalpronomen, ausgenommen in deklinierter Form an der Spitze des Ausspruchs, Interrogativpronomen und Interrogativadverbien, ausgenommen in der Nachfrage, Reflexivpronomen, ausgenommen in der Präpositionalgruppe *an sich*" (STOCK/ZACHARIAS 1975, 14), z. B. *etwas für einen Páppenstiel hingeben*. Nach E. STOCK und CHR. ZACHARIAS liegt der kommunikativ wichtigste Akzent in Beifügungsgruppen auf dem letzten akzentuierbaren Wort, z. B.: *Beim Barte des Prophéten, der Berliner Bär*, und in Verb-Ergänzungs-Gruppen auf der letzten oder einzigen Ergänzung, z. B. *Péch haben, den bösen Blíck haben*.

Bei langsamer und nachdrücklicher Sprechweise kann – wie in drei- und mehrgliedrigen Komposita – auch in diesen kurzen Aussprüchen ein Nebenakzent auftreten, der dann vor dem sogenannten Kernakzent (dem kommunikativ wichtigsten Akzent) liegt. Der Nebenakzent ist melodisch höher als die vorausgehende akzentlose Silbe u n d als die Kernakzentsilbe. Die Sprechmelodie steigt also zur Nebenakzentsilbe, fällt zur Kernakzentsilbe ab und sinkt nach dieser bis in die Lösungstiefe.

Ausspruch ohne Nebenakzent: Ausspruch mit Nebenakzent:

Beim Barte des Pro/phé\ten.   Beim /Bàrte des Prophé\ten.

In längeren Aussprüchen werden häufig zwei oder mehr Akzente realisiert. Nach E. STOCK und CHR. ZACHARIAS (1975, 16) liegt der Kernakzent „stets auf dem letzten Wort des Ausspruchs, das (durch die o. e. Regeln, H.F.) als Träger eines Akzents bestimmt wird".

Es ist grundsätzlich so, daß – unabhängig von der Reihenfolge der Glieder im Satz – das kommunikativ Wichtigste auch am stärksten hervorgehoben wird, und zwar der b e s t i m m e n d e Begriff v o r dem zu bestimmenden und der s p e z i e l l e Begriff v o r dem allgemeinen. Es entspricht der deutschen Satzstruktur, daß das Satzglied mit dem höchsten Informationswert, dem kommunikativ Wichtigsten, im allgemeinen am Ende des Satzes steht. Bei Thema-Rhema-Gliederung befindet sich der kommunikative Kern des Ausspruchs im Rhema. Enthält das Rhema nur e i n e Information, besteht das Rhema z. B. nur aus einer Akzentgruppe, so trägt ihre akzentuierte Silbe den Kernakzent. Enthält das Rhema m e h r e r e Informationen, liegt der Kernakzent, der erwähnten Satzgliedfolge entsprechend, am Schluß des Rhemas, jedoch niemals schematisch auf der letzten akzentuierbaren Silbe eines Ausspruchs, z. B.:

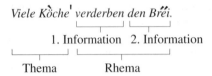

Diese allgemeinen Akzentuierungsgrundsätze, die nur auf die affekt- und kontrastfreie Rede angewendet werden können, werden unter besonderen kommunikativen Bedingungen aufgehoben. Bei gefühlsbetonter, belehrender sowie kontrastierender Sprechweise können sämtliche informationswichtigen Wörter hervorgehoben werden, d. h., jedes beliebige Wort, selbst Silben, die nicht den Wortakzent tragen, können unter diesen situativen Bedingungen den Kernakzent erhalten. Bei emphatischer, didaktischer und kontrastiver Betonung herrscht also Regellosigkeit.

Für die kontrastive Betonung lassen sich jedoch einige allgemeine Hinweise geben: Natürlich hebt man jene Ausspruchselemente besonders hervor, die den Gegensatz ausdrücken, die stärkste Betonung erhält der letzte Teil des Gegensatzpaares. Der bejahte Teil des Gegensatzpaares wird, unabhängig von der Reihenfolge, am nachdrücklichsten akzentuiert, z. B.: *Eines schickt sich nicht für alle. Heute Regen, morgen Regen.*

3.7.4. Ausspruchsgliederung

Während emphatische und nachdrückliche Sprechweise den Ausspruch auch sehr weitgehend und häufig willkürlich gliedert, gelten für die Ausspruchsgliederung in emotional neutraler Rede gewisse Richtlinien, die im wesentlichen aus den Akzentverhältnissen und der syntaktischen Struktur des Ausspruchs abgeleitet sind.

Zunächst kann festgestellt werden, daß nicht nach jedem Wort eine Gliederungsgrenze liegen kann, wozu beispielsweise das um übertrieben sorgfältige Artikulation bemühte Sprechen bzw. Lesen neigt, so daß u. a. sogenanntes Artikulationslesen, eine Form des sukzessiven Sprechens, entsteht.

Auch die bereits erwähnten Akzentgruppen (verhältnismäßig geschlossene Wortgruppen, die durch Anlehnung akzentloser Wörter an ein akzentuiertes Wort entstehen) sind im allgemeinen zu kurz, um eine Funktion als Sprecheinheit im Sinne eines Teilausspruchs erfüllen zu können. Sowohl innerhalb als auch nach einer Akzentgruppe kann deshalb keine Gliederungsgrenze liegen, ausgenommen beim Thema. Enthält es ein Substantiv oder Pronomen, kann nach dem Thema eine Zäsur eintreten, z. B.: *Der Bauch* ist ein böser Ratgeber.

Der Sprecher schließt meistens zwei oder mehrere Wortgruppen zu einem Teilausspruch mit einem Kernakzent zusammen. Derartige Verschmelzungen entstehen beispielsweise zwischen Satzgliedern und ihren attributiven Bestimmungen sowie zwischen der Wortgruppe, die den Hauptkernakzent enthält und allen folgenden Gruppen. Höheres Sprechtempo bedingt eine stärkere Verschmelzung von Akzentgruppen. Langsameres und zugleich akzentuierteres Sprechen führt im allgemeinen zu einer stärkeren Untergliederung des Ausspruchs.

Die so entstehenden Teilaussprüche oder Syntagmen werden im allgemeinen durch eine Pause („Spannpause"), die jedoch keine Atempause ist, zumindest durch eine sogenannte Stauung bzw. Retardation voneinander getrennt. (Lösungs- bzw. Atempausen treten vornehmlich am Ausspruchs- bzw. Sinnschrittende auf.) Zusätzlich oder als Ersatz für die Pause verzögert der Sprecher am Ende des Teilausspruchs häufig das Sprechtempo. Außerdem werden alle nichtletzten Teilaussprüche durch den Tonhöhenverlauf – die Sprechmelodie steigt entweder oder bleibt in der Höhe der Kernakzentsilbe schweben bzw. sinkt geringfügig – als unabgeschlossen gekennzeichnet. Im gegliederten Ausspruch entscheidet der Melodieverlauf in der Kernakzentsilbe und in den eventuell folgenden akzentlosen Silben des letzten Teilausspruchs zusammen mit dessen Kernakzent, der deshalb Hauptkernakzent genannt wird, über den Charakter des gesamten Ausspruchs, z. B. ob es sich um eine Aussage, Frage oder Aufforderung handelt.

3.7.5. Sprechmelodieverläufe

Der Tonhöhen- oder Melodieverlauf ist die wichtigste Komponente der Intonation, darf jedoch nicht mit ihr identifiziert werden. Der Melodieverlauf kennzeichnet den Ausspruch als eine Redeeinheit, als abgeschlossene oder weiterweisende Äußerung und die Haltung des Sprechers in der Kommunikation. Die Melodiebewegung orientiert sich an den akzentuierten Silben im Ausspruch. In emotional neutraler Sprechweise verläuft die Sprechmelodie oberhalb der entspannten und relativ tiefen Ausgangslage, der sogenannten Lösungstiefe. Allgemein läßt sich sagen, daß die Sprechmelodie aus der Lösungstiefe bis zur ersten Akzentsilbe steigt, von dieser zur letzten akzentuierten Silbe stetig fällt und nach dieser bis in die Lösungstiefe sinkt.

Nach der Melodiebewegung in der Hauptkernakzentsilbe und in den eventuell nachfolgenden akzentlosen Silben eines gegliederten Ausspruchs unterscheidet man drei typische Melodieverläufe: Tief- oder Vollschluß, Halbschluß und Hochschluß.

Beim *Tiefschluß* sinkt die Sprechmelodie in der letzten Akzentsilbe, die bereits verhältnismäßig tief liegt, bzw. nach ihr in die Lösungstiefe. Der Tiefschluß signalisiert die Äußerung als abgeschlossen (terminal). Der Tiefschluß wird vornehmlich bei Aussagen, Ausrufen, Aufforderungen und Befehlen, auch bei Ergänzungs- und Doppelfragen verwendet.

Beispiel:

Das/Mißtrauen¹ ist die Mutter der\Sicherheit.

Beim *Halbschluß* bleibt die Sprechmelodie im allgemeinen entweder halbhoch in der Schwebe oder sie steigt bzw. sinkt geringfügig. Der Halbschluß signalisiert die Äußerung als nicht abgeschlossen bzw. weiterweisend (progredient). Der Halbschluß wird aber nicht nur in gegliederten Aussprüchen zur Kennzeichnung der Nichtabgeschlossenheit von Teilaussprüchen, sondern auch als kontaktives Mittel, z. B. bei Anreden, Begrüßungen, Grußformeln, Redeankündigungen verwendet.

Eine besondere Form des Progredienschlusses ist zu beobachten, wenn die Äußerung ausgeprägt informativ ausgerichtet ist, z. B. beim Nachrichtenverlesen in Funk und Fernsehen: Die Sprecher verwenden häufig Formen mit deutlich sinkender Sprechmelodie, ohne aber den Ausspruch abzuschließen.

Beispiele:

Wenn die Maus/satt ist,| ist das Mehl\bitter.   *Guten/Tag!*

Beim *Hochschluß* steigt die Sprechmelodie in bzw. nach der letzten Akzentsilbe kräftig bzw. stetig an. Der Hochschluß signalisiert zunächst eine Äußerung als fragend (interrogativ) und wird vornehmlich bei Entscheidungs-, Nach- und rhetorischen Fragen, aber auch bei Aussagen oder Aufforderungen verwendet, wenn diese entweder warnenden oder freundlich-höflichen Charakter erhalten sollen. Wie der Halbschluß wird auch der Hochschluß in bestimmten kommunikativen Situationen als spezifisches kontaktives Mittel gewählt.

Beispiel:

Sie fahren zu/rück?

3.8. Übungsteil

3.8.1. Aufbauprinzipien der Artikulationsschulung

Die Meinungen zur Reihenfolge der Laute, zu einem Aspekt, der den Übungsablauf festlegen und somit den Übungserfolg beeinflussen kann, divergieren in der Literatur zur Artikulationsschulung auffällig. Ohne Übertreibung kann festgestellt werden, daß fast jeder Autor sein eigenes „System" vorlegt, das sich auf – letztlich subjektivistische – Auffassung stützt (vgl. FIUKOWSKI 1981). Daran ändert auch nicht, wenn für die Lautordnungen das Prinzip vom Leichteren zum Schwierigeren in Anspruch genommen und beispielsweise mit dem Grundsatz der Randzonenbelastung und der Ausnutzung der Koartikulation sowie den Prinzipien der Ähnlichkeit und der einen Schwierigkeit begründet wird. Denn es gibt keine generell gültige Schwierigkeitsskala, sie ist vielmehr stets von den individuellen Bedingungen des Lerners abhängig. Günstiger als die erfahrungsspezifischen, an die Individualität eines Sprecherziehers gebundenen Lautordnungen erweist sich demnach eine neutrale *phonologisch-phonetische* Klassifikation. Diese empfiehlt sich auch aus dem Grunde, weil wohl niemals bei allen Lauten Bildungs- und Aussprachefehler auftreten, so daß deshalb kaum Veranlassung besteht, jene Lautordnungen, gleichsam im Sinne einer Sprachanbildung, chronologisch und systematisch durchzuarbeiten. Es ist doch vielmehr so, daß der Lehrende bzw. der Lerner aus dem Material stets die für seine Arbeit unter kontrastivem Aspekt wesentlichen Beispiele zusammenstellen wird, was die phonologisch-phonetisch orientierte Abfolge ohne Zweifel erleichtert.

Die Reihenfolge der Konsonanten orientiert sich am *Artikulationsmodus,* dem gravierenden konstitutiven konsonantischen Artikulationsmerkmal (vgl. 3.4.2.4., S. 73 f.). Begonnen wird mit den Verschlußlauten, denen die Nasale, die intermittierenden Verschluß- und die Engelaute folgen; den Abschluß bilden die Affrikaten. Innerhalb dieser Gruppen (Klassen) werden die Konsonanten nach der Artikulationsstelle, beginnend mit der labialen Zone und fortschreitend bis zur glottalen Zone, geordnet (vgl. 3.8.2., S. 102 ff.).

Die Reihenfolge der Vokale orientiert sich insbesondere an der sagittal-horizontalen und der vertikalen *Zungenbewegung,* dem gravierenden konstitutiven vokalischen Artikulationsmerkmal, und an der *Lippentätigkeit* (vgl. 3.4.3., S. 78 ff.). Begonnen wird mit den ungerundeten Vorderzungenvokalen, denen die Flachzungen-, die gerundeten Hinterzungen- und die gerundeten Vorderzungenvokale folgen; den Abschluß bilden die Diphthonge (vgl. 3.8.2., S. 102 ff.).

Für jeden Sprachlaut wird zunächst seine Bildungsweise beschrieben, d. h. die physiologische Bildungsnorm, und durch eine seitliche Umrißzeichnung sowie – für Laute mit linguo-palataler Relevanz – auch durch ein stilisiertes Palatogramm verdeutlicht. Die Beschreibung erstreckt sich vornehmlich auf jene konstitutiven Artikulationsmerkmale, die bewußt-willkürlich, kinästhetisch-motorisch und teilweise visuell, selbstkontrollierbar und damit selbstregulierbar sind.

Hierbei werden auch Merkmale berücksichtigt, die im Sinne der Phonembestimmung zum Teil redundant sind, d. h., die Beschreibung der einzelnen Konsonanten und Vokale umfaßt mehr genetisch-distinktive Merkmale, als für eine Phonembestimmung im Sinne der kleinsten Menge von erforderlichen distinktiven Merkmalen notwendig ist.

Die Behandlung von Bildungsfehlern und Abweichungen vom Aussprachestandard beachtet namentlich Sprecheigentümlichkeiten (Regionalismen) und -schwierigkeiten in verschiedenen deutschen Sprachlandschaften, aber auch gewisse Fehlbildungen und Aussprachefehler, wie sie bei Ausländern auftreten. Es wurde eine gewisse Ausführlichkeit angestrebt, jedoch keine Abweichung konstruiert. Die Beschreibung von mundartlichen, umgangssprachlichen und/oder idiolektalen Lautformen ist problematisch und wohl nie ganz eindeutig. Zudem handelt es sich häufig nicht um konstante Varianten, sondern die Lautnuancen können auch affektiv und/oder sprechsituativ bedingt sein. Hieraus erklärt sich das Eingehen auf generelle und häufig auftretende Abweichungen vom Aussprachestandard und das Bemühen, diese Ausspracheformen mit dem Internationalen Phonetischen Alphabet (IPA) der Association Phonétique Internationale (API) zumindest anzudeuten.

Auch für die Abhilfevorschläge wurden keine Differenzierungen ausgeklügelt, sondern besonders die *Ableitungsmethode* (vgl. 3.8.4., S. 121 ff.), d. h. die Auswirkungen der Koartikulation, und das Üben von Gegensatzpaaren zur Lautbeeinflussung genutzt. Diese Empfehlungen sind überwiegend sprecherzieherisches Allgemeingut, vielfältig praktisch erprobt und wissenschaftlich abgesichert und schließen folglich willkürliches Experimentieren aus.

Die Normierung der Standardaussprache ist in den vorliegenden Wörterbuchkodifikationen nicht einheitlich. Die Hinweise zur Aussprache versuchen deshalb, in erster Linie weitgehend Unstrittiges zu fixieren. Die Ausspracheregeln beziehen sich im Prinzip auf deutsche Wörter und unterscheiden daher hauptsächlich zwischen langen engen und kurzen weiten Vokalen. (Diese Einteilung wurde für die Wortbeispiele beibehalten.) Koartikulatorisch bedingte, in der Standardaussprache zulässige *Assimilationen* werden sowohl in einer gesonderten Übersicht (vgl. 3.5., S. 84 ff.) als auch unter den jeweiligen Lauten dargestellt, nicht zuletzt, um hyperkorrekter Artikulation vorzubeugen.

Der Auswahl des Übungsmaterials zur Sprechbildung liegt zwar das Bemühen zugrunde, es im Charakter, Umfang und in der Anordnung den Anforderungen verschiedener Arbeitsbereiche anzupassen, so daß der Sprecherzieher nach Bedarf und methodischer Konzeption Übungsstoff zur Auswahl hat. Dem heterogenen Adressatenkreis mit seinen unterschiedlichen und speziellen (Ausgangs-)Bedingungen und Anforderungen kann jedoch im einzelnen nicht entsprochen werden. Selbst umfangreiche und differenzierte Übungssammlungen müssen spezielle Wünsche offen lassen. Das sprecherzieherische Übungsgut ist faktisch unbegrenzt, nicht allein, daß man die Wort- und Satzbeispiele beträchtlich erweitern kann, sondern es bieten sich auch weitere Modifikationen und Kombinationen des vorhandenen Materials an. Dazu möchte ich anregen, ebenso zum eigenen Sammeln und Ergänzen.

Als Bestandteil, nicht als Grundlage der sprecherzieherischen Bemühungen um das Miteinandersprechen strebt die Artikulationsschulung eine *situationsadäquate Verwendung der deutschen Standardaussprache* an. Diesem Anspruch müssen Übungsmaterial und -charakter in semantisch-syntaktischer, lexikalischer, phonologischer und phonetischer Hinsicht entsprechen.

Daraus folgt, daß *mechanistisches Training* und Übungen ohne Funktionsbezug abzulehnen sind, denn sie sind sinnlos. Zu ihnen gehören u. a. solche geistlosen Verschen HEYscher Prägung wie: *Klöster krönen Höhen* oder *Barbara saß nahe am Abhang.* Diese sterilen Konstruktionen häufen unrealistisch bestimmte Laute, mit ihnen kann bestenfalls Geläufigkeitsdrill mit fragwürdigem Erfolg betrieben werden.

Im Gegensatz hierzu sind jene, häufig *sprachfreien* Übungselemente durchaus sinnvoll, die – innerhalb der Schulung des sprecherischen Gesamtausdrucks – zur erforderlichen Ausbildung von Teilfunktionen beitragen, z. B. zur notwendigen Sensibilisierung der bewußtseinsfähigen Kinästhesie sowie zur Beeinflussung der Stimmfunktion. Sinnlos sind sprachfreie (nonverbale) Übungen folglich nur bzw. immer dann, wenn es sich lediglich um ein isoliertes Training der äußeren Mechanik des Artikulationsapparates handelt bzw. wenn jeglicher Funktionsbezug fehlt und sie zum Selbstzweck werden.

Die Verwendung von *Dichtung* zu Übungszwecken bedarf gewisser Einschränkungen. Heraustrennen von Versen oder Prosatextstellen, in denen meistens zufällig ein Laut wiederholt auftritt, setzt die Achtung vor dem sprachlichen Kunstwerk herab und kann die unbefangene künstlerische Erlebnisfähigkeit des Lerners zerstören bzw. beeinträchtigen. Außerdem büßen derartige willkürliche Segmente aus dem Dichtungsganzen, in dem sie verstanden und empfunden werden sollen, an Aussagekraft und Ausdruckswert ein, sie sind häufig sogar unverständlich.

Die Zusammenstellung des Übungsmaterials im „Elementarbuch" enthält wie die anderer neuerer Publikationen Satz- und Wortbeispiele.

In den Aussprüchen und Sätzen nehmen feste *Redewendungen* und *Redensarten*, *Sprichwörter* und *geflügelte Worte* den größten Raum ein. Es handelt sich folglich hauptsächlich um volkstümliches Sprach- und um literarisches Gedankengut. Es sind in der Regel fertige Aussprüche, die im allgemeinen überwiegend bekannt sind sowie verhältnismäßig häufig verwendet werden und somit nicht „zerredet" werden können. Ich gebe diesen Texten auch aus dem Grunde den Vorzug, weil sie nicht zuletzt zu jenem willkommenen heiteren Lernen und Lehren beitragen, sie bereiten erwiesenermaßen Spaß und Freude. Außerdem drängen gerade diese Texte sowohl nach verstandesmäßig sachlicher wie gefühlsbestimmter Mitteilung, sie provozieren gleichsam ein gerichtetes, hörer- und situationsbezogenes Sprechen und geben dem Sprecher die Möglichkeit, unaufdringlich stilistische Varianten der Standardaussprache zu realisieren. Überdies trägt namentlich die Beherrschung der Idiomatik auch zu höherem Sprachniveau bei.

Die Wörter und Wortgruppen sind nach den verschiedenen *Positionen* des betreffenden Lautes im Wort gruppiert (wobei der Umfang der wortanlautenden Beispiele sehr begrenzt wurde, da man sie unschwer aus Wörterbüchern erweitern könnte), nach *phonologischen, koartikulatorischen* und *Lautkombinations*-Aspekten sowie nach besonderen *Ausspracheschwierigkeiten*. Es wurde angestrebt, daß dies Übungsmaterial den Hinweisen der Abhilfevorschläge noch stärker entspricht als bislang.

So werden die Konsonanten im An-, In- und Auslaut mit den Vokalen in ihrer o. e. phonologisch-phonetisch bestimmten Reihenfolge verknüpft, also in der Abfolge ungerundete Vorderzungen-, Flachzungen-, gerundete Hinterzungen- und gerundete Vorderzungenvokale sowie Diphthonge. Für diese Verbindung spricht das offensichtlich leichtere Auffinden einer gewissen Konsonant-Vokal-Kombination und somit ihre bessere Verfügbarkeit. Die anlautenden Konsonanten wurden nun nach der Akzentposition (vor betontem/unbetontem Vokal), die auslautenden Konsonanten nach ihrem Anschluß (lose/fest bzw. nach Langvokal/Kurzvokal) sortiert. Vielleicht ist diese Auslautsortierung doch nicht unbedingt erforderlich, da unterschiedliche Vokalrealisation und Konsonantenanschluß im allgemeinen, auch in der korrektiven Phonetik für Ausländer, recht gut aus der Anwendung der Ausspracheregeln erschlossen werden. Es bleibt zu hoffen, daß diese Neuerung nicht unerwünschter Perseveration Vorschub leisten wird. Für die Beschäftigung mit dem assimilatorischen Geschehen wurden die Inlautbeispiele (auch bei den Vokalen) noch weiter differenziert.

Die Vokale im An-, In- und Auslaut werden mit den Konsonanten ebenfalls in ihrer o. e. phonologisch-phonetisch bestimmten Reihenfolge verknüpft, also in der Abfolge Klusile, Nasale, Liquide und Engelaute sowie Affrikaten. Für diese Verbindung spricht gleichfalls das leichtere Auffinden einer gewissen Vokal-Konsonant-Kombination und somit ihre bessere Verfügbarkeit.

3.8.2.   Methodische Hinweise zur Artikulationsschulung

Im Vordergrund der Artikulationsschulung steht die Vermittlung und Bildung von intonatorisch und phonostilistisch variablen artikulatorischen Mustern und ihre Festigung bis zur Automatisierung bei audio-motorischer Eigensteuerung. Es geht darum, automatisierte und gewohnte audio-motorische Muster zu löschen und andererseits neue Regulative aufzubauen. Es handelt sich also um einen Eingriff in einen eingefahrenen, zentral-nerval und physiologisch-genetisch repräsentierten, Automatismus, eine langwierige, schwierige und ungemein verantwortungsvolle Aufgabe, der zudem auch emotionaler Widerstand und oft das sprachliche Milieu mit seiner regionalen Aussprachebindung entgegenwirken. Dem Sprecher ist häufig nicht bewußt, das sein Sprechen irgendwelche Abweichungen vom Ausprachestandard aufweisen könnte. Darüber sollten sich Lerner und

Lehrer im klaren sein und Ungeduld über die „Fehlbarkeit" des Sprecherziehers bzw. über die scheinbare Indolenz des Lerners unterdrücken. Die Prognose ist aber im allgemeinen gut, wenn der Lerner intelligent, fleißig und ausdauernd ist, sowie über audio-motorisches Differenzierungsvermögen verfügt. Es muß regelmäßig täglich mehrere Male (5–10mal wenigstens 5–10 Minuten) geübt werden! Nicht die Länge, sondern die Frequenz und die Kontinuität der Übungen ist entscheidend!

Für die Ausspracheschulung sollte, ausgehend von der kommunikativen Praxis, ein *realistisches* und *realisierbares phonetisches Minimalprogramm* (FIUKOWSKI 1982) eruiert werden, das sich also auch an einer *kommunikativ akzeptablen Präzisionsstufe* der Standardaussprache und an der zeitlichen Einwirkungsmöglichkeit orientieren müßte. Über spontane frei gesprochene Äußerungen und unvorbereitetes Vorlesen beispielsweise, nach Möglichkeit mit Videoaufzeichnung, sollten der Sprechstand, v. a. die stimmliche, artikulatorisch-intonatorische, rhetorische und sprechgestalterische Leistung, sowie das aktionale Verhalten eingeschätzt, Leistungsschwächen bewußtgemacht und konkrete Hinweise für individuelle Übungsprogramme abgeleitet werden. Hierbei müßte jede vermeidbare Verunsicherung der Lerner unbedingt vermieden und jede unvermeidbare Verunsicherung so klein wie möglich gehalten werden. Bereits in dieser Einschätzung läßt sich organisch die so wesentliche Sensibilisierung der auditiven Perzeption von Lautsprache anbahnen.

Der Korrektur, Selbstkorrektur und Selbstkontrolle des Sprechens muß komplexes Erkennen vorausgehen, was in erster Linie l a u t g e r e c h t e s (phonetisches) Hören voraussetzt. Das Gehör befähigt uns nicht nur dazu, Bedeutung und Sinn des Gesprochenen zu erfassen (eine perzeptorische Leistung des p h o n e m a t i s c h e n H ö r e n s), sondern auch Einzelheiten der akustischen Form der lautsprachlichen Zeichen – beispielsweise Tonhöhe, Intensität, Dauer und Klangfarbe, dialektale und umgangssprachliche Merkmale sowie Artikulationsfehler. Bekanntermaßen ist es jedoch schwer, sich auf dies lautgerechte Hören zu konzentrieren. Denn im allgemeinen ist die Aufnahme und Analyse von Lautsprache überwiegend auf *Sinnentnahme* gerichtet, für die sich *Gewohnheiten* ausbilden, die auditives phonetisches Differenzieren sogar blockieren können. Erschwerend für die auditive Fremd- und Selbstbeurteilung des Sprechens im Sinne des phonetischen Hörens wirkt sich ebenfalls das *lautsprachliche Milieu* aus, das sowohl zur Ausbildung von Sprechgewohnheiten, als auch zur Fixierung typischer Hörgewohnheiten beiträgt, die dann Maßstab des eigenen Sprechens und bei der Beurteilung des Sprechens anderer Menschen sind. Zum anderen wird unser auditives Beurteilungsvermögen der eigenen Sprechleistung dadurch herabgesetzt, da wir uns überwiegend über die eigentliche und eine Sonderform der *Knochenleitung* hören, bei der der Sprachschall über direkte Schwingungsanregung der Schädelknochen dem Transformationsorgan des Innenohres zugeleitet wird, die den Eindruck des Stimmklanges verändert, mitunter beträchtlich. Beim Hören der eigenen Stimme vom Tonband, also direkt und ausschließlich über die *Luftleitung,* ist man deshalb sehr überrascht, wie fremd sie uns klingt. Und schließlich sei daran erinnert, daß die Selbstbeurteilung von Lautsprache dadurch eingeschränkt wird, daß wir von unserem Sprechen ein *Leitbild* haben, das in vielen Fällen ein *Wunschbild* ist, denn es deckt sich bisweilen kaum mit der Sprechrealität, es kann im Gegenteil diametral von ihr divergieren.

Trotz der geschilderten und anderer Schwierigkeiten ist die auditive Perzeption zu hinreichender phonetischer Differenzierungsfähigkeit zu sensibilisieren, so daß wenigstens eine gewisse objektive auditive Selbstkontrolle möglich ist. Hierbei ist von einer ausschließlich imitativen Verfahrensweise abzusehen. Die Ausbildung des lautgerechten Hörens sollte vielmehr beim *distanzierten* und *objektivierenden Hören* fremder und eigener Sprechleistungen einsetzen. Unerläßliches Hilfsmittel ist dabei wie überhaupt in der Sprechbildung das Tonbandgerät bzw. der Recorder. Die akustischen Lauteigenschaften sind den Lernern in Verbindung mit den organo-genetischen Merkmalen über kontrastive Schallaufnahmen, lautphysiologische Instruktionen und Lauttafeln, also über eine Koordination akustischer, motorischer und optischer Veranschaulichung, bewußtzumachen.

Die Schallaufnahme stellt nicht allein die erforderliche objektivierende Distanz zur eigenen Stimme und Artikulation her, sondern unterstützt auch das Hinführen zum funktionellen Hören (R. WITTSACK), ebenfalls ein gleichermaßen schwieriger und langwieriger Prozeß. Es handelt sich um die Fähigkeit, aus der akustischen Realisierungsform lautsprachlicher Zeichen die Art und Weise ihrer Erzeugung rückschließend zu erfassen, und zwar durch innerliches Mitvollziehen dieser physiologischen Abläufe. Das Beispiel des funktionellen Hörens belegt auf kennzeichnende Weise die synästhetische Verknüpfung der auditiven Perzeption mit kinästhetischen Sinnesqualitäten. Es ist Grundlage für alle Korrekturen des Sprechprozesses.

Innerhalb der bewußt-willkürlichen multisensorischen Selbstkontrolle und -korrektur der artikulatorischen Feinmotorik spielen neben anfangs dominanten auditiven Informationen insbesondere kinästhetische eine entscheidende Rolle. Die Bewegungen der Artikulationsorgane bzw. der -muskulatur laufen zwar weitgehend automatisiert ab, bewußtseinsentlastet bzw. dem Bewußtsein entzogen, gesteuert durch den kinästhetischen Kontrollkreis, der in spezifischer Weise mit dem auditiven korreliert ist. Aber bei der Korrektur der Artikulation z. B. können und müssen einzelne Komponenten des Sprechbewegungsablaufes (und deren akustische Effekte) durchaus in gewissen Grenzen bewußtgemacht, vom Sprecher wahrgenommen und kontrolliert werden. Es ist nicht nur möglich, selektive Aufmerksamkeit auf spezifische akustische Merkmale zu richten, sondern auch auf bestimmte Organ- bzw. motorische Teilfunktionen, so daß die von den Sprechbewegungen ausgelösten propriozeptiven Empfindungen differenziert und zu charakteristischen Wahrnehmungen bis zum sogenannten *Muskelgefühl* („Artikulationsgefühl") sensibilisiert werden können, obwohl stets nur ein kleiner Teil der kinästhetischen Signale bewußtseinsfähig wird (vgl. FIUKOWSKI 1990). Für das „kinästhetische Training", das Training der artikulatorischen Berührungs-, Spannungs- und Lageempfindungen, ist von stummen mechanistischen Geläufigkeitsübungen abzusehen. Recht gut eignen sich sprecherzieherische Basisübungen (S. 110 ff.), beispielsweise Lockerungs-, Lautgriff-, Ansatz- und Phonationsübungen mit Kaubewegungen, die eine intensive Beanspruchung der Mundmuskulatur auszeichnet.

Visuelle Eindrücke erlauben den höchsten Grad bewußter Verarbeitung des eigenen Sprechbewegungsablaufes; aber die visuelle Kontrolle (stets nur) mit Hilfe eines Spiegels ist eingeschränkt. Denn die wichtige Zungentätigkeit läßt sich, bis auf die untere Kontaktstellung, im allgemeinen nicht beobachten.

Das verwendete phonologische Einteilungsprinzip der Laute macht weitere Überlegungen zu einer *phonetischen Systematik* im Aufbau und Ablauf der Artikulationsschulung jedoch nicht überflüssig (vgl. FIUKOWSKI 1981; 1990).

Die schon in anderen Zusammenhängen erwähnte multisensorische Erfahrbarkeit des Sprechens und damit die bewußt-willkürliche Artikulationskontrolle erhöht sich, je enger die Annäherung zwischen aktiven und passiven Artikulatoren ist. Sie ist bei Organkontakt am ausgeprägtesten.

Das konstruktive Artikulationsprinzip der Konsonanten ist die *Hemmstellenbildung* der Artikulatoren, mit deren Hilfe für die Geräuschkonsonanten eine charakteristische Obstruenz (Explosions- oder Friktionsgeräusch) erzeugt wird. Die Artikulatoren gehen bei den Verschluß- und bei den Engebildungen an bestimmten Stellen (mit gewisser physiologischer Breite und koartikulatorischer Variationsbreite) Organkontakte oder Fastkontakte ein. Durch ihre kinästhetisch-motorischen und akustischen Merkmale sind die Geräuschkonsonanten insgesamt informationsreicher, deutlicher hörbar sowie „fühlbar", leichter erkennbar und verhältnismäßig schneller unter Bewußtseinskontrolle zu bringen als die Vokale, deren Bildungsprinzip die hemmstellenfreie Hohlraumgestaltung ist. Deshalb läßt sich die Bildung der Konsonanten verhältnismäßig leichter und schneller beeinflussen als die der Vokale, deren Artikulation eben durch das Fehlen von fühlbaren lautbildnerischen Hindernissen einigermaßen schwer bewußtgemacht werden kann. Kinästhetische Sensationen mit Empfindungsqualitäten treten vornehmlich bei den Fortis-Konsonanten /p, t, k, f, s, ʃ, ç, x/ auf, die eine besonders intensive Artikulation von ihren Lenis-Entsprechungen /b, d, g, v, z, ʒ, j/ differenziert: stärkere muskuläre Energie und Spannung (festerer Verschluß, kleinere Enge), höherer exspiratorischer Druck sowie stärkere Geräuschhaftigkeit und längere Dauer. Diese Kennzeichen machen die Fortes auch auditiv besser unterscheidbar und erkennbar.

Im Unterschied zu den Konsonanten sind Vokale genetisch *orale Öffnungslaute,* deren Produktion in erster Linie auditiv kontrolliert wird. Die sensorische Erfahrbarkeit artikulatorischer Parameter bezieht sich vor allem auf die engen bzw. gespannten Vokale /i, e, y, ø, u, o/, die im Vergleich zu den entsprechenden weiten bzw. ungespannten Vokalen /ɪ, ɛ, ɛ:, ʏ, œ, ʊ, ɔ/ mit stärkerem Spannungsgrad der gesamten Artikulationsmuskulatur gebildet werden: engere Lippenöffnung, geringerer Zahnreihenabstand und höhere Zungenaufwölbung, sowie auf die labialen Vokale /y, ʏ, ø, œ, u, ʊ, o, ɔ/. Außerdem werden die engen Vokale im Deutschen in der Regel lang gesprochen. Diese Korrelation von relativer Qualität und Quantität trägt auf ihre Weise dazu bei, daß uns die engen (gespannten) Vokale eindrucksvoller erscheinen als die weiten (ungespannten). Kinästhetische Impressionen mit gewissen Wahrnehmungsqualitäten treten unter den engen Vokalen folglich besonders unter den prädorsalen Hochzungenvokalen /i, ɪ, y, ʏ/ auf.

Die unterbreiteten Kriterien erlauben die *Empfehlung,* in der muttersprachlichen Artikulationsschulung, aber auch im Ausspracheunterricht Deutsch für Ausländer, mit den Konsonanten zu beginnen und von den Fortis-Konsonanten, besonders den Verschlußlauten, auszugehen. Bei den Vokalen empfiehlt sich sinngemäß der Beginn mit den engen (gespannten) Vokalreihen, insbesondere den hohen Vorderzungenvokalen.

Diese Vorschläge sollen aus einem anderen Blickwinkel modifiziert und konkretisiert werden: In der Sprechbildung für Deutsche und Ausländer sind nicht nur redundante phonetische Merkmale einzuüben – z. B. für [ç] untere Zungenkontaktstellung, stärkere prädorsale Aktion und Vergrößerung des Zahnreihenabstandes, um eine Annäherung an indifferentes, dorsales [ʃ] zu unterbinden –, sondern ebenfalls relevante phonetische Merkmale zu erarbeiten, z. B. die Unterscheidung intensitätsstark – intensitätsschwach, d. h. fortis – lenis im Konsonantismus sowie gespannt – ungespannt (bzw. eng – weit) im Vokalismus. Hierbei erweist es sich als zweckmäßig, nicht prinzipiell (und schon gar nicht ausschließlich) einzelne konstitutive Merkmale isoliert zu üben, sondern, ausgehend vom System der phonetischen Elemente, ebenfalls bzw. vielmehr die relevanten phonetischen Merkmale, und zwar komplex, z. B. statt isolierter Verschlußlaute den funktionstragenden Unterschied fortis – lenis, und zwar bei allen Verschlußlauten. Diese Empfehlungen sind als methodischer Rahmen für eine Systematik sowohl nach lautkonstitutiven wie phonologisch-phonetischen Kriterien aufzufassen. Trotzdem sollte man nie unterlassen, Bestätigungs- und zugleich Stimulierungselemente in Form von völlig unproblematischen, aber abwechslungsreichen, interessanten Übungen, sogenannte *unspezifische Übungen,* einzubauen, dabei auch körperlich-motorische Hilfen zu verwenden und bestrebt zu sein, das kommunikative Verhalten zu modifizieren (z. B. Einbeziehen von Fiktionen, Simulation und Rollenspiel).

Schwieriger fällt die Entscheidung, in welcher *Position* die Laute (zuerst) geübt werden sollen. Allgemein läßt sich sowohl für die Konsonanten als auch Vokale sagen, daß die Anlautposition unter Wort- wie insbesondere Satzakzent („starke" Position) natürlich am günstigsten ist, da die Laute hier vergleichsweise gering koartikulatorisch bedingter Verformung (negativer Beeinflussung) ausgesetzt sind („volle" Form). Schwierigkeiten, z. B. hinsichtlich der positionsabhängigen Stimmhaftigkeit bei den Lenis-Konsonanten oder der positions- und situationsabhängigen Behauchung der Fortis-Verschlußlaute, lassen sich durch einen entsprechenden syntaktischen und situativen Kontext vermeiden.

Während weitere Vorschläge zur konsonantischen Positionsfolge einigermaßen problematisch sind, sie hängt doch stark vom jeweiligen Übungsgegenstand (phonetischen Merkmal) ab, z. B. behauchter – unbehauchter Fortis-Verschluß-laut, stimmhafter – stimmloser Lenis-Reibelaut, lassen sich die Positionsempfehlungen für die Vokale durchaus weiterführen: Auf den Anlaut sollte die Inlautposition nach den Konsonanten folgen, die eine koartikulatorische Vorformung des Vokals ermöglichen bzw., die ihrerseits die Vokalbildung begünstigen, dann der Wortauslaut (für das enge Vokalphonem), darauf die mediale Position nach Konsonanten mit lautimmanenter Artikulationsspezifik hinsichtlich Lippenöffnung und -formung sowie Zahnreihenabstand (bei der eng-langen Phonemvariante sollte bis zu dieser Position die mögliche negative koartikulatorische Einwirkung durch den folgenden Konsonanten außerdem durch die Stellung des Vokals in offener Silbe eingeschränkt werden) und für den engen Vokal die Position geschlossene Silbe. Den Abschluß für das enge Vokalphonem wie für seine weite Entsprechung bildet die Stellung vor /r/. Dagegen ist es aus verschiedenen Gründen müßig, darüber zu streiten, mit welchem Konsonanten oder Vokal in der Sprechbildung prinzipiell begonnen werden soll. Eine grundsätzliche Regel läßt sich nicht aufstellen, auch aus dem Grunde nicht, weil offensichtlich stets Vorteile und Nachteile gekoppelt sind (vgl. FIUKOWSKI 1981, 23ff.).[49]

Art und Charakter der Sprechübungen müssen den Bedingungen realistischer Kommunikation angepaßt sein, folglich den Komplex Kommunikationssituation sowie -absicht integrieren und namentlich das Miteinandersprechen ermöglichen und unterstützen. Da die unmittelbare mündliche Kommunikation überwiegend im Gespräch erfolgt, liegt nahe, auch die Übungen zunächst unter den situativen Bedingungen verschiedener *Gesprächsformen* durchzuführen und bestrebt zu sein, vom sogenannten Unterhaltungsgespräch (zwischen vertrauten Personen) auszugehen. (Es muß selbst gegenwärtig noch betont werden, daß es sich bei der Artikulationsschulung nicht um Vorleseübungen handelt.) Man mag einwenden, daß sich mit dieser kontaktiven Situation eine gewisse Lässigkeit in der Formstufe („reduzierter" Aussprachestil) und regionale Aussprachefärbung verbinden kann. Aber der Lerner ist gelöst und aufgeschlossen, mitteilungsbereit und lebhaft, Hörer- und Raumbezug sind vorhanden, monotone Übungssprechweise wird von Anfang an vermieden. Am besten eignen sich für diesen Beginn sprichwörtliche und volkstümliche Redensarten sowie ungereimte Sprichwörter, die eine gewisse Nähe zur trivialen Alltagskommunikation aufweisen. Bei stab-, end- und binnenreimenden Paaren sowie geflügelten Worten tendiert die Ausspracheform zum „vollen" Stil, unterstützt durch zumeist ruhige, sachliche und langsamere Sprechweise. Besonders die Dichtungsausschnitte schließlich stellen weitere differenzierte Ausspracheanforderungen, die auch graduell hohe Artikulationspräzision einschließen.

Obwohl dies Buch nicht in erster Linie Intonationsschulung bezweckt, sei dennoch nachdrücklich darauf hingewiesen, daß in jeder Sprechübung planmäßig die *Verbindung von Artikulation und Intonation* zu realisieren ist, denn die Artikulation wird auf nachhaltige Weise von der intonatorischen, besonders von der rhythmischen Gestaltung einer Sprecheinheit beeinflußt. Dies hat bekanntlich erhebliche Konsequenzen für die Realisierung der Phoneme in wort- und satzakzentlosen Segmenten (Assimilationen und reduzierte Varianten) (vgl. 3.7., S. 91 ff.).

Diese enge Beziehung zwischen Artikulation und Intonation wird jedoch namentlich durch *Wortübungen* oft ignoriert bzw. aufgehoben (vgl. FIUKOWSKI 1981). So werden *isolierte Einzelwörter* häufig gleichsam mechanisch skandiert, vornehmlich durch Lautheit gleichmäßig und zuviel betont, monoton rhythmisiert und melodisiert (stereotype sogenannte Aufsage- oder Aufzählmelodie, die zum bekannten „Übungsleierton" führt) und stereotyp präzis artikuliert („Hyperkorrektheit"), so daß notwendige Assimilationen und Lautschwächungen unterbunden werden (vgl. 3.7.2., S. 92 f.). Das uneingeschränkte Üben von isolierten Lauten, Silben, Logatomen sowie semantisch-syntaktisch und situativ kontextfreien Wörtern und Wortreihen ist also wenig sinnvoll und entspricht nicht dem unabdingbaren Anspruch auf kommunikative Adäquatheit (vgl. FIUKOWSKI 1981; 1987; RAUSCH/RAUSCH 1991). Einzelwörter sind folglich unbedingt *morpho-syntaktisch* einzubetten; die zahlreich vertretenen Substantive beispielsweise müßten demnach wenigstens mit einem Artikel versehen werden. Und diese Kleingruppen (phonetischen Wörter) wie die als sogenannte („echte") *Einwortaussprüche* oder -sätze isolierbaren Wörter sollten vielmehr sowohl sachlich, affektfrei, ohne Kontrastierungsabsicht (gewissermaßen als Antwort auf eine Entscheidungsfrage) als auch und besonders intonatorisch und expressiv variiert sowie mit unterschiedlicher Präzision, also situationsbezogen und mit bestimmter kommunikativer Absicht gesprochen werden. Man lasse sich auch nicht durch lediglich optische Trennzeichen bzw. das lineare Schriftbild zu einem reihenden Sprechen (Aufzählen) mit monotonen „Melodiegirlanden" verleiten.

Bedacht werden sollte ebenso, daß ausschließliches oder auch nur gelegentliches Üben selbst von „echten" Einwortaussprüchen fast schauspielerische Anforderungen stellt, schnell ermüdend sowie desinteressierend wirkt und in seinem Lakonismus wohl auch nicht der kommunikativen Praxis entspricht. Wortübungen, auch in Form von Einwortsätzen, sind eigentlich nur da und dann sinnvoll, wenn einzelne Elemente wegen ihrer phonologischen oder orthoepischen Relevanz notwendigerweise aus dem sinnhaltigen Ausspruch isoliert werden müssen, in den sie aber möglichst schnell zurückgeführt werden sollten.

Die Anregung zum Sammeln und Gruppieren von Übungsmaterial gemäß spezieller sprechpädagogischer Erfordernisse soll dahin ergänzt werden, auch die unvermeidbaren Wortbeispiele ohne Umschweife zu sinnvollen Sätzen für die sogenannte Alltagskommunikation zu erweitern. Hat man beispielsweise in häufig verwendeten Wörtern wie *ich, mich, dich, sich, nicht, gleich* das [ç] vom [ʃ] differenziert, bieten sich Sätze mit ungezwungenen [ç]-Häufungen an wie: *Ich nicht! Dich meine ich (nicht). Ich kenne dich (nicht). Ich komme gleich* u. ä.

In der Konfrontation (allophonische und phonemische Oppositionen) und in den festen, zumeist alliterierenden Wendungen (Wortreihungen) sollte in emotional neutraler Rede das erste Wort mit schwebender oder gering steigender Tonhöhenbewegung (Halbschluß) und das letzte Wort mit fallender Tonhöhenführung (Tiefschluß) gesprochen werden sowie den Hauptakzent erhalten. Der Gedankenstrich in der Opposition und die Konjunktionen in den Zwillingsformeln haben sozusagen die Funktion eines vergleichenden bzw. differenzierenden „aber".

Wenn bereits bei den Einwortsätzen auf die dringliche Verbindung mit abwechslungsreichen kommunikativen Aufgaben hingewiesen wurde, so ist diese kommunikative Orientierung bei den Aussprüchen und Sätzen unerläßlich. Das *Sprichwort* hat zwar eine festgefügte Form und gewisse Stetigkeit der Aussage, die jedoch Mehrdeutigkeiten und Aussagevariationen (konkrete subjektive Auslegung bzw. Aktualisierung der Bedeutung) nicht ausschließt. Man verdeutliche sich beispielsweise, welche Aussagemodifikationen einem Sprichwort wie *Goldener Schlüssel öffnet eisernes Tor* gegenwärtig immanent sein können.

Redensarten sind in der Regel zwar feste Wortverbindungen, aber keine festen Satzkonstruktionen. Deshalb sei nachdrücklich darauf hingewiesen, daß sie beim Üben unbedingt zu einem Satz mit in sich geschlossener Aussage zu ergänzen sind. Also nicht textgebunden lesen: *jemandem die Daumen drücken*, sondern situationsorientiert äußern: *Wir drücken Dir die Daumen, daß Du die Deutschprüfung bestehst!*

Die sprechübende Gestaltung der Wortgruppen und besonders der Aussprüche hat zu beachten, daß in sachlicher, affektfreier Rede der Wortakzent sich dem Satzakzent unterordnet, daß der Informationskern (das kommunikativ Wichtige) hervorgehoben wird, daß die Aussprüche sinnvoll gegliedert werden – mit Stau- oder Spannpausen (ohne nachzuatmen) im Sinnschritt und Lösungspausen (bzw. Atempausen) am Sinnschrittende – und daß der Melodieverlauf die Ausspruchseinheit hinsichtlich Aussage und Gestalt eindeutig kennzeichnet (vgl. 3.7.3–3.7.5., S. 93 ff.) (vgl. FIUKOWSKI 1983).

Zur Sprachlautbildung vollziehen sich im Ansatzrohr vielgestaltige Bewegungsabläufe, macht das Ansatzrohr einen reichhaltigen Formveränderungsprozeß durch. Die aktiven Artikulationsorgane, die durch differenzierte und koordinierte Bewegungen und Verformungen Größe und Form des Ansatzrohres verändern, durch Öffnungs-, Enge- und Verschlußbildungen den Luftstrom gliedern bzw. den Primärklang resonatorisch überformen, befinden sich im wesentlichen in der Mundhöhle.

Das sprecherzieherische und stimmbildnerische Bemühen muß nun darauf gerichtet sein, für das Zusammenspiel dieser Bewegungen, für die Raumveränderungen alle unphysiologischen Hindernisse zu beseitigen, die gesamte Ansatzrohrmotorik sowie sämtliche resonatorischen Möglichkeiten voll auszunutzen. J. FORCHHAMMER stellte hierfür die treffende Formel auf: Erweitern, Raum schaffen! Das heißt, alle unnötigen Engen müssen vermieden bzw. beseitigt werden; alle notwendigen Engen sind relativ weit zu bilden.

Diese *Weitung* des Ansatzrohres erreicht man weder durch schlaffe noch durch verfestigte Einstellungen, sondern durch lockere, ausschöpfende Bewegungen der Artikulationsorgane (vgl. 3.8.3.10., S. 117f.; 3.8.3.11., S. 118f.; 3.8.3.4., S. 113f.). Während stoßende und schlaffe Bewegungen das Ansatzrohr „schließen" (verkrampft bzw. nachlässig verengen), öffnen und weiten elastische, intensive und präzise *Greifbewegungen* die Schallräume. An diesen Bewegungen sind vor allem Lippen (Unterkiefer) und Zunge beteiligt, sie werden gleichsam in den Bewegungszug hineingerissen.

Wenn die Vorstellung von „Lautgriffen" nicht ausreicht, versuche man die erforderliche Bewegungstendenz von der Bewegungsart der Artikulationsorgane bei der Nahrungsaufnahme (ausschließlich der Nahrungsbeförderung und der Schluckbewegung) zu übernehmen. Man gehe hierbei ruhig von realer Nahrungsaufnahme, von realer Trinkstellung aus. Sehen Sie sich einmal im Spiegel an, wie sich die Lippen z. B. einer Praline entgegenstrecken, sie umgreifen und hereinnehmen wollen; wie die Lippen beim erwartungsfrohen Trinken pokalartig sich öffnend nach dem Gefäßrand und der Flüssigkeit streben. In die greifenden Bewegungen werden die Zunge (die sich – bereits schmeckend – weiter vorschiebt) und der Unterkiefer (der sich locker senkt) einbezogen.

Beim Umsetzen dieser – alle beweglichen Teile des Ansatzrohres betreffenden und für die Lautbildung so wesentlichen – Grundregel von der *„Ausschöpfung der Artikulationsbewegungen"* sei man nicht zaghaft. Einem Artikulationsträgen z. B. wird ohnehin und gewiß schon die geringste Aktivierung seiner Artikulationsbewegungen sehr groß, unangebracht und auch unnatürlich erscheinen; denn er setzt – verständlicherweise – seine gewohnte, eingeschliffene artikulatorische Energielosigkeit gleich Natürlichkeit. Aber man erlaube sich hier ruhig einen gewissen „Bewegungsluxus", sei lebhaft und großzügig. Die Bewegungen geraten eher zu klein als zu groß.

Diese Übungen sind nicht mechanisch durchzuführen. Sie sollen vielmehr die Bewegungsabläufe verdeutlichen, dazu beitragen, daß man sich das artikulatorische Zusammenspiel aneigne und es gleichsam erlebe. (Das Lusterlebnis beim Essen ist auf das Sprechen zu übertragen.)

3.8.3.   Basisübungen

3.8.3.1.   Methodische Hinweise

Nehmen wir noch die in anderem Zusammenhang erwähnte *Atemwurfübung* (vgl. 2.4.1.2., S. 51f.) hinzu, so handelt es sich bei den Basisübungen vorwiegend um vorbereitende und stimulierende *Lockerungsübungen* (auf die Artikulations- wie auf die Kehlkopfmuskulatur bezogen), um *Stimmkräftigungs-, Resonanz-* und *Weitungsübungen* sowie um *spezielle Übungen zur Artikulation.* Vordergründig handelt es sich zwar gleichsam um eine Gymnastik der Artikulatoren, indem die Motorik einzelner Artikulatoren, aber auch ihr aufeinander abgestimmtes und ihr abgestuftes Zusammenwirken angeregt („trainiert") wird. Außerdem wird durch lebhafte, intensive und ausschöpfende Lippen- und Zungenbewegungen, die auch angemessene Unterkieferbewegungen anregen, wie in einem schwungvollen Bewegungszug das artikulatorische Geschehen aus der hinteren Mundhöhle an die vorderen Artikulationszonen vorgelagert bzw. einer Verlagerung der Sprechfunktion in den velar-pharyngalen Bereich entgegengewirkt – nach dem Grundsatz der *Randzonenbelastung* und dem Prinzip der *Koartikulation*. Eine solche Orientierung auf die „Peripherie" (bzw., die physiologische Beanspruchung der Mundmuskulatur) liefert zudem gleichzeitig Stimmerzeugung und Stimmklangbildung günstige Raumverhältnisse im Ansatzrohr und lenkt vom Kehlkopfgeschehen (dem „Zentrum") ab, entlastet und unterstützt es. Andererseits und zugleich können die Basisübungen der notwendigen Sensibilisierung der bewußtseinsfähigen Kinästhetik und somit der bewußtwillkürlichen Selbstkontrolle und -korrektur der artikulatorischen Bewegungsabläufe dienen. Überdies können die Basisübungen in die sogenannten spezifischen Artikulationsübungen einbezogen werden, und zwar nicht nur als Vorübungen, sondern direkt für die Erarbeitung bestimmter Artikulationen verwendet werden. So dienen beispielsweise Pleuel- und Zungenfederungsübung der Festigung der unteren Zungenkontaktstellung, der elastischen Spannung des Zungenkörpers sowie der sagittalen Horizontalverlagerung der Zunge und somit unmittelbar ausgeprägter prädorsaler Aktion für z. B. [ç] zur häufig erforderlichen Differenzierung von [ʃ], Lippenbläh- und Lautgriffübungen regen plastische labiale Ausformung an und empfehlen sich z. B. bei der Differenzierung labialer Vokale von illabialen.

Selbstverständlich sind auch diese Übungen dem *Ganzheitsgrundsatz* der Sprecherziehung verpflichtet. Selbst gewisse (bisweilen nur eingeschobene) sprachfreie Vorbereitungs- und „Anlauf"-Komponenten bzw. -Übungen ändern an dem prinzipiell *analytischen* Vorgehen nichts. Nach ausreichender Vorarbeit werden sie mit Wortbeispielen, Wortgruppen oder anderen Sprecheinheiten, also sprachlichem Übungsmaterial gekoppelt. Es ist deshalb unbedingt davon abzusehen, die einzelnen Übungen in mechanischer Aufeinanderfolge zu wiederholen (zu „exerzieren"). Man würde sie bald „im Schlaf herbeten" können und eben nur die Übung beherrschen. Keineswegs wird also ein Training der äußeren Mechanik des Artikulationsapparates angestrebt, es handelt sich vielmehr um die kommunikativ-funktionale Orientierung selbst sprachfreier Übungen. Zusammenfassend schreibt M. SEYDEL hierzu: „... auch im Sprechen (soll) die Übung ausdrucksgemäße Sprachelemente herausbilden, die sich an der wirklichen Sprache möglichst sofort zu bewähren haben. Laute, Worte und Sätze empfinde und bilde man daher stets als ein Ganzes von kleinerer oder größerer Einheit, so daß auch die geringste Übung schon zu einem durchgeformten Spracherlebnis wird" (KRUMBACH 1932, XIII).

Zu einem derartigen Erleben der Übung trägt rege *Vorstellungskraft* (u. a. die Fiktion von Lautgriffen) bei, wobei die Hilfsvorstellungen den richtigen Bewegungsabläufen aber nicht widersprechen dürfen. Physiologische Übungsfiktionen wirken sich positiv auf das stimmlich-artikulatorische Zusammenspiel aus, indem sie die Aufmerksamkeit auf verwandte Vorgänge und auf die Peripherie richten und vor allem vom Stimmbildungsgeschehen ablenken. Mit einer echten Hilfsvorstellung verbindet sich meist auch Freude an der formenden Bewegung, sie kann sich geradezu zu einem „Bewegungserlebnis" verdichten.

Auf den lösenden wie aktivierenden Einfluß der *Körpermotorik* unter anderem auf Sprechmotorik und Stimmgebung wurde bereits hingewiesen. Die Bewegungsvorstellungen gehören gleichfalls in diesen Zusammenhang. Es sei noch erwähnt, daß u. a. die *Zungenschleuder-* und die *Lautgriffübung* durch „synchrone" Körperbewegungen unterstützt werden können, z. B.: „Parallel" zum Zungenschleudern und Lautgreifen mit dem Oberkörper vor- und zurückschwingen; oder – das Herausfedern der Zunge begleitet die in Mundhöhe seitlich gehaltene, der Zunge nachgeformte Hand; oder – man läßt im Rhythmus der Greifbewegungen der Artikulationsorgane – die Lautgriffiktion belebende, den Vorgang verdeutlichende – Greifbewegungen einer in Wangenhöhe gehobenen Hand ablaufen.

Noch ein weiterer Gesichtspunkt bestimmte die Auswahl gerade dieser Übungen. Es sind einmal (nach jahrzehntelanger praktischer Erfahrung) die wichtigsten und wirksamsten, zum anderen können sie – wenn insbesondere lautgerechtes Hören, Bewegungs- und Lageempfinden, d. h. differenziertes Kontrollvermögen vorausgesetzt werden kann – nach entsprechender Anleitung unbedenklich dem Selbstunterricht anvertraut werden, ohne daß stimmliche Schäden zu befürchten sind. Vollständigkeit war bei der Fülle brauchbarer Übungen von vornherein nicht beabsichtigt. Außerdem bieten sich Verknüpfungen untereinander an. Schon die Andeutungen im Text lassen erkennen, daß uns zahlreiche Variations- und Kombinationsmöglichkeiten zur Verfügung stehen.

Grundsätzlich steht der Sprecher als Mittler zwischen dem Redegegenstand und dem Hörer. Grundsätzlich dient die Sprechübung dazu, einem Hörer den Sinn zu vermitteln. Und das ist auch für diese Übungen nicht anders.

3.8.3.2. Pleuelübung[50]

(Festigung der unteren Zungenkontaktstellung, elastische Spannung des Zungenkörpers, Horizontalverlagerung der Zungenmasse nach vorn-oben, Weitung des Rachens, federnde vertikale Kehlkopfbewegung, „Stimmlippenmassage")

Halsmuskulatur über lasches Kopfrollen und -räkeln lockern.

Unterkiefer entspannt hängen lassen. Den vorderen Zungenrand fest an die lingualen Flächen der unteren Frontzähne legen (evtl. sogar auf den Mundboden „stellen") und den breit gehaltenen Zungenkörper weich vor- und zurückfedern.

Vorder- und Mittelzungenrücken drängen sich also elastisch zwischen die weit geöffneten Kiefer und wölben sich stark vor, so daß der Mittelzungenrücken die Schneidekanten der oberen Frontzähne berührt, und federn dann wieder in die flach-breite Ausgangslage im Unterkiefer zurück.

Mit diesen Zungenbewegungen wird der Kehlkopf passiv mitbewegt, das Vorfedern der Zunge zieht ihn zwanglos hoch, das Zurückfedern läßt ihn in eine unverkrampfte natürliche Tiefstellung heruntergleiten.

3.8.3.3. Zungenfederungsübung

(Abschwächung der *Pleuelübung* – Horizontalverlagerung der Zungenmasse nach vorn-oben, Vorbereitung für dorsale Lautbildung)

Lippen hochrund geöffnet, gering vorgestülpt. Bei entspannt hängendem Unterkiefer (mittlerer bis großer Zahnreihenabstand) und fixiertem vorderem Zungenrand federn Vorder- und Mittelzungenrücken aus flach-breiter Lage an die palatinalen Flächen der oberen Schneidezähne, deren Zahndamm und gegen den vorderen Hartgaumen (lockere Verschlußbildung!) und fallen in die Ausgangsstellung zurück.

Pleuelübung und *Zungenfederung* werden in den Abhilfevorschlägen vor allem als tonlose Lockerungsübungen und als Hilfen zur Vorlagerung der Zungenartikulation erwähnt, sie können auch direkt zur Beseitigung von Fehlleistungen eingesetzt werden, wie z. B. bei /k/, 3.1., S. 170 f.; 3.5., S. 172 f.; /g/, 3.1., S. 183 f.; /ɑ:, a/, 3.2., S. 406 f. näher ausgeführt. Wir fügen sie in die Wortübungen ein, indem wir deren anlautende Konsonanz anfangs übertrieben dorsal, d. h. prinzipiell mit Pleuelbewegung artikulieren.

3.8.3.4. Gähnübung[51]

(Weitung des Rachen- und des Kehlresonanzraumes, Kehlkopftiefstellung, Entspannung der Stimmlippen, günstige Voraussetzungen für ungehinderte Stimmbildung)

Es handelt sich bei dieser Weitungsübung um ein Gähnen bei geschlossenem Munde, das sogenannte *Höflichkeitsgähnen*.

Die Lippen liegen wie für [m] locker aufeinander; Kiefer in geöffneter Kaubißstellung (der Unterkiefer wird ruhig gehalten, also weder zu geschlossenem Kaubiß angehoben noch gesenkt); untere Zungenkontaktstellung, flach-breite Lage des Zungenkörpers. Durch die Nase tief einatmend, bringen Sie sich langsam ins Gähnen, ohne jedoch den Unterkiefer zu senken. Durch die Gähnmechanik gleitet das Zungenbein schräg nach vorn-abwärts („*Vorrücken des Hyoid* nach dem Gesetz vom Parallelogramm der Kräfte *in der Diagonale*", FERNAU-HORN 1954, 242), der Mundboden muldet sich nach unten aus, so daß der Halswinkel verschwindet und ein weicher Kinn-Hals-Übergang bis zum Kehlkopf entsteht. Mit der Zungenbeinbewegung wird der Kehlkopf locker herabgezogen, der Kehldeckel richtet sich auf. In die Ausmuldung des Mundbodens bettet sich die Zunge ein, Hinterzungenrücken und Zungenwurzel abgeflacht (Zungengrund zudem noch vorgezogen); das Gaumensegel hebt sich. Die Kehl- und Rachenräume werden optimal geweitet, wesentliche Voraussetzung für nicht beeinträchtigte Funktion der Stimmlippen.

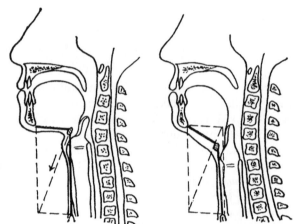

Durch sogenanntes
Höflichkeitsgähnen bewirkte
Schallraumerweiterung
im Schema
(nach FERNAU-HORN)

Bereitet das Beibehalten der Gähnfassung (des ruhigen Kehlkopftiefstandes) während der Phonation anfangs Schwierigkeiten, empfiehlt es sich, die *Gähnübung* mit der *Atemwurfübung* zu kombinieren (vgl. 2.4.1.3., S. 52ff.).

Der *Pleuelübung* und der *Zungenschleuderübung* sowie ihren Modifikationen ist gemeinsam, daß sie nicht nur das Geschehen im Ansatzrohr, sondern auch im Kehlkopf günstig beeinflussen. Für diese Übungen nutzen wir die Erkenntnis, daß auch die Zungenbewegungen sich auf die *Rahmenmuskulatur des Kehlkopfes* (Stellungsveränderungen des Kehlkopfes, z. B. Höher- oder Tiefertreten) und auf die *Rahmenspannung der Stimmlippen in Längsrichtung* (stimmlippenverlängernd und -verkürzend, d. h. spannend und entspannend) auswirken.

Indem die *Pleuelübung* (und ihre Varianten) mit der *Gähnübung* kombiniert wird, tritt eine besonders ausgeprägte, *federnde Kehlkopfbewegung* in vertikaler Richtung ein. Schwache äußere Kehlkopfmuskulatur (die sowohl der Auf- und Abbewegung des Kehlkopfes als auch seiner Fixierung dient) wird dadurch gekräftigt. Zum anderen wird innerhalb physiologischer Grenzen das federnde Auf und Ab des Kehlkopfes an sich geschult, besonders das zwanglose automatische Tiefstellen und das unverkrampfte Beibehalten dieser stimmbildnerisch wie -hygienisch außerordentlich wesentlichen relativen Kehlkopftiefstellung. Zugleich wechselt fortgesetzt der Spannungsmechanismus der Stimmlippen, sie lösen und spannen sich, erfahren also gleichsam eine „Gymnastik".

114

3.8.3.5. Kopfschüttelübung

(Entspannung des gesamten Körpers, Lockerung der Artikulationsmuskulatur, Behebung von Artikulationsverlagerungen und gepreßter Stimmgebung)

Man sitze mit dem Gefühl völliger Entspannung, einer wohligen Gelöstheit. Die Füße berühren mit der ganzen Sohle den Boden. Der gering bis stärker vorgeneigte Oberkörper wird durch die auf den Stuhllehnen oder auf den gering gespreizten Oberschenkeln liegenden Unterarme abgestützt. Die Hände hängen locker herunter (vor der Körpermitte bzw. zwischen den Knien). Mit der Oberkörperbeugung ist auch der Kopf leicht vornüber geneigt.

Während gleichzeitiger Stimmgebung in bequemer Stimmlage wird der Kopf hin- und hergeschüttelt, so daß die schlaffen Wangen und „hängenden" Lippen flattern („wabbeln") und die am Lippensaum sichtbare Zunge hin- und herpendelt. Zu beachten ist, daß der Kopf nicht etwa mit versteifter Halsmuskulatur exakt nach links und rechts geworfen (gedreht) wird.

Selbst diese typische Lockerungsübung kann unmittelbar bei der Behebung von Fehlleistungen verwendet werden, vgl. /ŋ/, 3.3., S. 222f.

3.8.3.6. Kieferschüttelübung

(Lockere Unterkieferbewegung, Beseitigung der „Kieferstarre", u. a. Vermeidung des engen Zahnreihenabstandes)

Nehmen Sie bitte die gleiche Ausgangsstellung ein wie beim *Kopfschütteln*. Wangen, Lippen und Zunge „fallen also nach vorn".

Unterkiefer zunächst entspannt hängen lassen (nicht den Mund aufreißen!). Gelingt es nicht sofort, als Hilfestellung freudig-erstauntes oder bewunderndes „ah" verwenden. Die Zunge liegt hierbei breit-flächig im Unterkiefer und hat Kontakt mit den lingualen Flächen der unteren Zahnreihe (der vordere Zungenrand kann auch den Innensaum der Unterlippe berühren). Erstaunter (verdutzter) Gesichtsausdruck führt ebenfalls zu laschem Unterkieferhängen.

Als wollten Sie pusten, die Unterlippe der Oberlippe nähern. Bilden Sie ein *doppellippiges w* und schütteln Sie dabei den entspannten Unterkiefer locker nach links und rechts sowie vor und zurück. Kieferschluß unbedingt vermeiden, die Kiefer dürfen nicht mahlen. Auf schlaffe Lippen und Wangen achten. Einer Versteifung der Halsmuskulatur durch gelegentliches lockeres Kopfrollen und -räkeln begegnen.

3.8.3.7. Lippenflatterübung („*Lippen*"-*r*)

(Lockern der Artikulationsmuskulatur, speziell der Lippen, „Festigung" der unteren Zungenkontaktstellung, Beseitigung von verkrampfter Artikulation und gepreßter Stimmgebung)

Bei gering gesenktem lockerem Unterkiefer werden die wie für [b] locker aufeinanderliegenden Lippen durch den Ausatmungsluftstrom von den Zähnen gedrängt und zum Flattern gebracht. Nach dieser stimmlosen Vorübung das Lippenschwingen in ein stimmhaftes „*Lippen*"-*r* übergehen lassen, aus dem durch Vermindern des Atemdruckes ein stimmhaftes *doppellippiges w* entsteht, das durch spannungsloses Verschließen des Mundes zu einem wohlig gebrummten [m] geführt wird. Dieser Übergang zum [m] muß bruchlos sein. Die Lippen sind vorgestülpt, so daß die Weite des Mundvorhofes gewahrt bleibt. Über den gesamten Komplex hat der vordere Zungenrand Kontakt mit den lingualen Flächen der unteren Frontzähne.

Bei /b/, 3.1., S. 134 f., wird diese Übung zur Behebung der Fortisierung des /b/ zu [p] erwähnt, bei /m/, 3.1., S. 200, zur Beseitigung kehlig-gepreßter Stimmgebung. Das Einbauen kann so erfolgen, daß wir das aus dem *Lippenflattern* entwickelte [m] durch eine recht anschaulich vorgestellte *Eßsituation* unterstützen, die sich sehr gut auch beim folgenden (entsprechend gewählten) Wortmaterial aufrechterhalten läßt: ... *mhm* („schmeckt das gut!") ... *Mohn (Mohnstolle Milchsuppe ...)*, und später: ... *mhm* ... *Mohnkuchen bitte (Milchsuppe möchte ich* u. ä.).

Das *Lippenflattern* läßt sich gut mit der „*Schmeckübung*" mischen, indem man auf die Reihe stimmhaftes „*Lippen*"-*r, bilabiales w,* [m] sofort die Silben der „*Schmeckübung*" folgen läßt und dies im Wechsel wiederholt.

3.8.3.8. Zungenschleuderübung

(Behebung von Artikulationsverlagerung und gepreßter Stimmgebung)

Ausgang ist das über das *Lippenflattern* gewonnene volltönende [m]. Der leichte Ausatmungsdruck bläht die Wangen gering auf und drängt die drucklos aufeinanderliegenden Lippen von den Zähnen. Mit der sanften Lösung des lockeren Lippenverschlusses (es entsteht ein [b]) schnellt die Zunge heraus, legt sich für [l] mit ihrem vorderen Rand (das Zungenblatt ist hierbei gemuldet) an den Oberlippensaum, schlägt herunter und bleibt für den folgenden Vokal leicht herausgestreckt (Unterkiefer in entspannter Hängelage); beim abschließenden [m] ist noch der Saum der Vorderzunge zwischen den Lippen sichtbar. Mit der herausschnellenden Zunge werden die Vokale gleichsam „aus dem Munde hinausgeschleudert".

Es entstehen Silben wie: *mblum͜ blum͜ blum͜ blum* ... oder *mblom͜ blom͜ blom* ...
usw. mit anderen Vokalen.[52] Nach ausreichender Vorarbeit in die Übungssilben
Wortbeispiele bzw. Einwortsätze einblenden, die anfangs ebenfalls unter den
Bedingungen des *Zungenschleuderns* zu bilden sind, z. B. *mblum͜ blum͜ blum* ... *Blu-*
me (Blut Bluse ...) usf. Vgl. u. a. /b/, 3.1., S. 134 f.; /ɑ:, a/, 3.2., S. 406 f.

Immer dann, wenn die *Pleuelübung* anfangs nicht sofort gelingen will, bietet
sich als Übergang eine *tonlose Variante* des *Zungenschleuderns* an, bei der die
Zunge elastisch heraus- und zurückschnellt. Man beachte, daß nicht energisch
gestreckt (gestoßen) wird (evtl. noch gar so kräftig, daß die Zugwirkung im Hals
zu spüren ist), sondern daß die Bewegungen locker-gleitend ablaufen. Ein Her-
auszerren der Zunge mit den Fingern ist von vornherein indiskutabel.

3.8.3.9. „Schmeckübung"

Diese Abwandlung des *Zungenschleuderns* ist ohne Vorschalten eines [m] oder [b]
auf schmeckendes *num͜ num͜ num* ..., *nam* ... *nim* ... usf.; *lum* ..., *lom* ..., *lam* ...
usw. durchzuführen. Während der gesamten Übungssilbe streicht die Vorderzunge oder der Rand der Vorderzunge (bei leicht gemuldetem Zungenblatt und
lockerer Hängelage des Unterkiefers) am Oberlippensaum entlang oder umkreist
den Lippenrand. Für [m] soll die Zunge nicht zu weit herausgestreckt werden.
Die Lippen nicht an die Zähne ziehen, sondern aus lebendig vorgestellter Eßsituation genießerisch-kostend von den Zähnen abheben (vorstülpen), so daß ein
weiter Mundvorhof entsteht.

Auch diese Übung nicht isolieren, sondern zu gegebener Zeit mit Wortbeispielen verbinden, die zunächst gleichfalls schmeckend (leckend) gebildet werden. In
dem Maße, wie unverlagerte, volltönende Lautbildung gelingt, die „Schmecksil-
ben" langsam abbauen und das Übungsgut allmählich um Einwortsätze, Wortgruppen u. ä. erweitern: *nem͜ nem͜ nem* ... *nehmen (Nebel nennen* ...; *Name nah-*
men ...*)* usw. Vgl. u. a. /m/, 3.2., S. 201.

3.8.3.10. Lippenblähübung

(Aktivierung der Lippentätigkeit zu plastischer Formgebung, „greifende" Lautbildung)

Ausgangspunkt ist das über das *Lippenflattern* gewonnene behagliche, volltönende [m]. Zunge in unterer Kontaktstellung. Bei Gaumensegelverschluß bläht der
Atemstau die Wangen gering auf, drängt die locker verschlossenen, von den
Zähnen abgehobenen Lippen sanft auseinander, so daß ein [b] entsteht; die hochrund vorgestülpten Lippen formen zunächst einen weiten kurzen Vokal und legen
sich für das abschließende [m] wieder leicht aufeinander. Es entstehen also Silben
wie: *mbum͜ bum͜ bum͜ bum* ... oder *mbam͜ bam͜ bam* ... usf. mit den anderen Vokalen.

Jede Anstrengung, z. B. langes, druckvolles Atemstauen hinter evtl. zusammengepreßten Lippen, starkes Aufblähen der Wangen vermeiden!

Die sich anschließenden bzw. eingeflochtenen Wortbeispiele (oder -gruppen) sind ebenfalls mehr passiv, mit nur angedeuteter „plastischer Lautgebärde" zu bilden: *mbum bum bum ... Bummi (bummeln bums ...)*. Vgl. u. a. /b/, 3.1., S. 134f.

Nach dieser Vorübung wiederum von dem mit vorgestülpten Lippen (weitem Mundvorhof) gebildeten [m] ausgehen, der spannungslose Mundverschluß wird auf [b] gelöst, die Lippen formen „greifend" einen Vokal (umgreifen ihn gleichsam).

Silbenketten bilden wie: *m bo bo bo ...bô*[53] (oder auch [bə bə bə] ...*bô*), *m bu bu bu ... bû* usw.

Die Anlaufsilben (mit kurzem Vokal) können beliebig oft wiederholt werden, sie sind spielerisch aneinanderzureihen; die letzte Silbe (mit langem Vokal) erhält Nachdruck und wird mit ausschöpfender Bewegung der Artikulationsorgane „nach vorn gegriffen". Der Übende verbinde mit den Anlaufsilben die Vorstellung einer Auflockerung und mit der Akzentsilbe den Eindruck, als würde sie mit dem schwungvollen Griff der Artikulationsorgane „vor den Mund gestellt".

3.8.3.11. Lautgriffübung

(Vorlagerung der Vokale durch schwungvolle Ansatzrohrmotorik nach dem Grundsatz der Randzonenbelastung und dem Prinzip der Koartikulation)

Für die *Lautgriffübungen* bildet das *Lippenblähen* eine unmittelbare Vorstufe. Die in der *Schmeckübung* bereits angedeutete Lippenaktivität wurde hier zu einer gewissen Anschaulichkeit in der Lautausformung geführt und soll in dieser Artikulationsübung zu aktiver Formgebung, zu bestmöglicher Ausnutzung der gesamten Ansatzrohrmotorik intensiviert werden.

Ausgangsstellung ist der *Anhub* (SEYDEL), keine Ruhelage, sondern jene lockere Haltung der Artikulationsorgane, die sich z. B. bei der lustbetonten Nahrungsaufnahme einstellt. Wie beim erwartungsfrohen Trinken ist der Mund leicht geöffnet, der Unterkiefer hängt entspannt, die Lippen streben trichterförmig, mit einnehmender Tendenz, dem (evtl. nur gedachten) Trinkgefäß entgegen (vgl. 3.8.2., S. 110). Die Zunge liegt leicht nach vorn gedrängt breitflächig im Unterkiefer, mit dem etwas hochgeschobenen vorderen Saum an den unteren Frontzähnen, die seitlichen Ränder sind emporgewölbt, so daß das Zungenblatt gemuldet ist; der Rücken ist schwach (löffelförmig) nach oben gewölbt. (Die vordere Mundhöhle ist also relativ eng, der Mundrachenraum weit.)

Die *Bewegungstendenz* dieser Artikulationsweise beschreibt M. SEYDEL folgendermaßen: „Alle Laute, Vokale und Konsonanten sind so zu sprechen, daß sie als leichte, aber bestimmt ausgeführte Griffe im Munde von vorn her ... genommen zu sein scheinen, vorn schwingen und zugleich für den Schallraum bis in die Kehle hinein weitend und öffnend wirken ..." (KRUMBACH 1932, X).

Wie beim greifenden *Lippenblähen* auch für die *Lautgriffübung* Anlaufsilben verwenden, die aus dem anlautenden Konsonanten und dem betonten Vokal des Übungswortes bestehen. Am Ende der Übung (nach beliebiger Anzahl Vorsilben) steht das entsprechende Wort. Wählen Sie zunächst Wortbeispiele mit Konsonanten der vorderen Artikulationsgebiete; besonders günstig sind labiale Verschlußlaute: Die Überwindung (Sprengung bzw. Lösung) des Mundverschlusses mit der Vorstellung verbinden, als würde auch der Atemdruck den Vokal nach vorn reißen.

Bilden Sie Übungsketten wie: *bú bú bú … Búlle, bó bó bó … Bómbe, dá dá dá… Dámm* u. ä. Später die Wortbeispiele auf Wortreihen erweitern (mit jeweils gleichem Vokal): *bá bá bá … Bann Ball Báse …*, sowie auf Einwortsätze und Wortgruppen.

Ausgangsstellung für die Übung ist also die lockere Anhubhaltung (Trinkvorstellung), aus der wir die Anlaufsilben wie die Wortbeispiele mit elastischer, ausschöpfender Bewegung der Artikulationsorgane, die jedesmal von Grund auf zu erneuern ist, nach vorn greifen. Auch die Zunge ist an der Greifbewegung beteiligt; man spürt deutlich und sieht es auch, wie sie sich weiter vorschiebt. So kann schließlich der Übende das Gefühl haben, die Artikulation spiele sich nur im Bereich der Lippen und Vorderzunge ab.

3.8.3.12. Resonanzübung

Im Kapitel 2.4.2.1 (S. 56 f.) empfahl ich die *Kaustimme* als einfaches und sicheres Mittel, die IL zu ermitteln und eine überhöhte Sprechstimme zu beeinflussen. Da die Kauphonation auffällig Nasallaute bevorzugt, dient sie – richtig angewandt – auch der Stärkung der *Nasenresonanz*.

Ich knüpfe an die Bemerkungen zum Finden der IL an: Stimmgebung während des Kauens ist nicht nur möglich, sondern beim genußvollen Essen (um Wohlbehagen auszudrücken) wohlklingend. Diese Kaustimme ist frei von Beeinträchtigungen, wie sie mitunter bei der Sprechstimme auftreten. Und in der Regel sind beim stillvergnügten Kauvorgang wie bei der vergnügten Kaustimme sowohl Unter- wie Überaktionen der Kauwerkzeuge (die ja zugleich Artikulationsorgane sind) ausgeschaltet, die man allerdings häufig beim Sprechen und bei manchen Stimmstörungen beobachten kann.

Versuchen Sie nun, Lusterlebnis und Entspannung beim Essen auch auf die Sprechstimme umzusetzen. Wenn auch keine Kautherapie durchgeführt werden soll (ich setze eine gesunde Stimme voraus), so ist doch notwendig, anfangs mit (gutschmeckendem) Kaugut zu üben (u. a. Obst, Schokolade oder Kaugummi; trockene, krümlige Nahrung wie Keks, Brötchen oder Brot sind ungünstig), um unsere Aufmerksamkeit ganz auf den unverspannten Kauvorgang zu richten und um tatsächlich zu einem entspannenden Genießen zu kommen. Schon nach kurzer Zeit still genießenden Kauens stellt sich das bekannte lösende Gefühl des Wohlbehagens ein, und das sollte man auch ausdrücken, indem man die

Stimme wohlig mitbrummen läßt. Gelegentlich öffnet sich der Mund (die Zunge fährt schmeckend über die Lippen oder entfernt einen Speiserest), so daß sich in das behagliche, schmeckende „*mmmmm*" ein (nicht deutlich ausgeformter) Vokal einblendet. Diese aus den Kaubewegungen zufällig entstehenden, nonverbalen, überwiegend nasalen Silben tendieren zu einem schmeckenden *mmjom* … *mnjamm* … *mmnjim* (mit kurzem weiten Vokal) o. ä. Man gebe sich dabei völlig zwanglos und „dem Eßerlebnis hin", gelegentliches Schmatzen sollte eher willkommen (als Ausdruck der Hinwendung zum Kauvorgang) als peinlich sein. Gekünstelte Kaubewegungen mit stereotypen Lautfolgen, gleichbleibender Dynamik und Tonhöhe (Summton) zeigen an, daß nicht echt gekaut wird.

Erst wenn sich ungezwungene natürliche Kaubewegungen eingestellt haben und lediglich sichtbare oder nur vorgestellte Nahrung noch gewisse Anzeichen von Wohlbehagen und Entspannung auslösen,[54] zur Kauphonation mit fiktivem Kaugut übergehen und beginnen, den Kausilben „artikulatorische Richtung" zu geben. In die schmeckenden Kausilben Wörter mit Häufungen von Nasalen und stimmhaften Konsonanten des vorderen Artikulationsgebietes, wie [m], [n], [v], [l], [z] einbetten (anfangs sogenannte „*lustbetonte Reizwörter*"[55]), z. B. *Mohnstolle Wonnemond wunderbar Honigmäulchen Blaubeeren;* und in die vorbereitenden Kausilben häufiger die Vokale der Wortbeispiele einblenden: *mjum͜ mnjom͜ mmjom* … *Sommersonne͜ mjomm* … Jede Reihe wird auf einem Atem gesprochen.

Dann mehrere Wörter einstreuen, aus ihnen Wortgruppen und kleine Sätze bilden (gut eignen sich stabreimende Zwillingsformeln und Lautüberfüllungen, z. B. *Von Mann zu Mann | Meister Müller mahle mir meine Metze Mehl* … u. ä.), andere Wörter hinzunehmen und schließlich zu kleinen Prosatexten übergehen. Das Prinzip ist: Übungstexte erweitern – Kausilben einschränken. Stehen sie anfangs noch vor und nach jeder Sprecheinheit, werden sie später nur noch als Erinnerungshilfen eingesetzt, aber nie ganz weggelassen.

Zusammenfassend läßt sich sagen, daß durch die „Phonationsübung mit Kaubewegungen" die Stimme an Wohlklang, Fülle, Tiefe und Tragfähigkeit gewinnt, vor allem dadurch, weil der Lustreflex Essen den Unlustreflex Sprechen weitgehend überlagert, das artikulatorisch-stimmliche Geschehen günstig beeinflußt. (Über ihre Verwendung speziell zu stimmhygienisch einwandfreier Lautbildung vgl. /m/, 3.1., 3.2., S. 200 f.) Sämtliche resonatorische Möglichkeiten werden besser genutzt, der Stimmklang wird also nicht allein durch die Förderung der Nasalität verstärkt und verbessert. Und diese gesunde nasale Tonfärbung entsteht nicht allein durch die Häufung von Nasenlauten, durch die Kopplung reiner Mundlaute mit Nasalen, sondern sie tritt besonders bei körperlichem Wohlbehagen auf.

Zum anderen wird mit der Kauphonation die *„Schonstimme"* (TROJAN) geschult, der wir uns im Spontansprechen, z. B. in der ruhig und nicht zu laut geführten Unterhalten, bedienen.

Außerdem werden durch die Kaubewegungen die Artikulationsbewegungen gelockert und gekräftigt („zu normalgespannter, vitaler Tätigkeit angeregt", ADERHOLD/WOLF 1999, 28), die Artikulationsbewegungen normalisiert – der

Artikulation wird ein „trainierter Bewegungsmechanismus ... zur Verfügung gestellt" (ORTHMANN 1956, 162).

Ohne Zweifel kann dadurch die Sprechfunktion des Ansatzrohres auch in Richtung auf die Artikulationsweise der deutschen Standardaussprache beeinflußt werden (lockere und zugleich stärkere Lippenbewegung mit Neigung zum Vorstülpen, elastisches Einhalten der unteren Zungenkontaktstellung, lockere und zugleich kräftige Bewegungen des Unterkiefers; vgl. /ɑ:, a/, 3.2., S. 407). Das heißt, in gewissen Grenzen überträgt sich die Funktionstüchtigkeit der Kauwerkzeuge auf die Bewegungsweise der Artikulationsorgane (vgl. 3.8.2., *„Ausschöpfung der Artikulationsbewegungen"*, S. 109 f.; 3.8.3.11., *„Anhub"*, S. 118 f.).

Aber von einer Übertragung der Kaubewegungen auf die Artikulationsbewegungen kann schon deshalb nicht die Rede sein, weil die Kaumechanik den Artikulationsbewegungen im Funktionsverlauf nicht oder nur teilweise entspricht. Beim *Kauen* werden grundsätzlich *Engen* hergestellt bzw. angestrebt (mit Ausnahme der Nahrungsaufnahme), so beim Zerkleinern und bei der Beförderung der Speisen und beim Schluckakt (Gaumensegelabschluß, Rachenenge, hoher Kehlkopfstand, gesenkter Kehldeckel). Außerdem führt der Unterkiefer beim Kauen nicht nur Öffnungs- und Schließbewegungen, sondern auch in starkem Maße sagittale und laterale horizontale Bewegungen aus. Bei der *Stimm-* und *Lautbildung* ist jedoch *Weite* des Ansatzrohres erforderlich.

Zum anderen ist es auch fraglich, ob die „niedrigere" Kaufunktion, die für gewöhnlich reflektorisch, ohne Mitwirkung des Bewußtseins erfolgt, völlig auf die höhere Sprechfunktion (auf die Gehirnfunktion bezogen) übertragen werden kann.

3.8.3.13. Stimmkräftigungsübung

(Vgl. 2.4.1.2.; 2.4.1.3., S. 51 ff.)

3.8.4. Lautbeeinflussung

3.8.4.1. Grundsätzliches

Die Tatsache, daß der kontinuierliche Bewegungsvorgang Sprechen in einer gegenseitigen Lautbeeinflussung wirksam wird und daß beim Bewegungsablauf die Bewegungen der Artikulationsorgane dem Prinzip des geringsten Kraftaufwandes folgen, sich also ökonomisch vollziehen, führte in der Sprecherziehung zu einer wichtigen Schlußfolgerung. Die gegenseitige Beeinflussung der Laute kann auch zu funktionell richtigem, orthophonischem und orthoepischem Sprechen beitragen. Das methodische Verfahren, das hierauf beruht, nämlich die Beeinflussung eines nicht der Norm der Standardaussprache entsprechenden oder eines fehlerhaft gebildeten Lautes durch einen bildungsverwandten richtig gebildeten Laut (innerhalb spezifischer Kombinationsstereotype), wird *Lautbeeinflussung* bzw. *Ableitungsmethode* genannt. Die Bildungsverwandtschaft ist hier weit aufzufassen, nicht allein auf die Konsonanten bzw. Vokale unter sich, sondern auch auf gewisse Bildungsähnlichkeit zwischen Konsonant und Vokal zu beziehen. Man kann in den Lautbeeinflussungen bzw. -ableitungen von der Artikulationsstelle, dem Artikulationsmodus oder dem artikulierenden Organ, also von homorganen oder/und homogenetischen Lauten ausgehen; Konsonant durch Konsonant, Vokal durch Vokal, Konsonant durch Vokal oder Vokal durch Konsonant beeinflussen. Von den Konsonanten eignen sich die Konsonanten des vorderen Artikulationsgebietes, also die labialen, dentalen, dental-alveolaren und präpalatalen bzw. die prä- und mediodorsalen Konsonanten, am besten für die Beeinflussung von Artikulation und Stimmgebung. Die Nachbarschaft bzw. Umgebung von labialen Konsonanten wird als optimale kombinatorische Bedingung für den Vokal der deutschen Standardaussprache angesehen. Dadurch gleicht seine Klangfarbe nahezu der in isolierter Position. Bei den Vokalen vereinigen die *ŭ*- und *ŏ*-Allophone die genetischen Vorteile der Vorderzungenvokale (Zungenspannung nach vorn-oben) und der gerundeten Vokale (ausgeprägter Mundvorhof). Von den zahlreichen Möglichkeiten seien einige zusammengefaßt aufgeführt (vgl. ihre Anwendung im Übungsteil: Basisübungen, Abhilfevorschläge).

3.8.4.2. Konsonantenbeeinflussung

Vorgeschaltetes [m], [n], [ŋ] trägt zur Beseitigung der Fortisierung von [b], [d], [g] zu [p], [t], [k] bzw. zur positionsnotwendigen Stimmhaftigkeit von [b], [d], [g] bei (die Nasen- und Verschlußlaute [m] und [b], [n] und [d], [ŋ] und [g] sind homorgane und partiell homogenetische Laute). Bilabiales *w* ([β]) läßt sich über meist richtig gebildetes, also dentilabiales [f] richtigstellen (Ableitung vom homorganen und homogenetischen Laut). Die richtige dorsale *s*-Bildung kann v. a. vom [ç], dorsalen [n], [t] oder [l] und Kombinationen untereinander, vom [k], aber auch von /i/, /ɪ/, /e/, /ɛ/ abgeleitet werden. Apikales [n], [l], [t] und Kombinationen untereinander verhelfen zur richtigen Zungenstellung für das apikale [ʃ] und [ʒ]; deren Lippenstülpung und -rundung begünstigen v. a. [u:], [y:], [o:] und [ø:]. Bei Vertauschung von [ç] mit [ʃ] üben wir [ç] über homogenetisches [s], ortsähnliches dorsales [n], [t], [l] bzw. ortsähnliches [i:], [ɪ] oder [ɛ]. Die Artikulationsstelle von [k], [g], [ŋ] wird durch die Kopplung mit Vorderzungenvokalen ([i:, ɪ, e:, ɛ y:, ʏ, ø:, œ]) vorgelagert; hierzu tragen auch dorsales [s], [z], [n], [l], [t] bei. Die richtige Artikulation des [j] begünstigen dorsales [n], [l] und auch [s]. Zur Erlernung eines korrekten *Zäpfchen-r* sind [x], [k], [g] und [ŋ] zu empfehlen; zur Erlernung des *Zungenspitzen-r* bieten sich bestimmte Wechsel von apikalem [t], [d] und [l] an (Ableitung von homorganen und partiell homogenetischen Lauten). Die Stimmhaftigkeit für [z] läßt sich über [j] oder [v] erreichen.

122

3.8.4.3. Vokalbeeinflussung

Lippenbreitzug und Klangverflachung, insbesondere bei [iː] und [eː], behebt man über [yː] bzw. [øː], die ihnen hinsichtlich des Zahnreihenabstandes gleichen und hinsichtlich der vertikalen und sagittal-horizontalen Zungenbewegung ähneln, aber durch ihre Lippenvorstülpung und -rundung eine ovale Lippenöffnung und -form (angedeuteter Mundvorhof) bei [iː, ɪ, eː, ɛ] begünstigen. Zur Behebung der Klangverflachung bei der Realisation von /i, ɪ, e, ɛ, y, ʏ, ø, œ/ infolge ungenügender Höhenbewegung der Vorderzunge empfehlen sich Kopplungen mit dorsalem [s], [z], [n], [l], [d], [t], [ts̬] sowie mit [j] und [ç]. Die Vorderzungenvokale [yː] und [øː] wirken bei gleicher Lippenöffnung und -formung einer Zungenverlagerung bei [uː] und [oː] entgegen. Andererseits kann man über [uː] und [oː] der Entrundung des [yː] und [øː] (also der Annäherung an [iː] und [eː]) begegnen. Lippenrundung und -vorstülpung für die gerundeten Vokale kann insbesondere von [ʃ] und [ʒ] angeregt und übertragen werden. Die Sprengung des Lippenverschlusses von [b] und [p] läßt sich ebenfalls zur erforderlichen Lippenaktivität bei den gerundeten Vokalen ausnutzen. Zur Beseitigung der Klangverdumpfung und Diphthongierung des [oː] sollte man [uː] bzw. [øː] oder [yː] verwenden. Hierfür eignen sich ebenfalls die dorsal gebildeten dental-alveolaren Konsonanten. Verdumpftes, [ɔ]-ähnliches [aː] läßt sich gut durch [yː] bzw. [øː] beeinflussen: Man vergrößert langsam den Zahnreihenabstand, gleitet in eine hochrunde Lippenstellung, behält die untere Zungenkontaktstellung und eine gewisse Spannung des Zungenrückens nach vorn-oben bei, so daß das Endprodukt dieser artikulatorischen Bewegung schließlich ein unverlagertes [ɑː] ist. Zur Behebung der Annäherung des [ɑː] an [ɒ] oder [ɔ] eignen sich auch dorsales [s], [n], [l], [d], [t], [ʃ], [ʒ] sowie [j]. Durch Kopplung mit Nasenlauten wird die „nasale Setzung" der Vokale begünstigt bzw. verbessert. Werden die Vokale offen genäselt, sind Kombinationen mit Verschluß- und stimmlosen Reibelauten angebracht. Wie erwähnt beeinflussen Konsonanten des vorderen Artikulationsgebietes, bei denen nicht nur die Artikulationsstelle vorn liegt, sondern die mit intensiver Lippen- und Vorderzungen- bzw. Mittelzungentätigkeit gebildet werden, die Vokalartikulation günstig. In bezug auf die Verschlußlaut-Vokal-Folge empfiehlt E. ADERHOLD folgende Übungsfiktion: Der Sprecher möge sich vorstellen, daß sich hinter dem oralen Verschluß nicht die Luft staue, sondern gleichsam der folgende Vokal, der dann mit der Sprengung des Mundverschlusses gewissermaßen herausgeschleudert werde.

Konsonanten
und
Lautverbindungen

/p/

Doppellippiger stl. Fortis-Verschlußlaut (bilabialer stl. Fortis-Klusil)

1.   Bildungsweise[56]

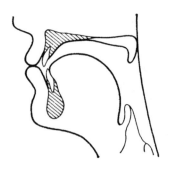

Die gering vorgestülpten Lippen liegen aufeinander und bilden einen intensiven Verschluß (Lippen
nicht breitspannen und zusammenpressen). Der
Zahnreihenabstand ist gering. Der vordere Zungenrand hat Kontakt mit den lingualen Flächen
der unteren Frontzähne; die seitlichen Zungenränder berühren die lingualen Flächen der seitlichen
unteren Zähne; der Zungenrücken ist flach gewölbt, keine Berührung zwischen Zungenoberflä-
che und hartem oder weichem Gaumen. Das gehobene Gaumensegel schließt den
Nasenweg ab.
Der mit intensiver Artikulationsspannung gebildete und gehaltene Lippenverschluß wird sprenglautartig (Fortis), stets stimmlos und mit positionsabhängiger
sowie sprechsituativ bedingter Behauchung aktiv gelöst.

2.   Bildungsfehler und Abweichungen

2.1.   Durch zu geringe Artikulationsspannung wird /p/ als [b̥] realisiert, aus
der Fortis wird eine stimmlose Lenis. Vor allem in den oberdeutsch und obersächsisch-thüringisch orientierten Umgangssprachen hört man dieses sogenannte
weiche p, z. B. *Paul* [pʰao̯l] wird wie [b̥ao̯l] gesprochen.

2.2.   Fehlen der positionsbedingten Behauchung; dieses stets unbehauchte [p]
(ähnlich dem der romanischen Sprachen) nähert sich ebenfalls dem [b̥], besonders
in Mittel- und Süddeutschland.

2.3.   Gekünstelte Sprechweise, aber auch forcierte Artikulation steigern die
kurze Behauchung häufig zu übertriebener Aspiration, mitunter (bei auslautendem [p]) sogar zu einem Reibegeräusch („Pustegeräusch", *doppellippiges f*).

2.4.   In die Folge anlautendes /p/ und /l/ oder konsonantisches /r/ schiebt sich
ein Sproßvokal. Mitunter entsteht ein Mix aus Hyperaspiration (vgl. 2.3.) und
vokalischem Übergangslaut. Vermutlich führt um übergroße Deutlichkeit

126

bemühte Artikulation zu dieser als hyperkorrekt empfundenen Aussprache (vgl. /b/, 2.4., S. 133).

2.5.   In die Folge finales [lp] schiebt sich ein vokalischer Übergangslaut. Siehe /l/, 2.6., S. 248.

3.   Abhilfevorschläge

3.1.   (zu 2.1., 2.2.)

Hier können wir zunächst die *Lippenblähung* (S. 117 f.) verwenden. Stauen Sie den Atemstrom hinter den mit gewisser Spannung verschlossenen Lippen. Der Atemdruck drängt die Lippen von den Zähnen, bläht die Wangen etwas auf und sprengt schließlich den Lippenverschluß auf kurze Behauchung: [p^h, p^h, p^h]. Versuchen Sie, diese Übung mit ganz schwacher Lippenspannung und geringstem Atemdruck durchzuführen. Stellen Sie das so erhaltene stimmlose und behauchte [p^h] dem gleichfalls über das Lippenblähen gewonnenen [b] gegenüber. Übungsbeispiele anfangs in bestimmter, energischer Sprechweise: *Pause! Punkt! ... Auf die Pauke hauen! Paß auf! Du Pechvogel! Pack an!* usw.

Als hilfreich erweisen sich auch die Gegenüberstellungen von /p/ und /b/: *pellen – bellen, Paß – Baß* usw. (s. S. 146) und nicht zuletzt Übungen mit /p/ in betonten Positionen, z. B. *Pinie Paula* (vgl. 6.1.1., S. 130).

3.2.   (zu 2.3., 2.4.)

Aussprachehinweise beachten! Das auslautende [p] wird in der Standardaussprache nicht oder nur selten behaucht (und dann nur kurz). Beginnen wir deshalb mit [p] im Silbenauslaut. Unter Spiegelkontrolle ist dafür zu sorgen, daß sich mit der Sprengung des Lippenverschlusses auch der Unterkiefer gering senkt, damit keine Lippenenge entsteht; daß auffälliges Behauchen (Beschlagen des Spiegels) unterbleibt.

Häufig liegt die Ursache in einer gewissen Verkrampfung des gesamten Menschen, die sich u. a. in verspannter Artikulation (z. B. Zusammenpressen und Breitziehen der Lippen, zu starkem Atemdruck) äußert. Deshalb vorab Lockerungsübungen (wie unter /b/, 3.1., S. 134). Zu [p] im Silbenauslaut auch [p] vor auslautender Konsonanz, die Affrikata [pf] und die Lautgruppen [ʃp] und [ps] hinzunehmen: *knapp ab halb; Obmann abtun unliebsam Erlaubnis lieblich; Abt gibt gibst; Kopf Apfel abfahren Pfund; spät Spalt anspannen; Schnaps Gips Kapsel Psyche* u. ä.

Grundsätzlich sei die Artikulation nicht auf übertriebene, gekünstelt wirkende Deutlichkeit des Einzellautes bedacht. Bei anlautendem [p] vermeide man deshalb starkes Zusammenpressen der Lippen und übermäßiges Atemstauen, was „gewaltsames" Sprengen des Mundverschlusses (evtl. gar noch „mit Hilfe" der

Bauchpresse) nach sich zieht. Denn diese Überspannungen bewirken meistens die Überaspiration (lange und starke Behauchung), die das [p] von dem folgenden Laut gleichsam isoliert. Außerdem bemühe man sich, das Wort (bzw. die Silbe) zusammenhängend („in einem Zuge") zu sprechen und richte seine Aufmerksamkeit mehr auf den betonten Vokal (auf die Wortakzentuierung), nicht *Paul* [pʰʰʰa̯ol], sondern [pʰa̯ol].

Zur Vermeidung des Sproßvokals in den besagten Lautfolgen /pl-/, /pr-/ zuerst gleichfalls Übungen /p/ in Verbindung mit Reibelauten (z. B. *Pfand Pfund* ...; *Psyche Pseudonym* ...); und nicht zuletzt Übungen mit /p/ in unbetonten Positionen berücksichtigen, z. B. *privat Praline* ...; *Planet plausibel* ... (vgl. 6.1.4., S. 131, 6.1.6., S. 131).

Für häufig apikales [l] in der Folge [pl] im Anlaut ist auf schnellen, entschiedenen und genauen Wechsel von unterer zu oberer Zungenkontaktstellung zu achten.

3.3. (zu 2.5.)

Siehe /l/, 3.5., S. 250 f..

4. Aussprache[57]

Der **Fortis**-Verschlußlaut [p] wird gesprochen

a) bei Schreibung *p* im An-, In- und Auslaut: *Pinsel, Plan, Pneumatik, Preis; Lupe, verplanen, einprägen, Stepschritt, Haupt, hopst; Tip*

b) bei Schreibung *pp* im In- und Auslaut: *Mappe, klappt, klappst, nippte, Nippsache; Galopp*

c) bei Schreibung *b, bb* im Wort- und Silbenauslaut (jedoch nicht vor *l, n, r,* wenn sie zum Stamm gehören oder wenn die Grundform silbenanlautendes *b* hat), sowie im Inlaut vor stimmlosem Geräuschlaut: *Lob, Kalb, herb; abfertigen, Obmann, Erlaubnis, Labsal, abtun, abschätzen, Schubkarre, Liebling; lobt, raubst; robb!; ebbte, Kräbblein; schrubbt, robbst*

d) in der Lautverbindung [pf]: *Pfand, Hopfen, Kopf; Laubfall; Raubvogel.* Vgl. [pf], 4. Aussprache, S. 357.

e) in der Lautverbindung [ps]: *Psyche, tapsen, Raps; Rübsen, Krebs.* Vgl. /s/, /z/, 4. Aussprache, S. 291.

Behauchung des Fortis-Verschlußlautes /p/: s. 3.4.2.10., S. 77 f..

Zwischen Einfach- und Doppelschreibung gleicher Verschlußlaute in einfachen Wörtern besteht in der Aussprache kein Unterschied, es wird nur e i n Verschlußlaut gesprochen, z. B. in *Kiepe* und *Kippe* nur e i n [p], in *eben* und *ebben* nur e i n [b].

Treffen dagegen in Zusammensetzungen, Ableitungen oder innerhalb der Sprecheinheit zwei homorgane Verschlußlaute zusammen, z. B. zwei [p] wie in *abplagen,* so wird zwar ebenfalls nur e i n Verschlußlaut gesprochen, aber mit *etwas längerer Verschlußphase.* Es wird also nur e i n Verschluß gebildet und nach einem gewissen Lauthalt gelöst, z. B. *abplagen* ['apˑlɑːgn̩] (aber *Ablagen* ['apˑlɑːgn̩]), *Pappaket, Schreibpapier; ab͜ Paris* [apˑɑˈʀiːs], *ab͜ Plauen.*

Auch beim Aufeinandertreffen ungleicher Verschlußlaute entfällt meist die Verschlußlösung zwischen beiden Lauten, z. B. in *Abt; Akt.*

5.   Aussprüche und Sätze

5.1.   Geflügelte Worte / Dichtung

Doppelt gibt, wer bald gibt (Syrus) | Gibt's kein Paradies, gibt's doch Paradiese! (Bodenstedt) | Paris ist das Café von Europa (Abbé Galiani) | Nicht Poesie ist's – tollgewordene Prosa (Pope) | Not ist das Grab der Poesie (Bodenstedt) | Poet ist Schöpfer! (Miller) | Sittlich sei der Poet, kein Sittenprediger! (Geibel) | Popularität ist in Kupfer umgemünzter Ruhm (V. Hugo) | Nur zu oft sind die Götter bloße Drahtpuppen ihrer Priester! (Wieland) | Das erste Privilegium ist der erste Ansatz zum Krebs des Staatskörpers (Seume) | Er lebte, nahm ein Weib und starb (Gellert) | Pasteten hin, Pasteten her, was kümmern uns Pasteten (M. Claudius) ||

Die Lieb' ist Gab' und Güte,   Mir gäb' es keine größere Pein,
Die Lieb' ist keine Pflicht,   wär' ich im Paradies allein. (Goethe)
die Lieb' ist eine Blüte,
verblüht und bleibet nicht. (Volksweise)

Mein Leipzig lob ich mir!
Es ist ein klein Paris und bildet seine Leute. (Goethe)

Da ging die Katz die Tripp die Trapp,
da schlug die Tür die Klipp die Klapp. (Grimms Märchen)

5.2.   Sprichwörter / Sprichwörtliches / Spruchweisheit

Der Appetit kommt beim Essen | Leere Töpfe klappern, und leere Köpfe plappern am meisten | Das Papier ist geduldig | Propheten und Priester sind Schälke | Vergleicht euch; denn der Prozeß ist kostspielig! | Wer im Galopp lebt, fährt im Trab zum Teufel ||

Erst prob's
dann lob's!

5.3.   Redensarten / Wortgruppen

Wie Espenlaub zittern | auf dem Kopf herumtrampeln | sich einen Kuppelpelz verdienen | zusammenpassen wie ein Paar alte Latschen | etwas (jemand) ist nicht von Pappe | seine Pappenheimer kennen | das ist doch kein Pappenstiel | politische Parteien | von der Pike auf | Possen spielen | auf dem Posten sein | wie auf dem Pulverfaß sitzen | das ist der springende Punkt | bis in die Puppen | Raupen im Kopf haben | sich wie eine Raupe einspinnen | den Speck spicken | doppeltes Spiel spielen | einem in die Suppe spucken | dümmer sein, als es die Polizei erlaubt | in der Patsche sitzen | ein Pechvogel sein | so plump wie ein Pumpenschwengel | auf den Putz hauen | auf einem Prinzip herumreiten | des Pudels Kern | die Prügel-suppe verabreichen ||

5.4.   Paare

Von Pontius zu Pilatus | Kipper und Wipper | Peter und Paul | Poesie und Prosa | pfiff – pfaff | klipp – klapp | mit Pauken und Trompeten | Lob und Preis ||

5.5.   Lautüberfüllungen

Der Potsdamer Postkutscher putzt den Potsdamer Postkutschenkasten; den Pots-damer Postkutschenkasten putzt der Potsdamer Postkutscher | Prächtige Pflan-zen prangen an den Pforten des Parkes | Ein plappernder Kaplan klebt Papp-plakate ||

6.   Wörter und Wortgruppen

6.1.   /p/ im Anlaut

6.1.1.   /p/ vor betontem Vokal

Pilger Pinne Pinsel piesacken Pisa Pinie | Pächter pennen Petschaft Pelle Pegel Pärchen | Panther Panzer passen Pan Panik Pathos | Polka poltern Posa Polen Podex Posten | Pudding putschen pummlig Puder Putz pulen | Pökelfleisch Pöbel | Pürsch Püppchen | peinigen peitschen peilen | Paula pausen Pausche ||

6.1.2.   /p/ vor unbetontem Vokal

Pigment Pistole Pionier Pilot Pirol | Pedal Pedant Pediküre perfekt Periode | Palast Palette Pantine Pantomime Pazifist | Pommerellen Podest Poem Pokal Politik | Pueblo punktieren Puritaner Putschist Pupille | Paulaner pauschal Pau-kant ||

6.1.3.   /pr/ vor betontem Vokal

Priemel Printe Prise Prießnitz Prinz Pritsche | prellen preschen Presse Predigt
prächtig Prämie | prallen prall prassen Pratze prahlen Pranke | prompt Probst
Protz Prosa Probe Profi | Prunk Pruth prusten Pruzzen prunken | Pröbchen |
Prüfer prüde prüfen Prügel | Preis preisen | Prau | Preuße Preußen ‖

6.1.4.   /pr/ vor unbetontem Vokal

Primitiv prinzipiell privat primär Priorität | Prestige Premiere Prellerei Präzedenz
Präparat | Praline Pragmatik praktikabel Praktikantin praktizieren | Propeller
Professor Prozent Promenade Prophet | Prüderie Prügelei ‖

6.1.5.   /pl/ vor betontem Vokal

Plinse plinkern | Plenum Plempe plätten Pläne plärren Plebs | pladdern Platin
Plasma planschen platt Platz | Plombe | Plus Plunder plustern Pluto plump |
plötzlich Plötze | plündern Plüsch | Pleiße Pleite | Plau Plauen plauschen plauz
plaudern | Pleuel ‖

6.1.6.   /pl/ vor unbetontem Vokal

Plissee plissieren | Plänkelei plädieren Plejade Plenarsaal | Planet Platane Plakat
Plagiat Placebo | plombieren Plosivlaut | Pluralismus Plutokrat pluralistisch |
plausibel ‖

6.2.   /p/ im Inlaut, in der Wortfuge und an der Wortgrenze[58]

6.2.1.   [p] nach Vokal

Fiepen wippen nippen tippen Schippe Klippe Kippe | Seppel Lepra Steppen
Steppdecke Treppe | Mappe tappen zappeln hapern Klappe Wappen ab-(danken
u. a.)[59] | moppen foppen Obmann Koppel Moped | Suppe Lupe Schuppe struppig
Hupe | Möpslein Klöppel Schöps Type typisch Süppchen Stübchen Jüpchen |
Kneipe Kneipkur Klaipeda | knaupeln kaupeln Raupe Staupe | Keuper ‖
Begräbnis Ergebnis Erlebnis Gelöbnis Erlaubnis Betrübnis | buchstäblich angeb-
lich lieblich leiblich weiblich glaublich | strebsam unliebsam betriebsam ‖

6.2.2.   [p] nach [m]

Wimpel simpel Schimpanse Gimpel Im-(pression u. a.) | Schlempe Klempner
Tempel empor Kämpe | pampig schlampig Hampelmann Ampel amputieren |
Trompete Dompteur Kom-(paß u. a.) Komponist | Mumpitz lumpig Stumpen
Humpen Kumpan | Symptom Tümpel Stümper Hümpel Gerümpel | Keimplasma
Leimpinsel Schleimpilz | Raum-(planung, programm u. a.) ‖

Im Pool (Paradies, Paß)[60] | beim Pastor | zum Piepen | am Pinselstrich erkennen | vom Pudern (Pult, Plätten) | vom Pilzgericht ||

6.2.3.   [p] vor [t] und [st]

Beliebt gräbt hebt ebbt Rezept begabt Abt lobt verpuppt betrübt reibt staubt betäubt trampt kerbt kalbt | liebst lebst schnappst Papst Probst hopst robbst schubst übst reibst raubst betäubst färbst trampst ||

6.3.   [p] im Auslaut

6.3.1.   [p] nach langem Vokal und Zwielaut

Dieb Sieb gib Hieb rieb Trieb | Streb Cape | Stab gab Grab Trab Lab Naab | Lob stob schob wob grob hob | Hub Bub Schub grub | Zeitvertreib Leib Weib Verbleib| Laub taub Staub Schaub Raub ||

6.3.2.   [p] nach kurzem Vokal

Wipp schwipp Tip Trip Chip Stip | Sepp Step Depp Zepp Krepp Nepp | Bärlapp Tapp ab schlapp knapp Kap | Bob stop Galopp Topp hopp salopp | Wupp schwupp Klub Sirup Trupp ||

6.3.3.   [p] nach [m]

Vamp Camp Tramp | Kamp Schlamp Tamp | Pomp | Lump Pump plump Klump | Olymp ||

6.4.   Häufung

Piepmatz Pingpong Pipette piepen Pips | Perpendickel Pergamentpapier Perspektive Peppo perplex | Paketpost Panzerplatte Partizip Parteipolitik papperlapapp Parkplatz | Pompadour Pompeji Popo pompös Pope Polyp | Puddingpulver Pumpernickel Pupille Puppe Pumpe | Peitschenhieb | Pauspapier ||
Propaganda Prämiendepot präparieren Präposition Preispolitik ||
Plappermäulchen Platzpatrone Platterbse Plumps Pluspunkt ||

6.5.   [p] neben [p]

Kreppapier Abplatten Klappaddel Pappaket abpellen Halbpart Grabplatte lobpreisen Stopppreis Siruppresse Typprüfung Schreibpapier Laubpracht Leibpacht Erbpacht ||
Ab Paris (Padua ...) | schrieb Possen | gib Papier | mit dem Tamp prügeln | nach dem Stab peilen | den Leib peinigen | mit Laub polstern | derb pudern ||
Abplagen – Ablagen, Erbpacht – er pachtet, Staubplage – Staublagen, abputzen – Abruzzen, ob Peter – o Peter ||

132

/b/

Doppellippiger Lenis-Verschlußlaut (bilabialer Lenis-Klusil)

1. Bildungsweise

Mundverschluß, Zahnreihenabstand, untere Zungenkontaktstellung, seitliche Zungenrand- sowie Zungenrückeneinstellung und Gaumensegelabschluß wie bei /p/ (vgl. S. 126).

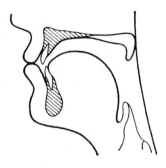

Aber: Im Unterschied zu /p/ wird der Lippenverschluß mit geringerer Artikulationsspannung gebildet und gehalten und ohne Behauchung aktiv gelöst (Lenis). Verschluß- und Lösungsphase sind positionsabhängig stimmhaft.

2. Bildungsfehler und Abweichungen

2.1.   Durch intensive Artikulationsspannung wird /b/ als [p] realisiert, aus der Lenis wird eine Fortis, besonders im Anlaut vor [l] und konsonantischem /r/. Vor allem bei bairisch und obersächsisch-thüringisch orientierten Sprechern hört man dieses sogenannte *harte b, Blatt* wird zu *platt, Brise* zu *Prise.*

2.2.   Fehlen der positionsbedingten Stimmhaftigkeit, das /b/ wird wohl intensitätsschwach, aber stets stimmlos realisiert (stimmlose Lenis [b̥]).

2.3.   Das Bemühen um Stimmhaftigkeit des anlautenden /b/ verleitet häufig dazu, ein [m] voranzusetzen, so daß aus *bitte* ['b̥ɪtə] – ['mbɪtə], aus *bleiben* ['b̥la̭ebm̩] – ['mbla̭ebm̩], aus *breit* [b̥ʀa̭etʰ] – [mbʀa̭etʰ] wird.

2.4.   Beim Bemühen um Stimmhaftigkeit des anlautenden /b/ vor [l] und konsonantischem /r/ tritt häufig zwischen /b/ und [l] bzw. /r/ ein vokalischer Übergangslaut auf, z. B. statt *bringen* ['b̥ʀɪŋən] – ['b̥ᵊʀɪŋən], statt *bleiben* ['b̥la̭ebm̩] – ['b̥ᵊla̭ebm̩].

2.5.   Frikatisierung des inlautenden [b] (zwischen Vokalen sowie nach [l] und /r/) zu *doppellippigem w* ([β]), aus *Bube* ['b̥u:bə] wird ['b̥u:βə], aus *Farbe* ['faʀbə] – ['faʀβə], aus *gelbe* ['g̊ɛlbə] – ['g̊ɛlβə].

2.6.   Im Silben- und Wortauslaut wird /b/ nicht fortisiert, sondern als stimmhafte Lenis gesprochen. Dies ist bei obersächsisch-thüringisch orientierten Spre-

133

chern wie bei vielen Ausländern (u. a. Trägern slawischer Sprachen, Chinesen, Koreanern, Trägern romanischer Sprachen, Engländern, Finnen) anzutreffen.

3. Abhilfevorschläge

3.1. (zu 2.1., 2.2.)

Die Beseitigung dieser Fehlbildungen kann den Sprecherzieher vor eine harte Geduldsprobe stellen. „Aufregend" ist nicht das Unvermögen des dialektal orientierten Sprechers, Lenis-Verschlußlaute zu bilden, sondern die eingeschliffene Vertauschung. Mit „beängstigender" Regelmäßigkeit wird aus *Pein – Bein,* dagegen aus *Bein* häufig *Pein.* Die Lautbildung ist mitunter so verspannt, daß nicht allein die Artikulationsorgane bemüht werden, sondern für [p] z. B. sogar die Brustmuskulatur und die Bauchpresse.

Unerläßlich erscheinen deshalb Lockerungsübungen für die Artikulationsmuskulatur. Die *Lippenflatterübung* (S. 116) soll den Anfang machen. Das so gewonnene wohlig gebrummte [m] benutzen wir als Ausgangspunkt für die sich anschließende *Lippenblähübung* (S. 117 f.). Jede Anstrengung, z. B. langes Atemstauen hinter den verschlossenen Lippen, starkes Aufblähen der Wangen vermeiden; Zungenkontakt beachten! Der Atemdruck drängt die locker verschlossenen vorgestülpten Lippen sanft auseinander: *mbum bum bum* …

Für die Lautgruppen /bl/, /br/ im Anlaut kombinieren wir das Lippenblähen mit der *Zungenschleuderübung* (S. 116 f.). Ausgang ist wiederum das über das Lippenflattern gewonnene [m]. Mit der sanften Lösung des spannungsschwachen Lippenverschlusses (s. *Lippenblähübung*) schnellt die Zunge heraus; auch für den folgenden Vokal bleibt sie leicht herausgestreckt; beim abschließenden [m] kann noch der Saum der Vorderzunge zwischen den Lippen sichtbar sein (*mblum blum blum* …). In der nächsten Phase schlägt die vorschnellende Zunge mit dem Zungenblatt bzw. mit dem Rand der Vorderzunge an den Oberlippensaum, während das [m] bereits mit unterer Zungenkontaktstellung gebildet wird. Schließlich bauen wir das Lippenblähen und Zungenschleudern zugunsten sprechüblicher Artikulation ab. Das Lippenblähen und Zungenschleudern mit Wortübungen verbinden: *mbum bum bum … Bummi, mbam bam bam … bammeln, mblum blum blum … Blume, mblüm blüm blüm … Blümchen* usw. Eventuell anfangs auch das anlautende /b/ bzw. /bl/ der Wortbeispiele unter den Bedingungen des Lippenblähens bzw. Zungenschleuderns bilden.

Eine weitere Hilfe leistet das Vorschalten des bildungsverwandten doppellippigen Nasenlautes [m]: *Symbol Stimmbildung Krambambuli …; zum Beispiel | am Boot | im Bade* usw. (vgl. 6.2.3., S. 140 f.). Wir übernehmen vom [m] den intensitätsschwachen Lippenverschluß und drängen für /b/ die Lippen sanft auseinander. Bevor wir das [m] gänzlich fortlassen, schalten wir eine Übung ein, in der das [m] nur stumm gebildet wird. Die leicht von den Zähnen abgehobenen Lippen legen sich wie für [m] locker aufeinander, doch wir geben erst beim /b/ Stimme: *(m) Bilde | (m) biegen | (m) blättern* usf.

Bei anlautendem /bl/ und /br/ bietet sich noch das Zwischenschalten eines Vokals an: *zum Beraten – zum Braten – (beraten) – Braten, beringen – bringen, umbringen – bringen … kaum beleibt – zum Bleiben – (beleibt) – bleiben, Belieben – blieben, umblasen – blasen* usw. (vgl. 6.1.3., S. 139, 6.1.5., S. 140, 6.2.3., S. 140 f.).

3.2.   (zu 2.3.)

Das Vorschalten des [m] kann zu einer auffälligen Manier werden, ähnlich dem Voransetzen des [n] bei anlautendem /d/. Zur Vermeidung üben wir inlautendes /b/ bzw. anlautendes /b/ in der Sprecheinheit nach Vokal oder Konsonant (Nasale ausgenommen) und unterlassen jede unangemessene Pausierung an der Wort- und Silbenfuge bzw. Wortgrenze: *Lübben Hobby* u. ä.; *Tube loben* u. ä.; *Eichbaum Kirschblüte Elbe Erbe Mitbringsel Hackbeil* u. ä.; *die Bude | das Beet | auf Bäumen | viel Bienen* usw. (vgl. 6.2., S. 140 ff.). Bevor wir zu /b/ im Anlaut (in Einzelwortübungen) übergehen, schalten wir eine Übungsphase ein, in der die vorausgehenden Laute stumm gebildet werden, d. h., die Artikulationsorgane werden entsprechend eingestellt (Gaumensegelabschluß!), doch wir lautieren erst das /b/: *(i) Bude | (s) Bett | (f) bieten | (l) beißen* oder *(t) beiden* u. ä. Stumme Einstellung auf Nasale bzw. Vorsetzen von Nasalen, bei denen das Gaumensegel gesenkt ist, schließen wir vorerst aus. Wir wählen also Laute, bei denen das Gaumensegel gehoben ist und den Nasenweg absperrt (Vokale, Verschluß- und Reibelaute). Bewußtes isoliertes Heben des Velums ist nicht so günstig, da Verspannungen auftreten können.

3.3.   (zu 2.4.)

Zur Vermeidung des Sproßvokals zwischen /b/ und [l] bzw. konsonantischem /r/ führen die obigen Übungen für gewöhnlich zum Erfolg; denn die Schwierigkeit liegt nicht bei [l] oder /r/, sondern beim /b/, in dieser Lautfolge allerdings verstärkt. Übertriebene, gekünstelt wirkende Deutlichkeit und übertriebene bzw. häufig sogar unangemessene Stimmhaftigkeit des anlautenden /b/, durch die mitunter der enge, übergangslose Anschluß des folgenden [l] oder /r/ verlorengeht (der sogenannte „Blählaut" – Zeichen aktiver Stimmhaftigkeit bei [b, d, g] – wird zu einem Sproßvokal erweitert), sind zu vermeiden. Außerdem sollte die Aufmerksamkeit mehr auf den akzentuierten Vokal als auf /b/ gerichtet werden. Unter Umständen ist etwas nachdrückliche Sprechweise angebracht. Man bemühe sich, das Wort (bzw. die Silbe) zusammenhängend („in einem Zuge") zu sprechen, das anlautende /b/ darf also nicht isoliert werden, z. B. *Braten!* ['b̥ʀɑ:tn̩], *Blatt!* [b̥latʰ], eben nicht ['b̥ᵊʀɑ:tn̩], [b̥ᵊlatʰ]. Für häufig apikales [l] in der Folge [bl] im Anlaut ist auf schnellen, entschiedenen und genauen Wechsel von unterer zu oberer Zungenkontaktstellung zu achten.

3.4. (zu 2.5.)

Aussprachehinweise beachten! Unter Spiegelkontrolle für [b] unbedingt einen Lippenverschluß eingehen. Er ist zwar intensitätsschwach, läßt sich jedoch deutlich von der mundartlich bedingten energielosen Annäherung der Lippen unterscheiden, die zum doppellippigen Reibelaut führt.

3.5. (zu 2.6.)

Aussprachehinweise beachten! Im Wort- und Silbenauslaut sind die Verschlußlaute der deutschen Sprache als stimmlose Fortes zu sprechen. Zu [p] im Auslaut auch [p] vor auslautender Konsonanz hinzunehmen: *Schub Topp Lob Kalb ...; lobt lobst gibt gibst* usw. (s. /p/ 6.2.3., S. 132, 6.3., S. 132).

4.   Aussprache

Der **Lenis**-Verschlußlaut [b] wird gesprochen

a) bei Schreibung *b* im Wort- und Silbenauslaut: *Bad, Blut, Brille; Hobel, Schwimmblase, Stimmbruch, aufblicken, mitbringen, Abbau*
b) bei Schreibung *b, bb* im Silbenauslaut vor *l, n, r*, wenn sie zum Stamm gehören oder wenn die Grundform silbenanlautendes *b* hat: *neblig, biblisch, üble, Gablung; ebnen, Ebnung; übrig, Zauberer, Erobrung; Krabbler; blubbrig*
c) bei Schreibung *bb* im Inlaut vor Vokal: *Ebbe, Robbe, kribbelig, krabbeln.*

Der Lenis-Verschlußlaut /b/ ist *stimmhaft* im Inlaut und Wortanlaut (innerhalb der Sprecheinheit) nach Vokal und Sonor, z. B. *Liebe, krabbeln; die Banane; Schwimmblase, Umbruch; in Bremen, viel Blumen; Libretto, übler, Ebne, übrig, Krabbler; sie blasen; anbeißen; ein Bissen.*

Im absoluten Anlaut, im Silben- und Wortanlaut (innerhalb der Sprecheinheit) nach stimmlosen Geräuschlauten tritt bei der Lenis /b/ unterschiedliche *Reduktion der Stimmhaftigkeit* bzw. *Stimmlosigkeit* ein.[61] Der Lenis-Verschlußlaut /b/ darf jedoch nicht durch stärkere Artikulationsspannung und zu starke Sprengung zur Fortis [p] werden, z. B. *Baden verboten!* wie [ˈb̥ɑːdn̩ fɐˈboːtn̩]; *Halbbart* wie [ˈhalpb̥ɑːʀt], nicht [ˈhalp·ɑːʀt]; *aufbieten, ausbrennen, Postbote; mit Berlinern.*

Beim Zusammentreffen von homorganen Fortis- und Lenis-Verschlußlauten in Zusammensetzungen, Ableitungen oder innerhalb der Sprecheinheit (z. B. von [p] und [b] wie in *abbellen*) entsteht e in stimmloser Verschlußlaut mit *etwas längerer Verschlußphase.* Der Verschluß wird intensiv gebildet, aber während der Haltephase (an der Wort- oder Silbenfuge bzw. Wortgrenze) wird die Artikulationsspannung vermindert und der Verschluß sanft und ohne Behauchung gelöst, so daß eine Lenis ohne Stimmton entsteht, z. B. [b̥]: *abbellen* wie [ˈapb̥ɛlən], nicht [ˈap·ɛlən], *Pappband; in den Staub beugen.* Vgl. /v/, 4. Aussprache, S. 273 f.

136

5. Aussprüche und Sätze

5.1. Geflügelte Worte / Dichtung

Arbeit ist des Bürgers Zierde (Schiller) | Wer das Beste will, muß oft das Bitterste kosten (Lavater) | Behaglich blinzelnd nach den Bienen (Storm) | Ich sterbe! Das ist bald gesagt und bälder noch getan (Goethe) | Balsam fürs zerrissene Herz, wundervoll ist Bacchus' Gabe (Schiller) | Am Baum der Menschheit drängt sich Blüt' an Blüte (Freiligrath) | Wenn jemand bescheiden bleibt, nicht beim Lobe, sondern beim Tadel, dann ist er's (Jean Paul) | Borgen ist viel besser nicht als betteln (Lessing) | Die Bescheidenheit, die zu Bewußtsein kommt, kommt ums Leben (Ebner-Eschenbach) | Und wäre nicht das Tröpflein Liebe, – das Leben wär' nicht Lebens wert (von Ebert) | Leben ist ja doch des Lebens höchstes Ziel (Grillparzer) | Besäße der Mensch die Beharrlichkeit, so wäre ihm fast nichts unmöglich (a.d. Chin.) ||

Ein starkes Bier, ein beizender Toback,
und eine Magd im Putz, das ist nun mein Geschmack. (Goethe)

Brennesselbusch,
Brennesselbusch so kleine,
was stehst du hier alleine? (Grimms Märchen)

Ein böses Weib, eine herbe Buß,
und weh dem, der ein' haben muß. (Bechsteins Märchen)

Borgt der Wirt nicht, borgt die Wirtin,
und am Ende borgt die Magd. (Goethe)

5.2. Sprichwörter / Sprichwörtliches / Spruchweisheit

Beutelschneiderei ist die beste Kunst | Besser bewahrt als beklagt | Die Brühe ist oft teurer als der Braten | Hunde, die viel bellen, beißen nicht | Besser bedacht als beklagt | Guter Nachbar ist besser als Bruder in der Ferne | Besser barfuß als in geborgten Schuhen | Böse Beispiele verderben gute Sitten | Besser Brot in Frieden als gebratene Hühner in Angst | Alte Bienen geben wenig Honig | Der beste Biber beißt, wenn er gefangen wird | Bildung bessert Geist und Herz | Der Bauch ist ein böser Ratgeber | Besser ein Bein brechen als den Hals | Auch junge Bären brummen schon | Unbebauter Boden bringt keine Frucht | Faulheit bohrt nicht gern dicke Bretter | Einen Baum sollte man biegen, solange er jung ist | Je höher der Baum, desto näher der Blitz | Er sieht den Wald vor Bäumen nicht | Lügen haben kurze Beine | Viele Köche verderben den Brei | Wer einen Bauern betrügen will, muß einen Bauern mitbringen ||

Besser allein,
als in böser Gemein.

Des Bösen Reden
sind wie des Wolfes Beten. (Lit.)

Beim Brauen und Backen
haben die Frauen den Teufel im Nacken.

5.3.   Redensarten / Wortgruppen

Mit Bitten bestürmen | goldene Brücken bauen | der Berliner Bär | Böhmische Brüder | blaßblaue Blüten | den bösen Blick haben | dabei bleiben | den Buckel blau färben | betrogene Betrüger | vor Begierde brennen | Bahn brechen | lügen, daß sich die Balken biegen | einen am Bändel haben | einen Bärenhunger haben | einen Bären anbinden (aufbinden) | wie ein Bär brummen | etwas auf die Bahn bringen | etwas in den Bart brummen | zwischen Baum und Borke stecken | fest auf beiden Beinen stehen | über alle Berge sein | etwas zum Besten geben | etwas ausbieten wie saures Bier | seine sieben gebackenen Birnen zusammennehmen und abschieben | einer aus der siebenten Bitte | einen Bitteren haben | etwas ins Blei bringen | wie der Blinde von der Farbe reden | sich eine Blöße geben | seinen Brei dazu geben | der Boden brannte ihm unter den Füßen | blaue Bohnen | sein Brot bald aufgegessen haben | etwas nötig haben wie's liebe Brot | mir fällt die Butter vom Brot | alle Brücken hinter sich abbrechen | dem ist sein Brot gebacken | des Teufels Gebetbuch | sich auf die vier Buchstaben setzen | Leben in die Bude bringen | wie Butter an der Sonne bestehen | etwas für ein Butterbrot hingeben | es einem aufs Butterbrot geben | seine Ellbogen gebrauchen | Farbe bekennen | Hals- und Beinbruch | alle Hebel in Bewegung bringen | unbeholfen wie ein Bär sein | die Bärenhaut verkaufen, bevor man den Bären hat | einen zum besten haben | kaltes Blut bewahren | über die Bretter gehen | auf die Bretter bringen | Eisbeine haben | kein Haarbreit nachgeben | der beste Hahn im Korbe sein | unter die Haube bringen | bekannt wie ein bunter Hund | es nimmt kein Hund einen Bissen Brot von ihm | übers Knie brechen | das Kriegsbeil begraben | vom Leibe bleiben | Oberwasser bekommen | den Teufel mit dem Beelzebub austreiben | etwas zum Angebinde geben | Ballast über Bord werfen | das Blaue Band | den Bann brechen | am ganzen Leibe beben | jemanden lebendig begraben | die Oberhand behalten | etwas bei sich behalten | bei seiner Behauptung bleiben | etwas hat einen bitteren Beigeschmack | sich ein Bein brechen | mit den Beinen auf der Erde bleiben | Bekanntschaft mit dem Erdboden machen | ein bemooster Bursche | bengalische Beleuchtung | toben wie ein Berserker | vor Bosheit bersten | etwas in Bausch und Bogen berechnen | auf die Beine bringen | mit einem Bein im Grabe stehen ‖

5.4.   Paare

Bitten und betteln | bitten und beten | kribbeln und krabbeln | bin und bleibe | Butter und Brot | Blätter und Blüten | blink und blank | blaß und bleich | braun und blau | Busch und Baum | nichts zu beißen und zu brechen | Buß- und Bettag ‖

5.5. Lautüberfüllungen

Bayrische Bierbrauer brauen bayrisches Bier | Brauchbare Bierbrauerburschen brauen brausendes Braunbier | Es liegt ein Klötzchen Blei gleich bei Blaubeuren | Bäcker Bürger bäckt billig Brot, billig Brot bäckt Bäcker Bürger ||

6. Wörter und Wortgruppen

6.1. /b/ im Anlaut

6.1.1. /b/ vor betontem Vokal

Bilden Bimsstein Binde bißchen Bisam biegen | bändigen Becher belgisch Bähschaf Bärenheuter Bettel | Balg Backfisch balzen Banner Basis Basel | Bollwerk Bonze Bonne Bord Borste Bogen | Busch Bus Bund Busen Bude Bulle | Böhme böswillig Börde Börse Böttcher Böller | Büschel Bündnis Bürde Büchlein Bügel Büste | beide Beifall Beil beim Beispiel Bein | Bau Bauer bauz Baum Bauch | Bäuchlein Bäuerin Beute Beule Beutel ||

6.1.2. /b/ vor unbetontem Vokal

Bibliothek Bigamie bigott Bilanz Billett | Benzin Bettelei Bedarf Benefiz Begine | Banause Banane Badenser Bagatelle Bakterien | Bojar Bolero bombardieren bombastisch Bornholm | Buchara Buddelei Buddhismus Buhlerei Bulette | Böotien Börsianer Böttcherei | Bücherei Büffelei Büfett Büro Byzantiner | beiander beileibe Beirut beiseite | Bauxit | Beutelei ||

6.1.3. /br/ vor betontem Vokal

Brille Brite Brief bringen Brigg Briekäse | brennbar Brandy Bremen brenzlig Bresche Brennessel | Brahms brav Bratsche Branche Braten Brandung | brodeln Brom Bronchie Bronze Brosamen Brocken | Brunft Brunhild Brunst brutto brummen Brust | Brösel Brötchen Bröckchen | Brühe Brühl brüllen Brünne Brüssel brüsten | Brei Breite Breitling | Braut Brause Braue Braus braun brauen | Bräune Bräutchen bräunen ||
Zum Beraten – zum Braten | beraten – Braten, zum Berauschen – berauschend – Brausche, beim Berechnen – zum Brechen | berechnen – brechen, kaum beredt – beredt – Brett, im Bereich – im Brei | Bereich – Brei, im Bericht – Bericht – bricht, zum Berieseln – berieseln – Brise, berennen – brennen, bereit – breit, beringen – bringen, berief – Brief, Beritt – Britt, berüchtig – brüchig, berücken – Brücken, beruht – Brut, berußt – Brust ||

6.1.4. /br/ vor unbetontem Vokal

Britannien Brillant brillieren brisant Brigade | Bretagne Bretone | Brasilien Brahmane Brabant Bravour | Brokat Bromat bronchial | brutal Brunelle | brünett Brumaire | Brauerei ‖

6.1.5. /bl/ vor betontem Vokal

Blind blinzeln blicken blinken Blitz | bläffen blättern Blässe blechen Blende Blähung | Blasebalg blasen Blatt blaffen blank blaß | Block blond bloß Blockflöte Blondhaar | Bluter Blume bluffen Bluse Blumenzwiebel | blöd Blödian Blödsinn blöken | blühen Blüte Blümchen Blücher | Bleibe Bleistift bleichen Blei | Blaumeise Blaufuchs | Bläue bläuen bläulich Bläuling ‖
Kaum belaubt – belaubt, kaum blau – blau, kaum beleibt – beleibt, zum Bleiben – bleiben, zum Beleihen – beleihen, im Blei – Blei, im Belieben – Belieben – blieben, Belang – blank, belassen – blaß (blasen), Belinda – blind ‖

6.1.6. /bl/ vor unbetontem Vokal

Blessur blessieren | blamabel blamieren blasiert Blasphemie | blockieren blondieren | Blödelei | blümerant ‖

6.2. /b/ im Inlaut, in der Wortfuge und an der Wortgrenze

6.2.1. /b/ nach langem Vokal und Zwielaut

Sieben lieben diebisch schieben Kiebitz Zwiebel | Leben Theben schweben geben kleben heben | Fabel Wabe Nabe Nabel laben dabei | Hobel loben kloben toben Schober Koben | Stube Tube Tuba Nubien Guben Schuber | Möbel klöben | Tübingen hüben Nasenstüber Glühbirne drüben trüben | weibisch entleiben Scheibe reiben Geibel schreiben | sauber Laube Daube glauben Schaubühne stauben | betäuben Gläubiger Neubau Täuberich betäuben säubern ‖

6.2.2. /b/ nach kurzem Vokal

Wibbel Gibbon kribbeln bibbern Zibbe | Hebbel Ebbe Schnebbe | Sabbat Schabbes sabbern knabbern grabbeln Krabbe Rabbiner Rabbi | robben Robbe Bobby Hobby | Stubbenkammer Knubbe blubbern Schubbiak Grubber Schrubber | Lübben Lübbenau ‖

6.2.3. [b] nach [m]

Schwimmbad Simba stimmberechtigt Himbeere Klimbim Imbiß | Cembalo Embargo Dezember Schwemm- (Lehm-)boden Stemmbogen Embolie | Mamba Samba Krambambuli Bambino Amboß Bam- (Jam-)bus | bombastisch Lombardei

Bombe Kombination Colombo Tombola | Rumba Dummbartel Umberto Humboldt Kolumbus Um-(bau u. a.) | Symbiose Symbol | Heimbürge Reimbau | Schaumbad | Kulmbach ||

Rembrandt Membran Embryo | Gambrinus Kambrium Lamm-(braten, brecht) Ambra Grahambrot Ambrosia Stammbronchie Damm-(Stimm-)bruch | Umbrien Umbra um-(brausen u. a.) | Saumbreite ||

Schwimmblase Emblem Warmblut warmblütig Turm-(Schaum-)blasen um-(blasen u. a.) Baum-(Palm-, Norm-)blatt ||

Am Bändel haben | zum Besten geben | im Bunde | zum Beispiel (Brüllen) | schon (noch) im Bett sein | zum Blühen (Brennen) bringen | vom Blitz erschlagen | (nicht) im Branchenverzeichnis stehen | zum Bersten (Brechen) voll sein | im Brustton ||

6.2.4. /b/ nach [t]

Mit-(bürger u. a.) Momentbild Brust-(bein u. a.) Christbaum Ent-(behrung u. a.) Cottbus Sand-(bank u. a.) Frostbeule Gold-(barsch, barren) Schuld-(buch u. a.) Hutband Blut-(bad u. a.) Grund-(baß u. a.) Bettbezug Fest-(bankett, beitrag) Fettbauch Licht-(bad u. a.) Windbeutel Wandbord Wild-(bach u. a.) Fluchtburg Windbö ||

Mitbringsel Bet-(Skat-)bruder eidbrüchig Brust-(Band-)breite Saftbraten Zunft-(brief, bruder) Luftbrücke Tritt-(Wand-)brett lichtbrechend Wildbret Windbruch goldbraun Goldbrokat Granatbrosche Frostbrand Hand-(brause, bremse) Kraftbrühe ent-(breiten, brennen) ||

Lichtblick licht-(blau, blond) Salat-(Sand-, Skat-)blatt festbleiben ent-(blättern, blöden) Altblockflöte nacht-(blau, blind) goldblond leichtblütig Luftblase Goldblättchen ||

Mit Berlinern (Blüten, Bremsen ...) | Mut beweisen | wie ein Hund bellen | ans Licht bringen | bei Licht besehen | grünes Licht bekommen | wie Luft behandeln | auf den Punkt bringen | keine Antwort bekommen | das Zitat belegen | Vorfahrt beachten ||

6.2.5. /b/ nach [k]

Tankboot Tagbau Schlag-(ball u. a.) schlagbar Weg-(biegung, bereiter) Strick-(beutel, bündchen) Steigbügel zurück-(befördern u. a.) Zugbegleiter Zweig-(bahn, betrieb) Zwergbaum Berg-(bahn, bau) Katalogbestellung Flug-(ball u. a.) Trug-(Mosaik-)bild Musikbox Kalkboden Park-(Werk-)bank Funkbake Werkbücherei Scheckbuch Stinkbombe Streckbett ||

Zugbrücke wegbringen zurückbringen Fahrzeugbrief Tabakbrühe Streikbrecher Streikbruch Funkbrücke ||

Tag-(blatt, blindheit) Senkblei weg-(blasen, bleiben) stockblind zurück-(blenden u. a.) Druckbleistift Zink-(blech, blende) Dick-(Flug-)blatt Schmuckblattelegramm ||

An den Tag bringen | auf den rechten Weg bringen | schlank bleiben| einen Flug buchen | ein Stück Butter | einen Wink bekommen | den Tag beenden | sich dem Druck beugen | das Werk beginnen ||

6.2.6.   /b/ nach [f]

Strafbescheid Laufbilder Tarifbereich Taufbecken Kampfbereitschaft Kopf-(bedeckung, ball) Dorfbewohner Lauf-(Golf-, Kampf-)bahn Strumpfband schiff-(straf-)bar Golfball Kopfbahnhof Zopfband Strafbank Stoffballen Rauf-(ball, bold) Schafbock Briefbombe Lauf-(Schlaf-)bursche steifbeinig Schiffbau Rumpfbeuge Hufbeschlag auf-(binden u. a.) ||
Kaufbrief Laufbrett Stiefbruder Tauf-(Dorf-)brunnen Schiff-(brücke, bruch) auf-(brennen u. a.) ||
Briefblock Schiefblatt tiefblau auf-(blenden u. a.) Golfbluse ||
Auf Besuch bitten | auf beiden Beinen stehen | tief bedauern | bei Bedarf bestellen | zum Kampf bereit | einen roten Kopf bekommen | von Kopf bis Fuß | kühlen (klaren) Kopf behalten | auf Biegen oder Brechen ||

6.2.7.   /b/ nach [s]

Faß-(bier, binder, boden) Kreisberechnung Fuß-(bad u. a.) Fluß-(bett, barsch) Geschäfts-(Prozeß-)bericht Gasbeton Busbahnhof Gips-(binde u. a.) Eis-(bär u. a.) Kursbuch Gleisbau Los-(Eis-, Imbiß-)bude Grasbüschel Gasbackofen Haus-(bar u. a.) Halsband Geschäftsbank Geschoßbahn eßbar Eis(Gras-)bahn faßbar aus-(baden u. a.) ||
Geschäftsbrief Glücksbringer Gas(Gras-, Groß-)brand Floßbrücke Fuß-(breit, bremse) Glas-(Eis-)bruch Großbritannien halsbrecherisch Reißbrett Eisbrecher Gasbrenner Gesprächsbreite aus-(braten u. a.) ||
Aus (bis) Berlin (Blaubeuren, Bremen …) | das (dies, dieses, jenes) Buch (Blatt, Brot …) | jedes (manches) Bild (Blatt, Brett …) | böses Blut machen | grobes Brot bereiten | etwas ans Bein binden | das geht wie's Brezelbacken | es einem auf's Butterbrot geben | kaltes Blut bewahren ||

6.2.8.   /b/ nach [ʃ]

Wunschbild Kirsch-(bowle, baum) abwaschbar Fisch-(besteck, bein) Rausch-beere Misch-(band, becher, batterie) Froschbiß Marsch-(befehl, boden) Falsch-buchung Tisch-(bein, besen) Fleischbank ||
Hirsch-(braten, brunst) Fleischbrühe Fisch-(braterei, brut) Mischbrot Rausch-brand ||
Kirschblüte Fisch-(blase, blut) Mischblut Marschblock ||
Jemanden in Harnisch bringen | an einen Tisch bringen | statistisch belegen | juristisch beraten | kritisch betrachten | mechanisch betreiben | Fleisch beschauen | den Marsch blasen | politisch beeinflussen | ideologisch bearbeiten ||

6.2.9. /b/ nach [ç]

Deichbau erreich-(vergleich-)bar Stechbeitel Teppich-(boden, bürste) gleichberechtigt Stich-(bahn, boden) durch-(backen, beißen u. a.) Elchbulle Milch-(bad, bar) Eich-(baum, behörde) ||
Durchbruch durchbrechen Durchbrenner Milchbrei Milchbrötchen Elchbraten Pechbrenner ||
Pechblende gleichbleibend Blechblasinstrument Blechbläser Stich-(Kelch-)blatt Teichblume ||
Freundlich (herzlich, höflich ...) begrüßen | sachlich bleiben | auf dem Teppich bleiben | gegen den Strich bürsten | in die Milch brocken | durch Berlin (Bremen, Blankenburg ...) | ich bade (blute, brenne ...) | sich (mich, dich, euch) bemühen (beraten, bestärken ...) ||

6.2.10. /b/ nach [x]

Dach-(balken, boden) Bauchbinde brauch-(mach-)bar Flachbau Bruchbude fluchbeladen Buch-(besprechung, binder u. a.) Fach-(begriff u. a.) Hoch-(bahn, bau u. a.) Joch-(bein, bogen) Knoblauchbutter Koch-(beutel, buch) Nachbar Loch-(band, billard) Rauchbombe Sach-(bearbeiterin u. a.) Schlauchboot Sprach-(barriere, bau) Wach-(boot, buch) schwachbetont Nach-(beben, behandlung) ||
Schachbrett flachbrüstig nachbringen nachbrummen hochbringen ||
Nachblutung nachblättern nachblicken Hochblüte Schachblume hochblicken ||
Nach Berlin (Blankenheim, Braunschweig ...) | Schach bieten | im Buch blättern | den Bauch betasten | sein Fach beherrschen | wach bleiben | Rauch bemerken | nach Bedarf | noch (doch) Bedenken | doch bleiben ||

6.3. Häufung

Bildbeilage bilabial Bilderbuch binnenbords Birnbaum bitterböse | Beriberi Berberitze Bergbau Bernburg Betbruder Betonbau | Babette Backenbart Barnabas bahnbrechend Barbarossa Baßbuffo | bockbeinig Bockbier Bocksbeutel Bohnerbesen Bootsbau Bootsmannsbrief | Bubikopf Budenzauber Bullenbeißer Bunsenbrenner Butterblume Butzenscheibe | Böhmische Brüder Börsenbericht Börsenbarometer | bübisch Bücherbord Bücherstube Bürstenbinder | Beiblatt Beiboot beileibe Beinbruch | Baubude Bauernbursche Bauernstube Baumblüte ||
Brimborium Briefbeschwerer Bretterbude Bremsbelag Brezelbacken Bramarbas Brandbombe Brandenburg Bad Brambach Brombeere Brockenbahn Brustbeutel Bruchband Brötchengeber Brückenbogen Breitbandkabel Breitenarbeit brauchbar Brausebad ||
Blindband blitzblank Blechbüchse Bleßbock Blatternarbe Blasenbildung Blocksberg Blockbildung Blumenzwiebel Blutbad Blütenblatt Blütenboden Bleibe Blaubart Blaubeere ||

/p/ – /b/

1.　Aussprüche und Sätze

1.1.　Geflügelte Worte / Dichtung

Nur die Lumpe sind bescheiden, Brave freuen sich der Tat (Goethe) | Das Betragen ist ein Spiegel, in welchem jeder sein Bild zeigt (Lichtenberg) | Wahre Poesie ist ein süßes Opium für das Fieber des Lebens (Weber) | Wahnwitzige, Poeten und Verliebte bestehen aus Einbildung (Shakespeare) | Die Liebe zum Profit beherrscht die ganze Welt (Aristophanes) | Propheten wimmeln stets in trüber Zeit hervor (Uz) | Doch prüfe wohl! Die ersten Blicke täuschen oft (W. v. Humboldt) | Ich höre auf zu leben, aber ich habe gelebt (Goethe) ||

Bekränzt mit Laub den lieben, vollen Becher,
und trinkt ihn fröhlich leer. (M. Claudius)

Was rumpelt und pumpelt
in meinem Bauch herum? (Grimms Märchen)

Heute back ich, morgen brau ich,
übermorgen hol' ich der Königin ihr Kind;
ach, wie gut, daß niemand weiß,
daß ich Rumpelstilzchen heiß. (Grimms Märchen)

Durch Vernünfteln wird Poesie vertrieben,
aber sie mag das Vernünftige lieben. (Goethe)

Man pfleget mehr, was Maler malen,
als was Poeten, zu bezahlen;
da doch die Farben werden blind,
Reim' aber ohne Sterben sind. (Logau)

Wo nur bloß die Lorbeerkron
ist gelehrter Arbeit Lohn,
ist kein Wunder, daß Poeten
stecken oft in etwas Nöten. (Logau)

Zu beklagen ist die Menschheit,
will ein Priester ihr gebieten;
statt den Himmel ihr zu geben,
raubt er ihr die Erdenblüten. (Lenau)

Es halfen große Herren Poeten wohl zu leben;
die aber können jenen, daß sie nicht sterben, geben. (Logau)

1.2. Sprichwörter / Sprichwörtliches / Spruchweisheit

Wenn der Berg nicht zum Propheten kommt, muß der Prophet zum Berge kommen | Wer Pech angreift, an dem bleibt es kleben | Doppelt genäht hält besser | Ein Mensch ohne Bildung ist ein Spiegel ohne Politur | Abbitte ist die beste Buße | Bittere Pillen verzuckert man | Wo gehobelt wird, da fallen Späne | Auf einen Hieb fällt kein Baum | Alte Bäume soll man nicht verpflanzen | Prasser eilen zum Bettelstab | Beinahe ist noch nicht halb | Wenn der Papst Geld braucht, bevölkert er den Himmel | Wer sich an Pöbel hängt, ist übel logiert | Der beste Prediger ist die Zeit | Nicht Mönch zum Freund, noch Priester zum Nachbarn | Ohne Priester und Taubenhaus wirst du deinen Herd reinbehalten | Besser ein strohener Vergleich als ein goldener Prozeß (Poln.) | Der Bauch versteht keinen Spaß (Serb.) ‖

Das beste Wappen in der Welt
ist der Pflug im Ackerfeld.

Schnelle Gabe,
doppelte Labe.

Was man schreibt,
bleibt.

1.3. Redensarten | Wortgruppen

Beim Barte des Propheten! | der Bart ist ab | sich die Beine in den Leib stehen | die Bombe ist geplatzt | etwas für einen Pappenstiel hingeben | die Feuerprobe bestehen | sein Habchen und Babchen verlieren | blinder Passagier | grob wie ein Bär sein | Backobst staunen | gleiche Brüder – gleiche Kappen | etwas auf dem Kerbholz haben | aus dem Konzept bringen | im Oberstübchen nicht ganz richtig sein | tauben Ohren predigen | Raubbau treiben | seine Hand im Spiele haben | bei seiner Behauptung bleiben | pikanter Beigeschmack | sich die Beine ablaufen | über die eigenen Beine stolpern | braun und blau prügeln | klebrige Finger haben | die Probe aufs Exempel machen | zum Klappen bringen | einen Knüppel zwischen die Beine werfen | sich den Kopf zerbrechen | tüchtig zu krebsen haben | den Laufpaß geben | zu Paaren treiben | Paroli bieten | da haben wir die Pastete! | Pech haben | auf den Pelz brennen | jemandem eine bittere Pille zu schlucken geben | eine bittere Pille versüßen | die Pistole auf die Brust setzen | auf dem Platze bleiben | Possen treiben | das Prä haben | wie ein begossener Pudel abziehen | eins auf den Schlips bekommen | die Spendierhosen anhaben | das Spiel verlorengeben | gewonnenes Spiel haben | einem böse mitspielen | Spießbürger | die Spitze bieten (abbrechen) | auf die Spitze treiben | über jemand den Stab brechen | viel Staub aufwirbeln | an der Strippe haben | etwas aufs Tapet bringen | einen abblitzen lassen | es lag mir wie ein Alp auf der Brust | plump wie ein Bär | Perlen bedeuten Tränen | den Platz behaupten | sich auf die Lippen beißen | beißender Spott | mit Pulver und Blei | bis in die Puppen | auf den Schub bringen | den Pegasus besteigen | auf die Palme bringen | auf den Busch klopfen ‖

1.4. Lautüberfüllungen

Hör, Bub, sag deinem Buben, daß dein Bub meinen Buben keinen Buben mehr heißt; denn mein Bub leidet's nicht mehr von deinem Buben, daß dein Bub meinen Buben einen Buben heißt | Brautkleid bleibt Brautkleid, Plättbrett blcibt Plättbrett | Es ging ein Hirsch wohl über den Bach, er brach mir zwei, drei trippeldi trappeldi Blumperbeerblätterchen ab (Grimms Märchen) ||

2. Wörter und Wortgruppen

2.1. /p/ und /b/ in Wortpaaren[62]

Pulle – Bulle, Puma – Buna, Bube – Puppe, Bude – Pute, Bogen – Pocken, Bohle – Pole, bohren – Poren, pellen – bellen, Peter – Beter, Binde – Pinte, bieder – Pidder, Baß – Paß, Paar – bar, backen – packen, baden – Paten, Prater – Braten, Brise – Prise, Bader – Pater, Bein – Pein, Pendel – Bändel, Bast – paßt, Blatt – platt, Blätter – Plätte ||
Neben – neppen, Hiebe – Hippe, Liebe – Lippe, Siebe – Sippe, Oper – Ober, haben – Happen, Lappen – laben, Kappe – Gabe, Rabe – Rappe, Stäbe – Steppe, stäuben – stäupen, Gebäck – Gepäck, Wappen – Waben, Knappe – Knabe, rauben – Raupen, Grube – Gruppe ||

2.2. /p/ und /b/ in einem Wort

Biberpelz Bischofsstab Bizeps | beabsichtigen bedeppert Begräbnis behaupten Bergkuppe beleibt beliebt berappen Bergpredigt Berlin-Pankow (-Köpenick, -Treptow) Berufssportler beschwipst bespitzeln betölpeln Betriebskapital betrübt Bezugspreis Bärlapp Bärenpelz | Backobst Backpulver Baggerprahm Bahnpost Ballspiel Baptist barhaupt Baßposaune | Boonekamp Bonaparte Botschafterposten Bob Boskop Bosporus | buchstäblich Budapest Buhnenkopf Buntpapier Buntspecht Buschklepper Bußpredigt Butterbrotpapier | Büblein Bühnenaussprache Bürgerpflicht Bürstenabzug Büttenpapier | Beilpicke Beipferd beipflichten Beispiel | Bauchkneipen Bauplan Baupolizei Bausparkasse ||
Brahmaputra Bratapfel Bratspieß Brausepulver Brautpaar Brausekopf Briefkopf Briefpapier Brotsuppe Brotkorb Brotlaib Brückenkopf ||
Blattpflanze blaugelb Blaustrumpf Blaupapier Bleiplombe Blinktrupp Blütenpracht Blondkopf Blumentopf Blutgruppe Blutprobe Blechpauke ||
Pickelhaube Pinselborste Pistonbläser | Pestbeule Pechblende Pelzbesatz penibel Pennbruder Periodenbau Perlzwiebel Perubalsam | Paddelboot Palmblatt Paketboot Parkettboden Parabel Parabellumpistole Parfümbeutel Parlamentsgebäude passierbar Passionsblume Pastellfarbe Pastorenbirne Pazifikbahn Parkverbot Patenbrief | Postbote potzblitz Pockennarbe

Poebene Posaunenbläser Polterabend Postgebühr | Puffbohne Putbus Pubertät
Purzelbaum Publikum | Pöbel | Paukboden pausbäckig ||
Prachtbau prachtliebend Prägebild Preisbildung preisgegeben Prellbock
Preßburg Priemtabak Profanbau Prunkliebe Probe Preiselbeere Präambel
Preisabbau Preisausschreiben Problem Protestschreiben Protuberanz Prozeß-
bevollmächtigter ||
Plättbrett Planschbecken platinblond plausibel Plebejer Plombe Planberatung
Platanenblatt ||
Silberpappel Silberpapier Lippenbekenntnis Gruppenbild Taubenpost Liebes-
pein Lampenfieber Abendschoppen Tippelbruder ||

2.3.   [p] neben [b̥]

Bobbahn Pumpbrunnen Abbild Abbitte abbauen Laubbaum Schwibbogen
abblasen Leibbinde Korbblütler Raubbau abbestellen abblitzen Abbruch
Pappband Klappbett Treibbeet Staubbürste Kneipbruder Halbbildung
Halbbruder Staubbeutel Staubblatt Stabbau ||
Den Stab brechen | lieb bitten | taub bleiben | ein Laib Brot | gab beide | ab
Berlin (Bremen, Barcelona ...) | schrieb Briefe | in den Staub beugen | den
Raub bergen | ein Dieb bleiben | vom Leib bleiben | erwarb billig ||
Abbau – ab Aue, abblassen – ablassen, abbeißen – abeisen, abbringen –
abringen, abbrechen – abrechnen, abbraten – abraten, abbaggern – abackern ||

/t/

Stl. Zahn-Zahndamm – Zungenrand- oder Zungenrücken-Fortis-Verschlußlaut
(dental-alveolar – koronaler oder prädorsaler stl. Fortis-Klusil)

1.   Bildungsweise

1.1.   Apikale Bildung

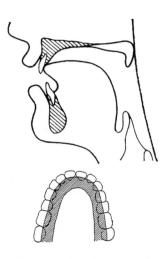

Die Lippen sind locker von den Zähnen abgehoben (Mundvorhof) und leicht geöffnet (Lippen
nicht breitspannen). Der Zahnreihenabstand ist
gering (Lippenöffnung sowie -formung und Zahnreihenabstand richten sich im übrigen nach der
Lautumgebung). Der vordere Zungenrand liegt
an den palatinalen Flächen der oberen Frontzähne und deren Zahndamm[63] und bildet einen
intensiven Verschluß (nicht das Zungenblatt gegen den Hartgaumen pressen); die seitlichen Zungenränder liegen verschlußbildend an den palatinalen Flächen der seitlichen oberen Zähne und
deren Zahndämmen; der Zungenrücken ist flach gewölbt, keine Berührung zwischen Zungenoberfläche und hartem oder weichem Gaumen. Das gehobene
Gaumensegel schließt den Nasenweg ab.
Der mit intensiver Artikulationsspannung gebildete und gehaltene Zahn-Zahndamm – Zungen-Verschluß wird sprenglautartig (Fortis), stets stimmlos und mit
positionsabhängiger sowie sprechsituativ bedingter Behauchung aktiv gelöst.

1.2.   Dorsale Bildung

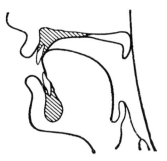

Im Unterschied zur apikalen Bildung hat der vordere Zungenrand Kontakt mit den lingualen Flächen der unteren Frontzähne; den Verschluß an
den palatinalen Flächen der oberen Frontzähne
und deren Zahndamm[64] bildet der vordere Zungenrücken.

2.   Bildungsfehler und Abweichungen

2.1.   Durch zu geringe Artikulationsspannung wird /t/ als [d̥] realisiert, aus der Fortis wird eine stimmlose Lenis. Vor allem in den oberdeutsch und obersächsisch-thüringisch orientierten Umgangssprachen hört man dieses sogenannte *weiche t*, z. B. *Tanne* [ˈtʰanə] wird wie [ˈd̥anə] gesprochen.

2.2.   Fehlen der positionsbedingten Behauchung; dieses stets unbehauchte [t], ähnlich dem der romanischen Sprachen, nähert sich ebenfalls dem [d̥], besonders in Mittel- und Süddeutschland.

2.3.   Gekünstelte Sprechweise, aber auch forcierte Artikulation, steigern die kurze Behauchung häufig zu übertriebener Aspiration, mitunter (bei auslautendem [t]) sogar zu einem indifferenten Reibegeräusch (diffuses, flächiges dorsales [s] mit [ç]-Tendenz).

2.4.   In die Folge anlautendes /t/ und konsonantisches /r/ schiebt sich ein Sproßvokal. Mitunter entsteht ein Mix aus Hyperaspiration (vgl. 2.3.) und vokalischem Übergangslaut. Vermutlich führt um übergroße Deutlichkeit bemühte Artikulation zu dieser als hyperkorrekt empfundenen Aussprache (vgl. /d/, 2.4., S. 158).

2.5.   Interdentales /t/: Der vordere Zungenrand wird an die Schneidekanten der oberen Frontzähne gelegt bzw. zwischen die Zahnreihen geschoben. Dieses /t/ ist zwar akustisch nicht beeinträchtigt, kann aber zur Fehlleistung beim folgenden Laut verleiten (z. B. beim /s/ bzw. /z/).

2.6.   Das /t/ wird am Hartgaumen gebildet; die Verschlußbildung erfolgt durch die Oberfläche der Vorderzunge am vorderen bis mittleren Hartgaumen. Es entsteht ein unausgeprägter Verschlußlaut mit nachfolgendem indifferentem Reibegeräusch.

2.7.   In die Folge [m] und auslautendes [t] schiebt sich ein Sproßkonsonant. Siehe /m/, 2.4., S. 199.

3.   Abhilfevorschläge

3.1.   (zu 2.1., 2.2.)

Wie bei /p/ (vgl. S. 127, 3.1.) versuchen wir, notwendige artikulatorische Spannung und Behauchung über energische/bestimmte Sprechweise zu erreichen: *Teile! Taugenichts! Trottel! ... Tee bitte! Taugt nichts! Treff ist Trumpf!* usw. Schließlich sollte Ihnen exakte [t]-Artikulation auch bei geringstem Atem- und Zungendruck gelingen: [tʰ, tʰ, tʰ] ...; leise und ergriffen: *tot,* leise und versonnen:

träumen u. ä. Als hilfreich erweisen sich auch die Gegenüberstellung von /t/ und /d/: *Tann – dann, Boten – Boden* usw. (s. S. 167) und nicht zuletzt Übungen mit /t/ in betonten Positionen, z. B. *Tiefe Teller* ... (vgl. 6.1.1., S. 154).

3.2.   (zu 2.3., 2.4.)

Aussprachehinweise beachten! Das auslautende [t] wird in der Standardaussprache nicht oder nur selten behaucht (und dann nur kurz). Beginnen wir deshalb mit [t] im Silbenauslaut. Unter Spiegelkontrolle ist darauf zu achten, daß mit der Verschlußsprengung die Vorderzunge herabschlägt, damit keine Zunge-Gaumen-Enge entsteht und daß auffälliges Behauchen unterbleibt.

Wie schon bei /p/ erwähnt (/p/, 3.2., S. 127 f.), ist die Ursache häufig verspannte Artikulation (z. B. Mundbreitzug, übermäßiger und flächiger Zungendruck, zu starker Atemdruck). Deshalb zunächst Lockerungsübungen (s. 3.8.3., S. 110 ff.).

Zu [t] im Silbenauslaut auch [t] vor auslautender Konsonanz, die Affrikata [ts] und die Lautgruppen [st] und [tʃ] hinzunehmen: *mit seid; mitfahren Zeitnehmer Mundraub redlich Bildnis kleidsam; fand's scheint's Witz Caesar Zeit reizen; Stein anständig; Kitsch lutschen* u. ä.

Grundsätzlich sei die Artikulation nicht auf übertriebene, gekünstelt wirkende Deutlichkeit des Einzellautes bedacht. Bei anlautendem [t] vermeide man deshalb starkes Anpressen der Zunge an die palatinalen Flächen der oberen Frontzähne und deren Alveolen und übermäßiges Atemstauen, was „gewaltsames" Sprengen des Mundverschlusses (evtl. noch gar „mit Hilfe" der Bauchpresse) nach sich zieht. Denn diese Überspannungen bewirken meistens die Überaspiration (lange und starke Behauchung), die das [t] von dem folgenden Laut gleichsam isoliert. Außerdem bemühe man sich, das Wort (bzw. die Silbe) zusammenhängend („in einem Zuge") zu sprechen und richte seine Aufmerksamkeit mehr auf den betonten Vokal (auf die Wortakzentuierung), nicht *Tim* [tʰʰʰɪm], sondern [tʰɪm]. Zur Vermeidung des Sproßvokals in der besagten Lautfolge /tr-/ zuerst gleichfalls Übungen /t/ in Verbindung mit Reibelauten (z. B. *Ziel Zelt ...; Cello Chesterfield Chinchilla ...*); und nicht zuletzt Übungen mit /t/ in unbetonten Positionen berücksichtigen, z. B. *Tribüne Tragödie ...; mit ihr | nicht so* ... (vgl. 6.1.4., S. 155).

Bei häufig apikaler /t/-, aber dorsaler /r/-Bildung (Zäpfchen- oder *Reibe-r*) in der Folge /tr/ im Anlaut ist auf schnellen, entschiedenen und genauen Wechsel von oberer zu unterer Zungenkontaktstellung zu achten.

3.3.   (zu 2.5.)

Interdentales /t/ tritt häufig bei kleinen Kindern auf. Sie bilden neben /t/ meistens auch /d/, /n/, /l/ und /s/ sowie /z/ interdental. Nur bei /s/ und /z/ macht es sich akustisch als Störung bemerkbar (s. /s/, /z/, 2.3., S. 287).

Diese „multiple Interdentalität" (FRÖSCHELS) ist als physiologische Erscheinung der Sprachentwicklung aufzufassen, die nach und nach abgebaut wird und am Ende der Sprachentwicklung von selbst fast völlig verschwindet.

Sollte der Fehler jedoch gewohnheitsmäßig weiterbestehen, muß er behoben werden. Die Umstellung auf dental-alveolar–apikale oder dorsale Bildung bereitet für gewöhnlich keine Schwierigkeiten und läßt sich relativ schnell durchführen.

3.4.   (zu 2.6.)

Bei dieser Zungenblattbildung löst sich während der Verschlußsprengung eigentlich nur die Zungenspitze, während die Oberfläche der Vorderzunge dem Hartgaumen engebildend genähert ist, so daß ein indifferentes Reibegeräusch entstehen muß, häufig begleitet von Lippenbreitzug. Abhilfe soll über das Vorschalten von apikalem [n] oder [l] erfolgen. Beide Laute nehmen den /t/-Ansatz vorweg und helfen, den Verschluß zwischen vorderem Zungenrand und den palatinalen Flächen der oberen Frontzähne sowie deren Zahndamm zu „festigen". Die Verschlußbildung wird über beide Laute ([lt] oder [nt]) beibehalten, für [t] wird der Verschluß lediglich etwas intensiver und sprenglautartig gelöst, bei apikaler [t]-Bildung schlägt die Vorderzunge schnell herab (stellt für den folgenden Vokal untere Zungenkontaktstellung her), um die reibelautbildende Enge zu vermeiden. An der Silbenfuge bzw. Wortgrenze nicht pausieren: *schelten zelten faulten ...; will tauschen | soll teilen | viel Tee* usw. (s. /l/, 6.2.3., S. 258); *Anteil einteilen Hantel ...; ein Teil | ein Tisch | in Thule* usf. (s. 6.2.2., S. 155). Lippenstellung beachten.

Bevor wir auf jegliche Hilfestellung verzichten, schalten wir die schon bekannte Übungsphase ein, in der die Ableitungslaute stumm gebildet werden, d. h., wir legen – als wollten wir das [l] oder [n] lautieren – den vorderen Zungenrand locker an den oberen vorderen Zahndamm, artikulieren jedoch erst das [t], indem wir den Verschluß fester gestalten und auf Hauch sprengen: *(l) Typ | (l) Tennis ...; (n) Tag | (n) Tanz* usf. (vgl. /b/, 3.1., S. 134 f.).

Sollten diese Übungen noch nicht zum Erfolg geführt haben, empfiehlt sich folgendes: Während der dental-alveolar–apikalen Verschlußbildung legen wir die Unterseite der Vorderzunge an die palatinalen Flächen der oberen Frontzähne und spannen sie leicht zwischen die geöffneten Zahnreihen, so daß durch diese „Hakenform", sogenannte Retroflexion, der Vorderzunge (sie ist konkav gewölbt) das Anlegen des Zungenblattes an den harten Gaumen vermieden wird. Auch das vorgeschaltete [n] oder [l] kann unter diesen Bedingungen gebildet werden, obwohl man ihrer Hilfe nicht unbedingt bedarf.

3.5.   (zu 2.7.)

Siehe /m/, 3.4., S. 201.

4. Aussprache

Der **Fortis**-Verschlußlaut [t] wird gesprochen

a) bei Schreibung *t, th* im An-, In- und Auslaut: *Tanne, treffen; Seite, Natron, Hutschnur; Mut, Pult, scheint, Art; These, Thema; Athen, Othello; Psychopath*
b) bei Schreibung *tt, dt* im In- und Auslaut: *Matte, Bettdecke, Fettschnitte; nett, satt; Städte, Verwandte, Städtchen, Gesandtschaft; beredt*
c) bei Schreibung *d* im Wort- und Silbenauslaut (jedoch nicht vor *l, n, r,* wenn sie zum Stamm gehören oder wenn die Grundform silbenanlautendes *d* hat): *Neid, Held, Wand; Nordsee, Windschatten, Geldgier, bildlich, Findling, Liedlein, Wildnis*
d) in der Lautverbindung [t͡s]: *zahm, beizen, Holz; Skizze; wetzen, Satz; Lotse, rechts; wird's; Cicero; Portion.* Vgl. [t͡s], 4. Aussprache, S. 364 f.

Behauchung des Fortis-Verschlußlautes /t/: s. 3.4.2.10., S. 77 f.

Zwischen *t* und *tt, d* und *dd* (*ddh*) in einfachen Wörtern besteht in der Aussprache kein Unterschied; in *Pute* und *Putte* wird nur e i n [t] gesprochen, in *Boden* und *Bodden* nur e i n [d]. Zusammentreffen von zwei [t] in Zusammensetzungen, Ableitungen oder innerhalb der Sprecheinheit sinngemäß wie bei /p/: *Schalttechnik* ['ʃalt·ɛçnɪk] (aber *Schalltechnik* ['ʃaltɛçnɪk]), *mitteilen; Sport͜ treiben.* Vgl. /p/, 4. Aussprache, S. 128 f.

5. Aussprüche und Sätze

5.1. Geflügelte Worte / Dichtung

Ich habe eine gute Tat getan (Werfel) | Tut, was eures Amts ist (Schiller) | Träume sind nicht Taten (Arndt) | Der Ausgang gibt den Taten ihre Titel (Goethe) | Tadeln können zwar die Toren, aber klüger handeln nicht (Langbein) | Ritter ohne Furcht und Tadel (Beiname Bayards, 1476–1524) | Nicht der laute, nur der gerechte Tadel kann verletzen (Schiller) | Der heutige Tag ist des gestrigen Schüler (Syrus) | Nichts ist höher zu schätzen als der Wert des Tages (Goethe) | Große Talente sind das schönste Versöhnungsmittel (Goethe) | Tanzt ein Alter, so macht er großen Staub (Lehmann) | Es sind nicht alle lustig, die tanzen (Lehmann) | Der Sinn erweitert, aber lähmt, die Tat belebt, aber beschränkt (Goethe) ||

Das Tun interessiert,
das Getane nicht. (Goethe)

Trommler, Trommler, hör mich an,
hast du mich denn ganz vergessen? (Grimms Märchen)

Nun macht mir Tor und Türe auf,
und kehrt den alten Herrn Fuchs hinaus. (Grimms Märchen)

Jeder Tag hat seine Plage
und die Nacht hat ihre Lust. (Goethe)

5.2. Sprichwörter / Sprichwörtliches / Spruchweisheit

Wer Töchter hat, ist stets Hirte | Wenn mit dem Taler geläutet wird, gehen alle
Türen auf | Zorn beginnt mit Torheit und endet mit Reue | Die Toten haben
immer Unrecht | Wer aus Liebe heiratet, hat gute Nächte und böse Tage | Wo
Tauben sind, da fliegen Tauben zu | Wenn man dem Teufel den kleinen Finger
gibt, nimmt er die ganze Hand | Mit Worten richtet man mehr aus als mit
Händen | Der Tapfere fürchtet den Tod nicht | Der Träge will getrieben sein |
In der Not ist guter Rat teuer | Gute Saat, gute Ernte | Kommt Zeit, kommt Rat |
Nur auf Stufen steigt man zur Höhe der Treppe (Türk.) | Jung gewohnt, alt
getan | Das Gedächtnis ist eine gute Tasche, aber sie zerreißt, wenn man zuviel
hineinstopft | Laster, die man nicht tadelt, sät man | Der Tod macht stille Leut |
Trägheit ist des Teufels Kopfkissen (Holländ.) | Was hilft der Titel ohne Mittel? |
Die Wahrheit ist eine Tochter der Zeit | Ein klarer Tag vertreibt viel düstere Tage |
Hitzige Tränen trocknen bald | Treff ist Trumpf | Geduld frißt den Teufel | Gutes
Wort findet gute Statt | Alte Schuld rostet nicht | Nach getaner Arbeit ist gut
ruhen | Gute Tage stehlen das Herz ||

Getan ist getan	Wo Geld kehrt und wendet, hat die Freundschaft bald ein End.
Abendrot – Gutwetterbot'.	Schönheit und Verstand sind selten verwandt
Tat bringt Rat.	Es trinken tausend sich den Tod, eh' einer stirbt von Durstes Not.
Studenten sind ohne Renten.	Tugend leidet of Not, aber nicht den Tod.
Jugend wild, Alter mild.	Wer einmal lügt, dem glaubt man nicht, und wenn er auch die Wahrheit spricht.
Jung gefreit hat niemand gereut.	Rast gibt Mast.

5.3. Redensarten / Wortgruppen

Blutige Tränen weinen | ins Fettnäpfchen treten | hier ist die Welt mit Brettern
vernagelt | das fällt mir nicht im Traume ein! | zu Gevatter bitten | von der Hand
in den Mund leben | eine gute (treue) Haut | auf die Hinterbeine treten | in der
Hinterhand sitzen | ins Hintertreffen geraten | sämtliche Trümpfe in der Hand

behalten | die Kunst geht nach Brot | hier geht meine Kunst betteln | das kann die Welt nicht kosten! | aus der Not eine Tugend machen | einem etwas eintrichtern | unter uns Pastorstöchtern | wenn Ostern und Pfingsten auf einen Tag fällt | auf dem toten Punkt anlangen | dem lieben Gott die Zeit stehlen | einen tüchtigen Stiefel vertragen | den Stuhl vor die Tür setzen | er tut so, als wenn jedes Wort 'nen Taler kostet | wie von der Tarantel gestochen | tief in die Tasche greifen | warten, daß einem die gebratenen Tauben in den Mund fliegen | Potztausend! | ei der Tausend! | weiter im Text! | in die Tinte geraten | Tranfritze | auf dem trocknen sitzen | nicht recht bei Troste sein | die Welt ist rund | um schön Wetter bitten | der Wind hat sich gedreht | wie stehn die Aktien? | aufs Altenteil setzen | trockene Tatsache | wirken wie ein rotes Tuch | treu bis in den Tod | offene Türen eintreten | jemand unter den Tisch trinken | mit des Seilers Tochter tanzen | mit Gott und aller Welt im Streite liegen | das Recht mit Füßen treten | der gute Ton ‖

5.4. Paare

Tod und Teufel | vor Tau und Tag | Tun und Treiben | Teller und Tassen | Topf und Tiegel | tapfer und treu | Freud und Leid | Tür und Tor | mit Rat und Tat | in Stadt und Land | Not und Elend | Schritt und Tritt | Rand und Band | Furcht und Zittern ‖

6. Wörter und Wortgruppen

6.1. /t/ im Anlaut

6.1.1. /t/ vor betontem Vokal

Tim Tinnef tilgen Tiefe Tiegel Tiger | Teppich Täschner Tennis Thema tätscheln tätlich | Tanne Tasche tafeln Taler Tapir Tag | Topp Tommy Thomas Topf Tombola toll | Tusch Tulpe Tula Thule tun Tugend | Töffel Töpfe Tölpel tönen Töne töricht | Tünche Tümmler Typhus Tüte Tür Thüringen | teilen Teil Teig Teich | Taunus taub tauschen Taufe taumeln Taube | Teufel Täubchen Täuberich teuer täuschen ‖

6.1.2. /t/ vor unbetontem Vokal

Tinktur Tiramisu Tirol Tischlerei Titan | Technologie tektonisch Telegraf Telemeter Tenor | Tabelle Tablette tabu Taburett taktieren | Totalität Tomate Tonnage Tonsur Tortur | Tuberkel Tuberose Tunesien tuschieren Thusnelda | Töpferei Tölpelei | Tyrann typisieren Typologie Türkis | Tauscherei tauschieren Tausendgüldenkraut Tautologie | Täuscherei Teufelei ‖

154

6.1.3. /tr/ vor betontem Vokal

Trieb Trichter Trick trimmen triftig trinken | Treppe Tretrad trällern treffen Trense Tresse | tragen Tratsch Trab Tran Trappe Trasse | Troß Tropf Troll Troja Trommel Tropen | Trumpf Trunkenbold Trubel Truhe Trupp Trunksucht | tröpfeln Trösterchen Tröpfchen Trödel | trübe Trübsinn Trüffel Trümmer trügen | Treibstoff Treiben treideln | Traum Trauung Traumbild Traube Traufe traulich | treu träumen treulos träufeln Treue ||

6.1.4. /tr/ vor unbetontem Vokal

Tribut Trient Triest Tribüne Trichine | tremolieren Tresor Treterei | Trabant Tradition Tragödie Traktat Transport | Trompete Trochäus Trophäe Troposphäre | Trödelei | Treiberei Treidelei | Traumatologie | Träumerei ||

6.2. /t/ im Inlaut, in der Wortfuge und an der Wortgrenze[65]

6.2.1. /t/ nach Vokal

Mitte bitten Vitte Gewitter Sitte nieten | Mette fettig Fetisch wetten nette Städte | Watte Satte Natter Latte Schatten raten | Bote Pfote Dotter Zote Motte Flotte | Mutter mutig Butter Putte Rute Schute | nötig spöttisch Köter Rötel löten Götter | Mütter Blüte hüten wüten schütten Hütte | weiten Seite leiten scheitern arbeiten geleiten | Bauten tauten schaute verhaute Laute Nautik | heute Meute beuteln scheute Beutel Leute ||

6.2.2. /t/ nach [n]

Zinnteller Winter Sprinterin Finte Hinter-(absicht u. a.) inter-(aktiv u. a.) | Enterich Center Enthusiasmus Gentechnologie Nenntante Tentakel | Anteil Kanton Kantilene Mantel Phantasie hantieren | Mohntorte Wohnturm Ton-(tafel, taube) Lohn-(tabelle u. a.) Konter-(bande u. a.) Kontra-(baß u. a.) | munter Lunte kunterbunt Tunte Unter-(arm u. a.) Un-(tat u. a.) | Schöntuerei | Scheintod Rheintal ein-(tanzen u. a.) Leintuch Weintraube | Brauntönung Zauntür | Neuntöter ||
In Tunesien (Teneriffa …) | ein Tiger | zwischen Tieren (Tür und Angel) | an Theo (Tina) | den Ton treffen | zehn Tage noch ||

6.3. /t/ im Auslaut

6.3.1. [t] nach langem Vokal und Zwielaut

Lied sieht Glied zieht Ried flieht | Beet dreht fleht geht Met Gerät | Mahd Bad Pfad Naht Staat Rat | Boot Brot Lot Schrot rot Schlot | Mut Nut Hut Glut Wut Brut | öd schnöd | glüht blüht bemüht verfrüht | Leid Maid seid

Neid gescheit bereit | baut braut laut schaut Haut kaut | heut Geläut Deut Therapeut erfreut zerstreut ||

6.3.2. [t] nach kurzem Vokal

Bit mit fit Grit Kitt Pit | Bett Fett wett nett Brett Mett | Watt satt Stadt matt glatt platt | Schott flott Gott Hott Jot Schrott | Butt Dutt Schutt | Gespött | Bütt lütt ||

6.3.3. [t] nach [n]

Wind sind lind blind Rind | pennt dehnt nennt lehnt rennt | Band fand Wand Sand Hand | Mond wohnt sonnt lohnt schont | Mund Bund Sund Lund Schund | tönt versöhnt verpönt gewöhnt verschönt | erkühnt sühnt grünt ungesühnt | meint weint scheint greint Feind | raunt gutgelaunt | Freund gebräunt ||

6.4. Häufung

Tibetkatze Tiefland Tigerkatze Titel-(blatt, held) Tischtennis | Tellertuch Testament Tetanus Theater Teetopf | Tafelobst Taft Tageszeitung Tankwart Tannenwald | Tollwut tolerant Tonart Tolpatsch Totentanz | Tumult Tunichtgut Turandot Tuttifrutti Turteltaube | tödlich Töpfermeister Törtchen | Tüftelei Türpfosten Tüftelarbeit Türkentaube | teilhaftig Teigtasche Teilton Teilzeitarbeit | Taubheit Tautropfen Tauwetter Taufpate Tauchtiefe | Teutone Teufelsbrut ||
Tricktrack Tritt-(brett, leiter) Treppenwitz Trampeltier Trottel Trott Truthahn Trutz Tröster Trüffelpastete Treibjagd Traualtar Traute Treu-(eid, hand) ||
Statthalter Streitbold Amtstracht Richtplatz Weltkind Reitknecht ||

6.5. [t] neben [t]

Schrifttum Bettuch Bettrommel Wetturnen Fettopf Stadttor Brotteig Nottaufe bluttriefend Bluttat Mundtuch Handtuch Schandtat Enttäuschung Landtag Wandtafel Wandteppich Sandtorte Gewalttat Waldteufel Geldtausch Falttür Goldton Erdteil Rasttag Kunsttheorie Fasttag Festtag Festtrubel Herbsttag ||
Dem Geleit nicht trauen | nicht um tausend Taler | Sport treiben | Leid tragen | abwarten und Tee trinken | Treff ist Trumpf | in Kraft treten | mit Tinte | satt trinken | ein Lied trällern ||
Forttragen – vortragen, Nachttisch – Nachtisch (nach Tisch), fortträumen – forträumen (sofort räumen), breittreten – breit reden, weit tragen – weit ragen, mitteilen – miteilen (mit Eile), forttreiben – fortreiben (vortreiben), und zart – unzart, Falttür – Falltür, Festtrubel – Festrubel ||

156

/d/

Zahn-Zahndamm – Zungenrand- oder Zungenrücken-Lenis-Verschlußlaut (dental-alveolar – koronaler oder prädorsaler Lenis-Klusil)

1.   Bildungsweise

Lippenöffnung und -formung, Zahnreihenabstand, Mundverschluß, Zungenrand- sowie Zungenrückeneinstellung und Gaumensegelabschluß wie bei /t/ (vgl. S. 148).
Aber: Im Unterschied zu /t/ wird der Zahn-Zahndamm – Zungen-Verschluß mit geringerer Artikulationsspannung gebildet und gehalten und ohne Behauchung aktiv gelöst (Lenis). Verschluß- und Lösungsphase sind positionsabhängig stimmhaft.

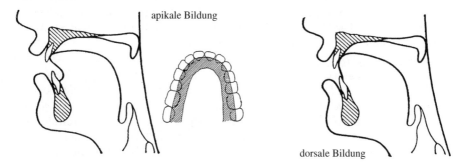

apikale Bildung

dorsale Bildung

2.   Bildungsfehler und Abweichungen

2.1.   Durch intensive Artikulationsspannung wird /d/ als [t] realisiert, aus der Lenis wird eine Fortis, besonders im Anlaut vor konsonantischem /r/. Vor allem bei bairisch und obersächsisch-thüringisch orientierten Sprechern hört man dieses sogenannte *harte d, drüben* wird zu *trüben.*

2.2.   Fehlen der positionsbedingten Stimmhaftigkeit, das /d/ wird wohl intensitätsschwach, aber stets stimmlos realisiert (stimmlose Lenis [d̥]).

2.3.   Das Bemühen um Stimmhaftigkeit des anlautenden /d/ verleitet häufig dazu, ein [n] voranzusetzen, so daß aus *danke* ['d̥aŋkə] – ['ndaŋkə] wird.

2.4.　Beim Bemühen um Stimmhaftigkeit des anlautenden /d/ besonders vor *Zäpfchen-r* tritt häufig häufig zwischen /d/ und /r/ ein vokalischer Übergangslaut auf, z. B. statt *dran* [d̥ʀan] – [dᵊʀan].

2.5.　Im Silben- und Wortauslaut wird /d/ nicht fortisiert, sondern als stimmhafte Lenis gesprochen.

2.6.　Interdentales /d/ (vgl. /t/, 2.5., S. 149).

3.　Abhilfevorschläge

3.1.　(zu 2.1., 2.2.)

Zur Erziehung unverspannter Verschlußbildung, des spannungsschwachen Zungenansatzes bei /d/ hat sich das Voransetzen von bildungsverwandtem [n] und besonders [l] stets gut bewährt. Zu beachten ist, daß sich für [ld] wie für [nd] jedoch nur der vordere Zungenrand (nicht das Zungenblatt) bzw. der vordere Zungenrücken an die palatinalen Flächen der oberen Frontzähne und deren Zahndamm legt. Die Verschlußbildung wird über beide Laute beibehalten: *Mulde Schulden Wilde …; fiel doch | soll danken | voll Daunen u. ä.; Wunde münden wenden …; ein Dichter | an dich | ein Duft* usw. (vgl. 6.2.3., 6.2.4., S. 162 f.). Bei isolierten Wortübungen bilden wir zunächst das [l] stumm, d. h., wir legen – als wollten wir das [l] lautieren – den Vorderzungenrand locker an den oberen Zahndamm, geben jedoch erst beim /d/ Stimme: *(l) Dom | (l) dünn | (l) denn* usf.
　Bei der z. B. für obersächsisch orientierte Sprecher schwierigen Lautfolge /dr/ schalten wir außerdem einen Vokal ein: *soll darauf – soll drauf – (darauf) – drauf, darauf – drauf; ein Dirigent – eindringen – (Dirigent) – dringen, andererseits – andrerseits, andrehen – drehen* usw. (vgl. 6.1.3., 6.2.3., 6.2.4., S. 161 ff.).

3.2.　(zu 2.3.)

Das Voransetzen eines [n] kann zu einer auffälligen Manier werden, ähnlich dem Vorschalten eines [m] bei anlautendem /b/. Zur Vermeidung üben wir inlautendes /d/ bzw. anlautendes /d/ in der Sprecheinheit nach Vokal oder Konsonant (Nasale ausgenommen) und unterlassen jede unangemessene Pausierung an der Silben- und Wortfuge bzw. Wortgrenze: *Edda Hedda Hiddensee …; Mode Made meiden* u. ä.; *aufdecken ausdenken Kirchdach wegdenken Tischdecke Schulden* u. ä.; *sie duften | es dunkelt| auf Deck | viel Dill* usw. (vgl. 6.2., S. 162 ff.). Bevor wir zu /d/ im Anlaut (in Einzelwortübungen) übergehen, schalten wir eine Übungsphase ein, in der die vorausgehenden Laute stumm gebildet werden, d. h., die Artikulationsorgane werden entsprechend eingestellt (Gaumensegelabschluß!), doch wir lautieren erst das /d/: *(i) Donau | (s) Dasein | (f) deine;* am besten eignet sich natürlich das [l] wegen der Bildungsverwandtschaft: *(l) dunkel | (l) Deckel | (l) Delta* usw. (vgl. /b/, 3.2., S. 135).

3.3.   (zu 2.4.)

Zur Vermeidung des Sproßvokals zwischen häufig apikalem /d/ und *Zäpfchen-r*
im Anlaut ist auf schnellen, entschiedenen und genauen Wechsel von oberer zu
unterer Zungenkontaktstellung zu achten. Sollten die obigen Übungen noch
nicht den gewünschten Erfolg gebracht haben, versuche man Abhilfe über zunächst dorsale /d/-Bildung zu schaffen.

Übertriebene, gekünstelt wirkende Deutlichkeit und übertriebene bzw. häufig
sogar unangemessene Stimmhaftigkeit des anlautenden/d/ ist zu vermeiden (keinen Blählaut!). Unter Umständen trägt etwas nachdrückliche (bestimmte)
Sprechweise mit dazu bei, die kleine Pause zwischen anlautendem /d/ und folgendem /r/ aufzuheben, den Sproßvokal zwischen ihnen zu unterbinden. Außerdem
sollte die Aufmerksamkeit mehr auf den akzentuierten Vokal als auf /d/ gerichtet
werden. Man bemühe sich, das Wort (bzw. die Silbe) zusammenhängend („in
einem Zuge") zu sprechen, das anlautende /d/ darf also nicht isoliert werden,
nicht [dᵊʀɑːt] *Draht*, sondern [d̥ʀɑːt] (vgl. /b/, 3.3., S. 135).

3.4.   (zu 2.5.)

Aussprachehinweise beachten! Im Wort- und Silbenauslaut sind die Verschlußlaute der deutschen Sprache als stimmlose Fortes zu sprechen: *Schuld Hut Mond
wohnt* usf. (s. /t/, 6.3., S. 155 f.).

3.5.   (zu 2.6.)

Siehe /t/, 3.3., S. 150 f.

4.   Aussprache

Der **Lenis**-Verschlußlaut [d] wird gesprochen

a) bei Schreibung *d* im Wort- und Silbenanlaut: *Damm, Drang; Boden, Baldrian,
   ausdenken, „Speckdeckel", Pultdach*
b) bei Schreibung *d, dd* im Silbenauslaut vor *l, n, r*, wenn sie zum Stamm gehören
   oder wenn die Grundform silbenanlautendes *d* hat: *adlig, Händler, Wandlung;
   Redner, Ordnung; niedrig, hadre, Wandrung; Paddler; schnoddrig*
c) bei Schreibung *dd, ddh* im Inlaut vor Vokal: *Edda, paddeln; Buddha.*

Der Lenis-Verschlußlaut /d/ ist *stimmhaft* im Inlaut und Wortanlaut (innerhalb
der Sprecheinheit) nach Vokal und Sonor, z. B. *Süden, paddeln; sie͜ dampfen;
Baldrian, Händler; im͜ Druck; Redner, niedrig, Paddler, beidrehen; wie͜ dreißig;
Schulden, finden; an͜ Deck.*

Im absoluten Anlaut, im Silben- und Wortanlaut (innerhalb der Sprecheinheit)
nach stimmlosen Geräuschlauten tritt bei der Lenis /d/ unterschiedliche *Reduktion der Stimmhaftigkeit* bzw. *Stimmlosigkeit* ein. Die Lenis /d/ darf jedoch nicht

durch stärkere Artikulationsspannung und zu starke Sprengung zur Fortis [t] werden: *Dich meine ich!* wie [dɪç'maɛnəɪç]; *Pultdach* wie ['pʰʊltd̥ax], nicht ['pʰʊlt·ax]; *aufdecken, ausdrücken, abdecken; ab Dresden.*

Zusammentreffen der Fortis [t] und der Lenis [d] in Zusammensetzungen, Ableitungen oder innerhalb der Sprecheinheit sinngemäß wie bei /b/: *altdeutsch* wie ['altd̥ɔøtʃ], nicht ['alt·ɔøtʃ], *Wilddieb; und doch.* Vgl. /b/, 4. Aussprache, S. 136.

5.   Aussprüche und Sätze

5.1.   Geflügelte Worte / Dichtung

Misch dich nicht in fremde Dinge, aber die deinigen tue mit Fleiß (M. Claudius) | Der Denkende benützt kein Licht zuviel, kein Stück Brot zuviel, keinen Gedanken zuviel (B. Brecht) | Ich denke dies und denke das (Mörike) | Den Dank, Dame, begehr' ich nicht! (Schiller) | Daheim! daheim! ist doch das süßeste Wort, welches die Sprache hat (Rau) | Begegnet uns jemand, der uns Dank schuldig ist, gleich fällt es uns ein. Wie oft können wir jemand begegnen, dem wir Dank schuldig sind, ohne daran zu denken (Goethe) | Der ist nie recht dankbar gewesen, der aufhört, dankbar zu sein (Friedrich I. Barbarossa) | Ich hasse jeden, dessen Dankbarkeit erlischt (Euripides) | Wer kann was Dummes, wer was Kluges denken, das nicht die Vorwelt schon gedacht? (Goethe) | Frei denken ist schön, richtig denken ist besser (Inschrift an d. Univ. Upsala) ||

Gescheit gedacht und dumm gehandelt,
so bin ich meine Tage durchs Leben gewandelt. (Grillparzer)

Des Dach dich deckt,
des Haus dich hegt,
Hunding heißt der Wirt. (Wagner)

Zu Dionys, dem Tyrannen, schlich
Damon, den Dolch im Gewande ...
Was wolltest du mit dem Dolche, sprich!
entgegnet ihm finster der Wüterich. (Schiller)

Wer für alles gleich Dank begehrt,
der ist selten des Dankes wert. (J. Trojan)

5.2.   Sprichwörter / Sprichwörtliches / Spruchweisheit

Drei Dinge treiben den Mann aus dem Haus, ein Rauch, ein übel Dach und ein böses Weib | Alte Weiden haben dicke Köpfe | Dumm geboren, dumm gewachsen, dumm gestorben (Walach.) | Daheim werden verständige Männer am wenigsten geschätzt (Isländ.) | Am Don ist's schön, aber daheim ist's besser (Russ.) | Ein Degen hält den andern in der Scheide (Militär.) | Wer dient der Zeit, der dient wohl | Ein Dienst ist des andern wert | Jede Dummheit findet einen, der sie macht | Geduld überwindet alles | Geduld ist stärker denn Diamant ||

An sich denken ist ganz recht;
nur an sich denken, das ist schlecht.

5.3. Redensarten / Wortgruppen

Dampf dahinter machen | einem den Daumen drücken | ein Ding drehen | drunter durch sein | dümmer als dumm sein | dumm wie die Sünde | von Dummsdorf sein | durchgedreht sein | das Ende vom Liede | das dicke Ende kommt nach | eine Gardinenpredigt halten | das Wort im Munde umdrehen | die Daumen drehen | blinder Handel | durch den Draht | auf dem Damme sein ||

5.4. Paare

Drunter und drüber | drum (drauf) und dran | Dichter und Denker | da und dort | dies und das | doppelt und dreifach | drehen und wenden | Deich und Damm | Donner und Doria! | Dornen und Disteln | drehen und drechseln | durch dick und dünn ||

6. Wörter und Wortgruppen

6.1. /d/ im Anlaut

6.1.1. /d/ vor betontem Vokal

Dill Diebstahl Diener Dienst Diwan diese | des dämmern Dächer Denkmal demütig demnach | dalli danken Damm das Dasein Dame | Dotter Dolle Donner Dorf Dosse Dobermann | Dunst duften dumpfig Dussel duzen Duma | dösen Döbeln Döschen | Dünkel Dünung Dübel | deine Deibel | Daumen Daune Daube | Deutlichkeit Däuslein Däumchen ||

6.1.2. /d/ vor unbetontem Vokal

Diabetes Diabolus Diadem Diagnose Dialekt | Debakel Debatte Debüt Definition Deklamation | dabei Dakapo Dalmatien Damaskus Daheim | Dogmatiker Doktrin Dokument Domäne Dompteuse | Dualismus Dubai Dublette Dudelei Dumdum | dynamisch Dynastie Dyspnoe | Däumelinchen ||

6.1.3. /dr/ vor betontem Vokal

Dribbeln Drill Drillich drin dringen Drift | Dreh Drell Dresche dreschen Dresden Dreß | Drall Drama dran Drang Drachen Dralon | droben drohen Drohne drollig Droschke Drossel | Druse Drude drum Drusch Druck |

dröhnen dröseln | drüben Drüse drücken | dreifach dreißig drein dreist | drauf draus draußen Drau | dräuen ||

Viel direkter – Direktor | viel Dreck – Dreck, ein Dirigent – Dirigent | eindringen – dringend, will darüber (darauf) – darüber (darauf) | will drüber (drauf) – drüber (drauf), daran – dran, darunter – drunter, darin – drin, darum – drum, darein – drein, daraus – draus ||

Andere – andre – Dreh, eindrehen – ein Dreh – Dreh, Andromeda – Dromedar, androhen – drohen, Andrang – Drang, eindringlich – dringlich, andererseits – andrerseits, andrehen – drehen ||

6.1.4.   /dr/ vor unbetontem Vokal

Dribbelei | Dressur Dränage Drängelei | Dramatik drakonisch Dramaturg Dramolett drapieren | Drolerie | Drückebergerei | Dreifelderwirtschaft Dreisternehotel Dreizimmerwohnung ||

6.2.   /d/ im Inlaut, in der Wortfuge und an der Wortgrenze

6.2.1.   /d/ nach langem Vokal und Zwielaut

Mieder bieder wieder sieden nieder Flieder | Medien Veden Fehde jede Leda Reseda | baden Faden Schwaden Nadel laden Wade | Boden Wodan Loden Soda Skoda Mode | Puder Fuder Luder Bude Grude Ruder | Köder blöde Blödian | müde Süden Rüde prüde Frühdienst | beide weiden seidig neidisch leiden meiden | Baude Staudamm Haudegen zaudern Baudenkmal | Räude räudig Freude ||

6.2.2.   /d/ nach kurzem Vokal

Hiddensee Pidder Widder jiddisch | Edda Teddy Hedda verheddern Leichenfledderer | Paddel pladdern Kladde Kladderadatsch Quaddel | Bodden Modder Troddel | Pudding buddeln Buddel Buddha ||

6.2.3.   /d/ nach [n]

Minderheit Bindung Windeseile Linderung Hindu Indianer in-(direkt u. a.)| Mendelssohn bändigen Wendehals Länderkampf Tendenz rändeln Ende | Mandant Mandoline Bandit Pandora Wandale Landauer Andante an-(dauernd u. a.) | Mondenschein Sonde Blondine London Tondern Gondel Frondienst Kon-(dition u. a.) | Bundesgenosse Fundament Wunde zerschunden Zunder Hundewetter Kunde un-(denkbar u. a.) | Mündel bündig sündigen Hündin künden Gründüngung | Feinde Scheindasein Eindecker ein-(dämmen u. a.) | Freundin Freundeskreis ||

Spinndrüse Termindruck Indra | Schlendrian Seelendrama Schraubendreher Maschendraht Tränendrüse | Andromeda androgyn | Karbondruck Lohn-

drücker| undramatisch Tundra | Schön-(Dünn-)druck | Steindruck kleindrehen
ein-(drehen u. a.) | Zaundraht ||
Von (in) Dresden (Düsseldorf, Darmstadt …) | ein Drama (Dreh, Duzfreund …) |
an dich | in Druck | ein Dromedar ||

6.2.4. /d/ nach [l]

Milde bilden Gefilde wildern Nildelta Spieldose | Stelldichein Kehldeckel
Eldorado Kameldorn Meldung Nebel-(Nadel-)düse Helldunkel | Waldemar
schalldicht Baldachin Saldo Schalldose Pfahldorf Kaldaune | Poldi Oldenburg
Voll-(Kohl-)dampf Soldat wohldurchdacht Moldau | huldigen Fulda Hulda
Schulduden Gulden dulden | Öldecke Öldunst | Mülldeponie Tülldeckchen
Fülldatei ||
Hörspieldramaturgie Punktspieldrama Textildruck | Fehl-(Schenkel-, Pinsel-)
druck Zirbeldrüse | Baldrian Stalldreck Fußballdreß Stahldraht Pedaldruck |
holdrio tolldreist | Schul-(drama, dreß) | Öldruck | Tülldrapierung | Heil-(dragée
droge) ||
Will (soll) dabei sein | soll dringend sein (anrufen) | will dich duzen (sehen) | viel
Dusel haben | viel dulden | voll da sein ||

6.2.5. /d/ nach [p]

Grabdenkmal Sirupdose ab-(dampfen u. a.) Schleppdampfer schwuppdiwup
Staubdusche Laub-(Stepp-, Grab-)decke Klappdeckel Stabdicke ||
Leibdrücken ab-(drängen u. a.) Raub-(Sieb-)druck Alpdruck ||
Ab Dresden (Düsseldorf, Duisburg …) | ab die Post | für den Tip danken | an den
Typ denken | den Stab drehen | gib doch | treib' dich nicht 'rum ||

6.2.6. /d/ nach [k]

Zwergdackel Bergdorf Tank-(Sarg-)deckel Tag-(dieb, dienst) Flugdatenschrei-
ber weg-(denken u. a.) Trugdolde Bank-(Musik-)direktor Kalkdünger Funk-
dienst zurück-(datieren u. a.) markdurchdringend Gebäck-(Steck-)dose Dick-
darm Scheckdiskontierung Stockdegen stock-(dunkel, dumm) Stuckdecke ||
Talgdrüse weg-(drängen u. a.) Flugdrache Zinkdruck zurück-(drücken u. a.)
Musikdrama Stinkdrüse Streikdrohung ||
Tag des Herrn | lag daneben | reg' dich nicht auf | schweig' doch | leg' dich hin |
mag dich | aus etwas einen Strick drehen | einen Scheck geben | der Musik dienen |
sag' das noch einmal ||

6.2.7. /d/ nach [f]

Hofdame Topfdeckel auf-(dampfen u. a.) Schlafdeich Chefdirigent Schilfdach
Hofdienst Hofdichter Kopfdünger Schlafdecke ||
Tiefdruck Knopfdruck Dampfdruck Stoffdruck auf-(drängeln u. a.) ||

Seinen Bedarf decken | keinen rechten Begriff davon machen | auf dich kommt es an | lauf' doch | durch den Wolf drehen | mit dem Kopf durch die Wand wollen | auf du und du | auf der … (die …, das …, dem …, den …) ||

6.2.8.   /d/ nach [s]

Desdemona Haus-(dach, diener) Spießgeselle Fluß-(delta, diagramm) Eisdiele Veitsdom Holz-(decke u. a.) Faßdaube Dingsda Gasdichte Gesellschaftsdame Grasdecke Schwarz-(Weiß-)dorn großdeutsch Jahresdurchschnitt Stoßdämpfer Kreisdurchmesser Zinsdienst Aus-(dauer u. a.) ||
Hausdrachen Geschlechtsdrüse Haus-(Gas-, Preis-)druck Versdrama aus-(drehen u. a.) Schlußdrittel Schwarzdrossel Schweißdraht Gleisdreieck ||
Aus (bis) Dortmund (Duisburg, Dresden …) | das (dies, dieses, jenes) Datum (Dach, Drittel …) | jedes (manches) Dorf (Dotter, Dankeschön …) | aus Dummsdorf kommen | bis dann | muß das sein | bis dato | aus der … (dem …, den …) | grüß' dich ||

6.2.9.   /d/ nach [ʃ]

Fischdampfer Tisch-(dame, decke) Wunschdenken Marschdauer Flausch-(Plüsch-)decke Fleischdose Geräusch-(dämmung, dämpfung) | Löschdrossel ||
Logisch denken | Fisch dörren | für den Tusch danken | den Tisch decken ||

6.2.10.   /d/ nach [ç]

Blechdose Leichdorn gleichdenkend durch-(denken, diskutieren) Blechdach Honigdose Fertigdach Milchdose ||
Pechdraht Milchdrüse durch-(drängeln, drehen u. a.) ||
Sich (mich, dich, euch) drücken (ducken, drehen) | ich denke (danke, dränge …) | einen Strich durch die Rechnung machen ||

6.2.11.   /d/ nach [x]

Bauchdecke Buchdeckel Dachdecker nach-(dem, denklich) Flachdach hochdeutsch Fach-(Sprach-)didaktik sachdienlich Sprachdenkmal Koch-(dauer, dunst) Sachdiskussion Wachdienst Strauchdieb ||
Buchdruck Fachdruck nach-(drängen, drehen) Hochdruck Schlauchdruck ||
Nach Dresden (Dortmund, Düsseldorf …) | mach' dir nichts draus | nach dir | das Dach der Welt | etwas flach drücken| dem Koch danken | auch du (der, die, das) | noch dies (das) | hoch denken | lach' doch (nicht) | auch das noch ||

6.3.   Häufung

Diadem Dido diffundieren Dirndel Dividende Diebesbande | Dandy Dehnsonde Dekadenz Dekade degradieren deduktiv | Dadaismus Dankadresse

164

Dampfdruck Dachdecker Dardanellen Danaide | Dolde doppeldeutig Doppel-
decker Doppelverdiener Domdekant | Duden Dudelei dulden Dumdum
Duzbruder | Düsseldorf | daumendick ||
Drahthaardackel Drahtkommode Drehkondensator Dreidecker dreiunddreißig
Dresden Drohgebärde Dromedar ||

/t/ – /d/

1. Aussprüche und Sätze

1.1. Geflügelte Worte / Dichtung

Man tadelt den, der seine Taten wägt (Goethe) | Tischlein deck dich! (Grimms Märchen) | Denken und tun, tun und denken, das ist die Summe aller Weisheit (Goethe) | Ich stehe schon lange mit dem Tod auf du und du (Villon) | Etwas ist faul im Staate Dänemark (Shakespeare) | Wer Dank mit Belohnung verwechseln kann, hat nur die letztere verdient (Kotzebue) | Wer treulos will des Dankes sich entschlagen, dem fehlt des Lügners freche Stirne nicht (Schiller) | Sich und den Freund verliert das Darlehn oft (Shakespeare) | Den Geist des Dichters adelt die Natur (A.W. Schlegel) | Der Dilettant verhält sich zur Kunst wie der Pfuscher zum Handwerk (Goethe) | In der Dummheit ist eine Zuversicht, worüber man rasend werden möchte (H. F. Jacobi) | Faulheit ist Dummheit des Körpers und Dummheit – Faulheit des Geistes (Seume) ||

Dank, der Gaben nicht vergüten kann,
weist die Schulden an die Gottheit an. (Haug)

Dank mit dem Mund: hat wenig Grund,
im Herzen Dank: ist guter Klang.
Dank mit der Tat: das ist mein Rat. (Reinick)

Der größte Lump im ganzen Land,
das ist und bleibt der Denunziant. (Hoffm. von Fallersleben)

1.2. Sprichwörter / Sprichwörtliches / Spruchweisheit

Es sind nicht alle Diebe, die der Hund anbellt | Die Linde duftet und fordert keinen Dank | Aus andrer Leute Haut ist gut Riemen schneiden | Spare in der Zeit, so hast du in der Not | Siedet der Topf, so blüht die Freundschaft | Das Ende muß die Last tragen | Der Tod kommt wie ein Dieb in der Nacht | Der Tod zahlt (tilgt) alle Schulden | Das Glück ist der Dummen Vormund | Der Dumme trägt sein Zeugnis auf seinem Nacken (Arab.) | Wer dumm von Geburt ist, kauft sich auch in Paris nicht Verstand (Poln.) | Die Tauben, so unter dem Dach bleiben, sind vor dem Stoßvogel sicher | Der Hund ist daheim am stolzesten (Dän.) | Später Dank, schlechter Dank | Dankbarkeit und Weizen gedeihen nur auf gutem Boden | Ungebetener Dienst ist henkenswert | Doppelt genäht hält gut | Doppelt reißt nicht | Aller guten Dinge sind drei | Unrecht Gut gedeihet nicht | Alte Wunden bluten leicht | Der größte Schritt ist der aus der Tür | Der erste Schritt ist der schwerste (Sprichwörtl.) | Das ist nicht der Tapferste, der sich nie gefürchtet, sondern der die Furcht überwunden hat ||

Freunde in der Not
gehen tausend auf ein Lot.

Des einen Tod –
des andern Brot.

Was ich denk' und tu',
trau' ich andern zu.

Dankbarkeit gefällt,
Undank haßt die ganze Welt

Der Tod
ist das Ende aller Not.

Nicht die Geburt macht schlecht und gut:
von Adel ist, wer edel tut.

1.3. Redensarten / Wortgruppen

Der Geduldsfaden reißt | einem Tort und Dampf antun | du hast wohl Diebs-
daumen in der Tasche? | den Deckel von den Töpfen heben | Deutsch mit jemand
reden| das dauert ja ewig und drei Tage | jeder Topf findet seinen Deckel | dicke
Töne reden | auf Händen tragen | klar wie dicke Tinte | die Bretter, die die Welt
bedeuten | im Handumdrehen | vom Hundertsten ins Tausendste kommen | das
macht das Kraut nicht fett | mit seinem Latein zu Ende sein | den Teufel an die
Wand malen | einen Trumpf darauf setzen | ein Gesicht ziehen wie drei Tage
Regenwetter | das Kind mit dem Bade ausschütten | jemandem aufs Dach steigen |
seinen Tag von Damaskus erleben | der hat sein Deputat | keinen Deut wert sein ||

1.4. Lautüberfüllungen

Drei Teertonnen, drei Trantonnen. Drei Teertonnen, drei … | Die Katze tritt die
Treppe krumm, krumm tritt die Katze die Treppe | O du David Däsel, der du dir
die da, und du, Dortchen Dähms, die du dir den da erwählt hast | Der dicke
dumme Töffel trug den dünnen dummen Toffel durch den dicken tiefen Torf-
dreck durch; da dankte der dünne dumme Toffel dem dicken dummen Töffel, daß
der dicke dumme Töffel den dünnen dummen Toffel durch den tiefen dicken
Torfdreck trug | Dieter trank drei Tassen Tee ||

2. Wörter und Wortgruppen

2.1. /t/ und /d/ in Wortpaaren

Dusche – Tusche, du – tu, Dom – Tom, tosen – Dosen, Dolde – tollte, Thesen –
dessen, Deckel – Teckel, Dill – Till, Dohle – Tolle, dicken – ticken, Dante – Tante,
dann – Tann, Dank – Tank, Daube – Taube, Deich – Teich, Dorf – Torf, der –
Teer, dir – Tier, Tort – dort, Trift – Drift, dritte – Tritte, drüben – trüben, dran –
Tran, Draht – trat, drei – treu ||
Puder – Puter, Fuder – Futter, Boten – Boden, roden – rotten, Mode – Motte,
müde – mühte, Wetter – weder, reden – retten, Feder – Vetter, Lieder – Liter,
Sitten – sieden, Köter – Köder, laden – Latten, baden – baten, Waden – waten,
Lade – Latte, leider – Leiter, leiden – leiten, Seite – Seide, Rade – Rate, Bauten –
Bauden, finden – Finten, Ende – Ente, Mandel – Mantel ||

2.2.   /t/ und /d/ in einem Wort

Diabetiker Dienstag Dienstbote Dienstgrad Dienstleistung Diktat Dilettant Diphtherie Diphthong Diplomatie Direktor Dissertation Dieselmotor Distanz Distel Distichon | Debütantin Deckblatt Deklamation Delikatesse Dementi Demokratie Demonstration Demontage Demosthenes Denkzettel Dentist Deportation Deputation Deserteur desto Detektiv Detlef Detmold Detonation Dezimeter | dahinter Dahlienbeet Dalmatien damit Dampfbad Datum Dativ Dattel | Donaudelta Doppelzentner Doldenblütler Dortmund Dotter Dolomiten dogmatisch Donnerstag Donnerwetter Doktorand | Douglastanne Duett Duldsamkeit duften Dummheit dunstig Duodezfürstentum Dutzend | Düngemittel dünsten düster Dynastie Dünensand | Daimlermotor | Daunenbett | deuten Deutschtümelei ‖
Dringend Drittel | Dresden-Neustadt Drähte | Drachensaat Draht dramatisch drastisch | Drogist Droste | Druckmittel druckfertig drunter | Dreivierteltakt Dreifelderwirtschaft dreihundert dreikantig Dreimaster dreitausend dreiundzwanzig | Draufgeld ‖
Tiefdruck tiefdringend Tintendeutsch Tippelbruder | Teddy Telegrafendraht Theaterintendant Tendenzdichtung Teedose Tender Tätigkeitsdrang | Tannenduft Tabaksdose Tanzdiele Tadel Tanzstunde Taschendieb Tatendrang Tagedieb Talgdrüse | Todesmut Todesangst Toledo Todesurteil Tonerde tolldreist Tondichter Topfdeckel Torfboden | Tundra Turndreß | Türdrücker Tüllgardine | Tauschhandel Tausendgüldenkraut Tauende Tauchsieder | Teuerdank ‖
Triebfeder | Trennungsstunde trendeln Treppengeländer Tränendrüse | Tradition Tragödie | Trockendock Troddel trotzdem trostbedürftig | Trude Troubadour Trugdolde Truhendeckel | Trödelbude | Treidel | Trauerweide Traumdeuter Traumdichtung | Treuhänder ‖
Heldentat Heldenmut Seidenhemd Federbett Wundertäter Herdentrieb Rodeland Niedertracht Modetorheit Badeanstalt Hinterlader Getreide untereinander postwendend verteidigen Saatgetreide Endrunde ‖

2.3.   [t] neben [d̥]

Plattdeutsch Wilddieb notdürftig altdeutsch luftdicht Raddampfer Pultdach entdecken mitdenken Altdorf Sanddüne winddicht Golddraht Abenddämmerung Buntdruck Zeltdach Felddienst Gutdünken blutdürstig Fahrtdauer ‖
Frau Holle schüttelt das Bett | ein Kind des Todes sein | das Kind mit dem Bade ausschütten | fertig ist die Kiste | etwas mit der Laterne am Tage suchen | tausend Dank | sind denn heute alle Teufel los? | an die Wand drücken | und doch | mit dir | Zeit der Ernte | Rat der Stadt | laut denken | die Macht des Stärkeren | seit dieser Zeit | nicht daran zu denken | zum Spott der Leute werden ‖
Fortdrängen – vordrängen, und dir – Untier (und ihr), und der – unter (und er), und duldsam – unduldsam, seit dem – sei dem (seitens), Bettdecke – bedecken (betten), Sanddorn – sandten (sandig) ‖

168

/k/

Stl. Gaumen – Zungenrücken-Fortis-Verschlußlaut (palatal-prävelar – dorsaler stl. Fortis-Klusil)

1.   Bildungsweise

Die Lippen sind locker von den Zähnen abgehoben (Mundvorhof) und geöffnet. Mittlerer
Zahnreihenabstand (Lippenöffnung sowie -for-
mung und Zahnreihenabstand richten sich im
übrigen nach der Lautumgebung). Der vordere
Zungenrand hat Kontakt mit den lingualen Flächen der unteren Frontzähne; der mittlere bis
hintere Zungenrücken liegt am hinteren Hart-
bis vorderen Weichgaumen[66] und bildet einen
intensiven Verschluß (Verschlußbildung zwischen Hinterzungenrücken und ausschließlich
Weichgaumen vermeiden); die seitlichen Ränder
der Mittel- und Hinterzunge liegen verschlußbildend an den palatinalen Flächen der oberen

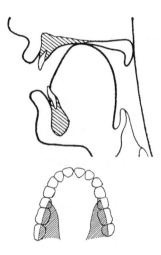

Back- und Mahlzähne sowie deren Zahndämmen. Das gehobene Gaumensegel
schließt den Nasenweg ab.
Der mit intensiver Artikulationsspannung gebildete und gehaltene Gaumen –
Zungen-Verschluß wird sprenglautartig (Fortis), stets stimmlos und mit positionsabhängiger sowie sprechsituativ bedingter Behauchung aktiv gelöst.

2.   Bildungsfehler und Abweichungen

2.1.   Durch zu geringe Artikulationsspannung wird /k/ als [g̊] realisiert, aus
der Fortis wird eine stimmlose Lenis. Vor allem in den oberdeutsch und obersächsisch-thüringisch orientierten Umgangssprachen hört man dieses sogenannte
weiche k, z. B. *Kuss* [kʰʊs] wird wie [g̊ʊs] gesprochen.

2.2.   Fehlen der positionsbedingten Behauchung; dieses stets unbehauchte [k]
(ähnlich dem der romanischen Sprachen) nähert sich ebenfalls dem [g̊], besonders
in Mittel- und Süddeutschland.

2.3.   Gekünstelte Sprechweise, aber auch forcierte Artikulation steigern die
kurze Behauchung häufig zu übertriebener Aspiration, mitunter sogar zu einem
diffusen Reibegeräusch ([ç]- bzw. [x]-ähnlich).

2.4.   In die Folge anlautendes /k/ und /n/, /l/ oder konsonantisches /r/ schiebt sich ein Sproßvokal. Mitunter entsteht ein Mix aus Hyperaspiration (vgl. 2.3.) und vokalischem Übergangslaut. Vermutlich führt um übergroße Deutlichkeit bemühte Artikulation zu dieser als hyperkorrekt empfundenen Aussprache (vgl. /g/, 2.4., S. 182).

2.5.   In die Folge anlautendes [k] und [y̥] (*qu*) schiebt sich ein Sproßvokal. Siehe /v/, 2.2., S. 271.

2.6.   Anlautendes /k/ vor [n] sowie [l] wird als [t] realisiert, z. B. *kleiner Knabe* (ˈkʰlae̯nɐ ˈkʰnɑːbə] zu [ˈtʰlae̯nɐ ˈtʰnɑːbə].

2.7.   Die Verschlußbildung für /k/ erfolgt bei kontaktloser Zungenspitze und stark zurückgezogenem Zungenkörper zwischen Hinterzungenrücken und weichem Gaumen. Es entsteht eine unklare Explosion mit indifferentem Reibegeräusch (es tendiert zum [x]). Eine derartige Bildung ist stimmschädlich (die Zungenwurzel drückt auf den Kehldeckel, der stark gegen die Rachenwand zurückgewölbte Hinterzungenrücken engt den Rachen ein), sie führt zu unhygienischer Artikulation (verkrampft-„kloßigem" Sprechen).

2.8.   In die Folge finales [lk] schiebt sich ein vokalischer Übergangslaut. Siehe /l/, 2.6., S. 248.

3.   Abhilfevorschläge

3.1.   (zu 2.1., 2.2.)

Wir beginnen mit der *Pleuelübung* (S. 112 f.), die ja nicht nur die untere Zungenkontaktstellung festigen hilft, sondern mit dazu beitragen kann, den Zungenkörper elastisch zu spannen und die Verschlußbildung zu intensivieren. Außerdem schult sie unser Bewegungs-, Lage- und insbesondere Spannungsempfinden für die Zungentätigkeit. Achten Sie gleichermaßen auf entspannte Senkung des Unterkiefers und lockere Halsmuskulatur.

An diese Vorübung schließen wir das Hochfedern des Mittelzungenrückens an den harten Gaumen bei mittlerem Zahnreihenabstand. Die kontaktgestellte Zunge ist nicht nur vor und hoch zu wölben, sondern es muß ein fester Verschluß am Hartgaumen gebildet werden, der sprenglautartig zu lösen und leicht zu behauchen ist. Bei der Verschlußlösung muß sich der Zungenrücken schnell und so weit senken (gleichfalls geringe weitere Senkung des Unterkiefers), daß die Umwandlung der angemessenen Behauchung in ein auffälliges Reibegeräusch eigentlich vermieden werden kann. Das wird Mühe bereiten und einige Zeit dauern.

Die Artikulationsspannung unterstützen wir durch hohe und mittelhohe Vorder- und Mittelzungenlaute, insbesondere /i, ɪ, y, ʏ, e, ɛ, ø, œ; ç, s/. Dementsprechend Übungen wie: *die_Kiepe (Kimme, Kübel, Küste, Kehle, Kästen), Kösen, wie_köstlich; Blechkiste auskippen Skeleton; wie_kühl | sich_kümmern | es_kitzelt* usw.

Wie bei /p/ (vgl. 3.1., S. 127) und /t/ (vgl. 3.1., S. 149 f.) versuchen wir auch hier, notwendige artikulatorische Spannung und Behauchung über nachdrückliche bestimmte Sprechweise zu erreichen: *Kinkerlitzchen! Krimskrams! Ich_komme! Komm_schon! Ins_Kittchen!* u. ä.

Als hilfreich erweisen sich ebenfalls die Gegenüberstellung von /k/ und /g/: *Kuß – Guß, Kasse – Gasse* usw. (s. S. 196) und nicht zuletzt Übungen mit /k/ in betonten Positionen, z. B. *Kino Kelle ...* (vgl. 6.1.1., S. 177).

3.2. (zu 2.3., 2.4.)

Aussprachehinweise beachten! Das auslautende [k] wird in der Standardaussprache nicht oder nur selten behaucht (und dann nur kurz). Beginnen wir deshalb mit [k] im Silbenauslaut. Unter Spiegelkontrolle achten wir darauf, daß sich mit der Verschlußsprengung die gegen den Hartgaumen gespannte Zunge abflacht und der Unterkiefer gering senkt, damit keine Zungenrücken – Gaumen-Enge (und dadurch ein Reibegeräusch) entsteht und daß auffälliges Behauchen unterbleibt.

Wie bereits bei /p/, 3.2.(S. 127 f.) und /t/, 3.2.(S. 150) erwähnt, ist die Ursache häufig eine gewisse allgemeine Überspannung, die sich u. a. in verspannter Artikulation (z. B. Mundbreitzug, enger Zahnreihenabstand, übermäßiger und flächiger Druck der zurückgezogenen Zunge, zu starker Atemdruck) äußert. Deshalb zunächst Lockerungsübungen wie unter 3.5.

Zu [k] im Silbenauslaut auch [k] vor auslautender Konsonanz, die Lautverbindung [ks] und die Lautgruppe [sk] hinzunehmen: *Sieg Scheck; wegfahren wegschicken wegwischen Druckstelle kläglich Feigling unwegsam; Akt Magd wiegt wiegst; Xanten Buxe mucksen Wechsel Fuchs; Skat Skrupel* u. ä.

Grundsätzlich sei die Artikulation nicht auf übertriebene, gekünstelt wirkende Deutlichkeit des Einzellautes bedacht. Bei anlautendem /k/ vermeide man deshalb starkes Anpressen des Zungenrückens an den Gaumen und übermäßiges Atemstauen, was „gewaltsames" Sprengen des Mundverschlusses (evtl. noch gar „mit Hilfe" der Bauchpresse) nach sich zieht. Denn diese Überspannungen bewirken meistens die Überaspiration (lange und starke Behauchung), die das [k] von dem folgenden Laut gleichsam isoliert. Außerdem bemühe man sich, das Wort (bzw. die Silbe) zusammenhängend („in einem Zuge") zu sprechen und richte seine Aufmerksamkeit mehr auf den betonten Vokal (auf die Wortakzentuierung), nicht *Kufe* ['k^{hhh}u:fə], sondern ['k^{h}u:fə].

Zur Vermeidung des Sproßvokals in den besagten Lautfolgen /kn-/, /kl-/, /kr-/ zuerst gleichfalls Übungen /k/ in Verbindung mit Reibelauten (z. B. *Xaver Xanthippe ...*); und nicht zuletzt Übungen mit /k/ in unbetonten Positionen berücksichtigen, z. B. Knöpferei Knaupelei ...; Klischee Klavier ...; Christine Kreole ... (vgl. 6.1.4., S. 177, 6.1.6., S. 178, 6.1.8., S. 178).

Für häufig apikales [n] sowie [l] in den Folgen [kn], [kl] im Anlaut ist auf schnellen, entschiedenen und genauen Wechsel von unterer zu oberer Zungenkontaktstellung zu achten.

3.3.   (zu 2.5.)

Siehe /v/, 3.2., S. 272 f.

3.4.   (zu 2.6.)

Diese Vertauschung unterläuft nicht nur kleinen Kindern. Bei Kindern mag sie auf nicht voll ausgebildetem Sprechgehör bzw. ungenauer Schallnachahmung beruhen. Bei Erwachsenen spielt neben unzulänglichem phonetischem Hören gewiß auch Bequemlichkeit eine Rolle, das [t] bietet sich bei [l] und [n] wegen der verwandten Artikulation geradezu an. Bildung des /k/ beachten! Die Verschlußbildung darf nicht an den palatinalen Flächen der oberen Frontzähne und/oder deren Zahndamm erfolgen, sondern (bei unterer Zungenkontaktstellung!) am harten Gaumen. Zur Verdeutlichung des Unterschiedes zwischen [k] und [t] Gegenüberstellungen wählen wie: *kippen – tippen, Kino – Tino, Köthen – töten* usw. sowie: *Sieg – Sieb, Deck – Depp, Stock – Stopp* usw.

3.5.   (zu 2.7.)

Als erstes empfehle ich eine Lockerung der Artikulationsmuskulatur über die *Kopfschüttelübung* (S. 115). Darauf könnte das *Zungenschleudern* (S. 116 f.) folgen, das bereits erheblich zur Weitung der hinteren Mundhöhle und des Rachens beiträgt. Wir erweitern und vertiefen dies durch die *Weitungsübung*, das sog. Höflichkeitsgähnen (S. 113 f.), mit dem, über das Tiefertreten des Kehlkopfes, zugleich eine Senkung der Zungenwurzel und Abflachung des Zungenkörpers erreicht wird. Die *Pleuelübung* (S. 112 f.) schließlich bildet die unmittelbare Vorstufe für unsere Artikulationsübungen, indem sie vor allem die untere Zungenkontaktstellung stabilisiert, über das elastische Vorfedern des Zungenkörpers Weitung des Mundrachens bewirkt und den Ansatz an den harten Gaumen vorverlegen hilft. Für diese spezifische Gymnastik der Artikulatoren, die auch zur Sensibilisierung unserer bewußtseinsfähigen Kinästhetik beiträgt, gilt letztlich: keine mechanische lineare Abfolge, sondern abwechselungsreiche Reihenfolge und interne Kombination!

Die *Pleuelübung* variieren wir wiederum zur *Zungenfederung* (S. 113 f.), die ebenfalls mit entspannt hängendem Unterkiefer durchzuführen ist; ihr Hochspannen des Zungenrückens sollte energisch, die Verschlußbildung und -sprengung am Hartgaumen intensiv, aber nicht forciert sein. Vermeiden Sie Lippenbreitzug und engen Zahnreihenabstand. Bei der isolierten /k/-Bildung mit Hilfe dieser Zungenfederung muß sich mit der Verschlußsprengung der Zungenrücken schnell und genügend senken (gleichfalls weitere geringe Senkung des Unterkiefers), damit jede Reibelautenge zwischen Zungenoberfläche und Gaumen unterbleibt.

Wie unter 3.1. erwähnt, läßt sich die Zungenwölbung nach vorn-oben, die Verschlußbildung am Vordergaumen, insbesondere durch prädorsale Vokale und Konsonanten unterstützen. Dementsprechend zuerst Übungen wie: *sie͜kichern | die͜Kinder | die͜Kimmme | wie͜kühl | wie͜köstlich …; ins͜Kino | ich͜kehre …; es͜kann | die͜Katze | sie͜kommen | iß͜Konfekt | die͜Kuppel …*

3.6.   (zu 2.8.)

Siehe /l/, 3.5., S. 250 f.

4.   Aussprache

Der **Fortis**-Verschlußlaut [k] wird gesprochen

a) bei Schreibung *k* im An-, In- und Auslaut: *Kinn, Klee, Knolle, Kropf; Laken, bekleben, verkniffen, einkratzen, spukt, spukst; Streik, welk, Werk*
b) bei Schreibung *ck* im In- und Auslaut: *Schnecke, bückt, bückst, lackte; Leck*
c) bei Schreibung *kk* im Inlaut: *Mokka, Sakko*
d) bei Schreibung *g, gg* im Wort- und Silbenauslaut (jedoch nicht vor *l, n, r*, wenn sie zum Stamm gehören oder wenn die Grundform silbenanlautendes *g* hat), sowie im Inlaut vor stimmlosem Geräuschlaut: *Teig, Berg, Balg; Flugsand, Feigling, Wagnis; legt, legst; Brigg; Loggleine; eggt, eggst*
e) in der Lautverbindung [ks]: *Xaver, Hexe, Box; Ochse, Luchs; Kekse, Koks; Häcksel, Klecks; flugs,* vgl. /s, z/, 4. Aussprache, S. 291
f) in der Lautverbindung *qu* [kv]: *Quelle,* vgl. /v/, 4. Aussprache, S. 273 f.
g) in der Endsilbe -*ig* vor dem Suffix -*lich* (und seinen flexionsbedingten Formen): *ewiglich, königliche.*

Behauchung des Fortis-Verschlußlautes /k/: s. 3.4.2.10., S. 77 f.

Zwischen *k* und *ck (kk), g* und *gg* in einfachen Wörtern besteht in der Aussprache kein Unterschied; in *Laken* und *lacken* wird nur ein [k] gesprochen, in *Rogen* und *Roggen* nur ein [g]. Zusammentreffen von zwei [k] in Zusammensetzungen oder innerhalb der Sprecheinheit sinngemäß wie bei /p/: *Zinkkrug* ['tsɪŋk·ʀuːk] (aber *Zinnkrug* ['tsɪnkʀuːk]), *Bergkluft; die Katze im Sack͜kaufen.* Vgl. /p/, 4. Aussprache, S. 128 f.

5. Aussprüche und Sätze

5.1. Geflügelte Worte / Dichtung

Wer sich selbst kennt, kann bald alle anderen Menschen kennenlernen; es ist alles Zurückstrahlung (Lichtenberg) | „Knüppel aus dem Sack!" (Grimms Märchen) | Kein Kaiser kann, was unser ist, verschenken (Schiller) | Kaviar fürs Volk (Shakespeare) | Je mehr Kinder, je mehr Glücks (Luther) | Wer Kinder zeugen will, muß selbst kein Kind mehr sein (Hippel) | Kinder sind das Gold jeder glücklichen, der Kitt mancher unglücklichen Ehe (Sirius) | Schulet Kinder durch Kinder! (Jean Paul) | Die Wirkung der Kleidung auf den Geist beweisen die Uniformen, die Kutten, der Priesterrock und bei gar vielen selbst die Livree (Weber) | Die Superklugheit ist eine der verächtlichsten Arten von Unklugheit (Lichtenberg) | Der Kopf faßt kein Kunstprodukt als nur in Gesellschaft mit dem Herzen (Goethe) | Über die Kraft kann keiner, wie sehr er auch eifere, kämpfen (Homer) | Kräfte lassen sich nicht mitteilen, sondern nur wecken (Büchner) | ... der Krieg hat kein Erbarmen (Schiller) | Der Krieg ernährt den Krieg (Schiller) | Ein Kritiker ist ein Mann, der in der Literatur und in den Künsten bankrott gemacht hat (Disraeli) ||

Wer sich nicht nach der Decke streckt,
dem bleiben die Füße unbedeckt. (Goethe)

Kein Steg und keine Brücke,
nimm uns auf deinen weißen Rücken. (Grimms Märchen)

Rucke di guck, rucke di guck,
Blut ist im Schuck:
Der Schuck ist zu klein,
die rechte Braut sitzt noch daheim. (Grimms Märchen)

Kannst du die Decke nicht länger recken,
so mußt du dich krümmen und nach ihr strecken. (Sanders)

Knusper, knusper, knäuschen,
wer knuspert an meinem Häuschen? (Grimms Märchen)

Zicklein meck,
Tischlein, deck. (Grimms Märchen)

Kikeriki, kikeriki,
unsere goldene Jungfrau ist wieder hie. (Grimms Märchen)

Höchstes Glück der Erdenkinder
sei nur die Persönlichkeit. (Goethe)

Was ist das, was uns deckt, und gleichwohl auch entdeckt?
Das Kleid, es deckt den Mann und zeigt, was in ihm steckt. (Logau)

Backe, backe Kuchen,
Bäcker hat gerufen;
hat gerufen die ganze Nacht,
Kindlein hat kein' Teig gebracht,
nun kriegt es keinen Kuchen. (Kinderreim)

Das Unkraut der Kritik wird immer grünen
an Hoftheatern wie an Winkelbühnen. (Heyse)

Im Krug zum grünen Kranze,
da kehrt' ich durstig ein. (Müller)

Auch die Kultur, die alle Welt beleckt,
hat auf den Teufel sich erstreckt. (Goethe)

5.2.   Sprichwörter / Sprichwörtliches / Spruchweisheit

Es sind die Kleider nicht, die einen König machen | Alte Kirchen haben dunkle
Fenster | Jede Kuh leckt ihr Kalb | Ein Kind ist kein Kind | In einem kalten Ofen
bäckt man kein Brot | Das Kalb folgt der Kuh | Alte Weiden haben dicke Köpfe |
Wenn das Kind ertrunken ist, deckt man den Brunnen zu | Wer Kleie knetet,
kann keine Semmel backen | Keine Krone hilft vor Kopfweh | Wer den Kern essen
will, muß die Nuß knacken | Wer dem Kinde die Nase wischt, küßt der Mutter
den Backen | Einzig Kind, Sorgenkind | Keine Kinder, keine Hinderer | Die
Kinder sind das Knopfloch der Eintracht (zwischen den Eltern) (Arab.) | Den
Kindern soll man ihre kindische Weise lassen | Wo kein Kläger ist, da ist auch
kein Richter | Bekleide den Strunk, so wird er hübsch (Arab.) | Kleine Glöcklein
klingen auch | Kleiner Stein verwundet am Kopfe (Türk.) | Im Klosterschatten
gedeiht kein gutes Kraut ‖

Mit Geduld und Spucke
fängt man eine Mucke.

Kleine Kinder, Kopfweh,
Große Kinder, Herzweh.

Kraft,
die nicht wirkt, erschlafft.

Betrug
ist der Krämer Acker und Pflug.

Wer die Kuh spannt vor den Pflug,
dem gibt sie nichts in den Krug. (Bauernr.)

Entflohener Augenblick
kommt nicht zurück

Ackerwerk,
wacker Werk.

Kurz und dick
hat kein Geschick.

Pack schlägt sich,
Pack verträgt sich.

5.3.   Redensarten / Wortgruppen

Den Bock melken | sie kann den Bock zwischen die Hörner küssen | ihm juckt der
Buckel | unter einer Decke stecken | sich keinen Deut darum kümmern | den
Dreck rühren, daß er stinkt | am kalten Eisen stecken | nicht vom Flecke kommen |
vom Fleck weg | keine Kleinigkeit! | kein Härchen krümmen | danach kräht keine
Katze | sich um den Hasenbalg zanken | klar wie Kloßbrühe | einen krummen
Buckel machen | jemanden beim Kanthaken kriegen | vom Hund auf den Bettel-
sack kommen | die Jacke ausklopfen | kalter Kaffee! | den Karren aus dem Dreck
ziehen | unter den Karren kommen | seine Karten aufdecken | mit verdeckten
Karten spielen | kaum drei Käse hoch | das macht der Katze keinen Buckel | vorn
lecken und hinten kratzen | der Katze den Schmer abkaufen | die Katze aus dem
Sack lassen | leichten Kaufs davonkommen | ein fixer Kerl | wir werden das Kind
schon schaukeln | kein Kinderspiel | in die Klappe kriechen | zum Klappen
kommen | etwas nicht klein kriegen können | die Klingen kreuzen | Knalleffekt |
das kommt auf dein Konto | aus dem Konzept kommen | den Kopf zurechtrücken |
auf den Kopf spucken | eins auf den Kopf bekommen | mit dickem Kopf dasitzen |
einen Korb bekommen | das kann ihm Kopf und Kragen kosten | zu Kreuze
kriechen | der trägt die Kriegskasse auf dem Rücken weg | in des Henkers (Teufels)
Küche kommen | ja, Kirschkuchen! | ein Kuckucksei ins Nest gelegt bekommen |
das wird die Kuh nicht kosten | was nützt der Kuh Muskate? | zu kurz kommen| er
lügt wie gedruckt | den Schalk im Nacken haben | die Nase in jeden Quark stecken
| die Ochsen hinter den Pflug spannen | einen Pflock davorstecken (zurückstecken)
| sich die Rosinen aus dem Kuchen klauben | einen Tag im Kalender rot an-
streichen | in den Sack stecken | da bleibt mir die Spucke weg! | einen Anzug von
der Stange kaufen | das ist starker Tobak! | mit dem Rücken an die Wand kommen|
Werg am Rocken haben | etwas aus der Armenkasse kriegen | lakonische Kürze |
wie eine Krähe krächzen | kein kleines Kind mehr sein | an allen Ecken und
Kanten ‖

5.4.   Paare

Kind und Kegel | kreuz und quer | Kisten und Kasten | klipp und klar | kribbeln
und krabbeln | Kimme und Korn | kurz und klein | Sack und Pack | Stock und
Block | Weg und Steg | Küche und Keller | klein und keck | Kinder und Kindes-
kinder | mit Keulen und Knütteln | Kalb und Kuh ‖

5.5.   Lautüberfüllungen

Der Kottbusser Postkutscher putzt den Kottbusser Postkutschkasten | Klein
Kind kann keinen Kirschkern knacken | Ich verkaufe den Stock, welcher den
Hund schlug, welcher die Katze biß, die die Ratte fraß, die meine Perücke
zernagte (GutsMuths) | Die Katze tritt die Treppe krumm, krumm tritt die Katze
die Treppe | Kleinkindkleidchen kleidet klein Kind ‖

6. Wörter und Wortgruppen

6.1. /k/ im Anlaut

6.1.1. /k/ vor betontem Vokal

Kippen Kimme Kind Kienspan Kino Kilo | Kelle kentern Ketzer Kescher Kälte Kehle | Kaffee Kammer Kanne Chaos Kanzler Kater Kahn | Kolben Koffer Cholera Kohle Kobra Kopra Koblenz | Kummer Kuppel Kult Kufe Kuba Kuhle | Köln Können Köthen Kösen körnig köstlich | kümmern Künstler künden kühlen Küfer Kühnheit | Kaiser Keiler Keim kein Keil Kaiman | kaum kaufen kaupeln Kauderwelsch kauen | käuflich keuchen Keuper Keuschheit Keule ‖

6.1.2. /k/ vor unbetontem Vokal

Kibbuz Kicherei Kilo-(gramm, hertz u. a.), Kinderei Kirgise | Kebab Kelterei Kemenate Kenianer Keramik | Katalog Katapult Kaskade Kartell Charakter Kapitän | Koalition kodieren Choral Kojote kol-(lidieren u. a.) kom-(mentieren u. a.) Kon-(fektion u. a.) kor-(rigieren u. a.) | Kubik Kubismus kulinarisch Kulisse Kultur | Köhlerei | Küferei Kürschnerei Küsserei Küsterei | Keiferei Keilerei | Kaukasien kausal Kaution ‖

6.1.3. /kn/ vor betontem Vokal

Knie Kniff knips knistern knittern Knirps | Knecht Knebel kneten Knesset knechten | Knabe Knacklaut Knall knallig knapp knarren | knobeln Knoblauch Knolle Knopf Knospe | knuffen Knusperhäuschen Knust Knute knutschen | Knöchel Knödel knöpfen Knötchen Knöterich | Knüttel Knüppel knüpfen knüllen Knüffe | kneifen kneippen Kneipe | Knauf Knaul knaupeln Knauser knautschen | Knäul Knäufchen ‖

6.1.4. /kn/ vor unbetontem Vokal

Knickerei Kniffelei Knebelei Knallerei Knobelei Knutscherei Knöpferei Knüpferei Kneipier Kneiperei Knaupelei ‖

6.1.5. /kr/ vor betontem Vokal

Kribskrabs kriechen Krimi Krim Kringel Christian Krippe | Krebs Krempe Krems Krepp Kresse Kreta | Kraft Kral Krampf Kranich Kranz kraß | Kropf Krossen Chronik Chromsäure Krone Croß | Krume krumm Kruste Kruzifix Kruppe | Krönchen Körnung kröpfen Krösus Kröte | Krüllschnitt Krümel Krümmung Krüppel Krypta Krypton | Kreide Kreis kreiseln kreißen kreischen | krauchen kraulen Kraut kraus | kräuseln Kräutlein Kreuz Kreuzung ‖

177

6.1.6. /kr/ vor unbetontem Vokal

Kristall kriminell Kriminalist Krinoline Christine Kriterium | Kredenz Kredit Kreole Kreativität Kreation | Krakeel Krakelei Krabbelei Kramerei Krawatte Krawall | Krokodil Krokant chromatisch Chronist Kroatien | Chrysantheme Krümelei Kryptogramm ‖

6.1.7. /kl/ vor betontem Vokal

Klima Klimmzug klimpern Klingel Klippe Klitsch | Klee kleben kläffen Klemme Klempner Klette | klaffen Klasse klamm Klaps Klampfe Klatsch | klobig Chlor klopfen Klops Kloß Kloster Klopstock | Klub Kluft Klumpen Klugheit Klunkern | klönen Klöppel klöppeln Klötzchen klösterlich Klöß-chen | Klümpchen klüglich Klüse Klüver Klüngel klüterig | Kleie klein Kleider Kleister Kleinhirn | Klaudia klauben Klaue Klaus Klausel Klausner ‖

6.1.8. /kl/ vor unbetontem Vokal

Klistier Klientin klimatisch Klischee Klimakterium | Kleptomanie Kledage Kleckserei Klempnerei Klematis Klementine | Klabautermann Klavier Klari-nette Klassizismus Kladderadatsch Klamotte | Kloake Klosett Klopperei | Klöppelei | Klüngelei Klügelei | Klausur Klauerei Klauberei ‖

6.1.9. /kv/ vor betontem Vokal[67]

Quick quieksen quietschen Quintessenz Quisling | Quecke Quell quengeln Quentchen Querdenker | quabblig quaken Quacksalber Quader quasi | Quod-libet Quorum Quote ‖

6.1.10. /kv/ vor unbetontem Vokal[68]

Quietismus Quintett quinkelieren quittieren | Quengelei querbeet querfeldein Querulant querüber | Quackelei Quadrat Quadrant Quadriga Quadratur Quartier ‖

6.2. /k/ im Inlaut, in der Wortfuge und an der Wortgrenze[69]

6.2.1. [k] nach Vokal

Mickrig picken zwicken sickern siegreich blicken | meckern Becken Speckflocken fegte Säcke necken | Paket wackeln Sakko sagte Schnake staken | Mockau Mokka Fockmast Nocke Flocke blocken schockieren | mucken Buckel Nuckel schlucken ducken tuckern | Möckern Böcke Höcker verhökern blöken bröckeln | schmücken Bückling Pückler Tücke Stücke zücken | Baikal

Heiko Laika zeigte neigte Teigwaren | Pauke laugte taugte Saugnapf Bauklotz Frauke | Zeugnis Leukämie Leukoplast Neukauf Reukauf Scheuklappe ||

6.2.2.   [k] nach [ŋ]

Finken Blinker Hinkelstein verzinken Winksignal | Enkel Henker Bänkel-sänger Senkel Lenkstange | ranken Tanker schwanken Anker Zankapfel | Onkel Honky Tonk Onkologie | Funkstille prunkvoll Bunker schunkeln dunkel | Dünkel dünken Fünkchen Pünktchen ||
Ging Kaffee trinken | sang kaum (kräftig, kläglich) | fing Käfer | vom Frühling künden | die Anstellung kündigen | den Pudding köstlich finden ||

6.2.3.   [k] vor [t] und [st]

Delikt liegt weckt fegt Akt jagt gelockt wogt Produkt lugt blökt lügt bückt geigt saugt äugt sinkt birgt welkt | wiegst pickst legst reckst lagst lackst lockst logst blökst rückst rügst neigst laugst blinkst würgst walkst ||

6.3.   [k] im Auslaut

6.3.1.   [k] nach langem Vokal und Zwielaut

Sieg Krieg Aufstieg Fabrik Pik Grieg | Weg Steg Bibliothek Beleg Kolleg Privileg | mag Schlag Tag zag Vertrag Verlag | Sog log zog Dialog Trog Koog | Lug schlug Flug Zug klug Krug | feig Teig Steig Zweig Fingerzeig | Zeug Fahrzeug ||

6.3.2.   [k] nach kurzem Vokal

Pick Blick Schlick schick dick Kick | Speck Leck Dreck Scheck Schneck Heck | Geschmack Sack Schnack Lack Frack Schabernack | Fock Dock Stock Bock Schock Rock | Muck Stuck Schluck Schmuck Druck Ruck | Nöck | Glück zurück Frühstück Kalmück Stück ||

6.3.3.   [k] nach [ŋ]

Fink Klink flink Wink Zink | Getränk Schenk Schwenk Gelenk eingedenk | Bank Dank Ausschank blank schlank | Funk Skunk Prunk Trunk Strunk ||

6.4.   Häufung

Kikeriki Kicks Kinderschreck Kiosk Kirschkern | Kehlkopfkatarrh keck Kältetechnik Kennerblick Keramik Kerbelkraut | Kakerlaken Kaktus Kata-pultflugzeug Kabinettstück Kahlkopf Kaffeekanne | Komiker Koburg Kohle-

kraftwerk Kostenpunkt Kollektiv | Kupferdruck Kubatabak Kubikmeter Kuchenteig Kulak | Köpenick Königskrone Körperkultur Königskobra Körperkontakt | Kümmelkäse Kürbiskern Küchenkraut Kühlkette Künstlerkneipe | Kaiserkrone Keilkissen Keimfähigkeit | Kaulquappe Kaukasus Kautschuk Kauwerkzeug Kaufkraft | Keulenschlag Käuflichkeit Käuferkreis ||
Knabenkraut Knotenstock Knorpelkirsche Knutschfleck Knickerbocker Kniekehle ||
Kribbelkrankheit Krickelkakel Krakowiak Krankenkasse Kritikaster ||
Kleinigkeitskrämer klingklang Klosterkirche Klingelknopf Kleinkunst ||

6.5.   [k] neben [k]

Dickkopf Strickkleid Trickkiste Musikkritiker Steckkissen Besteckkasten Gepäckkarren Gepäckkontrolle Heckklappe Tragkraft Wegkrümmung Schlagkraft Rockkante Guckkasten Druckknopf Zugkraft Rückkehr Bankkonto Trinkquelle Dankkarte Druckkosten Trinkkumpan Bergkuppe starkknochig Markknochen Teigknödel Flugzeugkanzel Bergkegel Quarkkuchen ||
In Druck kommen | die Katze im Sack kaufen | nicht vom Fleck kommen | an den Tag kommen | auf keinen grünen Zweig kommen | ein Geschenk kaufen | den Rock kürzen | zog kräftig | stieg kaum | an den Zug kommen | einen Schluck kosten | trank keinen Tropfen mehr ||
Tankkahn – Tankhahn, den Weg kennen – wecken (wegen), Zinkkrug – Zinnkrug, Bergkluft – Bergluft, sog kräftig – so kräftig, trank keinmal – trank einmal ||

6.6.   [k] und [ç] in Wortpaaren

Sieg – siech, siegt – Sicht, gewiegt – Gewicht, kriegt – kriecht, liegt – Licht, fliegt – Pflicht, wiegt – Wicht, siegst – siechst, kriegst – kriechst, regt – Recht, Gefecht – gefegt, regnen – rechnen, hegt – Hecht, hegst – höchst, regst – rächst, Teig – Teich ||

6.7.   [k] und [x] in Wortpaaren

Jagd – Jacht, sagt – sacht, mag – mach', Magd – Macht, magst – machst, schlagt – Schlacht, Tag – Dach, nagt – Nacht, wagt – wacht, tragt – Tracht, fragt – Fracht, wagst – wachst, logst – lochst, log – Loch, Bug – Buch, taugt – taucht, Flug – Fluch, taugst – tauchst ||

6.8.   [ks]

6.8.1.   [ks] im Anlaut

Xi | Xenie Xenia Xenophon Xerxes xerographieren | Xanten Xanthippe Xanthin Xaver | Xylophon Xylograph Xylose ||

180

6.8.2.   [ks] im Inlaut

Mixtur fixieren Fixstern Wichse wichst wiegst Nixe knicksen liegst |
wechseln wächsern Sechser Häcksel sächsisch Lexikon legst flexibel klecksen
Dextrin Eidechse Texas Text Echse Hexe drechseln | Maximum Faxen
wachsen Sachse Saxophon Lachsschinken Dachsbau Taxi Axt Hachse lagst |
boxen boxt Koksofen Foxterrier Ochse logst lockst | Buxe Buchsbaum
Fuchsie fuchsen Luxus Luxemburg Luchsaugen | Öchslein Öchsle | Füchsin
Büchse fügst bückst genügst lügst trügst drückst | feixen Weichsel Deichsel
neigst geigst zeigst | Bauxit saugst taugst laugst ||

6.8.3.   [ks] im Auslaut

Wichs Nix Knicks Mix Phönix fix Präfix | sechs zwecks Klecks Keks Konnex Rex
Index Telex Gewächs | Max Sachs lax Dachs Flachs Wachs tags Knacks Schlags
Syntax | Box Fox Ochs Koks Vox Phlox paradox | Luchs flugs Mucks Fuchs
schlug's Jux Wuchs | Büx Onyx Styx ||

181

/g/

Gaumen – Zungenrücken-Lenis-Verschlußlaut (palatal-prävelar – dorsaler Lenis-Klusil)

1. Bildungsweise

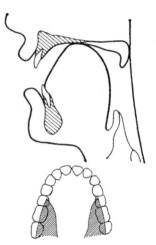

Lippenöffnung und -formung, Zahnreihenab-stand, untere Zungenkontaktstellung, Mundver-schluß, seitliche Zungenrand- sowie Zungenrük-keneinstellung und Gaumensegelabschluß wie bei /k/ (vgl. S. 169).

Aber: Im Unterschied zu /k/ wird der Gaumen – Zungen-Verschluß mit geringerer Artikulations-spannung gebildet und gehalten und ohne Be-hauchung aktiv gelöst (Lenis). Verschluß- und Lösungsphase sind positionsabhängig stimm-haft.

2. Bildungsfehler und Abweichungen

2.1.   Durch intensive Artikulationsspannung wird /g/ als [k] realisiert, aus der Lenis wird eine Fortis, besonders im Anlaut vor [l], [n] und konsonantischem /r/. Vor allem bei bairisch und obersächsisch-thüringisch orientierten Sprechern hört man dieses sogenannte *harte g, Glas* [g̊lɑ:s] wird zu [kʰlɑ:s], *Gnade* ['g̊nɑ:də] zu ['kʰnɑ:də], *Grauen* ['g̊ʀa̯ɔən] zu ['kʰʀa̯ɔən].

2.2.   Fehlen der positionsbedingten Stimmhaftigkeit, das /g/ wird wohl inten-sitätsschwach, aber stets stimmlos realisiert (stimmlose Lenis [g̊]).

2.3.   Das Bemühen um Stimmhaftigkeit des anlautenden /g/ verleitet häufig dazu, ein [ŋ] oder [n] voranzusetzen, so daß aus *gar* [g̊ɑ:ʀ] – [ŋgɑ:ʀ] oder [ngɑ:ʀ] wird.

2.4.   Beim Bemühen um Stimmhaftigkeit des anlautenden /g/ vor [l], [n] und konsonantischem /r/ tritt häufig zwischen /g/ und [l], [n] bzw. /r/ ein vokalischer Übergangslaut auf, z. B. statt *Glas* [g̊lɑ:s] – [gəlɑ:s], statt *Gnade* ['g̊nɑ:də] – ['gənɑ:də], statt *Grippe* ['g̊ʀɪpə] – ['gəʀɪpə].

182

2.5.   Frikatisierung des anlautenden sowie des zwischenvokalischen [g] zu [j] bzw. einem indifferenten Reibelaut (zwischen [ç], [j] und [x]), aus *gut* [g̊u:tʰ] wird [ju:tʰ], aus *Liege* ['li:gə] etwa ['li:çə] auch ['li:jə].

2.6.   Inlautendes [g] vor [m] oder [n] wird zu [ŋ]: *Sigmatismus* [z̥ɪgmaˈtɪsmʊs] zu [z̥ɪŋmaˈtɪsmʊs], *Signal* [z̥ɪgˈnɑːl] zu [z̥ɪŋˈnɑːl].

2.7.   Nicht nur obersächsisch orientierte Sprecher sprechen auslautendes, zu fortisierendes /g/ nach langem dunklem Vokal wie [x] (*Tag* [tʰɑ:k] wie [tʰɑ:x]), nach langem hellem Vokal wie [ç] (*Sieg* [z̥i:k] wie [z̥i:ç]), Sprecher aus der niederdeutschen Sprachlandschaft verkürzen den Vokal.

2.8.   Im Silben- und Wortauslaut wird /g/ nicht fortisiert, sondern als stimmhafte Lenis gesprochen.

2.9.   Velarisierung des /g/ (vgl. /k/, 2.7., S. 170). Verglichen mit /k/ ist die Artikulationsverlagerung zwar seltsam energie- und spannungsarm, doch im Prinzip wie bei /k/.

3.   Abhilfevorschläge

3.1.   (zu 2.1., 2.2.)

Mit der Tendenz zur Fortisierung und Entstimmlichung ist für gewöhnlich eine gewisse Verspannung verbunden. Mitunter wird der Ansatz verlagert. Auch hier ist es empfehlenswert, neben anderen *Lockerungsübungen* die *Pleuelübung* (S. 112 f.) zu verwenden, an deren Beitrag zur Sensibilisierung auch unserer Spannungsempfindungen der Zungentätigkeit ich wiederum erinnern möchte. Achten Sie auf weiches Vor- und Zurückfedern des Zungenkörpers bei kontaktgestellter Zungenspitze, entspannte Senkung des Unterkiefers und gelockerte Halsmuskulatur. Danach sollten Sie auch in der Lage sein, aus flachbreiter Zungenlage den Zungenkörper gegen den Gaumen zu federn und schließlich den Mittelzungenrücken intensitätsschwach an den harten Gaumen zu legen.

In den ersten Wortübungen unterstützen wir die Zungenwölbung gegen den Hartgaumen durch /i, ɪ, y, ʏ, e, ɛ, ø, œ/: *Gift Giebel … gülden Güte … Gemse geben … gönnen Göpel … die͜Giebel | nie͜gönnen | wie͜gütig* usw. (vgl. /k/, 3.1., S. 170 f.). Die gering gespannte Verschlußbildung erleichtern wir durch Vorsetzen von bildungsverwandtem [ŋ] oder dorsalem [n]. Auch hier gehen wir von Beispielen aus, in denen Vokale, die mit Zungenspannung nach vorn-oben gebildet werden, den Ansatz günstig beeinflussen. Der schwach gespannte Verschluß zwischen Mittelzungenrücken und hartem Gaumen wird über beide Laute, [ŋg] oder dorsales [n] + [g], beibehalten: *Singapur Singular Marengo … Ding gibt | fing Geld | hing͜günstig …; Ingesinde Ingrimm Ingenium … denn͜Geld | wenn͜Gift |*

in Güte usw. (vgl. 6.2.3., 6.2.4., S. 190 f.). Unter Umständen ist es angebracht, die Pleuelübung – allerdings in reduzierter Form – selbst innerhalb der Wortübungen einzusetzen: Bei kontaktgestellter Zungenspitze ist das Zungenblatt für [ŋg] bzw. [ng] bis an die palatinalen Flächen der oberen Schneidezähne zu drängen.

Dann verwenden wir das [ŋ] nur stumm, d. h., wir wölben – als wollten wir das [ŋ] lautieren – den Mittelzungenrücken locker an den harten Gaumen, geben jedoch erst beim /g/ Stimme: *(ıŋ) Geld | (εŋ) Gift | (iŋ) Güte* usf.

Es muß wohl nicht besonders betont werden, daß diese Hilfestellung gänzlich abgebaut wird, damit nicht etwa ein [ŋgɑ:ʀ] statt [g̊ɑ:ʀ] *gar* übrigbleibt.

Bei den für dialektal orientierte Sprecher schwierigen Lautfolgen /gl, gn, gr/ schalten wir außerdem einen Vokal ein: *fing Geläut – strenggläubig – (Geläut) – Gläubiger, Angelika – Anglistik, Anglist – glitzern … hing gerade – hing grade – (gerade) – grade, fingieren – Ingrid, Ingrid – Grit … (ıŋ) genug – (ıŋ) Gnu – Gnu* usw. (vgl. 6.1.3., S. 189, 6.1.4., S. 189, 6.1.6., S. 189).

3.2.   (zu 2.3.)

Das Vorschalten eines [ŋ] oder [n] kann zu einer auffälligen Manier werden; analog hierzu erwähnte ich bereits bei /b/ und /d/ das Vorsetzen homorganer Nasenlaute. Zur Vermeidung üben wir inlautendes /g/ bzw. anlautendes /g/ in der Sprecheinheit nach Vokal oder Konsonant (Nasale ausgenommen) und unterlassen jede unangemessene Pausierung an der Wort- und Silbenfuge bzw. Wortgrenze: *flügge Müggelsee Egge … fügen fegen wiegen* u. ä.; *aufgeben ausgeben Pfirsichgeist* u. ä.; *sie gießen | aus Gift | auf Gicht | ich gebe* usw. (vgl. 6.2., S. 190 ff.).

Bevor wir zu /g/ im Anlaut (in Einzelwortübungen) übergehen, schalten wir eine Übungsphase ein, in der die vorausgehenden Laute stumm gebildet werden, d. h., die Artikulationsorgane werden entsprechend eingestellt (Gaumensegelabschluß!), doch wir lautieren erst das /g/: *(s) Gymnasium | (ch) gönne | (i) Gicht | (e) Gäste* usw. (vgl. /b/, 3.2., S. 135).

3.3.   (zu 2.4.)

Zur Vermeidung des Sproßvokals zwischen /g/ und häufig apikalem [n] oder [l] im Anlaut ist auf schnellen, entschiedenen und genauen Wechsel von unterer zu oberer Zungenkontaktstellung zu achten (für /gr/- hat die Vorderzunge im allgemeinen keinen langen Artikulationsweg zurückzulegen, da das übliche *Zäpfchen-r* auch mit unterer Zungenkontaktstellung gebildet wird). Sollten die oben erwähnten Übungen noch nicht den gewünschten Erfolg gebracht haben, empfiehlt es sich, [n] und [l] anfangs dorsal zu bilden.

Übertriebene, gekünstelt wirkende Deutlichkeit und übertriebene bzw. häufig sogar unangemessene Stimmhaftigkeit des anlautenden /g/ ist zu vermeiden (keinen Blählaut!). Unter Umständen trägt etwas nachdrückliche (bestimmte) Sprechweise mit dazu bei, die kleine Pause zwischen anlautendem /g/ und folgendem [n], [ʀ] oder [l] aufzuheben, den Sproßvokal zwischen ihnen zu unterbinden. Außerdem sollte die Aufmerksamkeit mehr auf den akzentuierten Vokal als auf das /g/ gerichtet werden. Man bemühe sich, das Wort (bzw. die Silbe) zusammenhängend ("in einem Zuge") zu sprechen, das anlautende /g/ darf also nicht isoliert werden, z. B. *Gnade!* ['g̊nɑ:də], eben nicht ['g°nɑ:də] (vgl. /b/, 3.3., S. 135).

3.4.   (zu 2.5.)

Aussprachehinweise beachten! Umgangssprachlicher Nachlässigkeit und artikulatorischer Trägheit genügt es, wenn der Zungenrücken nur bis auf Reibelautenge gegen den Gaumen gehoben wird. Es muß also ein gewisses Maß an artikulatorischer Spannung aufgewendet und ein, wenn auch intensitätsschwacher Verschluß zwischen Mittelzungenrücken und hartem Gaumen hergestellt werden. Lippenbreitzug vermeiden!

3.5.   (zu 2.6.)

Die Buchstabenfolgen *gm* und *gn* sind als [g] + [m] bzw. [g] + [n] zu sprechen und dürfen nicht in [ŋm] oder [ŋn] verändert werden.

Sollte die stimmhafte Aussprache des [g] Schwierigkeiten bereiten, Übungen wie unter 3.1.

3.6.   (zu 2.7., 2.8.)

Aussprachehinweise beachten! Im Wort- und Silbenauslaut sind die Verschlußlaute der deutschen Sprache als stimmlose Fortes zu sprechen; lange enge Vokale dürfen nicht verkürzt und qualitativ geändert werden: *Tag* wie [tʰɑ:kʰ] (nicht [tʰɑ:x] oder [tʰakʰ]); *Weg Schlag Zug Sog ... legte siegte wogte ...*; zu [k] im Auslaut auch [k] vor auslautender Konsonanz hinzunehmen: *legt hegt magst nagst* usw. (s. /k/, 6.2.3., S. 179, 6.3., S. 179).

3.7.   (zu 2.9.)

Wie bei /k/ (vgl. 3.5., S. 172 f.) sind auch hier zunächst *Lockerungsübungen* empfehlenswert. Die unmittelbare Vorstufe für die Artikulationsübungen bilden wiederum die *Pleuelübung* (S. 112 f.) und die *Zungenfederungsübung* (S. 113) mit ihrer Fixierung des Vorderzungenrandes an den unteren Frontzähnen und mit der elastischen Spannung des Zungenkörpers nach vorn-oben. Verglichen mit /k/ sind Verschlußbildung und -lösung intensitätsschwächer.

Die bei /k/ erwähnte Begünstigung der Artikulation am vorderen Gaumen durch prädorsale Ableitungslaute trifft für /g/ ebenfalls zu. Folglich anfangs hauptsächlich Übungen wie: *sie gießen* | *wie Gips* | *nie Gitter* | *wie gütig* | *die Götter ...*; *ich gehe* | *ich ging fort* | *dies Geld* | *iß gleich* | *es gilt jetzt ...*; *die Gabel bitte* | *sie gaffen nur* | *wie gaumig ...*

4.   Aussprache

Der **Lenis**-Verschlußlaut [g] wird gesprochen

a) bei Schreibung *g* im Wort- und Silbenanlaut: *Gas, Gleis, Gnade, Grille; wiegen, entgleiten, begnadigen, Mißgriff, Trinkgeld*
b) bei Schreibung *g, gg* im Silbenauslaut vor *l, n, r,* wenn sie zum Stamm gehören oder wenn die Grundform silbenanlautendes *g* hat: *hüglig, Segler, Spieglung; Lügner, regnen, Begegnung; verweigre, magrer; Schmuggler; baggre*
c) bei Schreibung *gg* im Inlaut vor Vokal: *Roggen, eggen, Schmuggel, baggern.*

Der Lenis-Verschlußlaut /g/ ist *stimmhaft* im Inlaut und Wortanlaut (innerhalb der Sprecheinheit) nach Vokal und Sonor, z. B. *Rogen, baggern; wie͜Goethe; Einglas; voll͜Gräten; Segler, baggre, Bleiglas; die͜Grille; Angabe; aus einem͜Guß.*

Im absoluten Anlaut, im Silben- und Wortanlaut (innerhalb der Sprecheinheit) nach stimmlosen Geräuschlauten tritt bei der Lenis /g/ unterschiedliche *Reduktion der Stimmhaftigkeit* bzw. *Stimmlosigkeit* ein. Die Lenis /g/ darf jedoch nicht durch stärkere Artikulationsspannung und zu starke Sprengung zur Fortis [k] werden: *Glück im Unglück* [g̊lʏkʰ ɪm ˈʊnglʏkʰ]; *Trinkgeld* wie [ˈtʰʀɪŋkg̊ɛlt], nicht [ˈtʰʀɪŋk·ɛlt]; *mitgehen, mißgünstig, ausgraben, abgeben; mit͜Gift.*

Zusammentreffen der Fortis [k] und der Lenis [g] in Zusammensetzungen oder innerhalb der Sprecheinheit sinngemäß wie bei /b/: *Trinkglas* wie [ˈtʰʀɪŋkg̊lɑːs], nicht [ˈtʰʀɪŋk·lɑːs], *Berggeist; am Stock͜gehen.* Vgl. /b/, 4. Aussprache, S. 136.

5.   Aussprüche und Sätze

5.1.   Geflügelte Worte / Dichtung

Du gleichst dem Geist, den du begreifst … (Goethe) | Gegen unsere Vorzüge sind wir gleichgültig; über unsere Gebrechen suchen wir uns so lange zu täuschen, bis wir sie endlich für Vortrefflichkeiten halten (Heine) | … wer ist so gebildet, daß er nicht seine Vorzüge gegen andere manchmal auf eine grausame Art geltend machte? (Goethe) | Gerät aber am Ganzen etwas nicht, so ist es als Ganzes mangelhaft, so gut einzelne Partien auch sein mögen (Eckermann/Goethe) | Greife schnell zum Augenblick, nur die Gegenwart ist dein! (Körner) | … der Wille und nicht die Gabe macht den Geber (Lessing) | Hier wendet sich der Gast mit Grausen (Schiller) | Das Glück und nicht die Sorge bändigt die Gefahr (Goethe) | Der Furchtsame erschrickt vor der Gefahr, der Feige in ihr, der Mutige nach ihr (Jean Paul) | Wo Gegengift ist, bringt nicht Gift den Tod (a.d. Pers.) | Die Menschen werden weit mehr ergriffen von der Gegenwart als von der Vergangenheit (Machiavelli) | Man muß die Zukunft abwarten und die Gegenwart genießen oder ertragen (W. v. Humboldt) | Wer Gutes will, der sei erst gut! (Goethe) | Genießen macht gemein (Goethe) | Ihre Gunst bleibt immer Gnade (Goethe) |

Alles Vergängliche ist nur ein Gleichnis (Goethe) | Der Siege göttlichster ist das Vergeben (Schiller) ||

Grau, teurer Freund, ist alle Theorie
und grün des Lebens goldner Baum. (Goethe)

Glaube nur, du hast viel getan,
wenn du Geduld dir gewöhnest an! (Goethe)

Die Gabe ist zweier Gaben wert,
die gegeben wird, eh man begehrt. (Freidank)

5.2.   Sprichwörter / Sprichwörtliches / Spruchweisheit

Es ist nicht alles Gold, was glänzt | Junge Gänse haben große Mäuler | In Geldsachen hört die Gemütlichkeit auf | Wer sich grün macht, den fressen die Ziegen | Große Sprünge geraten selten | Gleich und gleich gesellt sich gern | Wer andern eine Grube gräbt, fällt selbst hinein | Bei großem Gewinn ist großer Betrug | Wohl gegessen ist halb getrunken | Geld ist gute Ware | Was auf die Neige geht, wird gern sauer | Die Gänse gehen allerwege barfuß | Was zum Galgen geboren ist, ersäuft nicht | Wer gerne gibt, fragt nicht lang | Ist die Gefahr vorüber, wird der Heilige ausgelacht | Gefühl macht Glauben | Schöne Gestalt – große Gewalt | Gesund und gescheit sind zwei große Gnaden | Gelehrten ist gut predigen | Unrecht Gut gedeihet nicht | Geringes ist die Wiege des Großen | Eine Stunde Gerechtigkeit geübt gilt mehr als siebzig Jahre Gebet (Türk.) | Der Gescheitere gibt nach | Böse Gesellschaft verdirbt gute Sitten | Viel Gewerbe, wenig Geld (Arab.) | Jung gewohnt, alt getan | Der beste Glaube ist bares Geld (Holländ.) ||

Gewalt und Lügen   Durch Sagen und Wiedersagen
nicht lange trügen.   wird ein Geheimnis durch die Stadt getragen.

Juniregen,   Grüß Gott, tritt ein,
reicher Segen. (Bauernr.)   bring Glück herein! (Hausi.)

Gewitter ohne Regen
ist ohne Segen. (Bauernr.)

5.3.   Redensarten / Wortgruppen

Die Glut der Begeisterung | glühende Begierde | jemanden grün und gelb schlagen | sich auf Gnade und Ungnade ergeben | ins Garn gehen | Galgenfrist gewähren | Galgenhumor haben | am Gängelband führen | ein Gesicht machen wie die Gänse, wenn's donnert | im Gänsemarsch gehen| auf die Gosse gehen | gut gegeben | in die Gegend legen | sich grün und gelb ärgern | Geld herausschlagen | nicht für Geld und gute Worte | dem Gelde gut sein | ins Geschirr gehen (legen) |

zum alten Gerümpel gerechnet werden | grobes Geschütz auffahren | ins Gesicht schlagen | ein Gesicht machen wie drei Tage Regenwetter | seine Augen sind größer als sein Magen | die ganze Gegend abgrasen | abgrundtiefe Gegensätze | die Wogen der Begeisterung gingen hoch | Gewicht auf etwas legen | sich aufs Glatteis wagen | Gleiches mit Gleichem vergelten | ins falsche Gleis geraten | die Worte (nicht) auf die Goldwaage legen | den lieben Gott einen guten Mann sein lassen | ganz und gar von Gott verlassen sein | darüber ist Gras gewachsen | die Grazien haben nicht an seiner Wiege gestanden | der Groschen ist gefallen | jemandem eine Grube graben | goldene Berge versprechen | gut beschlagen sein | er hat sein ganzes Vermögen durch die Gurgel gejagt | das geht mir gegen den Strich | Argusaugen haben | mit größtem Vergnügen | eigene Wege gehen ‖

5.4.   Paare

Gift und Galle | ganz und gar | Geld und Gut | Glück und Glas | im großen und ganzen | gang und gäbe | geschniegelt (gestriegelt) und gebügelt | nicht gehauen und gestochen | gehüpft wie gesprungen | Geburt und Grab | gut und gern | sich schmiegen und biegen | Glut und Glanz | gleißen und glänzen | vergnügt und glücklich ‖

5.5.   Lautüberfüllungen

Gut gegossene gezogene Geschütze gewähren ganz gewiß großen Gewinn gegen glattes Gemäuer | Eine gut gebratene Gans, mit goldener Gabel gegessen, ist eine gute Gabe Gottes | Garstig glatter glitschiger Glimmer (Wagner) | Griesgram, Griesgram, gräulicher Wicht, griesiges, grämiges Galgengesicht (Wette-Humperdinck) ‖

6.   Wörter und Wortgruppen

6.1.   /g/ im Anlaut

6.1.1.   /g/ vor betontem Vokal

Gift Gitter Gischt gießen gib Gips | Gänserich Gäste Geld Gent Gemse geben | gaffen Gattin Gast Gage Gabel Gas | Gobi Gold Goliath Gote Goslar Gott | Gudrun Gulasch Gummi Gunst Gunther Guß | Gösch Goethe göttlich Göttingen Götze | gütig Gymnasium gültig Güte Gürtel | Geißel Geist Geiß Geiz Geibel | Gau Gauß Gaul gaumig Gaukler | Geuse Gäule ‖

6.1.2.   /g/ vor unbetontem Vokal

Gibraltar Gießerei Girlande Guillotine Guinea | Geäst Gebäck Gebet Geburt Guerilla | Galerie galant Galaxie Galeere Gasometer Galosche | goldieren Gomorrha Gondoliere Gorilla gottlob | gummieren Gouvernante Guyana guttural Guttapercha | Gürtlerei Gymnasiast gymnasial Gymnastik Gynäkologie | Gaukelei Gaunerei ||

6.1.3.   /gn/ vor betontem Vokal

Gnitze gnädig Gnade gnatzig Gnom Gnome Gnosis Gnu Gneis ||
Streng (nun) genug – genug | ein Gnu – Gnu, ein Genom – Genom – ein Gnom –
Gnom, Genosse – Gnosis, Geniste – Gnitze, genesen – Gnesen, geneigt – Gneis ||

6.1.4.   /gr/ vor betontem Vokal

Grienen Griff Grill Grille Grips Grimm | grell Grenze Gräfin grämen
grämlich Grätsche | Graben Gramm Gran grantig Granne gratis | Grobian
Groll Groningen Groschen Gros grob | Grube Grumt Grund grunzen Gruß
Grusien | gröblich Grönland Größenwahn | Grütze grübeln grün gründen
Grüppchen grüßen | Greif greifen Greifswald | grau Graubart grauen
graupeln Graus grausam | gräulich Groitzsch Greuel ||
Hing (ging, streng) gerade – gerade – grade, ein Gerät – Geräte – Gräte, ein
Gerippe – Gerippe | an Grippe – Grippe, ungerieben – gerieben – Grieben,
ungerade – gerade – grade, ungereift – gereift – greift, kein Gerede – Gerede |
von Grete – Grete, gering – Gringo, Gereime – greinen, Geriesel – Grisly, Gerufe –
Gruft, Gerüst – grüßt, ein Gericht – Gericht | ein Grieche – Grieche, Gerinnsel –
grinsen, Geröll – grölen ||

6.1.5.   /gr/ vor unbetontem Vokal

Grimasse Grillade Grisette | gregorianisch Gräzistik Grenada Grenadier | Grabbelei Gradierwerk Graduierung Graffito Grammatik | Grobianismus Grossist
grotesk | grundieren gruppieren Grusinien | Grölerei | Grübelei | Graubünden ||

6.1.6.   /gl/ vor betontem Vokal

Glimmen glimpflich glitschig glitzern Glied | Gletscher Glätte glänzen Gläser
Glencheck | Glasauge glatt Glatze Glasnost Glanz | Globus Glosse Glottis
Glotze Glocke | Glut Glucke glucksen | Glöckchen | glühen Glücksritter
Glypte | gleich Gleis Gleisner gleiten | Glaube | Gläubiger ||
Fing Gelichter – Gelichter – glich, gering (bang) gelitten – gelitten – glitten;
Nebengeleise – Geleise – Gleise, Nebengelaß – Gelaß – Glas, kein Geleit –
geleiten – gleiten, ungelitten – gelitten – glitten, ein Gelichter – Gelichter – glich;
Gelocke – Glocke, gelinde – Glinde ||

6.1.7.   /gl/ vor unbetontem Vokal

Glissando | Glacé glamourös glasieren Gladiator Gladiole | glossieren Globalisierung glorifizieren | Glyzerin Glykol Glyptothek | Glaukom ||

6.2.   /g/ im Inlaut, in der Wortfuge und an der Wortgrenze

6.2.1.   /g/ nach langem Vokal und Zwielaut

Schmiegen biegen siegen Liege fliegen Tiegel | Pegel Wegerich Segen pflegen
Schlegel Stege | Magen sagen schlagen tagen Hagen zagen | Mogul Vogel
Joga Toga zogen logisch | jugendlich Nugat lugen schlugen Tugend Fuge |
mögen Vögel zögern Bögen | Bügel lügen Zügel Rüge trügen Hügel | Beigabe
Feige weigern Neige Leihgabe teigig | Baugebühr saugen Lauge blaugelb
taugen Auge | beugen säugen neugierig Zeuge ||

6.2.2.   /g/ nach kurzem Vokal

Egge eggen | Maggi Flagge Bagger Waggon aggressiv Aggregat | Dogge
Doggerbank Logger Kogge Roggen | Schmuggel schmuggeln Fugger | flügge
Müggelsee Brügge ||

6.2.3.   [g] nach [n][70]

Dahingehen sinngemäß hingebungsvoll | Lehngut Herren- (gedeck, gesellschaft)
Rengeweih | Mahngebühr plangemäß Zahngold An- (gabe u. a.) | Ton- (gebung,
gefäß) Hohngelächter Wohn-(gebäude, gemeinschaft) | un-(gastlich u. a.) |
Schöngeist | grüngelb | Fein- (gefühl, gold) Ein- (gabe u. a.) Rhein- (gau, gold)
Klein- (gärtner, geld) Rein- (gewicht, gewinn) Stein- (garten, gut) Wein-
(gegend, gut) Schein- (gefecht, geschäft) | Zaungast | Turngerät kerngesund
Ferngespräch Kern- (gebiet, gehäuse) Stern- (gewölbe, gucker) ||
Kinngrübchen an- (greifen u. a.) Lohngruppe Tongrube un- (grammatisch,
graziös) Schein-(grund, gründung) Steingrab ein- (graben u. a.) steingrau ||
Sinngleich Brennglas an- (gleichen, gleiten u. a.) Kronglas un- (glaublich u. a.)
Ein- (glas u. a.) feingliedrig kleingläubig Weinglas Fernglas Stirnglatze ||
Rein gar nichts | in Güte | nur ein Gläschen | von gestern sein | in den Griff
bekommen | in Grenzen | von Grund auf | wie ein Graf | an Gott glauben | mein
Gott | ein Galgenvogel (Großmaul) sein ||

6.2.4.   [g] nach [ŋ]

Flamingo fingieren Singapur Singular Linguistik Dingi Kontingent Ingo
Ingrid Wirsinggericht messinggelb | Känguruh Marengo Sprenggeschoß |
Mango Mangrove Anglikaner Languste Langobarde Fandango Tango
Tangente Angora Tanga Fang- (garn, gebiet u. a.) lang- (gehen, gestreckt
u. a.) | Kongo Mongole Mongolei | Mungo Bungalow fungieren Ungarn
Junggeselle Sprunggelenk ||
Ringglätte Messingglanz Messinggriff Ringgraben Thinggraf | Streng-
gläubigkeit Sprenggranate | ranggleich Fang- (grube, gründe) Sangria | Konglo-
merat Kongruenz Kongreß | Junggrammatiker Sprung- (Dung-) grube ||

Fing gut (gerade) an | die Zeitung geben (glätten) | vor Spannung (Aufregung) glühen | Vergebung gewähren | an die Vorsehung (Bestimmung) glauben | für einen Feigling gelten ||

6.2.5. [g] nach [p]

Gelbgießer Grab- (gesang, gewölbe) triebgestört grobgesponnen Leib- (garde, gericht, gurt) Korbgeflecht Ab- (gabe, gang u. a.) Abgott Klubgarnitur Laubgehölze raubgierig Tippgemeinschaft halbgar Kreppgummi ||
Halbgruppe Abgrund gelbgrün ab- (graben, grascn u. a.) ||
Ab- (glanz, glitt u. a.) abglitschen ||
Ab Gera (Graz, Gleiwitz ...) | ab gestern | in den Klub gehen | einen Tip (Korb) geben | taub geboren | als grob (schlapp) gelten | am Pomp gefallen finden | durch's Sieb gießen | im Schweinsgalopp gehen ||

6.2.6. /g/ nach [t]

Mistgabel ent- (gasen u. a.) Mitgift mit- (geben u. a.) Schuld- (gefühl, geständnis) Selbst- (gespräch, gerechtigkeit) Mundgeruch Blut- (gefäß, gerinnsel) gottgefällig Grund- (gedanke u. a.) Lichtgarbe Bett- (geschichte, gestell) Flucht- (gefahr, geschwindigkeit) Liedgut Fest- (gabe u. a.) Fett- (gebäck u. a.) Wandgemälde Wild- (gatter, gans) Salatgurke Heftgarn Ratgeber goldgelb Zunftgeist Luftgewehr ||
Blutgruppe licht- (grau, grün) Hautgrieß Sand- (Gold-)grube Hauptgrund Hand- (griff, granate) hand- (greiflich, groß) satt- (gift-, gold-)grün Zeitgründe Schrift- (Alt-)grad altgriechisch ||
Haftglas Mitglied ent- (gleiten u. a.) Mundgliedmaße gott- (leicht-) gläubig fettglänzend Nachtgleiche zeit- (punkt-) gleich Altglas ||
Mit Güte (Grauen, Glanz) | einer Sache auf den Grund gehen | ins Bett gehen | gut gelungen| ans Bett gefesselt sein | unter die Haut gehen | aus der Luft gegriffen| in die Luft gehen | Zeit gewinnen | an Gott glauben | in den Mond gucken | mit Gold aufwiegen ||

6.2.7. /g/ nach [f]

Briefgeheimnis schiefgehen Schlaf- (gast, gemach, gewohnheit) Stopfgarn Kopfgeld Hof- (gang, gesellschaft) Schafgarbe Taufgelübde Kampf- (geist, gericht, getümmel) Rumpfgebirge Lauf- (gang, gitter) Dorfgeschichte Straf- (gefangener, gesetz) Draufgänger Auf- (gabe u. a.) ||
Schilfgras Laufgraben Haff- (Hof-) grenze Tarifgruppe Kopfgrippe auf- (graben u. a.) ||
Reifglätte Stoffglanz auf- (gleiten u. a.) ||
Schlaf' gut | auf gar keinen Fall | schief geladen haben | nicht auf den Kopf gefallen sein | auf gar nichts einlassen | in den Topf gucken | den Stoff glätten | auf gut Glück ||

6.2.8. /g/ nach [s]

Eisgetränk Eis- (Buß-) gang eisgekühlt Preis- (Himmels-) gabe Eß- (gier, gewohnheit, geschirr) Flußgott Fuß- (gänger, gelenk) fußgerecht Gas- (gerät, geruch) Geschäfts- (geheimnis, gebaren) Grenzgänger Glücks- (gefühl, göttin) Halsgericht Groß- (garage, gerät) Haus- (gans, geist, gebrauch) Hochzeitsgast Holz- (gas, gerüst) Kranzgeld Krebs- (Kreuz-)gang Stoßgebet Aus- (gabe, gang u. a.) Weihnachtsgans ||

Großgrundbesitz eis- (maus-, weiß-) grau Gasgriff grasgrün Kreuzigungs- gruppe Griesgram Preisgrenze Weihnachtsgratifikation Zinsgroschen Reichs- (grenze, graf, gründung) aus- (graben u. a.) ||

Eisglätte Gasglühlicht Haus- (Schiffs-, Schutz-) glocke Himmelsglobus Schmelz- (Schnaps-, Sicherheits-) glas Großglockner Weißglut Aus- (gleich u. a.) ||

Aus (bis) Gotha (Glauchau, Greiz ...) | das (dies, dieses, jenes) Geld (Glied, Grau ...) | jedes (manches) Gift (Gitter, Gebirge ...) | Gas geben | das geht (nicht) | es muß gehen | ins Garn gehen | ins Geschirr legen | sich aufs Glatteis wagen ||

6.2.9. /g/ nach [ʃ]

Falschgeld Fisch- (gabel, gericht) Wunschgegner Misch- (gemüse, gewebe) wunschgemäß Fleisch- (gang, gericht) Tisch- (gebet, gespräch) Marschgepäck Hirschgeweih Rausch- (gelb, gold, gift) Kirschgeist Tauschgeschäft ||

Fisch-(grat, gräte, gründe) kirschgroß Marschgruppe | Tischglocke Punschglas ||

In Harnisch geraten | motorisch geschickt | politisch gleichgültig | historisch genau | zum Mittagstisch gehen | statistisch gesehen ||

6.2.10. /g/ nach [ç]

Eichgewicht gleich- (geschlechtlich, gesinnt, gültig) Gleichgewicht Milch- (ge- biß, geschäft, gesicht) reichgeschmückt Durch- (gabe, gang u. a.) Fertiggericht ||

Deichgraf Stichgraben durch-(graben, greifen u. a.) ||

Kelchglas Milchglas durch-(glühen, gliedern) ||

Freundlich (herzlich) grüßen | gegen den Strich gehen | auf sich gestellt | ich gähne (glaube, greife ...) | sich gefallen (gehören, genügen ...) | das Reich Gottes ||

6.2.11. /g/ nach [x]

Buchgemeinschaft Nach- (gebühr, geschmack u. a.) Dach- (garten, geschoß u. a.) Hoch- (gefühl, gebirge u. a.) Rauchgas Fach- (gebiet, geschäft u. a.) Sachgebiet Koch- (geschirr, gut) sachgemäß Sprach- (gefühl, geschichte u. a.) sprachgewandt Tauch- (gang, gerät) ||

Fach- (Sprach-) gruppe hochgradig nach- (greifen, grübeln u. a.) Schachgroß- meister Bauchgrimmen ||

Hochglanz Flachglas Rauchglas ||

Zu hoch gegriffen | auch gut | ach Gott | nach Gotha (Gladbeck, Greifswald ...) |
zum Fach gehören | noch gestern | doch glauben | nach Geld heiraten | hoch
gepokert ||

6.2.12. [g] vor [n]

Signal Insignien Ignorant resignieren| Interregnum regnen segnen begegnen |
Magnus Magnet Magnat Magnesium Magnifizenz Agnes Diagnose | Physiogno-
mie inkognito | enteignen | leugnen ||
Aber (mit [ŋj]):
Kognak Champagner Mignon Kastagnette Bretagne ||

6.3.   Häufung

Gigant | Gefangenenlager Gegengift Gelegenheitsgedicht gemeingefährlich
Gebirge Geflügel | Galgenvogel Gaffelsegel Galionsfigur Gasversorgung
Gastgeber Ganges Ganggestein | Goldgrube Goldregen gottgläubig | Gummi-
gutt Gutenmorgengruß gutgläubig gutgelaunt | Göttergeschlecht Göttersage
Götzenglaube | Gütergemeinschaft Güterwagen | Geige Geigerzähler Geistes-
gegenwart Geiselgangster | Gaugraf Gaumensegel | Geusengericht ||
Griesgram Gringo Grillgericht | Gregor Grenzgänger Grenzgebiet | Grab-
gesang Gradbogen gramgebeugt grasgrün | Groschengrab Großangriff Groß-
bürger Großgarage | Grundgebirge Grundgesetz | Grüngürtel grüngelb | Greif-
bagger Greifvogel | Graugans Grauguß ||
Glanzauge Glasglocke Glasauge glattlegen | Glockengeläute Glockenguß |
Glupschauge glutäugig | Glücksgefühl Glücksgöttin | gleichgültig Gleichge-
wicht | Glaubensfrage Glaubensgemeinschaft ||

/k/ – /g/

1. Aussprüche und Sätze

1.1. Geflügelte Worte / Dichtung

Das Kartenspiel ist die Bankrotterklärung des menschlichen Geistes (Schopenhauer) | Gebeugt erst zeigt der Bogen seine Kraft (Grillparzer) | Wer Glück hat, dem kälbert ein Ochs (Chr. Lehmann) | Mit Kleinen tut man kleine Taten, mit Großen wird der Kleine groß (Goethe) | Es ist das wahre Glück an keinen Stand gebunden (Hagedorn) | Ein jeder Wechsel schreckt den Glücklichen (Schiller) | Wenn man glücklich ist, soll man nicht noch glücklicher sein wollen (Fontane) | Ein einz'ger Augenblick kann alles umgestalten (Wieland) | Immer strebe zum Ganzen, und kannst du selber kein Ganzes werden, als dienendes Glied schließ' an ein Ganzes dich an! (Goethe/Schiller) | Ich Geck! Ich eines Gecken Geck! (Lessing) | Wie dem Mädchen, das dem Bade entsteigt, das Gewand anliegt, so sollt' es die Sprache den Gedanken (Klopstock) | Gedanken, die schockweise kommen, sind Gesindel. Gute Gedanken erscheinen in kleiner Gesellschaft. Ein göttlicher Gedanke kommt allein (Ebner-Eschenbach) | Geben Sie Gedankenfreiheit! (Schiller) | Die Kunst zu gefallen ist die Kunst zu betrügen (Vauvenargues) | Ich geh' und geh' vergnügter, als ich kam (Lessing) ||

Hast deine Kastanien zu lange gebraten;
sie sind dir alle zu Kohlen geraten. (Goethe)

Kälbchen, Kälbchen, knie nieder,
vergiß nicht deine Hirtin wieder,
wie der Königsohn die Braut vergaß,
die unter der grünen Linde saß. (Grimms Märchen)

Heute back ich, morgen brau ich,
übermorgen hol ich der Königin ihr Kind … (Grimms Märchen)

Guten Tag, Frau Katz von Kehrewitz,
wie kommt's, daß sie alleine sitzt?
Was macht sie Gutes da? –
Brock mir Wecke und Milch ein:
Will der Herr mein Gast sein? (Grimms Märchen)

Durchs Auge Liebe?
Nichts ist abgeschmackter.
Der Kehlkopf nur verrät uns den Charakter. (Fontane)

Begeisterung ist keine Heringsware,
die man einprökelt auf einige Jahre. (Goethe)

Wie er räuspert und wie er spuckt,
das habt ihr ihm glücklich abgeguckt. (Schiller)

Willst du dich am Ganzen erquicken,
so mußt du das Ganze im Kleinsten erblicken! (Goethe)

1.2. Sprichwörter / Sprichwörtliches / Spruchweisheit

Im Glück ist Tugend leicht | Kleine Kröten haben auch Gift | Auf einen grindigen Kopf gehört scharfe Lauge | Wer sich in Gefahr begibt, kommt darin um | Gott gibt die Nüsse, aber er knackt sie nicht (Lit.) | Gott verteilt das Glück und der Küchenmeister die Suppe (Serb.) | Kurze Geduld bringt langen Frieden | Es sind nicht alle Heilige, die in die Kirche gehen | Lügen haben kurze Beine | Das Glück hat Flügel | Auf einen groben Klotz gehört ein grober Keil | Mit großen Herren ist nicht gut Kirschen essen | Wer kein Geld hat, hat keinen Freund | Gute Gedanken und gute Werke sind Geschwisterkinder, die einander immer bei der Hand führen | Man kann seinen Kopf hingeben, sein Geheimnis niemals (Türk.) | Das Gute dankt sich selbst (Poln.) | Güte kriecht, wo sie nicht gehen kann (Schott.) | Keine Küche gleicht dem Appetit | Der Klügere gibt nach | Gleich und gleich fängt keinen Krieg an | Das Wichtige bedenkt man nie genug | Glauben ist leichter als denken | Wer's nicht glaubt, ist drum kein Ketzer | Den Kranken ärgert die Fliege an der Wand ||

Glück und Glas,
wie bald bricht das.

Gesund
hat zum Klagen keinen Grund.

Lieber den Magen verrenkt,
als dem Wirt was geschenkt.

Allzu großes Glücken
muß in sich ersticken.

Des einen Glück
ist des anderen Unglück.

Nicht Gunst macht Kunst,
Kunst macht Gunst.

Kleine Kinder – kleine Sorgen,
große Kinder – große Sorgen.

1.3. Redensarten / Wortgruppen

Vom Glück begünstigt sein | auf gut Glück | das Glück ist ihm gewogen | abgeschmackter Betrug | keine Grütze im Kopf haben | gegen den Backofen gähnen | lügen, daß sich die Balken biegen | große Bogen spucken | mit Eselsglocken zu Grabe läuten | Galgenstrick | Gamaschen kriegen | eine Gänsehaut kriegen | kein gutes Garn miteinander spinnen | ins Garn locken | ins Gehege kommen | die Gelegenheit bei der Stirnlocke packen | in keinem guten Geruche stehen | Augen wie ein gestochenes Kalb machen | weder Gicks noch Gacks sagen | ein Stück Glas ins Auge klemmen | zu tief ins Glas gucken | gleiche Brüder, gleiche Kappen | an die große Glocke hängen | merken, was die Glocke geschlagen hat | kein Glück

haben | ein Glückskind sein | das Glück kehrt einem den Rücken | wo der hinhaut,
wächst kein Gras mehr | große Graupen im Kopf haben | auf keinen grünen
Zweig kommen | sich keine grauen Haare wachsen lassen | Drückeberger | der
graue Esel guckt heraus | die Glocke ist gegossen | Geld auf die hohe Kante
legen | gediegener Knopf | den Krebsgang gehen | einen gewaltigen Nagel im
Kopf haben | vergnügt sein wie Kantors Star | große Stücke auf jemand halten |
eine Zigarre kriegen | eins auf den Deckel kriegen | ein eckiger Kerl | sich um
ungelegte Eier kümmern | das Kriegsbeil begraben | mit der fünfzinkigen Gabel
essen | kein Gedanke | kein Geld, kein Schweizer! | in keiner guten Haut stecken |
bekannt wie ein scheckiger Hund | zu tief in die Kanne geguckt haben | sich nicht
in die Karten gucken lassen | Kattun kriegen | ein ganzer Kerl | die Kinderschuhe
ausgezogen haben | kein großes Kirchenlicht sein | eine gute Klinge schlagen |
ulkiger Knopf | es geht ihm an den Kragen | Krokodilstränen vergießen | geh zum
Kuckuck! | mit goldenen Kugeln schießen | besser eine Laus im Kraut als gar kein
Fleisch | in den Nacken schlagen | eine harte Nuß zu knacken geben | keine
großen Sprünge machen können | eine ulkige Gurke sein | Kummer und Gram ||

1.4.   Lautüberfüllungen

Große Krebse krabbeln in dem Kober ||

2.   Wörter und Wortgruppen

2.1.   /k/ und /g/ in Wortpaaren

Guß – Kuß, Gunst – Kunst, Gurt – Kurt, Gold – Colt, gotisch – kotig, gönnen –
können, Gelder – kälter, kören – Gören, Gäule – Keule, Gent – Kent, gerben –
kerben, Gasse – Kasse, Kater – Gatter, Kaul – Gaul, Gabel – Kabel, galt – kalt,
Gaffer – Kaffer, Gabe – Kappe, Garten – Karten, Geifer – Keifer, Gemme –
Kämme, gern – Kern, Geck – keck, gleiten – kleiden, Gipfel – Kipfel, Glätte –
Klette, glauben – klauben, Gnade -Knabe, Gerte – kehrte, Kram – Gram, Gran –
Kran, Gras – kraß, Greis – Kreis, Grauen – krauen, Grad – Krad, glimmen –
klimmen, Graus – kraus, Grippe – Krippe, Grenze – Kränze ||
Segel – Säckel, Egge – Ecke, pflügen – pflücken, Krüge – Krücke, balgen –
Balken, Rücken – Rügen, Lage – Lake, fliegen – flicken, regen – recken, plagen –
placken, Docke – Dogge, decken – Degen, legen – lecken, Rocken – Roggen,
wiegen – Wicken, wegen – wecken, Lüge – Lücke, Bogen – bocken, sogen – Sok-
ken, logen – locken, Pflege – Flecke, Tegel – Teckel, Ziege – Zicke, nagen – Nak-
ken, zagen – Zacken, ragen – racken, hegen – hecken ||

2.2.   /k/ und /g/ in einem Wort

Gipfelpunkt Gitterbrücke Gießkanne | Geck Gedankenlosigkeit Gedenken
Gefälligkeit gefleckt Gegacker Gegenwirkung Gegenzug Geheimniskrämer

Gehsteig Gekläff Geklapper Geklimper Geklingel Geklopfe Geknatter Gekrächze Gekratze Gekreisch gekörnt Gekritzel Gekröse gekrümmt Gelehrsamkeit Gelsenkirchen Gemeckere Gemsbock Gemunkel gemütskrank Genauigkeitsgrenze Generalmusikdirektor Gequassel Gequieke Gerichtskosten Gerstenkorn gertenschlank Gesangskunst geschäftskundig Geschichtsklitterung Gesetzeskraft Gesichtswinkel Gesichtskreis gesprenkelt Gestehungskosten Gesteinskunde gestikulieren Getränk geweckt Gewerkschaft Gewürznelke Gezanke Gänseklein | gackern Gabelzinke Galgenstrick Gallenkolik Ganztagsschule Garküche Gartenlokal Gaskocher | Gockel Goldküste Gottesacker | Gulaschkanone gucken Gummidruck Gurke Gutenachtkuß Gutmütigkeit | Güteklasse Güterzug Gymnastik Gynäkologie Gültigkeit | geisteskrank Geizkragen | Gaukelei ||
Grießkloß grippekrank Grilligkeit | Grenzmark | Grammkalorie Grafik Grasdecke Grasmücke Gratifikation | Grog Großeinkauf Großglockner. Großkaufmann Groteske | Grundlosigkeit Grundstück | Gründlichkeit Gründonnerstag Grünkohl Grünzeug | Grausamkeit Graupelkörner Grauwacke || Glaskugel glattweg Glatzkopf Glaskasten | Glockenschlag | Glucke | Glöcklein Glöckner | glücken Glückskind | Gleichklang gleichschenkelig Gleitflug | Glaubensbekenntnis glaubensstark ||
Kilogramm Kinderglaube Kindergarten Kirgise Kirschgeist Kirchenglocke | Kegelklub Kelchglas Kellergeschoß Kernfrage kerzengerade Kettenglied Ketzergericht Känguruh | Katzenauge katzbalgen Kammergericht Kastengeist Kattegatt Kalbschlegel Kaminfeger Kammgriff Kampfwagen Kannegießer kargen kategorisch | Kollege Kobaltglas kongenial Kostgeld Kochgeschirr Kohlengas Kongreß Kongruenz konjugieren Konsumgenossenschaft | Kugelgelenk Kundgebung Kurgast Kurswagen Kurzgeschichte Kuttenträger Kuchengabel Kunstgriff Kupfergeld | Köhlerglaube Körperpflege Königin | Küchenwaage Küchengerät Kühlwagen | Kaufmannsgilde ||
Kniebeuge Kniegeige Knigge Knittergold Knallgas Knopfaugen ||
Kriegsgefangener Kristallglas | Krebsgeschwür Krebsgang kräftigen | Kraftwagen Kragenknopf Krankenpflege | Kronzeuge chronologisch | Kreuzgelenk kreuzunglücklich ||
Klimaanlage Kläranlage Klettergerüst Klage Klügelei kleinbürgerlich Kleingeld Kleinkalibergewehr ||

2.3.   [k] neben [g̊]

Beweggrund Trinkgeld Schreckgespenst Rückgabe Trinkglas Sackgasse Kalkgrube Truggestalt Stickgarn Spukgeschichte Rückgrat Stückgut Berggeist Markgraf Auftraggeber Schmuckgegenstand Dankgebet Dankgottesdienst werkgetreu Spickgans zweckgebunden Stockgriff ausschlaggebend ||

Hinterm Backofen nicht weggekommen sein | das Handwerk grüßen | mir ist eine Katze über den Weg gelaufen | mit dem Klammersack gepudert werden | in eine Sackgasse geraten | der Schalk guckt ihm aus den Augen | seinen Weg gehen | aus dem Weg gehen | es mag gut sein | am Stock gehen ||

An den Sieg glauben – sie glauben, log gerne – Lohgerber, schräg gehen – schrägen, weg gehen – wegen (wecken), sog gar nicht – so gar nicht, mag gern – mager ||

/m/

Doppellippiger sth. Nasenlaut (bilabialer sth. Nasal)

1.   Bildungsweise

Die gering vorgestülpten Lippen liegen locker aufeinander und bilden einen Verschluß (Lippen nicht
breitspannen und zusammenpressen). Der Zahnreihenabstand ist gering. Der vordere Zungenrand
hat Kontakt mit den lingualen Flächen der unteren Frontzähne; die seitlichen Zungenränder berühren die lingualen Flächen der seitlichen unteren Zähne; der Zungenrücken ist flach gewölbt,
keine Berührung zwischen Zungenoberfläche und

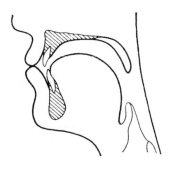

hartem oder weichem Gaumen (etwa wie bei /p/, vgl. S. 126). Das Gaumensegel
ist gesenkt und öffnet so den Nasenweg. Die Stimmlippen schwingen.
Der sth. Phonationsstrom entweicht durch die Nase.

2.   Bildungsfehler und Abweichungen[71]

2.1.   Bei sichtbar aufeinandergepreßten Lippen klingt das [m] eng-gepreßt
(meist verbunden mit geschlossenem Kaubiß und einer übermäßigen, hier in
den pharyngalen und glottalen Bereich verlagerten Artikulationsspannung).

2.2.   Die untere Zungenkontaktstellung wird aufgegeben; der Zungenkörper
fällt zurück (oder wird zurückgezogen), Mittel- und Hinterzunge berühren den
hinteren Weichgaumen, der Hinterzungenrücken wölbt sich zur Rachenwand, die
Zungenwurzel drückt auf den Kehldeckel. Es entsteht ein halsiges Brummen
(„Knödeln") bei eingedämmter Nasalität.

2.3.   In die Folge Langvokal bzw. Zwielaut und auslautendes [m] schiebt sich
ein vokalischer Übergangslaut, z. B. statt *Lehm* [le:m] – ['le:ᵊm], statt *Leim* [la̯em]
– ['la̯eᵊm].

2.4.   In die Folge [m] und auslautendes [t] sowie [m] und inlautendes [f] schiebt
sich ein Sproßkonsonant, nämlich der mit dem Nasal [m] homorgane Verschlußlaut [p], z. B. *flammt* [flamt] wie [flampt], *umfallen* ['umfalən] wie ['umpfalən].

2.5.   In die Folge finales [ʀm] und [lm] schiebt sich ein Sproßvokal. Siehe /r/,
2.5., S. 231; /l/, 2.6., S. 248.

2.6.   In die Folge initiales [ʃm] schiebt sich ein Sproßvokal. Siehe /ʃ/, 2.3., S. 305.

3.   Abhilfevorschläge

3.1.   (zu 2.1.)

An den Anfang stellen wir die *Kopfschüttelübung* (S. 115), um die Artikulations-muskulatur zu lockern. Speziell zur Lockerung der Lippen verwenden wir das *„Lippen"-r* (S. 116).

Abhilfe verschafft auch folgende *Brummübung:* Lustbetontes Kauen (zuerst mit realem Kaugut, dann auch mit fiktivem) liefert uns ein genießerisch-behag-liches *„mhm"*, z. B. auf die Frage „Schmeckt es (gut)?". Von diesem [m]-ähnlichen Klang, der an der unteren Grenze unseres Stimmumfanges liegt, gleiten wir in gleichbleibender Tonhöhe über einen Vokaleinschub (man lege sich nicht stereo-typ auf einen bestimmten Vokal fest) zum [n] usf. ($m^e nn^e mm^e nn^i m$ ...). Beachten Sie den Wechsel des Zungenkontaktes: Für [m] liegt der vordere Zungenrand an den unteren Schneidezähnen, für [n] an den oberen Frontzähnen und deren Zahndamm.

Bei den Wort- und Wortgruppenübungen wie: *Miene   Mehl   malen ...; Dommette   Filmmusik ...; nimm mich mit ...; Minimum   Memme ...* (vgl. 6.1., 6.5., 6.4., S. 205 f., 207), untere Zungenkontaktstellung, entspannten Lippenver-schluß und geringen Zahnreihenabstand beachten.

3.2.   (zu. 2.2.)

Als entspannende Vorübungen sollten das *Kopfschütteln* (S. 115), *Zungenschleu-dern* (S. 116 f.) und vor allem die *Pleuelübung* (S. 112 f.) herangezogen werden.

Im Anschluß an diese Lockerungsübungen müßte es schon möglich sein, über das *„Lippen"-r* zu einem sonoren, frei empfundenen [m] zu kommen.

Oder wir lassen auf die Vorübungen die unter 3.1. beschriebene *Brummübung* folgen, deren behagliches *„mhm"* wir zweckmäßigerweise auf „Kausilben" er-weitern (s. *Resonanzübung,* S. 119 ff.). Unsere Aufmerksamkeit gilt auch hier ganz dem genußvollen Essen (Kauen). Die aus den Kaubewegungen zufällig entste-henden, überwiegend nasalen Silben tendieren zu einem „schmeckenden" *mmjom*[72] *... mmnjam ...mnjim* usw. In diese „schmeckenden" Kausilben betten wir „lustbetonte Reizwörter" ein, z. B. *Sommersonne   Vollmond   Mondschein Mümmelmann   Semmelmehl;* also: *mnjom mnjom mnjom ... Mohnstolle mnjom ...* In den ersten Wortbeispielen benutzen wir die Vorderzungenvokale /i, i̯, y, ʏ, e, ɛ, ø, œ/ als Gegengewicht zur eventuell noch auftretenden Zungenverlagerung: *die Mimik... Mime Imme mümmeln... ich möchte* u. ä. Beachten Sie: Das [m] sollte nicht mit Kieferschluß oder Kieferenge gebildet werden! Und schließlich

200

können wir uns auch hier einer Modifikation des Zungenschleuderns, der *„Schmeckübung"* (S. 117), bedienen.

Eine ähnliche Übung läßt sich auch über Lippenverschluß durchführen: Der lockere Verschluß der durch den Atemstau leicht von den Zähnen abgehobenen Lippen wird durch die vorschnellende und an den Oberlippensaum schlagende Zunge auf [bl] gelöst. Für den folgenden Vokal, der allerdings nicht deutlich ausgeformt werden kann, und das abschließende [m] kann der Rand der Vorderzunge den Innensaum der Unterlippe berühren: *blum blom blam ...*

3.3.   (zu 2.3.)

Der Sproßvokal tritt sowohl bei Sprechern mit dialektaler Bindung wie als individuelle Variante auf. Man stellt ihn auch bei etwas gespreizter („frisierter") Sprechweise fest. Wir machen nun die Lautfolge [m] nach Langvokal bzw. Diphthong ohne Übergangsvokal an der Silbenfuge bzw. Wortgrenze (innerhalb einer Sprecheinheit) deutlich, z. B.: *niemand lahmen ...; leimen baumeln ...; sie͜mögen | rauh͜machen* usw. (vgl. 6.2.1., S. 206). Dann können wir noch gegenüberstellen: *lahmen – lahm, lehmig – Lehm ...; leimen – Leim, baumeln – Baum* usw. Und schließlich haben Sie für auslautendes [m] angemessenen, übergangslosen Anschluß an den Langvokal gefunden: *Rahm Lehm ...; Leim Saum* usw. (vgl. 6.3.1., S. 207).

3.4.   (zu 2.4.)

Es ist verhältnismäßig leicht erfahrbar, daß bei dieser Angleichung des [m] an bildungsverwandtes und ortsgleiches [p] ein intensitätsschwacher Lippenverschluß intensiviert und explosiv gelöst wird. Mitunter werden die Lippen zudem breitgezogen und aufeinandergepreßt.

Zunächst sind Übungen empfehlenswert, in denen [m] und [t] bzw. [f] an der Silbenfuge bzw. (besonders für [mf]) an der Wortgrenze (innerhalb einer Sprecheinheit) zusammentreffen: *amtieren umtun ..., im͜Tor | am͜Ton ...* (vgl. 6.2.2., S. 206); *am͜Fenster | im͜Finstern ...; umfallen umfassen* usw. (vgl. 6.2.3., S. 206). Bewährt hat sich auch, in der Folge [mt] bzw. [mf] geringfügig zu pausieren und diese kleine Zäsur zu kontrollierter sachter Lösung des lockeren Lippenverschlusses zu benutzen. Für häufig apikales [t] schnell und entschieden zu oberer Zungenkontaktstellung wechseln, für [f] den Unterlippensaum schnell und entschieden an die Schneiden der oberen Frontzähne heranführen.

Bei den Übungen mit [mt] im Auslaut anfangs das [m] mit behaglichem Brummen etwas länger anhalten und dabei die Lippen spannungsfrei gering vorstülpen sowie den Unterkiefer entspannt gering senken.

3.5.   (zu 2.5.)

Siehe /r/, 3.4., S. 233 f.; /l/, 3.5., S. 250 f.

3.6.   (zu 2.6.)

Siehe /ʃ/, 3.2., S. 306 f.

4.   Aussprache

Der Nasal [m] ist zu sprechen

a) bei Schreibung *m* im An-, In- und Auslaut: *Mut; schmal, Amt, Name; kam*
b) bei Schreibung *mm* in In- und Auslaut: *immer, rammt, kommst; Lamm.*

Zwischen Einfach- und Doppelschreibung gleicher Nasenlaute in einfachen Wörtern besteht in der Aussprache kein Unterschied, es wird nur e i n Nasenlaut gesprochen, z. B. in *Rahmen* und *rammen* nur e i n [m].
   Treffen dagegen in Zusammensetzungen, Ableitungen oder innerhalb der Sprecheinheit zwei homorgane Nasenlaute zusammen, z. B. zwei [m] wie in *Baummade,* so wird zwar ebenfalls nur e i n Nasal gesprochen, aber mit gewisser Längung. Es wird also nur e i n e nasale Öffnung gebildet und dem Nasal eine *etwas längere Dauer* gegeben, z. B. *Heimmeister* ['haͤemˑaͤestɐ]; *im Munde* [iˈmˑʊndə] (aber *immun* [iˈmuːn], *im Meer* (aber *immer*).

5.   Aussprüche und Sätze

5.1.   Geflügelte Worte / Dichtung

Kein Mensch muß müssen ... (Lessing) | Und die Mutter blickte stumm auf dem ganzen Tisch herum (Hoffmann) | Glück macht Mut (Goethe) | Der Mond hat Münzen ins Meer gesät (Majakowski) | Mutter, Mutter laß mich gehen (Schiller) | Die meisten Menschen leben mehr nach der Mode als nach der Vernunft (Lichtenberg) | Komm, lieber Mai, und mache die Bäume wieder grün! (Overbeck) | Der Mai ist gekommen, die Bäume schlagen aus ... (Geibel) | Die Maske fällt, es bleibt der Mensch, und alles Heldentum entweicht (Rousseau) | Die Maske muß mir köstlich stehn (Goethe) | Die Menschen und die Pyramiden sind nicht gemacht, um auf dem Kopf zu stehen (Pfeffel) | Eine Geliebte liebt man am meisten, eine Frau am besten und eine Mutter immer (Petit-Senn) | Man merkt die Absicht und man ist verstimmt (Goethe) | Das ist eben die Eigenschaft der wahren Aufmerksamkeit, daß sie im Augenblick das Nichts zu allem macht (Goethe) | Miß, was meßbar ist, und was nicht meßbar ist, versuche meßbar zu machen (Galilei) ‖

Mitleid hab mit allen,
mit Mensch und mit Tier.
Nur eines lasse fallen:
Mitleid mit dir. (Liliencron)

Wer täglich in dem Weine schwimmt,
schwimmt, bis er endlich Schiffbruch nimmt. (Logau)

Was macht mein Kind, was macht mein Reh?
Nun komm' ich noch zweimal und dann nimmermehr. (Grimms Märchen)

Kehr um, kehr um, du junge Braut,
du bist in einem Mörderhaus. (Grimms Märchen)

Da kam eine Maus,
das Märchen war aus. (Grimms Märchen)

Ihr Entchen, ihr Entchen, schwimmt zusammen,
macht mir ein Brückchen, daß ich hinüber kann kommen. (Bechsteins Märchen)

Morgen! Morgen! Nur nicht heute!
sprechen immer träge Leute. (Weiße)

Mut zeiget auch der Mameluck,
Gehorsam ist des Christen Schmuck ... (Schiller)

O sähst du, voller Mondenschein,
zum letztenmal auf meine Pein! (Goethe)

Steht eine Mühle am Himmelsrand,
und mahlt immerzu, immerzu ... (Liliencron)

Wer immer angelt,
dem nimmer mangelt. (Logau)

Mehlwurm! Wer heißt dich hier mahlen? –
Mühlwurm, wer heißt dich hier prahlen? (Bechsteins Märchen)

Die Sucht, ein großer Mann zu werden,
macht manchen zum kleinsten Mann auf Erden. (Hebbel)

Ein Märchen aus alten Zeiten,
das kommt mir nicht aus dem Sinn. (Heine)

Hat nicht mich zum Manne geschmiedet
die allmächtige Zeit
und das ewige Schicksal ... (Goethe)

5.2.   Sprichwörter / Sprichwörtliches / Spruchweisheit

Die Mühlen gehen mit, die Frauen sogar gegen den Strom (Finn.) | Wo es Mode ist, schmecken auch die Fledermäuse gut | Womit man umgeht, das hängt einem an | Dem Armen wird immer das Ärgste zuteil | Wenn die Maus satt ist, ist das Mehl bitter | Der arme Mann ist immer verleugnet | Nimmer Geld – nimmer Gesell | Wer zuerst kommt, mahlt zuerst | Die Wahrheit nimmt kein Blatt vor den Mund | Arbeit ist des Ruhmes Mutter | Das Glück ist der Dummen Vormund | Jedermanns Gesell ist niemandes Freund | Wer allermeist gibt, hat allermeist Recht | Man nimmt das Pferd beim Zaum, den Mann beim Wort | Man soll den Mantel kehren nach dem Winde | Wer im Sommer nicht sammelt, muß im Winter ein Bettler sein | Übung macht den Meister | Der Mann ehrt das Amt, nicht das Amt den Mann | Das Mißtrauen ist die Mutter der Sicherheit | Mißtrauen ist eine Axt am Baume der Liebe (Russ.) | Mit vollem Magen ist gut fasten | Das Amt ist des Mannes Lehrmeister (Spr. im Berliner Rathaus) | Man muß Mädchen nicht aufspeichern | Wo die Lumpe herrschen, da verkümmern die Männer (Arab.) | An meinen bindet niemand sein Pferd an | Es ist kein Meister vom Himmel gefallen ||

Hochmut
tut nimmer gut.

Morgenstunde
hat Gold im Munde.

Muß
ist ein böses Mus.

Ist eine Mutter noch so arm,
so gibt sie ihrem Kinde warm.

Schimmer und Flimmer
dauern nicht immer.

Das, was man mit Maß nicht tut,
nimmer kann es werden gut.

Wenn im Mai die Bienen schwärmen,
soll man vor Freude lärmen. (Bauernr.)

Jedermanns Knecht
kann's nicht jedem machen recht.

Ach, ich bin so müde,
ach, ich bin so matt!

Möchte gerne schlafen gehn,
morgen wieder früh aufstehn. (Kindervers)

Tiefe Schwimmer,
hohe Klimmer
sterben auf den Betten nimmer.

5.3.   Redensarten / Wortgruppen

Hummeln im Kopf haben | arm wie eine Kirchenmaus | etwas krummnehmen | jemand leimen | aus dem Leim gehen | es schreit zum Himmel | unter den Hammer kommen | bei den Hammelbeinen nehmen | zwischen Hammer und Amboß geraten | Meister Hämmerlein | blümerant zumute sein | ein Brimborium um etwas machen | auf dem Damm sein | in seinem Element sein | Fisimatenten machen | einem heimleuchten | in die Mache nehmen | jemand madig machen | seinem Magen keine Stiefmutter sein | Männchen machen | einer Sache ein

Mäntelchen umhängen | mit ihm ist es Matthäi am letzten | Hemdenmatz |
Mätzchen machen | das Maul vollnehmen | einem ums Maul gehen | einem das
Maul schmieren | vom Mond kommen | da möchte ich Mäuschen sein | sich
mausig machen | mit der Muttermilch einsaugen | hinterm Monde leben | du
kannst mir mal im Mondschein begegnen | blauen Montag machen | die Uhr
geht nach dem Mond | da sind die Motten hineingekommen | etwas für bare
Münze nehmen | das ist auf mich gemünzt | einem auf der Nase herumtrommeln |
eine gute Nummer bei jemand haben | den Rummel nicht mehr mitmachen | den
Schmachtriemen umschnallen | dort ist Schmalhans Küchenmeister | abgehen wie
warme Semmeln | gegen den Strom schwimmen | sich auf die Strümpfe machen |
zum Tempel hinausschmeißen | Umstände machen | gegen Windmühlen kämp-
fen | es wurmt mich | mit Affenschmalz schmieren | auf den Arm nehmen | zur
großen Armee versammelt werden | die Beine unter den Arm nehmen | durch
Großmut beschämen | aus Nimwegen (Dummsdorf) stammen[72] | gemachter
Mann | jämmerlich umkommen | Umgang mit Menschen | Mangel an Mut |
jemand namhaft machen | empfindlich wie eine Mimose ||

5.4.   Paare

Mit Mann und Maus | Max und Moritz | Demut und Wehmut | von Mund zu
Mund | müde und matt sein | Hammer und Amboß | mir und mich ||

5.5.   Lautüberfüllungen

Meister Müller, mahle mir meine Metze Mehl, morgen muß mir meine Mutter
Mehlmus machen | Wenn mancher Mann wüßte, wer mancher Mann wär', gäb'
mancher Mann manchem Mann manchmal mehr Ehr'; weil mancher Mann nicht
weiß, wer mancher Mann ist, drum mancher Mann manchen Mann manchmal
vergißt | Der Schneidermeister hat mein Mantelmaß vergessen, er muß es mir
morgen wieder an-me-me-messen (Abraham a Santa Clara) | In Ulm und um
Ulm und um Ulm herum | Milch macht müde Männer munter ||

6.   Wörter und Wortgruppen

6.1.   /m/ im Anlaut

6.1.1.   /m/ vor betontem Vokal

Miene mischen Mist Mittel Mistel Milz | Mehl melden Met messen Metz
Mensch | Mahd Mahl Malz Mappe Maß malen | Most Moos Moll Mops
Mond Monat | Muff Mull Mut Mund muffig Muskeln | Möbel mögen
möglich Möwe Mörder Mönch | Mühle Mühe München Mündel müde
müßig | Mai Mais meiden Meile Meißen Meinung | Maus mauscheln Mauer
maulen Maurer mausen | Mäuslein Mäuse Meute meucheln Meuterer
Mäulchen ||

6.1.2.   /m/ vor unbetontem Vokal

Mimose Militarismus Millimeter minimal Mixtur | Metapher Meteor Metropole
Methodik Melodie | Maskerade materiell Mazedonien Madonna Maschine |
Modell Monogamie Monolog Monopol Moabiter | Mulatte multikulturell Mul-
timedia mumifizieren Muskat | möblieren möglicherweise | Müllerei Münchhau-
siade Musette Myalgie Mythologie | Meierei | Mauerei Mau-Mau Maureske
Mauretanien Mausoleum | Meuterei ||

6.2.   /m/ im Inlaut, in der Wortfuge und an der Wortgrenze

6.2.1.   /m/ nach Vokal

Bimmeln flimmern wimmeln niemand Schimmer Imme | Feme Wehmut
Semmel lehmig emsig sämig | bammeln Name sammeln stammeln Rahmen
lahmen | Bommel Sommer Dommel Thomas Domino Domizil | pummlig
mummeln tummeln bummeln fummeln Puma | Böhmen Römerin Ströme
sömmerlich Frömmlerei | Lümmel eigentümlich Blümchen Dümmling Küm-
mernis Krümel | leimen Heimat keimen schleimig reimen seimig | taumeln
flaumig Daumen baumeln Pflaume schaumig | aufbäumen säumen Leumund
verleumden aufzäumen Däumelinchen ||

6.2.2.   /m/ vor [t]

Zimt ergrimmt bestimmt verstimmt nimmt | Hemd fremd kämmt zähmt ver-
schämt gelähmt | Amt Samt beschlagnahmt verdammt angestammt lahmt |
kommt frommt | Kumt Grumt vermummt verstummt | strömt verströmt | krümmt
berühmt verblümt | reimt keimt leimt abgefeimt | ungesäumt gezäumt verträumt
aufgeräumt ||
Stimmtherapie Lehmtiegel Dammtor Tramtür Schlammtherapie Stamm- (tafel,
tisch) Stromtarif Domtür Komtur Leimtopf Heimtrainer keimtötend Keimträger
Schaumteppich Baumteer Saumtier Raum- (teiler, theater) ||
Im Tor stehen | beim Thema bleiben | auf dem Teppich bleiben | zum Teufel
scheren | zum Traualtar führen | dumm tun | schlimm treffen ||

6.2.3.   /m/ vor [f]

Stimmführung Schwimm- (flosse, fuß) Emphase Emphysem Wemfall Stamm-
vater Amphibie Amphore schamvoll Lamm- (fell, fleisch u. a.) Programmfolge
Romfahrer Dom- (vesper, freiheit) um- (fallen u. a.) ruhmvoll Konsumfrage
Flaumfeder Raum- (flucht, flug) Räumfahrzeug Reimfolge Leimfarbe ||
Dumm fallen | am faulsten | Feuer unterm Frack machen | zum Fenster hinaus-
werfen | um Frieden flehen | wie ein Lamm folgen | zum Fressen gern haben | mit
dem Feuer spielen | vom Feinsten ||

6.2.4.   /m/ vor [s]

Sims Gesims | Ems | Gams Brahms Harms Drums Wams Krimskrams | Sums bums ums Gesums Dingsbums | Ungetüms Roms Systems Zaums ‖

6.3.   /m/ im Auslaut

6.3.1.   /m/ nach langem Vokal und Zwielaut

Pfriem ihm Priem intim Cream legitim | wem dem System Lehm angenehm Problem | Scham Kram Gram infam Islam geruhsam | Ohm Rom Dom Idiom Atom Strom | Ruhm Konsum Eigentum Wachstum Boom Reichtum | Parfüm Ungetüm ungestüm Kostüm anonym Enzym | Leim Seim Heim Schleim Oheim Reim | Flaum Saum Baum Zaum Raum Traum ‖

6.3.2.   /m/ nach kurzem Vokal

Kimm Grimm schlimm nimm Klimbim Junktim | Odem Brodem item Requiem Golem Totem | Schlamm Damm Schwamm Kamm Gramm Klamm | fromm vom Slalom | dumm um stumm zum Gebrumm krumm ‖

6.4.   Häufung

Mittsommernachtstraum Minimum Mimose Mindestmaß Minimax Mittelmeer | Medium Meerschaum Memorandum Memme Meldeamt mengenmäßig | Magnesium Mannheim Mannesmut Marmarameer Marmeladeneimer Mammon | Monogramm Monument Mohnsamen Morgendämmerung Moment- aufnahme Modemensch | Museum Muspelheim Muttermund Mummelsee Mumm mucksmäuschenstill | Möglichkeitsform Mönchstum | Mückenschwarm Münzamt Mühlheim mühsam Münsterturm Mümmelmann | Maibaum Mais- mehl Meistermacher | Maulbeerbaum Mausoleum Maurermeister | Mäuseturm Meuchelmörder ‖

6.5.   /m/ neben /m/

Schwimmeister Stimmittel Kämmaschine Stemmeißel Kammacher Kamm- muschel Grammolekül Kammolch Programm- (Turm-) musik Stamm-(mann- schaft, mutter) Strommesser Dommette um- (manteln, melden u. a.) Geheim- mittel Film-(musik, musical u. a.) Palmmark Raum-(meter, maß u. a.) ‖
Einem das Wort im Munde umdrehen | nicht viel Kram machen | jemand im Magen haben | dem Mammon dienen | sich's bequem machen | nimm mich mit | nach dem Monde greifen | Schlösser, die im Monde liegen | wie Sand am Meer ‖
Am meisten – am Eise (Ameise), ummauern – um Aue, im Munde – immun (im Unterricht), im Most – im Osten, zum Mahl – zum Aal (zumal), im Mai – im Ei ‖

/n/

Sth. Zahn-Zahndamm – Zungenrand- oder Zungenrücken-Nasenlaut (dental-alveolar – koronaler oder prädorsaler sth. Nasal)

1.   Bildungsweise

1.1.   Apikale Bildung

Die Lippen sind locker von den Zähnen abgehoben (Mundvorhof) und leicht geöffnet (Lippen
nicht breitspannen). Der Zahnreihenabstand ist
gering (Lippenöffnung sowie -formung und Zahnreihenabstand richten sich im übrigen nach der
Lautumgebung). Der vordere Zungenrand liegt
locker an den palatinalen Flächen der oberen
Frontzähne und deren Zahndamm[73] und bildet
einen Verschluß (nicht das Zungenblatt gegen
den Hartgaumen pressen); die seitlichen Zungenränder liegen verschlußbildend an den palatinalen
Flächen der seitlichen oberen Zähne und deren
Zahndämmen; der Zungenrücken ist flach ge-

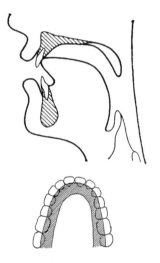

wölbt, keine Berührung zwischen Zungenoberfläche und hartem oder weichem
Gaumen (etwa wie bei /t/, vgl. S. 148). Das Gaumensegel ist gesenkt und öffnet so
den Nasenweg. Die Stimmlippen schwingen.
Der sth. Phonationsstrom entweicht durch die Nase.

1.2.   Dorsale Bildung

Im Unterschied zur apikalen Bildung hat der vordere Zungenrand Kontakt mit den lingualen Flächen der unteren Frontzähne; den Verschluß an
den palatinalen Flächen der oberen Frontzähne
und deren Zahndamm[74] bildet der vordere Zungenrücken.

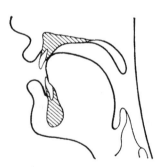

2.   Bildungsfehler und Abweichungen

2.1.   *Zungenblatt-n:* Die Oberfläche der Vorderzunge wird gegen den vorderen
Hartgaumen gedrückt (meist verbunden mit Breitzug der Lippen und zu engem
Zahnreihenabstand) (vgl. /t/, 2.6., S. 149).

2.2.   In der Umgangssprache wird [n] häufig folgendem [f], [m], [g] oder [k] (bei flüchtigem Sprechen sogar [b]) angeglichen. Aus *Senf* [z̥ɛnf] wird [z̥ɛmf] (oder sogar [z̥ɛmpf]), *Ohnmacht* ['oːnmaxt] wird zu ['oːmˑaxt], statt *Anblick* ['anblik] hört man ['amblik], und das silbenauslautende [n] vor [k], [g] wird einschränkungslos als [ŋ] gesprochen, z. B. statt *unklar* ['ʊnklaːʀ], *angenehm* ['angəneːm] – ['ʊŋklaːʀ], ['aŋgəneːm]. (Vgl. /ŋ/, 4. Aussprache, S. 223).

2.3.   In die Folge [n] und auslautendes [f], [s], [ʃ] oder [ç] schiebt sich ein Sproßkonsonant, nämlich der mit dem Nasal [n] homorgane Klusil [t], z. B.: *Hanf* [hanf] wie [hantf] (oder sogar [hampf]), *Hans* [hans] wie [hants], *Flansch* [flanʃ] wie [flantʃ], *manch* [manç] wie [mantç]. (Vgl. /m/, 2.4., S. 199)

2.4.   In die Folge Langvokal oder Zwielaut und auslautendes [n] schiebt sich ein vokalischer Übergangslaut, z. B. statt *Berlin* [b̥ɛʀˈliːn] – [b̥ɛʀˈliːᵊn], statt *nein* [naen] – ['naeᵊn]. (Vgl. /m/, 2.3., S. 199)

2.5.   In die Folge finales [nf] sowie [nç] schiebt sich ein vokalischer Übergangslaut, z. B. statt *Hanf* [hanf] – ['hanᵊf], statt *manch* [manç] – ['manᵊç].

2.6.   Interdentales /n/ (vgl. /t/, 2.5., S. 149).

2.7.   In die Folge finales /rn/ schiebt sich ein Sproßvokal. Siehe /r/, 2.5., S. 231.

2.8.   In die Folge initiales /ʃn/ schiebt sich ein Sproßvokal. Siehe /ʃ/, 2.3., S. 305.

3.   Abhilfevorschläge

3.1.   (zu 2.1.)

Zungenverlagerung und zu engen Zahnreihenabstand, die u. a. auf Verspannungen beruhen, versuchen wir über die *Zungenschleuderübung* (S. 113), die *Pleuelübung* (S. 112 f.) und das *„Höflichkeitsgähnen"* (S. 113 f.) zu beheben. Auf diese Vorübungen lassen wir *tonloses Zungenschleudern* (S. 116 f.) bei gesenktem Unterkiefer folgen. Das Zungenblatt ist hierbei gemuldet (die Ränder der Vorderzunge sind leicht angehoben). Beim Zurückfedern schlägt der vordere Saum der etwas hochgebogenen Vorderzunge an den Oberlippenrand und legt sich an den oberen Zahndamm. Diese Übung vertiefen wir durch folgende *Pleuelbewegungen:* Der vordere Zungenrand stützt sich an den Rand des oberen vorderen Zahndamms, die Unterseite der Vorderzunge federt weich zwischen die geöffneten Zahnreihen und zurück.

Für die Wortübungen (zuerst [n] im Anlaut) schwächen wir diese Zungenfederung natürlich ab: Während der lockeren Verschlußbildung zwischen vorderem

Zungenrand und oberem vorderem Zahndamm die Unterseite der Vorderzunge gegen die palatinalen Flächen der oberen Schneidezähne und (evtl.) leicht zwischen die geöffneten Zahnreihen drängen, so daß durch diese konkave Wölbung der Vorderzunge (sogenannte Retroflexion) das Anlegen (Anpressen) des Zungenblatts an den harten Gaumen vermieden wird. Auch in den weiteren Übungen (ohne diese Hilfestellung) auf leichte Zungenspannung gegen die Schneidezähne und auf ausreichende Unterkiefersenkung achten (vgl. /t/, 3.4., S. 151).

3.2.   (zu 2.2.)

Diese Angleichungen sind in der Standardaussprache nicht zulässig. Bildung des /n/ beachten, also lockere Verschlußbildung an den palatinalen Flächen der oberen Frontzähne und deren Zahndamm durch den vorderen Zungenrand oder -rücken, Zahnreihenabstand, Lippen nicht schließen!

Auch hier sind zunächst jene Übungen empfehlenswert, in denen [n] und [f], [m], [g], [k] oder [b] an der Silbenfuge oder an der Wortgrenze (innerhalb einer Sprecheinheit) zusammentreffen, z. B.: *anfeinden einfinden Infektion ...; den Fuß | mein Vater* ... (vgl. 6.2.6., S. 217); *unmäßig einmal ...; ein Muß | in Mainz* ... (vgl. 6.2.5., S. 217); *ungenau eingehend ...; in Gold | von Geburt* ... (vgl. 6.2.4., S. 216 f.); *Einkommen Inkasso ...; an Kai | von Kanada* ... (vgl. 6.2.3., S. 216); *Inbegriff Einbau ...; in Bonn | ein Berliner* usw. (vgl. 6.2.2., S. 216). Bewährt hat sich auch, nach [n] geringfügig zu pausieren und diese kleine Zäsur zu bewußter und kontrollierter Einstellung der Artikulationsorgane auf [f], [m], [g], [k] oder [b] zu benutzen.

3.3.   (zu 2.3.)

Es ist ebenfalls verhältnismäßig leicht erfahrbar, daß bei dieser Angleichung des [n] an bildungsverwandtes und ortsgleiches [t] ein intensitätsschwacher Verschluß des vorderen Zungenrandes oder -rückens an den palatinalen Flächen der oberen Frontzähne und deren Zahndamm häufig auf das Zungenblatt erweitert, intensiviert und explosiv gelöst wird (vgl. /m/, 3.4., S. 201).

Auch hier sind zunächst jene Übungen empfehlenswert, in denen [n] und [f], [s], [ʃ] oder [ç] an der Silbenfuge oder an der Wortgrenze (innerhalb einer Sprecheinheit) zusammentreffen, z. B.: *anfauchen hinfallen Konfetti ...; in Fulda | ein Fettfleck* ... (vgl. 6.2.6., S. 217); *Institut Monster ... Inspiration Inspektion ...; ein Skandinavier | in Smyrna | ein Slibowitz* ... (vgl. 6.2.7., S. 217 f.); *Mannschaft Menschen ...; Gewinn scheffeln | in Schauern* ... (vgl. 6.2.8., S. 218); *manches Lenchen ...; in China | ein Chemiker* usw. (vgl. 6.2.9., S. 218). Bewährt hat sich auch, nach [n] geringfügig zu pausieren und diese Zäsur zu kontrollierter sachter Lösung des intensitätsschwachen Verschlusses sowie zu bewußter und kontrollierter Einstellung der Artikulationsorgane auf [f], [s], [ʃ] oder [ç] zu benutzen.

Das *Zungenblatt-n* läßt sich recht gut mit dem unter 3.1. beschriebenen *Zungenfedern* beeinflussen.

Bevor Sie zu Übungen mit den besagten Lautfolgen im Auslaut übergehen, erweisen sich noch Gegenüberstellungen als hilfreich, z. B.: *Gans – ganz, bin's – Binz* ... (vgl. 6.2.7., S. 217 f.); *Klinsch – Clinch, Flansch – Flantsch* ... (vgl. 6.2.8., S. 218); *München – Mündchen, Ännchen – Entchen* usw. (vgl. 6.2.9., S. 218).

Im flüssigen Sprechen werden hauptsächlich die Lautfolgen [ns] und [nʃ] unwillkürlich zumeist entweder apikal oder dorsal und die beiden Elemente der Folge [nç] häufig dorsal gebildet. Wenn man die Störungsanfälligkeit der apikalen *s*-Laute berücksichtigt, ist es ratsam, die Lautfolge [ns] dorsal zu bilden. Der vordere Zungenrand liegt also für beide Laute an den lingualen Flächen der unteren Schneidezähne; der Vorderzungenrücken bildet für [n] am oberen vorderen Zahndamm einen lockeren Verschluß (der nicht explosiv gelöst werden darf!) und für [s] die Reibelautenge.

Für die Folge [nʃ] ist die dorsale Bildung nicht zwingend.

Soll dagegen in der Folge [nç] das [n] jedoch apikal und das [ç] dorsal gebildet werden, ist auf schnellen, entschiedenen und genauen Wechsel von oberer zu unterer Zungenkontaktstellung zu achten. Der Vorderzungenrand vollzieht den für [ç] notwendigen Kontakt mit den lingualen Flächen der unteren Frontzähne aber häufig nicht, sondern schwebt („auf halbem Wege") hinter den oberen Frontzähnen, so daß auch der *Ich-Laut* merklich undeutlich wird (vgl. /ʃ/, 2.1., S. 304).

Für die Lautfolge [nf] ist ebenso schneller, entschiedener und genauer Wechsel von Mundöffnung zu denti-labialer Enge zu beachten, was durch den langen Artikulationsweg der Zunge von oberer zu unterer Kontaktstellung aber eher behindert zu werden scheint, so daß dorsale Bildung für beide Elemente wohl ratsamer ist.

3.4.   (zu 2.4.)

Der Sproßvokal tritt sowohl bei Sprechern mit dialektaler Bindung wie als individuelle Variante auf. Man stellt ihn auch bei etwas gespreizter („frisierter") Sprechweise fest. Vermutlich wird der lange Artikulationsweg der Zunge von unterer Kontaktstellung (für den Vokal) zu oberer Kontaktstellung (für häufig apikales [n]) nicht schnell und entschieden genug zurückgelegt oder auf den Vokal folgt etwas verzögert ein dorsales [n]. Wir machen uns die Lautfolge [n] nach Langvokal bzw. Diphthong ohne Übergangslaut an der Silbenfuge bzw. Wortgrenze (innerhalb einer Sprecheinheit) deutlich, z. B.: *Donau Berliner* ...; *Beine Laune Scheune* ...; *die Not | bei Naumburg* usw. (vgl. 6.2.1., S. 216). Dann können wir noch gegenüberstellen: *Berliner – Berlin, Honig – Hohn* ...; *Heini – Hein, Fauna – Faun* usw. Und schließlich haben Sie für auslautendes [n] angemessenen, übergangslosen Anschluß an den Langvokal bzw. Zwielaut gefunden: *Bahn Sohn* ...; *Schein Alaun* usw. (vgl. 6.3.1., S. 218) (vgl. /m/, 3.3., S. 201).

3.5.   (zu 2.5.)

Vermutlich wird der lange Artikulationsweg der Zunge von oberer Kontaktstellung (für häufig apikales [n]) zu unterer Kontaktstellung (für [f] sowie [ç]) ebenfalls nicht schnell und entschieden genug zurückgelegt. Zunächst Übungen, in denen [n] und [f] oder [ç] in Zusammensetzungen, Ableitungen oder in Sprecheinheiten zusammentreffen, z. B.: *anfangen   einfrieren   Infusion ... in Frieden |
sein Vetter* ... (vgl. 6.2.6., S. 217); *manche   Bönchen ... ein Chinese | in Chemie*
usw. (vgl. 6.2.9., S. 218). Hilfreich kann sein, in der Fuge anfangs geringfügig zu pausieren und diese Zäsur zu bewußter und kontrollierter Einstellung der Artikulatoren auf [f] oder [ç] zu benutzen. Und schließlich haben Sie in den Übungen mit den besagten Lautfolgen im Auslaut angemessene, übergangslose Verbindung zwischen den Lautelementen erreicht: *Genf   Hanf ... Mönch   manch*
usw.

3.6.   (zu 2.6.)

Siehe /t/, 3.3., S. 150 f.

3.7.   (zu 2.7.)

Siehe /r/, 3.4., S. 233 f.

3.8.   (zu 2.8.)

Siehe /ʃ/, 3.2., S. 306 f.

4.   Aussprache

Der Nasal [n] ist zu sprechen

a) bei Schreibung *n* im An-, In- und Auslaut: *Nest; Gnu, meint, Lehne; wen*
b) bei Schreibung *nn* im In- und Auslaut: *Wanne, bannt, kennst, rannte; wenn.*

Zwischen *n* und *nn* im einfachen Wort besteht in der Aussprache kein Unterschied; in *Düne* und *dünne* wird nur ein [n] gesprochen. Treffen dagegen in Zusammensetzungen, Ableitungen oder innerhalb der Sprecheinheit zwei [n] zusammen, so wird zwar ebenfalls nur ein [n] gesprochen, aber mit *etwas längerer Dauer: Annahme* ['anˑɑːmə] (aber *Anna* ['anɑˑ]), *Brennessel; in Not sein.* Vgl. /m/, 4. Aussprache, S. 202.

5. Aussprüche und Sätze

5.1. Geflügelte Worte / Dichtung

Die meisten Nachahmer lockt das Unnachahmliche (Ebner-Eschenbach) | Man kann den Menschen nicht verwehren, zu denken, was sie wollen (Schiller) | Ich schnitt es gern in alle Rinden ein (W. Müller) | Frauen sind unüberwindlich, wenn sie verständig sind, daß man nicht widersprechen kann; liebevoll, daß man sich gern hingibt; gefühlvoll, daß man ihnen nicht wehtun mag, und ahnungsvoll, daß man erschrickt (Goethe) | Birg niemals in die Hände eines Herrn, was du allein behaupten kannst (Freytag) | Nachbarn bösen Gemüts sind Fluch, ein Segen die guten (Hesiod) | Was nahe nichts, hat ferne Schein (Logau) | ... eine Nation, die allen gefallen will, verdient, von allen verachtet zu werden (Lichtenberg) | Eine freie Nation kann einen Befreier haben, eine unterjochte bekommt nur einen anderen Unterdrücker (E. M. Arndt) | Aller Zustand ist gut, der natürlich ist und vernünftig (Goethe) | Woher nehmen und nicht stehlen? (Rückert) | Der Neid läßt den Neidhart selbst nicht essen (Chr. Lehmann) | Ohne Neigung kein Interesse; ohne Interesse kein Leben (Feuchtersleben) | Nichts tun heißt nichts Gutes tun (v. Hippel) | Niemand ist mein Name, denn Niemand nennen mich alle (Homer) | Tue nur jeden Tag das Nötige, weiter bleibt uns in guten und bösen Zeiten nichts übrig (Goethe) | Die Notwendigkeit kennt keine Gründe (Curtius) | Man erkennt niemand an als den, der uns nutzt (Goethe) ‖

Nennt man die besten Namen,
so wird auch der meine genannt. (Heine)

Siebenschön war ich genannt,
Unglück ist mir jetzt bekannt. (Bechsteins Märchen)

Schneider, Schneider, Schneiderlein!
Ich blas dir aus dein Feuerlein. (Bechsteins Märchen)

Die faulen Burschen legten sich,
die Heinzelmännchen regten sich
und ächzten daher
mit den Säcken schwer. (Kopisch)

Man spricht vergebens viel, um zu versagen;
der andre hört von allem nur das Nein. (Goethe)

Im Nehmen sei nur unverdrossen,
nach allem andern frag' hernach! (Goethe)

Niemand kann auf lange Zeit
viel Ehre haben ohne Neid. (Freidank)

5.2.   Sprichwörter / Sprichwörtliches / Spruchweisheit

Du sollst deinem Nächsten nicht Unrecht tun (Bibl.) | Niemand kann zween
Herren dienen | Den Freund erkennt man in der Not | Neid ist eine Natter | Es
liegt nicht am wohl Anfangen, sondern am wohl Enden | Einem Nackten nehmen
zehn Räuber nichts | Eine Hand wäscht die andere | Des Nachbars Henne scheint
uns eine Gans (Türk.) | Dem Unglück kann man nicht entlaufen | Die Nürnber-
ger henken keinen, sie hätten ihn denn | Ein Narr kann mehr fragen, als sieben
Weise beantworten können | Einen Mohren kann man nicht weiß waschen | Liebe
deinen Nachbarn, aber reiß den Zaun nicht ein | Besser nachgeben, als zu
Schaden kommen | Die Nacht ist keines Menschen Freund | Wer einen schlechten
Namen hat, ist halb gehangen (Galiz.) | Zuweilen ein Narr sein, ist auch eine
Kunst | Narren wachsen unbegossen | Wo die Natur aufhört, fängt der Unsinn
an | Neapel sehen und sterben! (Ital.) | Neidhart kann's nicht leiden, daß die
Sonne ins Wasser scheint | Aus nichts wird nichts; von nichts kommt nichts ||

Keine Antwort   Not
ist auch eine Antwort.   kennt kein Gebot.

Nichtstun   Männer von Zünften
lehrt Übeltun.   regieren mit schlechten Vernünften.

Erst besinn's,   Menschengunst
dann beginn's.   ist Erdendunst.

Ein halber Mann,   Alle wissen guten Rat,
der nicht Nein sagen kann.   nur nicht, wer ihn nötig hat.

5.3.   Redensarten / Wortgruppen

Keinen guten Faden an jemanden lassen | es hängt an einem seidenen Faden |
keinen guten Faden zusammen spinnen | fadenscheinige Gründe | Seemannsgarn
spinnen | o du grüne Neune! | ganz hinsein | hinten und vorn | sich die Hörner
noch nicht abgestoßen haben | an die Kandare nehmen | unter aller Kanone | ein
unsicherer Kantonist | die alten Knochen wollen nicht mehr | das liegt mir schon
lange in den Knochen | den Kopf einrennen | von den Lebendigen nehmen | in die
Hand nehmen | außer Rand und Band sein | wieder auf den Beinen sein | die
Beine unter den Arm nehmen | etwas noch am Bein haben | einem ein Bein stellen |
einen hinter die Binde gießen | auf die Nase binden | in die Binsen gehen | der
Boden brannte ihm unter den Füßen | wo brennt's denn? | den Brunnen zudecken,
wenn das Kind hineingefallen ist | keinen blassen Dunst von etwas haben | die
Flinte ins Korn werfen | ein Gesicht wie die Gänse, wenn's donnert | Hand
anlegen | nicht mit leeren Händen kommen | reine Hände haben | jemand auf
den Händen tragen | etwas von der Hand weisen | an allen Ecken und Kanten |
einen beim Kanthaken nehmen | seinen Laden zumachen können | mit seinem

Latein zu Ende sein | einen an der Leine haben | seinen Mann finden | den Mond anbellen | sich den Mund verbrennen | sich den Mund nicht verbieten lassen | kein Blatt vor den Mund nehmen | einem den Fuß auf den Nacken setzen | es konnte keine Nadel zur Erde fallen | etwas an den Nagel hängen | einem nicht von den Nähten gehen | an der Nase herumführen | auf die Nase binden | unter die Nase reiben | einem auf der Nase herumtanzen | sich eine unter die Nase stecken | Mund und Nase aufsperren | noch naß hinter den Ohren sein | sein Nest bauen | ins Netz gehen | an die Nieren gehen | es ist Not am Mann | nach Noten | es knüppeldick hinter den Ohren haben | keinen Schneid haben | herein, wenn's kein Schneider ist! | überwundener Standpunkt | den Stein ins Rollen bringen | es hat Stein und Bein gefroren | Sünde und Schande | den Ton angeben | gegen den bin ich ein Waisenknabe | in den Wind reden | in seinen Bann zwingen | auf einen gemeinsamen Nenner bringen | in eine ungewisse Zukunft blicken | nicht nach Wunsch gehen | seinen Mann stehen | nichts Neues unter der Sonne | eine Nuß zu knacken geben | ein neues Leben beginnen | einen Narren gefressen haben | nichts Neues bieten | nicht nein sagen können ||

5.4.   Paare

Null und nichtig | nie und nimmer | bei Nacht und Nebel | niet- und nagelfest | Sein und Schein | Mein und Dein | dann und wann | Sinnen und Trachten | Verwandte und Bekannte | in Not und Elend | in Nacht und Finsternis | Neffen und Nichten ||

5.5.   Lautüberfüllungen

Neun Nähnadeln nähen neun Nachtmützen, neun Nachtmützen nähen neun Nähnadeln ... ||

6.   Wörter und Wortgruppen

6.1.   /n/ im Anlaut

6.1.1.   /n/ vor betontem Vokal

Nische Niet Nibelungen Nilpferd Nisse Niere | Nebel Neffe Nelke Nest nebensächlich Nelli | Napf Nabel Nasenbär Nadelstich Nacken Nachrede | Noah Nolte Notbremse Novum Norwegen Norm | Nubien Nudelteig Nuß nutzlos Nullspiel Nummer | nötig Nötigung | nützlich nüchtern Nüster Nymphe | Neid neidisch Neiße | Nautilus nautisch Naumburg Nauen | neulich Neuheit Neumond Neutrum neumodisch ||

6.1.2. /n/ vor unbetontem Vokal

Nicaragua Nigeria Nihilist Nikotin Nitrat | Neapel Neandertaler nebenbei nebulös negieren | Najade Namibia Napoleon Narkose Narzisse | Nobelpreis Nomade nominell normieren notieren | Nuklearmedizin Numerale numerisch numerieren | Nuance | Neuralgie Neurologe Neurose neutral Neutralität ‖

6.2. /n/ im Inlaut, in der Wortfuge und an der Wortgrenze

6.2.1. /n/ nach Vokal

Pinne Finnland gewinnen sinnen Winter Linnen | Menzel anbändeln pennen wenden wenig lehnen | bannen Panne mahnen Wanne Tanne tanzen | wohnen Sonne lohnen Donau Honig Zone | Buhne Tunnel bunte Stunde Dune Hunne | höhnen gewöhnen Löhne tönen stöhnen Söhne | Bühne fündig Hühne Sühne Düne Kühnheit | meinen Beine peinlich feinsinnig Schweine Heini | Fauna Sauna launig Zaunkönig | Scheune Zäune ‖

6.2.2. /n/ vor [b]

In- (begriff u. a.) gewinnbringend hin- (bestellen u. a.) Rubinbrosche Medizinball | brennbar dehnbar Nennbetrag Kennbuchstabe Renn- (bahn, boot) | Bahn- (brecher, bus) Zahn- (belag, bürste) Wahnbild an- (bahnen u. a.), Spannbeton Bannbulle | Mohn- (blume, blüte) Schonbezug Wohn- (bezirk u. a.) Tonband | un- (bändig, barmherzig) Kattunbezug Immunbiologie | Dünn- (bier, brettbohrer u. a.) sühnbar | Stein- (bruch u. a.) Rhein- (Main-) brücke Steinbalustrade ein- (beulen u. a.) Hainbuche Wein- (bau u. a.) Feinbäckerei Beinbruch scheinbar | Braunbär ‖
In Bonn bleiben | von Berlin (Bamberg …) | ein Berliner | so ein Biest | kein Beinbruch | schon besser | in Bälde ‖

6.2.3. /n/ vor [k]

Sinnkrise Gewinn- (klasse, quote) In- (konsequenz, quisition u. a.) Kaminkehrer | Brennkammer Rennkluft Zehnkämpfer Zehnkaräter | An- (klage u. a.) Spannkraft Bannkreis Mahnkosten Zahn- (klinik, klempner u. a.) | Perlonkleid Tonkrug Lohnkosten Mohnkapsel | Un- (kosten u. a.) Kattunkleid | Synkope | Beinkleid Wein- (karte u. a.) Stein- (kauz u. a.) Fein- (keramik u. a.) ein- (kaufen u. a.) | Braunkohle Zaunkönig ‖
In Kanada (Kenntnis …) | an Karl (Karin …) | von Kambodscha (Kenia …) | ein Kamel (Krokodil …) | mein Kaninchen (Kanarienvogel …) ‖

6.2.4. /n/ vor [g][75]

Ingrimm Ingesinde Sinn- (gebung, gedicht) Hin- (gabe u. a.) Spinngewebe Zinngießer | Brennglas Lehngut Brenngas | An- (gabe u. a.) Spanngardine

216

Banngut Zahngold Mahngebühren | Schongauer Hohngelächter Tongefäß
Lohngelder | un- (gastlich u. a.) Kattungaze | Stein- (garten, gut) Rheingau
Wein- (geist, gut u. a.) Steingeld Feingold Ein- (gang u. a.) | braungelb ||
In Griechenland (Goslar, Güte …) | an Georg (Gudrun …) | von Geburt
(Gisela …) | ein Gernegroß ||

6.2.5. /n/ vor [m]

Kerosinmangel Paraffinmaske Spinnmaschine Finnmark inmitten | Genmani-
pulation Zehnmarkschein Trennmesser Rennmaschine Brennmaterial Kenn-
marke Tannenmeise Stimmenmehrheit | Bahnmeisterei an- (malen u. a.) Bann-
meile planmäßig Rattanmöbel Mahnmal Janmaat | Ohnmacht Ton- (malerei
u. a.) Wohnmobil | nunmehr un- (mäßig u. a.) | schönmachen Schönmalerei |
Dünnmann | Klein- (möbel, mut u. a.) hinein- (mengen u. a.) Feinmechaniker
Steinmetz Weinmonat ein- (mal, massieren u. a.) feinmaschig | neunmalklug |
Fernmelde- (amt u. a.) Hirnmasse Kernmodell Kornmuhme ||
Ein Muß | Wein manschen | zum Schein mitmachen | den Sohn meinen | in
Morpheus Armen | von mir aus | an Mutterstelle | schön machen ||

6.2.6. /n/ vor [f]

Senf Genf Senftenberg besänftigen Hänfling | Hanf Ranft sanft | Vernunft
-kunft (z. B. Abkunft, Ankunft) Brunft Zunft | fünf fünf- (zehn, zig u. a.)
fünfundfünfzig künftig zünftig vernünftig Jahrfünft ||
Gewinnverteilung In- (fektion u. a.) sinn- (voll, frei) hin- (fällig u. a.) | Rennfahrer
Wenfall Nennform Brennfläche | An- (fall u. a.) Panflöte Kahnfahrt heran-
(fahren u. a.) Gespannführer | Thronfolger Tonfolge Neonfisch Perlon- (Nylon-,
Dederon-) faden | Un- (fug u. a.) | Schönfärberei | Grünfutter | Beinfreiheit ein-
(fädeln u. a.) hinein- (fallen u. a.) Steinfall Weinfaß Rheinfall | Turnvater ||
Wie Gott in Frankreich | von früher | ein (kein) Fall | mein (dein, sein) Vater
(Freund, Vetter) | neben vielen | in Freundschaft (Feindschaft) leben | bin fertig |
sein (mein, dein) Vaterland | dein (mein, sein) Volk | wie ein Fels in der Brandung |
in Flammen stehen ||

6.2.7. /n/ vor [s]

Zins ins Leggins | bestem meistens viertens immens morgens Dissens
Nonsens Dispens Ingredienz Gens | Hans Stimulans kann's ans Gans |
Gespons uns eins ||
Gespinst Dienst sinnst | rennst Gespenst | Wanst spannst kannst ahnst
planst | sonst schonst wohnst | Kunst Dunst Gunst Inbrunst Brunst | Günst-
ling künstlich | meinst einst weinst | staunst raunst ||
Ginster finster In- (stitut, strument u. a.) In- (spiration, spektion u. a.) instant |
Fenster Gespenster | Monster Kon- (spiration, spekt u. a.) Kon- (stellation,
stitution u. a.) | Verdunster | Münster inbrünstig ||

Gans – ganz, Zins – sind's, mein's – Mainz, bin's – Binz, Satans – Tanz, Akzidens – Akzidenz, Schwans – Schwanz, Enns – Enz, Präsens – Präsenz ||
In Skandinavien (Slowenien …) | ein Skribent (Smaragd …) | an Smetana (Smirnow …) | von Smyrna (Smolensk …) | sein Skalpel (Stethoskop …) ||

6.2.8.   /n/ vor [ʃ]

Klinsch Winsch Mensch Flansch Flunsch Wunsch Punsch ||
Pinscher Inschrift Kinnspitze hin- (schauen u. a.) Rinnstein Spinnstube | Tannenschaft Renn- (sport u. a.) Brenn- (schere u. a.) menschenscheu Trennschärfe wennschon | Manschette planschen Mannschaft Bannstrahl An- (schaffung u. a.) Porzellanschüssel Spontansprechen | Nonstopflug hohnsprechend Lohnschuldner | un- (schädlich u. a.) Unschlittkerze punschen | Grün- (spat, specht) wünschen | Wein- (stube u. a.) Reinschrift Lateinschule ein- (schalten u. a.) | Braunschweig | Kernschatten Harnstoff Warnschrei ||
Manschen – mantschen, panschen – pantschen, Flansche – Flantsche, Klinsch – Clinch ||
Den Lohn schulden| Gewinn scheffeln | der Rheinfall von Schaffhausen | ein Schuft sein | in den Schornstein schreiben | in Scheidung liegen | in Stellung gehen ||

6.2.9.   /n/ vor [ç]

Manchmal manch Mönch Mönchtum Münchhausen tünchte ||
Kaninchen Minchen Sabinchen | Fenchel Tännchen Männchen Zähnchen Fähnchen | manche mancher manches | Mönchengladbach Tönnchen Söhnchen Böhnchen | lynchen Dünnchen Tünche tünchen | Beinchen Steinchen Schweinchen | Hörnchen Körnchen Sternchen ||
Hähnchen – Händchen, Ännchen – Entchen, Kännchen – Käntchen, Lenchen – Lendchen, Bienchen – Bündchen, Bähnchen – Bändchen, Kinnchen – Kindchen, München – Mündchen, Hühnchen – Hündchen, Pfännchen – Pfändchen ||
In China (Chemie) | ein Chinese (Chemiker, Chiasmus) | an Chinesen | von Chiromantie ||

6.3.   /n/ im Auslaut

6.3.1.   /n/ nach langem Vokal und Zwielaut

Delphin Zeppelin Rubin Kamin Rosmarin Kerosin | wen den zehn Gen Ren Phänomen | Ahn Wahn Bahn Lahn Zahn Hahn | Mohn Fron Lohn Ton Thron schon | Tun dun Tribun Taifun immun Kamerun | schön Gedröhn Gestöhn Föhn | kühn grün androgyn | Bein fein sein dein Schein Hein | Alaun Faun Zaun Geraun ||

6.3.2. /n/ nach kurzem Vokal

Bin hin Kinn Gewinn Sinn Sekretärin | wenn Ben Senn denn Nonnen Omen | Bann dann wann an daran voran | Bonn von Perlon Lexikon Mufflon Mammon | Brunn | dünn ||

6.3.3. /n/ in der unbetonten Endsilbe -*men*

Schwimmen stimmen Schemen nehmen schämen lahmen Samen Omen Nomen Blumen Volumen strömen krümmen leimen reimen Daumen Gaumen säumen räumen ||

6.3.4. /n/ in der unbetonten Endsilbe -*nen*

Dienen, binnen brennen dehnen planen ahnen lohnen wohnen Brunnen Hunnen höhnen können erkühnen sühnen Leinen scheinen raunen staunen bräunen streunen ||

6.3.5. /n/ in der unbetonten Endsilbe -*ngen*

Bingen ringen hängen sengen bangen fangen gongen bongen Zungen gedrungen düngen verjüngen ||

6.3.6. /n/ in der unbetonten Endsilbe -*ren*

Wirren zieren sperren mehren fahren Barren bohren Knorren gurren schurren hören dörren führen schüren Byron Mauren sauren Blaubeuren Säuren ||

6.3.7. /n/ in der unbetonten Endsilbe -*len*

Willen zielen stehlen Wellen malen Ballen Sohlen Stollen pullen schulen ölen grölen spülen fühlen feilen keilen faulen maulen heulen ausbeulen ||

6.3.8. /n/ in der unbetonten Endsilbe -*en*

Ziehen fliehen gehen sehen bejahen sahen drohen entflohen buhen muhen erhöhen flöhen blühen glühen freien speien hauen stauen bereuen scheuen ||

6.4. Häufung

Niederlande Nichtsnutz Niednagel niemand nieseln Nichtanerkennung | nebentonig nennen nebeneinander Nebelhorn Nebennierenrindenhormon Neonlicht | Namensnennung Namenkunde Nasenbluten Nansen Nachnahmesendung nacheinander | nominieren Notenbank Nominallohn Notunterkunft Norderney Normanne | Nutznießung Nubien Nummernkonto nun nuscheln Nudeln | nötigen Nörgeln | Nymphomanin Nützlichkeitsdenken | Neidnagel nein neiden | Nauen | Neufundland neunzehn neunundzwanzig neunhundert Neuntel | Kanonendonner ||

6.5.   /n/ neben /n/

Gewinnummer Hin- (nahme, neigung) | Brennessel Tannennadel Felsennest
Wespennest Eigenname | an- (nehmen u. a.) Bahnnähe | Lohnniveau Tonname
un- (nachahmlich u. a.) | dünnervig | Rheinnähe feinnervig ein- (nähen u. a.)
Scheinnutzer ||
Holland in Nöten | das Kind beim rechten Namen nennen | aufs Korn nehmen |
wenn nicht jetzt, wann dann | kein Narr sein | am Herzen nagen | den Nagel auf
den Kopf treffen | einen Narren gefressen haben | bei den Ohren nehmen ||
Annahme – Anna, einnebeln – einebnen, Brennessel – brennen, kein Neid – kein
Eid, Tonname – Tonarm, Weinname – Weihnachten, wenn nicht – wenig, denn
nicht – denn ich ||

/ŋ/

Sth. Gaumen – Zungenrücken-Nasenlaut (palatal-prävelar – dorsaler sth. Nasal)

1.   Bildungsweise

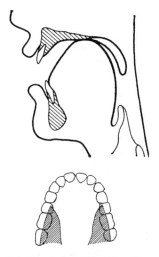

Die Lippen sind locker von den Zähnen abgehoben (Mundvorhof) und geöffnet. Mittlerer
Zahnreihenabstand (Lippenöffnung sowie -for-
mung und Zahnreihenabstand richten sich im
übrigen nach der Lautumgebung). Der vordere
Zungenrand hat Kontakt mit den lingualen Flächen der unteren Frontzähne; der mittlere bis
hintere Zungenrücken liegt locker am hinteren
Hart- bis vorderen Weichgaumen[76] und bildet
einen Verschluß (Verschlußbildung zwischen
Hinterzungenrücken und ausschließlich Weichgaumen vermeiden); die seitlichen Ränder der
Mittel- und Hinterzunge liegen verschlußbildend
an den palatinalen Flächen der oberen Back- und
Mahlzähne sowie deren Zahndämmen (etwa wie bei /k/, vgl. S. 169). Das Gaumensegel ist gesenkt und öffnet so den Nasenweg. Die Stimmlippen schwingen.
Der sth. Phonationsstrom entweicht durch die Nase.

2.   Bildungsfehler und Abweichungen

2.1.   Der Nasal [ŋ] wird im Wort und Silbenauslaut, im Inlaut vor schwachtonigem *e* sowie vor auslautender Konsonanz zu [ŋg] bzw. [ŋk]: *Zeitung* [ˈtsae̯tʊŋ]
wie [ˈtsae̯tʊŋk], *Pfingsten* [ˈpfɪŋstn̩] wie [ˈpfɪŋkstn̩], *bange* [ˈba̝ŋə] wie [ˈba̝ŋgə],
rings [ʀɪŋs] wie [ʀɪŋks] (besonders bei Südeuropäern festzustellen).

2.2.   Statt des Nasals [ŋ] sprechen z. B. Ostasiaten (u. a. Chinesen, Vietna-
mesen und Koreaner) buchstabengerecht [ng], [nk], statt *Junge, denken* [ˈjʊŋə],
[ˈdɛŋkn̩] – [ˈjʊŋgə], [ˈdɛŋkn̩]. Hierbei handelt es sich häufig um ein mit starker
Zungenspannung und mit Lippenbreitzug gebildetes *Zungenrücken-n*: Die Zungenspitze liegt (wie für [ŋ]) hinter den unteren Schneidezähnen, der Zungenrücken
wird gegen den oberen vorderen Zahndamm bis vorderen Hartgaumen gedrückt.

2.3.   Die untere Zungenkontaktstellung wird aufgegeben, der Zungenkörper
zurückgezogen, der Mittelzungenrücken berührt hinteren Weichgaumen und

221

Zäpfchen, der Hinterzungenrücken wölbt sich zur Rachenwand; die Zungenwurzel drückt auf den Kehldeckel. Es entsteht ein „halsiges", verdumpftes Brummen bei eingedämmter Nasalität.

3. Abhilfevorschläge

3.1. (zu 2.1.)

Aussprachehinweise beachten! Am ehesten läßt sich der weit verbreiteten Intensivierung der Verschlußbildung und explosiven Verschlußlösung im Auslaut nach hellem Vokal beikommen, zumal die Aufwölbung des Zungenkörpers nach vorn-oben auch den Zungenansatz für [ŋ] günstig beeinflußt: *ging King; eng peng* ... (vgl. 6.1., S. 226). Zu beachten ist, daß sich der Zungenrücken locker an den harten Gaumen legt und die Neigung zu intensiver [k]-Verschlußbildung (mit Anheben des weichen Gaumens) unterbleibt. Zur Verdeutlichung stellen wir [ŋ] dem [ŋ] + [k] gegenüber: *Fin-ken – fing, hin-ken – hing, En-kel – eng* usw. (vgl. 6.3., S. 226 f.).

Ähnlich verfahren wir bei [ŋ] vor schwachtonigem *e* oder Konsonanz: *Dingi – Dinge, Ding – Dinge; läng-stens – längs; Ring – rings, seng-ten – sengt, eng – sengt; Heng-ste – hängst, eng – hängst* ... (vgl. 6.2., S. 226).

3.2. (zu 2.2.)

Aussprachehinweise beachten! Wir üben [ŋ] im Auslaut – zur Vermeidung der starken Zungenspannung (dorsaler [n]-Bildung) und des Lippenbreitzuges – nach [a, ɔ, ʊ] *bang Bon Übung* ... (vgl. 6.1., S. 226).

3.3. (zu 2.3.)

Hier liegt eine Verspannung vor, die nicht allein auf die Artikulationsmuskulatur beschränkt ist, sondern mitunter Ausdruck einer auffälligen Verkrampfung des gesamten Menschen ist. Als Ergebnis dieser Verkrampfung sind auch die anderen Nasenlaute, die dunklen Vokale und die Gaumenverschlußlaute verlagert. Man suche einen Logopäden oder Sprecherzieher auf!

Notwendig erscheinen mir *Entspannungsübungen* im Sinne der „aktiven Entspannungsbehandlung"[77] und des „autogenen Trainings".[78] Da hiermit therapeutische Fragen berührt werden, sei auf die in den Anmerkungen genannten Autoren verwiesen bzw. auf eine Auswahl entsprechender Übungen bei ADERHOLD/ WOLF (1999, 16 ff.), auch wenn sie hier in Beziehung zur Richtigstellung der Atmung (Hinführen zur Tiefatmung) gesetzt werden.[79]

Zum Auflockern der Artikulationsbewegungen verwenden wir die *Kopfschüttelübung* (S. 115). Dann Übungen mit dorsalem initialem [l] (*ling leng lang* ...), auf dorsales [n], [d] bzw. auf [b], [v], [m], [j] (*bing wing ming jing* u. ä.) erweitern. Und schließlich sämtliche Übungssilben mit sprechüblicher Bildung der anlautenden Konsonanten.

Ähnliches läßt sich auch (nach vorangegangener Schüttelübung) mit *bing beng ... ming meng ...* erreichen: Die Vorderzunge wird zwischen die Lippen geschoben, so daß der vordere Zungensaum sichtbar wird. Dann sprechübliche Bildung und Wortbeispiele hinzunehmen.

Zur Behebung der Zungenverlagerung und der Rachenenge verwenden wir wieder die *Pleuel*- (S. 112 f.) und *Gähnübung* (S. 113 f.).

Die Pleuelübung modifizieren wir in ähnlicher Weise, wie es beim /x/ (3.1., S. 342) beschrieben wird, nur daß wir hier mit hellen Vokalen beginnen. Dieser zweite Weg gleicht im Prinzip dem oben beschriebenen Übungsgang im Anschluß an das Kopfschütteln: silbische bzw. Wortübungen mit [j], [p], [b], [k], [g] oder (vorerst) dorsalem [d], [t], [l], [n], z. B. *Ding Thing lang jung peng Bon King Gang ging* usw.

Noch etwas anderes bietet sich an: Die anlautenden Konsonanten ([j, k, g]; dorsales [d, t, l, n]) werden mit einer abgeschwächten Pleuelbewegung gebildet. Die Vorderzunge wölbt sich (bei fixiertem vorderem Zungenrand) gering über die Schneidekanten der unteren Frontzähne und berührt die Kanten der oberen Frontzähne.

Um Verspannungen zu vermeiden, die sich durch Überanstrengungen einstellen können, empfiehlt es sich, immer wieder Schüttel- bzw. Pleuelübungen einzuschalten.

4.   Aussprache

Der Nasal [ŋ] ist zu sprechen

a) bei Schreibung ng im Wort- und Silbenauslaut und im Inlaut vor schwachtonigem e ([ə]), unbetontem [ɪ] oder [ʊ] sowie vor Konsonanten: *lang; langsam, lange, abhängig, Unterbringung; längs, längst, längt*
b) bei Schreibung n vor k, ks und x ([ks]) im In- und Auslaut: *Dank, danken; links, Skunks; Sphinx, Phalanx;* jedoch nicht, wenn n und der folgende Laut durch Zusammenfügung aufeinandertreffen: *einkaufen, ankommen, unklar*
c) bei Schreibung ng vor vollstimmigem Vokal sprich [ŋg]: *Kongo, Ungarn;* jedoch nicht, wenn n und g durch Zusammenfügen aufeinandertreffen: *Eingemeindung, ungar.*

5.   Aussprüche und Sätze

5.1.   Geflügelte Worte / Dichtung

Was klang dort für Gesang und Klang? (Bürger) | Im engen Kreis verengert sich der Sinn (Schiller) | Laß das Vergangene vergangen sein (Goethe) | „Das singende springende Löweneckerchen" (Grimms Märchen) | Es ist einem denkenden Menschen durchaus unmöglich, sich ein Nichtsein, ein Aufhören des Denkens und Lebens zu denken (Goethe) ‖

Von dem Dome, schwer und bang,
tönt die Glocke Grabgesang. (Schiller)

Mäuse soll man fangen,
Diebe soll man hangen. (Freidank)

Rechter Dank
wird nicht krank,
pflegt im Danken
nie zu wanken. (Logau)

… lasset uns singen,
tanzen und springen!
Frühling, Frühling
wird es nun bald. (Hoffmann v. Fallersleben)

Und ihr Hals wird lang und länger,
ihr Gesang wird bang und bänger. (Busch)

Lehn' deine Wang' an meine Wang',
dann fließen die Tränen zusammen! (Heine)

Der Mond ist aufgegangen,
die goldnen Sternlein prangen
am Himmel hell und klar. (Claudius)

… schone meine Lunge:
Wer recht behalten will und hat nur eine Zunge,
behält's gewiß. (Goethe)

Und jedes Heer mit Sing und Sang,
mit Paukenschlag und Kling und Klang. (Bürger)

Spät erklingt, was früh erklang;
Glück und Unglück wird Gesang. (Goethe)

Unke, Unke, komm geschwind,
komm herbei, du kleines Ding … (Grimms Märchen)

O du Falada, da du hangest! –
O du Jungfer Königin, da du gangest,
wenn das deine Mutter wüßte,
ihr Herz tät ihr zerspringen. (Grimms Märchen)

5.2.   Sprichwörter / Sprichwörtliches / Spruchweisheit

Schenken heißt angeln | Hunger ist der beste Koch | Jung gewohnt – alt getan | Die Hoffnung ist unser, der Ausgang Gottes | Singe, wem Gesang gegeben | Strenge Herren regieren nicht lange | Wer die Zeit drängt, den verdrängt die Zeit | Ein guter Trunk macht Alte jung | Achte kein Ding gering ‖

Mitgegangen –
mitgefangen –
mitgehangen.

Der Maikäfer Menge
bedeutet der Schnitter Gedränge. (Bauernr.)

Jung gelungert,
alt gehungert.

Je länger Junggesell',
je länger in der Höll'.

Außen blank,
innen Stank.

Erfahrung
macht Hoffnung.

Geschenke
bringen Ränke.

Lieben und Singen
läßt sich nicht erzwingen.

Später Dank,
schlechter Dank.

Eigenlob stinkt,
Freundeslob hinkt,
Feindeslob klingt.

Ist der Magen krank,
wird der Körper wank.

Wonach einer ringt,
danach ihm gelingt.

Zwang
währt nicht lang.

Undank
macht Wohltun krank.

Müßiggang
ist der Tugend Untergang.

Anfangen und Ringen
ist ob allen Dingen.

Geschenke
machen dem Wort Gelenke.

Jünglingsgedanken,
lange Gedanken.

Menschengunst und Lautenklang
klinget wohl, doch währt nicht lang. (Wartburgspr.)

5.3.   Redensarten / Wortgruppen

Guter Dinge sein | dingfest machen | lange Finger machen | zwischen Tür und
Angel | die Engel singen hören | mit Hängen und Würgen | am Hungertuche
nagen | sang- und klanglos | über die Klinge springen lassen | auf die lange Bank
schieben | eine lange Leitung haben | blank sein | durch die Bank | einem etwas
eintränken | am Gängelband führen | wie ein krankes Huhn aussehen | der Magen
hängt mir lang | in rauhen Mengen | die Nase hängenlassen | ein grüner Junge
sein | die Ohren klingen | keinen Pfifferling für etwas geben | aussehen wie eine
Pfingstrose | die Posaune des Jüngsten Gerichts | an den Pranger stellen | den
Rang ablaufen | auf seine Rechnung kommen | eine Schlange am Busen nähren |
sich in seiner eigenen Schlinge fangen | im Schwange sein | sich ins Spiel mengen |
Geld springen lassen | springender Punkt | auf die Sprünge kommen | bei der
Stange bleiben | eine lange Stange | am gleichen Strange ziehen | Bangemachen
gilt nicht | die Bank sprengen | leere Behauptungen vorbringen | in Einklang

bringen | in Gang kommen | jemand seine Meinung aufdrängen | der Anfang vom Ende | immer langsam voran! | bängliches Schwanken ||

5.4.   Paare

Sang und Klang | mit Hangen und Bangen | Angst und Bange | Singen und Springen | rank und schlank ||

6.   Wörter und Wortgruppen

6.1.   /ŋ/ im Auslaut

King Liebling Jüngling Ding Feigling Frühling gering Pudding Findling Sperling | eng peng streng Slang Ginseng Gang | Fang Belang Gesang Strang Sang Hang Zwang Gang Rang Klingklang | Song Balkon Gong Ytong Monophthong Diphthong Triphthong Ping pong | Bestimmung Wölbung Übung Lösung Meinung Handlung Zeitung Lieferung Verzeihung Beglaubigung ||

6.2.   /ŋ/ im Inlaut

Bingen Finger schwingen gelingen Dinge Tingeltangel | mengen Bengel Fänge Schwengel Länge Stengel | Mangel Spange Langeweile Stange Zange Angel | gongen bongen | Lunge Zunge Hunger lungern Dschungel Junge | Jünger züngeln Dünger ||
Mitbringsel dinglich singbar vordringlich geringfügig Springseil | länglich längstens bänglich verfänglich Gefängnis englisch | langsam langweilig Langfinger gangbar Fangstoß Hanglage | Balkonpflanzen Songschreiber | Lungwurst ||
Ringt singt rings allerdings Zingst | fängt fängst Hengst | bangst Angst langst | gongt gongst bongst | düngt jüngst düngst ||
Sengten – sengt, längten – längt, drängten – drängt, düngten – düngt, gongten – gongt, mengten – mengt ||
Eng – längs, Ring – rings, ging – ging's, häng' – häng's, hing – hing's, fang' – fang's, schling' – schling's, läng' – längs ||
Ding – Dinge, Ring – Ringe, fing – fingen, Gong – gongen, Bon – bongen, bang – Bange, Fang – fangen, Rang – Range ||

6.3.   /ŋ/ und /ŋk/ in Wortpaaren

Fing – Fink, Ding – Think, eng – Enk, sang – sank, Tang- Tank, bang – Bank, Rang – rank, schwang – Schwank, schlang – schlank, Drang – Trank ||
Singt – sinkt, dringt – trinkt, klingt – klinkt, hängt – henkt, sengt – senkt, längt – lenkt, schwangt – schwankt, sangt – sankt, rangt – rankt ||

Singst – sinkst, dringst – trinkst, klingst – klinkst, hängst – henkst, sengst – senkst, längst – lenkst, schwangst – schwankst, hingst – hinkst, düngst – dünkst ||
Fingen – Finken, hingen – hinken, Klinge – Klinke, klingen – klinken, singen – sinken, Bengel – Bänkel, sengen – senken, Sänger – Senker, längen – lenken, hängen – henken, Hänger – Henker, Engel – Enkel, drängen – tränken, Ränge – Ränke, versengen – versenken, Wangen – wanken, sangen – sanken, Schlange – schlanke, Zangen – zanken, Anger – Anker, Rangen – Ranken, prangen – Pranken, Stangen – stanken, junger – Junker ||
Finken – fing, hinken – hing, Enkel – eng, ranken – rang, schlanke – schlang, sanken – sang, Banken – bang, tanken – Tang, Junker – jung ||

/r/

[ʁ]

Sth. Zäpfchen – Zungenrücken-Lenis-Engelaut (uvular – postdorsaler sth. Lenis-Engelaut), sogenanntes *hinteres Reibe-r*[80]

1.   Bildungsweise

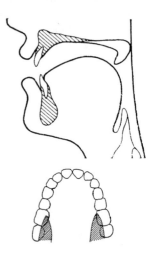

Lippenöffnung sowie -formung und Zahnreihen-abstand richten sich nach der Lautumgebung. Der vordere Zungenrand hat Kontakt mit den lingualen Flächen der unteren Frontzähne; der hintere Zungenrücken ist zum Weichgaumen und Zäpfchen aufgewölbt und bildet eine Enge; die seitlichen Ränder der Hinterzunge sind geho-ben und berühren die palatinalen Flächen der oberen Mahlzähne und deren Zahndämme, so daß insbesondere die hintere Zungenoberfläche zu einer Längsrinne geformt wird. Das gehobene Gaumensegel schließt den Nasenweg ab. Die Stimmlippen schwingen.

In der mit geringer Artikulationsspannung gebildeten Zäpfchen – Zungen-Enge erzeugt verminderter Exspirationsdruck ein schwaches Reibegeräusch (Lenis). Durch Koartikulation kann der Laut stimmlos werden.

[R]

Sth. Zäpfchen – Zungenrücken-Schwinglaut (uvular – postdorsaler sth. Vibrant), sogenanntes *Zäpfchen-* oder *Zungenrücken-r*[81]

1.   Bildungsweise

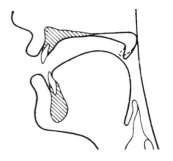

Lippenöffnung sowie -formung und Zahnreihen-abstand richten sich nach der Lautumgebung. Der vordere Zungenrand hat Kontakt mit den lingualen Flächen der unteren Frontzähne; der hintere Zungenrücken ist zum Weichgaumen und Zäpfchen aufgewölbt; die seitlichen Ränder

der Hinterzunge sind gehoben und berühren die palatinalen Flächen der oberen Mahlzähne und deren Zahndämme, so daß insbesondere die hintere Zungenoberfläche zu einer Längsrinne geformt wird. Das gehobene Gaumensegel schließt den Nasenweg ab. Die Stimmlippen schwingen.

Der sth. Phonationsstrom versetzt das Zäpfchen in der Rinne des hinteren Zungenrückens in passive Schwingungen, so daß es unterbrochene Verschlußfolgen am hinteren Zungenrücken bildet, die ihrerseits den Luftstrom periodisch unterbrechen, und ein helles Rollen erzeugt wird.

[r][82]

Sth. Zahn-Zahndamm – Zungenrand-Schwinglaut (dental-alveolar – koronaler sth. Vibrant), sogenanntes *Zungenspitzen-r*[83]

1.   Bildungsweise

Lippenöffnung sowie -formung und Zahnreihenabstand richten sich nach der Lautumgebung. Die Zungenspitze ist zu den palatinalen Flächen der oberen Frontzähne und deren Zahndamm gehoben; die seitlichen Zungenränder berühren die palatinalen Flächen der seitlichen oberen Zähne und deren Zahndämme. Das gehobene Gaumensegel schließt den Nasenweg ab. Die Stimmlippen schwingen.

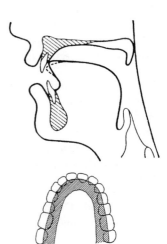

Der sth. Phonationsstrom versetzt die Zungenspitze in passive Schwingungen, so daß sie unterbrochene Verschlußfolgen an den Frontzähnen und/oder deren Zahndamm bildet, die ihrerseits den Luftstrom periodisch unterbrechen, und ein dunkles Rollen erzeugt wird.

[ɐ̯], [ɐ]

Vokalische r (dunkler Mittelzungenvokal)

Bei den *vokalischen r* handelt es sich nicht um eigenständige Laute, sondern sowohl um die (nichtsilbische) vokalische Realisationsform [ɐ̯] für /r/ (im Auslaut bzw. vor finaler Konsonanz) nach langem Vokal, außer nach [ɑː], als auch um die monophthongische Realisationsform [ɐ] für die Folge /er/ in unbetonten Affixen.

Lippenöffnung sowie -formung und Zahnreihenabstand richten sich nach der Lautumgebung. Der vordere Zungenrand hat Kontakt mit den lingualen Flächen der unteren Frontzähne, der mittlere Zungenrücken ist mäßig zum Hartgaumen gewölbt. Das Gaumensegel ist gehoben.

Die indifferente Klangfarbe des Substitutionsvokals schwankt insbesondere zwischen [ɑː], [a] und [ɔ], kann aber auch [ɛ]- und [œ]-haltig sein. Die Klangfarbe der vokalischen *r*- und *er*-Substitution stimmt weitgehend überein. Die monophthongische *er*-Realisation wird in der subjektiven auditiven Wahrnehmung als länger empfunden als die vokalische *r*-Realisation.

2.   Bildungsfehler und Abweichungen

2.1.   Das *Zungenspitzen-r* wird mit zu vielen Schlägen gebildet, namentlich Osteuropäer sprechen häufig ein „rrrollendes", für unsere Ohren hartes [r].

2.2.   Das stimmhafte *Zungenspitzen-, Zungenrücken-* oder *Reibe-r* wird durch stimmloses *„Rachen-r"* ersetzt: Die Zungenspitze ist zumeist kontaktlos, der Zungenkörper zum hinteren Weichgaumen und zur Rachenwand zurückgezogen; die ausströmende Luft reibt sich stark an der zwischen Hinterzungenrücken und weichem Gaumen gebildeten Enge, so daß ein verlagerter velarer Reibelaut ([x]) entsteht, z. B. *dort* [d̥ɔʀt] etwa wie [d̥ɔxt], *Wirt* [vɪʀt] etwa wie [v̥ɪxt]. Vgl. /x/, 2.1., S. 341 f.

2.3.   Totale Umfärbung des konsonantischen wie des vokalischen /r/ im Auslaut bzw. vor finaler Konsonanz in (mitunter sogar silbisches) [ɑː], [a], [oː] oder [ɔ], z. B.: *der Berliner* [d̥eːɐ̯bɛr'liːnɐ] zu etwa [d̥aˑba'liːnɑː], *Mutter* ['mutɐ] wie ['mutaˑ], *herb* [hɛʀp] wie ['hɛˑˌap].

Wie am Beispiel *herb* ersichtlich, beeinflussen die *r*-Laute Qualität und Quantität vorausgehender Vokale: So besteht die Tendenz, kurze Vokale zu dehnen und enge Vokale zu öffnen (weiten).

2.4.   In der unbetonten Endung *-ren* wird nach Langvokal oder Zwielaut (außer nach [ɑː]) die Folge /re/ monophthongisch als [ɐ] realisiert, dessen koartikulatorisch beeinflußte Klangfärbung im allgemeinen zwischen [ɑ:] und [œ] liegt, z. B. *nähren* ['nɛ:ʀən] wie ['nɛ:ɐn].

2.5.   Hauptsächlich in die Folge konsonantisches /r/ und auslautendes [m], [n] oder [l] schiebt sich ein [ə]-ähnlicher vokalischer Übergangslaut, der mitunter auch den Charakter eines weiten kurzen *e* ([ɛ]) haben kann, z. B. statt *Arm* [aʀm] – ['aʀᵊm], statt *fern* [fɛʀn] – ['fɛʀᵊn], statt *Kerl* [kʰɛʀl] – [kʰɛʀᵊl]. (Gelegentlich fällt ein vokalischer Übergangslaut selbst in den Folgen /r/ und finaler Verschluß- bzw. Reibelaut auf.)

2.6.   In die Folge initiales /ʃr/ schiebt sich ein Sproßvokal. Siehe /ʃ/, 2.3., S. 305.

3.   Abhilfevorschläge

3.1.   (zu 2.1.)

Aussprache beachten: Wurden früher anlautend etwa 10 Schläge gefordert (man sprach ironisch vom „drrramatischen" *r*), so genügen heute im Wortanlaut 1–2 Schläge, inlautend 2 und auslautend nur Zungenspitzenverschluß (1 Schlag). Während das rollende [r] noch einigermaßen mühelos gelingt, so liegt in dieser Einschränkung eine Schwierigkeit, die nur durch fleißiges Üben beseitigt werden kann. Hierin darf man sich selbst dann nicht entmutigen lassen, wenn sich auch nach wochenlangem Üben noch kein Erfolg einstellen sollte! Auf keinen Fall den Weg des geringsten Widerstandes gehen und auf (hinteres) *Reibe-* oder gar „*Rachen"-r* umstellen!

3.2.   (zu 2.2.)

Das „*Rachen"-r* ist nicht nur aus ästhetischen Gründen abzulehnen, sondern vor allem aus stimmhygienischen. Es führt häufig zu Artikulationsverlagerung („gaumigem" Sprechen) und gepreßt-kratziger Stimmgebung.

Zur Beseitigung der Zungenverlagerung *Gähn-* (S. 113 f.) und *Pleuelübung* (S. 112 f.) einsetzen. (Vgl. auch /x/, 3.1., S. 341 f.)

Zungenspitzen-r

Für die Erlernung des *Zungenspitzen-r* ist Geduld und Zeit notwendig.

a) Die Talma-Methode[84] beruht auf dem Wechsel von [d] und [t]. Schnelles Hintereinandersprechen (wobei auf [t] Nachdruck liegt) führt schließlich zu [tr]. Von dieser Ableitungsmethode gibt es zahlreiche Modifikationen: *te-de-de-te-de-le, tedede – tedele … tededr*, [tr].
Statt [r] wird [də] eingesetzt: *Tedeppe > Treppe, Tüdeke > Türke.*

Auch der Wechsel von [d] (oder [b]) und [l] hat sich bewährt: *dlum   dlum   dlum … > drum; blum   blum … > brum.*

b) Das *„Kutscher"-r* beginnen wir mit deutlicher Sprengung des Lippenverschlusses. Die hiermit eingeleitete kräftige Ausatmung reißt gleichsam die Zungenspitze in „muntere" Flatterbewegungen gegen die palatinalen Flächen der oberen Frontzähne und deren Zahndamm. Als hilfreich erweist sich die Übungsfiktion, mit der Interjektion *„prrr"* oder *„brrr"* Pferden Halt gebieten zu wollen. Dann verwenden wir das Sprengen des Lippenverschlusses nur noch vorstellungsfördernd und stellen es ein, wenn die Zungenspitze in gewünschter Weise mühelos flattert, und lassen Wortbeispiele mit anlautendem [br̥] oder [pr] folgen (s. u. Übungen zum *Zäpfchen-r*).
Das Prinzip der Beeinflussung durch bildungsverwandte und ortsgleiche Laute sollte natürlich auch bei den Wortübungen berücksichtigt werden. Die Ableitung vom apikalen [t] bzw. [d] erweitern wir um die von apikalem [n] und [l]. Hierbei ist nicht an ausschließlich einseitige Lautnachbarschaft, sondern an beidseitige Lautumgebung zu denken. Das beginnende [tr] und [dr] im Anlaut mit Beispielen wie *trimmen   treffen …* (vgl. /t/, 6.1.3., S. 155); *dribbeln   Dresden …* (vgl. /d/, 6.1.3., S. 161 f.) könnte also fortgesetzt werden mit konsonantischem /r/ im gedeckten Auslaut vor [t], [n] oder [l], z. B.: *Wirt   Bart …* (vgl. 6.2.8., S. 241); *Firn   Horn …* (vgl. 6.2.13., S. 242); *Karl   Quirl* usw. (vgl. 6.2.14., S. 242). Des weiteren bietet sich das Zusammentreffen von konsonantischem /r/ mit bildungsverwandtem apikalen Konsonanten an der Silbenfuge bzw. an der Wortgrenze an, z. B.: *Wettringen   Goldrubel … mit Rosen | im Bett rauchen …* (vgl. 6.2.3., S. 239 f.); *Anruf   Einreibung … ein Riese | in Riesa …* (vgl. 6.2.4., S. 240); *Allradantrieb   Vollrente … viel räumen | Mehl rösten* usw. (vgl. 6.2.5., S. 240) sowie *Irrtum   Garten … irdisch   Gerade … Pirna   Marne … Berlin   Barlach* usw.

Zäpfchen-r

Bei der Erlernung eines artikulatorisch wie stimmlich nicht beeinträchtigten *Zäpfchen-r* gehen wir vom Gurgeln aus. Bereits hier auf untere Zungenkontaktstellung achten. Das Wasser läßt das lockere Zäpfchen frei schwingen. Das „Gurgeln ohne Wasser" wird nicht sofort gelingen. Wir gehen daher immer wieder auf „reales Gurgeln" zurück, reduzieren aber die Flüssigkeitsmenge, so daß nur noch mit Speichelhilfe und schließlich bei nur angefeuchtetem Mund „gegurgelt" wird, d. h., das Zäpfchen im Luftstrom flattert.
Auch in den folgenden Wortbeispielen sollte man anfangs auf die Speichelhilfe bzw. auf die intensive Vorstellung des Gurgelns nicht verzichten.
Hilfreich für das Erlernen eines unverlagerten, klangvollen *Zäpfchen-r* ist in erster Linie dorsale Lautumgebung. Wir beginnen deshalb mit [ʀ] vor Vorderzungenvokal nach anlautendem dorsalen [t] oder [d], also (wieder) mit Beispielen wie: *triefen   treten   trösten   trüben …* (vgl. /t/, 6.1.3., S. 155); *drin   Dreh   dröhnen*

drüben ... (vgl. /d/, 6.1.3., S. 161 f.); nehmen anlautendes [p] und [b] hinzu: *Priem prellen Pröbchen prüfen* ... (vgl. /p/, 6.1.3., S. 131); *Brief Bremen Brösel Brühe* ... (vgl. /b/, 6.1.3., S. 139); und gehen dann zu silbenanlautendem [ʀ] über, dessen Lautumgebung wir noch um dorsales [n] und [l] sowie um [m] erweitern, z. B.: *mitreißen ... abreißen ... einreißen ... Ballrobe ... umreißen* usw. Darauf üben wir [ʀ] im gedeckten Auslaut bzw. in der Silbenfuge, beispielsweise: *firm ... herb ... hart ... Sporn ... Kerl ...; Firma ... zirpen ... Wirbel ... harte ... Horde ... anspornen ... Karli* usw. Und erst zuletzt sollte [ʀ] im An- und Auslaut folgen.

3.3.   (zu 2.3., 2.4.)

Diese umgangssprachlichen Phänomene treten, graduell unterschiedlich, im gesamten deutschen Sprachgebiet auf, ausgenommen wohl nur jene Regionen, in denen das *Zungenspitzen-r* sprechüblich ist, wie z. B. in oberdeutschen Landschaften.

Aussprachehinweise beachten! (vgl. 4., S. 234 f.). Eventuelle lautbildnerische Schwierigkeiten versuche man mit den unter 3.2. (insbesondere zum *Zäpfchen-r*) beschriebenen Übungen zu beheben.

Unsere Bemühungen müssen sich gegebenenfalls gleichfalls mit den unter dem Einfluß der *r*-Laute veränderten Vokalen befassen. Also gleichermaßen um lange enge Vokale sowie folgendes vokalisiertes *r* und um kurze weite Vokale sowie folgendes konsonantisches *r* bemüht sein!

Zur Unterbindung der Umfärbung des *vokalischen r* in einen *a*-Laut auch Gegenüberstellungen heranziehen, z. B.: *dir – Dia* ... (vgl. /i, ɪ/, 6.2.2., S. 381), *leer – Lea* ... (vgl. /e, ɛ, ɛː/ ; ə/, 6.2.2., S. 398), *Bor – Boa* ... (vgl. /o, ɔ/, 6.2.2., S. 424); *Eller – Ella* ... (vgl. 6.8.5., S. 246).

3.4.   (zu 2.5.)

Der Sproßvokal tritt sowohl bei Sprechern mit dialektaler Bindung wie als individuelle Variante auf. Man stellt ihn auch bei etwas gespreizter („frisierter") Sprechweise fest. Vermutlich wird sein Auftreten in den besagten Lautfolgen dadurch begünstigt, ein stimmhaftes konsonantisches *r* zu sprechen bzw., daß der Wechsel von unterer zu oberer Zungenkontaktstellung (für apikales [n] und [l]) zu langsam und unentschlossen erfolgt.

Nach der Entscheidung entweder für dorsale Bildung beider Elemente oder für den Wechsel von dorsaler und apikaler Bildung in den besagten Lautfolgen machen wir uns das Zusammentreffen der Laute ohne Übergangsvokal an der Silbenfuge bzw. an der Wortgrenze (innerhalb einer Sprecheinheit) deutlich, z. B.: *Arme Irma ...; Meißner Geschirr̲ mögen | bizarr̲ malen* ... (vgl. 6.2.12., S. 242); *Pirna Ferne ...; Herr̲ Niemand | kein Honorar̲ nehmen* ... (vgl. 6.2.13., S. 242); *Irland Barlach ...; Herr̲ Luftikus | starr̲ leugnen* usw. (vgl. 6.2.14., S. 242). Bewährt hat sich auch, nach /r/ geringfügig zu pausieren und diese Zäsur zu bewußter und kontrollierter, letztlich schneller und entschiedener Einstellung der Artikulatoren auf den folgenden Laut zu benutzen.

Dann können wir noch gegenüberstellen: *Arme – Arm, Irma – Irmtraud ... Ferne – fern, gerne – gern ... Kerle – Kerl, Marlies – Marl* usw. Und schließlich haben Sie angemessenen, übergangslosen Anschluß des finalen Konsonanten an /r/ gefunden.

3.5.   (zu 2.6.)

Siehe /ʃ/, 3.2., S. 306 f.

4.   Aussprache[85]

4.1.   Zungenrücken-, Reibe- oder Zungenspitzen-*r* wird gesprochen

a) bei Schreibung *r, rh* im Wort- und Silbenanlaut: *Rede, rein; hören, mitreißen; Rhetorik, Rhein; linksrheinisch, Prosarhythmus*
b) bei Schreibung *r* im Inlaut nach Konsonant und im Inlaut nach kurzem Vokal (ausgenommen in den Präfixen *er-, her-, ver-, zer-*) sowie nach *langem a* ([ɑ:]): *Braten, Presse, drohen, trinken, Gruß, Kreis, frei, wringen, Schraube; fertig, herzig, Berg, hart, Mars, Hirn; Paar, Fahrt*
c) bei Schreibung *rr, rrh* im Inlaut, im Wort- und Silbenauslaut: *Barren, irren; Myrrhe, tyrrhenisch; Narr, wirr; Katarrh; Irrsinn; katarrhartig.*

4.2.   Der (nichtsilbische) dunkle Mittelzungenvokal ([ɐ̯]) wird gesprochen bei Schreibung *r* (im offenen oder gedeckten Auslaut) nach langem Vokal (außer nach [ɑ:]): *wir* [v̥iːɐ̯], *Uhr; führten, leerte; fährt;* nach dunklem langem *a* ([ɑ:]) Reibe- oder Zungenrücken-*r*: *Haar*

4.3.   Der dunkle Mittelzungenvokal ([ɐ]) wird gesprochen für die Buchstabenfolge *er* in den unbetonten Präfixen *er-, her-, ver-, zer-* und im unbetonten Suffix *-er* (auch in gedeckter Position: *-ern, -ers, -ert*): *erhalten* [ɐˈhaltn̩], *herbei, vergessen, zerfallen; Mutter* [ˈmʊtɐ], *besonders, klappern, klappert.*

Umfärbung in /ɑ:/, /a/, /o/ oder /ɔ/ bzw. der Ersatz durch einen palatalen oder velaren Reibelaut sollten unterbleiben.

Zwischen *r* und *rr, rrh* im einfachen Wort besteht in der Aussprache kein Unterschied, in *Iren* und *irren* wird nur e i n /r/ gesprochen. Treffen dagegen in Zusammensetzungen, Ableitungen oder innerhalb einer Sprecheinheit zwei *r* zusammen, so wird zwar ebenfalls nur e i n /r/ gesprochen, aber mit *etwas längerer Dauer:* *Geschirreiniger* [ɡ̊əˈʃiʁˑɑ͜enɪɡɐ] (aber *Geschirreimer* [ɡ̊əˈʃiʁɑ͜emɐ]); *wir͜ reden.*

5. Aussprüche und Sätze

5.1. Geflügelte Worte / Dichtung

Wenn gute Reden sie begleiten, dann fließt die Arbeit munter fort (Schiller) | Ein braver Reiter und ein rechter Regen kommen überall durch (Goethe) | Sei mir gegrüßt, mein Berg mit dem rötlich strahlenden Gipfel! (Schiller) | Schwer drückt ein voller Beutel, schwerer ein leerer (Haug) | Roland, der Riese, am Rathaus zu Bremen steht er, ein Standbild, trotzig und treu (Rückert) | Wir irren allesamt, nur jeder irret anders (Lichtenberg) | Jeder Mensch kann irren, im Irrtum verharren nur der Tor (Cicero) | Menschen irren, aber nur große Menschen erkennen ihren Irrtum (v. Kotzebue) | Verrat trennt alle Bande (Schiller) | Nur wer mit ganzer Seele wirkt, irrt nie (Hölderlin) | Sobald der Mensch in Zorn gerät, gerät er in Irrtum (Talmud) | Wenn die Reben wieder blühen, rührt sich der Wein im Fasse (Goethe) | Das Recht des Stärkeren ist das stärkste Unrecht (Ebner-Eschenbach) | Der Winter ist ein rechter Mann, kernfest und auf die Dauer (M. Claudius) | Es zogen drei Burschen wohl über den Rhein (Uhland) | Raum für alle hat die Erde (Schiller) | Was ihr nicht rechnet, glaubt ihr, sei nicht wahr (Goethe) | Heinrich! Mir graut's vor dir! (Goethe) ‖

Was du ererbt von deinen Vätern hast,
erwirb es, um es zu besitzen. (Goethe)

Ein Reis vom Narrenhaus trägt jeder, wer es sei;
der eine deckt es zu, der andre trägt es frei. (Logau)

Getretener Quark
wird breit, nicht stark. (Goethe)

Wenn die Räder rasselten,
Rad an Rad, rasch ums Ziel weg. (Goethe)

Risch rasch quer übern Kreuzweg ging's
mit Horrido und Hussasa! (Bürger)

Pfosten stürzen, Fenster klirren,
Kinder jammern, Mütter irren. (Schiller)

Und horch, da sprudelt es silberhell
ganz nahe wie rieselndes Rauschen. (Schiller)

Felsentore knarren rasselnd,
Phöbus' Räder rollen prasselnd. (Goethe)

Rapunzel, Rapunzel,
laß mir dein Haar herunter. (Grimms Märchen)

Schneeweißchen, Rosenrot,
schlägst dir den Freier tot. (Grimms Märchen)

Kraue mich, krabble mich
hinter den Ohren zart und fein,
oder ich freß dich mit Haut und Bein! (Bechsteins Märchen)

Riegel, Riegel, Riegelein,
öffne dich, laß aus und ein! (Bechsteins Märchen)

Freundin ist ein süßes Wort,
aber Frau, das ehret immerfort. (Walter v. d. Vogelweide)

Für Sorgen sorgt das liebe Leben,
und Sorgenbrecher sind die Reben. (Goethe)

Wer das Recht denkt recht zu führen,
muß die Räder reichlich schmieren. (Logau)

Wer geprüften Rat verachtet
und ihn auszureißen trachtet,
der zerfleischet ganz sein Herz. (Bürger)

Die Rachgier ist ein Rad, das nimmer stille steht:
je mehr es aber läuft, je mehr es sich vergeht. (Silesius)

Die Treue warnt vor drohenden Verbrechen,
die Rachgier spricht von dem begangenen. (Schiller)

5.2.   Sprichwörter / Sprichwörtliches / Spruchweisheit

Wer sich grün macht, den fressen die Ziegen | Besser arm mit Ehren als reich mit
Schanden | Dürres Reis gibt rasches Feuer | Ein getret'ner Wurm krümmt sich |
Wer andern eine Grube gräbt, fällt selbst hinein | Guter Rat ist teuer | Wer sich
heute freuen kann, der soll nicht warten bis morgen | Es irrt sich der Priester am
Altare (Ital.) | Die Trägheit ist eine Rabenmutter, die ihre liebsten Kinder Hun-
gers sterben läßt (Oriental.) | Die Frauen ehrt nur, wer selber ehrenwert, und
verachtet nur, wer selber verachtenswert (Arab.) | Richte deine Predigt nach dem
Zuhörer ein (Japan.) | Besser ein strohener Vergleich als ein goldener Prozeß
(Poln.) | Wer das Bündel zu fest schnürt, dem reißt der Riemen | Wer ein Roß
reitet, erkennt seine Art | Das schlimmste Rad am Wagen knarrt am ärgsten | Die
beste Rede ist die wohlerwogene; wenn du redest, so muß deine Rede besser als
dein Schweigen werden (Arab.) | Alte Röhren tropfen gern | Vom Verräter frißt
kein Rabe | Versprechen ist herrisch, Halten bäurisch | Verschwenderischer Jüng-
ling, bedürftiger Greis (Arab.) | Ruhm ist verführerischer denn Gold | Rat nach
der Tat, die Kerze unters Kornmaß (Niederländ.) | Ein Rat vor der Gefahr ist
Wein, nach der Gefahr Essig (Lett.) | Es verdirbt keiner, er könne denn nicht
rechnen | Das Recht schiert haarscharf | Recht macht reich ||

Rast' ich,
so rost' ich.

Großer Prahler,
schlechter Zahler.

Feuer bei Stroh
brennt lichterloh.

Hart gegen hart
nimmer gut ward.

Borgen
macht Sorgen.

Kurze Rede –
gute Rede.

Kurzer Rat –
guter Rat.

Vorrat
ist besser als Nachrat.

Sich regen
bringt Segen.

Zwei Dinge verrauchen in kurzer Frist,
armer Leute Hoffahrt und Kälbermist.

Reich sein und gerecht
reimt sich wie krumm und schlecht

Ein guter Rat zur rechten Zeit
wahrt manchen vor viel Herzeleid.

Wenn die Krähe schreit,
ist der Regen nicht weit. (Bauernr.)

Junge Rebe muß verdorren,
kommt sie neben alten Knorren. (Bauernr.)

Jeder kehre vor seiner Tür
und werfe dem andern den Schutt nicht für.

In Worten zart,
in Werken hart.

Mancher verdirbt,
eh' daß er stirbt.

Rede wenig, rede wahr;
zehre wenig, zahle bar!

5.3.   Redensarten / Wortgruppen

Am Vorabend großer Ereignisse | jemanden seiner Vorrechte berauben | etwas
durch eine rosenrote (fremde) Brille betrachten | red dir keinen Bruch! | durch drei
Bretter sehen | dem wird's gehörig in die Bude regnen | aus dem gröbsten Dreck
heraus sein | immer wieder alten Dreck aufrühren | durcheinander wie Kraut und
Rüben | einen regelrechten Eiertanz aufführen | Wasser in den Rhein (ins Meer)
tragen | jemanden in Fahrt bringen | dem Frieden nicht trauen | sich im Grabe
umdrehen | Grillen vertreiben | die Haare stehen einem zu Berge | die Haare vom
Kopf fressen | ein haariger Kerl sein | in Harnisch geraten | den Braten riechen |
ein großes Brimborium um etwas machen | der eine ist einen Dreier wert, der
andere drei Pfennige | der getreue Eckart | eine Extrawurst braten | frech wie
Oskar | alter Freund und Kupferstecher! | nicht recht bei Groschen sein| in die
Grube fahren | Haarspalterei | unter den Hammer bringen | das Hasenpanier
ergreifen | etwas nicht übers Herz bringen | nicht an Herzdrücken sterben | aus
seinem Herzen keine Mördergrube machen | auf Herz und Nieren prüfen | sich
mit Hörnern und Klauen zur Wehr setzen | 'rin in die Kartoffeln, 'raus aus den
Kartoffeln | die Kirche ums Dorf tragen | Rand des Abgrunds | sich die Hörner
einrennen | mit doppelter Kreide schreiben | sein Kreuz tragen | zu Kreuze

kriechen | drei Kreuze machen | das Kriegsbeil begraben | da fällt dir keine Perle aus der Krone | frisch von der Leber weg reden | die gekränkte Leberwurst spielen | einem das Leder gerben | eine große Lippe riskieren | Lorbeeren ernten | auf den Lorbeeren ausruhen | durch Mark und Bein dringen | bei Mutter Grün übernachten | am Narrenseil führen | mit dem Nürnberger Trichter eingießen | hinter die Ohren schreiben | erst die Pfarre, dann die Quarre | unter die Räder geraten | die Rechnung ohne den Wirt machen | aus dem Regen in die Traufe kommen | darauf kann man nach Rom reiten | einen Rüffel kriegen | der Schornstein raucht wieder | für jemanden in die Schranken treten | einem zureden wie einem kranken Star | den Stier bei den Hörnern fassen | eine eiserne Stirn haben | da brat' mir einer 'nen Storch | wenn alle Stränge reißen | einen Gegner zur Strecke bringen | einen Strich durch die Rechnung machen | einem einen Strick drehen | leeres Stroh dreschen | o du gerechter Strohsack! | auf die Strümpfe bringen | kurz vor Torschluß | ein großes Trara um etwas machen | auf den rechten Trichter bringen | sich vor Freude umbringen | bei dem wird verdienen groß geschrieben | kein Wässerchen trüben | von reinstem Wasser | einem Weihrauch streuen | wenn das Wort eine Brücke wär' – dann! | unter die Arme greifen | zur großen Armee abberufen werden | sich Schritt vor Schritt vorwärtstasten | in grauer Vorzeit | die große Trommel rühren | ein rechter Bär | die Stirn runzeln | ein Streit um des Kaisers Bart | gefräßig wie ein Rabe | auf Schusters Rappen reiten | schwer von Begriff sein | seine Worte beherrschen | eine traurige Berühmtheit | schmerzlich berührt sein | in Rätseln reden | Ritter- und Räuberroman ||

5.4.   Paare

Roß und Reiter | keine Ruh' und Rast | Schrot und Korn | Ritter und Reisige | „Irrungen, Wirrungen" | trari – trara | 'rein und 'raus | ruhen und rasten | rauschen und rieseln | rippeln und rappeln | sich rühren und regen | rauh und roh | Furcht und Schrecken | „Sturm und Drang" | Räuber und Gendarm ||

5.5.   Lautüberfüllungen

333 riesige Reiter ritten 333mal um das große runde Rothenburger Rathaus | Die Katze tritt die Treppe krumm, krumm tritt die Katze die Treppe | Brauchbare Bierbrauerburschen brauen brausendes Braunbier | Große Krebse krabbeln in dem Kober | Ein krummer Krebs kroch über eine krumme Schraube | Der Ritter zu Roß am Rande der Rundung rannte wie rasend die Rundung herum ||

238

6.   Wörter und Wortgruppen

6.1.   /r/ im Anlaut

6.1.1.   /r/ vor betontem Vokal

Rips Riefe Riese Rispe Rinde Rita | rempeln rechts rennen Reede Rettich
Reh | rammen Ramsch Rahm rappeln raffen Raspel | Rhombus Robe rosa
Rhone Rolle roden | Rubel rupfen Rune Runzel Rute rutschen | römisch
Röslein Rössel rösten röten Röcklein | rühmen Rüffel Rüssel Rübezahl
Rhythmus Rütli | reimen Reife Reiser reinigen Reigen Reihe | rauben
raufen rauchen raunen Raute rauschen | räumen Rheuma Reuse Räude
Räuschlein Reue ||

6.1.2.   /r/ vor unbetontem Vokal

Rivale riskieren Rhinozeros rigoros Riviera | Rebell Reptil Republik Revo-
lution Resultat | Rabatt Rhapsodie Ration Rakete Rapunzel | Roman robust
Rosine Rodeo Romantik | Rubin Ruin Rubrik Rumänien rumoren | Rönt-
genologie Rösterei | rhythmisieren | Reiterei Reimerei Reiberei | Rauferei |
Rheumatismus Räucherei ||

6.2.   /r/ im Inlaut, in der Wortfuge und an der Wortgrenze[86]

6.2.1.   /r/ nach kurzem Vokal

Schwirren flirren girren verwirren klirren kirre | Terrasse Territorium Werra
zerren Ferrit plärren | Schmarren Barren Sparren Karren Pfarrer Narren |
Borretsch Knorren Porree Schnorrer verworren horrido | murren surren
zurren gurren schlurren schurren | dörren störrisch | mürrisch Myrrhe Pyrrhus
Dürre ||

6.2.2.   /r/ nach langem Vokal

Schmiere Niere Vierer zieren stieren verlieren | See- (reise, rose, räuber) Nerz
Nehru leeren Lehrerin Teerose | Bari sparen fahren Ware Nahrung Harem |
Bora Pore Forum Nora Flora Gloria | Bure Fuhre Jura Plural Kurie Mure |
Möhre Föhre schwören Gören töricht Störenfried | Syrien lyrisch Dürer
Thüringen schnüren küren | Beirat Heirat Kairo steirisch bairisch Kairuan |
Maurer Saurier Laura Taurien schaurig traurig | bäurisch feurig Neurose
Neuruppin Teurung Säure ||

6.2.3.   /r/ nach [t]

Bittruf Kittrest Miet- (recht, rückstand u. a.) Mitropa | bettreif Bett- (rost, ruhe)
blättrig Fettrand Tretrad Wettrennen | Stadt- (reinigung, rundfahrt) Brat- (röhre,

rost) Radrennen Drahtrolle | Brotrinde Not- (reife, ruf) lotrecht schrottreif Rot-
rückenwürger | Blut- (rache, rausch, reinigung) blut- (rot, rünstig) Brutreaktor
Hutrand | Grund- (recht, rente, riß) Hand- (reichung, rücken) End- (reim, resul-
tat, runde) Landregen Mondrakete Mundraub ent- (raten, reißen) | Geldrolle
Gold-(reif, renette, rute) Kaltradierung ||
Bad Rappenau (Reichenhall ...) | zerstreut (laut, flott) reden | Geld raffen (rie-
chen) | wie ein Schlot rauchen | mit Rosen | mit Gott rechten | matt röcheln ||

6.2.4. /r/ nach [n]

Hinrich Hinrunde Kaminrost dahinraffen Kinnriemen | Namenregister Familien-
recht Linienrichter Rennrodeln | Hahnrei heran- (reichen, reifen) Mahnruf An-
(recht, rede u. a.) Planrückstand | Konrektor Lohn- (raub, runde) Monrovia
Wohn- (raum, recht) mohnrot | Un- (rast, rat u. a.) un- (redlich, rühmlich u. a.)
Unruh | ein- (rahmen, räumen u. a.) Kleinrentner hinein- (ragen, rasseln) Hein-
rich steinreich Wein- (ranke, rebe) herein- (reichen, rufen) ||
Schon recht (richtig) | schön ruhig | mein (dein, sein) Rad | von Rotterdam | ein
Reigen | in Rubel | die Straßen räumen | Federn rupfen | die Brauen (Stirn)
runzeln ||

6.2.5. /r/ nach [l]

Zielrichter Vielredner Stilrichtung Spiel- (regel, runde u. a.) | Schnell- (reinigung,
richter) Stellrad Trommelrevolver Fehl- (runde u. a.) | Schmalreh Strahlrichtung
Stahlroß Walroß Wahl- (recht, rede) zahlreich Schall- (rohr, röhre) | Wollrock
wohlriechend Voll- (reife, rente, rausch) Kohl- (rabi, raupe, rübe, roulade, rös-
chen) | Stuhlrosette Schul- (rat, ranzen, recht, reform, reife) | Wühlratte Müllrech-
nung Kühl- (raum, rippe) | Keilriemen ||
Vom Stuhl rutschen | toll rennen | (zu) viel rauchen | Müll räumen | nach dem Ball
rennen | viel Rahm nehmen | soll raten | an den Nil reisen ||

6.2.6. /r/ vor [p]

Verdirbst stirbt zirpt wirbst Knirps | Verb herb derb Erb- (schaft u. a.) Gerbsäure
Kerbholz Kerbtiere erblich Terpsichore gefärbt Zerbst kerbst | Farbtopf warb
starb darbst vernarbt | knorplig Korb | schnurpsen | Körbchen| zermürbt Mürb-
chen ||
Zirpen | perplex Serpentine Schärpe Herpes Erpel Terpentin | Harpune Karpaten
Tarpan Starparade Spar- (prämie, programm) Harpyie | Knorpel torpedieren
Korporal korpulent Dorpat | Purpur | Körper körperlich ||
Das Stiefelpaar putzen | im Seminar plaudern | nachweisbar positiv | eine Schar
Puten | sich klar positionieren ||

6.2.7. /r/ vor [b]

Wirbel Zirbelkiefer Geschirrboy | Werbung derbe Kerbe gerben Färber Serbe |
Barbier darben Karbunkel Garbe arbeiten | Sorben Lorbaß Lorbeer Orbit mor-
bid Norbert | Turban Urban Kurbel | Durban Körbe Zörbig | mürbe ||
War bitter (böse, biegsam) | starr blicken (bieten) | sich nicht um ein Haar bessern |
ein Narr bleiben | unersetzbar bleiben | bar bezahlen | ein Seminar besuchen ||

6.2.8. /r/ vor [t]

Wirt Wirtschaft Hirt verwirrt verirrt entwirrt | Bert zärtlich Hertwig
Gärtnerin Gerd Kärtchen Kertsch | Wartburg Bart Quart Start zart
Hartmann Turmwart | Mord Bord Export fort Wort Nord Ort | Furt
Spurt Gurt Kurt zurrt murrt surrt | Pförtner wörtlich Nördlingen nördlich
örtlich | Gürtler Gürtlerei ||
Virtuos Hirtin Wirtin Irrtum Geschirrtuch | Bertolt fertigen Wärter Härte
Märtyrer | Marter Parterre Partie Sparta Tartüff Garten Karton | Porter
Portion Porto Pforte Sorte Orthoepie | Jurte Turteltaube hurtig Kurtisane
gurrten Urteil | Mörtel Störtebecker Wörter dörrte | Myrte Württemberg
Gürtel ||
Das Haar tönen | unbezahlbar teuer | klar teilen | war toll | ein paar Tage | das
Honorar teilen | unnahbar tun ||

6.2.9. /r/ vor [d]

Firdusi irden irdisch | Ferdinand Werder Verdi Herder Gerda | Marder Pardon
Sardelle Dardanellen Garderobe Kardinal | morden Bordell Forderung Jordanien
Norden Kordula | Kurde wurde Burda | mörderisch Förderung Börde | Bürde
würdig Hürdenlauf ||
War da | starr denken | im Seminar dösen | an die Gefahr denken | das Haar
duftet | war dämlich | Zar Dimitri | unüberhörbar deutlich ||

6.2.10. /r/ vor [k]

Birkhuhn birgt birgst wirkt wirkst wirklich | merkwürdig Werk-(meister u. a.)
Bergbau berg-(ab auf) Zwerg kärglich | Mark Markt Park Sarg karg Bark |
Borg Kork sorgfältig torklig Korkweste | Murks Burg Burkhard murklig
Turkmenien | Jörg schnörklig | Bürgschaft Würgschraube Gürkchen ||
Birke wirken zirkulieren Kirke Irkutsk | Merkur Sperrkreis Ferkel werkeln
Stärke Herkules | markieren Marketenderin markig Marko Markus Barka-
role | Borkum Forke torkeln Orchester Orkan Gorki | Murkelei Murrkopf
Turkestan Schurke Gurke Murkel | Schnörkel Loerke | Türke Türkis Türkei ||
Geschirr kaufen | Herr Kellner | sein Haar kämmen | offenbar kennen | etwas bar
kaufen | an der Bar klönen | der Nachbar kennt mich ||

6.2.11. /r/ vor [g]

Birgit Schmirgelpapier Kirgisien nirgend | Mergel Bergen Pergamon Vergil Herrgottsfrühe ergo | Margarete Margarine Margit Spargel karge Margret | morgen Borgis Sorgen Organ Organisation Norge | Burgunder Burgen Gurgel gurgeln | nörgeln Sörgel | Bürge Würger ||
War giftig | unverbesserbar geizig | Bojar Godunow | offenbar Gold | unbeirrbar gütig | unverkennbar Gips | unüberhörbar gaumig ||

6.2.12. /r/ vor [m]

Schirmherr firm Kirmse Irmtraut | Perm überm hinterm unterm Hermlin Hermaphrodit | barmherzig warm Schwarm Darm Armbinde Charme | Worms enorm Uniform abnorm Storm Gorm | Wurm Turm Sturm | förmlich | Würmchen Türmchen Gewürm ||
Birma Firmament Schirrmeister Irma Irmin | Herrmann Terminus Thermik Bermudas Thermo- (meter u. a.) Schwärmerei Germane | Barmen Armee karminrot Armin harmonisch Scharmützel | Formant formell Dormitorium Normanne Hormon Kormoran | Burma Murmel Murmansk wurmen Gourmet | Stürmer Pyrmont Würmer Türmer ||
Geplärr meiden | sich nicht wirr machen (lassen) | bizarr malen | feines (Meißner) Geschirr mögen ||

6.2.13. /r/ vor [n]

Stirn Hirn Dirndl Firn Zwirn | Konzern extern fern- (lenken u. a.) Kern Lernmatrix Wernherr Stern | Farn Warndreieck Garn Barnhelm Arndt Scharnhorst | Bornholm Dornröschen Horn Korn Sporn Zorn | Turnvater purpurn Kothurn | Gehörn Körnchen Hörnchen Törn Jörn | Fürnberg Nürnberg Dürrnberg ||
Pirna engstirnig Firnis zwirnen Wirrnis | Wernigerode Gernerode Gernegroß Kärrner lernen | Marne Barnabaß Parnaß Warna Scharnier Garnele Karneval | borniert Pornographie Storno Tornado Tornister Kornett | Burnus Journalist Journal turnen Turnier Urne | Hörner körnig Börne | zürnen hürnen ||
Herr Niemand | Pferdegeschirr nähen | Markengeschirr nehmen | ein (kein) Formular (Honorar) nehmen | den Januar (Februar) nutzen ||

6.2.14. /r/ vor [l]

Quirl | Perlmutt | Perlschrift Kerl Nockerl Kasperl fensterln | Marl Karl Karlchen | Spoerl Girl ||
Irland Girlitz Girlande quirlen Firlefanz | Merlin Berlin Berlichingen Perlon Berlocke Sperling herrlich | Marlene Marlitt Barlach Scharlach Parlamentarier Scharlatanerie Harlekin | Schorlemorle | burlesk ||
Geschirr leimen | bizarr leben | starr lügen (leugnen) | Herr Luftikus | wie ein Narr lachen | es war leicht (laut, leise) ||

6.2.15. /r/ vor [f]

Kerf Lärvchen Werft Nerv Scherflein | Warft warf darfst scharf Harfnerin
Bedarf | Korff Orff Schorf Dorf Torf amorph | Wurf Notdurft Turf Schurf |
Dörfler Dörflein | dürftig Bedürfnis würflig Schürfrecht ||
Irrfahrt Irrflug | Sperrfeuer schärfen perfekt perforieren perfid | Larve
parfümieren Karfunkel Haarfestiger barfuß Sparflamme | Morphem Mor-
phium Porphyr Korfu schorfig Orpheus | schlurfen | Dörrfleisch Dörfer
surfen | Würfel schlürfen dürfen schürfen ||
Bizarr (irr, starr, dürr) finden | Geschirr fallenlassen | wirr faseln | durch's Haar
fahren | gar (unersetzbar, furchtbar) finden ||

6.2.16. /r/ vor [s]

First wirst Kirst zerbirst verirrst sirrst | Vers Werst zerrst plärrst | Mars barst
Darß Karst Ars dwars | Forst Dorst Horst morst Porst | Durst Wurst Kurs
Kursk murrst surrst | Fürst fürstlich Würstchen ||
Firste Kirsten | bersten Kerstin Gerste | garstig barsten karstig | Borste
geborsten morsten aufforsten | wurstig durstig | Försterei Förstersfrau |
Bürste Würste dürsten Fürsten ||
Offenbar Skorbut | das neue Geschirr skizzieren | unüberhörbar Stakkato | im
Seminar Slawistik ||

6.2.17. /r/ vor [ʃ]

Pirsch wirsch Hirsch unwirsch Kirsch | Herrschsucht herrschsüchtig | forsch
Dorsch morsch | barsch Marsch Harsch Rotbarsch | Bursch | Bürschlein
Kürschnerei Kürschner ||
Hirsche knirschen Dirschau Kirsche pirschen | Märsche Herrschaft herrschen
| marschieren Marstall Marschall Warschau Barsche Barschaft | Forschung
forschen Dorsche | Bursche Burschenschaft burschikos ||
Ein Paar Schuhe | Herr Schatzhauser im grünen Tannenwald | wirr stammeln |
das Seminar schwänzen | über den Wirrwarr staunen ||

6.2.18. /r/ vor [ç]

Kirchspiel Kirchsprengel kirchlich | Berchtesgaden Berchta Berchtold Pferch
Zwerchfell Zwerchgiebel | Monarch Oligarch Marchwitza Patriarch Exarch
Schnarchgeräusche | Storch Horch Forchheim Lorch Borch storchbeinig
Horchgerät | Furcht furcht- (bar, los, sam) Lurch hindurch durch- (kreuzen,
queren u. a.) | Störchlein | fürchten fürchterlich ||
Kirchenschiff Kirchenkonzert | Lerche pferchen | Arche Archiv archaisch
Archäologie Archimedes Archipel Parchim schnarchen | Morchel Lorchel
Schnorchel Borchert Orchidee horchen | furchen | Störche Störchin | Türchen ||

Pferchen – Pferdchen, Herrchen – Herzchen, Pärchen – Bärtchen, Öhrchen – Örtchen ‖

Ein paar Chinesen | nachprüfbar Chinin (Chinarinde) | um ein Haar Chemiker | offenbar Chimären | denkbar Chirurgie ‖

6.3. /r/ im Auslaut

6.3.1. /r/ nach kurzem Vokal

Gewirr Geschwirr wirr Geschirr Geklirr irr | Gesperr Geplärr Herr | Narr starr bizarr Wirrwarr | Torr | Murr Schurrmurr | dürr ‖

6.3.2. /r/ nach langem Vokal

Bier dir ihr vier hier Tier | der er fair Ger hehr mehr | Flor Chor Chlor Moor schwor Tor | Dur Flur Gur Kur nur Tour | Öhr | für Kür Tür Geschwür Gespür dextrogyr ‖

6.4. Häufung

Riesengebirge Richterspruch Rinderbraten Ringknorpel Ritterburg Rittersporn | Reporter repräsentieren reformieren Revierförster Regenerator Rektoratsrede | Rasierapparat Rhabarber Radargerät Radfahrerin Radsportlerin Ratensparvertrag | Romanschriftsteller Roßhaarmatratze Rostbratwurst Rote-Kreuz-Lotterie Rockerbraut Rohrkrepierer | Ruhestörer Runderneuerung Rubrik Ruprecht Rufmord Ruderin | Römerin Rhönrad Römerbrief Röstbrot Rösselsprung röhren | Rückfahrkarte Rückgratverkrümmung Rückstrahler Rückversicherer Rücktrittsversprechen Rücktrittbremse | Reinertrag Reiherhorst Reichsverweser Reiserücktrittsversicherung Reichsfreiherr Reiseleiterin | Raubmörder Rauchverzehrer Raumfahrtprogramm Raupenfraß Rauhreif rauborstig | Räuberbraut Räucherkraut Räucherkammer Räuberroman Räumfahrzeug ‖

6.5. [ɐ̯] / [ɐ] neben /r/

Bierruhe Tierreich Kehrreim lehrreich Meerrettich Mohrrübe Ohrring Flurrain Natur- (recht, religion) Schnürrock Tür- (rahmen, riegel) Bierrunde Spediteurrechnung Störrogen ‖
Erraten erregen erreichen errichten erringen | verrennen verraten verrechnen verreiben verrichten | zerreiben zerreißen zerrütten zerrinnen zerraufen | Rinderrasse Reiterregiment Urheber- (Mutter-) recht Wider-(ruf, rede) Feuerreiter Schlummerrolle ‖
Fraktur reden | aus der Rolle fallen | hier riecht's sengerig | Gnade vor Recht ergehen lassen | sehr richtig (reich) | zur Kur reisen ‖

Ein weißer Rabe sein | einem nicht das Wasser reichen | Pulver riechen | nach der Mutter rufen (richten) | es besser richten ||

Verreisen – vereisen, verrohen – Veronika, verreiten – vereitern, erröten – erörtern | er raucht – er auch ||

6.6.   /r/ – /ç/

6.6.1.   /r/ und /ç/ in Wortpaaren

Wirt – Wicht, girrt – Gicht, flirrt – flicht, Kirche – kichern, sirrt – Sicht, irr – ich, Wirren – wichen, zerren – zechen, zerrt – zecht, pferchen – Fächer, härten – hechten, Wärter – Wächter, Säure – Seuche ||

6.6.2.   /r/ und /ç/ in einem Wort

Richtbeil Richtblock richtig Richtfest Richtung Riechstoff rechnen Rechenschaftsbericht Rechtsprechung Rhesusäffchen rechthaberisch rechtsrheinisch Rechenstab Rechtsverdreher Reichskammergericht Reichsritter rostig Roderich Röhricht Räucherkerze Rechtsbrecher Rechtssicherheit ||

6.6.3.   /r/ neben /ç/

Teichrose Blechrinne Kelchrand Teichrohrsänger Strichregen Stechrüssel Sprechrolle Sprechrichtigkeit pechrabenschwarz Milchration gleichrangig Gleichrichterröhre Brechreiz, durch- (regnen, reißen u. a.) ||
Sich recken und strecken | Blech rändeln | Honig rauben | wenig Rahm | es ist sicherlich richtig | mich reizt es | tüchtig rauchen | einsichtig reden | fürchterlich riechen | ich renne ja schon | sich regen | mich regt das auf ||

6.7.   /r/ – /x/

6.7.1.   /r/ und /x/ in Wortpaaren

Wart – Wacht, waren – wachen, warten – Wachtel, scharrt – Schacht, Part – Pacht, narrt – Nacht, narren – Nachen, fort – focht, dort – Docht, Torte – Tochter, Kord – kocht, Mord – mocht, Bord – pocht, Lord – locht, wurden – wuchten, zurrt – Zucht, Furt – Wucht, surrt – Sucht ||

6.7.2.   /r/ und /x/ in einem Wort

Rachenkatarrh Schacherei Schachfiguren Rachenputzer Krachledeme Nachtrag Drachen Rachgier Fachwerk Fahrradschlauch Bachforelle Frachtbrief Schlachttiere Pachtjahre Nachhilfeunterricht Bordkoch Kochgeschirr Kochrezept Wochenmarkt Wucherei ruchbar Fruchtpresse Küchen- (brett, form) Brauch Rauch- (werk, verzehrer, waren) Strauchwerk ||

6.7.3. /r/ neben /x/

Dachreiter Dachrinne Fachreferent Sprachreinigung Fachrechnen Sachregister Nach-(rede, richt u. a.) | Lochrand Kochrezept hochrot Hochrelief Hoch-(rad, rechnung u. a.) | Tuchrock Buchrücken Bruchwand spruchreif Buchregal | Bauchredner Strauchritter Schlauchreifen Strauchrabatte ||

Sich den Bauch reiben | ins Loch rollen | nach Rauch riechen | auf dem Bauch robben | nur noch röcheln | nach Rom pilgern | am Bach ruhen | nach Recht und Gewissen | nach Ritterart | noch rüstig | doch (auch, noch) rauchen | auch reisen ||

6.8. [ɐ] in unbetonten Affixen

6.8.1. *er-*

Erkennen erblühen erblicken ereilen erdenklich Erfindung Ergänzung Ergebnis erhältlich Erfolg erhellen erkälten erklecklich erledigt ermächtigen Ermäßigung Ermessen ernennen Ergebung Erholung ||

6.8.2. *her-*

Herbei hernach hernieder hervorragend hervor herzu ||

6.8.3. *ver-*

Verachtung verabschieden verästeln veralten verblendet verängstigen Veranlagung verdächtigen Verdeck verenden veranlassen verfälschen verfänglich verfechten vergelten vergessen Verhängnis veranstalten Verband ||

6.8.4. *zer-*

Zerlumpt zerbeißen zerfetzen Zerlegspiel zerlesen zerschellen zerbeulen Zersetzung zerspellen zerschlagen zerstäuben zerfallen zerfleischen zergehen zerstampfen zerschneiden zerstückeln zerwühlen Zerspanung ||

6.8.5. *-er*

Schober Leiber Fiber Schaber | Bader Hader Bruder Plunder | Jäger Feger Steiger Sauger | Hammer Nummer Flimmer Glimmer | Banner Nenner Insulaner Diener| Segler Iller Heiler Köhler | Hafer Käfer Kiefer Läufer ||

Wittert buttert löchert dämmern Kiefern flimmern besonders winters unters ||

Eller – Ella, Diener – Dina, Härter – Herta, Oper – Opa, Oder – Oda, Leder – Leda, Frieder – Frieda, Iser – Isa, Lahmer – Lama, Summer – Summa, Henner – Henna, Donner – Donna, Musiker – Musica, Beter – Beta, Ewer – Eva ||

Heller – Helle, Lager – Lage, Bürger – Bürge, Weiler – Weile, Blender – Blende, Luder – Lude, Heuler – Heule, Spieler – Spiele, Dämmer – Dämme, Aller – alle, lieber – Liebe, Feder – Fehde, Pfleger – Pflege, Heiner – Heine, Kater – Kate, Ammer – Amme ||

/l/

Sth. Zahn-Zahndamm – Zungenrand- oder Zungenrücken-Seitenengelaut (dental-alveolar – koronaler oder prädorsaler sth. Lateralengelaut)

1. Bildungsweise

1.1. Apikale Bildung

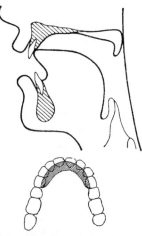

Die Lippen sind locker von den Zähnen abgehoben (Mundvorhof) und geöffnet. Mittlerer Zahnreihenabstand (Lippenöffnung sowie -formung und Zahnreihenabstand richten sich im übrigen nach der Lautumgebung). Der vordere Zungenrand liegt locker an den palatinalen Flächen der oberen Frontzähne und deren Zahndamm[87] und bildet einen Verschluß (etwa wie bei /n/, vgl. S. 208; nicht das Zungenblatt gegen den Hartgaumen pressen); die seitlichen Zungenränder sind den palatinalen Flächen der seitlichen oberen Zähne genähert und bilden eine –
im allgemeinen beiderseitige – Enge; der Zungenrücken ist flach gewölbt, keine Berührung zwischen Zungenoberfläche und hartem oder weichem Gaumen. Das Gaumensegel ist gehoben. Die Stimmlippen schwingen.
Der sth. Phonationsstrom entweicht durch die beiderseitige Zahn – Zungenrand-Enge.

1.2. Dorsale Bildung

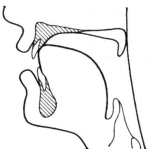

Im Unterschied zur apikalen Bildung hat der vordere Zungenrand Kontakt mit den lingualen Flächen der unteren Frontzähne; den Verschluß an den palatinalen Flächen der oberen Frontzähne und deren Zahndamm[88] bildet der vordere Zungenrücken.

2. Bildungsfehler und Abweichungen

2.1. *Zungenblatt-l:* Die Oberfläche der Vorderzunge wird gegen den oberen vorderen Zahndamm und vorderen Hartgaumen gedrückt (Begleiterscheinungen: Lippenbreitzug und stark eingeengter Zahnreihenabstand), meistens verbunden mit Aufwölben der Hinterzunge zum weichen Gaumen; das /l/ erhält einen eigentümlichen Klang und eine zu lange Dauer (vgl. /t/, 2.6., S. 149; /n/, 2.1., S. 208).

2.2.   Das /l/ wird eigenartig hohl, mit verdumpftem Klang gelautet (vor allem nach /ɑː/, /a/, /o/, /ɔ/), wie man es bei Engländern, Osteuropäern, Chinesen, aber auch in der Oberlausitz und in Westfalen hören kann. Es beruht darauf, daß die Zungenspitze an den harten Gaumen zurückgezogen wird; die Vorderzunge ist stark gemuldet (konkav gewölbt, sogenannte Retroflexion), und der Hinterzungenrücken wird zum Weichgaumen gehoben (Verlagerung des Zungenkörpers bei der apikalen Form).

2.3.   Zum dritten können „harte" [l]-Aussprache und zu lange Dauer auch auf einer ungenauen Zungenrücken-Bildung beruhen. Bei dieser hat die Zungenspitze zwar Kontakt mit den unteren Frontzähnen, aber der Vorderzungenrücken berührt nicht den oberen Zahndamm, sondern die Artikulationsstelle ist an den harten Gaumen verlegt, und es artikuliert der Mittelzungenrücken (Verlagerung des Zungenkörpers nach hinten bei der dorsalen Form).

2.4.   In alemannisch-bayrischen Mundarten wird das /l/ vokalisch aufgelöst: *Holz* [hɔlts] zu [hɔi·ts].

2.5.   In die Folge [l] und auslautendes [s], [ʃ] oder [ç] schiebt sich ein Sproßkonsonant, nämlich der mit dem Seitenengelaut [l] homorgane Klusil [t], z. B.: *falls* [fals] wie [falts], *falsch* [falʃ] wie [faltʃ], *Milch* [mɪlç] wie [mɪltç] (vgl. /n/, 2.3., S. 209).

2.6.   In die Folge [l] und auslautendes [p], [k], [m], [f], [ʃ] oder [ç] sowie in die Folge Langvokal oder Zwielaut und auslautendes [l] schiebt sich ein vokalischer Übergangslaut, der mitunter den Charakter eines weiten kurzen *e* ([ɛ]) hat, z. B. statt *halb* [halp] – [ˈhalᵊp], statt *welk* [ɣɛlk] – [ˈɣɛlᵊk], statt *Halm* [halm] – [ˈhalᵊm], statt *elf* [ɛlf] – [ˈɛlᵊf], statt *Kölsch* [kœlʃ] – [ˈkœlᵊʃ] und statt *Kelch* [kɛlç] – [ˈkɛlᵊç] sowie statt *Stuhl* [ʃtuːl] – [ˈʃtuːᵊl], statt *Beil* [b̥aᴇl] – [ˈb̥aᴇᵊl].

2.7.   In der Lautfolge [tl] ([ntl, ltl]) – z. B. *Mittler, mündlich, haltlos* – wird der [t]-Verschluß für [l] nur seitlich, an den Backzähnen gelöst, während der Zungenspitzen-Verschluß beibehalten wird. Es entsteht häufig ein häßlicher Schmatzlaut an den seitlichen Zungenrändern (teilweise unter Aufblähen der Wangen).

2.8.   Interdentales /l/: Der Vorderzungenrand wird an die Schneidekanten der oberen Frontzähne gelegt. Dieses /l/ ist zwar meistens akustisch nicht beeinträchtigt, kann aber zur Fehlleistung beim folgenden Laut führen, z. B. beim /s/ bzw. /z/: *Hals, halsig* (vgl. /t/, 2.5., S. 149).

2.9. In die Folge finales /rl/ schiebt sich ein vokalischer Übergangslaut. Siehe /r/, 2.5., S. 231.

2.10. In die Folge initiales /bl/, /gl/, /fl/ sowie /ʃl/ schiebt sich ein Sproßvokal. Siehe /b/, 2.4., S. 133; /g/, 2.4., S. 182; /f/, 2.3., S. 262; /ʃ/, 2.3., S. 305.

3. Abhilfevorschläge

3.1. (zu 2.1., 2.2.)

Lockerungs- und Vorbereitungsübungen im Prinzip wie bei /n/ (3.1., S. 209 f.).

Wir beginnen nach den Vorübungen ebenfalls (wie bei /n/) mit [l] im Anlaut. Während der lockeren Verschlußbildung zwischen Vorderzungensaum und oberem Zahndamm (für apikales /n/) die Unterseite der möglichst schmal gehaltenen Vorderzunge gegen die palatinalen Flächen der oberen Schneidezähne drängen, so daß (durch das gemuldete Zungenblatt) ein Anlegen (Anpressen) der Vorderzungenoberfläche wie ein Ansetzen der Unterseite des vorderen Zungenrandes an den harten Gaumen unterbunden wird.

Auch in den weiteren Übungen (ohne Hilfestellung) auf leichte Zungenspannung gegen die Schneidezähne und auf ausreichende Unterkiefersenkung achten sowie auf die Nachbarschaft zu Vorderzungenvokalen bedacht sein.

3.2. (zu 2.3.)

Ein exaktes dorsales /l/ entwickeln wir mit Hilfe der *Pleuelübung* (S. 112 f.) und anschließendem *Zungenfedern* (einer Abschwächung der Pleuelbewegung, S. 113). Die Übungen mit sprachlichem Material sollten anfangs besonders an- und auslautendes [l] in Verbindung mit Vorderzungenvokalen berücksichtigen.

Handelt es sich um nur positionsbedingtes Zungenrücken-[l] bei sprechüblichem Zungenspitzen-[l], ist eine grundsätzliche Umstellung nicht erforderlich.

3.3. (zu 2.4.)

Die vokalische Auflösung beruht u. U. auf einer ungenauen dorsalen [l]-Bildung, bei der infolge ungenügender Spannung des auch zu breit gehaltenen Zungenkörpers kein Verschluß am oberen vorderen Zahndamm hergestellt wird, sondern wie für /i/ berühren die seitlichen Zungenränder die Seiten des harten Gaumens. Bildung beachten: Entweder das /l/ mit dem vorderen Zungensaum oder dem vorderen Zungenrücken am oberen vorderen Zahndamm (was z. B. vor [t͡s] empfehlenswert ist) artikulieren (Verschlüsse eingehen!).

3.4.   (zu 2.5.)

Es ist gleichfalls verhältnismäßig leicht erfahrbar, daß bei dieser Angleichung des [l] an ortsgleiches [t] ein intensitätsschwacher Verschluß des vorderen Zungenrandes oder -rückens an den palatinalen Flächen der oberen Frontzähne und deren Zahndamm häufig auf das Zungenblatt erweitert, intensiviert und explosiv gelöst wird (vgl. /n/, 3.3., S. 210 f.).

Auch hier sind zunächst jene Übungen empfehlenswert, in denen [l] und [s], [ʃ] oder [ç] an der Silbenfuge oder an der Wortgrenze (innerhalb der Sprecheinheit) zusammentreffen, z. B.: *Alster   Elster* ...; *viel͜ Skepsis | ein Teil͜ Slibowitz* ... (vgl. 6.2.7., S. 259); *Fälscher   feilschen* ...; *viel͜ schütteln | soll͜ schwitzen* ... (vgl. 6.2.8., S. 259); *welche   solche* ...; *viel͜ Chinin | will͜ Chirurg   werden* usw. (vgl. 6.2.9., S. 259 f.). Bewährt hat sich auch, nach [l] geringfügig zu pausieren und diese Zäsur zu kontrolliert sachter Lösung des intensitätsschwachen Verschlusses sowie zu bewußter und kontrollierter Einstellung der Artikulationsorgane auf [s], [ʃ] oder [ç] zu benutzen.

Das *Zungenblatt-l* läßt sich recht gut mit dem unter 3.1. beschriebenen Übungskomplex beeinflussen.

Bevor Sie zu Übungen mit besagten Lautfolgen im Auslaut übergehen, erweisen sich noch Gegenüberstellungen als hilfreich, z. B.: *Pils – Pilz, falls – Falz* ... (vgl. 6.2.7., S. 259); *Fellchen – Feldchen, welchen – Wäldchen* usw. (vgl. 6.2.9., S. 259 f.).

Im flüssigen Sprechen werden hauptsächlich die Lautfolgen [ls] und [lʃ] unwillkürlich zumeist entweder apikal oder dorsal und die beiden Elemente der Folge [lç] häufig dorsal gebildet. Wenn man die Störungsanfälligkeit der apikalen *s*-Laute berücksichtigt, ist es ratsam, die Lautfolge [ls] dorsal zu bilden. Der vordere Zungenrand liegt also für beide Laute an den lingualen Flächen der unteren Schneidezähne; der Vorderzungenrücken bildet für [l] am oberen vorderen Zahndamm einen lockeren Verschluß (der nicht explosiv gelöst werden darf!) und für [s] die Reibelautenge.

Für die Folge [lʃ] ist die dorsale Bildung nicht zwingend.

Soll dagegen in der Folge [lç] das [l] jedoch apikal und das [ç] dorsal gebildet werden, ist auf schnellen, entschiedenen und genauen Wechsel von oberer zu unterer Zungenkontaktstellung zu achten. Der Vorderzungenrand vollzieht den für [ç] notwendigen Kontakt mit den lingualen Flächen der unteren Frontzähne aber häufig nicht, so daß auch der *Ich-Laut* merklich undeutlich wird (vgl. /ʃ/, 2.1., S. 304).

3.5.   (zu 2.6.)

Der Sproßvokal tritt sowohl bei Sprechern mit dialektaler Bindung wie als individuelle Variante auf. Man stellt ihn auch bei etwas gespreizter („frisierter") Sprechweise fest. Vermutlich wird in den Lautfolgen [lp] und [lk] das Auftreten eines vokalischen Übergangslautes dadurch begünstigt, daß auslautendes /b/ und /g/ nicht fortisiert, sondern unangemessen als stimmhafte Lenes gesprochen werden (sollen). Außerdem ist denkbar, daß sowohl in diesen wie in den Lautfolgen [l] und finales [m], [f] oder [ç] der lange Artikulationsweg von oberer Zungenkontaktstellung (für häufig apikales [l]) zu unterer Zungenkontaktstellung für die besagten Reibelaute und für [m] nicht schnell und entschieden genug zurückgelegt wird, so daß der Anschluß an [l] einigermaßen lose ist. Die im Prinzip gleiche Begründung läßt sich auch für den Sproßvokal zwischen Langvokal und finalem [l] heranziehen. Nur daß es sich hier häufig um den Wechsel von unterer zu oberer Zungenkontaktstellung (für apikales [l]) handelt, der einfach zu langsam und unentschlossen erfolgt oder daß auf den Vokal etwas verzögert ein dorsales [l] folgt.

Nach der Entscheidung entweder für dorsale Bildung beider Elemente oder für den Wechsel von apikaler und dorsaler Bildung in den besagten Lautfolgen sowie für apikale oder dorsale Bildung der Folge -[lʃ] machen wir uns das Zusammentreffen der Laute ohne Übergangsvokal an der Silbenfuge bzw. Wortgrenze (innerhalb einer Sprecheinheit) deutlich, z. B.: *Alpen Pulpa …; viel Puder | beim Spiel passen …* (vgl. 6.2.2., S. 257 f.); *Balken welken …; das Ziel kennen | auf den Müll kippen …* (vgl. 6.2.4., S. 258); *Ilmenau filmen …; spiel' mit | ins Ziel mogeln …* (vgl. 6.2.5., S. 258); *Delphi Wölfe …; toll finden | viel fressen …* (vgl. 6.2.6., S. 259); *Zielscheibe Welscher …; viel schütteln | toll schwitzen …* (vgl. 6.2.8., S. 259); *Rotkehlchen Walchensee …; soll Chemiker werden | will China besuchen …* (vgl. 6.2.9., S. 259 f.); *spielen wühlen …; Seiler maulen heulen …; wie liederlich | bei Leipzig* usw. (vgl. 6.2.1., S. 257). Bewährt hat sich auch, in der Fuge geringfügig zu pausieren und diese Zäsur zu bewußter und kontrollierter, letztlich schneller und entschiedener Einstellung der Artikulatoren auf den folgenden Laut zu benutzen.

Dann können wir noch gegenüberstellen: *Alpen – Alp …, Balken – Balg …, Halma – Halm …, helfen – Behelf …, welsche – welsch …, solche – solch …; fühlen – Gefühl …, Saulus – Saul* usw. Und schließlich haben Sie angemessenen, übergangslosen Anschluß des finalen Konsonanten an [l] bzw. des finalen [l] an den Langvokal gefunden (vgl. /n/, 3.4., S. 211).

3.6. (zu 2.7.)

In der Lautfolge [tl] muß der [t]-Verschluß lateral und apikal ohne Behauchung gelöst werden und für [l] der lockere Verschluß zwischen vorderem Zungensaum und oberem vorderem Zahndamm neu hergestellt werden, während sich die seitlichen Zungenränder den Backzähnen nur nähern. Das muß schnell, entschieden und genau geschehen, damit weder eine unzulässige Pause den Redefluß hemmt noch gar ein vokalischer Übergangslaut eingeschoben wird.

Bewährt hat sich, in den Übungen zunächst nach [t] geringfügig zu pausieren und diese Zäsur zu bewußter und kontrollierter Umstellung der Zunge zu benutzen, z. B.: *Mit-leid Länd-ler Wild-ling …; mit Liebe | Schund lesen |*

Gold̲lieben usw. (vgl. 6.2.10., S. 260). Um den übergangslosen engen [l]-Anschluß zu erreichen, ist fleißiges Üben erforderlich.

3.7.   (zu 2.8.)

Siehe /t/, 3.3., S. 150 f.

3.8.   (zu 2.9.)

Siehe /r/, 3.4., S. 233 f.

3.9.   (zu 2.10.)

Siehe /b/, 3.3., S. 135; /g/, 3.3., S. 184 f.; /f/, 3.3., S. 263 f.; /ʃ/, 3.2., S. 306 f.

4.   Aussprache

Der Seitenengelaut [l] ist zu sprechen

a) bei Schreibung *l* im An-, In- und Auslaut: *Luft; Plan, alt, Höhle; Wahl*
b) bei Schreibung *ll* im In- und Auslaut: *Hölle, bellt, schellst, stillte; Wall.*

Zwischen *l* und *ll* im einfachen Wort besteht in der Aussprache kein Unterschied; in *Elen* und *Ellen* wird nur e i n [l] gesprochen. Treffen dagegen in Zusammensetzungen, Ableitungen oder innerhalb der Sprecheinheit zwei [l] zusammen, so wird zwar ebenfalls nur e i n [l] gesprochen, aber mit *etwas längerer Dauer: Schulleiter* [ˈʃuːl·a̯ɐtɐ] (aber *Schuhleiter* [ˈʃuːla̯ɐtɐ]), *Siegellack; die Wahl̲lassen.*

5.   Aussprüche und Sätze

5.1.   Geflügelte Worte / Dichtung

Eilende Wolken, Segler der Lüfte! (Schiller) | Das Beispiel ist einer der erfolgreichsten Lehrer, obgleich es wortlos lehrt (S. Smiles) | Laue Luft kommt blau geflossen (Eichendorff) | Alle Laster sind Krankheiten des Sterblichen, welche die Macht des Geistes lähmen (Zschokke) | Das Fehlen großer Laster ist die kleine Tugend gar vieler Leute (Petit-Senn) | Laune löst, was Laune knüpfte (Schiller) | Schlechte Leute leben nur um zu essen; die guten aber essen, um zu leben (Sokrates) | Das Leben gehört den Lebendigen an, und wer lebt, muß auf Wechsel gefaßt sein (Goethe) | Leben ist ja doch des Lebens höchstes Ziel (Grillparzer) | Dachtet ihr, der Löwe schliefe, weil er nicht brüllte? (Schiller) | Große Seelen dulden still (Schiller) | Die Welt verzeiht Dir eher, wenn du lasterhaft, als wenn du lächerlich bist, und, – es ist fürchterlich wahr! – fast jeder Mensch gilt lieber für lasterhaft als für lächerlich, wenn er nur die Wahl zwischen beiden hat (Kotzebue) | Wer ein Laster liebt, der liebt die Laster alle (Gellert) | ... wir schlafen

252

sämtlich auf Vulkanen (Goethe) | Mein Lebenslauf ist Lieb' und Lust und lauter Liedersang (Mahlmann) | Die Hauptsumme aller Lehrertugenden ist Liebe und frohe Laune (Sailer) | Die Liebe ist des Lebens Blüte (Bodenstedt) | Liebe ist Qual, Lieblosigkeit ist Tod (Ebner-Eschenbach) | Liebe, Liebe, laß mich los! (Goethe) | Doch überwiegt das Leben alles, wenn die Liebe in seiner Schale liegt (Goethe) | Ein schweres Rätsel ist das Leben, allein die Liebe löst es auf (Gottschall) | Glücklich allein ist die Seele, die liebt (Goethe) | Wo Liebe lebt und labt, ist Lieb das Leben (Schlegel) | Wenn man jung ist, glaubt man mit dem geringsten Leiden nicht leben zu können. Wenn man alt ist, lernt man mit beständigen Leiden leben (Auerbach) ||

Füllest wieder Busch und Tal
still mit Nebelglanz,
lösest endlich auch einmal
meine Seele ganz ... (Goethe)

Die Leidenschaft flieht,
die Liebe muß bleiben,
die Blume verblüht,
die Frucht muß treiben. (Schiller)

Schöner Frühling, komm doch wieder,
lieber Frühling, komm doch bald!
Bring uns Blumen, Laub und Lieder,
schmücke wieder Feld und Wald! (Hoffmann v. Fallersleben)

Lang ist der Weg durch Lehren,
kurz und erfolgreich durch Beispiele. (Seneca)

Der Schlaf ist halber Tod, der Tod die längste Ruh.
Je mehr du schläfst, je minder lebest du. (Haug)

Ich denke einen langen Schlaf zu tun,
denn dieser letzten Tage Qual war groß. (Schiller)

Das Lied, das aus der Kehle dringt,   ... und laß ihn noch die goldne Last
ist Lohn, der reichlich lohnet. (Goethe)   zu andren Lasten tragen. (Goethe)

Leise zieht durch mein Gemüt
liebliches Geläute,
klinge, kleines Frühlingslied,
kling hinaus ins Weite.

Kling hinaus bis an das Haus,
wo die Blumen sprießen,
wenn du eine Rose schaust,
sag, ich lass' sie grüßen. (Heine)

Wer lange leben will, der schlafe nicht zu viel;
denn viel nicht lebt ja der, der lange schlafen will. (Logau)

Das höchste Glück hat keine Lieder,
der Liebe Lust ist still und mild. (Geibel)

Was soll ich lieben, was soll ich hassen?
Man lebt nur vom Lebenlassen. (Goethe)

Von allen Lasten sollst du rein,
zu aller Tugend willig sein! (Gellert)

Eine Gegend heißt Schlaraffenland,
den faulen Leuten wohlbekannt. (Sachs)

Goldvögelein im Sonnenstrahl!
Goldvögelein im Demantsaal!
Goldvögelein überall! (Bechsteins Märchen)

Nicht Wünschelrute, nicht Alraune,
die beste Zauberei liegt in der guten Laune. (Goethe)

Man lebt nicht zweimal, und wie groß ist deren Zahl,
die leben auf der Welt auch Einmal nicht einmal! (Rückert)

So möcht' ich leben, daß ich hätte, wenn ich scheide,
gelebet mir zur Lust und andern nicht zu Leide. (Rückert)

Schlaf' Herzenssöhnchen, mein Liebling bist du;
schließe die blauen Guckäugelein zu! (Hiemer)

Wem nie durch Liebe Leid geschah,
dem ward auch Lieb' durch Lieb' nie nah;
Leid kommt wohl ohne Lieb' allein,
Lieb' kann nicht ohne Leiden sein. (Gottfried v. Straßburg)

5.2. Sprichwörter / Sprichwörtliches / Spruchweisheit

Alte Liebe rostet nicht | Des einen Uhl ist des anderen Nachtigall | Adler haben
große Flügel, aber auch scharfe Klauen | Eile brach den Hals | Je blinder der Herr,
je heller der Knecht | Besser bei Eulen sitzen, als mit Falken fliegen | Guter Mut
ist halbes Leid | Der Lappen muß größer sein als das Loch | Kleider machen
Leute | Glaube nicht alles, was du hörst; liebe nicht alles, was du siehst; rede nicht
alles, was du weißt; tue nicht alles, was du willst | Kein größerer Dieb als der
Schlaf, er raubt uns das halbe Leben | Je länger man schläft, je weniger man lebt |
Man kann schlauer sein als ein anderer, nicht aber schlauer als alle anderen |
Einem willigen Knecht soll man nicht zuviel aufbürden | Man lernt, solange man
lebt | Wer viele Handwerke zugleich lernt, lernt selten eines wohl | Zuviel Leim

hält nicht | Leere Töpfe klingen hell | Dünkel geht auf Stelzen | Wohlfeil kostet viel Geld | Das Glück ist blind | Lüge ist die erste Staffel zum Galgen | Eine Lüge bezahlt keinen Zoll (Niederländ.) | Lerchen lassen sich nicht unterm Hütlein fangen | Je länger, je lieber | Die Laster stehlen der Tugend ihre Kleidung | Man lebt nur einmal in der Welt | Das Leben wirkt mehr als die Lehre | Wer Lieb' haben will, muß Lieb' lassen | Kluge Hühner legen auch in die Nesseln | Ungleiche Schüsseln machen schiele Augen | Fleißige Schüler machen fleißige Lehrer | Zweifel hat viele Deckmäntel ||

Weiberlist
geht über alle List.

Mäßig wird alt,
zuviel stirbt bald.

Der Esel und die Nachtigall
singen ungeleichen Schall.

Vom Lügen gibt man keinen Zoll,
drum ist das Land der Lügen voll.

Allzeit traurig ist beschwerlich,
allzeit fröhlich ist gefährlich,
allzeit aufrichtig, das ist ehrlich.
(Hausspr.)

In dem Wasser schnalzt der Fisch;
lustig, wer noch ledig ist. (Volksl.)

Lieber will ich ledig leben,
als der Frau die Hosen geben.
(Spr. auf einem Hausgerät)

Eine Last, wohl gefaßt,
ist nur eine halbe Last.

Junge Schlecker,
alte Lecker.

Hier schläft nach langer Arbeit sanft genug,
der Schüler, Orgel, Weib und Kinder schlug.
(Grabschr. auf einen Schulmeister in
Winterthur)

Wenn Lieb' bei Lieb' ist,
so weiß Lieb' nicht, was Lieb' ist,
wenn aber Lieb' von Lieb' kommen ist,
so weiß erst Lieb', was Lieb' gewesen ist.
(Spr. an einem Hausgerät)

Leerer Kopf und leeres Faß,
leeres Herz – wie hohl klingt das.
(Inschr. im Berliner Ratskeller)

Die Liebe zu tragen ist keine Pein,
wenn Liebe mit Liebe belohnt mag sein.
(Holländ.)

Der Hehler
ist schlimmer als der Stehler.

5.3.   Redensarten / Wortgruppen

Ohne gelehrte Brille lesen | ein toller Heiliger | sich benehmen wie ein Elefant im Porzellanladen | eine Elle verschluckt haben | eine Falle stellen (legen) | in eine Falle locken | Fallstricke legen | falsch wie Galgenholz | zwei Fliegen mit einer Klappe schlagen | um den Hals fallen | die Hammelbeine lang ziehen | sein blaues Wunder erleben | mir liegt es wie Blei in den Gliedern | wie ein geölter Blitz | er hat Blut geleckt | aussehen wie Milch und Blut | ein ungehobelter Geselle sein | wie eine Elster stehlen | zu etwas passen wie der Engel zum Lautenschlagen | mit Eselsglocken zu Grabe läuten | die letzte Feile anlegen | das liebe Geld! | Schulden

haben wie der Hund Flöhe | wie der Löffel am Galgen hängen | ihm läuft die
Galle über | das läuft ins Geld | ins falsche Gleis geraten | die große Glocke
läuten | merken, was die Glocke geschlagen hat | den Hals aus der Schlinge
ziehen | Schulden bis zum Hals | den Hals nicht voll genug kriegen | auf die flache
Hand legen | Einfälle wie ein altes Haus | wie aus allen Wolken gefallen sein | den
Hobel ausblasen | dem Kalbfell nachlaufen | olle Kamellen | einem die Leviten
lesen | über den grünen Klee loben | die Kugel kommt ins Rollen | langer Laban
(Lulatsch) | langes Laster (Leiden) | länglich, sittlich | fluchen wie ein Lands-
knecht | eine Lanze einlegen | Lärm schlagen | zur Last legen (fallen) | lange
Latte | eine Laus in den Pelz setzen | ihm ist eine Laus über die Leber gelaufen |
er hat's läuten hören, aber nicht zusammenschlagen | das Lebenslicht ausblasen |
die gekränkte Leberwurst spielen | einem das Leder versohlen | einem ans Leder
wollen | drauf zuschlagen, was das Leder hält | Lehrgeld zahlen | das hält Leib
und Seele zusammen | immer die alte Leier | auf den Leim locken | sich selbst im
Lichte stehen | es ist das alte Lied | ich lass' mir lieber ein Loch ins Knie bohren |
Löcher in den Himmel gucken | auf dem letzten Loche pfeifen | den Gürtel ein
Loch enger schnallen | nicht locker lassen | auf den Lorbeeren einschlafen | es liegt
in der Luft | halt die Luft an | Luftschlösser bauen | lügen, wie ein Lügenmeister |
sich nicht lumpen lassen | über etwas den Mantel der christlichen Nächstenliebe
legen | ein loses Maul haben | das Maul hängen lassen | Maulaffen feilhalten | sich
mäuschenstill verhalten | alle Wasser auf seine Mühle leiten | sich die Lippen
fusselig reden | verliebte Nasenlöcher machen | Öl in die Flammen gießen | aus
der Rolle fallen | sich im Sattel halten | den Schleier lüften | eine Schlinge legen |
ein Schloß vor den Mund legen | das Schlußlicht machen | auf die leichte Schulter
nehmen | das Leben aufs Spiel setzen | du kannst mir gestohlen bleiben | unter
einem unglücklichen Planeten zur Welt gekommen sein | mit den Wölfen heulen |
wie aus allen Wolken gefallen | das Leben in vollen Zügen genießen | glatt wie ein
Aal | an dem läuft alles ab | launisch wie der April | über den Löffel balbieren |
von der Kultur beleckt | einen Müllerschlaf schlafen | Schule des Lebens | Spiel-
ball des Glücks | Lauf der Welt | verlorene Liebesmüh | auf alle Fälle | leicht wie
eine Fliege | auf der Lauer liegen | in Fesseln legen | sich verleugnen lassen | die
Lippen nach etwas lecken | in den Hals hineinlügen | links liegenlassen | die
Lebensuhr ist abgelaufen | noch eine kleine Weile bleiben ‖

5.4.   Paare

Lust (Luft) und Liebe | Lieb' (Lust) und Leid | Leib und Leben | Leib und Seele |
Land und Leute | leben und leben lassen | laut und leise | los und ledig | Knall und
Fall | Gold und Silber | wie er leibt und lebt | Tal und Hügel | Wald und Feld
(Flur) | salz- und schmalzlos | ohne Fehl und Falsch | schalten und walten ‖

5.5. Lautüberfüllungen

Es liegt ein Klötzchen Blei gleich bei Blaubeuren | Kleinkindkleidchen kleidet Kleinkind | Er singt leider lauter laute Lieder zur Laute ‖

6. Wörter und Wortgruppen

6.1. /l/ im Anlaut

6.1.1. /l/ vor betontem Vokal

Linnen lind Lilie Linie Lido Lift | Lebemann lebhaft Lette Lenz lehmig lehnen | Lampe laben lappig Land lahm Laster | Lotterie lodern lohnen Lot Lohe Locke | Lust luftig Luna Lunte Luke Lupe | lösen Löwe Löß Löhne Löchlein löten | Lymphe lüstern lüften Lücke lügen Lyra | Leib Laie Leipzig Leinen leiten leimen | Laub laufen launig lausen Lausitz lauschen | Leutnant Leuthen leugnen läutern Leumund Läuse ‖

6.1.2. /l/ vor unbetontem Vokal

Libelle liberal Liane Libretto Lieferant | lebendig Leckerei legal Legat Legislative | labial labiodental Labor Labyrinth lackieren | Lokal Logarithmen logieren Logistik Logopädie | Lugano lukrativ Lukullus Lutheraner luxuriös | Lyzeum lymphatisch Lünette Lümmelei | leibhaftig Leisetreterei | Laudatio Laureat lautieren Lautenist Lauferei | Leukämie Leukozyten Leuteschinderei ‖

6.2. /l/ im Inlaut, in der Wortfuge und an der Wortgrenze[89]

6.2.1. /l/ nach Vokal

Pille Zille Wille Silo Stille Thilo | Seele Welle fehlen einhellig stehlen Felle | mahlen Ballen Ballett Palette Palme zahlen | Molle Bolle Holle sollen wollen zollen | dulden einlullen Schule Thule Suhle Kuli | Völle Böhlen Zölle Hölle Köhlbrandbrücke Köhler | Mühle Mühlrad fühlen wühlen Wühlmaus Fülle | feilen anseilen teilen heilen Zeile Weile | maulen faulen Saulus Paulus fraulich graulen | Heulsuse Mäulchen Fäulnis Heulboje Beule Keule ‖

6.2.2. /l/ vor [p]

Gelb -gelb (z. B. Eigelb) | Kalb halb -halb (z. B. oberhalb) Alb falb Skalp | Pulp Schulp Zulp ‖
Grillplatz tschilpen Spiel- (plan, platz) | Stellplatz Fehlpaß Jubelpaar Mehl-paps Nobelpreis | Alpinist Hallpunkt Lallperiode General- (probe, pardon u. a.) | Geholper Gestolper Kolpinghaus Kolportage | Nullpunkt Tulpe

Stulpen Pulpitis Vulpius | Öl- (palme, papier, pest) | stülpen Knüllpapier | Eilpost Heil- (pädagoge, praktiker) Peilpunkt Steilpaß | Faulpelz | Heulpeter || Viel Puder (Pathos) | soll pellen (pulen, passen) | will putschen (plaudern) | das Mittel prüfen | beim Spiel passen ||

6.2.3. /l/ vor [t]

Bild mild Sild Schild Wild schielt | Welt Geld Feld Held Belt fehlt | Wald bald mahlt zahlt hallt schallt | Gold holt Sold Colt polt hold | Huld Kult Pult Schuld suhlt schult | ölt | fühlt wühlt kühlt hüllt füllt | peilt eilt weilt teilt heilt | mault fault | heult verbeult ||
Filter Ziviltrauung Iltis Spiel- (tisch, trieb) Schieltherapie | Zellteilung Weltenraum Wähtlon Mitteltrakt Fehltritt | Wahltag Zahl- (tag, teller) Falltür Malta Malteser | Zolltarif Volltreffer Folter Voltigeur Wohltätigkeit | Multi Schultheater Schulter Nulltarif | Öl- (tanker, teppich) | Wühltisch Mülltonne Spültisch Kühltruhe Krülltabak | Seiltanz Eil- (tempo, triebwagen) | Faultier Maul- (tasche, trommel) ||
Will teilen (tauschen, tanzen) | viel Tünche (Tusche) | soll teuer (tabu) sein | mit dem Beil treffen | im Saal tanzen | sein Teil tragen ||

6.2.4. /l/ vor [k]

Gebälk Melk- (eimer, schemel) welk | Balg Kalk Katafalk Schalk Talg | Erfolg Volk Polk Kolk | Ulk Pulk | Gewölk Völkchen ||
Stilkunde Spiel- (kamerad, karte u. a.) Zielkurve vielköpfig Willkür | Stellknopf Melker Kehlkopf welken Zellkern | Schallkörper Salkante Mahlknecht Wahl- (kabine, kampf u. a.) Stahl- (kammer, kocher u. a.) | Molke Wolke Wohlklang Vollkasko Wollkämmerei | Vulkan Ulkus Ulkerei Schul- (kamerad, kind) | Völkerball Öl- (kanister, kanne u. a.) | Müllkippe Tüllkante Hüllkurve | Steilküste Heil- (kunde, kunst) Pfeil- (köcher, kraut) ||
Will (soll) keimen (kaufen) | soll Kaffee (Kognak) sein | soll kalt werden | will Kahn fahren | das Mittel (Spiel) kennen | Mehl (Kohl) kaufen ||

6.2.5. /l/ vor [m]

Film Ilm | Helm behelmt Schelm | Alm Halm Salm Psalm Malm Napalm Qualm Walm Palm Schwalm | Olm Holm Bornholm Collm | Ulm Kulm Mulm ||
Ilmenau filmen Spiel- (mann, marke, meister) | Helme schelmisch Segelmacher Staffelmiete Pudelmütze | Almosen allmächtig Salmonelle Psalmodie Schallmauer Stahlmantel Stall- (meister, mist) Wahlmodus | Holmenkollen Holme wohlmeinend | Schul- (mappe u. a.) mulmig Ulmenhain ||
Spiel mit | das Spiel machen | den Schwindel merken | ins Ziel mogeln | sich viel Mühe geben | es kühl mögen | alles wieder heil machen ||

258

6.2.6. /l/ vor [f]

Schilf hilflos Hilfs-(aktion, bereitschaft u. a.) | elf Behelf Delft hälftig Schelf |
Alf Boxkalf Halfter half | Wolf Werwolf Wolfram Golf | zwölf Wölfflin |
Wulf ||
Hilfe Kielfeder | Belfast belfern Delphin Elfen- (bein u. a.) Fehlfarbe hellfarbig
Helfershelfer | Aalfang Ballführung Kahlfraß Kalfakter Generalvertretung
Lokalverbot Lallphase | Golfer Hohl- (form, fuß) | Schul-(feier, fest) Julfest |
Wölfe | Kühlflüssigkeit | eilfertig Eilfracht heilfroh keilförmig | maulfaul ||
Den Ball fangen | toll finden | vom Stuhl fallen | viel fressen | soll folgen | zum
eigenem Spiel finden | im Gewühl verlieren ||

6.2.7. /l/ vor [s]

Pils will's | Fels Wels mangels mittels | Hals als Walsrode falls jemals damals
-falls (z. B. jedenfalls) -mals (z. B. vielmals) | hol's soll's | Puls -impuls (z. B.
Denkimpuls) | füll's fühl's | teils -teils (z. B. einesteils) jeweils ||
Willst stiehlst | fehlst stellst bellst | schnallst zahlst | holst sollst | Wulst
Geschwulst | ölst | wühlst füllst | eilst weilst | faulst maulst | heulst ||
Elster Alster Falster Falstaff Polster Golster Ulster ||
Pils – Pilz, fiel's – Filz, schielst – schiltst | Fels – fällt's, Wels – Wälzlager, stellst –
stelzt | Hals – halt's, falls – Falz, mahl's – Malz, als – Alzheimer, Walsrode –
Walzblech, schnallst – schnalzt | hol's – Holz, holst – holzt, teils – teilt's ||
Viel Spray (Slibowitz u. a.) | soll stagnieren | will skaten | will Slawistik studieren ||

6.2.8. /l/ vor [ʃ]

Kauderwelsch welsch fälschlich | Falsch grundfalsch Falsch- (aussage, geld
u. a.) | Kölsch ||
Kielschwein Zielscheibe Vielschreiber | Felsche Fälschung fälschen Tell-
schokolade Mehlschütte | Ballschuhe Mahlstein Zahlschein Fallschirm Knall-
schote | Vollspur Roll- (schrank, schuhe) Sollstand wohlschmeckend | Nullspiel
Schul-(schiff u. a.) Julspiel | Ölscheich Bölsche Ölschicht | Tüllschürze
Müllschaufel Kühlschrank | Maulschelle Kraulschwimmen | feilschen Seilschaft
Heilschlamm ||
Fälscher – Feldscher Welsche – Weltschmerz ||
Viel schütteln (schenken u. a.) | toll (viel, soll) schwitzen | vor die Wahl stellen |
das Spiel schenken | das Fell scheren | den Ball spielen | eine ruhige Kugel
schieben ||

6.2.9. /l/ vor [ç]

Milch Bilch Bilchmaus Knilch Zwilch Kilchberg | Elch welch Kelch Elchtest |
Schwalch | Molch Dolch Dolchmesser solch Strolch | Mulch | Knülch ||

Spielchen zwilchen Pillchen | welche welcher welches Bällchen Schälchen Ställchen Tälchen Felchen Rotkehlchen Marjellchen | Walchensee | solche solcher solches erdolchen strolchen | Knöllchen Röllchen | Stühlchen | Weilchen Teilchen Veilchen | Paulchen | Mäulchen Säulchen Quarkkeulchen || Fellchen – Feldchen, welchen – Wäldchen ||
Viel Chinin (Chinarinde) | will (soll) Chemiker (Chirurg) werden| soll (will) China besuchen ||

6.2.10.   /l/ nach [t]

Heimatlich staatlich redlich niedlich tödlich gemütlich einheitlich lautlich deutlich | Schädling Mietling Breitling Häftling Fremdling Wüstling Flüchtling Häuptling | Rädlein Kräutlein Schatzkästlein Lichtlein Gärtlein Örtlein | Wissenschaftler Tüftler Sportler Künstler Bastler Bettler Rohköstler | Sportlehrer Rattler Schrittlänge Herdloch Bordleine Streitlust Hortleiterin Mitleid ||
Wand- (leuchte, lung) Brandleger Pfandleihe Standlicht handlich | Sendling Bandleader endlich eigentlich hoffentlich | Findling Windlicht Kindlein Schindluder verbindlich empfindlich | Mondlandschaft Frontlinie blondlockig | Schundliteratur sprechkundlich Spundloch grundlos Rundling | Hündlein stündlich mündlich gründlich Gründling | feindlich | freundlich ||
Wald- (läufer, lichtung) haltlos inhaltlich Alt- (lage, lasten) | ältlich Geld- (lade, leihe) Feldlerche Zeltleine Weltliteratur | Wild- (leder, ling) bildlich Schildlaus | Goldlack Gold- (legierung, lametta, lager) | Pultlade schuldlos | Söldling ||
Schund lesen | der Kunst leben | Gold lieben | den Brand löschen | auf die Hand legen | Rekord laufen | das Kind loben | von der Hand in den Mund leben ||

6.3.   /l/ im Auslaut

6.3.1.   /l/ nach langem Vokal und Zwielaut

Spiel Nil Kiel Ziel viel | Mehl Hehl Kehl Fehl Gel | Saal fahl kahl Mahl Tal | hohl Kohl Pol Wohl Pirol | Buhl Pfuhl Suhl Stuhl cool | Öl Poel | kühl Brühl Gewühl schwül Molekül | Beil feil geil steil Teil | Maul faul Saul Paul Friaul | Geheul ||
Spielen – Spiel, zielen – Ziel | Hehler – Hehl, mehlig – Mehl | mahlen – Mahl, Taler – Tal | hohlen – hohl, wohlig – Wohl | buhlen – Buhl, Suhle – Suhl | ölen – Öl, Böhlen – Poel | wühlen – Gewühl, fühlen – Gefühl | Seiler – Seil, teilen – Teil | maulen – Maul, Saulus – Saul | heulen – Geheul ||

6.3.2.   /l/ nach kurzem Vokal

Bill Till Schill Grill | Tell hell Schell Zell | Ball Schall Fall Hall | voll Groll Soll Atoll | Null Mull Krull | Böll | Tüll Gebrüll Idyll Müll ||

260

6.4. Häufung

Liebstöckel Licht- (bild, spiele) Liebes- (leid, lied) Lippenblütler liederlich Libelle | lebenslänglich Leselehre Lettland Lebewohl leblos Lechfeld | Lammfellmantel langlebig Labsal ˙ Ladeplatz Lavendel Lappland | Lodenmantel Lola Lokal Lorelei Lottospiel Lotosblume | Luft- (ballon, bild) Lumpengesindel Lust- (gefühl, spiel) lullen Luftlinie Luderleben | Lösegeld Löffelstiehl Löschblatt Löwen- (anteil, mäulchen) löblich löslich | Lüstling Lügenmaul Lümmel Lüsterglas lückenlos | leid- (lich voll) leichenblaß leiblich leichtgläubig Leinöl Leithammel | Laub- (fall, holz) Laut- (bildung, lehre) Laufzettel Lausebengel Lautenspiel lautlos | Leukoplast Leucht- (globus, kugel) leutselig ‖

6.5. /l/ neben /l/

Vielliebchen stilliegen stillos Spielleiter | Sammellinse Schlüsselloch Doppelleben Fabelland Siegellack übellaunig zweifellos tadellos makellos regellos helleuchtend Mittellinie Hügelland Schnelläufer | Stallaterne wahllos schmallippig Fußballeder | Kohllage Rolladen | Stuhllehne Landschullehrer | Ölleitung Geröllawine | Mülladung gefühllos | heillos Pfeillänge ‖
Nach dem Ball laufen | still leiden | die Wahl lassen | wider den Stachel löcken | das Blaue vom Himmel lügen | viel Lärm um nichts | über den Onkel laufen | da ist der Teufel los ‖
Schulleiter – Schuhleiter, ziellos – zieh' los, Wollust – Wolle, Wohlleben – wo leben, Stilleben – Stille, Rolladen – Rollo, Wohllaut – wohl auf, ins Mittel legen – in die Mitte legen ‖

/f/

Stl. Zahn – Lippen-Fortis-Engelaut (dental – labialer stl. Fortis-Engelaut)

1. Bildungsweise

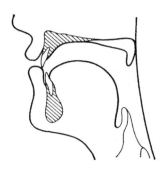

Die Unterlippe liegt mit ihrem Innensaum an den Schneidekanten der oberen Frontzähne und bildet eine Enge (nicht die Unterlippe an die Oberlippe führen). Die Oberlippe ist locker von den Zähnen abgehoben und gering vorgerundet (Lippen nicht breitspannen). Der Zahnreihenabstand ist gering. Der vordere Zungenrand hat Kontakt mit den lingualen Flächen der unteren Frontzähne; die seitlichen Zungenränder berühren die lingualen Flächen der seitlichen unteren Zähne; der Zungenrücken ist flach gewölbt, keine Berührung zwischen Zungenoberfläche und hartem oder weichem Gaumen (etwa wie bei /m/, vgl. S. 199). Das gehobene Gaumensegel schließt den Nasenweg ab. In der mit intensiver Artikulationsspannung gebildeten Zahn – Lippen-Enge erzeugt kräftiger Exspirationsdruck ein starkes stimmloses Reibegeräusch (Fortis).

2. Bildungsfehler und Abweichungen

2.1.   Das /f/ wird als *doppellippiges f* ([Φ]), das weniger geräuschintensiv ist, realisiert; die Enge wird durch die Annäherung von Unter- und Oberlippe gebildet.

2.2.   Das /f/ wird als stimmhafte Lenis realisiert, in Bayern und Österreich z. B. mitunter statt *Ferse* ['fɛʀzə] – ['vɛʀzə]. Sprecher aus der niederdeutschen Sprachlandschaft ersetzen inlautendes [f] häufig durch [v], z. B. statt *liefen* ['li:fn̩] – ['li:vn̩].

2.3.   In die Folge anlautendes [f] und konsonantisches /r/ oder [l] schiebt sich ein vokalischer Übergangslaut, der mitunter den Charakter eines weiten kurzen *e* ([ɛ]) hat, z. B. statt *frisch* [fʀɪʃ] – [ˌfᵊˈʀɪʃ], statt *Fleck* [flɛk] – [ˌfᵊˈlɛk].

2.4.   In der flüchtigen Umgangssprache wird auslautendes [f] folgendem [ʃ] angeglichen: Vorwegnahme der Lippenstülpung führt zu doppellippigem *f*; mitunter wird [f] total an initiales [ʃ] assimiliert, so daß aus z. B. *Aufschnitt* [ˈa̭ofʃnɪt] – [ˈa̭oʃ·nɪt] und aus *lauf schon* [ˈla̭ofʃoːn] – [ˈla̭oʃ·oːn] werden kann.

2.5. In die Folge inlautendes [mf] schiebt sich ein Sproßkonsonant. Siehe /m/, 2.4., S. 199.

2.6. In die Folge finales [nf] sowie [lf] schiebt sich ein Sproßvokal. Siehe /n/, 2.5., S. 209; /l/, 2.6., S. 248.

2.7. In die Folge finales [nf] schiebt sich ein Sproßkonsonant. Siehe /n/, 2.3., S. 209.

3. Abhilfevorschläge

3.1. (zu 2.1.)

Oft führen Nachlässigkeit oder Unkenntnis zu dieser Fehlleistung, so daß häufig bereits Sprechdisziplin bzw. Erläuterung der Bildung Abhilfe bringen.

Bei „sprechfaulen" Lippen kann man auf äußere Hilfe wohl nicht ganz verzichten: Während der Innensaum der Unterlippe an die Kanten der oberen Schneidezähne geführt ist, hebt der kleine Finger die Oberlippe von den Frontzähnen, so daß sie gering sich rundet und leicht vorschiebt. Zunächst /f/ im Wortanlaut vor ungerundeten Vokalen ([eː, ɛ, ɛː, iː, ɪ]): *Fett fegen ... fix Film* usw. (vgl. 6.1.1., 6.1.2., S. 267).

3.2. (zu 2.2.)

Die Lenisierung des /f/ zu [v] ist auf mundartliche Besonderheiten zurückzuführen, die jedoch in der Standardaussprache (wie in der gehobenen Umgangssprache) zu vermeiden sind.

Aussprachehinweise beachten! Eventuelle lautbildnerische Schwierigkeiten versuche man durch verstärkten Ausatmungsdruck (intensiveres Reibegeräusch) zu überwinden.

3.3. (zu 2.3.)

Der Sproßvokal tritt sowohl bei Sprechern mit dialektaler Bindung wie als individuelle Variante auf. Man stellt ihn auch bei etwas gespreizter („frisierter") Sprechweise fest. Vermutlich wird sein Auftreten in den besagten Lautfolgen dadurch begünstigt, *r* sowie *l* stimmhaft zu sprechen bzw., daß der Wechsel von unterer zu oberer Zungenkontaktstellung (für apikales [l]) zu langsam und unentschlossen erfolgt.

Nach der Entscheidung entweder für dorsale Bildung beider Elemente oder für den Wechsel von dorsaler zu apikaler Bildung in der Lautfolge [fl] machen wir uns das Zusammentreffen der Laute ohne Übergangsvokal an der Silbenfuge bzw. an der Wortgrenze (innerhalb einer Sprecheinheit) deutlich, z. B.: *Reifrock Laufrad ...; auf Raten | im Schlaf reden ...* (vgl. 6.2.2., S. 269); *aufladen Stofflänge ...; auf Kniff legen | Graf Leicester* usw. (vgl. 6.2.3., S. 269). Bewährt hat sich auch, nach [f] geringfügig zu pausieren und diese Zäsur zu bewußter und kontrollierter, letztlich schneller und entschiedener Einstellung der Artikulatoren auf den folgenden Laut zu benutzen.

Außerdem bemühe man sich, das Material mit initialem [fr] oder [fl] zusammenhängend („in einem Zuge") zu sprechen und richte seine Aufmerksamkeit mehr auf den akzentuierten Vokal. Unter Umständen trägt etwas nachdrückliche (bestimmte) Sprechweise mit dazu bei, den Sproßvokal zu unterbinden.

3.4.   (zu 2.4.)

Eine derartige Angleichung von Reibelauten sollte in der Standardaussprache vermieden werden; denn sie führt zu undeutlicher, das Verständnis erschwerender Aussprache. Bewährt hat sich, zunächst jede Silbe bzw. jedes Wort mit deutlichem Atemdruck zu bilden und an der Silbenfuge bzw. an der Wortgrenze (innerhalb einer Sprecheinheit) zu pausieren, um eine koartikulatorisch bedingte Vorformung des [ʃ] zu vermeiden, also: *Auf-schluß Graf-schaft ... lauf' schnell | den Chef spielen* usw. (vgl. 6.2.4., S. 269). Zu beachten (und zu kontrollieren) ist für finales [f] die zahnlippige Einstellung (die Oberlippe bleibt von den Zähnen abgehoben), während sich beim initialen [ʃ] beide Lippen rundend vorstülpen (und der vordere Zungensaum gegen den oberen vorderen Zahndamm gehoben wird).

Sprechtempo erhöhen, Pause eindämmen, auf artikulatorische Zahnlippenenge und Atemdruck achten. Unter Umständen gesonderte Übungen zum korrekten [f] (s. 3.1.).

3.5.   (zu 2.5.)

Siehe /m/, 3.4., S. 201.

3.6.   (zu 2.6.)

Siehe /n/, 3.5., S. 212; /l/, 3.5., S. 250 f.

3.7.   (zu 2.7.)

Siehe /n/, 3.3., S. 210 f.

4.   Aussprache

Der **Fortis**-Engelaut /f/ wird gesprochen

a) bei Schreibung *f* im An-, In- und Auslaut: *Feld; reiflich, rufen, kauft; Hof*

b) bei Schreibung *ff* im In- und Auslaut: *Neffe, hofft, schaffst, Stofflager; straff*

c) bei Schreibung *v* im An-, In- und Auslaut deutscher und früh eingedeutschter Wörter: *Vesper, Veilchen, Verden; Cuxhaven, Bremervörde, David; Nerv*

d) bei Schreibung *ph* im An-, In- und Auslaut von Wörtern griechischer Herkunft: *Philosophie; Aphorismus; Telegraph*

e) in der Lautverbindung [pf]: *Pfund; rupfen, Rumpfbeuge, kämpft; Sumpf; abfertigen, Laubfall; Raubvogel.* Vgl. [pf], 4. Aussprache, S. 357.

Zwischen Einfach- und Doppelschreibung gleicher Engelaute in einfachen Wörtern besteht in der Aussprache kein Unterschied, es wird nur e i n Engelaut gesprochen, z. B. in *strafen* und *straffen* nur e i n [f].

Treffen dagegen in Zusammensetzungen oder innerhalb der Sprecheinheit (an der Wortfuge bzw. -grenze) zwei homorgane Engelaute zusammen, z. B. zwei [f] wie in *Schaffell*, so wird zwar ebenfalls nur e i n Engelaut gesprochen (z. B. e i n [f]), aber mit *etwas längerer Dauer,* z. B. *auffliegen* ['a͜ofˑliːgŋ̩] (aber *aufliegen* ['a͜ofliːgŋ̩]), *Hoffahrt; auf Fragen* [a͜oˈfˑʀaːgŋ̩] (aber *aufragen* ['a͜ofʀaːgŋ̩]).

Auch zwischen verschiedenartigen Reibelauten wird nicht abgesetzt (pausiert), aber an der Wort- oder Silbenfuge bzw. Wortgrenze (innerhalb der Sprecheinheit) müssen die Artikulationsorgane schnell umgestellt und präzis auf den folgenden Konsonanten eingestellt werden, damit keine unzulässige Lautangleichung oder gar Elision eintritt (z. B. *Aufsatz* ['a͜ofz̥at͜s] zu ['a͜osˑat͜s]).

5.   Aussprüche und Sätze

5.1.   Geflügelte Worte / Dichtung

Und die Angst beflügelt den eilenden Fuß ... (Schiller) | So feiert froh das allgemeine Fest (Goethe) | Frisch, fromm, fröhlich, frei! (Turnerspruch) | So viele Berichte, so viele Fragen (Brecht) | „Das Fähnlein der sieben Aufrechten" (Keller) | Man findet häufig mehr, als man zu finden glaubt (Corneille) | Du Fitchers Vogel, wo kommst du her? Ich komme von Fitze Fitchers Hause her (Grimms Märchen) | Der Verständige findet fast alles lächerlich, der Vernünftige fast nichts (Goethe) | Frag nur vernünftig, und du hörst Vernünftiges (Euripides) | Fremde Fehler haben wir vor Augen, unsere liegen uns im Rücken (nach Seneca) | Wo einer fiel, seh jeder seinen Fall (Goethe) | Freudvoll und leidvoll, gedankenvoll sein (Goethe) | Flüchtig und flink, frei wie der Fink (Schiller) ||

Es kann der Frömmste nicht im Frieden bleiben,
wenn es dem bösen Nachbarn nicht gefällt. (Schiller)

Fürchte dich nicht vor dem, was zu fürchten ist,
fürchte dich nur vor der Furcht. (Hölderlin)

Schiffchen, Schiffchen, webe fein,
führ den Freier mir herein. (Grimms Märchen)

Wer einen Fehler flieht, der hüte sich vor allen,
vor diesem auf der Flucht, in jenen nicht zu fallen. (Rückert)

5.2.   Sprichwörter / Sprichwörtliches / Spruchweisheit

Ein Feind ist zuviel und hundert Freunde nicht genug | Geflickte Freundschaft
wird selten wieder ganz | Fleiß ist des Glückes Vater | Fleißiger Herr macht
fleißigen Knecht | Ein Fünkchen ist auch Feuer | Man muß die Feste feiern wie
sie fallen | Wer ins Feuer bläst, dem fliegen die Funken in die Augen | Schmieds
Kinder fürchten die Funken nicht | Kein Flachs ohne Abfall, keine Frau ohne
Fehler | Feuer fängt mit Funken an | In der Not frißt der Teufel Fliegen | Den
Fuchs fängt man mit Füchsen | Wer schläft, fängt keine Fische (Seemannsspr.) |
Auf Faulheit folgt Krankheit | Wer dem Haufen folgt, hat viel Gesellen | Den
Vogel erkennt man an den Federn | Wer sich selber feindlich ist, der ist mein
Freund zu keiner Frist | Wer an den Füßen friert, schläft nicht fest | Es ist kein
Fisch ohne Gräte und kein Mensch ohne Fehler (Norw.) | Wer zuviel faßt, läßt
leicht fallen | Für eigene Fehler sind wir Maulwürfe, für fremde Luchse | Feistes
Land, faule Leute | Unglück überfällt gefaltene Finger und lässige Hände | Der
Verstand fehlt, die Dummheit ist unfehlbar ||

Fleiß bringt Brot,   Frische Fische,
Faulheit Not.   gute Fische.

Immer bleibt der Aff' ein Affe,   Fragst du viel,
werd' er König oder Pfaffe.   erfährst du viel.

Unverhofft
kommt oft.

5.3.   Redensarten / Wortgruppen

Den Feind überflügeln | des Verbrechens überführt | in eine feste Form fassen |
eine Frau von Format | frei wie der Vogel in der Luft | viele Bedürfnisse befrie-
digen | von der Bildfläche verschwinden | etwas aus dem Effeff verstehen | das
fällt mir nicht im Schlafe ein | den Faden verloren haben | ein falscher Fünfziger |
ohne Federn fliegen wollen | mit fremden Federn fliegen | nicht viel Federlesens
machen | den Fehdehandschuh vor die Füße werfen | das Geld zum Fenster
hinauswerfen | gleich Feuer fangen | hinter die Fichten führen | sich nicht die
Finger verbrennen | den Finger auf die faule Stelle legen | faule Fische | unter
fremder Flagge segeln | die Flinte ins Korn werfen | sich die Flügel verbrennen |
ein gefundenes Fressen | friß Vogel, oder stirb! | feucht gefrühstückt haben | sich
auf freiem Fuße befinden | über den Haufen fallen (werfen) | der verlorene
Haufen | von der Bildfläche verschwinden | sich alle fünf Finger nach etwas lek-

ken | den Frack vollhauen | Frau Holle schüttelt die Federn | sich wie ein Lauffeuer verbreiten | die Löffel aufsperren | aus der Luft gegriffen | Luft schaffen | mit vollen Segeln fahren | der fängt den Teufel auf freiem Felde | auf Teufel komm 'raus schuften | dich soll der Teufel frikassieren! | verrückt und fünf ist neune | vor die Füße werfen | sich einen Affen kaufen | viel Aufhebens von etwas machen | mit offenen Augen schlafen | von ungefähr | hoffnungsloser Fall | fern davon | auf die Füße fallen | die Hände dafür ins Feuer legen | ein notdürftiges Dasein fristen ||

5.4.   Paare

Form und Farbe | frank und frei | frisch und froh | fix und fertig | faul und fleißig | Frieden und Freundschaft | Freund und Feind | weder Fisch noch Fleisch | Feld und Flur | Feuer und Flamme | Pfiff und Kniff | steif und fest | feist und fett | von Fall zu Fall | Frieden und Freiheit | auf und davon | Fried und Freud ||

5.5.   Lautüberfüllungen

Fischers Fritze fischte frische Fische; frische Fische fischte Fischers Fritze | Die Fledermaus verführte die Feldratte, die verführte Feldratte verführt die Feldmaus (GutsMuths) | Flinke Füße fliegen über den Fußboden ||

6.   Wörter und Wortgruppen

6.1.   /f/ im Anlaut

6.1.1.   /f/ vor betontem Vokal

Filter finster fix Firma finden Fieber | Fächer fälschlich Felge fegen Fehler Ferien | falzen Faser Fahndung Faß Faden Fasching | folglich Folter Volk Vogel Vogt Folie | Fußball Fuder Futter Fussel Fuge Fund | Förster Föhre Förde Vöglein föhnen fördern | Füssen Füller führen füglich Fürst Fühler | Feige feilen feilschen Veilchen Veit feindlich | faulig faul Fauna Faust fauchen | Fäule Fäulnis Fäustling ||

6.1.2.   /f/ vor unbetontem Vokal

Filtrieren fixieren firmieren final Finanzen | Fellache Felsit Feluke Feministin Fermate | Falsett Faselei Fassade Faksimile Faktur | Phonetik Phonologie Follikel forcieren Fopperei | Fundament fulminant Funktion Furnier | Föderalismus föderal Försterei | Fünfmarkstück fürbaß Füsilier | Feierei | Feudalismus ||

6.1.3. /fr/ vor betontem Vokal

Frieda friedfertig frisch Friedrich Fries Frischling | frech fremd fressen Frevel Freske Freesie | Fratze Franz Frankfurt Fraß Franse Franke | frohsinnig Front fromm Frosch frotzeln Frost | Frucht Frust | frösteln Fröbel fröhlich Frömmler frönen | Früchte Frühaufsteher Frühling | freien Freiheitsstrafe Freifahrt freilich | Fraunhofer Frauenfarn | freudig freundlich Fräulein Freund Freundin ||

6.1.4. /fr/ vor unbetontem Vokal

Frikadelle frigid Frikassee Frikativ Friktion Friseur | Fregatte Fressalien Frequenz frettieren | Franzose frankieren phrasieren fragil Fragment Fraktion | frontal frohlocken Fromage frondieren Frottiermantel Frottee | frugal Fruktose frustrieren | Frömmlerei | Freudianer ||

6.1.5. /fl/ vor betontem Vokal

Flimmer fliehen flink Flinte Flip Flieder | Flechte flehen flächig Fläschlein Fleckfieber Flegel | Flamme Flame Flaps Flanke Flasche flattern | Floh Flosse flott Flotte Flora Flop | Flugschreiber Flunsch Fluß Flut Flunder Fluke | flößen Flöte Flöz | flüchten Flügel flüssig flügge Flüge Flüßchen | Fleisch Fleiß | flau Flaute Flausen Flausch Flaumfeder | Fleurop ||

6.1.6. /fl/ vor unbetontem Vokal

Flibustier Flickerei | Fledderei Flegelei flektieren Flennerei | Flanell Flakon Flagellant Flamenco Flamingo flambieren | Florentiner Floristin Florenz Florett Flottille | Flunkerei fluid fluoreszieren Fluktuation | Flötistin Flößerei | Fleischerei ||

6.2. /f/ im Inlaut, in der Wortfuge und an der Wortgrenze

6.2.1. /f/ nach Vokal

Tiefe Tiefland Iffland liefen schliffig Riffeln | Neffe Telephon heften Beffchen bläffen deftig | Laffe schlafen tafeln paffen Waffel raffen | Toffel Stoffel hoffen Stoffe Strophe Koffer | Muffe muffig duftig puffen schuften schuffeln | Töffel Höfling höfisch Schöffe öffnen Köfferchen | süffig lüften Büffel Rüffel Knüffe Küfer | schweifen schleifen Seife steifen kneifen Reifen | Haufen raufen laufen taufen Schaufel Traufe | Teufel teuflisch seufzen häufeln Säufer Täufling ||

6.2.2.   /f/ vor /r/

Laufrad Auf- (regung u. a.) Reifrock Kauf- (rausch, rate, recht) Briefroman
Schlaf- (ratte, raum, rock) Lauf- (ruhe, richtung) Chefredakteur Hofrat hinauf-
(reichen, rufen) Straf- (recht u. a.) ‖
Auf Rädern | den Bahnhof räumen | von Beruf Rezensent | traf richtig | den Hof
retten | den Hof richten | im Schlaf reden | auf Raten ‖

6.2.3.   /f/ vor [l]

Tief- (land, lader) Steifleinen Kauf- (laden u. a.) auf- (laden u. a.) Brieflein
Täufling Schlaf- (lied, losigkeit) Laufleistung schiefliegend Gräflein gräflich
trefflich Höfling höflich hinauf- (langen, laufen) ‖
Im Schlaf lachen | seinen Beruf lieben | in Hof leben | zum Bahnhof lenken | traf
Lilo | lauf' langsamer | auf Löwenjagd | schief laden ‖

6.2.4.   /f/ vor [ʃ]

Tiefschlag Tiefstrahler Brief- (schaften, schuld, steller) Schlaf- (stadt, stelle,
stellung) Schafschur Schafschwanz Grafschaft Stiefschwester Schafstall Lauf-
schiene Lauf- (schritt, schule, stil, steg) Wurfscheibe Golfschläger Senfschale
Dorf- (schule, schulze) Draufschau fünf- (stöckig, stündig u. a.) Fünfsterne-
hotel auf- (schäumen u. a.) drauf- (stellen u. a.) hinauf- (schieben u. a.) ‖
Auf Schadenersatz bestehen | tief schlafen | im Schlaf stören (stöhnen schwitzen) |
einen (keinen) Brief schreiben | den Chef spielen | greif' schon zu | steif schlagen |
seinen Ruf schützen | lauf' schnell (schon) ‖

6.3.   /f/ im Auslaut

6.3.1.   /f/ nach langem Vokal und Zwielaut

Brief Beef lief tief rief schief | Knef | brav Schlaf Graf Schaf Oktav traf |
Bahnhof Hof doof | Huf Ruf schuf Beruf Notruf | Gekeif Unterschleif reif
Greif Streif steif | auf Kauf Knauf Verkauf Lauf Hauff | Geläuf ‖

6.3.2.   /f/ nach kurzem Vokal

Kliff Kniff Schiff Griff Riff Schliff | Reff Treff Gekläff Effeff Chef Tinneff |
baff straff Haff Kaff schlaff Falstaff | Bischof Off schroff Stoff troff Zoff |
Bluff uff puff Muff Knuff Suff | Töfftöff Gesöff | Tartüff TÜV ‖

6.4.   Häufung

Filmvorführer Friedhofsverwaltung fieberhaft fingerfertig Firlefanz | Fehlgriff
fehlerhaft Federfuchser Fegefeuer Feldflüchter felsenfest | Fachkraft fabelhaft
Farbstoff Faltenwurf Flaggschiff Vaterschaft | vortrefflich Formfehler Volks-

fest Vorwurf Forstfrevel vogelfrei | Fummelfritz Fundevogel Fußfall Funk-
folge Funktelefon Fußvolk | Völkerfrühling Völkerfreundschaft | Füllfeder
fünfundfünfzig Fürstbischof | Veilchenduft Feindschaft feinfühlig Feigenkaffee
feinnervig Feinfrost | Faustfeuerwaffe | Feuerruf feuerfest feuergefährlich
feuchtfröhlich Feuereifer ||
Friedrichshafen Friedhofsverwaltung frevelhaft Fragefürwort Fronvogt Frucht-
folge Fruchtsaft frühreif Freibrief Freiersfüße Frauenfrage Frauenberuf
Freudenfeuer ||
Fliegenfänger Fliederfarbe Flipflop Fleckentferner flegelhaft Flaggschiff
Flammenwerfer Floßschiffahrt Flugschrift flußauf fleischfarbig Flaumfeder ||

6.5. /f/ neben /f/

Stiefvater Briefverbindung Schiffahrt Tiefflug Tiefflieger griffertig Tarif-
vereinbarung Schaffell Haffischer Schaffleisch Hoffenster Stoffetzen Stoffarbe
hoffähig straffällig Prüffeld straffrei Greifvogel Kauf- (fahrer, frau, frist)
Lauf- (vogel, fläche, feuer) Kauffahrteischiff lauffreudig auf- (fällig u. a.)
elffach Dorffest ||
Auf frischer Tat | an fünf Fingern abzählen | steif frieren | tief fallen | auf freien
Fuß setzen | den Kauf verwünschen | keinen Schlaf finden | auf Fischfang aus-
laufen | schlief fest | lief fort | traf fehl | einen Puff vertragen | auf Freiersfüßen ||
Aufrühren – auf früheren, auflachen – auf flachen, aufliegen – auffliegen, aufak-
kern – aufflackern, aufragen – auf Fragen, schief liegend – schief fliegend, straf-
erfahren – Strafverfahren, auf allen – auffallen, auf Order – auffordern, Hoffart –
Hoffahrt, auflösen – auf Flößen ||

/v/

Zahn – Lippen-Lenis-Engelaut (dental – labialer Lenis-Engelaut)

1. Bildungsweise

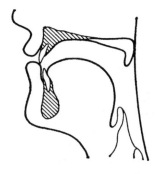

Engebildung, Zahnreihenabstand, untere Zungenkontaktstellung, seitliche Zungenrand- sowie Zungenrückeneinstellung und Gaumensegelabschluß
wie bei /f/ (vgl. S. 262).
Aber: Im Unterschied zu /f/ wird die Zahn – Lippen-Enge mit geringerer Artikulationsspannung
gebildet und durch verminderten Exspirationsdruck ein schwächeres Reibegeräusch (Lenis) mit
positionsabhängiger Stimmhaftigkeit erzeugt.

2. Bildungsfehler und Abweichungen

2.1.   Das /v/ wird als *doppellippiges w* ([β]), das geringere Klangkraft besitzt,
realisiert; die Enge wird durch die Annäherung von Unter- und Oberlippe gebildet (mundartlich im Fränkischen, Bayrischen und im Obersächsisch-Thüringi-
schen.

2.2.   In die Folge anlautendes [k], [ʃ] oder [t͜s] und [ɣ̩] (bisweilen auch [t] oder
[s] und [ɣ̩]) schiebt sich ein vokalischer Übergangslaut, der mitunter den Charakter eines „mindertonigen" *u* haben kann, und das /v/ wird als [β] realisiert, z. B.:
Qual [kɣ̯ɑːl] wie [kᵘβɑːl], *schwarz* [ʃɣaʀt͜s] wie [ʃᵘβaʀt͜s], *zwei* [t͜s̬ɣae̯] wie [t͜sᵊβae̯].

2.3.   Nach stimmlosen Geräuschlauten (vor allem nach [p], [t], [k]) wird /v/
absolut stimmlos und durch intensive Reibung als [f] realisiert, z. B. *Laubwald*
['la̯opɣalt] wie ['la̯opfalt], *Mutwille* ['muːtɣɪlə] wie ['muːtfɪlə], *Zinkweiß* ['t͜sɪŋkɣae̯s]
wie ['t͜sɪŋkfae̯s].

3. Abhilfevorschläge

3.1.   (zu 2.1.)

Oft führen Nachlässigkeit oder Unkenntnis zu dieser Fehlleistung, so daß häufig
bereits Sprechdisziplin bzw. Erläuterung der Bildung Abhilfe bringen.

Bei „sprechfaulen" Lippen kann man auf äußere Hilfe wohl nicht ganz verzichten: Während der Innensaum der Unterlippe an die Kanten der oberen Frontzähne geführt ist, hebt der kleine Finger die Oberlippe von den Schneidezähnen, so daß sie sich gering rundet und leicht vorschiebt. Zunächst /v/ im Wortanlaut vor ungerundetem Vokal ([i:, ɪ; e:, ɛ, ɛ:]): *Villa   Witterung ... Wende   Welle* usw. (vgl. 6.1.1., 6.1.2., S. 277).

3.2.   (zu 2.2.)

Der labialisierte Sproßvokal und die Labialisierung (Vokalisierung) des /v/ treten sowohl bei Sprechern mit dialektaler Bindung wie als individuelle Variante auf. Man stellt sie auch bei etwas gespreizter („frisierter") Sprechweise fest. Umgangssprachliche (Nach-)Lässigkeit möchte die „Lästigkeit" der zahnlippigen Einstellung (Unterbrechung) durch sofortiges Einstellen auf den folgenden Vokal umgehen. Grundsätzlich ist diese Fehlleistung wohl aus dem Bemühen zu erklären, das /v/ nach stimmlosen Konsonanten unbedingt voll stimmhaft zu sprechen, was ja (vor allem nach Verschlußlauten) einigermaßen schwierig, häufig sogar unangemessen und dementsprechend nur unter besonderen Bedingungen möglich ist. Wahrscheinlich geht in den Folgen [ʃʋ̥] und [t͡sʋ̥] der Wechsel von oberer Zungenkontaktstellung (bei häufig apikalem [ʃ] und [t͡s]) zu langsam und unentschlossen vor sich, und vermutlich wird bei [ʃʋ̥] starke bilabiale Aktivität des [ʃ] auf /v/ übertragen.

Der bairisch wie der obersächsisch-thüringisch orientierte Sprecher z. B. realisiert in der Umgangssprache häufig statt *Qual* [kɣɑ:l] – [g̊βɒ:l]. Wenn er sich bemüht, „hochdeutsch" zu sprechen, entsteht oft ein Mix aus überaspiriertem /k/ und veränderlichen vokalischen Übergangslauten, so daß sich phonetische Gebilde wie [kʰʰᵘɑ:l], [kʰʰᵊβɑ:l] oder gar [kʰʰᵘβɑ:l] beschreiben lassen. Bei Sprechern aus der ostmitteldeutschen Region kann außerdem besonders initiales [ʃʋ̥] durch die Zungenartikulation beeinträchtigt sein: [ʃ] wird häufig retroflex oder ungenau dorsal gebildet und das /v/ eben doppellippig, die Lautfolge erhält häufig einen ganz eigentümlichen *u*-ähnlichen Beiklang und klingt zudem eigenartig verdumpft.

Um das seltsame phonetische Phänomen (Verdumpfung, Sproßvokal, Labialisierung) zu unterbinden, gehen wir am besten vom Zusammentreffen von [k], [ʃ], [t͡s] usw. und /v/ an der Wortfuge oder -grenze (innerhalb einer Sprecheinheit) aus. Damit andererseits keine völlige Angleichung (Fortisierung) des /v/ an den vorhergehenden stimmlosen Geräuschlaut erfolgt, trennen wir die Lautfolge zunächst, z. B.: *Bug-welle   Bug-wand ... guten Tag wünschen | welk wirken ...* (vgl. 6.2.4., S. 278); *Fisch-waren   Fisch-weib ... lasch wirken | rasch weiter ...* (vgl. 6.2.6., S. 279); *Holz-wand   Holz-wolle ... ganz wund | ganz wörtlich* usw. (vgl. 6.2.9., S. 280). Die kleine Zäsur benutzen wir auch zu bewußter und kontrollierter, letztlich schneller und entschiedener Einstellung der Artikulatoren auf (dentilabiales!) /v/. Die kleine „Umschaltpause" heben wir selbstverständlich auf und bemühen uns, gleiche Lautdeutlichkeit bei sprechüblichem Konsonantenanschluß zu erhalten. Das Material mit initialem [ky̥], [ʃγ̥], [t̯sγ̥] o. ä. schließlich bemühe man sich, zusammenhängend („in einem Zuge") zu sprechen und richte seine Aufmerksamkeit mehr auf den akzentuierten Vokal. Unter Umständen trägt etwas nachdrückliche (bestimmte) Sprechweise mit dazu bei, den Sproßvokal zu unterbinden.

Bei retroflexem und ungenauem dorsalen /ʃ/ mit auffälliger Verdumpfung sollten sich die Übungen zunächst mit dem /ʃ/ selbst befassen.

3.3.   (zu 2.3.)

Auch in der Standardaussprache tendiert /v/ nach stimmlosen Geräuschlauten zur Stimmlosigkeit. Aber es sollte darauf geachtet werden, daß die Lenis /v/ nicht fortisiert wird und nicht unterschiedslos stets totale Stimmlosigkeit eintritt. Die Reduktion der Stimmhaftigkeit ist z. B. nach Verschlußlauten ausgeprägter als nach Reibelauten. Hilfestellung leistet uns langsameres Sprechen mit leichtem Pausieren an der Silbenfuge bzw. an der Wortgrenze, das nicht nur intensitätsschwaches, sondern selbst vollstimmhaftes *w* ermöglicht. Also ebenfalls Beispiele wie: *Hieb-waffe Leibwache … ab wann | grob werden …* (vgl. 6.2.2., S. 278); *Ostwind Pott-wal … mit Wärme | wild werden …* (vgl. 6.2.3., S. 278); *Bug-welle Trink-wasser … dick werden | Dank wissen* usw. (vgl. 6.2.4., S. 278). Und nicht zuletzt Übungen mit /v/ nach Reibelauten heranziehen (vgl. 6.2.5. bis 6.2.9., S. 279 f.). In der kontinuierlichen Sprechbewegung wird der Verschlußlaut natürlich ohne Behauchung sogleich auf die Enge des Reibelautes gesprengt, der sich dann dem vorhergehenden stimmlosen Konsonanten etwas angleicht, z. B.: *Leibwächter* ['la͜epγ̥εçtɐ], nicht ['la͜epfεçtɐ], *Abwasch … ab͜Wien* usw.; *Frostwetter* ['fʀɔstγ̥εtɐ], nicht ['fʀɔstfεtɐ], *etwas … mit͜Wind* usw.; *Lockwelle* ['lɔkγ̥εlə], nicht ['lɔkfεlə], *Glückwunsch … krank͜werden* usw.

4.   Aussprache

Der **Lenis**-Engelaut /v/ wird gesprochen

a) bei Schreibung *w* im An- und Inlaut: *Welle; windelweich, Gewinn, auswärts, etwas, Aufwind, zwei, schwer*

b) bei Schreibung *v* im Wort- und Silbenanlaut spät eingedeutschter Fremdwörter: *Veto; November*

c) in der Lautverbindung *qu* [kγ̥] im An- und Inlaut: *Qualle; Requiem.*[90]

Der Lenis-Reibelaut /v/ ist *stimmhaft* im Silben- und Wortanlaut (innerhalb der Sprecheinheit) nach Vokal und Sonor, z. B. *Möwe, Universität, Viehweide; die͜Wunde, die͜Villa; in͜Wladiwostok, viel͜wringen; gewrungen; sie͜wriggen; Anwärter, Ballwart; ein͜Ventil, soll͜warten.*

Im absoluten Anlaut, im Inlaut, im Silben- und Wortanlaut (innerhalb der Sprecheinheit) nach stimmlosen Geräuschlauten tritt bei der Lenis /v/ unterschiedliche *Reduktion der Stimmhaftigkeit* bzw. *Stimmlosigkeit* ein. Der Lenis-Reibelaut /v/ darf jedoch nicht durch stärkere Artikulationsspannung und zu intensive Reibung zur Fortis [f] werden, z. B. *Wir sind da!* wie [v̥iːɐ̯ zɪntˈdaː]; *Abwasch* ['apv̥aʃ], nicht ['apfaʃ]; *ab_Wien; entwerten; Twist; nicht_wanken; Trinkwasser; Quelle; blank_wetzen; ausweichen; Swine, zwei; aus_Wien; Waschwasser; Schwelle; misch_Wasser; Honigwein, ich_warte; Buchweizen, ach_wo.*

Beim Zusammentreffen von homorganen Fortis- und Lenis-Engelauten in Zusammensetzungen oder innerhalb der Sprecheinheit (z. B. von [f] und [v] wie in *aufwinden*) entsteht e i n stimmloser Engelaut *mit etwas längerer Dauer.* Aber an der Wortfuge bzw. -grenze werden Artikulationsspannung und Reibegeräusch vermindert, so daß eine Lenis ohne Stimmton ([v̥]) entsteht, z. B.: *aufwinden* wie [a̯ofv̥ɪndn̩], nicht ['a̯ofˈɪndn̩], *Schlafwagen; auf_Wiedersehen.* Vgl. /b/, 4. Aussprache, S. 136.

5.   Aussprüche und Sätze

5.1.   Geflügelte Worte / Dichtung

Wind ist der Welle lieblicher Buhler ... (Goethe) | Wir unterschätzen das, was wir haben, und überschätzen das, was wir sind (Ebner-Eschenbach) | Wenn ihr wüßtet, was ich weiß, so würdet ihr viel weinen und wenig lachen (Mohammed) | Wein und Weib und Würfel ist ein dreifach W(eh)! (Hoffmann v. Fallersleben) | Nicht jede Wolk' erzeugt ein Ungewitter (Shakespeare) | Bedenk es wohl! wir werdens nicht vergessen (Goethe) | Den meisten Leuten sollte man in ihr Wappen schreiben: Wann eigentlich, wenn nicht jetzt? (K. Tucholsky) | Wünsche wie die Wolken sind (Eichendorff) | Was doch der Mensch nicht wagt für den Gewinn (Schiller) | Der will sich nichts wagen, der sich mit kaltem Blute wagen will (Lessing) | Wie jeder wägt, wird ihm gewogen (Schiller) | Ein Weib soll ihre Weiblichkeit nicht ausziehen wollen (Goethe) | Das Wahre wird nie widerlegt (Platon) | Wer sich über die Wirklichkeit nicht hinauswagt, der wird nie die Wahrheit erobern (Schiller) | Die Weltgeschichte ist das Weltgericht (Schiller) ||

Würfel, Weiber, Wein
bringen Lust und Pein. (Logau)

Ich gäb was drum, wenn ich nur wüßt,
wer heut der Herr gewesen ist. (Goethe)

Das Glück deiner Tage
wäge nicht mit der Goldwaage.
Wirst du die Krämerwaage nehmen,
so wirst du dich schämen und dich bequemen. (Goethe)

Daß der Sinn es redlich meine, haben wir nur ein Gemerke:
Wenn nicht Worte bleiben Worte, sondern Worte werden Werke. (Logau)

Lebe, wie du, wenn du stirbst,
wünschen wirst, gelebt zu haben. (Gellert)

Die Freundschaft, die der Wein gemacht,
wirkt, wie der Wein, nur eine Nacht. (Logau)

Wildes Wetter, Sturmeswüten
will das arme Schiff zerschellen –
ach wer zügelt diese Winde
und die herrenlosen Wellen! (H. Heine)

Wohin ich immer gehe
wie weh, wie weh, wie wehe
wird mir im Busen hier! (Goethe)

Ich schlafe nicht, ich wache.
Will er wissen, was ich mache?
Ich koche warm Bier, tue Butter hinein:
will der Herr mein Gast sein? (Grimms Märchen)

Weise will ein jeder sein,
niemand will es werden. (Feuchtersleben)

Willst du dich deines Werks erfreuen,
so mußt der Welt du Wert verleihen. (Goethe)

Was ich nicht weiß,
macht mich nicht heiß.
Und was ich weiß,
machte mich heiß,
wenn ich nicht wüßte,
wie's werden müßte. (Goethe)

Ein Mensch bleibt weise, solange er die Wahrheit sucht,
sobald er sie gefunden haben will, ist er ein Narr. (Talmud)

5.2.   Sprichwörter / Sprichwörtliches / Spruchweisheit

Im Wein ist Wahrheit | Wo ein Wille ist, ist auch ein Weg | Gewohnheit ist ein
eisern Gewand | Wenn der Wind weht, regen sich die Bäume | Auf betretenem
Wege wächst nicht leicht Gras | Gut Ding will Weile haben | Wer zweifelt, muß
wagen | Was lange währt, wird gut | Wein und Weiber betören die Weisen | Alter
macht weiß, aber nicht immer weise | Erst wäg's, dann wag's | Mit der Wahrheit
kommt man am weitesten | Hunger treibt den Wolf aus dem Walde | Wer wagt,
gewinnt | Durst macht, daß aus Wasser Wein wird | Was man seinem Schweine

gibt, ist nicht weggeworfen | Wer sich selbst überwindet, der gewinnt | Inwendig weiß er's, aber auswendig nicht | Ohne Augen bleibt, wer der ganzen Welt wegen weint (Türk.) | Ein Gewarnter ist zwei wert | Von Worten zu Werken ist ein weiter Weg | Der Wille ist des Werkes Seele | Der Wille gibt dem Werk den Namen | Gezwungener Wille ist Unwille | Wenn Wünsche wahr würden, wären Hirten Könige | Den Wert verlorener Güter wiegen wir allezeit mit doppeltem Gewichte auf | Wenn dem Weisen zu wohl ist, heiratet er (Russ.) | Besser eng und wohl als weit und weh | Jedes Wachsen will Widerstand | Wenn der Wächter nicht wacht, so wacht der Dieb | Wissenschaft ist ein guter Wanderstab ‖

Wer nicht wirbt, der verdirbt,	Wie einem wächst das Gut, so wächst ihm auch der Mut.
Wahl bringt Qual.	Wer einmal lügt, dem glaubt man nicht, und wenn er auch die Wahrheit spricht.

Was wir nicht wissen sollen,
das sollen wir nicht wissen wollen. (Wartburgspr.)

Wer nichts weiß und nicht weiß, daß er nichts weiß, ist ein Tor. –
Weiche ihm aus!
Wer nichts weiß und weiß, daß er nichts weiß, ist bescheiden. –
Unterrichte ihn!
Wer etwas weiß und nicht weiß, daß er etwas weiß, schläft. –
Wecke ihn auf!
Wer etwas weiß und weiß, daß er etwas weiß, ist ein Weiser. –
Ihm folge! (Arabische Spruchweisheit)

5.3.   Redensarten / Wortgruppen

Wissen, woher der Wind weht | sich wie ein Wurm winden | Ich weiß, was ich weiß | mit Worten verwunden | wer weiß, wann wir uns wiedersehen | Wurst wider Wurst | die Worte (nicht) mit der Goldwaage wägen | wachsen wie das Gras im Winter | nicht wissen, woran man ist | einen Mohren weißwaschen wollen | warten, bis man schwarz wird | den werf' ich an die Wand! | weiß werden wie eine Wand | da wackelt die Wand | mit allen Wassern gewaschen | Wasser in den Wein gießen | es wird überall nur mit Wasser gekocht | einem etwas weismachen wollen | eine weiße Weste haben | das ist ihm nicht an der Wiege gesungen worden | wie der Wind | wo hat dich der Wind hergeweht? | sich winden wie ein Aal | Wand an Wand wohnen | sein Schwert in die Waagschale werfen | von dem Schwindel nichts wissen wollen | geschwind wie der Wind | nichts Gewisses wissen | Treppenwitz der Weltgeschichte | ein Werk von Weltruf | ein Wust von Worten | weiße Woche | ausweichende Antwort | schwer wiegen | windelweich schlagen | Würde bewahren | wenn das Wörtchen Wenn nicht wär' ... ‖

5.4.   Paare

Wind und Wellen | wogen und wiegen | Wasser und Wein | wanken und weichen | wo und wie | wer und was | Wunsch und Wille | ohne Wissen und Willen | Wind und Wasser | wirklich und wahrhaftig | Wald und Wiese | Wohl und Wehe | Witwen und Waisen ‖

5.5.   Lautüberfüllungen

Wir Westerwälder Waschweiber würden weiße, wollne Wäsche waschen, wenn wir wüßten, wo weiches, warmes Wasser wär' | Wenn wir wären, wo wir wollten, wer weiß, wie weit wir wohl wären | In einer weinerlichen, windelweichen Wiener-Stephansdom-Stimmung (Fritze) | Zwischen zwei Zwetschgenzweigen saßen zwei zwitschernde Schwalben | Die Wäsche wogte wie ein weißes Zelt (Kästner) ‖

6.   Wörter und Wortgruppen

6.1.   /v/ im Anlaut

6.1.1.   /v/ vor betontem Vokal

Villa Visum wittern Widmung Wiese Wisent | Welle Welpe Vene Velum Venus wenden | Vase vage Waffel walten Watt watscheln | Wolke Wodka Volt Votum Wogen Wodan | Wunde wulstig Wucht Wurst Wucher Wunsch | wöchentlich Wöchnerin wörtlich | wünschen wühlen Wüste wüten Wülstchen Würstchen | weich weiblich weigern Weihe Weiler Weimar ‖

6.1.2.   /v/ vor unbetontem Vokal

Violine Viola vital Vision violett Wilderei | Ventil Vestibül Veteran Veterinär Vexierbild Weberei | Valuta Vanille Vagabund wattieren Vasall Variante | Volumen woher woraus womit Vokabel Vokal | Vulkan vulgär Vulkanisation Wucherei | Wüstenei Wühlerei ‖

6.1.3.   /vr/ vor betontem Vokal

Wringen wriggen wrasen wrang Wrack Wruke ‖

6.2.   /v/ im Inlaut, in der Wortfuge und an der Wortgrenze

6.2.1.   /v/ nach Vokal

Diva Diwan Iwan Universität Universum trivial | Eleve ewig Sehwinkel Revier Naseweis Beweis | Lava Lavabel Krawatte Karawane Lavendel Ravenna | Samowar November jovial Bovist schlohweiß soweit | Juwel Juwelier Schuhweite Kuhweide Kuvert Kuwait | Möwe Löwe Böwe Stöver |

Brühwurst Glühwürmchen Frühwarnsystem Frühwerk Klüver Glühwein Düvel | Maiwein Freiwild leihweise Freiwache Bleiweiß Eiweiß Haiwarnung dreiwertig | Bau-(werk weise wesen) Donauwörth Grauwacke Blauwal Rauhwacke Rauhware | Heuwagen Heuwender Streuwagen ||

6.2.2. /v/ nach [p]

Hiebwaffe liebwert Trieb-(wagen, werk) Kreppware Stepwalzer Pappwand Stab-(werk, wechsel) Ab-(wasch u. a.) Grobwäsche truppweise schubweise Schubwirkung Leib-(wäsche, wache) Schreib-(waren, weise) Laubwald Staub-(wedel, wolke) Raubwild Halbwüchsiger Gelb-(weiderich, wurzel), Korbweide || Ab Wien (Weimar, Wuppertal ...) | Staub wischen | gab wenig | schlapp (taub, grob ...) werden | plump wirken | zu Staub werden | den Betrieb wechseln | zum Dieb werden | ab wann | knapp wiegen | auf den Typ warten | schrieb wieder | bergab wandern ||

6.2.3. /v/ nach [t]

Mutwille Ost-(West-, Süd-, Nord-)wind Blendwerk Rot-(welsch, wild) Flucht-(Feld-)weg Handwerker Bildwerfer Bett-(Nest-)wärme Bettwäsche seitwärts Frostwetter Bildwand Post-(Dienst-, Fest-, Last-, Sport-, Kraft-)wagen Mordwaffe Pott-(Bart-, Grind-)wal Mittwoch Kraftwort Bartwuchs Brat-(Rot-, Blut-, Mett-)wurst Rot-(Wermut-)wein Branntwein Brandwunde Nachtwächter bund-(pfund-)weise Ent-(wicklung u. a.) Mit-(wisser u. a.) | Tweed Twist || Seit Wochen | seid wachsam | mit Wein (Wärme, Wirkung ...) | nicht wanken und nicht weichen | Advokaten – Schadvokaten | stirb und werde | tut wohl | seit wann | mit wem | um Gunst werben | wild (verrückt) werden | wie Unkraut wuchern | tot weinen ||

6.2.4. /v/ nach [k][91]

Quinte Quintaner Quirl quitt Quitte Quittung Quiz quieken | Quetsche Quecksilber Quelle quer quälen | Quaddel Quader Qual Qualität Qualle Qualm Quantität Quappe Quark Quartal Quartett Quartier Quarz Quatsch | Quotum quotieren ||
Blickwinkel zweckwidrig rückwirkend Schankwirtschaft wegwerfend rückwärts Rückweg Bug-(Heck-, Druck-, Streik-, Lock-, Reck-)welle Frackweste Bankwesen Brack-(Trink-)wasser Dickwanst Funkwagen Tankwart Schrankwand Burgwall Backwaren Schlag-(Merk-, Flick-)wort Glückwunsch Bock-(Knack-)wurst Stinkwut merkwürdig Speckwürfel zurückweisend ruckweise Deck-(Zink-)weiß schockweise ||
Den Rock wenden | auf etwas einen Blick werfen | das Geschick wenden | log wieder | Lug und Trug wittern | blank wetzen | Dank wissen | dick (krank, welk ...) werden | guten Tag wünschen | im Park wuchern ||

6.2.5. /v/ nach [s]

Swine Swinemünde Swing Swift Swinegel Sven Sweater Swebe Swante ‖
Mißwahl Bißwunde Nieswurz Liebeswahn beispielsweise Gaswolke Glaswolle
Fluß-(wanderung, windung) Fuß-(wanderung, wäsche) Minuswert Diskus-
werfer Schluß- (Verhältnis-, Dankes-, Abschieds-, Sterbens-) wort Süßwaren
preiswert Weißwäsche Reißwolf Preiswucher Reiswein Haus- (wirt, wart)
Aus- (wahl u. a.) Halswickel Leistungswille Haremswächter Hanswurst ‖
Aus (bis) Wien (Weimar, Wuppertal ...) | das (dies, dieses, jenes, manches) Wasser
(Werk ...) | es wird schon | groß (blaß, nervös ...) werden | abseits wohnen | sich
nichts wünschen | nichts wollen | besonders wichtig | dies Warten ‖

6.2.6. /v/ nach [ʃ][92]

Schwiegertochter schwierig schwimmen schwinden Schwünge Schwips schwir-
ren Schwelle Schwengel Schwerin Schwäche schwärmen Schwabe Schwadron
Schwafelei Schwägerin Schwall schweigen Schwein Schweiz Schweinfurt ‖
Tisch-(wäsche, vase) Mischwald Wischwasser Fisch-(waren, weib) Naschwerk
Buschwindröschen Buschwerk Fleisch-(waren, wolf, wurst) Tausch-(ware, woh-
nung) Hirschwild Kirschwasser Marschweise Matschwetter Menschwerdung
Waschwasser ‖
Einen guten Tausch wittern | barsch (morsch, tückisch ...) werden | technisch
versiert | der Fisch wandert | optimistisch wagen | etwas vom Tisch wischen |
Kitsch wählen | rasch weiter | rhetorisch (lasch, barsch ...) wirken | durch Matsch
waten | forsch wenden ‖

6.2.7. /v/ nach [ç]

Teppichweber Riech-(Brauch-)wasser Stich-(waffe, wort, wunde u. a.) Honigwein strichweise Reisigwelle Teichwirtschaft Schleich-(weg, werbung) Streich-
wolle Blechwanne Brechwurzel Reichweite Streichwurst Durch-(wahl u. a.) ‖
Ich warte (will ...) | sich wundern (wärmen, wenden, waschen ...) | durch Wien
(Wiesbaden ...) | nützlich (zärtlich, anzüglich, weich, zornig) werden | welch
Wunder | herzlich wünschen | fröhlich wirken | ängstlich winseln | herrlich warm |
reichlich wenig | stündlich (täglich, wöchentlich) wechseln ‖

6.2.8. /v/ nach [x]

Schachweltmeister Sprach-(wandel, wissenschaft) sprachwidrig Fachwissen-
schaftler Fach-(Sprach-, Mach-, Strauch-)werk Sach-(walter, wert) Fachwort-
schatz Nach-(welt u. a.) | Hoch-(wald u. a.) Koch-(wurst, wut, wäsche) | Tuch-
wirker, Spruch-(wand, weisheit), fluchwürdig, Suchwort, Buchweizen | Bauch-
(weh, wickel), Rauchwolke ‖
Nach Wien (Württemberg, Wismar ...) | ach wo | noch was | mach' doch weiter |
komm' doch wieder | das Fach wechseln | den Versuch wagen | auf hohen Besuch

warten | schwach (wach, flach) werden | auch was wollen | noch weiter | stach wieder ||

6.2.9. /v/ nach [ts]

Zwieback Zwiebel Zwilling zwingen zwischen Zwist | Zwecke Zweck zwängen Zwetsche Zwerg Zwerchfell | zwanzig zwar zwacken Zwang | zwo | zwölf | zweideutig Zweifel Zweig zweizeilig ||
Holz-(wand, wolle) Harzwanderung Schutz-(wand, wall) Sülzwurst Würz-(wein, wort) Sturzwelle Schwarz-(wald, wild, wurzel) Schwarzwasserfieber Schwarzweißmalerei Reiz-(wäsche, wort) Schmutzweg Stützwand Pelzwerk Setz-(waage, wäsche) Putzwolle satz-(weise, wertig) Schatzwechsel Spreizwindel Schmelz-(wasser, wärme), Scherzwort, Schätzwert, Schnitzwerk, Spitzwegerich ||
Nichts wagen (wollen, wittern) | schweres Geschütz wählen | in der Schweiz wandern | einen Tanz wagen | ganz wund (wörtlich, wild) | in Binz (im Harz) wohnen ||

6.3. Häufung

Witwer Wiederwahl wiewohl Wirbelwind Witzwort windelweich | Westerwald Wettbewerb Wetterwarte Weltweisheit wesensverwandt Werwolf | wahnwitzig Waschweib Wasserwaage wahlweise Wandergewerbe Warmwasser | Wohlwollen Wollwaren Wortwechsel Wolkenwand Wohnungswechsel wohlweislich | Wurzelwerk Wunderwaffe Wurstwaren Wunderwelt | wünschenswert Wüstenwind Wüstenbewohner | Waidwerk Weißwein Weichenwärter waidwund Weihwasser Weitwurf | Wauwau | Woilach Woiwodschaft ||

/f/ – /v/

1. Aussprüche und Sätze

1.1. Geflügelte Worte / Dichtung

Was man nicht aufgibt, hat man nie verloren (Schiller) | Es fliehen nicht alle, die den Rücken wenden (Chr. Lehmann) | Der Empfindsame ist der Waffenlose unter lauter Bewaffneten (Auerbach) | Wind und Wäsche führten Zank (Kästner) | Man führt die Waffen nicht vergebens (Schiller) | Für alles werde alles frisch gewagt (Schiller) | Wo viel zu wagen ist, ist viel zu wägen (Platen) | „Vom Winde verweht" (M. Mitchell) | Oft kommt die Wahrheit uns recht unwahrscheinlich vor (Boileau) | Wahrheit gegen Freund und Feind (Schiller) | Für die Wahrheit zu sterben ist ein Tod nicht für das Vaterland, sondern für die Welt (Jean Paul) | Vom Wahrsagen läßt sich wohl leben in der Welt, aber nicht vom Wahrheit sagen (Lichtenberg) | Die Wahrheit finden wollen ist Verdienst, wenn man auch auf dem Wege irrt (Lichtenberg) | Wer dem menschlichen Geschlechte eine neue Wahrheit bringt, hat mehr erobert, als wer mit seinen Waffen ein Weltreich stiftet. Denn dies Reich wird vergehen; es ist irdisch. Aber die Wahrheit steht ewig fest im Reich der unsterblichen Geister (Zschokke) | Der Tor hält Warnung für Feindschaft (Koran) | Höflichkeit ist dem Menschen, was die Wärme dem Wachs ist (Schopenhauer) | Man fragt ums Was und nicht ums Wie (Goethe) | Alle Vergnügungen auf alle Weise genießen wollen ist unvernünftig; alle ganz meiden, gefühllos (Plutarch) | Nur wer sich selbst verbrennt, wird den Menschen ewig wandernde Flamme (Morgenstern) | Man muß mit Feuer entwerfen und mit Phlegma ausführen, wenigstens Arbeiten, deren größtes Verdienst der Fleiß ist (Schiller) | Worte sind des Dichters Waffen (Goethe) ‖

Ich bin durch tiefe Wälder gegangen,
wo der Wind ganz tief mit den Wipfeln spricht. (Ringelnatz)

Es pfeift der Wind, die Möwen schrein,
die Wellen, die wandern und schäumen. (Heine)

So sei verflucht der Krieg! Verflucht das Werk der Waffen!
Es hat der Weise nichts mit ihrem Wahn zu schaffen. (Li Tai-pe)

Und es wallet und siedet und brauset und zischt,
wie wenn Wasser und Feuer sich mengt,
bis zum Himmel spritzet der dampfende Gischt,
und Flut auf Flut sich ohn' Ende drängt
und will sich nimmer erschöpfen und leeren,
als wollte das Meer noch ein Meer gebären. (Schiller)

Wohltätig ist des Feuers Macht,
wenn sie der Mensch bezähmt, bewacht,
und was er bildet, was er schafft,
das dankt er dieser Himmelskraft;
doch furchtbar wird die Himmelskraft,
wenn sie der Fessel sich entrafft,
einher tritt auf der eignen Spur,
die freie Tochter der Natur.
Wehe, wenn sie losgelassen,
wachsend ohne Widerstand,
durch die volkbelebten Gassen
wälzt den ungeheuren Brand! (Schiller)

Sagt' ich die Wahrheit allezeit,
so fänd' ich manchen Widerstreit.
Drum muß ich oftmals schweigen still;
man sagt des Wahren oft zu viel. (Freidank)

Ein einz'ger Funke, wenn er angefacht,
hat einer Welt oft Untergang gebracht. (aus dem Persischen)

Weisheit und Wissenschaft sind Waffen gegen das Laster;
du, ein gewaffneter Mann, willst sein Gefangener sein? (Herder)

Wohin, wohin, Herr Federsack?
Was macht die schöne junge Braut? –
Sie fegt und säubert unser Haus
und schaut wohl auch zum Fenster heraus! (Bechsteins Märchen)

Fahr wohl, du schöne junge Braut!
ein Tor ist, wer auf Weiber baut! (Bechsteins Märchen)

1.2.   Sprichwörter / Sprichwörtliches / Spruchweisheit

Vorsicht ist die Mutter der Weisheit | Frisch gewagt ist halb gewonnen | Wahrheit
findet keine Herberge | Vertun ist leichter als gewinnen | Worte füllen den Sack
nicht | Wahrheit bringt Gefahr | Nicht jeder Wurf gewinnt | Vorteil ist nicht
allezeit Gewinn | Fuß vor Fuß bringt gut vorwärts | Was bald reif wird, wird
bald faul | Stille Wasser gründen tief | Guter Wille hat geschwinde Füße | Wenn
der Wille da ist, sind die Füße leicht | Viel Gewerbe, wenig Geld (Arab.) | Wohlfeil
kostet viel Geld | Wer viel fragt, kriegt viel Antwort | Ein leerer Wagen muß dem
vollen ausweichen | Wer zwischen zwei Winde kommt, muß fest stehen | Wer
Wachteln fangen will, nimmt Wachteln mit | Wer will die Füße des Schwans weiß
waschen!? | Die Würmer, welche die Schweine aufwühlen, fressen die Krähen

weg | Hohe Bäume fangen viel Wind | Mit Fragen kommt man durch die Welt | Wer fliegen will, muß einen Fittich haben | Viele sind berufen, aber wenige sind auserwählt | Wer fremde Wunden verbindet, vergißt die eigenen ||

Vorsichtig sei in allen Dingen,	Fleiß erwirbt,
durch Vorwitz wird dir nichts gelingen	Faulheit verdirbt.
Wer vom Acker lebt und vom Vieh,	Früh weis'
lebt wohl, wenn er nicht wird zum Vieh.	wird bald ein Greis.
Dürres Blatt und Fürstenwort	Greif niemals in ein Wespennest!
nimmt ein jeder Wind mit fort	Doch wenn du greifst, so greife fest!

Wenn an Fastnacht läuft das Wasser im Wagenreif,
so wächst der Flachs lang wie ein Pferdeschweif. (Bauernr.)

1.3. Redensarten / Wortgruppen

Viel Geschrei und wenig Wolle | schwer ins Gewicht fallen | wie aus den Wolken gefallen sein | die Weisheit mit Löffeln gefressen haben | Wasser auf seine Mühle | ins Schwarze treffen | Öl auf die Wogen gießen | die Wurst nach dem Schinken werfen | sein ganzes Gewicht in die Waagschale werfen | schwer in die Waagschale fallen | an den Wagen fahren | das fünfte Rad am Wagen | etwas aufs Wams kriegen | es ist, um die Wände hinaufzuklettern | vor Freude die Wände hochspringen | bis dahin läuft noch viel Wasser den Berg hinunter | ein wegwerfendes Urteil fällen | sich wegwerfen | sich drehen und wenden wie eine Wetterfahne | sich in Wichs werfen | vor dem Winde segeln | dem Wolf die Schafe anbefehlen | ein Wolf im Schafspelz | glatte Worte schleifen | die Würfel sind gefallen | über Zwirnsfäden stolpern | jedes Wort vom Munde abkaufen | ein Auge auf etwas werfen | ihr Wunsch ist mir Befehl! | fliegen wollen, ehe die Federn gewachsen sind | auf Ehrenwort | schief gewickelt | voll Unterwürfigkeit | schroffes Wesen | die Farbe wechseln | Mittel und Wege finden | verwickelte Verhältnisse | seine Felle fortschwimmen sehen | kein Fenster einwerfen | den Finger auf die Wunde legen | gesund wie ein Fisch im Wasser | der Fisch will schwimmen | fuchsteufelswild werden | fuchsig werden | in der Versenkung verschwinden | um den Finger wickeln | Für und Wider ||

2. Wörter und Wortgruppen

2.1. /f/ und /v/ in Wortpaaren

Wall – Fall, fahl – Wahl, Fach – wach, fegen – wegen, Welle – Felle, fein – Wein, Wade – fade, winden – finden, Fund – wund, wühlen – fühlen, Wahn – van, Wanne – Fahne, Felder – Wälder, fetten – wetten, Fechter – Wächter, fett – wett, walzen – falzen, Ware – fahre, fackeln – wackeln, Feile – Weile, feig – weich,

fehlen – wählen, Wand – fand, Faß – was, werben – färben, Weste – Feste, Vieh –
wie, Fink – Wink, Wort – fort, fußt – Wust, Wäsche – fesche, Völkchen –
Wölkchen, Fuchs – Wuchs, vier – wir, Wolle – volle, fischen – wischen, wirst –
First, weil – feil, wallen – fallen, Fenn – wenn, falten – walten, Wette – fette, Fee –
Weh, Welt – Feld ||

2.2. /f/ und /v/ in einem Wort

Vetternwirtschaft Fönwind Faltenwurf Flickwort Fürwort Fremdwort Fett-
wanst Vielweiberei Fichtenwald Viehweide Verweis Flederwisch Fabelwesen
Flitterwerk verwandt verwünschen Vorwitz Fahnenwald Felswand Fachwerk
Faßwein Fehlerquelle Feldwebel Fertigware Festgewand feuchtwarm Feuer-
werk Fleischwurst Filmwelt Flitterwochen fuchsteufelswild Fuchsschwanz ||
Wohlfahrt Wandervogel Wanderfahne Wetterfahne Wahlverwandtschaft
wundervoll Wallfahrt Walfisch Wärmflasche werfen Wettlauf Wetterfrosch
widerfahren willfahren Wunschform Wellfleisch Wohlbefinden Webfehler
Weinfaß Vesuv Winterschlaf Wachfeuer Wachstafel Waffel Waffe Wähler-
schaft wahrhaftig Weizenfeld Walfang wegfahren wegfallen Weihnachtsfest
Wolf weltfremd Wemfall Westfale wieviel Windfang Wissenschaft ||

2.3. [f] neben [ʮ̥]

Laufwerk schweifwedelnd Schafwolle Schlafwagen Turfwette Kaufwert
Briefwunsch Dorfweiher Taufwasser schiefwinklig Briefwechsel Laufwunder
Schlupfwinkel Kopfwäsche Kopfweh Schimpfwort Schlupfwespe Kopf-(wun-
de, weide) Dampfwolke Auf-(wind, wiegler u. a.) ||
Auf Wiedersehen | schwarz auf weiß | auf Wache stehen | auf Wunder warten | wie
auf Wolken wandeln | reif (steif, schlaff ...) werden | im Schlaf weinen | scharf
wenden (würzen) | lief weg | mit dem Schweif wedeln | schlief weiter | auf dem
Dorf wohnen | auf den Abpfiff warten ||
Rufweite – ruh' weiter, Stoffwechsel – Stroh wechseln ||

/s/, /z/

/s/

Stl. Zahn-Zahndamm – Zungenrücken- oder Zungenspitzen-Fortis-Engelaut (dental-alveolar – prädorsaler oder apikaler stl. Fortis-Engelaut)

1.   Bildungsweise[93]

1.1.   Dorsale Bildung, sogenanntes *Zungenrücken-s*

Die Lippen sind locker von den Zähnen abgehoben (Oberlippe gering vorgerundet, Unterlippe gering vorgeschoben, damit sie sich nicht an die Schneidekanten der oberen Frontzähne legen und ein /f/[94] entstehen kann) und oval geöffnet (Lächeleinstellung, aber die Lippen nicht breitspannen). Der Zahnreihenabstand ist gering, die unteren Frontzähne sind den oberen Frontzähnen durch geringes horizontales Vorschieben des Unterkiefers bis auf einen schmalen Spalt genähert. Der vordere Zungenrand liegt an den lingualen Flächen der unteren Frontzähne, die Zungenspitze hat festen Kontakt[95] mit den inneren Frontzähnen (Incisivi 1); der vordere Zungenrücken ist zu den palatinalen Flächen der oberen Frontzähne und deren Zahndamm aufgewölbt

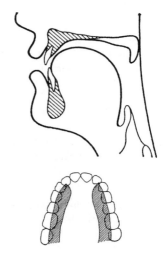

und bildet eine Enge; die seitlichen Zungenränder sind gehoben und liegen an den palatinalen Flächen der seitlichen oberen Zähne, deren Zahndämmen und dem Hartgaumen, so daß die Zungenoberfläche zu einer Längsrinne geformt wird, die im vorderen Zungenrücken die Form einer schmalen Längsrille hat. Das gehobene Gaumensegel schließt den Nasenweg ab.
In der mit intensiver Artikulationsspannung gebildeten Zahn-Zahndamm – Zungen-Enge erzeugt kräftiger Exspirationsdruck ein starkes („scharfes") stimmloses Reibegeräusch (Fortis).

1.2. Apikale Bildung, sogenanntes *Zungenspitzen-s*

Im Unterschied zur dorsalen Bildung wird die
Enge an den palatinalen Flächen der oberen
Frontzähne und deren Zahndamm durch den
frei schwebenden vorderen Zungenrand, in dem
sich wie im vorderen Zungenrücken eine
schmale Längsrille ausformt, gebildet. Das Vorschieben des Unterkiefers ist nicht erforderlich.

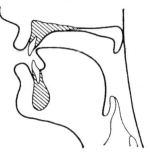

/z/

Zahn-Zahndamm – Zungenrücken- oder Zungenspitzen-Lenis-Engelaut (dental-
alveolar – prädorsaler oder apikaler Lenis-Engelaut)

1. Bildungsweise

Lippenöffnung und -formung, Zahnreihenabstand, Engebildung, Zungenrandsowie Zungenrückeneinstellung und Gaumensegelabschluß wie bei /s/ (vgl.
S. 285).
Aber: Im Unterschied zu /s/ wird die Zahn-Zahndamm – Zungen-Enge mit
geringerer Artikulationsspannung gebildet und durch verminderten Exspirationsdruck ein schwächeres Reibegeräusch (Lenis) mit positionsabhängiger Stimmhaftigkeit erzeugt.

2. Bildungsfehler und Abweichungen

2.1.   Durch intensive Artikulationsspannung und starke Reibung wird /z/ als
[s] realisiert; vor allem im Fränkischen, Bayrischen und Obersächsischen üblich,
z. B. statt *Rose* ['ʀoːzə] – ['ʀoːsə].

2.2.   In der flüchtigen Umgangssprache wird auslautendes [s] an folgendes [ʃ]
assimiliert, so daß z. B. aus *Eisschrank* ['aesʃʀaŋk] – ['aeʃˑʀaŋk] und aus
aus Schande [aos'ʃandə] – [aoʃˑandə] werden kann.

2.3.   Die fehlerhafte Aussprache der *s*-Allophone (*Sigmatismus*[96]) ist sehr verbreitet und tritt in verschiedenen Einzelformen auf, bei denen sich zwei Haupt-
gruppen unterscheiden lassen: *orale Sigmatismen* durch falsche Zungenlage und
nasale Sigmatismen durch falsche Gaumenfunktion.

Dem Charakter dieses Buches entsprechend, wird nur auf einige Formen fehlerhafter *s*-Bildung, die auf falscher Zungenlage beruhen, eingegangen. Auch psychogene Störungen, Störungen der Sprachentwicklung, der prädisponierende Einfluß von Zahnstellungsanomalien, die Innenohrschwerhörigkeit und andere Faktoren, die im Zusammenhang mit den *s*-Fehlbildungen zu beachten sind, bleiben unberücksichtigt.

Sigmatismus interdentalis

Bei gesenktem Unterkiefer wird die Zungenspitze zwischen die geöffneten Zahnreihen vorgestreckt. Da der scharfkantige Reibewiderstand fehlt, entsteht ein flächiges und stumpfes *s* (das eigentliche „Lispeln") wie beim englischen stimmlosen *th*. Dieses Lispeln kann besonders bei kleinen Kindern beobachtet werden und ist bei ihnen als „physiologische Erscheinung der Sprachentwicklung" (LUCHSINGER/ARNOLD II 1970, 479) aufzufassen, das nach und nach abgebaut wird und am Ende der Sprachentwicklung oft von selbst fast völlig verschwindet.

Sigmatismus addentalis

Die Zungenspitze preßt sich an die lingualen Flächen (zumeist) der oberen Schneidezähne, so daß die Zunge keine Längsrinne bilden kann. Dadurch streicht der Luftstrom unkonzentriert (fächerförmig) über den Vorderzungenrücken und tritt breit zwischen den Frontzähnen hervor. Es entsteht ein flächiges, unscharfes *s* (das sogenannte „Anstoßen") ähnlich dem englischen stimmlosen *th*.

Sigmatismus stridens

Dieses scharf pfeifende *s* kommt meist durch eine zu tiefe (enge) Zungenrille und zu kräftigen Luftstrom zustande, die sich z. B. bei überanstrengter Sprechweise ergeben können. Zwar ist diese *s*-Störung nicht selten, aber relativ harmlos.

Sigmatismus lateralis

Siehe /ʃ/, 2.7., S. 305.

2.4.   In die Folge finales [ns] sowie [ls] schiebt sich ein Sproßkonsonant. Siehe /n/, 2.3., S. 209; /l/, 2.5., S. 248.

3.   Abhilfevorschläge

3.1.   (zu 2.1.)

Aussprache beachten! Dem dialektal orientierten Sprecher bereitet das [z] erhebliche Schwierigkeiten, auch wenn er die Ausspracheregeln kennt.

Wir versuchen, auf [f] ein einfaches Lied zu „summen". Da [f] ein stimmloser Laut ist, geht es nicht, wir rhythmisieren nur. Wir wandeln [f] in [v] um, der Lenis- und stimmhaften Entsprechung des [f], es gelingt. In gleicher Weise entwickeln wir aus dem stimmlosen *s* das stimmhafte, aus dem [s] das [z].

Auch das Vorschalten von Sonoren, also eines [m], [ŋ], (dorsalen) [n] oder [l], schafft Abhilfe. Wir geben dem Ableitungslaut etwas längere Dauer, sein voller, resonanzkräftiger Klang soll sich gleichsam auf das eng angeschlossene *s* ([z]) übertragen: *emsig* (wie *emmmsig*) *Amsel ... um sie | im See ...* (vgl. 6.2.2., S. 295); *Gemengsel langsam ... streng sein | ging so ...* (vgl. 6.2.4., S. 296); *Insel Hansi ... in Sicht | ein Sieb ...* (vgl. 6.2.3., S. 295); *Ilse Else ... will säen | viel Suppe* usw. (vgl. 6.2.6., S. 296).

Zwei weitere Möglichkeiten haben sich in meiner Praxis bei besonders hartnäckigen Fällen bewährt: Man bilde ein zahnlippiges oder auch *doppellippiges w* ([v] oder [β]; untere Zungenkontaktstellung!). Während der Stimmgebung spreize man die Lippen ganz schnell zu leichtem Lächeln (also kein extremer Lippenbreitzug!) und spanne den Vorderzungenrücken – bei etwas festerer unterer Zungenkontaktstellung – nach vorn-oben. Mit etwas motorischer Geschicklichkeit gelingt auf diese Weise die Bildung eines stimmhaften /z/. Unter Umständen muß die Unterlippe mit dem kleinen Finger gering vorgezogen (von den Zähnen abgehoben) werden.

Man bilde ein [j] mit geringem Zahnreihenabstand, angedeuteter Vorrundung der Oberlippe und flachrunder Öffnung der Lippen. Während der Stimmgebung verringere man den Zahnreihenabstand und spanne den vorderen Zungenrücken zu den palatinalen Flächen der oberen Schneidezähne und deren Alveolen. Über einen Sproßlaut (flüchtiges kurzes weites *i*) entsteht ein [z]. Oder man bilde bereits das [j] mit sehr kleinem Zahnreihenabstand.

3.2.   (zu 2.2.)

Diese Angleichung von Reibelauten sollte in der Standardaussprache ebenfalls vermieden werden; denn sie führt gleichfalls zu undeutlicher, das Verständnis erschwerender Aussprache. Bewährt hat sich auch in diesem Fall, zunächst jede Silbe bzw. jedes Wort mit deutlichem Atemdruck zu bilden und an der Silbenfuge bzw. Wortgrenze (innerhalb der Sprecheinheit) geringfügig zu pausieren, um dem finalen [s] etwas längere Dauer zu geben und erst beim initialen [ʃ] die Lippen kräftig vorzustülpen, also: *Schieß-stand Schieß-scheibe ... es stimmt | aus Stoff* usw. (vgl. 6.5.9., S. 300). Trotz der mitunter ein wenig langwierigen Umstellung auf dorsales [ʃ] empfehle ich, die Lautfolge [sʃ] dorsal zu bilden.

Sprechtempo erhöhen, Pause eindämmen, schneller und entschiedener Übergang der Lippen aus einer Lächelstellung ins Vorstülpen.

3.3.   (zu 2.3.)

Auf eine eingehende Darstellung der *Sigmatismus-Therapie*[97] wird im Rahmen dieses Elementarbuches verzichtet. Hier nur einige allgemeine Bemerkungen: Die Beseitigung von *s*-Fehlern ist Aufgabe des Logopäden und Sprecherziehers, die in besonderen Fällen mit dem Kieferorthopäden (z. B. bei groben Zahnstellungsanomalien) oder dem Spracharzt zusammenarbeiten werden.

Das Lispeln führt mitunter – durch die Beeinträchtigung des Sprechens, die Bewußtheit der Fehlleistung, durch Spott u. a. Faktoren – zur Untergrabung des Selbstbewußtseins und zu Störungen in der Persönlichkeitsentwicklung, zu gesellschaftlicher Isolierung (oft auch aus Resignation selbst gewählt), sogar zu starken seelischen Depressionen. Deshalb muß jede Therapie darauf angelegt sein, im Sinne einer Psychotherapie den ganzen Menschen zu erfassen, ihn zu beeinflussen und umzuerziehen! Die Bewußtheit der Störung darf nicht vertieft, sondern die Bewußtheit des Könnens muß gestärkt werden. Deshalb lehnen wir jede isolierte Teilbehandlung, jeden mechanischen, sinnlosen Drill, die im besten Falle nur eine Oberflächenkorrektur bewirken, entschieden ab.

Das „Ausflicken" des fehlerhaften Lautes – womöglich noch gar über Vorsprechen und Imitation – ist zu unterlassen; es muß vielmehr ein völlig neuer Laut erlernt werden.

Zur *Richtigstellung der Zungenlage* seien die wesentlichsten Ableitungen von Konsonanten aufgeführt. Diese Ableitungslaute werden meistens dorsal gebildet oder können ohne Schwierigkeit mit dem Zungenrücken erzeugt werden; sie empfehlen sich für *s* vor allem durch eine ähnliche Zungenstellung. Das Prinzip ist also die Ableitung der *s*-Laute von einem im weitesten Sinne bildungsverwandten richtig gebildeten Laut. (Vgl. 3.8.4., S. 121 ff.)

a) von [ç]
   Zum Beispiel: *reich – reich's – reichst – reichste – Stethoskop; Pechsieder – Sieder, ich singe – singen*[98]
b) von [p]
   Zum Beispiel: *pst! – Piste – Stele; pst!, Psyche, Fips, Schnipsel; Triebsand – Sand, gib sie – sie*
c) von [k]
   Zum Beispiel: *ks! – kst! – Kiste – Stepan; ks!, Xenophon, fix, wichsen, wichst, wichste; Fabrikseite – Seite, schick sein – sein*
d) von dorsalem [n]
   Zum Beispiel: *ins – in Skandinavien – Skandinavien; Behältnis – Nisse – Nisten – Stepan; Inserat – Serum, in sich – sich*
e) von dorsalem [l]
   Zum Beispiel: *will's – will skaten – Skat; Verließ – ließen – Liste – Stele; Ilse – senden, viel sehen – sehen*

f) von dorsalem [t]

Zum Beispiel: *ts! – Ziffer; Zipfel, Witz, witzig; Reitsattel – Sattel, mit sich – sich*

g) von dorsalem [nt]

Zum Beispiel: *Binz, Hinze, anziehen, in Zinn; entsinnen – sinnen, gewöhnt sich – sich*

h) von dorsalem [lt]

Zum Beispiel: *Pilz, filzig, Fehlzeichen, viel Zimt; Bildseite – Seite, fühlt sich – sich*

i) von [f]

Zum Beispiel: *aufs, auf Skalen; Aufsicht – Sicht, auf sie – sie*

j) von [ŋ]

Zum Beispiel: *längs, ging skrupellos vor; Gemengsel – selten, fing sich – sich*

k) von [ŋk]

Zum Beispiel: *links, lenkst; Danksagung – sagen, schlank sein – sein.*

„Die Prognose der Sigmatismustherapie ist in unkomplizierten Fällen des *einfachen Lispelns* sehr gut, wenn der Patient intelligent, seelisch ausgeglichen, geschickt, aufmerksam und ausdauernd ist" (LUCHSINGER/ARNOLD II 1970, 500).

3.4.   (zu 2.4.)

Siehe /n/, 3.3., S. 210 f.; /l/, 3.4., S. 250.

4.   Aussprache

Der **Fortis**-Engelaut /s/ wird gesprochen

a) bei Schreibung *s* im Wort- und Silbenauslaut: *Los, Puls, Hans; Häuschen, Maisfeld, Kiesgrube*

b) bei Schreibung *s* im Wort- und Silbenanlaut vor Konsonant: *Skelett, Scala, Slowakei, Smyrna, Snob, Sphäre, Swine, Szene, Scilla; deskriptive, obszön*

c) bei Schreibung *s* in der Verbindung *st* im In- und Auslaut und in der Verbindung *sp* im Inlaut deutscher und eingedeutschter Wörter, sowie in *st* und *sp* im Anlaut von Wörtern, die als ausgesprochene Fachwörter nur geringe Verbreitung haben:[99] *Muster, Elster, finster, Instinkt; Kost, willst, Gunst, Fürst; Knospe, Inspiration, Perspektive; Stethoskop; Spektabilität*

d) bei Schreibung *ss* im Inlaut nicht zusammengesetzter Wörter: *müssen, Fessel*

e) bei Schreibung *ß* im In- und Auslaut: *stoßen, heißt, Füßchen; Stoß, Fuß*

f) in der Lautverbindung [ts]: *Zunge; heizen; Pelz; hetzen, Petz; Terrrazzo; Dalmatien, Komposition, partiell; Cecilienhof,* vgl. [ts], 4. Aussprache, S. 364 f.

g) in der Lautverbindung [ks]

bei Schreibung *x* im An-, In- und Auslaut; *Xanthippe; Mixtur, mixen; Max*

bei Schreibung *chs, ks, cks, gs* im Aus- und Inlaut (jedoch nicht in Ableitungen auf *-sal, -sam*): *Wachs; Büchse, Fuchsschwanz; Koks; Kekse, Linkshänder; Knacks; klecksen, Knickschen; tags, flugs; tagsüber*

h) in der Lautverbindung [ps]

bei Schreibung *ps* im An-, In- und Auslaut: *Psychologie; tapsen, Rapsfeld; Schlips*

bei Schreibung *bs* im Aus- und Inlaut (jedoch nicht in Ableitungen auf *-sal, -sam*): *Krebs; Erbse, Krebsschwanz*

i) in der Ableitungssilbe *-sel* nach stimmlosen Geräuschlauten: *Reibsel, Kapsel; Rätsel; Häcksel.*

Der **Lenis**-Engelaut /z/ wird gesprochen

a) bei Schreibung *s* im Wortanlaut vor Vokal: *Summe, Saal*

b) bei Schreibung *s* im Silbenanlaut vor Vokal (in Zusammensetzungen und Ableitungen auch nach stimmlosen Konsonanten): *Riese, besonnen, Hohlsaum, heimsuchen, winseln, Wahnsinn, Sprungseil, Merseburg, Nippsache, Nordsee, Rücksicht, Aufsehen, Fischsuppe, Bleichsucht, Tauchsieder, Kreissäge*

c) in den Ableitungssilben *-sal, sam* (auch nach stimmlosen Geräuschlauten): *Mühsal, Rinnsal, Drangsal, Wirrsal, Labsal, Schicksal; mühsam, heilsam, einsam, langsam, Gehorsam, ratsam, fügsam, gleichsam.*

Der Lenis-Engelaut /z/ ist *stimmhaft* im Silben- und Wortanlaut (innerhalb der Sprecheinheit) nach Vokal und Sonor, z. B. *Musik, tausend; die͜ Summe, wie͜ selig; Felsen, Hohlsaum; viel͜ Suppe; Gemse, Bramsegel; am͜ Sonnabend; Insel, Ansinnen; ein͜ Sammler; langsam, Ringseil; jung͜ sein; Hirse, Merseburg; wirr͜ sein.*

Im absoluten Anlaut, im Silben- und Wortanlaut (innerhalb der Sprecheinheit) nach stimmlosen Geräuschlauten tritt bei der Lenis /z/ unterschiedliche *Reduktion der Stimmhaftigkeit* bzw. *Stimmlosigkeit* ein. Der Lenis-Reibelaut /z/ darf jedoch nicht durch stärkere Artikulationsspannung und zu intensive Reibung zur Fortis [s] werden, z. B. *Suppe bitte!* wie [ˈz̥ʊpə ˈbɪtə]; *Nippsache* wie [ˈnɪpz̥axə], nicht [ˈnɪpsaxə]; *Laub͜ sammeln; ratsam, und͜ so͜ weiter; Schicksal, Dank͜ sagen; Aufsatz; baff͜ sein; Naschsucht, fesch͜ sein; gleichsam, ruhig͜ sein; Nachsicht, auch͜ sie; Aussicht, es͜ sind.* Vgl. /v/, 4. Aussprache, S. 273 f.

Treffen in Zusammensetzungen oder innerhalb der Sprecheinheit zwei stimmlose Fortis-/s/ zusammen, so wird nur e i n stimmloses Fortis-/s/ gesprochen, aber mit *etwas längerer Dauer*, z. B. *Hausskizze* [ˈha̮ʊsˑkɪt͜sə]; *aus Skandinavien.* (Vgl. /f/, 4., S. 264 f.) Beim Zusammentreffen von Fortis /s/ und Lenis-/z/ unter gleichen Bedingungen wird ebenfalls nur e i n stimmloser Reibelaut mit *etwas längerer Dauer* gesprochen, aber an der Wortfuge bzw. -grenze werden Artikulationsspannung und Reibegeräusch vermindert, so daß eine stimmlose Lenis ([z̥]) entsteht: *Aussehen* wie [ˈa̮ʊsz̥eːən], nicht [ˈa̮ʊsˑeːən]; *es͜ sei.* (Vgl. /v/, 4., S. 273 f.)

5.   Aussprüche und Sätze

5.1.   Geflügelte Worte / Dichtung

Da pispert's und knistert's und flistert's und schwirrt ... (Goethe) | Wenn wir die
Menschen nur nehmen, wie sie sind, so machen wir sie schlechter; wenn wir sie
behandeln, als wären sie, was sie sein sollten, so bringen wir sie dahin, wohin sie
zu bringen sind (Goethe) | Der größte Bösewicht weiß sich vor sich selbst zu
entschuldigen, sucht sich selbst zu überreden, daß das Laster, welches er begeht,
kein so großes Laster sei, oder daß ihn die unvermeidliche Notwendigkeit es zu
begehen zwinge. (Lessing) | Der Hirte sammelt seine satte Herde (Dehmel) | In
einer großen Seele ist alles groß (Pascal) | Selig lächelnd wie ein satter Säugling
(Morgenstern) | Auf leisen, hellen Schwingen verhallt der süße Sang (W. Müller) |
Man sagt, es soll eine Seelenfreude sein, ihn unter seinen Kindern zu sehen ...
besonders macht man viel Wesens von seiner ältesten Tochter (Goethe) | Der
Spaß verliert alles, wenn der Spaßmacher selber lacht (Schiller) | Versunken und
vergessen, das ist des Sängers Fluch (Uhland) | Wenn die Rose selbst sich
schmückt, schmückt sie auch den Garten (Rückert) | Sich selbst besiegen ist der
schönste Sieg (Logau) | Sage nicht alles, was du weißt, aber wisse immer, was du
sagst! (Claudius) | Süßer Wohllaut schläft in der Saiten Gold (Schiller) | Sein oder
Nichtsein, – das ist hier die Frage (Shakespeare) | Selbst ist der Mann! Selig ist,
wer sich selbst mag im Leben löblich raten! (Edda) | Ein jeder zählt nur sicher auf
sich selbst (Schiller) | Besiegt von Einem ist besiegt von allen! (Schiller) | Wer
seinen erwachsenen Sohn schlägt, reizt ihn zur Sünde (Talmud) | Die Sorge, sie
schleicht sich durchs Schlüsselloch ein (Goethe) ||

Leise, leise, fromme Weise,
schwing dich auf zum Sternenkreise. (Kind/Weber)

Wenn dreißigmal man Gutes tät
und eine Missetat begeht,
das Gute wird vergessen,
das Böse voll gemessen. (Freidank)

Wir singen und sagen vom Grafen so gern,
der hier in dem Schlosse gehauset ... (Goethe)

Es sauset und brauset das Tamburin,
es prasseln und rasseln die Schellen darin. (Brentano)

Suse, liebe Suse, was raschelt im Stroh?
Das sind die kleinen Gänschen, die haben keine Schuh. (Simrock)

Wer in sich Ehre hat,
der sucht sie nicht von außen;
suchst du sie in der Welt,
so hast du sie noch draußen. (Silesius)

Das, was du sagst, soll wahr sein,
das, was du sagst, soll klar sein,
klug soll auch das Warum sein,
sonst wär' es besser – stumm sein. (Güll)

Es trägt Verstand und rechter Sinn
mit wenig Kunst sich selber vor;
und wenn's Euch ernst ist, was zu sagen,
ist's nötig, Worten nachzujagen? (Goethe)

5.2. Sprichwörter / Sprichwörtliches / Spruchweisheit

Sage mir, mit wem du umgehst, und ich will dir sagen, wer du bist | Reines Wasser gießt man selten vor die Tür | In einem vollen Sarg läßt sich kein zweiter bestatten | Es sind nicht alle Esel, die Säcke tragen | Man soll das Eisen schmieden, solange es heiß ist | Wenn dem Esel zu wohl ist, geht er aufs Eis tanzen | Mancher sucht einen Esel und sitzt darauf | Was sich liebt, das neckt sich | Wenn zwei dasselbe tun, so ist es nicht dasselbe | Der Geiz und der Bettelsack sind bodenlos | Der geschenkte saure Apfel gilt für süß (Lett.) | Einmal sehen ist besser als zehnmal hören | Versuch's, so geht's | Was süß ist, kommt oft sauer an | Den Sack schlägt man, und den Esel meint man | Weniger aussäen und besser pflügen | Wo Sechse essen, spürt man den Siebenten nicht | Der Ruf macht die Sau feister als sie ist | Wer Großes will, muß sich zusammenraffen | So viel Köpfe, so viel Sinne | Wer sich bei sich selbst sucht, der findet sich am gewissesten | Erlaubt ist, was sich ziemt ‖

Ein gutes Gewissen
ist ein sanftes Ruhekissen

Wer säet und die Saat nicht pflegt,
hat umsonst die Hand bewegt. (Bauernr.)

Treue ist ein selt'ner Gast,
halte fest, wenn du ihn hast.

Bös Gewissen, böser Gast,
weder Ruh noch Rast.

Lerne was,
so kannst du was!

Rost frißt Eisen,
Sorge den Weisen.

Wer das Seine verpraßt,
fällt andern zur Last.

Verdrossen
hält alles für Possen

Die Weisheit auf der Straße
hat eine feine Nase.

5.3. Redensarten / Wortgruppen

Ein Buch mit sieben Siegeln | das Gras wachsen hören | ins Gras beißen | aus einem Gusse sein | sie sind ein Leib und eine Seele | es geht ihm ein Seifensieder auf | man sieht's ihm an der Nase an | er sieht nicht weiter, als seine Nase reicht |

sich die Nase begießen | sich in die Nesseln setzen | zupasse sein | wie ein Posaunenengel aussehen | Possen reißen | auf dem Präsentierteller sitzen | das ist so 'ne Sache | andere Seiten aufziehen | nicht das Salz zur Suppe verdienen | fest im Sattel sitzen | sattelfest sein | das ist Wind in seine Segel | des Seilers Tochter | seinen Senf dazugeben | auf Nummer Sicher sein | eine böse Sieben | seine Siebensachen zusammensuchen | Spießgesell | jemandem sein Sündenregister vorhalten | die Suppe versalzen | die Suppe ausessen müssen, die man sich eingebrockt hat | Süßholz raspeln | Trübsal blasen | sich in eine Ansicht verbissen haben | im Schweiße seines Angesichts | mit einem Siebe Wasser schöpfen | über die Achsel ansehen | Anschluß suchen (verpassen) | ein Gesicht wie lauter Sonnenschein | selber den Ast absägen, auf dem man sitzt | Spaß beiseite! | ein zartbesaitetes Wesen | sich selbst überlassen sein | auf etwas versessen sein | nichts unversucht lassen | sich nichts versagen | sein Schicksal besiegeln | sich aufs hohe Roß setzen | voll süßen Weines sein | seine Sorgen ersäufen | sich einer Sache versichern | sich selbst besiegen | mit Leib und Seele bei einer Sache sein | selige Sehnsucht ||

5.4.   Paare

Samt und Seide | samt und sonders | süß und sauer | singen und sagen | Gruß und Kuß | dies und jenes | in Saus und Braus | Seite an Seite | dies und das ||

5.5.   Lautüberfüllungen

Für einen Sechser sechsundsechzig Schock sechseckige sächsische Schuhzwecken | simsaladimbambasaladusaladim | Lernst was, kannst was, kannst was, wirst was, wirst was, bist was, bist was, hast was ||

Adam hatte sieben Söhne,
sieben Söhne hatte Adam.
Sie aßen nicht, sie tranken nicht,
sie waren alle liederlich,
sie machten's alle so wie ich. (Kinderspielvers)

6.   Wörter und Wortgruppen

6.1.   /z/ im Anlaut[100]

6.1.1.   /z/ vor betontem Vokal

Simpel sind Sippe Sitte siedeln Silbe | Semmel sämtlich Sepp selig selten Segen | Sammler sahnig Saale Saat Saft Sack | Soda Sonntag Sonde Sohn Sold Sofa | Summe Sumpf Sund Suppe Suhle surren | Söffel Söhnlein Söller Söckchen Söldner Sömmerda | Sühne süffig Süden süchtig Süppchen Sünde |

294

Seim Sein seidig Seil Seite Seife | Saumpfad Sauna saufen Saulus saugen sauer | säumen säumig säubern säuberlich seufzen säugen ‖

6.1.2.   /z/ vor unbetontem Vokal

Sinfonie Sibirien Sibylle Siebenmeilenstiefel Siederei Sigmatiker | September Semester Seminar Senat Sekunde Segment | Sardelle satanisch Sanktion sarkastisch Salmonelle Salamander | Somali Solarium solistisch somit sowie sortieren | Sultanine summieren Substrat substrahieren Sudelei suspekt | System Südwester süffisant Symbol Symmetrie Sympathie | Seilerei Seismograph seither | Sauerei Sauferei ‖

6.2.   /z/ im Inlaut, in der Wortfuge und an der Wortgrenze

6.2.1.   /z/ nach Vokal

Miesepeter nieseln Bison Wisent diesig Gisela | Besen Lesen Esel Spesen genesen Wesel | Masern nasal Base glasig Vase Faser | Mosel tosen losen Hose kosen Dose | Musik Busen Bluse Husum Dusel Fusion | lösen böse Brösel dösen kösen Getöse | Gemüse mühsam Mühsal Hüsing Düse Drüsen | Meise Schneise leise Ameise eisig Speise | mausen schmausen Flausen Klause tausend hausen | Mäuse Läuse Reuse Geuse Häuser kräuseln ‖

6.2.2.   [z] nach [m]

Bimsen | emsig Bremse Problemsuche Themse Emse Gemse | Amsel Stammsilbe benamsen verwamsen Bramsegel Stammsitz | Ruhmsucht bumsen Um-(satz u. a.) Stummsein Krummsäbel | Heim-(sieg, suchung) Reimser einheimsen Schleimsuppe | Raumsonde saumselig Baumsetzling ‖
Im Süden (Sumpf ...) | zum Säumen | am Seil (Sonntag ...) | beim Säubern (Sondieren ...) ‖

6.2.3.   [z] nach [n]

Linse Rinnsal Pinsel winseln Hinsicht Insasse | Sensation sensen sensibel sensitiv Gänse Rennsattel | Wahnsinn Hansi Hanse Franse Ansager Pansen an-(sammeln u. a.) | Mohnsamen Lohnsumme Thron-(saal, sessel) Lexikonseite kon-(servieren u. a.) Tonsilbe | Wunsiedel unser Unsummen Bunsen un-(säglich u. a.) | Schönsein Rhönseite | ein-(setzen u. a.) weinselig Stein-(salz, sarg) ‖
Mein (dein, sein) Sohn | von Südost | in Samt und Seide | an Saale und Unstrut | von sich aus ‖
Pinsel – Pinzette, Insel – Inzest, winseln – winzig, Plinse – blinzeln, unser – Unzahl, Gänse – (in) Gänze ‖

6.2.4.　[z] nach [ŋ]

Mitbringsel Ringseil Singsang Klingsor Wirsingsuppe Puddingsoße | Gemeng-
sel Gehängsel Anhängsel | Hangseite Drangsal langsam fangsicher Rangseite
Rangsitz | Balkonsitz | Jungsein ||
Ging so | den Frühling suchen | ein Feigling (Findling …) sein | in Gang sein | in
die Zeitung sehen (setzen) | eng (streng) sein | auf dem Balkon sitzen ||

6.2.5.　[z] nach konsonantischem /r/

Wirsing Pfirsich Irr-(sal, sinn) Hirse | Merseburg Ferse Persien Perseus
Version Sperrsitz | Arsen Marsen Starrsinn Klarsicht sparsam Barsortiment |
morsen dorsal Korsika Korse Forsythie | Ursula kursieren kursiv | Börse
Mörser ||
Starr (wir, irr, dürr) sein | ein Narr sein | klar sehen | der Herr sein | Geschirr
suchen | ein Paar sein ||

6.2.6.　[z] nach [l]

Spiel-(sammlung, sucht) Zielsetzung vielseitig | hellsichtig Vogelsang Felsen
Else Mehlsuppe Dudelsack | allseitig Fallsucht also halsig Ballsaal Wahlsonn-
tag | Hohlsaum Kohlsuppe Wohlsein Sollseite | Stuhlsessel | heilsam | Faulsein ||
Viel Sonne | will sammeln | auf einen Stuhl setzen | das Spiel suchen | eine Null
sein | kühl (voller Gefühl) sein ||
Hülse – Ülzen, Else – Pelze, Ilse – Pilze ||

6.2.7.　/z/ nach [p]

Schleppsäbel Nippsache Laubsäge Tobsucht Rübsamen halbseiden Staub-
sauger Treibsand Lab-(Trüb-)sal Überbleibsel Stoppsignal stabsichtig betrieb-
(streb-, unlieb-)sam Raubsender Ab-(satz, sender usw.) Absinth ||
Ab Sonntag (Sonnabend, Salzburg …) | Laub sammeln | der Hieb saß | ein Dieb
sein | auf Raub sinnen | gib sie | lieb (grob, plump …) sein | ob so | ab sofort |
Staub saugen | Lob suchen | rieb sich | schrieb selten | ins Grab sinken ||

6.2.8.　/z/ nach [t]

Leichtsinn Ost-(Nord-, Süd)see Endsilbe Mondsichel leut-(feind-)selig Fortsetzung sitt-(selt-, rat-, gewalt-)sam Gerechtsame ent-(saften, sagen usw.)
mitsingen Tatsache Fruchtsaft Haftsonde Fettsucht Todsünde Drahtseil
Bildsäule ||
Mit Salz (Suppe, Sonne …) | und so fort (weiter) | hat sich | recht so | blind (matt,
blöd …) sein | Wind säen | Streit (Rat) suchen | seit Sonnabend (Sonntag) | mit
sieben Siegeln | außer Rand und Band sein | mit sehenden Augen nicht sehen | es
wird so schlimm nicht sein | scheint so | wählt sicher | auf der Hut sein ||

6.2.9. /z/ nach [k]

Parkserenade Rück-(sicht, sitz) wegsenden Rucksack Zugsalbe Zwecksatz
Schicksal -sam (z. B. biegsam) Flugsand Schlagsahne Zank-(Prunk-, Trunk-)
sucht Zugseil Danksagung Rück-(Speck-)seite Tanksäule Bergsee Dicksack
Ecksofa ||
Dank (guten Tag) sagen | Zank (den rechten Weg) suchen | klug (feig, blank, weg)
sein | am Zug sein | in Druck sein | den gestrigen Tag suchen | einen Ausweg
sehen | der Sündenbock sein | auf Deck sein | zog sich (sie) an | log sicher | das
Geschenk senden | flog selten | auf Sieg setzen ||

6.2.10. /z/ nach [f]

Stoffsammlung Brief-(siegel, sendung) Scharf-(sicht, sinn) Stiefsohn Auf-(satz,
sicht usw.) Hanfseil Chef-(sache, sekretärin) raffsüchtig Kauf-(sucht, summe)
Fünfsatz Hof-(sänger, seite) Offsetdruck Schlaf-(sack, sucht) Straf-(sache,
senat) Tauf-(Ruf-)säule ||
Auf Sand bauen | ein Schaf (Hans Dampf) sein | baff (steif, reif ...) sein | besser
als sein Ruf sein | auf sich halten | sich etwas in den Kopf setzen | Schlaf suchen |
schlief sicher | schief säumen | Stoff suchen | auf Sendung ||

6.2.11. /z/ nach [ʃ]

Tischsitte Wunsch-(satz, sendung, sohn) Rauschsilber Wasch-(samt, seife) Kitsch-
sachen Rindfleisch-(Barsch-, Fisch-)suppe Tauschseite Herrschsucht Tausch-
(sucht, summe) Nasch-(Wasch-)sucht klatschsüchtig Menschsein ||
Ein (kein) Frosch sein | einen Wisch senden | keusch (fesch, hübsch ...) sein | an
einem Tisch sitzen | falsch setzen (singen) | ätsch sagen | auf der Couch sitzen | ein
(kein) Mensch sein | etwas auf Englisch (Französisch ...) sagen | wusch seine
Hände in Unschuld ||

6.2.12. /z/ nach [ç]

Pechsieder Stich-(säbel, sonde) Blechsäbel Milch-(suppe, semmel) Deichsohle
gleich-(sam, seitig) Stichsaum Bleich-(Ich-)sucht Durch-(sage u. a.) ||
Ich sehe (sage, singe ...) | Pech sieden | sich sehnen (sammeln, setzen ...) | mich
(dich, euch) suchen (sonnen, säubern ...) | reich (bleich, weich ...) sein | reichlich
sandig | leidlich singen | hoffentlich selten | gleich senden (sagen) | ruhig (höflich,
glücklich ...) sein | ein Scheich sein ||

6.2.13. /z/ nach [x]

Tauchsieder Rauch-(säule, signal) Dachsims fachsimpeln Sprach-(silbe, sozio-
logie, system) Lochsäge Lachsalve Bauch-(Buch-)seite wachsam Lauchsuppe
rachsüchtig Nach-(satz, sicht) Lachsack ||

Nach Sachsen (Salzburg …) | auch sie | doch so | noch selten | hoch setzen | nach dem Rauch sehen | ins Buch sehen | auf Besuch sein | seinen Spruch sagen | kein guter Koch sein | stach sich | vom Fach sein ||

6.3.   Häufung

Siamese Singsang Siebensachen signalisieren Sinnlosigkeit Sisal | Seelsorge See-(reise, rose, sand) Sehnsucht Sendesaal Sektenwesen Sesam | Sagosuppe Sammel-(surium, linse) Sahnekäse Sambesi Samson Samtbluse | Sodaseife Sonnenseite Sollseite Sologesang Sommersonnenwende Sorglosigkeit | Susanne Susi Susa Sudanese Sundainseln | Seifensieder Seifenblase Seitenansicht | Sausewind sausen | Säuferwahnsinn säuseln ||

6.4.   [s] im Anlaut

6.4.1.   [s] vor [p]

Spinoza Spirant Spiritual Spirometer Split Speaker | Spektabilität Spektrographie Spektroskop Sperma | Spasmolytikum Spasmus | Spondeus Spondylose Sponsor Spotlight | Spumante Sputnik | Spikes | Spray ||

6.4.2.   [s] vor [t]

Stigma Stil Stimulus | Stefano Stele Stepan Stethoskop | Stabat mater Staccato Staël stagnieren Stalagmit Stalagtit Stambul Staniza Star Status quo | Stokowski Stomatologie Stoa Storno Story | Stradivari Strawinski ||

6.4.3.   [s] vor [k]

Skiff Skink Skizze | Skeleton Skelett skeptisch Sketch | Skagerrak Skala Skalde Skalp Skalpell Skandal Skansion Skandinavien Skat Skarabäus | Skonto Skoliose Skopze Skorbut Skorpion | Skudi Skuld skullen Skulptur Skunks skurril | Sklave Sklerose | Skribent Skriptum Skrofel Skrupel ||

6.4.4.   [s] vor [m]

Smirnow | Smetana | Smaragd smart | Smoking Smolny smoken Smolensk Smog | Smutje | Smyrnow ||

6.4.5.   [s] vor [n]

Sneewittchen Snack Snob Snobismus Snofru Snow ||

6.4.6.   [s] vor [l]

Slibowitz Slick Sling Slip Slipper | Slevogt Slezak Slang Slappstick | Slalom Slums Slawe Slawist Slawonien | Slowakei Slowene Slogan Slowfox ||

6.4.7.   [s] vor [f]

Sphinx, Sphinkter, Sphäre, Sphäroid ‖

6.5.   [s] im Inlaut, in der Wortfuge und an der Wortgrenze

6.5.1.   [s] nach Vokal

Spießig genießen fließen schließen schießen gießen | Messe Bässe Fessel Nässe lässig Hessen | massig Bassist passen Nassau Tasse Schlamassel | Moosbeere Genosse Zossen stoßen geschlossen rossig | Muße Buße Fussel Schussel Russe Fußball | entblößen Flößer Schlösser Klöße Stößel Größe | müßig Füssen schlüssig Schüssel küssen Güssel | beißen Meißen schmeißen Neiße spleißen gleißen | außen außer | Preußen Reußen ‖

6.5.2.   [s] nach [p]

Psalm, Psalter | Psyche Psychologie psychologisch Psychose Psychoanalyse Psychopath | pst Psi Pseudonym ‖
Schnipsel Gipskopf Ibsen | Erbse schnäpsern | Kapsel flapsig tapsen grapsen | mopsig hopsen | schupsen stupsen | Stöpsel Rübse ‖

6.5.3.   [s] nach [f]

Schiffs-(eigner u. a.) Schafs-(kälte, kopf) Bischofs-(stab u. a.) Bahnhofs-(mission u. a.) Berufs-(beratung, verbot) Verkaufs-(genie u. a.) Hilfs-(assistent u. a.) | liefst schläfst paffst hoffst puffst läufst schleifst kaufst häufst ‖

6.5.4.   [s] nach [ʃ]

Mischst fischst wischst zischst | wäschst preschst | naschst haschst | löschst | tuschst huschst pfuschst | heischst | lauschst tauschst | täuschst | feilschst fälschst | planschst manschst panschst wünschst | quietschst quetschst fletschst klatschst putschst quatschst lutschst knautschst ‖

6.5.5.   [s] nach [ç]

Mönchs-(kutte u. a.) Königs-(krone u. a.) Ludwigs-(burg, hafen) Heinrichsdorf | höflichst freundlichst sehnlichst möglichst schändlichst | stichst siechst rächst blechst weichst reichst keuchst scheuchst | baldigst beglaubigst vereinigst beschwichtigst bereinigst | niedlichste widerlichste possierlichste gründlichste entsetzlichste | freudigste ruhigste seligste mächtigste schäbigste | nächst nächstens höchst höchstens wenigstens ‖

6.5.6.   [s] nach [x]

Mittwochsgesellschaft Besuchsritze Versuchsanordnung geruchsempfindlich
Gesuchsvorschrift | machst wachst lachst pochst lochst kochst buchst
suchst fluchst fauchst schmauchst rauchst brauchst ||

6.5.7.   [s] vor [p]

Mispel lispeln wispern Bispel pispern | Wespe Vesper Respekt respektieren
respektabel respektiv Respiration respirieren | haspeln Raspel Paspel Kaspar
Kasperle | Knospe Hospital Bosporus hospitieren | knuspern Muspili Fußpilz |
räuspern ||
Inspirator Inspiration inspirieren | Konspekt Konspiration konspirieren ||

6.5.8.   [s] vor [t]

Fistel misten nisten Liste Distel Zisterne | Westen mästen verpesten
Schwester lästig testen | basteln Paste fasten tasten hasten Kaste | Posten
mosten losten tosten kosten Osten | pusten lustig Husten Muster Schuster
duster | lösten dösten Pöstchen frösteln beköstigen Gösta | Lüste flüstern
düster Küste Rüster Küster | leisten meiste feiste Geisterstunde kopfheister
Reisteller | Auster Faustball fausten zauste Haustor | Fäuste Fäustchen ||
Mist bist Genist List Frist | Pest West Fest Test Rest | Bast Mast fast Last
Hast | Ost Most Kost lost tost | Wust mußt tust ruhst Lust | löst döst
entblößt flößt | büßt mühst wüst glühst | meist beißt feist leihst | baust laust
taust saust schaust | freust scheust bereust streust ||

6.5.9.   [s] vor [ʃ]

Schieß-(scheibe, schanze, stand) Reisschüssel Miß-(stand, stimmung) | Meeres-
spiegel Landessprache Todes-(schanze, schlaf) Siegesschmaus Meßstange |
Glasschale Maßstab Baßschlüssel Gasschutz | Losscheibe lossprechen groß-
spurig bloßstellen Roßschweif | Nußschale Gußstahl Fußspur Flußschiff |
Schweißspur Eis-(schrank, schicht) Heißsporn | Haus-(schuhe, schlüssel) Aus-
(schank, stellung u. a.) ||
Auf Messers Schneide | es scheint so | es schreit zum Himmel | das Schlimmste
kommt noch | es muß schön sein | sich's schwer machen | etwas Scheußliches | aus
Stoff | es stimmt ||
Schießschanze – Skischanze, Eisschrank – Eischrank, Beißstellen – beistellen,
Maisstaude – Maistaude, Reihschiene – Reißschiene, Reisstroh – Reihstroh, dies
Schäfchen – die Schäfchen, Preisschale – Breischale ||

6.6.   [s] im Auslaut

6.6.1.   [s] nach langem Vokal und Zwielaut

Mies lies Vließ Kies Grieß Spieß | gemäß Gefäß Fes Gesäß | Spaß genas las
Maß Fraß Gas | Los bloß Moos Floß groß Kloß | Mus Fuß Ruß Schmus
konfus diffus | süß | Geschmeiß weiß Verschleiß Theiß Steiß heiß | Schmaus
Saus Laus Klaus raus Haus ||

6.6.2.   [s] nach kurzem Vokal

Biß fis gewiß iß gis Chris | Bleß keß Bess ges preß Streß | Faß was Haß das
Naß kraß | Boß Voß Schloß kroß Roß Troß | Bus Nuß Fluß Guß Schluß
Schuß | Löß ||

6.6.3.   [s] nach [p]

Schlips Schwips schnipps Fips Rips Tips Gips | Bizeps Krebs Trizeps | Flaps
Schnaps Raps Schwaps Taps Haps Straps | hops Mops Klops Drops | Stups
Schubs Schwups wupps | plumps Mumps Pumps Knirps | grub's gab's lob's
reib's ||

6.6.4.   [s] nach [ç]

Königs Honigs Heinrichs Ludwigs Hedwigs Friedrichs | Gesprächs Blechs
Pechs Fürsprechs | weich's gleich's reich's Teichs Deichs | Mönchs | Molchs
Dolchs Elchs Kelchs Strolchs ||

6.7.   /z/ – /s/

6.7.1.   [z] und [s] in Wortpaaren

Riese – Risse, Wiesen – Wissen, Nissen – niesen, Biesen – Bissen, Wesen – wessen,
kesse – Käse, fressen – fräsen, essen – äsen, aasen – aßen, hassen – Hasen, Gasse –
Gase, lassen – lasen, Nase – nasse, Rassen – rasen, Rosse – Rose, Dose – Dosse,
Pose – Posse, Gosse – Gose, Muße – Muse, Fusel – Fussel, Dusel – Dussel,
Geisel – Geißel, reisen – reißen, weise – weiße, kreisen – kreißen, Meisen –
Meißen, hausen – außen ||

6.7.2.   /z/ und [s] in einem Wort

Meistersinger Soße Tausendsassa Naseweis Sessel wesensmäßig versessen
Außenseiter Gesims süß Rosenstrauß Polstersitz Speiseeis Selterswasser
Gesichtsmuskeln Gesäß siedeheiß sattelfest sachgemäß Salzfaß Selbstkosten-
preis Samenkapsel Säbelraßler Sadismus Sagenkreis Salatschüssel Sandwüste
Sangeslust Sardellenpaste Saßnitz Säuglingsschwester Seemannslos Seidelbast

seitwärts selbst-(bewußt, los) Seltenheitswert Semmelkloß Senkfuß Sicherheitsschloß siegesgewiß Siegespreis Silvester Simplizissimus Sinnesreiz ‖

6.7.3. [s] neben [z̥]

Aussicht Kreissäge Siegessäule Freßsack Reissuppe Schlußsatz Landessitte Fußsack Flußsand Haussuchung Meeressand weissagen Schmetterlingssammlung lossagen aus-(sagen u. a.) diesseits dasselbe Grassamen Stoßseufzer süßsauer genußsüchtig Verschlußsache Bischofssitz Eissäge Grießsüppchen ‖
Es sei (sind) | was sagst du | auf dem hohen Roß sitzen | Hans Sachs | was soll's | was soll das sein | das sage ich dir | muß es so sein | aus seiner Sicht | bloß sie nicht | das sitzt | nichts sagen | aus Samt und Seide ‖
Aus seiner – aus einer, aussehen – außen, aussagen – aus Aachen, bissig – biß sich | maß sich – massig, Preissenkung – Preisänderung, Haussegen – Hausecke, dies sei – dies Ei, nichts sehen – nicht sehen ‖

/ʃ/, /ʒ/

/ʃ/

Stl. Zahndamm – Zungenspitzen- oder Zahndamm-Hartgaumen – Zungenrük-
ken-Fortis-Engelaut (alveolar – koronaler oder alveolar-präpalatal – prädorsaler
stl. Fortis-Engelaut)

1. Bildungsweise

1.1. Apikale Bildung

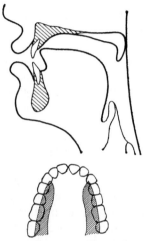

Die Lippen sind kräftig, ohne Verspannungen
vorgestülpt und in deutlicher Rundung geöffnet
(Oberlippe gering anheben, Mundwinkel gegebenenfalls gering einziehen). Der Zahnreihenabstand ist gering, durch horizontales Vorschieben
des Unterkiefers stehen die Schneidekanten der
Frontzähne übereinander, ohne sich zu berühren
(geöffneter Kopfbiß). Der vordere Zungenrand
schwebt frei hinter den oberen Frontzähnen und
bildet am vorderen oberen Zahndamm eine Enge; die seitlichen Zungenränder sind gehoben
und liegen an den palatinalen Flächen der seitli-
chen oberen Zähne (etwa bei den Eckzähnen beginnend), deren Zahndämmen
und dem Hartgaumen, so daß die Zungenoberfläche zu einer Längsrinne geformt
wird, die im vorderen Zungenrand und -rücken breiter als beim /s/ gebildet ist.
Das gehobene Gaumensegel schließt den Nasenweg ab.
In der mit intensiver Artikulationsspannung gebildeten Zahndamm – Zungen-
Enge erzeugt kräftiger Exspirationsdruck ein starkes („dunkles") stimmloses
Reibegeräusch (Fortis), an dessen Formung auch der Mundvorhof beteiligt ist.

1.2. Dorsale Bildung

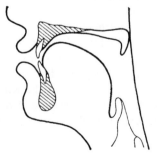

Im Unterschied zur apikalen Bildung liegt der
vordere Zungenrand an den lingualen Flächen
der unteren Frontzähne und deren Zahndamm;
der vordere Zungenrücken, in dem sich eine breitere Längsrinne als beim /s/ ausformt, bildet eine
Enge am vorderen oberen Zahndamm und am
vorderen Hartgaumen.

Zahndamm – Zungenspitzen- oder Zahndamm-Hartgaumen – Zungenrücken-Lenis-Engelaut (alveolar – koronaler oder alveolar-präpalatal – prädorsaler Lenis-Engelaut)

1.   Bildungsweise

Lippenöffnung und -formung, Zahnreihenabstand, Engebildung, Zungenrand- sowie Zungenrückeneinstellung und Gaumensegelabschluß wie bei /ʃ/ (vgl. S. 303).
Aber: Im Unterschied zu /ʃ/ wird die Zahndamm – oder Zahndamm-Gaumen – Zungen-Enge mit geringerer Artikulationsspannung gebildet und durch vermindertem Exspirationsdruck ein schwächeres Reibegeräusch (Lenis) erzeugt, das im allgemeinen stimmhaft ist.[101]

2.   Bildungsfehler und Abweichungen

2.1.   In einigen deutschen Sprachlandschaften (in und um Berlin, in Brandenburg, Ostmitteldeutschland und im Rheinland z. B.) wird das /ʃ/ als [ç] realisiert, das etwas geräuschhafter ist als das normgerechte [ç]. Sprecher mit obersächsischer Orientierung ersetzen es durch ein Geräusch mit deutlicher Neigung zum [ç] (Palatalisierung des /ʃ/).
Dies kann einmal durch ungenügende Lippenrundung und -vorstülpung, meistens in Verbindung mit hinter den oberen Schneidezähnen freischwebender, zurückgezogener Zungenspitze verursacht werden.
Zum anderen ist, bei gleichfalls ungenügender Lippenaktivität, der Zahnreihenabstand zu gering (die Frontzähne stehen nicht übereinander, sondern in nahezu geschlossenem Kaubiß stehen die unteren Schneidezähne hinter den oberen) und die Vorderzunge konkav gewölbt gegen den vorderen Hartgaumen gehoben.
Und schließlich kann die Ursache – bei gleichfalls breiter Mundstellung und Kaubißstellung des Unterkiefers – eine ungenaue Zungenrücken-[ʃ]-Bildung sein: Zungenkontakt mit den unteren Frontzähnen, Vorder- und Mittelzungenrücken wölben sich gegen den vorderen bis mittleren Hartgaumen.
In allen Fällen ist die Rinnenbildung ungenügend. Durch die zurückgenommene Vorderzunge und den fehlenden Lippentrichter wird das „Führen" und Einengen des Luftstromes aufgehoben.

2.2. Bei obersächsisch orientierten Sprechern hört man häufig ein stark verdumpftes Geräusch. Es beruht darauf, daß die Zungenspitze zurückgezogen und die Vorderzunge gegen den vorderen bis mittleren Hartgaumen gekrümmt ist, sogenannte retroflexe Artikulation. Mittel- und Hinterzunge gesenkt; sehr geringer Zahnreihenabstand, die Frontzähne stehen nicht übereinander, sondern in nahezu geschlossenem Kaubiß stehen die unteren Schneidezähne hinter den oberen.

(Mitunter liegt bei dieser Fehlleistung der untere Saum des Vorderzungenrandes am vorderen Hartgaumen. Die Längsrinne der Zunge wird dadurch aufgehoben und der Luftstrom fächerförmig über die seitlichen Zungenränder in die Backentaschen geleitet, so daß die Wangen vibrieren – Form des *bilateralen Sigmatismus*).

2.3. In die Folge initiales /ʃ/ und /m/, /n/, /r/, /l/ oder /v/ schiebt sich ein vokalischer Übergangslaut, der häufig einem schwachtonigen *e*, auch einem weiten kurzen *e* und selbst einem mindertonigen *u* ähnelt, z. B. *schmecken* ['ʃmɛkn̩] wie ['ʃᵘmɛkn̩], *Schnee* [ʃne:] wie [ʃᵊne:], *schlagen* ['ʃlɑ:gn̩] wie ['ʃᵊlɑ:gn̩]. Siehe /v/, 2.2., S. 271.

2.4. Zu starke Lippenenge (bei fehlender Rundung) nähert das /ʃ/ dem *doppellippigen f*.

2.5. Ungenaue Artikulation bringt das /ʃ/ in die Nähe des stimmlosen [s].

2.6. Niederdeutsch orientierte Sprecher sprechen anlautendes [ʃp] und [ʃt] der Schrift entsprechend [sp], [st], z. B. statt *Stein* [ʃta̯en] – [sta̯en].

2.7. Beim Seitwärts-Lispeln (*Sigmatismus lateralis*) sind nicht nur das /z/ bzw. /s/ und seine Verbindungen [ts], [ks], [ps] betroffen, sondern auch das /ʃ/ und seine Verbindungen [ʃp], [ʃt], [ʃl] u. ä. Bei dieser häßlichsten und auffallendsten Form der *s*-Fehler wird die Zungenspitze wie beim [l], aber seitlich, an die oberen Schneidezähne gelegt, oder die Zunge hebt sich nur auf einer Seite, auf einer Seite mehr als auf der anderen oder legt sich einseitig an die Backzähne an, so daß die Luft seitwärts in die Backentasche geleitet wird und dort ein schlürfendes Rasselgeräusch („Hölzeln") erzeugt.

Der Art des Luftaustritts entsprechend, gibt es eine linksseitige, rechtsseitige oder beidseitige Form.

2.8. In die Folge in- und auslautendes /nʃ/ sowie /lʃ/ schiebt sich ein Sproßvokal, bei inlautendem /lʃ/ auch ein Sproßkonsonant. Siehe /n/, 2.3., S. 209; /l/, 2.5., S. 248.

3. Abhilfevorschläge

3.1. (zu 2.1., 2.2.)

Die Übungen zur Richtigstellung des /ʃ/ müssen sich mit dem /ʃ/ wie mit dem /ç/ befassen. Wir machen uns also die so gänzlich unterschiedliche Bildung deutlich (vgl. /ç/, 1.).

Das für /ʃ/ unbedingt erforderliche Lippenvorstülpen und -runden läßt sich relativ schnell über die gerundeten [o:], [ø:], [u:], [ʊ], [y:], [ʏ] erreichen. Übungen wie: *du Schuft* | *so schüchtern* | *wusch Otto* | *obschon* usw. Notfalls helfen wir etwas nach, indem wir mit Daumen und Zeigefinger, die wir auf der Höhe der Mundwinkel an die Wangen legen, die Mundwinkel etwas gegeneinander- und die Lippen vorschieben.

Die Zungenlage versuchen wir über apikales [t], [n], [l] zu beeinflussen. Hierbei ist darauf zu achten, daß diese Laute nur mit dem vorderen Zungensaum (nicht mit dem Zungenblatt!) an den palatinalen Flächen der oberen Frontzähne und deren Zahndamm angesetzt werden. Auch die vorgeschalteten Konsonanten sind mit hochrunder Lippenform zu sprechen. Das /ʃ/ bilden wir zunächst mit Kopfbißstellung der Kiefer, bei der die Schneidekanten der Frontzähne aufeinanderstehen. Danach [ʃ]-Übungen mit üblichem geringem Zahnreihenabstand, also Unterkieferabstand kontrollieren und (für das /ʃ/) geringes Vorschieben des Unterkiefers beachten.

Die Verwendung von [t], [n], [l], erlaubt zahlreiche Kombinationen, von denen wesentliche aufgeführt werden sollen: [ntʃt, ntʃl, ntʃn; ltʃt, ltʃl, ltʃn; tʃt, tʃl, tʃn; lʃt, lʃl, lʃn; nʃt, nʃl, nʃn | ntʃ, ltʃ, tʃ, lʃ, nʃ | ʃt, ʃl, ʃn], vgl. v. a. 6.2., S. 314 ff.

3.2. (zu 2.3.)

Der Sproßvokal tritt sowohl bei Sprechern mit dialektaler Bindung wie als individuelle Variante auf. Man stellt ihn auch bei etwas gespreizter („frisierter") Sprechweise fest. Vermutlich wird sein Auftreten in den besagten Lautfolgen dadurch begünstigt, die Sonoren nach einem stimmlosen Geräuschlaut stimmhaft zu sprechen bzw., daß der Wechsel in der Zungenkontaktstellung für /m/ und /r/ zu langsam und unentschieden erfolgt. Wird das /ʃ/ retroflex oder ungenau dorsal gebildet, sind spezielle Übungen zum /ʃ/ angebracht (siehe 3.1.).

Um den vokalischen Übergangslaut zu unterbinden, gehen wir wiederum vom Zusammentreffen des [ʃ] mit [m], [n], /r/ oder [l] in Zusammensetzungen und in Sprecheinheiten aus: *Buschmann Waschmittel ... einen guten Tausch machen ...* (vgl. 6.2.22., S. 318); *Fischnetz Tischnachbarin ... Gemisch nehmen ...* (vgl. 6.2.23., S. 318); *Waschraum Duschraum ... nach Fisch riechen ...* (vgl. 6.2.24., S. 319); *Froschlurch Waschlappen ... im Busch leben* usw. (vgl. 6.2.25., S. 319). Bewährt hat sich auch, an der Wortfuge bzw. -grenze anfangs gering zu pausieren und diese Zäsur zu bewußter und kontrollierter, letztlich schneller und entschiedener Einstellung der Artikulatoren auf den folgenden Laut zu benutzen: Hierbei dürften die Lautfolgen /ʃn/ und /ʃl/ vermutlich die geringsten Schwierigkeiten bereiten, da beide Lautelemente jeweils entweder apikal oder dorsal gebildet werden können, während in den Folgen /ʃm/ und /ʃr/ in der Regel ein rascher Wechsel von oberer zu unterer Zungenkontaktstellung erfolgen muß. Die kleine „Umschaltpause" selbstverständlich mit zunehmender Geläufigkeit und Sicherheit aufheben und bemüht sein, gleiche Lautdeutlichkeit bei sprechüblichem Konsonantenanschluß zu erhalten. Das Material mit initialem /ʃm/, /ʃn/, /ʃr/ oder /ʃl/ schließlich bemühe man sich, zusammenhängend („in einem Zuge") zu sprechen und richte seine Aufmerksamkeit besonders auf den akzentuierten Vokal (vgl. 6.1.4. bis 6.1.7., S. 313). Unter Umständen trägt etwas nachdrückliche (bestimmte) Sprechweise mit dazu bei, den Sproßvokal zu unterbinden. Siehe /v/, 3.2., S. 272 ff.

3.3.   (zu 2.4., 2.5.)

Die fehlende hochrunde Lippenstülpung stellen wir über /u, ʊ, y, ʏ, o, ɔ, ø, œ/ her, also Beispiele wie: *Busch kusch! ... Gebüsch Plüsch ... Bosch Frosch ... Gösch ... hübsch glupsch ...; du Schuft | so schüchtern ... buschig Büschel Moschus obschon ...; Schub Schuppe ... Schüppe schüchtern ... Schoppen Schott ... Schöps schöpfen ...; Spund Spule ... spülen Spülung ... Spott Sport ... spötteln spöttisch ...*

Bei der Lautbeeinflussung nicht nur einseitige Lautnachbarschaft berücksichtigen, sondern möglichst optimale Lautumgebung anstreben.

Die Zungenstellung festigen wir über apikales [t, n, l] (s. 3.1.).

3.4.   (zu 2.6.)

Aussprachehinweise beachten!

3.5.   (zu 2.7.)

Die Behandlung von Sprachstörungen übersteigt den Rahmen eines sprecherzieherischen Elementarbuches. Man suche einen Sprecherzieher oder Logopäden auf. Erwähnt sei nur, daß sich die falsche Zungenlage sehr gut über [t], [n], [l] (und Kombinationen untereinander) beseitigen läßt (vgl. 3.1.). Gegebenenfalls muß auch eine dorsale [ʃ]-Bildung (im Hinblick auf die Störung des *s* und seiner Verbindungen) eingeübt werden. Auf alle Fälle vermeide man (anfangs) Vorsprechen und grundsätzlich eine Korrektur über Verbessern des fehlerhaften Lautes; es gilt vielmehr, einen völlig neuen Laut zu erlernen!

3.6.   (zu 2.8.)

Siehe /n/, 3.3., S. 210 f.; /l/, 3.4., S. 250.

4. Aussprache

Der **Fortis**-Engelaut /ʃ/ wird gesprochen

a) bei Schreibung *sch* im An-, In- und Auslaut: *Schule; Tusche; Tusch.*
   Liegt jedoch ein *s* + Verkleinerungssilbe *-chen* vor, so gilt [s] + [ç]: *Häuschen, Mäuschen.*
b) bei Schreibung *s* in den Verbindungen *sp* und *st* im Wortanlaut und im Silbenanlaut von Zusammensetzungen bzw. Ableitungen: *sprechen; verspre-chen, Trinkspruch; stellen; bestellen, Feldstein.*
   (In- und auslautendes *st* bzw. *sp* ist dagegen als [st] bzw. [sp] zu sprechen: *Weste, Mast; Wespe.* Die Aussprache [ʃt], [ʃp] ist als mundartliche Eigenheit genauso zu vermeiden wie [st] und [sp] im Anlaut.)
c) In eingedeutschten Fremdwörtern ist *sp* und *st* wie unter b) angegeben zu sprechen: *Spinett, Spekulation; Stadion, Start.* Wird dagegen die fremde Her-kunft stark gefühlt oder haben sie als Fachwörter keine weite Verbreitung, so gilt [sp] und [st]: *Sperma, Spektabilität; Stigma, Stimulus.*

Der **Lenis**-Engelaut /ʒ/ wird u. a. in Fremdwörtern aus dem Franösischen gespro-chen, und zwar für *g* vor hellem Vokal (*e, i*) und für *j*: *Gelee, Genie, Loge, Girondist; Journalist, Jalousie.*
Aber: *Genius, genial* mit [g]!

Treffen in Zusammensetzungen oder innerhalb der Sprecheinheit (an der Wort-fuge bzw. -grenze) zwei [ʃ] zusammen, so wird nur e i n [ʃ], aber mit *etwas längerer Dauer*, gesprochen, z. B. *Waschschüssel* ['v̥aʃˑʏsl]; *falsch‿schreiben* [fal'ʃˈʀae̯bm̩] (aber *falsch‿reiben* [falʃˈʀae̯bm̩]). Vgl. /f/, 4. Aussprache, S. 264 f.

5. Aussprüche und Sätze

5.1. Geflügelte Worte / Dichtung

Das Schaudern ist der Menschheit bestes Teil (Goethe) | Schreibe, wie du redest, so schreibst du schön (Lessing) | In deiner Brust sind deines Schicksals Sterne (Schiller) | Die Sprachen sind die Scheiden, darin das Messer des Geistes steckt (Luther) | Den Schlechtesten sollte man, wo möglich, vor der Überzeugung schützen, daß er schlecht sei; schon mancher ist schlecht geworden, weil er sich zu früh für schlecht hielt (Hebbel) | Alle Menschen schieben auf und bereuen den Aufschub (Lichtenberg) | Geschehenes wird nimmer ungeschehen (Sophokles) | Entschieden ist die scharfe Schlacht … (Schiller) | Hier darf der Schmerz die Seele nicht durchschneiden (Schiller) | Ein Schlachten war's, nicht eine Schlacht zu nennen (Schiller) | Auch vieler Schlaf ist beschwerlich (Homer) | Das Schaffen hat nur Wert, nicht das Geschaffene (L. Schefer) | Wer fischen will, scheue kein Wasser (Voß) | Wer so spricht, daß er verstanden wird, spricht immer gut

(Molière) | Weiß denn der Sperling, wie's dem Storch zumute sei? (Goethe) | Der größte Mensch bleibt stets ein Menschenkind (Goethe) | Der Spaß verliert alles, wenn der Spaßmacher selber lacht (Schiller) | Schwer zu unterscheiden, noch schwerer zu ergründen sind die Menschen (Schiller) ||

Von der Stirne heiß,
rinnen muß der Schweiß. (Schiller)

Nur der Starke wird das Schicksal zwingen,
wenn der Schwächling untersinkt. (Schiller)

Mit Stürmen mich herumzuschlagen
und in des Schiffbruchs Knirschen nicht zu zagen. (Goethe)

Stripp, strapp, stroll,
ist der Eimer nicht bald voll? (Grimms Märchen)

Spieglein, Spieglein an der Wand,
wer ist die Schönste im ganzen Land? –
Frau Königin, Ihr seid die Schönste hier,
aber Schneewittchen ist tausendmal schöner als Ihr. (Grimms Märchen)

Ich schleife die Schere und drehe geschwind,
und hänge mein Mäntelchen nach dem Wind. (Grimms Märchen)

Schön Hühnchen,
schön Hähnchen,
und du schöne bunte Kuh,
was sagst du dazu? (Grimms Märchen)

Schmied, Schmied, Schmiedelein!
Ich lösch dir aus dein Feuerlein. (Bechsteins Märchen)

Verständig sprechen ist viel wert,
gesprochenes Wort nicht wiederkehrt. (Freidank)

Schlaf, Kindchen, schlaf!
Vor der Tür' da steh'n zwei Schaf'. (Volkslied)

5.2.   Sprichwörter / Sprichwörtliches / Spruchweisheit

Wie man in den Wald schreit, so schallt es wieder heraus | Es ist nicht jeder ein Schmied, der ein Schurzfell trägt | Salb den Schelm, so sticht er dich; stich den Schelm, so salbt er dich | Wer viel Honig schleckt, muß viel Wermut schlucken | Wer den Schaden hat, braucht für den Spott nicht zu sorgen | Scham schützt vor Schande | Ein schlechter Schütze trifft auch manchmal | Auch schöne Äpfel sticht der Wurm | Ein Schwert hält das andere in der Scheide | Wer schweigt, stimmt zu | Es muß ein guter Sprecher sein, der einen Schweiger verbessert | Wer sein Schwein hungern läßt, bekommt schlechte Schinken (Bauernr.) | Ein schlechter Schütze, der keine Ausrede hat | Kleine Geschenke erhöhen (erhalten) die Freundschaft | Eine Stunde Schlaf vor Mitternacht ist besser als zwei danach | Früh schlafen gehen und früh aufstehen schließt vielen Krankheiten die Tür zu | Mit der Schlange stirbt das Gift nicht | Schuldiger Mann muß schweigen | Der Mensch ist der Spiegel des Menschen (Türk.) | Steter Tropfen höhlt den Stein | Wer ein Ei stiehlt, stiehlt ein Kamel (Arab.) | Besser mit Schaden als mit Schande klug werden | Vom Schweigen schmerzt die Zunge nicht (Russ.) | Das beste Messer bekommt Scharten, wenn man Steine schneidet | Wer stirbt, ehe er stirbt, der stirbt nicht, wenn er stirbt | Nicht jeder Spieler sprengt die Bank | Allzu straff gespannt zerspringt der Bogen | Der Staub lacht, wenn man mit einem Besenstiel die Stube fegt | Böse Nachbarschaft ist schlimmer als Bauchschmerzen (Lombard.) ||

Liebe und Herrschaft
leiden nicht Gesellschaft.

Der Schein betrügt,
der Spiegel lügt.

Fest stehe immer,
still stehe nimmer!

Nach dem Spiel will jeder wissen,
wie man hätt' ausspielen müssen.

Bescheidenheit, Bescheidenheit
verlaß mich nicht bei Tische
und gibt, daß ich zu jeder Zeit
das größte Stück erwische.

5.3.   Redensarten / Wortgruppen

Eine schöne Bescherung | steif wie ein Besenstiel | gehen, als hätte man einen Besenstiel verschluckt | in den Schornstein schreiben | frisch vom Schornstein kommen | stumm wie ein Fisch | den Fuchsschwanz streichen | auf gespanntem Fuße mit jemandem stehen | Bescheid stoßen | die Böcke von den Schafen scheiden | eine Bresche schlagen | im schwarzen Buch stehen | Stein und Bein schwören | von Stufe zu Stufe steigen | seine Füße unter einen fremden Tisch stecken | mit einem Fuß schon im Grabe stehen | hinter schwedischen Gardinen | schweres Geschütz auffahren | seine Hände in Unschuld waschen | aus der Haut schneiden | frisch wie ein Hirsch | mit Kanonen nach Spatzen schießen | aufs Schuldkonto schreiben | wir werden den Laden schon schmeißen | einen Ladestock verschluckt haben | durch die Maschen schlüpfen | ein schiefes Maul ziehen | die Entscheidung steht auf des Messers Schneide | sich seitwärts in die Büsche schlagen | bis über die Ohren in Schulden stecken | schreien wie eine gestochene Sau | jemandem einen Schabernack spielen | sein Schäfchen zu scheren wissen | in die Schanze schlagen | in den Schatten stellen | nicht über seinen Schatten springen können | Schaum schlagen | eine Scheibe abschneiden | sein Scherflein beisteuern | essen wie ein Scheunendrescher | schlechter Scherz | rasch entschlossen | schlecht geschlafen haben | Schindluder mit jemandem treiben (spielen) | starke Schlagseite haben | den Schmachtriemen enger schnallen | Schmiere stehen | den Schnabel aufsperren | ein Schnippchen schlagen | die Schranken überschreiten | in die Schuhe schieben | die Schule schwänzen | aus der Schule schwatzen | einem spanisch kommen | es steht etwas auf dem Spiele | schreien, als ob man am Spieße stäke | sich die Sporen verdienen | auf dem Sprunge stehen | aus einem Stall stammen | einem den Star stechen | der Stein des Anstoßes | einen schauderhaften Stiefel schreiben | Zielscheibe des Spottes | wennschon, dennschon | es steht ihm an der Stirn geschrieben | wie ein Stock dastehen | über die Stränge schlagen | einen Streich spielen | Schnepfenstrich | ein schweres Stück liefern | das ist ein starkes Stück! | jemanden in die Tasche stek-ken | das Tischtuch ist zwischen ihnen zerschnitten | die Spreu vom Weizen scheiden | sich Asche aufs Haupt streuen | ironischer Spott | sarkastische Schärfe | der Abschaum der Menschheit | das Barometer steht auf Sturm | jemandem Bescheid stoßen | bescheidene Ansprüche | falsche Bescheidenheit | nicht aus Schenkendorf stammen | schimpfen wie ein Rohrspatz | mir steht der Schnabel still | der kann im Stehen sterben (schlafen) | die Stellung der Gestirne | ihm steht der Verstand still | um Kirschenstiele streiten | in der Patsche stecken | Verstecken spielen | leeres Stroh dreschen | ins Schuldbuch schreiben | jedem schlägt seine letzte Stunde | wie in spanische Stiefel eingeschnürt ||

5.4.   Paare

Stock und steif | Stumpf und Stiel | Stock und Stein | starr und steif | Schuß und Stich | Schuß und Schlag | schimpfen und schelten | Schimpf und Schande | Schutz und Schirm | steif und stur | Speck und Schinken | mit Schreien und Schimpfen | Spiel und Sport | mit Strunk und Stiel | mit Stiefeln und Sporen | starr (still) und stumm | Schmutz und Schund | stramm und straff | gestiefelt und gespornt | mit Spießen und Stangen | Speer und Spieß | Stecken und Stab | Schneider und Handschuhmacher ||

5.5.   Lautüberfüllungen

Fischers Fritze fischte frische Fische, frische Fische fischte Fischers Fritze | Schneiderschere schneidet scharf, scharf schneidet Schneiderschere | Schnalle schnell die Schnallen an! | Sieben Schneeschipper schippen sieben Schippen Schnee, sieben Schippen Schnee schippen sieben Schneeschipper | Ein Student in Stulpenstiefeln stand auf einem spitzen Stein und starrte staunend stundenlang die stummen stillen Sterne an ||

Ich schneide, schneide Schinken,
wen ich lieb hab', werd ich winken.
Ich schneide, schneide Speck,
wen ich lieb hab', hol ich weg. (Kinderspielvers)

Schnipp, schnapp, schneid' ab, schneid' Speck,
schneid' den Daumen nicht mit weg. (Kinderspielvers)

Schwarzes, schwieliges Schwefelgezwerg!
Schreckliche Schlange, verschlinge mich nicht! (Wagner)

6.   Wörter und Wortgruppen

6.1.   /ʃ/ im Anlaut

6.1.1.   /ʃ/ vor Vokal

Schieben schielen Schilling Schimpf Chiffon schießen | Schemen schänden
scheffeln schelten Chef schädigen | Scham Schabe Schaden schalten Cham-
pagner Schatz | schonen Schoppen Schoß Chauvinist Schott Scholle |
schummeln Schund Schuppen Schule Schulze Schuß | Schöps Schönheit
Schöpfkelle Schößchen Schößling | Schütte Schüppe Schützenfest schütteln
schüren Schüssel | scheinen Scheide Scheit Schein Scheibe Scheitel | Schaube
schaufeln Schau Schaum Schauder Schaukel | scheu Scheune Scheusal
schäumen scheuern ||

6.1.2.   /ʃ/ vor [p]

Spieß Spind Spinat spielen Spiegel Spitze | Spesen spendabel spellen Spelunke
Spezialist Speck | Spaß Spanne Spalt Spatel sparen spazieren | Spott Spore
Sporn Sport spontan sporadisch | Spund Spule sputen Spuk Spucke Spuren |
spötteln Spötter | spüren Spülung spürbar | Speiche Speil speien ||
Tischpaar – spar', Fleischpaß – Spaß, rasch pulen – spulen, Flauschpelz – Spelz,
Tauschpartner – Sparte, Fleischportion – Sport, Plüschbezug – speziell, Gemisch
prüfen – sprühen, Mischpeter – später ||

6.1.3.   /ʃ/ vor [t]

Stimmen stieben Stimme Stippvisite Stift Stiel | Stempel stemmen Steppe
Stelle Stätte stehen | Stamm stabil stapfen Staffel Stand Stall | stopfen Stoff
stoßen Stolle stolpern Stock | Stummel Stube stupid Stufe Stuhl Student |
Stößel Stöcklein stöhnen störrisch Stöpsel stöbern | stündlich stützen stülpen
Stüblein Stück | steif Steiß Stein steigen steil | Staub Staupe Staufen Stausee
staunen Staude | stäupen Steuer ||
Fleischteller – Steller, Fischtube – Stube, Buschtempel – Stempel, Plüschtier –
Stier, Fleischtag – Stag, Gemisch tanken – stanken, evangelisch taufen – Staufen,
himmlisch tanzen – Stanzen, medizinisch taub – Staub ||

6.1.4.   /ʃ/ vor [m]

Schmiß Schmiede Schmitt schminken schmieren schmirgeln | Schmelz Schmätz-
lein schmecken Schmerz schmettern Schmer | Schmalz schmatzen schmal
Schmant Schmarre Schmach | schmollen schmoren Schmok | Schmu
schmusen schmuddeln schmunzeln Schmuck schmuggeln | Schmölln schmökern
Schmöker | schminken Schmücke | schmeicheln schmeißen | Schmaus schmau-
chen ||
Flauschmantel – Schmant, rasch machen – schmachten, Fisch mögen – schmö-
kern, Waschmittel – Schmidt, einen Tausch meiden – Geschmeide, Naschmaul –
Schmaus, Plüschmohren – schmoren ||

6.1.5.   /ʃ/ vor [n]

Schnipsel schnieben Schnitt schnitzen Schnickschnack schnieke | Schnepfe
Schneppe schnäpseln schnell Schnee schnäbeln | Schnabel schnappen Schnalle
Schnake schnattern schnarren | schnobern schnoddrig Schnorchel | Schnupfen
schnuppe schnuppern Schnute Schnucke Schnurre | schnöde Schnösel Schnör-
kel | schnüffeln schnüren Schnüffelei | schneiden Schneider Schneid schneien |
schnauben schnaufen schnauzen | Schnäuzlein Schnäuzer schneuzen ||
Fischneid – Schneid, Mischna – Schnabel, Wischnu – Schnur, Buschnelke –
schnell, Gemischnorm – Schnorrer, Pfuschnähte – schnäbeln, Fischnetze –
schnetzeln, Buschneger – Schnee ||

6.1.6.   /ʃ/ vor /r/

Schrieb Schrift Schrippe Schritt schrill | schrämmen Schränke Schreck schräg
Schrebergarten | Schramme Schrammeln schrapen Schranze Schrank Schran-
ke | schroten Schrott schroff | schrumpfen schrubben Schruppstahl schrundig
Schrulle | schröpfen Schröpfkopf | Schründe | schreiben Schrein schreien |
Schraube | Schräubchen ||
Fleischreibe – Schreibe, Tischrand – Schranze, Tischrund – Schrund, Fischreiher –
Schreier, rasch reiben – schreiben, Fischräuber – Schräubchen, Duschraum –
Schraube, Löschrolle – Schrulle, Aschram – Schramme ||

6.1.7.   /ʃ/ vor [l]

Schlips schlimm Schliff schlingen Schlitten schließen | schlemmen Schlempe
Schlemihl schleppen Schlehe Schläfe | Schlamm Schlamassel schlafen schlapp
Schlange Schlag | Schloße Schlosser Schlot Schlotte schlohweiß Schloß
schlorren | Schluß Schlund Schluck schluchzen schlurfen Schlumpf | Schlöß-
lein Schlösser | schlüpfen schlürfen Schlüssel Schlücke | Schleim schleifen
Schleier schleißen | schlau Schlaufe Schlauch | Schläue Schleuder Schleuse
schleunig ||

Froschlaich – Schleich, Waschlauge – Schlaube, Waschlappen – Schlappen, Fischland – schlank, Frischlinge – Schlinge, Fischleim – Schleim, fleischlich – schlich, Mischlinge – Schlinge, fleischlos – Schloße, über den Tisch langen – Schlangen, Buschland – schlank, hirschledern – Schlehdorn ||

6.1.8.   /ʃ/ vor /v/

Schwimmen schwiemeln Schwippe Schwiele Schwindel schwitzen | Schwemme schweben Schwefel Schwester Schwäche schwänzen | Schwamm schwappen schwafeln Schwabe Schwan Schwalbe | schwofen Schwof | schwupp Schwulst Schwund Schwung schwul Schwur | schwören | schwül schwülstig Schwüre | Schweif schweißen Schweine Schweizerin schweigen Schweiß ||
Menschwerdung – schwer, Fleischwiegen – schwiegen, Tischwäsche – Schwäche, Tauschwert – Schwert, Buschwindröschen – Schwind, Fleischwunde – Schwund, Fleischwulst – Schwulst, Tauschweg – Schwejk, Flauschweste – Schwester, Naschwerk – schwer ||

6.2.   /ʃ/ im Inlaut, in der Wortfuge und an der Wortgrenze

6.2.1.   [ʃ] zwischen Vokalen

Mischer fischen Nische auftischen zischen wischen | Wäsche Esche Kalesche Bresche dreschen Kescher | Maschine waschen Sascha naschen Lasche haschen | Moschus Moschee Brosche koscher Broschüre Groschen | buschig pfuschen Wuschelkopf nuscheln duschen tuschen | löschen Frösche Göschen | Büschel Rüsche plüschig | Maische heischen fleischig kreischen | mauscheln bauschen Pauschale lauschen plauschen flauschig | täuschen Keusche ||

6.2.2.   /ʃt/ nach [nt]

Fundstelle Sand-(stein, sturm, strahlgebläse) Wundstarre Hand-(stand, streich, stumpf) Band-(Land-)streifen Mondstaub Brandstätte Grund-(stein, steuer, stück) Jugendstreich Land-(straße, strich u. a.) Abendstern Zünd-(stein, stock) Mundstück Wind-(stärke, stille) Verbandstoff Randstaaten Ent-(staubung u. a.) ||
Mit dem Rücken an der Wand stehen | an die Wand stellen | die Hand streicheln | durch die Gegend streifen | durch Sand stampfen | vom Land stammen | am Abgrund stehen | wie vor einer Wand stehen ||

6.2.3.   /ʃt/ nach [lt]

Schaltstelle Feld-(stein, stecher, studie) Katapultstart Kalt-(start, stellung) Wald-(stück, steppe, storch u. a.) Gold-(staub, stück, stickerei u. a.) Geld-(strafe, stück) Wald-(Welt-)stadt Kult-(Wald-)stätte Bild-(störung, stelle, streifen) Alt-(stadt, stimme, stoff) Zelt-(stadt, stange, stock) ||

Bald sterben | fehlt ständig | Geld stehlen | am Rollfeld stehen | spielt stillver-
gnügt | kalt stellen | kühlt stark ‖

6.2.4. /ʃt/ nach [t]

Heimatstadt Bett-(statt, stelle) Bruststück Raststätte Passatstaub Privat-(Bet-)
stunde Beichtstuhl Bittsteller Bordstein Braut-(Frucht-)stand Brotstudium
Dienststelle Erd-(strich, ströme) Fremdstoff Fest-(stimmung, stellung) Frucht-
staub Konflikt-(Kontakt-)stoff Gaststube Kunst-(stein, stoff, stück) Lichtstrahl
Wett-(Wort-)streit Mietsteigerung Fett-(Wurst-)stulle ‖
Gut stehen | mit Studenten (steifen Beinen) | hat Stallgeruch | vom Pferd steigen |
das Blut stillen | ins Inlett stopfen | ins Bett stecken | glatt streichen | sich satt
stellen ‖

6.2.5. /ʃt/ nach [n]

Wohnstube Lohnstop ein-(stufen u. a.) veranstalten an-(stoßen u. a.) inständig
un-(stimmig u. a.) Mohnstolle Bern-(Braun-, Zahn-)stein Beinstumpf Kann-
stadt Klein-(stadt, staaterei) Lehnstuhl Wein-(stein, stock) Zahn-(stein, sto-
cher) Vatikanstadt Spinn-(stube, stoff) Tonstück ‖
Eine Aktion starten | in die Kanalisation steigen | an den Start gehen | in Staunen
versetzen | den Stein ins Rollen bringen | in den Sternen stehen | den Star stechen |
ein Bein stellen | in Stellung | grün streichen ‖

6.2.6. /ʃt/ nach [l]

Zahlstelle Mahl-(stätte, steuer, stein) Metallstift Wohl-(Still-)stand Hallstadt
General-(Marschall-)stab Heilstätte Konventionalstrafe Stahl-(stärke, stich)
Rollstuhl Zollstock Vokalstück Wollstoff Wahlstatt Nationalstolz Teilstrecke
Mühlstein Realsteuer Stielstich Unheilstifter vollständig Ventilsteuerung ‖
Ins Ziel stolpern | über den Einfall staunen | hell stellen | randvoll stopfen |
erwartungsvoll stehen | voll strahlen | Müll stapeln | ins Ziel streben ‖

6.2.7. /ʃn/ nach [nt]

Zündschnur Schlundschnürer windschnittig Rundschnitt Strandschnecke
Grundschnelligkeit Wandschnitzerei Frontschnulze Handschnitt Brand-
schneise Randschneider ‖
Sind schnöde (Schnösel) | grünt schnell | Bier und Schnaps | der Hund schnüffelt
(schnuppert) | rennt schnell | ein Pfund Schnitzel | rund schneiden ‖

6.2.8. /ʃn/ nach [lt]

Waldschneise Zeltschnur Goldschnitt Altschnee Faltschnitt Bildschnitzer
Waldschnepfe Geldschneiderei kaltschnäuzig Waldschnurre ‖

Fault schnell | wild schnauben | Geld schnorren | holt Schnaps | fühlt Schnee-wetter | wählt Schnittkäse | malt Schneeglöckchen ||

6.2.9. /ʃn/ nach [t]

Heidschnucke Plätt-(Hut-, Korsett-, Richt-, Leit-)schnur wutschnaubend Brot-(Röst-, Wurst-, Toast-)schnitte Dochtschneider festschnallen fortschnellen Bart-schneider Gurtschnalle glattschneiden mit-(schneiden u. a.) ||
Vor Wut schnauben | den Bart schneiden | mit Schnee | nach Luft schnappen | macht schnell | nicht schnell genug | tut schnippisch ||

6.2.10. /ʃn/ nach [n]

Sternschnuppe Riemen-(Herren-, Damen-, Ton-)schneider Grünschnabel Fein-(Stein-, Raglan-, Luftröhren-)schnitt Fahnenschnur an-(schnallen u. a.) ein-(schnappen u. a.) Rheinschnellen gedankenschnell klein-(hinein-)schneiden her-einschneien ||
Kein Schneider sein | ein Schnösel sein | ein Schnitt | in Schnelle | sich einen groben Schnitzer leisten | Kokain schnupfen | einen Schnupfen haben | an Wein schnuppern | sich freuen wie ein Schneekönig ||

6.2.11. /ʃn/ nach [l]

Stuhlschnitzerei Mehlschnute Kegelschnitt Keilschnitt Krüllschnitt Nabel-schnur Perlschnur pfeilschnell Sichelschnitt Hagelschnüre Aalschnur Stempel-schneider ||
Viel Schnee | rücksichtsvoll schneuzen | viel schneller | geräuschvoll schnarchen | sorgenvoll schniefen | oval (Tüll) schneiden | sein Bündel schnüren ||

6.2.12. /ʃl/ nach [nt]

Mondschlösser Wind-(schlauch, schleuse) Bandschleife Blindschleiche Hand-(schlag, schliff) Spindschloß Grund-(schlag, schleppnetz) Mundschleimhaut windschlüpfig Rundschlag Gewandschließe Ent-(schluß u. a.) ||
In den Wind schlagen | aus der Hand schlagen | wie ein Hund schlafen | aus dem Land schleichen | einen Bund schließen | mit Sand schleifen | an der Wand schlafen ||

6.2.13. /ʃl/ nach [lt]

Gold-(Pult-, Alt-, Schalt-)schlüssel Zeltschlaufe Feld-(schlacht, schlange) Wald-schlößchen Kultschlager Weltschlager Pultschloß ||
Bald schließen | kalt schlafen | wählt schlau | fällt schlank aus | heilt schlecht | lallt schließlich | auf Geld (im Zelt) schlafen ||

6.2.14. /ʃl/ nach [t]

Hutschleife breit-(berat-, rad-)schlagen Dunstschleier Tot-(Rat-)schlag Tret-
schlitten Gift-(Midgard-)schlange Karbidschlamm Nachtschlaf Notschlach-
tung Erd-(Rat-)schluß Totschläger mit-(schleifen u. a.) ‖
Platt (in die Flucht) schlagen ‖ hat schließlich | ist schlau | fest schlafen | welk und
schlaff | mit Schlagfertigkeit parieren | zur Arbeit schleppen (schleichen) ‖

6.2.15. /ʃl/ nach [n]

Keulenschlag Logenschließerin Ketten-(Laden-)schluß An-(schlag u. a.) Non-
nenschleier Notenschlüssel Pauken-(Rüben-, Wogen-, Stein-, Tauben-, Wellen-)
schlag Operettenschlager ein-(schlägig u. a.) un-(schlüssig u. a.) Paukenschlegel
Probenschluß Rabenschlacht Rennschlitten Unschlitt ‖
Ein Schloß | so ein Schlawiner | keinen Schlag tun | den Schlaf des Gerechten
schlafen | ein Schlauch sein | wie ein Schlot qualmen | sich auf den Schlips
getreten fühlen ‖

6.2.16. /ʃl/ nach [l]

Seilschlaufe Voll-(Schul-, Zirkel-, Fehl-)schluß Muschelschleimhaut Wellfleisch
Fehl-(Kahl-, Pendel-, Doppel-, Trommel-)schlag Hagelschloße Hohlschliff Heil-
(Faul-, Nil-)schlamm Kristallschliff Kühlschlange Wahlschlager vollschlank
Saalschließerin Universalschlüssel Federballschläger Nebelschleier ‖
Viel schlafen (schlecken) | ideal schlank | voll Schlamm | soll (will) schlummern
(schließen) | (nicht) zum Krüppel schlagen ‖

6.2.17. /ʃ/ nach [nt]

Wand-(schrank, schmuck) Geschwindschritt Hand-(Bund-)schuh ent-(schärfen
u. a.), Bandscheibe Wind-(Mund-)schutz Blondschopf Land-(schaft, schutz)
Buntspecht bunt-(scheckig, schillernd) -schaft (z. B. Freundschaft) Tausendschön
Grund-(Pfand-, Mond-)schein Jugendschutz Hand-(schelle, schrift) Rund-(schau,
spruch, schreiben) Mundschenk Kundschafter ‖
Und schon | das Land schützen | an die Wand scheinen | den Verstand sprechen
lassen | nur der Mond schaut zu | der Kontostand stimmt | ausreichend schätzen |
den Vorstand sprechen ‖

6.2.18. /ʃ/ nach [lt]

Weltschmerz Wild-(schaden, schutz, schütz, schwein) bildschön Gewaltschuß
Geld-(schein, schrank, spende, schwemme) Waldschrat Goldschmied Feld-
(sperling, scher, spat, schütz, spiel) Altschrift altsprachlich Schuldschein ‖
Kühlt schön | fault schon | fehlt schon wieder | sich mit Gold schmücken | erhält
Stimmenmehrheit | fühlt Schweißtropfen | Geld schenken ‖

6.2.19. /ʃ/ nach [t]

Tschiankaischek Tschi Chintz tschilpen Tschinellen Tschingis Chan | Tscheche
Tschechow Tschernyschewski Chesterton Chamberlain Chaplin Tschetschene |
Tschad Tschako Tschakowski Tschankiang Tschapka Charly | Tschomolunga |
Tschou En-lai Tschudi Tschuikow Tschukowski Tschuktschen Tschunking |
tschüs | tschau | Tschaikowski ‖
Witschen Klitsche zwitschern Pritsche pitschepatsche ritschratsche | Gletscher
fletschen quetschen hätscheln Grätsche dolmetschen | watscheln Bratsche
klatschen quatschen Latschen Patsche | Sotschi | putschen lutschen knutschen
rutschen Kutsche flutschen | Peitsche | Gaucho gautschen knautschen |
Deutsche ‖
Liedschatten Bittschrift Profitschraube Liedschaffen | Gerät-(Pet-)schaft Laza-
rettschiff Spätschicht Bettschoner Brettspiel Betschwester | Kameradschaft
Drahtschere Privatschule Blattschuß Salatschüssel Skatspieler | Botschaft
Gottsched todschick Brotscheibe Notschrei Rotspon | Blut-(schande,
spender) Salutschüsse Gut-(schein, schrift) gutsprechen | Bereitschaft Reit-
schule breitschultrig Zeitschrift Weitschuß | Laut-(sprecher, schrift) Brautschau
Haut-(schere, schuppe) ‖
Vor Wut schäumen | Mut schöpfen | Blut spenden (schwitzen) | Gunst schenken |
ist schon da | ist schön | nicht schummeln | hat schon | weg mit Schaden | ins
Kraut schießen | mit Schande bedeckt ‖

6.2.20. /ʃ/ vor [p]

Tischpartner Plauschpartnerin Geräuschpegel Fischpaß Tauschpartner Misch-
(poche, pult) Löschpapier Wasch-(programm, pulver) ‖

6.2.21. /ʃ/ vor [t]

Fleisch-(ton, topf) Mischtrommel Eibischtee Fischteich Derwischtanz Frosch-
test Wasch-(tag, trog) Lösch-(taste, teich, trupp) Plüschteppich Wischtuch
Rauschtest ‖

6.2.22. /ʃ/ vor [m]

Busch-(mann, mantel) Dresch-(Misch-, Wasch-)maschine Tuschmalerei Fleisch-
(mahlzeit, messer) Tischmanieren Fisch-(markt, maul, mehl, messer) Rausch-
mittel Geräusch-(messer, mine) Frischmilch Frosch-(mann, maul) Mischmasch
Löschmannschaft ‖

6.2.23. /ʃ/ vor [n]

Fischnetz Tischnachbarin Gemischnorm Rauschnarkose Buschneger ‖

6.2.24. /ʃ/ vor /r/

Fisch-(reiher, reuse) Flauschrock Wasch-(Dusch-)raum Mischrasse Buschrand ‖

6.2.25. /ʃ/ vor [l]

Waschlappen Frisch-(ling, luft) Froschlurch Wasch-(lauge, leder) ‖

6.2.26. /ʃ/ vor /v/

Buschwerk Fisch-(wanderung, wehr, weib) frischweg Fleisch-(werdung, wolf, wurst) Mischwald Frisch-(Abwasch-)wasser Tauschwirtschaft Wasch-(wasser, weib) ‖

6.3. /ʃ/ im Auslaut

6.3.1. /ʃ/ nach Vokal

Gemisch Tisch Fisch Wisch Eibisch Derwisch Kisch neidisch magisch klassisch episch dorisch moralisch zynisch | Gewäsch fesch resch Dreesch | Abwasch Hasch Pasch Allasch lasch rasch | Bosch Frosch Kosch | Busch Pfusch wusch Tusch Drusch kusch husch | Gösch | Gebüsch Plüsch | Fleisch Geheisch Gekreisch | Bausch Flausch Tausch Plausch Rausch | keusch Geräusch ‖

6.3.2. /ʃ/ nach [t]

Kitsch Sandwich Zarewitsch Speech Klitsch | Etsch ätsch Dolmetsch Match Ketsch Sketch | Tratsch Matsch Latsch Klatsch Knatsch Quatsch Flatsch Pflatsch platsch Tolpatsch Abklatsch Kladderadatsch Lulatsch | Putsch futsch wutsch Rutsch rirarutsch | Schwyzerdütsch | Couch autsch | deutsch | pitsch-patsch witsch-watsch klitsch-klatsch ritsch-ratsch ‖

6.4. Häufung

Menschenscheu verschwenderisch Schabefleisch Schwaben-(streich, spiegel) Windschutzscheibe Mischmasch Waschtisch Taschen-(spieler, spiegel) Tausch-geschäft Bleistiftspitze Wäschesteife Tischwäsche Schweine-(fleisch, stall) schöpferisch Schöpsenfleisch Schnabel-(schuh, spitze) Schank-(tisch, wirtschaft) Spukgeschichte Spindelschnecke Schlapp-(schuh, schwanz) Schlittschuh Schlaf-(bursche, stelle) Schleierschwanz Schluß-(stein, strich) ‖

6.5. /ʃ/ neben /ʃ/

Waschschüssel Froschschenkel Deutschschweizer Tischschmuck Fisch-(schuppe, schwanz) Fleisch-(schale, schwund) Abwaschschürze Wunschschüler Klatsch-(Tratsch-)spalte Matschschuhe Geräuschschutz Falschschätzung ‖

Den Fisch schuppen (schwimmen lassen) | falsch schwören | den Tisch schruppen | deutsch (falsch) schreiben | rasch schalten | Fleisch schaben | einen Wisch schreiben | auf der Couch schlafen ||
Falsch schreiben – falsch reiben, Punschschale – Pauschale, um den Tisch schreiten – um den Tisch reiten, Kitsch schenken – Kitschengel ||

6.6.   [ʃ] – [ç][102]

6.6.1.   [ʃ] und [ç] in Wortpaaren

Gischt – Gicht, keusche – keuche, Rüschen – riechen, seelisch – selig, Löscher – Löcher, erlischt – Licht, wischt – Wicht, zischt – Sicht, fischte – Fichte, gallisch – gallig, täuscht – deucht, täppisch – Teppich, Fisch – dich, fischt – ficht, fescher – Fächer, verzischt – Verzicht, Schema – Chemie, diebisch – beliebig, morsche – Morchel, Schi – Chi ||

6.6.2.   [ʃ] und [ç] in einem Wort

Schleswig Schnippelchen schmutzig schwächlich Schlückchen Geschlecht Menschengeschlecht Schlößchen Schneewittchen Schnäpschen Lichtschein Geschichte Schlächter schichten schäbig Schächtelchen schädlich Fichtenstamm Schälchen schuldig dichterisch Stelldichein stricheln stopplig schwindlig schlammig schlüssig Schächer schlicht Schläuche scheuchen Stichling schleichen schließlich Schlußstrich ||

6.6.3.   [ʃ] neben [ç]

Fischchen Tischchen Fläschchen Täschchen Rüschchen Büschchen Räuschchen Bürschchen ||
Pechsträhne   Blech-(schere, schmied)   Brechstange   Teich-(Deich-)schleuse Kelchschale   Milch-(straße, speise, spenderin)   Elchschaufel   Dolchscheide Kirchstuhl Storchschnabel Riechstoff Sprech-(sprache, schule) durch-(schauen, scheinen usw.) ||
Rasch Chinin einnehmen | barsch Chinarindentee (Chiropraktik) zurückweisen | nur lasch Chiromantie betreiben ||
Ich schlafe | weich schlafen | sich schütteln (stellen, schämen) | gleich scheinen | welch Schauspiel | um sich schlagen | männlich streiten | den Deich schützen | entsetzlich schimpfen | tüchtig schwitzen ||

6.7.   /ʒ/

6.7.1.   /ʒ/ im Anlaut

Gigi Gilbert Gille Giro Girondisten Girardi Giraudoux Giselle | Genie Germinal Gérôme Gervais Gérard Gerbault Genever Gelee Gelatine genieren Gentleman | Jacques Jalousie Jargon Jabot Jacquard J'accuse

Gendarm Jeanne Jean | Joséphine Jongleur | Journal Journalist Journalismus Journalistik | Jeu | Jules Julienne Jury ||

6.7.2. /ʒ/ im Inlaut

Regie Regisseur | Prestige Manege | Collage Takelage Persiflage Silage Karambolage Blamage Spionage Menage Tonnage Page Equipage Courage Furage Rage Garage Visage Korsage Massage Montage Etage Sabotage Trikotage Reportage Kolportage Courtage Bandage Staffage Bagage Gage | Doge Loge Eloge | orange Melange | Charge ||

6.7.3. /dʒ/ im Anlaut

Dschibuti Dschingis-Khan Dschinn Gina Gigli Gigolo Gilda Gimignano Giraldi Jiu-Jitsu Jeans Jeep Jigger Jingle Jitterbug | Dschebel Dscherba Jack Jacketkrone Jam Germany Jackpot James Jane Jazz Jersey Jet Jet-set | Dschambul Dschalal-ad-Rin Rumi Giacomo Junkie | Gioconda Giordano Giorgione Giotto Giovanni George Joan Joe John Jockei Job joggen | Dschunke Dschungel Dschugaschwili Dschou-Dynastie Giulia Giuseppe Giulietta Joule Jukebox Juice | Joint Joyce ||

/ç/

Stl. Hartgaumen – Zungenrücken-Fortis-Engelaut (prä-mediopalatal – prä-mediodorsaler stl. Fortis-Engelaut), sogenannter *Ich-Laut*

1. Bildungsweise

Die Lippen sind locker von den Zähnen abgehoben und oval geöffnet, die Oberlippe ist gering vorgerundet (Mundvorhof, Lippen nicht breitspannen und an die Zähne ziehen). Der Zahnreihenabstand ist gering (Lippenöffnung sowie -formung und Zahnreihenabstand richten sich im übrigen nach der Lautumgebung). Der vordere Zungenrand liegt an den lingualen Flächen der unteren Frontzähne; der vordere bis mittlere Zungenrücken ist zum vorderen bis mittleren Hartgaumen aufgewölbt und bildet eine Enge; die seitlichen Zungenränder sind gehoben und liegen an den palatinalen Flächen der seitlichen oberen Zähne, deren Zahndämmen und dem Hartgaumen, so daß die Zungenoberfläche zu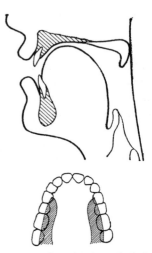
einer Längsrinne geformt wird, die im vorderen Zungenrücken breiter als beim /s/ gebildet ist. Das gehobene Gaumensegel schließt den Nasenweg ab.
In der mit intensiver Artikulationsspannung gebildeten Hartgaumen – Zungen-Enge erzeugt kräftiger Exspirationsdruck ein starkes stimmloses Reibegeräusch (Fortis).

2. Bildungsfehler und Abweichungen

2.1.   Der *Ich-Laut* wird dem [ʃ] angenähert bzw. gänzlich durch [ʃ] ersetzt (u. a. häufig in der obersächsisch orientierten Umgangssprache).[103] Diese Vertauschung wird hauptsächlich durch zu engen Zahnreihenabstand hervorgerufen (offene Kaubißstellung des Unterkiefers), der relativ spannungslose Zungenrücken nähert sich der Artikulationsstelle des [ʃ] (es entsteht ein ungenaues Zungenrücken-[ʃ]).

Zum anderen kann die Ursache eine gehobene, frei hinter den oberen Schneidezähnen schwebende Zungenspitze sein. Unterstützt werden diese Fehlleistungen häufig durch für [ʃ] angebrachte, beim [ç] aber ungünstige Lippenvorstülpung und -rundung.

2.2.   In verschiedenen obersächsischen Bereichen wird der *Ich-Laut* als [j] realisiert, z. B. statt Chemie [çe'mi:] – [je'mi:].

2.3.   Angehörige slawischer Sprachen, aber auch Bayern, Österreicher und Schweizer verwenden den *Ach-Laut* statt des *Ich-Lautes*.

2.4.   Der *Ich-Laut* wird als [s] gesprochen, z. B. mich [mıç] als [mıs].

2.5.   In die Folge [nç] sowie [lç] schiebt sich ein Sproßkonsonant, in auslautender Position auch ein Sproßvokal. Siehe /n/, 2.3., 2.5., S. 209; /l/, 2.5., 2.6., S. 248.

3.   Abhilfevorschläge

3.1.   (zu 2.1.)

Die Übungen zur Richtigstellung des /ç/ müssen sich mit dem *Ich-Laut* wie mit dem /ʃ/ befassen. Wir machen uns die so gänzlich unterschiedliche Bildung deutlich (vgl. /ʃ, ʒ/, 1., S. 303) und üben zunächst [ç] im An- bzw. Auslaut: *Chemie   Cheops   China* … (vgl. 6.1., S. 329); *ich   mich   sich* usw. (vgl. 6.3., S. 330 f.). Wir übertreiben anfangs die Unterkiefersenkung (bis daumenbreit) und kontrollieren die untere Zungenkontaktstellung; jedoch den Mund weder aufreißen noch breitziehen. Gelingt uns in diesen Positionen die [ç]-Bildung nicht sofort, bemühen wir uns um Abhilfe über die Lautkombination [kç]. Die Vorderzungenvokale /ı, ɛ, ʏ, œ/ helfen uns, den [k]-Verschluß so weit wie möglich an den mittleren Bereich des Hartgaumens vorzulagern. Der vordere Zungenrand stützt sich fest an die lingualen Flächen der unteren Frontzähne. Der [k]-Verschluß wird ohne Behauchung auf die Reibelautenge geöffnet: *Zickchen   Mückchen   Säckchen   Söckchen* usw. (vgl. 6.2.3., S. 330).

Außerdem empfiehlt sich die Beeinflussung des *Ich-Lautes* vor allem durch dorsales [t], [d], [l] oder [n] v. a. in den Nebensilben *-tig, -dig, -lig, -lich, -nig*: *gütig … ledig … selig … sittlich … wenig* usw. (vgl. 6.3., S. 330 f.) oder an der Wortfuge bzw. Wortgrenze in Sprecheinheiten: *Liedchen   Kettchen … mit China | hat Chinin* usw. (vgl. 6.2.2., S. 330); *Pillchen   Tälchen … will Chemiker werden | viel Chinin* usw. (vgl. /l/, 6.2.9., S. 259 f.) ; *Kaninchen   Beinchen … ein Chemiker | in China* usw. (vgl. /n/, 6.2.9., S. 218). Ausreichenden Zahnreihenabstand beim [ç] beachten!

3.2.   (zu 2.2.)

Aussprachehinweise beachten! Den *Ich-Laut* zunächst im Auslaut üben, der von dieser Veränderung nur selten betroffen ist, also: *ich   mich   dich* usw. (vgl. 6.3., S. 330 f.). Weiter üben mit [ç] im Inlaut, Beispiele wie: *Fichte   sticheln   riechen* usw. (vgl. 6.2.1., S. 329 f.). Die Bewußtheit des Könnens auf die anderen Lautpositionen übertragen. Folglich auch das verdeutlichende Zusammentreffen von [ç] und [j] in Zusammensetzungen und in Sprecheinheiten hinzunehmen und gegebenenfalls zu Beginn an der Wortfuge bzw. -grenze gering pausieren: *Elchjäger Stichjahr... ewig jung* usw. (vgl. /j/, 6.3.2., S. 340).

3.3.   (zu 2.3.)

Mit dem Rat „Aussprachehinweise beachten!" wäre dem Angehörigen einer slawischen Sprache noch gar nicht geholfen, da beispielsweise das Russische einen dem deutschen Vorderzungen-[ç] entsprechenden Laut nicht hat. Übungsverfahren und -weg im Prinzip wie unter 3.1. unterbreitet: Unter sorgfältiger Beachtung der Lautphysiologie üben wir den *Ich-Laut* in Verbindung mit Lauten, die die Zungenspannung nach vorn-oben unterstützen: die Vorderzungenvokale [i:, ɪ, y:, ʏ, e:, ɛ, ø:, œ], dorsales [t, d, l, n, s] und [k]. (Beachten: für die Folge Ableitungslaut und *Ich-Laut* untere Zungenkontaktstellung; Verschlußbildung für [k] recht weit vorn, im mittleren Bereich des harten Gaumens!) Bei der Lautbeeinflussung nicht nur einseitige Lautnachbarschaft berücksichtigen, sondern stets möglichst optimale Lautumgebung anstreben, z. B.: *Küchlein, Wöchnerin, tüchtig* usw. (vgl. 6.2.1., S. 329 f.); aber auch: *siechst riechst keuchst ... wenigstens seligste niedlichste* u. ä. (vgl. /s, z/, 6.5.5., S. 299).

Zum Vergleich wie zur Bestätigung des gewachsenen Könnens in angemessener Weise Gegenüberstellungen mit [x] einbeziehen: *Bach – Bäche, Koch – Köche, Tuch – Tücher* usw. (vgl. /x/, 6.5.1., S. 346).

3.4.   (zu 2.4.)

Diese Vertauschung unterläuft hauptsächlich kleinen Kindern. Sie beruht auf nicht voll ausgebildetem Sprechgehör bzw. ungenauer Schallnachahmung, wird aber leider von uneinsichtigen Erwachsenen, die sie als besonders niedlich und kindgemäß empfinden, geradezu gepflegt. Wünschenswert sind in erster Linie sprachlich und sprecherisch niveauvolle Kontaktpersonen (Vorbilder).

Lautbildung und Aussprachehinweise beachten! Zur Verdeutlichung des Unterschiedes zwischen [ç] und [s] eignen sich Gegenüberstellungen wie: *Wicht – wißt, Licht – List, weich – weiß* usw. (vgl. 6.6.1., S. 331). Des weiteren sind empfehlenswert finales [çs], also: *Königs Honigs Heinrichs* usw. (vgl. /s, z/, 6.6.4., S. 301) und das Zusammentreffen von [s] und [ç] in der Wortfuge, z. B.: *Radieschen Lieschen bißchen* usw. (vgl. 6.6.2., S. 331).

3.5.   (zu 2.5.)

Siehe /n/, 3.4., S. 211 f.; /l/, 3.4., 3.5., S. 250 f.

4.   Aussprache

Der **Fortis**-Engelaut /ç/ (sogenannter *Ich-Laut*) wird gesprochen

a) bei Schreibung *ch* nach den Vokalzeichen *i, e, ä, ö, ü, y* (sog. *hellen* Vokalen) und den Zwielauten [a͜e] – geschrieben *ei, ai, ay, ey* – und [ɔ͜ø] – geschrieben *eu, äu, oy, oi: Pech, Rechen, Gespräch, ich, Sichel, Köche, flüchten, Küche, psychisch; Leiche, leicht, laichen; feucht, räuchern*
b) bei Schreibung *ch* nach *l, n, r*, außerdem in der Diminutivendung *-chen: Milch, manch, durch; Mäuschen, Weibchen*
c) im Suffix *-ig*[104] im Silben- und im Wortauslaut sowie vor Konsonant: *Einigkeit; Honig; Käfigs, vereinigt, beglaubigst.*
   Vor der Ableitungssilbe *-lich* und in *Königreich* soll jedoch „aus Gründen des Wohlklangs" *-ig* wie [ɪk] gesprochen werden: *lediglich* ['leːdɪklɪç], *Königreich* ['køːnɪkʀa͜eç].
   Unter oberdeutschem Einfluß wird das Suffix *-ig* häufig als [ɪk] gesprochen.

Treffen in Zusammensetzungen oder innerhalb der Sprecheinheit zwei *Ich-Laute* zusammen, so wird nur e i n *Ich-Laut*, aber mit *etwas längerer Dauer*, gesprochen: *reichlich͜Chinin*. Vgl. /f/, 4. Aussprache, S. 264 f.
Für die Zeichenfolge *ch* in Fremdwörtern und Namen gilt folgende Ausspracheregelung[105]:

a) Die Aussprache des in- und auslautenden *ch* ist im allgemeinen wie in der deutschen Sprache geregelt – nach hellen Vokalen und Sonoren *Ich-Laut: Mechanik, Archont, Alchimie;* nach dunklen Vokalen *Ach-Laut: Epoche.*
b) Anlautendes *ch* wird gesprochen in Wörtern aus dem:
   Griechischen *(Chemie)*, Orientalischen *(Cherub)* und Germanischen *(Childerich)* – besonders vor hellen Vokalen *(e, i)* – wie *Ich-Laut*
   Slawischen *(Charkow)* wie *Ach-Laut*
   Französischen *(Champignon)*, auch inlautendes *ch (Recherchen)*, wie [ʃ]
   Englischen *(Chesterton)* und Spanischen *(Chile)*, auch inlautendes *ch (Manchester; Chinchilla)*, wie [tʃ].
c) An- und inlautendes *ch* – besonders vor dunklem Vokal *(a, o, u)*, vor *l* oder *r* – wird zu [k] eingedeutscht: *Charakter, Chor, Chur; Chlor, Chrom.*
   An- und inlautendes *ch* ([tʃ]) wird zu [ʃ] *(Champion)* bzw. zum *Ich-Laut (Chile)* eingedeutscht.

5.   Aussprüche und Sätze

5.1.   Geflügelte Worte / Dichtung

Richtet nicht, auf daß ihr nicht gerichtet werdet! (Bibl.) | ... mit welcherlei Gericht ihr richtet, werdet ihr gerichtet werden (Bibl.) | Der gnädigste von allen

Richtern ist der Kenner (Schiller) | Vom sichern Port läßt sichs gemächlich raten (Schiller) | Ich hab' getan, was ich nicht lassen konnte (Schiller) | So ernst, mein Freund, ich kenne dich nicht mehr (Schiller) | Seid einig – einig – einig! (Schiller) | Sprich, damit ich dich sehe (Sokrates) | Dichten ist Gerichtstag halten über sich selbst (Ibsen) | Der Absicht Niedrigkeit erniedrigt große Taten (Uz) | Ewig jung und ewig grün (Schiller) | Wer stechen will, muß stichfest sein (A. Grün) | Durch nichts bezeichnen die Menschen mehr ihren Charakter als durch das, was sie lächerlich finden (Goethe) | Wir sind doch törichte Menschen! Wie oft durchkreuzt die Furcht vor dem Lächerlichwerden unsere innigsten, zartsten Gefühle (Raabe) | Unverzeihlich find' ich den Leichtsinn; doch liegt er im Menschen (Goethe) | Man ist nur Herr, sich den ersten Becher zu versagen, nicht den zweiten (Börne) | Die nützlichsten Bücher sind diejenigen, welche den Leser zu ihrer Ergänzung auffordern (Voltaire) | Wahrhaftig, der Umgang mit schlechten Büchern ist oft gefährlicher als mit schlechten Menschen (Hauff) | Die eigentliche Universität unserer Tage ist eine Büchersammlung (Carlyle) | Das Reich der Dichtung ist das Reich der Wahrheit (Chamisso) | Heinrich, der Wagen bricht (Grimms Märchen) ||

Wie du richtest mich und ich richte dich,
als [so] wirt er richten dich und mich. (Seb. Brant)

Ein Richter, der nicht strafen kann,
gesellt sich endlich zum Verbrecher. (Goethe)

Der Rechte Kenntnis nicht, die heil'ge Glut
für alles Rechte macht den wahren Richter. (E. Raupach)

Ein Richter, der verdammt, ist stark nur im Vernichten;
des echten Richters Amt ist wieder aufzurichten. (Hammer)

Wenn dich die Lästerzunge sticht,
so laß dir dies zum Troste sagen:
Die schlechtesten Früchte sind es nicht,
woran die Wespen nagen. (Bürger)

Grasmückchen, trink ein Schlückchen,
fang ein Mückchen, sing ein Stückchen,
deinem kleinen Grasemückchen! (Rückert)

Schlafe, mein Prinzchen, es ruhn
Schäfchen und Vögelchen nun. (Gotter)

Weh, weh, Windchen,
nimm Kürdchen sein Hütchen,
und laß'n sich mit jagen,
bis ich mich geflochten und geschnatzt
und wieder aufgesatzt. (Grimms Märchen)

Rosenrote Rose sticht;
siehst du mich, so sieh mich nicht! (Bechsteins Märchen)

Sieh dich nicht um!
Nichts rechts, nicht links;
geradezu, so hast du Ruh. (Bechsteins Märchen)

Ich bin schon auf und munter!
Ich komme gleich in die Küche hinunter! (Bechsteins Märchen)

Wozu die bösen Flüche?
Ich bin ja schon am Herd und in der Küche! (Bechsteins Märchen)

Es ließe sich alles trefflich schlichten,
könnte man die Sachen zweimal verrichten. (Goethe)

Alle menschlichen Gebrechen
sühnet reine Menschlichkeit. (Goethe)

Heinrich, der Wagen bricht;
ohne Räder fährt er nicht. (Kinderspielvers)

Wer sich willig knechten läßt,
verurteilt selber sich zum Knecht. (Geibel)

Manntje, Manntje, Timpe Te
Buttje, Buttje in der See,
meine Frau die Ilsebill
will nicht so, wie ich wohl will. (Grimms Märchen)

Die guten ins Töpfchen,
die schlechten ins Kröpfchen. (Grimms Märchen)

Bäumchen, rüttel dich und schüttel dich,
wirf Gold und Silber über mich. (Grimms Märchen)

Läuschen hat sich verbrannt,
Flöhchen weint,
Türchen knarrt,
Besenchen kehrt,
Wägelchen rennt,
Mistchen brennt,
Bäumchen schüttelt sich. (Grimms Märchen)

Ich arme Jungfer zart,
ach, hätt ich genommen den König Drosselbart! (Grimms Märchen)

Kirchentür, brich nicht,
bin die rechte Braut nicht. (Grimms Märchen)

327

Wenn du dich selber machst zum Knecht,
bedauert dich niemand, geht's dir schlecht. (Goethe)

Sich neue Bahnen brechen,
heißt in ein Nest von Wespen stechen. (Goethe)

5.2.   Sprichwörter / Sprichwörtliches / Spruchweisheit

Der Schwächste muß das Kreuz tragen | Ein reicher Bauer kennt seine Verwandten nicht | Der Tod ist ein gleicher Richter | Selig sind die Reichen (Parodie) | Gleiche Rechte, gleiche Pflichten | Recht muß Recht bleiben | Liebe deinen Nächsten wie dich selbst! | Ein Richter soll zwei gleiche Ohren haben | Leichenpredigt, Lügenpredigt | Wer leicht zürnt, sündigt leicht | Wenn man die Gerechtigkeit biegt, so bricht sie | Eine Stunde Gerechtigkeit üben gilt mehr als siebzig Jahre Gebet (Türk.) | Erst gerecht, dann wohltätig | Reichtum gebietet, Tugend weicht ihm (Poln.) | Ehrlich reich geht auf Krücken | Wer recht handelt, hat das Licht nicht zu fliehen | Es kann nicht jeder klug, wohl aber rechtschaffen sein | Ohne viel Unrecht kommt man nicht leicht zum Recht | Auf Recht stehen hält aufrecht | Recht scheidet wohl, aber es freundet nicht ||

Besser schlichten,
als richten,

Jedes Tierchen
hat sein Pläsierchen.

Es fällt keine Eiche
mit einem Streiche.

Allzeit fröhlich ist gefährlich;
allzeit traurig ist beschwerlich;
allzeit glücklich ist betrüblich;
eins ums andre ist vergnüglich.

Können wir nicht alle dichten,
so wollen wir doch alle richten.

Blick' erst auf dich,
dann richte mich!

Erfülle deine Pflicht,
alles Andere kümmere dich nicht!

Eng Recht
ist weit Unrecht.

Wenig
schadet wenig.

Richt mich nicht und nicht das Meine,
Schau auf dich und auf das Deine,
Schau auf dich und nicht auf mich,
Wenn ich fehle, hüte dich! (Hausspr.)

Ein freundlich Gesicht
würzt ein karges Gericht.

Willst richten, daß du Gott gefällst,
so richt' den Nächsten wie dich selbst!
(Spr. am Rathause in Schwyz)

5.3.   Redensarten / Wortgruppen

Flink wie ein Eichhörnchen | das Blättchen wendet sich | nicht dergleichen tun | beim Schlafittchen nehmen | sich wie ein Schneekönig freuen | ins Gesicht springen | gleiche Brüder, gleiche Kappen | ihn sticht der Hafer | sich den Hals brechen | jemanden durchhecheln | der Hecht im Karpfenteich | einem heimleuchten | nicht von schlechten Eltern | Honig um den Bart schmieren | nicht hü und nicht hott | ein Hühnchen rupfen | die Kirche im Dorf lassen | frech wie Oskar | ein Gesicht wie Milch und Honig | eine milchende Kuh für jemanden sein | ich habe ein Vögelchen davon singen hören | ein gewichtiges Wörtchen mitreden | einen beweihräuchern | das Zeitliche segnen | sich tüchtig ins Zeug legen | einen ausstechen | es sticht mir in die Augen | fertig ist der Lack! | sein Licht unter den Scheffel stellen | ländlich, sittlich | keine Leichenrede halten | kein großes Kirchenlicht sein | sein Licht leuchten lassen | einen Strich unter die Rechnung ziehen | Lunte riechen | mäuschenstill sein | deutscher Michel | Nestküchlein | ein goldenes Nichtschen und ein silbernes Warteinweilchen | Pechvogel | sein Schäfchen ins Trockene bringen | ins rechte Licht rücken | es geht wie am Schnürchen | Spiegelfechten treiben | dumme Streiche | auf einen Streich | auf dem Strich haben | auf den richtigen Trichter kommen ‖

5.4.   Paare

Stich und Strich | gleich und gleich | kreucht und fleucht | schlecht und recht | Milch und Honig | „Flöhchen und Läuschen" | wichtig und nichtig ‖

6.   Wörter und Wortgruppen

6.1.   /ç/ im Anlaut

Chi Chimäre China Chinese Chinarinde Chinin Chiromantie Chirurg Chiropraktiker Chios Chitin Chiton | Chemie Chemiegraph Chemiker Chemikalie Chemokeule Chemotherapie Chemotechniker Cheops Cherub Cherubim Cherusker ‖

6.2.   /ç/ im Inlaut, in der Wortfuge und an der Wortgrenze[106]

6.2.1.   /ç/ nach Vokal

Fichte picheln Wicht sichten Sichel sicher nicht Licht Lichtung Pflicht dichten bezichtigen Gicht kichern Trichine riechen Michel Stichel siechen kriechen Grieche Unendliche Vergängliche Göttliche Geistliche | Mächte Bächlein Pechvogel fächeln fechten Wächter nächtigen lächeln flechten blechen Dächer nächstens techteln Zeche ächten ächzen echt hecheln Hecht Recht Becher Verbrechen Rechen blechern erfrechen Brecher | möchte Löcher Töchter höchstens Köche Köcher röcheln knöchern Knöchel | flüchten Flüche ertüchtigen Tüchlein Gerücht züchtigen nüchtern hanebüchen Bücher Blücher Küche | beichten Bleiche weichen Gleichnis seicht leicht Leiche Deichgraf Teichpflanze zeichnen gleichen reichen Eiche eindeichen Zeichen laichen Eichel | meucheln Bäuchlein Beleuchtung feucht

Seuche Leuchte deucht keuchen räuchern heucheln verseuchen | Mamachen
Papachen | Frauchen Grauchen ||

6.2.2. /ç/ nach [t]

Liedchen Kittchen | Bettchen Jettchen Nettchen Kettchen Frettchen Mädchen
Lädchen Rädchen Fädchen Seepferdchen Gretchen Heftchen Blättchen Brett-
chen Traktätchen | Patchen | Maskottchen | Muttchen | Pfötchen Böttcher Knöt-
chen Brötchen | Hütchen Tütchen Mütchen Gütchen | Kleidchen | Häutchen
Leutchen ||
Kindchen | Tulifäntchen Entchen Quentchen Fisimatentchen Rändchen Länd-
chen Bändchen Händchen Prozentchen | Tantchen | Mündchen Hündchen Bünd-
chen Pfündchen| Freundchen ||
Bildchen Hildchen Wäldchen Fältchen Altchen ||
Kistchen Kästchen Nestchen Pöstchen Brüstchen Würstchen Fäustchen ||
Mit China (Chemotherapie …) | ist Chemiker (Chemotechniker …) | seit Cheops
(Chios …) | mit Chinin (Chemie …) | hat Chinarinde (Chinin) ||

6.2.3. /ç/ nach [k]

Zickchen Dickchen | Häkchen Bäckchen Päckchen Säckchen Fleckchen Deck-
chen Eckchen Jäckchen | Böckchen Löckchen Söckchen Glöckchen Bröckchen
Röckchen Flöckchen Blöckchen | Brückchen Mückchen ||
Bänkchen Tränkchen Fünkchen | Völkchen Wölkchen ||
Ein Stück Chinaseide | zog China vor | mag Chinin (Chemie) nicht | klug
Chemikalien verwenden ||

6.3. /ç/ im Auslaut[107]

Ich mich dich sich siech Heinrich Wegerich Dietrich | Pech Lech frech
Blech | weich Deich Laich bleich gleich Teich reich | Gesträuch Gekeuch
euch ||
Fittich Sittich Rettich Lattich Bottich Lüttich | mittig fettig einbettig gütig
demütig mehrdeutig | kantig grantig tantig tuntig hochprozentig | einfältig
hinterhältig faltig jodhaltig gewaltig gültig | listig vorfristig zwistig lästig
hastig geistig | abspenstig dickwanstig dunstig günstig inbrünstig einstig |
wulstig ||
Ledig gnädig ruhmredig madig leidig seidig | findig windig wendig sandig
kundig sündig | goldig doldig waldig baldig geduldig muldig ||
Zickig eckig fleckig bockig lockig lückig | gelenkig rankig punkig funkig |
molkig wolkig kalkig ulkig ||
Abwegig bogig gefügig zügig teigig rehäugig talgig ||
Honig König Pfennig sinnig wenig sahnig wonnig abtrünnig launig einig
Kranich ||
Abhängig gängig erstrangig doppelzüngig ||

330

Selig fällig Hallig mollig bullig eilig | niedlich friedlich redlich leidlich weidlich eidlich | kindlich empfindlich endlich ländlich handlich freundlich | bildlich weltlich ältlich geldlich erhältlich inhaltlich | möglich tauglich vergnüglich bezüglich füglich täglich | gedanklich kränklich bedenklich nachdenklich erdenklich | ansehnlich sinnlich männlich reinlich peinlich grünlich | dinglich dringlich länglich bänglich vergänglich klanglich ‖
Riesig hiesig käsig glasig eisig mausig | rissig Essig massig kloßig dreißig müßig | geizig witzig klotzig gnatzig hitzig fetzig | Danzig ranzig winzig einzig neunzig zwanzig | filzig pilzig pelzig salzig malzig holzig | klecksig einachsig fuchsig urwüchsig | fransig linsig | felsig halsig waghalsig hülsig ‖
Ruhig üppig gläubig lehmig gierig häufig ewig ‖
Königreich königlich ewiglich lediglich inniglich elendiglich ‖

6.4.   Häufung

Techtelmechtel tüchtig Früchtchen wöchentlich fürchterlich mächtig sächlich lächerlich wichtig Lichtchen sicherlich einsichtig kirchenrechtlich ich-(bleich-)süchtig gebräuchlich reichlich Eichhörnchen Mönchskranich Tüchelchen Küchelchen höchlichst reichsgerichtlich gleichgradig gebrechlich durch-(leuchten, löchern u. a.) ‖

6.5.   /ç/ neben /ç/

Tüchtig (reichlich) Chinin einnehmen | sich China nähern | sich Chinarinde besorgen | häufig Chios (China) besuchen ‖

6.6.   /ç/ – /s/

6.6.1.   /ç/ und /s/ in Wortpaaren

Wicht – wißt, Licht – List, fächeln – fesseln, Recht – Rest, nüchtern – Nüstern, reichen – reißen, mich – Miss, gleichen – gleißen, ich – iß, Blech – Bleß, weichen – weißen, Laich – leis', reich – Reis, weich – weiß, Teich – Theiß, welch – Wels, dich – dis ‖

6.6.2.   /ç/ neben /s/

Radieschen Lieschen bißchen | Bläschen Gläschen Näschen Gräschen Fäßchen Täßchen Häschen Gäßchen | Döschen Höschen Röschen Klößchen | Füßchen Küßchen Flüßchen Nüßchen | Häuschen Mäuschen Läuschen ‖
Kinkerlitzchen Miezchen Fritzchen | Frätzchen Plätzchen Mätzchen Sätzchen Lätzchen Kätzchen Käuzchen | Pflänzchen Kränzchen Tänzchen Rapünzchen | Hölzchen Pilzchen ‖
Knickschen Kleckschen Mäxchen Füchschen Büxchen Lüchschen ‖
Fränschen Gänschen | Hälschen Hülschen ‖

6.7. /ç/ – /ʃ/[108]

6.7.1. /ç/ und /ʃ/ in Wortpaaren

Veilchen – feilschen, welche – Welsche, welcher – Welscher, Fellchen – fälschen, Geselchtes – Gesellschaft, Mönch – Mensch, Männchen – Menschen, manchen – manschen, Wännchen – wennschon | Kirche – Kirsche, Märchen – Märsche, Pärchen – Bärsche, Furche – Forsche, Mohrchen – morschen, Herrchen – herrschen, Bierchen – pirschen | Bücher – Büsche, Michel – mischen, Nichte – Nische, ständig – ständisch ||

6.7.2. /ç/ und /ʃ/ in einem Wort

Chemisch chinesisch mechanisch technisch psychisch tschechisch griechisch patriarchalisch Rechtschreibung Richt-(scheit, schnur u. a.) Fechtschule Stableuchte Rechtsprechung Leichenstein Königsstein Sträucher, schüchtern menschlich mönchisch Beichtstuhl schalldicht stämmig schmächtig Menschenrechte schimpflich steinreich Trichinenbeschauer Stadtrecht Stein-(zeichnung, eiche) stumpfsinnig scheußlich schmerzlich ||

6.7.3. /ç/ neben /ʃ/

Blechschaufel Milch-(stube, schale) Kirch-(sprengel, spiel) Weichspüler Sprech-(stunde, stimme) Gleich-(schritt, schaltung) Deichschutz Eich-(strich, stempel) gleich-(schalten, schenklig) pechschwarz durch-(schimmern, schießen) Teichschleuse Kelchschale Dolchscheide ||
Ich staune (schlafe, schwitze …) | mich schüttelt es | reichlich schwer | freundlich schmunzeln | solch Schund | ich schaffe es (nicht) | tüchtig (kräftig) schütteln | sich schinden (schälen, schütteln …) | fröhlich schalten und walten ||

/j/

Hartgaumen – Zungenrücken-Lenis-Engelaut (prä-mediopalatal – prä-mediodorsaler Lenis-Engelaut)

1.   Bildungsweise

Lippenöffnung und -formung, Zahnreihenabstand, untere Zungenkontaktstellung, Engebildung, seitliche Zungenrandsowie Zungenrückeneinstellung und Gaumensegelabschluß wie bei /ç/ (vgl. S. 322). Aber: Im Unterschied zu /ç/ wird die Hartgaumen – Zungen-Enge mit geringerer Artikulationsspannung gebildet und durch verminderten Exspirationsdruck ein schwächeres Reibegeräusch (Lenis) mit positionsabhängiger Stimmhaftigkeit erzeugt.

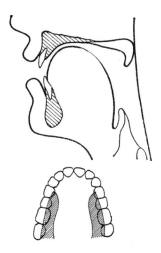

2.   Bildungsfehler und Abweichungen

2.1.   Sprecher mit obersächsisch-thüringischer Bindung realisieren das /j/ häufig als [ç], z. B. statt *Jena* ['j̊eːnɑˑ] – ['çeːnɑˑ].

2.2.   Nach Verschlußlauten oder Reibelauten wird /j/ absolut stimmlos und durch intensive Reibung als *Ich-Laut* realisiert, z. B. *Objekt* [ɔp'j̊ɛkt] zu [ɔp'çɛkt]; *ach ja!* [ax'j̊ɑː] zu [ax'çɑː].

2.3.   In ostmitteldeutschen Umgangssprachen wird häufig inlautendes zwischenvokalisches /j/ wie stimmhaftes [ʒ] gesprochen, z. B. *Koje* ['koːjə] wie ['koːʒə].

2.4.   Der Reibelaut /j/ wird vokalisch aufgelöst: *ja* [j̊ɑː] zu [i̯ɑː].

2.5.   In niederdeutsch beeinflußter Umgangssprache wird dem anlautenden /j/ ein [d] vorgeschaltet, z. B. statt *jung* [j̊ʊŋ] – [djʊŋ] oder sogar [dʒʊŋ]. (Die vordere Verschlußbildung für dieses [d] erfolgt meistens mit dem Vorderzungenrücken bei Kontakt des vorderen Zungenrandes mit den unteren Schneidezähnen.)

333

3.   Abhilfevorschläge

3.1.   (zu 2.1.)

Wir bemühen uns, den Lenischarakter des /j/ durch herabgesetzte Artikulationsspannung und die positionsbedingte Stimmhaftigkeit durch Vorschalten von [n] oder [l] zu erreichen: *Injektion einjährig ... in Jena | nun ja ...* (vgl. 6.2.2., S. 338); *alljährlich Schuljahr ... will jagen | er will ja* usw. (vgl. 6.2.3., S. 338). Unter Umständen ist es angebracht, [n] und [l] zunächst dorsal zu bilden.

Oder wir versuchen es über den *Ich-Laut* (Voraussetzung ist natürlich, daß das Vorderzungen-[ç] einwandfrei vorhanden ist): Während eines mit längerer Dauer gebildeten *Ich-Lautes* vermindern wir die Artikulationsspannung und bilden ein [eː], so daß zum Reibegeräusch der Stimmton tritt z. B. [ç͜eː͜ˈjeːnaˑ].

Die Übungen mit [j] nach Sonoren erweitern um inlautendes [j] nach Vokal.

3.2.   (zu 2.2.)

Aussprachehinweise beachten! Der Lenischarakter des /j/ muß in der Standardaussprache nach stimmlosen Geräuschlauten – auch nach [p], [t], [k] – erhalten bleiben. Gleichermaßen sollte darauf geachtet werden, daß nicht unterschiedslos stets totale Stimmlosigkeit eintritt (vor allem nach Fortis-Engelauten). Die völlige Angleichung des /j/ an den vorausgehenden Fortis-Engelaut kann außerdem zum Ausfall des vorhergehenden Lautes führen (*aus Jute* [a̯os ˈ̥juːtə] zu [a̯oˢ ˈçuːtə]).

Das Zusammentreffen von Fortis-Reibelaut und /j/ (in Zusammensetzungen oder in der Sprecheinheit) trennen wir zunächst etwas (*auf-jagen Hof-junge ... fünf Jahre ...; Haus-jacke Todes-jahr ... aus Jena* usw. (vgl. 6.2.7. bis 6.2.9., S. 339) und beachten, daß an der Wortfuge bzw. -grenze neuer Atemdruck einsetzt und die Artikulationsorgane schnell und präzis auf das /j/ eingestellt werden, für das die muskuläre Spannung vermindert wird. (Eventuelle lautbildnerische Schwierigkeiten versuche man wie unter 3.1. zu beheben.) Das gilt auch und besonders für flüssiges Spontansprechen (bei dem zwischen Engelauten nicht pausiert wird), da sonst Gefahr besteht, daß ein Laut elidiert wird.

Beim Zusammentreffen von Fortis-Verschlußlauten und /j/ (in Zusammensetzungen oder in der Sprecheinheit) empfehlen wir, um die Fortisierung des /j/ zu vermeiden, außerdem eine Übungsfiktion: Wir sprechen mit der Absicht, das /j/ stimmhaft zu realisieren, bei gleichzeitiger deutlicher stimmloser Aussprache des Verschlußlautes. Häufig erreichten wir so die Verminderung der Artikulationsspannung für /j/; eine Minderung der Stimmhaftigkeit bei /j/, die unvermeidbar ist, stellt sich von selbst ein.

Ansonsten Übungen im Prinzip wie oben (anfangs mit leichtem Pausieren an der Wortfuge bzw. -grenze), also: *Objekt Subjekt ... ab Juni ...; Bettjacke blutjung ... seit Jahren ...; Strickjacke Sackjute ... log jedesmal* usw. (vgl. 6.2.4. bis 6.2.6., S. 339).

3.3.   (zu 2.3.)

Aussprachehinweise beachten! Starkes Lippenvorstülpen und -runden, das z. B. nach gerundeten Vokalen *(Koje Boje)* mitunter für /j/ beibehalten wird, vermeiden. Zungenlage und Engebildung kontrollieren; der vordere Zungenrand stützt sich für /j/ an die lingualen Flächen der unteren Frontzähne.

3.4.   (zu 2.4.)

Reibegeräusch für /j/ beachten! Engebildung zwischen Vorderzungenrücken und vorderem Hartgaumen kontrollieren. Unter Umständen Geräuschbildung über den entsprechenden Fortis-Engelaut (*Ich*-Laut) verdeutlichen.

3.5.   (zu 2.5.)

Aussprachehinweise und Bildung beachten! Die Vorderzunge darf für /j/ weder an den oberen vorderen Zahndamm noch an den harten Gaumen gedrückt werden, so daß ein Verschluß entsteht, sondern der vordere Zungenrücken nähert sich engebildend dem vorderen Hartgaumen, während der vordere Zungenrand festen Kontakt mit den lingualen Flächen der unteren Frontzähne hat. Zur Vermeidung eventuell zu starker Zungenspannung und -hebung nach vorn-oben schalte man [ɑ:], [o:], [ɔ], [u:] oder [ʊ]; [m], [p] oder [f] vor, z. B. *o͜ja | du͜jodelst | am͜Jahresende | ab͜Januar.*

4.   Aussprache

Der **Lenis**-Engelaut /j/ wird gesprochen

a) bei Schreibung *j* im An- und Inlaut: *ja, jung; Boje, Kajüte*
b) für anlautendes *y* vor Vokal und zwischenvokalisches *y* im Inlaut eingedeutschter Wörter: *Yard, Yoga; loyal*
c) in der Lautverbindung [lj] bei Schreibung *ll* in Wörtern aus dem Französischen und Spanischen: *Billard; Sevilla*
d) in der Lautverbindung [nj] bei Schreibung *gn* in Wörtern aus dem Französischen, Spanischen und Italienischen: *Champagner; Kastagnette; Bologna.*

Der Lenis-Engelaut /j/ ist *stimmhaft* im Silben- und Wortanlaut (innerhalb der Sprecheinheit) nach Vokal und Sonor, z. B. *Koje, Bajazzo; die͜Jahre, sie͜jagen; Injektion; Vanille; ein͜Jäger, im͜Juli.*
    Im absoluten Anlaut, im Silben- und Wortanlaut (innerhalb der Sprecheinheit) nach stimmlosen Geräuschlauten tritt bei der Lenis /j/ unterschiedliche *Reduktion der Stimmhaftigkeit* bzw. *Stimmlosigkeit* ein. Aus dem /j/ darf jedoch nicht durch stärkere Artikulationsspannung und zu intensive Reibung ein *Ich-Laut* werden, z. B. *Junker Satan* wie [ˈjʊŋkɐ ˈzɑːtan]; *Objekt* wie [ɔpˈjɛkt], nicht [ɔpˈçɛkt], *Leibjäger; ab͜Juni; Adjektiv, Bettjacke; seit͜Januar, Druckjahr; stark͜jucken; hinaus-*

jagen; aus Jute; aufjaulen; lauf jetzt; Flauschjoppe; Fleisch jedenfalls; Bachjahr; ach ja.

Beim Zusammentreffen von *Ich-Laut* und /j/ in Zusammensetzungen oder innerhalb der Sprecheinheit entsteht (ähnlich wie z. B. in *tüchtig Chinin*) ein stimmloser Reibelaut mit *etwas längerer Dauer,* aber an der Wortfuge bzw. -grenze werden Artikulationsspannung und Reibegeräusch vermindert, so daß eine stimmlose Lenis ([j̥]) entsteht: *Elchjagd* wie ['ɛlçj̥aːkt], nicht ['ɛlç·aːkt]; *ewig jung.* Vgl. /v/, 4. Aussprache, S. 273 f.

5.   Aussprüche und Sätze

5.1.   Geflügelte Worte / Dichtung

Wer flieht, den jagt man (Luther) | Einem bejahrten Manne verdachte man, daß er sich noch um junge Frauenzimmer bemühte. „Es ist das einzige Mittel", versetzte er, „sich zu verjüngen, und das will doch jedermann." (Goethe) | Das Glück läßt sich nicht jagen von jedem Jägerlein (Scheffel) | Nicht ist es diese oder jene meiner Meinungen, um derentwillen ich verfolgt wurde und werde, sondern die Feindschaft der Jesuiten (Galileo Galilei) | Der Jugend soll nur das Beste geboten werden (Melanchthon) | Schnell fertig ist die Jugend mit dem Wort (Schiller) | Die Jugend des Geistes ist ewig, und die Ewigkeit ist die Jugend (Jean Paul) | Die Menschen halten sich mit ihren Neigungen ans Lebendige. Die Jugend bildet sich wieder an der Jugend (Goethe) | Die Jugend vergoldet sich alles (Laube) | Man sagt „in jungen Jahren" und „in alten Tagen". Weil die Jugend Jahre, das Alter nur noch Tage vor sich hat? (Ebner-Eschenbach) | Mehr noch als nach dem Glück unserer Jugend sehen wir uns im Alter nach den Wünschen unserer Jugend zurück (Ebner-Eschenbach) ‖

Die Sorge machet graue Haare,
so altert Jugend ohne Jahre. (Freidank)

Wer Jugend schilt und Jugend scheucht,
einsam durch mürrisches Alter kreucht. (Immermann)

Ja soll ja und nein soll nein,
nein nicht ja, ja nicht nein sein. (Logau)

Lieber Jäger, laß mich leben,
ich will dir auch zwei Junge geben. (Grimms Märchen)

Jäger, Jäger, Jägerlein!
Ich lösch dir aus dein Feuerlein. (Bechsteins Märchen)

Wer nicht alt wird bei jungen Jahren,
wird ewige Jugend nicht bewahren. (Heyse)

Grüne Jugend, was prahlst du so?
Ein jeder Halm wird endlich Stroh. (Heyse)

5.2. Sprichwörter / Sprichwörtliches / Spruchweisheit

Es sind nicht alle Jäger, die das Horn blasen | Es sind nicht alle Jungfern, die
Kränze tragen | Nicht jedes Feld trägt jede Frucht | Jedermanns Freund, jeder-
manns Narr | Ja und Nein scheidet die Leute | Jahre lehren mehr als Bücher |
Jugend ist Saatzeit | Die Julisonne arbeitet für zwei (Bauernr.) | Junge Gänse
haben große Mäuler | Man ist nur einmal jung | Wer jung nichts taugt, bleibt
auch alt ein Taugenichts ||

Lehrjahre
sind keine Meisterjahre.

Der Jugend Tugend
gibt dem Alter noch Tugend.

Je länger Junggesell',
je länger in der Höll'.

Wer nicht jätet früh,
jätet später mit vergeblicher Müh'.

Jung Vöglein,
weich Schnäblein

Nebel im Januar
deutet auf ein nasses Frühjahr. (Bauernr.)

Wer's Unkraut läßt ein Jahr stehn,
kann sieben Jahre jäten gehn. (Bauernr.)

Wenn naß und kalt der Juni war,
verdirbt er meist das ganze Jahr. (Bauernr.)

Ein Jäger, der nicht raucht und trinkt,
nicht liebt und frohe Lieder singt,
und niemals spricht ein Wort Latein, –
das kann kein rechter Jäger sein.

5.3. Redensarten / Wortgruppen

Juckt dich das Fell? | das ist Jacke wie Hose | frieren wie ein junger Hund | jahraus
– jahrein | zu Jahren kommen | der wahre Jakob sein | der billige Jakob | ins Joch
spannen | alle Jubeljahre einmal | Jelängerjelieber | das Jüngste Gericht | nicht ein
Jota! | jetzt oder nie! | noch jemand? | Junker Satan | Jungfer im Grün | Junger
Naseweis | je eher, je lieber | wir sind ja unter uns Jungfern | Jahrmarkt des Lebens |
Judaskuß | Judaslohn | der dumme Junge sein | nach Jahr und Tag | in die Jahre
kommen | die Jacke vollhauen | jemanden madig machen ||

5.4. Paare

Je und je | jubeln und jauchzen | Jahr für Jahr | „Jorinde und Joringel" ||

6. Wörter und Wortgruppen

6.1. /j/ im Anlaut

6.1.1. /j/ vor betontem Vokal

Jiddisch | jene jedesmal jemals Jesus jeder Jenni jetzt Jäger | Jammer jambisch ja Jaffa jagen Jalta Japan japsen | Jod jodeln johlen Jolle Joppe Joseph Jota | Jubel Judas Judith Jutta Judo Jugend Juli Juni | jüdisch Juist Jüdin Jüte Jütland Jüngling | Jause jaulen Jauchzer ||

6.1.2. /j/ vor unbetontem Vokal

Jenenser Jerusalem Jesuiten | Jahrhundert Japaner Jakobiner Jamaika Janitscharen Jasmin jawohl | jodieren Johannes Johanna Johlerei Jordanien | jubilieren Judäa judizieren Judoka Juliane Jugoslawien Justiz Juwelen Juniorin juristisch Juwel ||

6.2. /j/ im Inlaut, in der Wortfuge und an der Wortgrenze

6.2.1. /j/ nach Vokal

Babyjahr Viehjagd Dijambus | Teja Plejade Plebejer Ge-(jammer u. a.) be-(jubeln u. a.) Probe-(Ehe-, Ruhe-)jahr Mäusejagd | Bajadere Bajazzo Bajonett Maja Mayonnaise Majorität Majestät Majoran Majorat Ayatollah Bajuware Gajus Kajak Kajüte Najade | Boje Bojar Troja Koje Kojote oje ojemine Soja | zujauchzen zujubeln | Frühjahr | Haijagd dreijährig dreijährlich | Baujahr Saujagd Blaujacke | Neujahr ||

6.2.2. /j/ nach [n]

Kronjuwelen hinein-(dahin-, entgegen-)jagen Hanjo Donja Anja Banjo Studien-(Plan-, Gesellen-, Kirchen-, Wein-, Krisen-)jahr Rennjacht Löwen- (Hasen-, Hexen-, Bären-, Enten-)jagd Klassenjustiz Katzenjammer Weiten- (Gemsen-) jäger Ameisenjungfer Küchenjunge In-(jektion u. a.) Kon-(jugation u. a.) Fahnenjunker -jährig (z. B. einjährig) unjugendlich ||
Zum neuen Jahr | mein (dein, sein) Junge | von jeher | nun ja | kein Jota | ein (kein) Jubiläum | ein Januskopf | von jung auf | ein jeder | kein Jugendlicher | ein Judas (Jammer) ||

6.2.3. /j/ nach [l]

Heuljule Jubel-(Hall-, Viertel-, Schul-)jahr völljährig Ball-(Kegel, Bettel-, Schul-)junge Balje Segeljacht Fell- (Öl-, Woll-)jacke Wachteljagd -jährlich (z. B. alljährlich) | Vanille Billard Billett Taille Medaille ||
Er (sie) will ja (nicht) | will jede (jeden) | noch einmal jung sein | soll ja sagen | jawoll ja | will (soll) Jura studieren | soll jodhaltig sein ||

338

6.2.4. /j/ nach [p]

Objekt objektiv Objektivismus Objektivität Subjekt subjektiv Subjektivität Subjektivismus abjagen Leibjäger halbjährig Staub-(Klub-)jacke Treib-(Schlepp-)jagd Halbjahr Steppjoppe ||
Ab Jalta (Juni, Januar ...) | gib jetzt | ob jeder | im Galopp jagen | über Staub jammern | über einen prallen Leib jammern ||

6.2.5. /j/ nach [t]

Entjungfern Mantje Land-(Feld-, Wald-)jäger Ostjerusalem Adjektiv Bett-(Wind-)jacke Windjammer Wildjak Adjunkt Adjutant blutjung Stadt-(Land-)jugend Krautjunker Goldjunge Hautjucken Selbstjustiz Kunstjünger Mond-(Not-, Schalt-, Licht-)jahr Westjordanien Ostjordanland Fruchtjoghurt ||
Seit Januar (Juni, Jahren ...) | mit Japan (Java, Jubel ...) | in die Flucht jagen | fehlt jetzt | laut (nicht) jammern | sind jung | kommt ja schon | muß ja nicht ||

6.2.6. /j/ nach [k]

Hinkjambus Druck- (Musik-, Gedenk-, Deck-)jahr Heckjolle Lock-(Berg-)jagd weg-(zurück-)jagen Werkjugend Bergjunge Sackjute Strickjacke ||
Stark jucken | ein Sack Juwelen | über den Tag jubeln | ich mag jetzt nicht | log jedesmal | mag jede | betrog jeden | über einen Fleck jammern | aus Ulk jodeln ||

6.2.7. /j/ nach [f]

Hinaufjagen auf-(jauchzen u. a.) Hof-(Kopf-)jäger fünf-(elf-, zwölf-)jährig Stoffjacke Dorf-(jugend, junker) Streif-(Kopf-)jagd Lauf-(Tauf-)jahr Strafjustiz Lauf-(Hof-)junge ||
Auf Jutta (Johannes, Jupiter ...) | auf jung machen | zu Hauf jagen | auf Jahre hinaus | lauf' jetzt | auf jiddisch | auf jeden Fall | fünf Jahre | beim Lauf japsen ||

6.2.8. /j/ nach [s]

Glücksjäger ganzjährig Hausjak Beiz-(Hetz-, Fuchs-, Dachs-)jagd Transjordanien Todes-(Übergangs-, Geschäfts-, Geburts-)jahr Hansjürgen Schiffs-(Herzens-, Zeitungs-)junge Luxusjacht hinausjubeln ||
Aus Japan (Jerusalem, Jammer ...) | bis Juni (Jena, Jenni ...) | ganz Jütland (Jugoslawien ...) | das Jesuskind | das (dies, dieses, jenes, manches) Jahr | ein glückliches neues Jahr | etwas Jod | aus jedem Winkel | der Puls jagt ||

6.2.9. /j/ nach [ʃ]

Hirschjagd Hirschjäger Pirschjagd Flauschjacke Flauschjoppe Wunschjahr ||
Tausch' jetzt | nach dem Tausch jammern | im Rausch johlen | tierisch jaulen | typisch (komisch) jodeln ||

6.3.   /j/ – /ç/

6.3.1.   /j/ und [ç] in einem Wort

Jäckchen jämmerlich Jettchen zweijährig jährlich Jährchen jeglich jeweilig jenseitig Jericho jährzornig Jagdrecht Jahres-(bericht, durchschnitt) jahreszeitlich Jahrgedächtnis Jambendichtung Janusgesicht janusköpfig jodhaltig Johanniswürmchen Jugend-(gericht, bericht, streich) jugendlich Jungenstreich jungenhaft Jungfernhäutchen jungfräulich Jüngelchen ‖

6.3.2.   /j/ neben [ç]

Durchjagen durchjubeln Elchjäger Elchjagd Pechjahr Drillichjacke Stichjahr Milchjungfer Milchjüngling Lynchjustiz Honigjahr ‖
Ich jage (japse, jäte …) | sich jucken | fürchterlich jaulen | ewig jung | fröhlich jagen (juchzen) | mich jammert seiner | welch Jubel | sich jemandem anvertrauen | ruhig jetzt | nur ein wenig Jod | durch Jena (Japan …) | solch Jammer ‖

6.4.   /j/ – /x/

6.4.1.   /j/ und /x/ in einem Wort

Jacht jach Jadebucht Jahrespacht Jahresbrauch | Joch Jochbein unterjochen Jochen Johannisnacht Joachim | Juchten Juchzer juchzen juchhe juchhei Judenbuche Junkermacht | Jauchzer jauchzen Jauche | jedoch jedennoch Jägersprache ‖

6.4.2.   /j/ neben /x/

Bachjahr nachjagen nachjammern | Hochjoch Hochjagd hochjagen | Tuchjacke Tuchjoppe ‖
Ach ja (je) | nach Jena (Jordanien, Jerusalem …) | noch jemand (jung) | auch jetzt noch | doch jetzt nicht | hoch jodeln | nach altem Brauch jagen | über einen vollen Bauch jammern | nach Jahr und Tag ‖

/x/

Stl. Gaumen – Zungenrücken-Fortis-Engelaut (postpalatal-velar – postdorsaler stl. Fortis-Engelaut), sogenannter *Ach-Laut*

1.   Bildungsweise

Die Lippen sind gering, locker von den Zähnen abgehoben und hochrund geöffnet (Mundvorhof, Lippen nicht breitspannen). Mittlerer Zahnreihenabstand (Lippenöffnung sowie -formung und Zahnreihenabstand richten sich im übrigen nach der Lautumgebung). Der vordere Zungenrand hat Kontakt mit den lingualen Flächen der unteren Frontzähne; der hintere Zungenrücken ist zum hinteren Hart- und zum Weichgaumen aufgewölbt und bildet eine Enge; die seitlichen Ränder der Hinterzunge sind gehoben und liegen an den palatinalen Flächen der oberen Mahlzähne und deren Zahndämmen, so daß insbesondere die hintere Zungenoberfläche zu einer Längsrinne geformt wird. Das gehobene Gaumensegel schließt den Nasenweg ab.

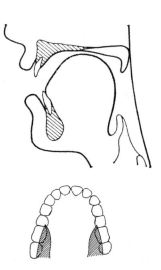

In der mit intensiver Artikulationsspannung gebildeten Gaumen – Zungen-Enge erzeugt kräftiger Expirationsdruck ein starkes („rauhes") stimmloses Reibegeräusch (Fortis).

2.   Bildungsfehler und Abweichungen

2.1.   Der *Ach-Laut* wird ohne untere Zungenkontaktstellung mit stark nach hinten-oben zurückgezogener Zunge zwischen Mittel- bis Hinterzungenrücken (der sich zudem noch gegen die Rachenwand wölbt) und hinterem Weichgaumen bis Zäpfchen als auffällig gutturales Reiben („Schnarchgeräusch") gebildet.

3.   Abhilfevorschläge

3.1.   (zu 2.1.)

Die Zungenverlagerung können wir über die *Pleuelübung* (S. 112 f.) günstig beeinflussen, denn sie festigt nicht nur die untere Zungenkontaktstellung, sondern sie fördert auch das Auf- und Vorwölben des Zungenkörpers zum harten Gaumen und trägt zu jener notwendigen Rachenweite bei. Zur Vermeidung der Engebildung im Rachen sei auch die *Gähnübung* (S. 113 f.) empfohlen.

Nach diesen tonlosen Vorübungen, durch die wir gleichermaßen Verspannungen auszuschalten trachten, variieren wir die *Pleuelübung* zur *Zungenfederung* (S. 113). Damit hätten wir die Voraussetzung zur dorsalen Bildung von [t], [d], [l], [n], die wir zunächst als Ableitungslaute verwenden wollen.

Folglich Beispiele in den Mittelpunkt der Bemühungen stellen wie: *Tuch stach ... Dach doch ... Lauch Loch ... nach noch* usw. mit anlautendem dorsalen Konsonanten, wobei wir uns bemühen sollten, die gewisse Spannung des Zungenkörpers nach vorn gleichsam bis zum *Ach-Laut* beizubehalten.

Wir erweitern die Ableitungslaute um das dorsale [j] und [ç] sowie um das möglichst weit vorn am harten Gaumen artikulierte [k] und [g] und streben überhaupt für das [x] dorsal gebildete Lautumgebung an, z. B.: *Jacht Joch ... Juchzer Jauche ...; Kachel Koch ...; achten macht nichts Macht ... ach nein | auch lieb | nach dir | nach Jena | auch China ... der Versuch glückte | der Koch kommt* usw.

4.   Aussprache

Der **Fortis**-Engelaut /x/ (sogenannter *Ach-Laut*) wird gesprochen

bei Schreibung *ch* nach den Vokalzeichen *a, o, u* (sog. *dunklen* Vokalen) und dem Zwielaut *au* ([ao̯]): *Bach, doch, Buche; Bauch, rauchen.*

5.   Aussprüche und Sätze

5.1.   Geflügelte Worte / Dichtung

Nachahmen und nacheifern ist zweierlei (Langbehn) | Nachbarn bösen Gemüts sind ein Fluch, ein Segen die Guten (Hesiod) | Tausenden für einen ist das Ziel ihres Nachdenkens die Stelle, so sie des Nachdenkens müde werden (Lessing) | Dem Schwachen ist sein Stachel auch gegeben (Schiller) | Durch Versuch ist alles und jedes zu machen (Theokrit) ‖
Gute Bücher sind die Quintessenz der tüchtigsten Geister, der Inbegriff ihrer Kenntnisse, die Frucht ihrer langen Nachtwachen (Marquis de Vauvenargues) | O wahrhaftig, das schlechte Buch ist rar, in welches sich gar nichts Gutes, auch nicht von ungefähr, eingeschlichen hätte! (Lessing) | Liest doch nur jeder aus dem Buch sich heraus, und ist er gewaltig, so liest er in das Buch sich hinein, amalgamiert sich das Fremde (Goethe) | Der Großen Hochmut wird sich geben, wenn unsere Kriecherei sich gibt (Bürger) | Von einem hochmütigen Propheten weicht die Prophetie; von einem hochmütigen Wesen weicht die Weisheit (Tal-

342

mud) | Man muß lachen, ehe man glücklich war; sonst möchte man sterben, ohne gelacht zu haben (Bruyere) | Kann man denn auch nicht lachend sehr ernsthaft sein? (Lessing) | Je mehr ein Mensch des ganzen Ernstes fähig ist, desto herzlicher kann er lachen (Schopenhauer) | Nachbarin! Euer Fläschchen! (Goethe) | Macht ist Pflicht, – Freiheit ist Verantwortlichkeit (Ebner-Eschenbach) | Freiwillige Nachahmung ist die erste Knechtschaft (Mirabeau) | Die meiste Nachsicht übt der, der die wenigste braucht (Ebner-Eschenbach) | Das Echte bleibt der Nachwelt unverloren (Goethe) | Wer fremde Sprachen nicht kennt, weiß nichts von seiner eigenen (Goethe) | Nichts ohne Ursach' (Sickingen) | Widerspruch und Schmeichelei machen beide ein schlechtes Gespräch (Goethe) | Zwietracht ist die Vernichtung aller Kraft (Zschokke) ||

Nach Personen muß mitnichten,
nach der Sache muß man richten,
wer die Sachen recht will schlichten. (Logau)

König, was machst du?
schläfst du oder wachst du? (Grimms Märchen)

Nehmt euch wohl in acht,
daß ihr meine roten Räderchen nicht schmutzig macht. (Grimms Märchen)

Still, still, meine lieben Vögelchen,
ich hab euch wohl bedacht,
ich hab euch was mitgebracht. (Grimms Märchen)

Ach Brüderchen im tiefen See,
wie tut mir doch mein Herz so weh!
Der Koch, der wetzet das Messer,
will mir mein Herz durchstechen. (Grimms Märchen)

Nachdenken doch immer Mühe macht,
Wie gut man euch auch vorgedacht. (Heyse)

Vorbedacht Gelingen macht;
Nachbedacht hat manchen schon in Schaden gebracht. (Benedix)

5.2.   Sprichwörter / Sprichwörtliches / Spruchweisheit

Gutes Feuer macht schnelles Kochen | Zwietracht – Ohnmacht | Eintracht bringt Macht | Wer zuletzt lacht, lacht am besten | Rachgier gibt bösen Lohn | Der Bauch ist Herr, er wird schon nachtreiben (Estn.) | Hochmut kommt vor dem Falle | Ein guter Koch ist ein guter Arzt | Auf Nachbars Feld steht das Korn besser (Poln.) | Böse Nachbarschaft ist schlimmer als Bauchschmerzen (Lombard.) | Laß nicht nach, so kommst du hoch! | Die Nacht ist die Mutter von Gedanken | Kein Feuer ohne Rauch | Eintracht baut das Haus; die Zwietracht reißt es nieder | Schmach sucht Rache | Wer nur eine Tochter hat, macht ein Wunder aus ihr ‖

Ein voller Bauch studiert nicht gern | Spotte nicht über des Nachbarn Dach, wenn das eigene Löcher hat | Das Wasser haftet nicht an den Bergen; die Rache nicht an einem großen Herzen (Chin.) | Der liebt mich recht, der meinen Bauch füllt | Bücher fressen und nicht käuen macht ungesund | Wer zu hoch hinaus will, stößt gewöhnlich oben an (Sprichwörtl.) | Die schlechten Nachrichten haben Flügel | Je mehr Einsicht, je mehr Nachsicht | Wer fröhliche Nacht sucht, verliert guten Tag | Wie Maria ist, solche Tochter erzieht sie | Zwietracht ist die Mutter des Unrechts | Die Kapuze macht den Mönch nicht | Das Gleiche sucht sich, das Rechte findet sich | Recht macht reich ‖

Loch bei Loch
und hält doch!?

Hausgemach
ist über alle Sach'.

Ach, ach, ach,
hier liegt der Herr von Zach.
Er ist geboren in Bacharach,
nun hat er nur ein schmales Dach.
(Spr. auf einem Grabstein)

Besser Vorsicht
als Nachsicht.

Kommt die Macht,
so fällt das Recht in Acht.

Obrigkeit ohne Macht
wird verlacht.

Richte nicht nach den Zeiten
und nicht nach den Leuten.

Leicht versprochen,
leicht gebrochen.

Schnelle Rach' und jäher Zorn
haben manch gut Spiel verlorn.

Nach den Flitterwochen
kommen die Bitterwochen
(Zitterwochen, Gewitterwochen).

Falscher Verdacht
hat Teufelsmacht (Schweiz.)

Blinde Rache,
schlimme Sache.

Einer acht's
Der andre verlacht's,
Der dritte betracht's,
Was macht's.
(Inschr. am Rathaus zu Wernigerode, 1492)

Nur selten wird eine Hochzeit gemacht,
es wird nicht dabei eine neue erdacht.

Freundlichkeit macht,
daß man Schönheit nicht acht't.

Zu viel Recht
hat manchen Herrn gemacht zum Knecht.

Reichtum und Pracht
währt oft nicht länger denn über Nacht.

Verachte keinen andern nicht;
du weißt nicht, was noch dir geschicht!

Seine Pflicht zur Lust sich machen,
wer's getan, hat leichte Sachen.

Wer mich und die Meinigen will verachten,
mag sich und die Seinigen erst betrachten;
wer sich und die Meinigen recht wird betrachten,
wird mich und die Seinigen auch nicht verachten. (Hausspr.)

5.3.   Redensarten / Wortgruppen

Wie ein Buch reden | etwas unter Dach und Fach bringen | weder gehauen noch
gestochen | darüber lachen ja die Hühner | Dreikäsehoch | alter Knochen! | Krach
machen | ja, Kuchen! | mit der Laterne suchen | ein Loch in den Bauch reden
(lachen) | jemandem Schach bieten | einer Sache den Stachel nehmen | wider den
Stachel löcken | wie das rote Tuch wirken | da wird auch nur mit Wasser gekocht |
abgemachte Sache | den Bauch vor Lachen halten | das Dach der Welt | lachen,
daß die Schwarte kracht | nach etwas trachten | aufs Dach steigen | hoch hinaus
wollen | in Acht und Bann tun | wie Rauch vergehen | sachte, sachte! | zur Sache! |
eine Sache ist noch nicht spruchreif | der Apfel der Zwietracht | trinken wie ein
Schlauch | die Flucht ergreifen | nach Rache dürsten | die Sprache verlieren | vor
Freude jauchzen | wie ein Kutscher fluchen | Sachen zum Lachen ||
Sich eckig (ins Fäustchen) lachen | eine Sache ist Essig | nichts als Haut und
Knochen | sich gut herausmachen | die Rechnung ohne den Wirt machen | (keine)
Kinkerlitzchen (Sperenzchen, Mätzchen) machen | eine Sache übers Knie bre-
chen | eine Sprache radebrechen | einer Sache Rechnung tragen | das ist vielleicht
eine Sache | mit -zig Sachen | sich schwach machen | eine Stichprobe machen |
einen Strich darunter machen | ein schwacher Abglanz der alten Herrlichkeit |
Buch der Bücher | sich wichtig machen | den Mund wäßrig machen | wichtige
Nachrichten ||

5.4.   Paare

Ach und Krach | Nacht für Nacht | Woche um Woche ||
Dichten und Trachten | wachen und richten | kichern und lachen ||

5.5.   Lautüberfüllungen

Achtundachtzig achteckige Hechtsköpfe ||

6.   Wörter und Wortgruppen

6.1.   /x/ imAnlaut[109]

Charkow Chabarowsk Chakassen Chalkidike Chalkis Chaskowa | Chelm
Cherson Chlebnikow Chnum | Juan José Jorge Jiménez ||

6.2.   /x/ im Inlaut

Macht machen Spachtel Bachstelze anfachen Wachtel sacht Nachen Blach-
feld Tachometer Schachtel Kachel Rache | mochte pochen focht Woche
lochen Docht stochern kochen Rochlitz | Buche Fuchtel wuchten Sucht
fluchen schluchzen Zucht Kuchen Frucht | fauchen tauchen stauchen
schmauchen rauchen krauchen hauchen ||

6.3.   /x/ im Auslaut

6.3.1.   /x/ nach langem Vokal und Zwielaut

Schmach gemach nach demnach stach brach | Dreikäsehoch Hoch | Buch
Gesuch Besuch Fluch Tuch Luch Eunuch Versuch Erlenbruch | Bauch
Lauch Schlauch auch Hauch Rauch Brauch Strauch ||

6.3.2.   /x/ nach kurzem Vokal

Bach Fach flach Schach Krach ach Dach wach schwach | noch Loch
Mittwoch Moloch jedoch Koch kroch doch Joch | huch juch Eidbruch
Einbruch Geruch Spruch ||

6.4.   Häufung

Machtmißbrauch Koch-(Fach-, Schach-, Sach-)buch Rachsucht Hoch-(Fach-,
Tochter-)sprache Nachtwache Hochachtung nach-(machen, suchen, krauchen)
Krachmacher Fruchtwoche achtfach Achtflach Bauchwassersucht Buch-
macher Sprachgebrauch Hochseejacht Nachzucht Fachhochschule Knochen-
bruch Tuchmacher ||

6.5.   /x/ – /ç/

6.5.1.   /x/ und /ç/ in Wortpaaren

Buch – Bücher, Tuch – Tücher, Spruch – Sprüche, Bruch – Brüche, Loch –
Löcher, Koch – Köche, Gemach – Gemächer, Bach – Bäche, Fach – Fächer,
Schlauch – Schläuche, Brauch – Bräuche, Strauch – Sträucher ||
Spruch – sprich, Bruch – brich, doch – dich, Docht – Dicht, focht – ficht, stach –
Stich, ach – ich, lacht – Licht, braucht – bricht, Wacht – Wicht, sacht – Sicht,
Nacht – nicht, Sucht – Sicht, Schlacht – schlicht ||

6.5.2.   /x/ und /ç/ in einem Wort

Nachricht Lichtdocht Buchzeichen Kuchenblech Blechkuchen Leichenwache
Hochschulnachrichten wichtigmachen Kirchdach Richtermacht Fluchtzeichen
Pachtrecht Dichtersprache Sprachzeichen | wuchtig fluchwürdig sachlich
stachlig rachsüchtig sprachrichtig ||

6.5.3. /x/ neben /ç/

Nach China | auch Chinesen (Cherusker) | sprach Chinesisch | auch chemisch (Chirurgen) | koch' Chinarinde | ist doch Chinaseide | noch Chemotherapie ||

/h/

Stl. Stimmlippen-Engelaut (glottaler stl. Engelaut)[110]

1.   Bildungsweise

Lippenöffnung und -formung, Zahnreihenabstand, seitliche Zungenrand- und Zungenrückeneinstellung richten sich nach dem folgenden Vokal. Der vordere Zungenrand hat Kontakt mit den lingualen Flächen der unteren Frontzähne. Die Stimmlippen haben sich einander bis auf die sogenannte Hauchstellung genähert und bilden eine Enge. Das Gaumensegel ist gehoben.
Der druckschwache Luftstrom reibt sich an den Rändern der Stimmlippen, den Wandungen des Kehl- und Mundrachens sowie der Mundhöhle und erzeugt ein sanftes stimmloses Hauchgeräusch.

2.   Bildungsfehler und Abweichungen

2.1.   Das /h/ wird mit starkem Atemdruck gebildet, so daß sogenannte „wilde Luft" entsteht.

2.2.   Von osteuropäischen Ausländern wird /h/ vor hellen Vokalen dem [ç] und vor dunklen Vokalen dem [x] angenähert.

2.3.   In flüchtiger Sprechweise fällt silbenanlautendes /h/ vor vollstimmigem Vokal nach Reibe- oder Verschlußlauten aus (und die Grenze der Sprechsilbe wird verschoben), z. B. *Weisheit* ['ṿaeshaet] zu ['ṿaesaet], *Krankheit* ['kʰʀaŋkhaet] zu ['kʰʀaŋkaet].

3.   Abhilfevorschläge

3.1.   (zu 2.1.)

Das Symptom der „Überluft" tritt meistens nicht allein beim Hauchlaut auf, sondern teilt sich auch den anderen Lauten mit. Für gewöhnlich ist die Verhauchung ein Erscheinungsbild der kranken Stimme, sie ist matt, „undicht". In den meisten Fällen liegt eine (funktionelle) Stimmstörung vor. Man suche einen Sprecherzieher oder Logopäden auf. (S. auch 2.4.1., S. 50 ff.)

3.2.   (zu 2.2.)

Wie beschrieben, entsteht das Hauchgeräusch an den Stimmlippen, die Zungenlage richtet sich nach dem folgenden Vokal. Bei dieser Fehlleistung spannt sich
der Zungenrücken stark zum harten bzw. weichen Gaumen, so daß hier eine
(reibe-)geräuschbildende Enge erzeugt wird. Das Aufwölben des Zungenkörpers
und die verstärkte Artikulationsspannung versuchen wir über folgende Übungen
zu unterbinden:

Wir machen ein erstauntes Gesicht, bei dem der Unterkiefer locker herabhängt
und die Zunge breit-flächig im Unterkiefer liegt.[111] Gleichsam zur Vergewisse-
rung, ob es auch stimmt, was uns so unbegreiflich erscheint, bilden wir ein leicht
fragendes *he?* ([hə]).

Oder: Wir halten in der hohlen Handfläche einen niedlichen Käfer (oder
stellen es uns vor), der ganz erstarrt scheint, und hauchen ihn behutsam an, bis
er sich bewegt.

Wir stellen uns vor, unsere Hände sind vor Kälte erstarrt: wir hauchen in die
Handflächen, damit sie sich erwärmen, das Fenster ist mit Eisblumen übersät:
wie Kinder es tun, hauchen wir ein Loch in den Eisüberzug.

Eine Anspannung (z. B. eine wider Erwarten gut bestandene Prüfung) liegt
hinter uns. In Gedanken mit einem „gottseidank, das wäre geschafft!" atmen
wir auf einen erleichterten (und erleichternden) Seufzer [h] aus. Übungen zunächst mit anlautendem [h] vor kurzem vorderen [a]: *Hand Hans halt* usw.

3.3.   (zu 2.3.)

Aussprachehinweis beachten! Eine derartige Angleichung der Stimmlosigkeit mit
totaler Elision eines Lautes sollte in der Standardaussprache unbedingt vermieden werden; denn sie führt zu undeutlicher, das Verständnis erschwerender Aussprache. Bewährt hat sich, zunächst jede Silbe bzw. jedes Wort der Zusammensetzung bzw. der Sprecheinheit mit deutlichem Atemdruck zu bilden und an der
Wortfuge bzw. -grenze anfangs gering zu pausieren, z. B.: *Ob-hut Rapp-hengst ...*
ab Halle | ab Hamburg ... (vgl. 6.2.2. bis 6.2.4., S. 353 f.); *Kauf-haus Hof-hund ...*
Hof halten | schief halten usw. (vgl. 6.2.5. bis 6.2.9., S. 354 f.). Gegebenenfalls die
mit [h] anlautende (unbetonte) Silbe zuerst etwas nebenbetont sprechen.

4.   Aussprache

Der Hauchlaut /h/ wird gesprochen

a) bei Schreibung *h* im Wortanlaut vor Vokal: *Hof, Hand*
b) bei Schreibung *h* im Silbenanlaut von Zusammensetzungen und Ableitungen
   vor vollstimmigem Vokal: *Gehalt, Anhänger;* sowie in den Ableitungssilben
   -heit und *-haft: Weisheit, herzhaft;* ferner in Wörtern wie: *aha, oho, hoho, Uhu.*

In allen anderen Fällen hat das *h* orthographische Aufgaben (bzw. graphisch-ornamentale Bedeutung) und bleibt in der Aussprache stumm: *nahe, ruhig, sehen, Ehe, Drohung, Ziehung; Thron, Thema.*

5.   Aussprüche und Sätze

5.1.   Geflügelte Worte / Dichtung

Hohngelächter der Hölle (Lessing) | Und hohler und hohler hört man's heulen (Schiller) | Eines recht wissen und ausüben, gibt höhere Bildung als Halbheit im Hundertfältigen (Goethe) | Wer holen will, kann lange hoffen (Nicolai) | Hand wird nur von Hand gewaschen (Goethe) | Die Haltung hält die Welt, such' Haltung zu erhalten (Rückert) | Der Geist, aus dem wir handeln, ist das Höchste (Goethe) | Wer handeln will, muß freie Hände haben (Raupach) | Der Hasser lehrt uns immer wehrhaft bleiben (Goethe) | Häßlichkeit bei einem Weibe ist schon der halbe Weg zur Tugend (Heine) | Wer stets zu Hause bleibt, hat nur Witz fürs Haus (Shakespeare) | Denn des Hauses Auge, dünkt mich, ist des Hausherrn Gegenwart (Äschylus) | Was Heilmittel nicht heilen, heilt das Messer; was das Messer nicht heilt, heilt das Feuer (Hippokrates) | Himmel leitet die deutsche Sprache von dem alten Worte Heime, Heimat, ab, und des Menschen Heimat ist im Glück (Raabe) | Heiraten das heißt, Nachtigallen zu Hausvögeln machen (Grabbe) | Wer nicht im Augenblick hilft, scheint mir nie zu helfen (Goethe) | Herrschsucht ist die Freiheitsliebe einzelner; Freiheitsliebe ist die Herrschsucht aller (Börne) | Halb zog sie ihn, halb sank er hin (Goethe) | Wer Ohren hat zu hören, der höre! (Bibl.) ||

Worte sind der Seele Bild –
Nicht ein Bild! Sie sind ein Schatten!
Sagen herbe, deuten mild,
was wir haben, was wir hatten. –
Was wir hatten, wo ist's hin?
Und was ist's denn, was wir haben? –
Nun, wir sprechen! Rasch im Fliehn
haschen wir des Lebens Gaben. (Goethe)

Jungfer grün und klein,
Hutzelbein,
Hutzelbeins Hündchen,
Hutzel hin und her,
laß geschwind sehen, wer draußen wär,
bring mir die große Schachtel her. (Grimms Märchen)

Wer Haspelholz haut, der stirbt,
wer das haspelt, der verdirbt. (Grimms Märchen)

Er zählt die Häupter seiner Lieben,
und sieh! ihm fehlt kein teures Haupt. (Schiller)

Wer viel hat, gebe viel aus;
wer wenig hat, halte mit wenigem haus! (Keil)

Doch werdet ihr nie Herz zu Herzen schaffen,
wenn es euch nicht von Herzen geht. (Goethe)

5.2.   Sprichwörter / Sprichwörtliches / Spruchweisheit

Je höher hinan, je tiefer hinab | Schmiede haben harte Hände | Wenn der Hund
wacht, kann der Hirte schlafen | Wie der Hirt, so die Herde | Viele Hunde sind
des Hasen Tod | Hungriges Huhn träumt von Hirse | Trost fürs Herz ist halbe
Heilung | Was Hänschen versäumt, holt Hans nicht mehr ein | Habe gehabt ist ein
armer Mann | Wenn „Hätt ich" kommt, ist „Hab ich" weg (Holländ.) | An
schmierigen Händen bleibt viel hängen | Hans von allen Handwerken hat keins |
Es ist kein Haß so bitter wie Religionshaß | Zu Haus ist zu Haus, und sei es unter
dem Halme! (Lit.) | Der Hausfriede kommt von der Hausfrau | Nicht aus jedem
Holze werden die Heiligen geschnitzt (Sard.) | Heiraten und Gehangenwerden
hängt vom Geschicke ab | Klarem Himmel und lachenden Herren soll keiner
trauen | Was nicht von Herzen kommt, das geht nicht zu Herzen | Der Himmel
ist hoch, man kann sich nicht daran halten | Je höher die Glocke hängt, je heller
sie klingt | Hilft der Starke dem Schwachen, so hat dieser einen Herrn, aber
keinen Helfer | Jeder Hund ist Löwe in seinem Hause | Ordnung hilft haushalten |
Ein zänkischer Hund kommt hinkend heim (Schott.) ‖

Früh mit den Hühnern zu Bette,
auf mit dem Hahn um die Wette.

Ein Habich
ist besser denn ein Hättich.

Wer nichts hat, dem ist noch Rat,
wenn er nur noch Hoffnung hat.

Mit Harren und Hoffen
hat's mancher getroffen.

Der Horcher an der Wand
hört seine eigne Schand'.

Herzhafte Hand
nährt Leut' und Land.

Wer zu Hofe nicht heucheln kann,
der muß weit dahinten stahn.

Haß und Neid
macht die Hölle weit.

Wenn die Henne nicht ebensogut scharrt wie der Hahn,
so kann die Haushaltung nicht bestahn.

5.3.   Redensarten / Wortgruppen

Hin ist hin | aus heiterem Himmel | die Hölle heiß machen | den Handschuh
aufheben | lieber einen Hut Flöhe hüten, als … | es hängt an einem Haar | Haare

auf den Zähnen haben | hier ist gut Hafer säen | etwas auf dem Halse haben |
etwas hängt einem zum Halse heraus | Hand in Hand gehen | Hand aufs Herz! |
eine hohle Hand haben | reine Hände haben | auf der Haube hocken | das haut
hin! | in hellen Haufen | mit heiler Haut davonkommen | die Heiligen vom
Himmel herunterschwören | einen Bärenhunger haben | nicht gern hartes Holz
bohren | seine Henkersmahlzeit halten | etwas auf dem Herzen haben | sein Heu
im Trocknen haben | er hat einen Hieb | den Himmel auf Erden haben | jemand in
den Himmel erheben | der Himmel hängt ihm voller Geigen | hintenherum |
Hummeln im Hintern haben | Holz auf sich hacken lassen | eins mit dem Holz-
hammer kriegen | die Hosen anhaben | mit allen Hunden gehetzt sein | da geht
einem der Hut hoch | etwas auf dem Kerbholz haben | ein Löwenmaul und ein
Hasenherz haben | das Heft in der Hand haben | harte Ohren haben | etwas zu
einem Ohr herein- und zum anderen hinauslassen | erhobenen Hauptes | die
Hände über etwas halten | kein heuriger Hase mehr sein | mit dem Hute in der
Hand | hipp, hipp, hurra! | kein Herz haben | an den Haaren herbeiziehen | sein
letztes Hemd hergeben | die Sterne vom Himmel holen | um eine Heringsnase
hadern (Seemannsspr.) | durch die Hintertür hereinkommen ‖

5.4.   Paare

Hin und her | mit Haut und Haar | mit Herz und Hand | Himmel und Hölle |
Haus und Hof (Herd) | Heim und Herd | hoch und heilig | Hals und Hand | hoffen
und harren | hüh und hott | Hirn und Herz | Hahn und Henne ‖

5.5.   Lautüberfüllungen

Hinter Herrn Heinrichs Hinterhaus hackte Hans Holz. Hätte Hannchen, Han-
sens hübsches Hannchen, Hans Holz hacken hören, hätte Hannchens Hans Holz
hacken helfen | Hinter Hermann Hannes Haus hängen hundert Hemden raus |
Hundert hurtige Hunde hetzen hinter hundert hurtigen Hasen her, hinter hundert
hurtigen Hasen hetzen hundert hurtige Hunde her ‖

6.   Wörter und Wortgruppen

6.1.   /h/ im Anlaut

6.1.1.   /h/ vor betontem Vokal

Himbeere hindern Hiob Hilfe Hieb Hilde | Händler Hänschen heften heben
hehlen Häcksel | Hammel Habe Haspel Hahn Halt Hader | holpern Hostie
hobeln holen Honig Hobby | Hufschmied hupen huldigen Hub Huhn
Hummer | höher hören höflich Höhenflug Höhlenmensch Höcker | hüllen
hündisch Hüttenwesen hüten hübsch Hüfte | Heidelberg Heinz heiter Heine

Heinrich Heide | Haupt Haube Haufe hausen Hauchlaut Haus | heulen Häusler Häuptling Heuchler Häubchen häufig ||

6.1.2. /h/ vor unbetontem Vokal

Himalaja Hierarchie Hieroglyphe hinab hinauf hinein | Häkelei Hämoglobin Hebräer Hämorrhoiden Hänselei Hätschelei | Halloren Halunken halbieren hantieren Hamsterei Habilitation | Hobbyist Hokuspokus Hormon Hollerith-maschine Holunder Homer | Hubertusjagd Hugenotte Hula-Hoop Huma-nismus Humor Humoreske | Hüstelei Hypothese hügelan Hyazinthe hybrid Hydrant | heida Heiduck Heiligabend | Haubitze Hauruck hausieren Hau-sierer | Heuchelei Heuristik ||

6.2. /h/ im Inlaut, in der Wortfuge und an der Wortgrenze

6.2.1. /h/ vor vollstimmigem Vokal

Sehhilfe Anhieb Gehilfe behindern anhimmeln Verhinderung | erheben ver-helfen behende anheften verhehlen Wilhelm | Ahasver Mohammed Anhalt Johannes unhaltbar schamhaft | Ahorn Kohorte Oklahoma Alkohol oho Brennholz | Uhu Anhub verhungern Hirtenhund Doktorhut Seehund | verhökern verhören Gehörn Gehölz einhöckerig Anhörung | verhüllen ver-hütten behüten Perlhühner Lehmhütte Eihülle | beheimatet Karlheinz Neu-heide Zufriedenheit Dornhai Fernheizung | behaupten anhauchen behauen Opernhaus Hirnhaut Badehaube | verheult Ungeheuer Kleeheu anheuern Spitzenhäubchen Indianerhäuptling ||

6.2.2. /h/ nach [p]

Rapphengst Schreibheft habhaft Schnapphahn leibhaftig lebhaft Laubholz Rebhuhn Lobhudelei Obhut Laubhütte Halbheit Tumbheit Grobheit Derb-heit Taubheit Laubhaufen Ab-(hängigkeit, hilfe u. a.) ||
Ab Halle (Hannover, Helmstedt …) | ein böses Weib haben | sich den Leib halten | Laub harken | einen Hieb haben | den Dieb halten | starb hier | erwarb heute ||

6.2.3. /h/ nach [t]

Abendhimmel Huthalter Neidhammel Leithammel Schlacht-(Zucht-, Gast-, Rat-, Rast-, Land-)haus   lied-(stand-, sünd-, tugend-, bild-)haft   Windhose Kunsthonig Hifthorn Bluthund Masthuhn Windhund ent-(heben u. a.) Wild-hüter Kind-(Blind-, Gesund-, Blöd-)heit Mit-(hilfe u. a.) ||
Mit Heidelberg (Heinrich, Honig …) | seid höflich (herzlich, hilfreich …) | etwas satt haben | vor den Mund halten | ein Blatt haben | auf den Rat hören | sieht häßlich aus | steht herum | teilt Hiebe aus | fehlt heute ||

6.2.4. /h/ nach [k]

Burgherr Scheckheft Bankhalter sieg-(zag-, schalk-, krank-, schreck-)haft Flughafen Strickhandschuh Klug-(Krank-, Träg-, Feig-)heit waghalsig Berg-(hotel u. a.) Wegholz Birkhuhn Stockhülle Sackhüpfen Blockhaus Druckhaus ‖
Den bösen Blick haben | keinen Geschmack (Schick) haben | an den Rock heften | keinen Bock haben | am Schlag hindern | auf den Weg helfen | mit etwas (nicht) hinter dem Berg halten | jemanden über den Berg helfen ‖

6.2.5. /h/ nach [f]

Schafhirte Schafherde Taufhemd Hofhaltung Topfhalter krampfhaft Strafhaft Strumpfhose Sumpfhuhn Hofhund Steifheit Dumpfheit Stumpfheit Schroffheit Kaufhaus Kopfhaut auf-(halten, heben u. a.) ‖
Auf Hasen (Häusern, Heine …) | schief halten | noch einen Wurf haben | dumpf hören | nur einen Strumpf haben | jemanden ein Schaf heißen | den Chef holen | sich steif halten | Hof halten ‖

6.2.6. /h/ nach [s]

Nußhecke Schloßherr Grashalm Eisheilige maßhalten Bushaltestelle Haushalt Heißhunger Paßhülle Mißheirat Weis-(Bos-, Gewiß-, Ungewiß-)heit Sturzhelm Geizhalz Schutzhaft Latzhose Sturtzhocke Netzhaut Gesichtshaut Rechtshilfe rechtshändig Gewächshaus Aus-(hilfe u. a.), Miß-(handlung u. a.) ‖
Aus (bis) Heidelberg (Halle, Hannover …) | das (dies, es) hält | raus hier | auf dem Hals haben | ins Hintertreffen geraten | ins Horn stoßen | Was Hänschen nicht lernt, lernt Hans nimmermehr | Ohren (Augen) wie ein Luchs haben ‖

6.2.7. /h/ nach [ʃ]

Tischhälfte Buschhemd Fischhändler naschhaft backfischhaft rauschhaft Menschheit Laschheit Falschheit Keuschheit Waschhaus Fischhaut Froschhaut Waschhaut Tauschhandel Fleischhauer Hirschhorn ‖
Für Kitsch halten | noch einen Wunsch haben | hinterm Busch halten | für falsch halten | auf Tratsch hören | rasch holen | auf den Tisch hauen | am Tausch hindern ‖

6.2.8. /h/ nach [ç]

Milchhändler Elchhuf reichhaltig Pechhase Milchhaut Frechheit Gleichheit Blechhaube weichherzig Schleichhandel weichhäutig durch-(halten, hauen u. a.) ‖
Ich hupe (helfe, heule …) | sich häuten | einen König haben | Pech haben | dich hab' ich | sich haben | Heinrich heißen ‖

6.2.9.   /h/ nach [x]

Kochherd Koch- (Sprach-)hilfe Buchhalter Buch- (Bauch-)händler Buchhandel
lachhaft Buch-(Sprach-)handlung Fachhandel Schlauchhosen Tuchhose Fachhochschule Strauchhöhle Bauchhöhle Strauchhütte Buchhülle Schwachheit
Sprachheilkunde Dachhaut Nach-(hall, hilfe) ||
Nach Halle (Hessen, Hamburg ...) | auch hier | noch heute | doch höflich | ach
Hänschen | sich (vor Lachen) den Bauch halten | einen schlauen Bauch haben |
hoch hinaus wollen | Krach haben | flach hobeln ||

6.3.   Häufung

Hinterhof himmelhoch hinterher hierher Hinterhalt hinhalten | hellhörig
heldenhaft herholen herhören Herrenhaus Herzogshut | Hasenherz Hand-
lungsgehilfe Haselhuhn hadernhaltig Hafenbehörde halbe-halbe | Hofhund
Hornhaut Hoheit Hohlheit Hochhaus hochherzig | Hundehütte Hula-Hoop
Hundehalter Husarenhelm huhu | Höllenhund höflichkeitshalber Hörhilfe |
Hühnerhabicht hünenhaft Hübschheit Hühnerhof | heimholen Heidehaus
Heilhaut Heißhunger | Hausgehilfin Hauhechel Haupthahn | Heuhaufen
Heuhütte ||

6.4.   Stummes /h/

6.4.1.   /h/ vor schwachtonigem *e*

Mühe Lohe Wehe Zehe ehe Weihe rauhe | wehen sehen Lehen stehen gehen
mähen ziehen verzeihen | Seher Geher eher Dreher Reiher ||

6.4.2.   /h/ vor unbetontem *i* und *u*

Ruhig fähig Zähigkeit strohig einreihig zweizehig | Beziehung Bemühung
Einweihung Verzeihung Ziehung Erhöhung Bedrohung ||

[p͡f]

Verschluß- und Engelaut-Verbindung (Affrikate)

1. Bildungsweise

Relativ enge Verbindung von unbehauchtem /p/ und /f/ (siehe die Bildung dieser Laute, /p/, S. 126, /f/, S. 262). Präzise /p/-Artikulation beachten!

2. Bildungsfehler und Abweichungen

2.1.   Im gesamten deutschen Sprachgebiet wird umgangssprachlich anlautendes [p͡f] häufig wie [f] gesprochen, statt *Pfahl* hört man *fahl*.

2.2.   Mundartlich orientierte Norddeutsche sprechen anlautendes [p͡f] oft wie [p], statt *Pferd* [p͡feːɐ̯t] etwa [peːɑːt].

2.3.   In- und auslautendes [p͡f] nach Vokal wird wie [p] gesprochen, z. B. *Schnupfen* ['ʃnʊp͡fn̩], *Topf* [tɔp͡f] wie ['ʃnʊpm̩], [tɔp].

2.4.   Das /f/ in der Lautverbindung [p͡f] wird doppellippig gebildet (s. /f/, 2.1., S. 262).

3. Abhilfevorschläge

3.1.   (zu 2.1.)

Bildung beachten! Verbindung von Verschluß- und Reibelaut! Genaue /p/-Artikulation mit Spiegelkontrolle üben (etwas gespannte Bildung und sprenglautartige Lösung des Lippenverschlusses). Lippenbreitzug vermeiden. Sprechdisziplin; denn der /p/-Ausfall ist häufig auf Nachlässigkeit zurückzuführen. Unter Umständen /p/-Bildung anfangs durch das Zusammentreffen mit [m] erleichtern: *Rumpf Kampf ...* (vgl. 6.3.2., S. 361); *impfen dampfen ... am‿Pferd | am‿Pflug* usw. (vgl. 6.2.2., S. 360).

3.2.   (zu 2.2., 2.3.)

Diese überwiegend mundartlich bedingte Aussprache (ndt. [p͡f] > [p]) ist in der Standardaussprache wie in der gehobenen Umgangssprache zu vermeiden. Unter Spiegelkontrolle schnelle Umstellung der Lippen üben: Nach der Sprengung des /p/-Verschlusses den Unterlippensaum an die Schneiden der oberen Frontzähne heben, die Oberlippe bleibt locker von den Schneidezähnen abgehoben und etwas vorgerundet. Hilfreich sind Gegenüberstellungen von [p̯f] und [f] (vgl. 6.6.1., S. 362) sowie von [p̯f] und [p] (vgl. 6.7.1., S. 362).

3.3.   (zu 2.4.)

Umgangssprachliche Bequemlichkeit umgeht nach der Lösung des doppellippigen Verschlusses die „lästige" zahnlippige Einstellung, so daß, dem bilabialen Verschlußlaut /p/ angeglichen, ein (weniger geräuschintensives) *doppellippiges f* entsteht, das in der Standardaussprache vermieden werden sollte.

Hilfreich können Übungen sein, in denen [p] und [f] innerhalb Zusammensetzungen oder Sprecheinheiten zusammentreffen. An der Wortfuge oder -grenze anfangs wieder gering pausieren und diese kleine Zäsur zu schneller, entschiedener und genauer Einstellung der Artikulatoren auf dentilabiales (!) [f] benutzen (vgl. 3.2.), z. B.: *Ab-fall Raub-vogel … ab Frankfurt | ab Fulda* usw. (vgl. 6.2.1., S. 360).

Gegebenenfalls muß das /f/ isoliert richtiggestellt werden (s. /f/, 3.1., S. 263).

4.   Aussprache

Die Lautverbindung [p̯f] wird gesprochen

a) bei Schreibung *pf* im An-, In- und Auslaut: *Pfand; kämpfen, schimpflich, dampft; Topf*
b) bei Schreibung *bf, bv* in der Wortfuge von Zusammensetzungen: *Abfall, Erbfolge; Raubvogel.*

Treffen an der Wortfuge oder -grenze zwei [p̯f] zusammen, sind beide zu sprechen: *Impfpflicht, Topfpflanze; mit Dampf pflügen.* Stoßen in Zusammensetzungen oder innerhalb der Sprecheinheit stimmloses [p] und [p̯f] aufeinander, so wird nur e i n [p] (mit *etwas längerer Verschlußphase*) gebildet, das ohne Behauchung auf [f] gelöst wird: *abpflücken* ['ap·flʏkn̩] (aber *abfliegen* ['apfliːgn̩]), *Grabpfahl* (aber *ins Grab fallen*); *gib Pflaumen* (vgl. /p/, 4., S. 128 f.). Treffen unter gleichen Bedingungen [p̯f] und [f] aufeinander, so wird (nach unbehauchter Lösung des /p/-Verschlusses) nur e i n [f], aber mit *etwas längerer Dauer* gesprochen: *dampfförmig* ['dampf·œʀmɪç]; *stumpf feilen, in den Schopf fassen* (aber *schob fast*) (vgl. /f/, 4., S. 264 f.).

Beim Aufeinandertreffen von [p̯f] und /v/ wird (nach unbehauchter Lösung des /p/-Verschlusses) ebenfalls nur e i n stimmloser Reibelaut mit *etwas längerer Dauer* gesprochen, aber an der Wortfuge bzw. -grenze werden Artikulationsspannung und Reibegeräusch vermindert, so daß eine stimmlose Lenis ([v̥]) entsteht: *Dampfwolke* wie ['dampf̬v̥ɔlkə], *Kopfweh; stumpf werden* (vgl. /v/, 4., S. 273 f.).

5. Aussprüche und Sätze

5.1. Geflügelte Worte / Dichtung

Wahrheit ist eine Frucht, die nur recht reif gepflückt werden soll (Voltaire) | „Wer einmal aus dem Blechnapf frißt" (Fallada) | Der Pfeil des Schimpfs kehrt auf den Mann zurück (Goethe) | Ich weiß nicht, ob es Pflicht ist, Glück und Leben der Wahrheit zu opfern. Aber das weiß ich, ist Pflicht, wenn man Wahrheit lehren will, sie ganz oder gar nicht zu lehren (Lessing) | Wenn solche Köpfe feiern, wieviel Verlust für meinen Staat! (Schiller) | Die Jahre fliehen pfeilgeschwind (Schiller) | Ein katholischer Pfaffe wandelt einher, als wenn ihm der Himmel gehöre; ein protestantischer Pfaffe hingegen geht herum, als wenn er den Himmel gepachtet habe (Heine) | Ein Pferd, ein Pferd! mein Königreich für ein Pferd! (Shakespeare) | Erfüllte Pflicht empfindet sich immer noch als Schuld, weil man sich nie ganz genug getan (Goethe) | Was aber ist deine Pflicht? Die Forderung des Tages! (Goethe) | Was wäre die Erfüllung der Pflicht, wenn sie keine Opfer kostete? (Auerbach) | Kampf ums Dasein (Darwin) | Anders als sonst in Menschenköpfen, malt sich in diesem Kopf die Welt (Schiller) | Lang und steil ist der Pfad, der uns zu dem Gipfel hinaufführt (Hesiod) ||

Ein Bauer, der die Furche pflügt,
hebt einen Goldtopf mit der Scholle. (Goethe)

Nicht selten kannst du in der Weltgeschichte lesen,
der Weg der Pflicht sei auch der Pfad zum Ruhm gewesen. (Smiles)

5.2. Sprichwörter / Sprichwörtliches / Spruchweisheit

Aus fremdem Rohr ist gut Pfeifen schneiden | Ein Pfund Federn wiegt so viel wie ein Pfund Eisen | Trauwohl reitet das Pferd weg | Wer den Flüssen wehren will, muß die Quelle verstopfen | Jedem Pfau gefällt sein Schweif | Scharfe Pflüge machen tiefe Furchen | Was man nicht im Kopf hat, muß man in den Beinen haben | Der eine klopft auf den Busch, der andere fängt den Vogel | Pfaffen und Weiber vergessen nicht | Ein gutes Pferd bedarf der Peitsche nicht | Mit fremdem Kalbe ist wohlfeil pflügen | Gebrauchter Pflug blinkt | Mit einem Pfennig Frohsinn vertreibt man ein Pfund Sorge | Wer andere schimpft, den schimpfen auch andere (Arab.) | Williges Pferd soll man nicht spornen | Wer wird aus Blei Bratpfannen schmieden | Von schlaffer Sehne fliegt kein Pfeil | Ein scharfer Pfeil geht auch durch Pfundleder | Dem Pfaffen kann selbst der Teufel nichts abgewinnen | Was Pfaffen und Wölfe beißen, ist schwer zu heilen | Pferde muß man nicht verleihen (Bauernr.) | Im Pferdehandel gilt keine Freundschaft (Bauernr.) | Die ersten Pflaumen sind madig | Pflanzen, die oft versetzt werden, gedeihen nicht (Bauernr.) | Der Apfel fällt nicht weit vom Stamm | Wer zum ersten Schimpfwort schweigt, bricht dem zweiten die Knochen | Da ist Hopfen und Malz verloren ||

Und säß' er auch auf goldnem Stuhl,
der Frosch hüpft wieder in den Pfuhl.

Wer sein Pferd nicht pflegt und nährt,
ist des Tieres nicht wert. (Bauernr.)

Was vergeht zwischen Wieg' und Tod,
der Pfaff hat seine Hand im Sod.

Wer will haben was zu schaffen,
bemeng' mit Adel sich und Pfaffen.

Reitet der Teufel die Pfaffen,
so reitet er sie rechtschaffen.

In jedem Pfäfflein
steckt ein Päpstlein.

Geputztes Pferd,
gesundes Pferd (Bauernr.)

Wo der Pfuscher findet Brot,
muß der Künstler leiden Not.

Bis Pfingsten laß den Pelz nicht fahren:
Nach Pfingsten ist's gut, ihn zu bewahren. (Bauernr.)

5.3.   Redensarten / Wortgruppen

Ins Handwerk pfuschen | dem wächst der Kopf durch die Haare | mit dem Kopf durch die Wand wollen | ich wollte, er wäre, wo der Pfeffer wächst | das Wams ausklopfen | mit dem Zaunpfahl winken | ein Pfahl im Fleische | alter Freund und Kupferstecher | die Friedenspfeife rauchen | da liegt der Hase im Pfeffer | die Gelegenheit beim Schopfe fassen | gehupft wie gesprungen | nicht auf den Kopf gefallen | seinen Kopf aufsetzen | die Ohren aufknüpfen | mit offenem Visier kämpfen | den Nagel auf den Kopf treffen | die Nase rümpfen | wie die Orgelpfeifen | in seinen vier Pfählen | in die Pfanne hauen | starker Pfeffer! | nach jemandes Pfeife tanzen müssen | aufs falsche Pferd setzen | sich auf den Pfiff verstehen | Pfiffikus | keinen Pfifferling wert sein | zu Pflaumenpfingsten, wenn die Böcke lammen | aufgeputzt wie ein Pfingstochse | ein Pflaster auf die Wunde bekommen | die Feder ist sein Pflug | auf dem Pfropfen sitzen | sein Pfund vergraben | mit seinem Pfunde wuchern | das pfeifen die Spatzen von den Dächern | alles in einen Topf werfen | einen Trumpf ausspielen | den Zopf abschneiden | in den sauren Apfel beißen | wie ein Rohrspatz schimpfen | auf den Beutel (Busch) klopfen | keinen Blumentopf gewinnen | ein Brett vor dem Kopf haben | Hals über Kopf | Kohldampf schieben | den Kopf oben behalten | das Banner aufpflanzen | den Bauch pflegen | sich aufs hohe Pferd setzen | vom Pferd auf den Esel kommen| das Pferd hinter den Wagen spannen | verschnupft sein | ein Tropfen auf den heißen Stein | Kopfrechnen schwach! | Gipfel der Frechheit | krumme Pfade wandeln | auf etwas pfeifen ‖

6. Wörter und Wortgruppen

6.1. [pf] im Anlaut

6.1.1. [pf] vor Vokal

Pfiff Pfingsten | Pfennig Pfälzer Pfänderspiel Pferd pfählen | Pfad Pfahl Pfahlbau Pfand Pfannkuchen Pfarrhaus | Pfote Pfosten Pforte Pforzheim | Pfuhl pfui pfundig Pfuscherei pfuschen | Pfötchen Pförtner Pförtchen | Pfühl Pfütze Pfündchen | Pfeil Pfeiler Pfeifchen | Pfau Pfauenrad ‖

6.1.2. [pf] vor Sonor

Pflänzchen Pflästerchen pflegen Pflegerin | Pflanze pflanzen Pflaster Pflaster-stein | Pflücksalat Pflaumenkuchen | Pfriem Pfropfen Pfründe ‖

6.2. [pf] im Inlaut, in der Wortfuge und an der Wortgrenze

6.2.1. [pf] nach Vokal

Wipfel Zipfel Kipfel | Äpfel Schnepfe Näpfe | Apfel tapfer stapfen zapfen Krapfen | stopfen klopfen zopfig Hopfen Opfer umtopfen | lupfen tupfen zupfen Kupfer rupfen schnupfen | schöpfen knöpfen Zöpfe Töpfe kröpfen schröpfen | hüpfen schlüpfen knüpfen Tüpfel schlüpfrig ‖
Ab-(fahrt, fall u. a.) Triebfeder Laubfall Kalbfell Raubvogel Korbflasche Erbfolge Webfehler Grobfeile ‖
Den Dieb fassen | schrieb viel | den Leib füllen | etwas plump finden | den Stab verlieren | sich schlapp fühlen | das Laub fällt | ab Fulda ‖

6.2.2. [pf] nach [m]

Impfung glimpflich schimpfen schimpflich | kämpfen Dämpfe Kämpfer Dämpfer | Ampfer Dampfer dampfen stampfen Klampfe verkrampfen | sumpfig sumpfen schrumpfen dumpfig abstumpfen | rümpfen Stümpfe Strümpfe Schlümpfe Rümpfe Sümpfe ‖
Am Pfeiler (Pfosten …) | im Pfannkuchen (Pflaumenmus …) | beim Pferd | zum Pfropfen | beim Pfuschen (Pförtner …) | zum Pflastern ‖

6.2.3. [pf] nach [p][112]

Grabpflanze Grabpflege Grabpfosten abpfeifen Leibpferd Laubpfropfen ‖
Im Galopp pflücken (pflügen) | erwarb Pfänder | erwarb Pfarre und Pfründe | starb pflichtgetreu | ab Pforzheim | auf's Grab pflanzen | rieb Pfeffer | halb pfuschen (pflastern) | schob Pfirsiche | gab Pfennige ‖
Grabpfahl – ins Grab fallen, Laubpfropfen – Laubfrosch, abpflügen – abfliegen, ab Pfingsten – Abfindung ‖

360

6.2.4.   [p͡f] nach [f]

Senfpflaster, auf-(pfropfen, pflanzen, pflügen), Kaufpflicht, Hufpflege, Hanf-
pflanze, Dorfpflaster ||
Tief pflügen | zwölf Pferde | den Hof pflastern | auf Pfeilern | scharf pfeffern | elf
Pfeile | schief pflügen ||

6.2.5.   [p͡f] vor [f][113]

Strumpffarbe kampffertig Trumpffolge Kopffoto klopffest Kopf-(füßler, form,
verband) Topffach Stopffaden Trumpffarbe Kampfphase Zopfflechte ||
Den Kopf verlieren (voll haben) | stumpf feilen | den Kampf fürchten | Trumpf
verlangen | in den Sumpf führen (fallen) | den Kopf vor die Füße legen | sich an
den Kopf fassen | beim Schopf fassen ||
Kopffüßler – kopfüber, kampffertig – Kampfer, dampfförmig – Dampfer ||

6.3.   [p͡f] im Auslaut

6.3.1.   [p͡f] nach Vokal

Zipf Schlipf Nipf Kipf | Napf Zapf Stapf | Topf Zopf Kopf Schopf Knopf
Wiedehopf Kropf Tropf | Unterschlupf Lupf Gugelhupf | Geschöpf ||

6.3.2.   [p͡f] nach [m]

Schimpf Glimpf | Dampf Kampf Krampf Pampf Gestampf | Sumpf dumpf
stumpf Rumpf Trumpf Schlumpf Strumpf ||

6.4.   Häufung

Pfeifenkopf Pfeifenstopfer Pfropfenzieher Pferdekopf Kopfsteinpflaster Dampf-
kochtopf Kupfertopf Magenpförtnerkrampf Schröpfkopf Kehlkopfkrampf
Schrumpfkopf Pferdeapfel Pflaumenpfingsten ||

6.5.   [p͡f] neben [p͡f]

Impfpflicht Dampfpfeife Dampfpflug Sumpfpflanze Topfpflanze Kopfpflege
Kampfpferd Schrumpfpflaumen Stumpfpflege ||
In den Topf pflanzen | mit Dampf pflügen | den Kehlkopf pflegen ||
Den Kopf pflegen – auf den Kopf legen, in den Topf pflanzen – in den Topf
langen ||

6.6.   [pf] – [f]

6.6.1.   [pf] und [f] in Wortpaaren

Pferd – fährt, Pfund – Fund, pflücke – flügge, Pflicht – fliegt, Pfahl – fahl, pflok-
ken – Flocken, Pflug – Flug, flicken – pflücken, pflügen – fliegen, fündig –
pfündig, Pfand – fand, fühle – Pfühle, Pfarre – fahre, Flaum – Pflaume, Pfeil –
feil, Pflock – flog, Pforte – forte, pfänden – fänden, Pfanne – Fahne, Pfarrer –
Fahrer, Pflege – Flegel, Pfeile – Feile, Pferde – Fährte ‖

6.6.2.   [pf] und [f] in einem Wort

Pfingstfest Pfifferling pfiffig pfirsichfarben | Pfännerschaft Pfeffer-(minze,
kuchen, fresser) Pferde-(huf, fleisch, fuß, kraft, fuhrwerk) pfäffisch Pfennig-
fuchser Pfändungsverfügung | Pfadfinder Pfaffe Pfalzgraf Pfand-(brief, flasche)
Pfarr-(frau, verweser) | Pfeife Pfeilgift | Pfauenfeder | Pflicht-(gefühl, eifer, fach,
lauf) Pflege-(vater, befohlene, fall) Pflanzen-(farbstoff, faser, fett, fresser) Pflanz-
kartoffeln | Hoffmannstropfen Faustpfand auf-(trumpfen, tupfen, knüpfen) ver-
(stopfen, dampfen, krampfen) Schöpfgefäß ‖

6.7.   [pf] – [p]

6.7.1.   [pf] und [p] in Wortpaaren

Schnepfe – Schneppe, kämpfen – campen, Topfen – toppen, Kämpfer – Camper,
Hopfen – hoppeln, Apfel – Appell, Äpfel – Appeal, Tüpfel – Düppel, Wipfel –
Wippe, Kipfel – kippeln, Näpfe – neppen, stopfen – stoppen, Stümpfe – Stüm-
per | Topf – Top, Zipf – Zipp, Schopf – schob, Wiedehopf – Hop, Stapf – Stab,
Napf – Naab ‖

6.7.2.   [pf] und [p] in einem Wort

Polopferd Pferdekoppel Pflaumenschnaps Pflegepersonal Pflichtplatz Karpfen-
suppe Zopfperücke Pudelzipfel Packpferd Pagenkopf Pantoffelpflanze Parade-
pferd Parfümtupfer Parteienkampf Patentknopf Patschulipflanze Topflappen
Klopfpeitsche Schlupfwespe Kopfgrippe Kopfputz Kopfschuppe Pilzkopf ‖

[ts]

Verschluß- und Engelaut-Verbindung (Affrikate)

1.   Bildungsweise

Relativ enge Verbindung von unbehauchtem /t/ und /s/ (siehe die Bildung dieser Laute, /t/, S. 158, /s/, S. 285 f.). Präzise /t/-Artikulation beachten!
Das /t/ wird häufig apikal, das /s/ jedoch dorsal gebildet; die enge Lautverbindung [ts] gestattet diese unterschiedliche Artikulation zumeist nicht, sie ist zu umständlich bzw. – wegen der Möglichkeit einer *s*-Fehlbildung – zumindest unzweckmäßig. Im flüssigen Sprechen werden vielmehr beide Laute der Affrikate entweder dorsal oder apikal gebildet.

1.1.   Dorsale Bildung

Die Lippen sind locker von den Zähnen abgehoben (Oberlippe etwas vorgerundet, Unterlippe gering vorgeschoben) und oval geöffnet (Lächeleinstellung). Geringer Zahnreihenabstand. Der vordere Zungenrand hat festen Kontakt mit den lingualen Flächen der unteren Frontzähne, während der steil aufgerichtete vordere Zungenrücken an den palatinalen Flächen der oberen Schneidezähne und deren Zahndamm zunächst einen intensiven Verschluß für /t/ und dann eine Enge für /s/ herstellt. Die seitlichen Zungenränder liegen den seitlichen oberen Zähnen bzw. dem harten Gaumen an.
Für diese Artikulation spricht die Sicherheit (Stabilität) der dorsalen Bildung (die Möglichkeit einer *s*-Fehlleistung ist nahezu ausgeschlossen) und die Lautnachbarschaft – sämtliche Vokale werden mit unterer Zungenkontaktstellung gebildet, ebenfalls die meisten Konsonanten, und selbst [l] und [n] – die in Verbindung mit [ts] häufig auftreten – können dorsal gebildet werden.

1.2.   Apikale Bildung

Lippenöffnung und -formung, Zahnreihenabstand wie bei der dorsalen Bildung. Bei der apikalen Bildung stellt der vordere Zungenrand den Verschluß an den palatinalen Flächen der oberen Frontzähne und deren Alveolen her (/t/) und schwebt – nach Sprengung des Verschlusses – für /s/ frei hinter den oberen Schneidezähnen oder an ihrem Alveolarrand, während die seitlichen Zungenränder (gleichfalls) den seitlichen oberen Zähnen bzw. dem harten Gaumen anliegen.
Dieses /s/ muß nicht gestört sein; aber es ist störungsanfällig, es tendiert häufig zu *addentalem Sigmatismus*. Letztlich entscheidet natürlich das akustische Ergebnis; so muß eine sprechübliche, nicht gestörte apikale [ts]-Bildung nicht unbedingt umgestellt werden.

2. Bildungsfehler und Abweichungen[114]

2.1. Ersatz der Lautverbindung [t͜s] im An- und Auslaut durch stimmloses [s] (in Berlin, Brandenburg und in vielen Teilen Norddeutschlands), z. B. statt *zu* [t͜su:] – [su:], *Schwanz* [ʃv̥ant͜s] zu [ʃv̥ans] (auch in Ostmitteldeutschland anzutreffen).

3. Abhilfevorschläge

3.1. (zu 2.1.)

Soweit es sich nicht um einen *s*-Fehler handelt, ist diese mundartliche Besonderheit oder umgangssprachliche Nachlässigkeit verhältnismäßig schnell zu beheben. Häufig liegt das (oben beschriebene) apikale /s/ vor, das wir im Zusammenhang mit /t/ auf dorsale Bildung umstellen.

Wir üben zunächst auslautendes (gegebenenfalls dorsales) [t], bei dem der vordere Zungensaum fest an die lingualen Flächen der unteren Schneidezähne gelegt wird: *Witt Kitt matt nicht* usw. Dann sprengen wir den [t]-Verschluß am oberen vorderen Zahndamm nicht mehr auf Hauch, sondern mit etwas stärkerem Atemdruck auf die Enge des Reibelautes /s/ (der Unterkiefer senkt sich nicht, geringer Zahnreihenabstand – Spiegelkontrolle!) und stellen gegenüber: *Witt – Witz, Kitt – Kitz, nicht – nichts* usw. (vgl. 6.7.1., S. 371).

Das gleiche Prinzip empfiehlt sich für anlautendes [t͜s]. Nach Material mit anlautendem (u. U. dorsalen) [t] (*Thiel Tell Tiegel* ...) Gegenüberstellungen wie: *Thiel – Ziel, Tell – Zelle, Tiegel – Ziegel* usw. Auch durch bildungsverwandtes und homorganes [n] und [l] kann [t͜s] günstig beeinflußt und stabilisiert werden, z. B.: *Binz Prinz ... winzig Minze ... in Zeitnot | mein Zeugnis* usw. (vgl. 6.3.2., S. 370; 6.2.2., S. 369); *Filz Pilz ... filzen wälzen ... viel Zucker | viel Zimt* usw. (vgl. 6.3.4., S. 370; 6.2.4., S. 369).

4. Aussprache[115]

Die Lautverbindung [t͜s] wird gesprochen

a) bei Schreibung *z* im An-, In- und Auslaut: *Zelt; Geizhals, wälzen, Arzt; Reiz*
b) bei Schreibung *zz* im Inlaut: *Terrazzo, Razzia, Bajazzo, Skizze*
c) bei Schreibung *tz* im In- und Auslaut: *Hitze, Schmutzrand; Schutz*
d) bei Schreibung *ts* im Aus- und Inlaut (jedoch nicht in Ableitungen auf *-sal*, *-sam*) sowie für *ds* im Auslaut: *nichts, rechts; Lotse, Rätsel, Wirtshaus; wird's, Leids*
e) bei Schreibung *c* vor hellen Vokalen (*e, ä, i, y*) im An- und Inlaut eingedeutschter Wörter: *Celsius, Cäsar, cis, Cyrus, Cicero, Cecilienhof*

364

f) bei Schreibung *t* vor unbetontem *i* + Vokal im Inlaut von Wörtern griechischer oder lateinischer Herkunft: *Horatius, partiell, Tertia, Boötien, Organisation.*

Treffen an der Wort- oder Silbenfuge bzw. Wortgrenze zwei [t͜s] zusammen, sind beide zu sprechen: *Pilzzeit, Rechtszustand; nichts zu beißen, im Netz zappeln.* Stoßen in Zusammensetzungen, Ableitungen oder innerhalb der Sprecheinheit stimmloses [t] und [t͜s] aufeinander, so wird nur e i n [t] (mit *etwas längerer Verschlußphase*) gebildet, das ohne Behauchung auf Fortis-/s/ gelöst wird: *fortziehen* [ˈfɔʀt·siːən] (aber *vorziehen* [ˈfoːɐ̯t͜siːən]), *Lötzinn* (aber *Blödsinn*), *Bettzelt, Landzunge, Stadtzeichen; Mut zeigen, glatt ziehen, Mund zu, in die Stadt ziehen* (vgl. /t/, 4., S. 152). Treffen unter gleichen Bedingungen [t͜s] und stimmloses Fortis-/s/ zusammen, so wird (nach unbehauchter Lösung des /t/-Verschlusses) nur e i n stimmloses Fortis-/s/, jedoch mit *etwas längerer Dauer,* gesprochen: *ganz Skandinavien* [g̊ant͜s·kandiˈnaːviən] (aber *mit Skandinavien* [mɪtskandiˈnaːviən]).

Beim Zusammentreffen von [t͜s] und Lenis-/z/ wird (nach unbehauchter Lösung des /t/-Verschlusses) ebenfalls nur e i n stimmloser Reibelaut mit *etwas längerer Dauer* gesprochen, aber an der Wort- oder Silbenfuge bzw. Wortgrenze werden Artikulationsspannung und Reibegeräusch vermindert, so daß eine stimmlose Lenis ([z̥]) entsteht: *Putzsucht* wie [ˈpʊt͜sz̥ʊxt] (aber *putzen* [ˈpʊt͜sn̩]), *Witzseite, Pelzseide; ein Nichts sein* (aber *es kann nicht sein*) (vgl. /s, z/, 4., S. 290 f.).

5. Aussprüche und Sätze

5.1. Geflügelte Worte / Dichtung

Außen begrenzt, innen unbegrenzt (Goethe) | Der deutschen Zwietracht mitten ins Herz (G. Hauptmann) | Zwei Birken stritten, wer der Zeder am nächsten käme. „Birken seid ihr!" sagte die Zeder (Goethe) | Im Zickzack zuckt ein Blitz (Liliencron) | Zwischen Holz und Holz ist ein Unterschied (Molière) | Es bringt die Zeit ein anderes Gesetz (Schiller) | Zwerge bleiben Zwerge, wenn sie auch auf den Alpen sitzen (Kotzebue) | Zanke nicht mit einem Schwätzer, daß du nicht Holz zutragest zu einem Feuer (Strach) | Zerstreutes Wesen führt uns nicht zum Ziel (Goethe) | Konzentration der Kräfte | Die Zerstreuung ist der Tod aller Größe (Frdr. von Schlegel) | Man verlangt heutzutage von einer Zeitung, daß sie tief ist (G. Freytag) | Alles zernagt die Zeit (Ovid) | Verschwendete Zeit ist Dasein, gebrauchte Zeit ist Leben (E. Young) | Die zwei größten Tyrannen der Erde: der Zufall und die Zeit (Herder) | Gehorcht der Zeit und dem Gesetz der Stunde! (Schiller) | O! diese Zeit hat fürchterliche Zeichen! (Goethe) | Im Schmerze wird die neue Zeit geboren (Chamisso) | Jede Zeit ist ein Rätsel, das nicht sie selber, sondern erst die Zukunft löst (R. v. Ihering) | Verkürze mir die Zeit; der Dinge bestes ist ja Zeitverkürzung (Rob. Hamerling) | Gebrauche dich der Zeit als eines Schatzes, der nicht nutz ist, wenn er müßig verliegen muß | Ein glänzend Ziel kann man am ersten treffen (Shakespeare) | ... wer am Zoll sitzt, ohne reich zu werden, ist ein Pinsel (Goethe) | Sehr leicht zerstreut der Zufall, was er sammelt (Goethe) | Wir leben immer für die Zukunft; ewiges Stimmen, und nie beginnt das Konzert (Börne) | Zuletzt, doch nicht der Letzte in meinem Herzen (Shakespeare) | Die Zunge gleicht des Schwertes Spitze (Schiller) | Wer sich sein ganzes Leben lang als einen zuverlässigen Mann bewiesen, der macht eine Handlung zuverlässig, die andern zweideutig erscheinen würde (Goethe) | Der Mann, dem du zürnest, muß deines Zornes wert sein (Klinger) | Mein Herz zittert und zagt (R. Dehmel) | ... je quälender der Zweifel, desto größer die Aufforderung zu Überzeugung und fester Gewißheit (Schiller) | Wer zu viel zweifelt, der verzweifelt (Chr. Lehmann) ||

Wollen nach dem Zimmermann schicken,
Zimmermann soll den Tanzboden flicken,
Tanzboden hat ein Loch. (Bechsteins Sagen)

Hier sitz ich, Gold schnitz ich,
ich heiß Holzrührlein ... (Bechsteins Sagen)

Wer die Zeit verklagen will, daß so zeitlich sie verraucht,
der verklage sich nur selbst, daß er sie nicht zeitlich braucht! (Logau)

Statt daß nach beßrer Zeit ihr schreit,
macht selber doch die beßre Zeit!

Dreifach ist der Schritt der Zeit:
Zögernd kommt die Zukunft hergezogen,
pfeilschnell ist das Jetzt entflogen,
ewig still steht die Vergangenheit. (Schiller)

Verzeiht! es ist ein groß Ergetzen,
sich in den Geist der Zeiten zu versetzen ... (Goethe)

Ein Ende nimmt des Mannes Witz,
hat großer Zorn ihn im Besitz. (Freidank)

5.2.   Sprichwörter / Sprichwörtliches / Spruchweisheit

Dreizehn ist des Teufels Dutzend | Zeit ist des Zornes Arzenei | Geiz ist die Wurzel allen Übels | Nimm zwei Bissen, wenn einer zu groß ist | Zeit bringt Rosen | Alte Ziegen haben zähes Fleisch | Alte Ziegen lecken auch gern Salz | Der Katze Scherz ist der Mäuse Tod | Wenn die Katze fort ist, tanzen die Mäuse | Das Auge ist des Herzens Zeiger | Strafe im Zorn kennt weder Maß noch Ziel | Die Zeit hat starke Zähne | Zweifel ist ein übler Zimmerer | Alles zu seiner Zeit | Zucht hat Zierde | Wer zuerst kommt, mahlt zuerst | Sind die Zähne weg, so hat die Zunge frei Spiel | Die Zunge ist des Herzens Dolmetsch | Zeit genug! kam zu spät (Holländ.) | Zaghaft Herz gewann niemals schöne Dame | Wer die Zeit drängt, den verdrängt die Zeit | Zeit ist die beste Medizin | Auf den Zufall bauen ist Torheit, den Zufall benutzen ist Klugheit (Sprichwörtl.) | Zufriedenheit ist eine Tugend, Selbstzufriedenheit ein Fehler (Sprichwörtl.) | Eine lange Zunge ist das Zeichen einer kurzen Hand ||

In der Kürze
liegt die Würze.

Es kommt viel
zwischen Bolz und Ziel.

Kürze
ist des Witzes Würze.

Scherz ohne Salz
ist Bauernschmalz.

Torheit und Stolz
wachsen auf einem Holz.

Zu große Zärtlichkeit
bringt Herzeleid

Wer alles aufs Spiel setzt,
hat sicher zuviel gesetzt.

Kein Tanz,
der Teufel zeigt dabei den Schwanz.

Während ihrer zwei
zanken um ein Ei,
steckt's der dritte bei.

Aus nichts wird nichts
von nichts kommt nichts.

5.3. Redensarten / Wortgruppen

Zwischen zwei Feuer kommen | jetzt schlägt's dreizehn! | Potz Blitz! | rot wie ein Zinshahn | den kürzeren ziehen | zu Herzen nehmen | das Herz auf der Zunge tragen | aus demselben Holz geschnitzt | dasitzen wie ein Stück Holz | die Zunge zügeln | das trägt die Katze auf dem Schwanz weg | zu kurz kommen | zu guter Letzt | zeigen, wo der Zimmermann das Loch gelassen hat | zugehen wie auf Matzens Hochzeit | mit gleicher Münze zahlen | auf den Ohren sitzen | zu Olims Zeiten | das Pferd beim Schwanze aufzäumen | ungereimtes Zeug | Zeichen der Zeit | eine Zunge wie eine Zange | von ganzem Herzen | den Schwanz einziehen | abgedroschenes Zeug | sich zwischen zwei Stühle setzen | dem Teufel eine Kerze anzünden | mit langen Zähnen essen | die Zähne zeigen | Zahn der Zeit | die Zunge im Zaume halten | die Zeche bezahlen müssen | zwischen den Zeilen lesen | das Zeitliche segnen | das Zeug zu etwas haben | übers Ziel hinausschießen | was kostet der ganze Zimt? | in den letzten Zügen liegen | etwas anzetteln | die Axt an die Wurzel legen | sich lieber die Zunge abbeißen | etwas kostet einen ganzen Batzen | einen begrenzten Horizont haben | zwischen zwei Feuern stehen | seinen Zorn bezähmen | kurzen Prozeß machen | weder Salz noch Schmalz haben | Unkraut zwischen den Weizen säen ||

5.4. Paare

Weder Witz noch Kritz | Zimt und Zucker | mit Zins und Zinseszinsen | Zins und Zoll | mit Zittern und Zagen | Zweck und Ziel | Zagen und Zaudern | Hinz und

Kunz | Zaum und Zügel | Schutz und Trutz | Scherz und Kurzweil | von Herz zu Herzen | „Zar und Zimmermann" ‖

5.5.   Lautüberfüllungen

Der Metzger wetzt sein Metzgermesser | Zwischen zwei Zwetschgenzweigen saßen zwei zwitschernde Spatzen | Zwischen zwei spitzen Steinen sitzen zwei zischende Schlagen lauernd auf zwei zwitschernde Spätzchen | 22 zierliche Zwerge zwicken zwei zweckige, zwackige, zapplige Zwickelkrebse ‖

6.   Wörter und Wortgruppen

6.1.   [ts] imAnlaut

6.1.1.   [ts] vor betontem Vokal

Zipfel Zimt Zinn Ziegel ziehen Ziel | Zelle Zebu Zelt zehn Zettel zänkisch | zahm Zahn zahlen Zapfen zappeln zackig | Zoll Zote zotteln zottig Zombie Zobel | Zunft zum zu Zuname Zucker Zug | zögern Zögling Zöpfe Zölle Zöllner | zügig zünden zünftig Zyste Zyklus züchten | Zeiß Zeile Zeisig Zeitung Zeit zeigen | Zaum Zaun zausen zaudern Zauber Zausel | zäumen zäunen Zeuge Zeus Zeugnis Zeug ‖

6.1.2.   [ts] vor unbetontem Vokal

Ziegelei Zigarette Zigarre Zikade Zinnober Zitrone Zitadelle Zivil | Zechine Zecherei Zenit Zelot Zellophan Zelluloid Zellulose Zensur zentral | Zarewitsch Zarismus Zankerei Zaponlack zaponieren | Zoologe Zoologie Zottelei | Zuhause Zubettgehen Zucchini zudem zuviel zuletzt | Zyanid Zyankali Zykladen Zyklamen Zynismus Zypresse Zyklon Zyklop ‖

6.2.   [ts] im Inlaut, in der Wortfuge und an der Wortgrenze

6.2.1.   [ts] nach Vokal

Mieze witzeln Spitze sitzen Litze Hitze ‖ Metze petzen Fetzen wetzen setzen Rätsel | Matze Batzen patzig Fatzke Watzmann Satzball | Bozen glotzen klotzig aufmotzen protzen frotzeln | schmutzig Butzenscheibe putzen Nutzen hutzeln brutzeln | Götze Plötze Klötze | Mütze nützen Stützte Schütze Grütze Pfütze | beizen Weizen heizen geizen Schweizer Heizer | mauzen Bautzen Schnauzbart plauzen kauzig | Boizenburg schneuzen Käuze kreuzigen ‖

6.2.2. [ts] nach [n]

Minze blinzeln Prinzessin winzig Sinzig Grinzing | kredenzen lenzen Benzin Kennzeichen Gänze glänzend | Schanze tanzen Ranzen Danzig ranzig Wanzen | Bonzen Isonzo Tscherwonzen | grunzen verhunzen Kunze Nuntius punzen | Heinzelmann | maunzen ||
Ein Ziel haben| in Zeitnot sein | mein (dein, sein) Zeugnis | von Zeit zu Zeit | rot wie ein Zinshahn ||

6.2.3. [ts] nach konsonantischem /r/

Vierzehn vierzig Wirtshaus Mirza | Schwärze Märzen schmerzen perzipieren Wärzchen scherzen | Marzelline Parze Narzisse Karzinom Warze harzig Narzisse| Porzellan Pforzheim knorzig Lortzing | purzeln Wurzel Sturzhelm Schurzfell Kurzweil | Landstörzer | Bürzel Würzburg stürzen schürzen kürzen würzig ||
Geschirr zerschlagen | starr zielen | Herr Zeuge (Zauberer) | bizarr zeichnen | sich im Wirrwarr zurechtfinden | wie wirr zappeln ||

6.2.4. [ts] nach [l]

Milzbrand filzen Pilze | wälzen Spelze Belzig Pelzmantel schmelzen | malzen balzen falzen Walzwerk Salzhaff schmalzig | Bolzen holzig Bad Polzin stolzieren Wolzogen | Schulze Schnulze | Gehölze | Sülze Gesülze ||
Viel Zimt (Zucker) | soll zünftig werden | will (soll) zaubern können | ins Tal ziehen | soll Zoll entrichten | nach Suhl ziehen | eine Null ziehen ||

6.2.5. [ts] nach [t][116]

Zeitzünder Feld- (Not-, Gunst-)zeichen Landzunge Brot- (Not-, Nacht-)zeit Beichtzettel Bild- (Wand-, Abend-)zeitung Blutzeuge Notzucht Gastzimmer Windzug Endziel achtzehn achtzig ent-(zaubern, zweien) ||
Glatt ziehen | Mut zeigen | durch den Kot ziehen | das Fazit ziehen | sich von Zeit zu Zeit zeigen | fast zu spät | mit Zittern und Zagen | mit Zimt und Zucker ||
Vorziehen – fortziehen, entsündigen – entzünden, entsiegeln – entzügeln, winzig – Windzug, entsühnen – entzünden, entsagen – entzogen, Blödsinn – Lötzinn, Betsaal – Bettzahl ||

6.2.6. [ts] nach [s]

Schußzahl Flußzoll Tages-(zeit, zeitung) großzügig Schloßzimmer Zinses-(Haus-)zins Paßzwang Glaszelle Baßzeichen Reiß-(zeug, zwecke) Beißzange Eis-(zapfen, zeit) aus-(zahlen, zeichnen, ziehen) Auszehrung Verszeile Felszacken Zinszahl | Szene Szenarium Szilla obszön inszenieren Disziplin ||
Bis zwei zählen | das Zeitliche segnen | dies Zeichen | was das Zeug hält | das Ziel verfehlen | alles zusammen | aus Zwang | ins Ziel stolpern ||

6.2.7.   [t͡s] vor [z̦]¹¹⁷

Schmutzsatz Putzsucht Witz-(sammlung, seite) schutzsuchend Holz-(säbel, sarg, sandalen) Pelzseide Pilz-(sammler, suppe, samen, seuche) Filzsohle Schwarz-(sauer, seher) Schatzsucher Tanz-(sucht, saal) Holzsäule Notiz- (Justiz-)sache Trapezseil ||
Schutz suchen | ins Netz sammeln | schnell wie der Blitz sein | nicht ohne Reiz sein | seinen Platz suchen | nicht aus Holz sein | stolz sein | guten Muts sein | ein Nichts sein ||
Holzsäge – holt Sägen, Pelzsaum – pellt sauber, Holzsohle – holt Sohlen, putzsüchtig – putzig, nichts sagen – nicht sagen, rechts suchen – Recht suchen, wird's sein – wird sein ||

6.3.   [t͡s] im Auslaut

6.3.1.   [t͡s] nach Vokal

Witz Sitz Blitz Schlitz Fritz nichts Kitz | Netz Petz Hetz Trapez rechts Geschwätz Gesetz | Matz Patz Spatz Schwatz Latz Platz | potz Klotz Protz Trotz | Schmutz Putz Lutz Schutz Butz Eigennutz | Götz Plötz | Freischütz Geschütz unnütz Liegestütz | Schweiz Reiz Geiz Beiz | bauz Kauz plauz | Kreuz ||

6.3.2.   [t͡s] nach [n]

Binz Flinz Hinz Pfefferminz Prinz Linz | Kredenz Dekadenz Präzedenz Residenz Tendenz Lenz Konferenz | Tanz Schwanz ganz Glanz Kranz Eleganz Instanz | Kunz | Heinz ||

6.3.3.   [t͡s] nach konsonantischem /r/

März Erz Schmerz Nerz Terz Scherz Herz Wippsterz | Harz Quarz schwarz Tabarz | knorz Proporz | Wurz Sturz Schurz kurz | Gewürz ||

6.3.4.   [t͡s] nach [l]

Filz Pilz Milz | Pelz Spelz Schmelz | Pfalz Falz Malz Schmalz Salz Walz | Holz stolz Kobolz | Gehölz ||

6.4.   Häufung

Zickzack Zigarettenspitze Zitatenschatz Zimmerpflanze Zipfelmütze | Zedernholz Zeltplatz zerfetzt Zentralheizung Zehenspitze Zenzi | Zahn-(arzt, schmerzen) Zapfenzieher | Zobelpelz Zopfzeit Zollzettel | Zuckerplätzchen zuletzt Zufluchtsort Zugspitzbahn Zukunftsmusik | Zünd-(holz, kerze) | Zeitungs-(notiz, satz) Zeitz | Zaumzeug Zauberwurzel | Nichtsnutz Herzschmerzen Holzplatz Schnellzugzuschlag ||

6.5.   [ts̬] neben [ts]

Tanzzirkel herzzerreißend Glanz-(Balz-)zeit Witzzeitung Grenzzone Weis-
heitszahn Schutz-(Holz-)zaun Scherzzigarre Durchschnittszahl Rechtszustand
Malzzucker ‖
Nicht zu lachen (beißen) haben | im Netz zappeln | wie ein Spatz zanken | in den
Schmutz zerren | durch den Schmutz ziehen | in Nichts zerfließen ‖
Schutzzoll – Schuhzoll, Pilzzeit – Pilze, Falzzeichen – Fallzeit, Satzzeichen –
Satzungen, Holzziegel – Hohlziegel, Malzzucker – Mahlzeit ‖

6.6.   [ts̬] – /z/

6.6.1.   [ts̬] und /z/ in Wortpaaren

Zinn – Sinn, Ziegel – Siegel, verzinken – versinken, zieh – sie, Ziele – Siele,
Zettel – Sättel, Zähne – Sehne, zelten – selten, Zahl – Saal, verzagen – versagen,
Zar – Saar, Zoll – Soll, Zoo – so, Zucht – Sucht, Zöllner – Söller, zynisch –
sühnen, züchtig – süchtig, zünden – Sünden, Zeile – Seile, Zeit – seit, Zaum –
Saum, zausen – sausen, Zauber – sauber, zäumen – säumen, Zeugen – säugen ‖

6.6.2.   [ts̬] und /z/ in einem Wort

Zielsetzung Zinseszins Zigarettendose Zersetzung zerzausen Zensur Zahn-
ersatz Zahlensymbolik Zahnseide Zusatz zuckersüß Zusammensetzung zusammenziehen Zügellosigkeit Zeichensaal Zeichensetzung zeilenweise Zeisig
Zeitsoldat Zaumseil Zausel zausen Zeugnisaussage Zeugenbeweise ‖

6.7.   [ts̬] und [t]

6.7.1.   [ts̬] und [t] in Wortpaaren

Ziegel – Tiegel, Zoll – toll, Zote – Tote, zuckern – tuckern, zappeln – tappeln,
Zipfel – Tüpfel, Zahl – Tal, Zobel – Tobel, Zeilen – teilen, Zöpfe – Töpfe,
züchtig – tüchtig, Zeiß – Theiß, Zauber – Tauber, Zelle – Tell, zu – tu ‖
Mieze – Miete, Metz – Mette, Fetzen – fetten, wetzen – wetten, Matze – Matte,
putzen – Putten, Plötze – Plette, Klötze – Klette, Schütze – Schütte, Heizer –
heiter, Weizen – weiten, reizen – reiten, Bautzen – Bauten, Bozen – Boten ‖
Witz – Witt, nichts – nicht, Netz – nett, rechts – Recht, Matz – Matt, Patz – Patt,
Satz – satt, Platz – platt, potz – Pott, Trotz – Trott, Schutz – Schutt, Butz – Butt ‖

6.7.2.   [ts̬] und [t] in einem Wort

Zaghaftigkeit Zahl-(brett, wort) Zahlenlotterie Zahlungs-(mittel u. a.) Zahn-
(transplantation u. a.) zartbitter Zauber-(trick, trank) zehntausend Zeichen-
(trickfilm, unterricht) Zeit-(alter u. a.) Zeitungs-(artikel u. a.) Zimmer-(theater,
tanne) ‖

Vokale

/i/, /ɪ/

/i/

Enges i (ungerundeter hoher Vorderzungenvokal)

1.   Bildungsweise

Die Lippen sind gering von den Zähnen abgehoben und oval geöffnet (Lächeleinstellung, aber
die Lippen nicht breitspannen und an die Zähne
ziehen). Der Zahnreihenabstand ist gering. Der
vordere Zungenrand hat Kontakt mit den lingualen Flächen der unteren Frontzähne; der vordere
Zungenrücken ist steil aufgerichtet und sehr
stark zum vorderen Hartgaumen aufgewölbt;
die seitlichen Zungenränder liegen an den palatinalen Flächen der seitlichen oberen Zähne, deren
Zahndämmen und dem Hartgaumen. Das Gaumensegel ist gehoben.

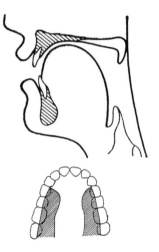

/ɪ/

Weites i (ungerundeter hoch-verminderter Vorderzungenvokal)

1.   Bildungsweise

Im Unterschied zum *engen i* sind Lippenöffnung
und Zahnreihenabstand etwas größer (Oberlippe
gering vorgerundet, Mundvorhof); die Aufwölbung des vorderen Zungenrückens zum vorderen
Hartgaumen ist vermindert.

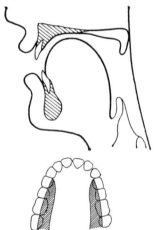

374

2. Bildungsfehler und Abweichungen

2.1. In der flüchtigen Umgangssprache wird kurzes weites *i* zu offen gesprochen, dem kurzen weiten *e* genähert: *bitten* klingt fast wie *betten*.

2.2. Kurzes weites *i* (mitunter auch langes enges *i*) nach [ʃ] und [m], vor /r/ und [ʃ] wird zu [ʏ] (bzw. [y:]), z. B. *Schippe, Mitte; Kirche, mischen* zu [ˈʃʏpə], [ˈmʏtə], [ˈkʏʀçə], [ˈmʏʃn̩]. Statt mit weiter Lippenrundung (ovalrunder Mundöffnung) wird das [ɪ] mit zu enger Lippenrundung (wie für [ʊ]) gesprochen. Das [ɪ] gleicht sich dem [ʃ] durch Vorwegnahme der Lippenvorstülpung und -rundung an. Deutliche Ausformung des Mundvorhofes bei [ɪ] muß jedoch nicht zwangsläufig zu [ʏ] führen, wie die Gesangsaussprache (mit hochrunder Lippenstellung) beweist. Die Fehlleistung kann auch mit ungenügender Hebung des Vorderzungenrückens und ungenügender Zungenspannung nach vorn-oben zusammenhängen.

2.3. Mundartlich (z. B. in Bayern, Österreich und Schwaben) wird aus kurzem weitem *i* langes enges *i*, statt *Tisch* [tɪʃ], *Fisch* [fɪʃ] – [tiːʃ], [fiːʃ].

3. Abhilfevorschläge

3.1. (zu 2.1.)

Wir stellen [ɪ] dem [ɛ] gegenüber und üben Wortpaare wie: *bitten – betten, Mitte – Mette, bin – Ben* usw. (vgl. 6.9.1., S. 384). Den engeren Zahnreihenabstand für kurzes weites *i* kontrollieren. Zur stärkeren Zungenspannung benutzen wir u. a. dorsales [t], [d] oder [n], z. B. *Nidden, Tilde, Zither, Disput*.

3.2. (zu 2.2.)

Zur deutlichen Unterscheidung stellen wir [ɪ] und [ʏ] einander gegenüber: *Schippe – Schüppe, wirken – würgen, First – Fürst* usw. (vgl. 6.8.1., S. 383 f.). Wir beachten unter Spiegelkontrolle für das [ɪ] eine nur flachrunde (ovale) Lippenöffnung. Für die weitere Übung kommen Konsonanten bzw. Lautverbindungen in Betracht, die eine ovale Lippenform unterstützen, u. a. /z/, [ts], [f], [pf], /v/: *Sichel sicher … Fiskus Fichte … Wippe Wipfel* usw. Das energische Heben des Vorderzungenrückens unterstützen wir ebenfalls durch /z/, [ts] (beide dorsal gebildet), den *Ich-Laut* und durch dorsales [t], [d] oder [n]: *Sitz sich sickern …; Zicke cis …; Tilde Artist heftig …; Distel dicht Ditte ledig …; Nisse nicht wenig Zeugnis* u. ä.

3.3. (zu 2.3.)

Der mundartlich orientierte Sprecher beherzige die Ausspracheregeln der Standardaussprache.

4. Aussprache

4.1. **Lang eng,** wie in *Biene*

a) bei Schreibung *ie, ieh* oder *ih: Niete, sie; sieht, Vieh; ihm, ihnen*
b) bei Schreibung *i* in betonter offener Silbe: *Mime, wider*
c) bei Schreibung *i* in betonter Silbe vor einfachem Konsonanten, wenn in flektierten Formen des Wortes das *i* in offener Silbe steht (also lang eng ist): *Berlin
(Berli-ner), Stil (Sti-le).*

4.2. **Kurz weit,** wie in *Sinn*

a) bei Schreibung *i* vor Doppelkonsonanz, mehreren Konsonanten sowie vor *ng*
und *sch: Bitte, Bild, Rind, Sitz; fing, singen; Tisch, wischen*
b) bei Schreibung *i* vor einfachem Konsonanten in einigen einsilbigen Wörtern
sowie in den Suffixen *-icht, -ig, -im, -in, -is, -isch, -it, -lich, -nis, – rich,* z. B. *in,
bin, hin, mit; Dickicht, Königin, städtisch, Sulfit, Bildnis.*

Ausnahmen und *Schwankungen:* s. GWDA (1982, 32).

4.3. **Unsilbisches** (jotiertes) *i* wie in *Nation*

bei Schreibung *i* vor Vokal in Fremdwörtern (vor allem auf *-ion, -ier): Portion,
Portier.*

5. Aussprüche und Sätze

5.1. Geflügelte Worte / Sätze

Krieg ist zwischen List und Argwohn, nur zwischen Glauben und Vertrauen ist
Friede (Schiller) | Bilde, Künstler, rede nicht! (Goethe) | Es bildet ein Talent sich
in der Stille (Goethe) | Wieviel nützt mir nicht mein bißchen Studium der Natur!
(Goethe) | Einen Blick, geliebtes Leben, und ich bin belohnt genug (Goethe) | Wer
vieles bringt, wird manchem etwas bringen (Goethe) | Weil ein Vers dir gelingt in
einer gebildeten Sprache, die für dich dichtet und denkt, glaubst du schon,
Dichter zu sein? (Schiller) | Als dienendes Glied schließ an ein Ganzes dich an!
(Schiller) | Nichts, ihr Herren, gegen die Disziplin! (Schiller) | Mich dünkt, die
Alte spricht im Fieber (Goethe) | Lust und Liebe sind die Fittiche zu großen
Taten (Goethe) | Flüchtiger als Wind und Welle flieht die Zeit (Herder) | Ein
Land, darinnen Milch und Honig fließen (Bibl.) | Hier steh' ich, ich kann nicht
anders (Luther) | Hier bin ich Mensch, hier darf ichs sein! (Goethe) | Hier ist die
Stelle, wo ich sterblich bin (Schiller) | Mich ergreift, ich weiß nicht wie, himmli-
sches Behagen! (Goethe) | Ein giftiger Wurm ist innerlich Zwist, der nagt am
Innern des gemeinen Wesen (Shakespeare) | Der Pflichten und Instinkte Zwang

stellt ihr mit prüfendem Gefühle, mit strengem Richtscheit nach dem Ziele (Schiller) | Wir können die Kinder nach unserem Sinne nicht formen (Goethe) | Der Krieg ist schrecklich wie des Himmels Plagen (Schiller) | Die Kinder dieser Welt sind klüger denn die Kinder des Lichtes (Bibl.) | Wo viel Licht ist, ist starker Schatten (Goethe) | Stärker als der Tod ist die Liebe (Goethe) | Die Liebe ist der Liebe Preis (Schiller) | Wenn ich dich liebhabe, was geht's dich an! (Goethe) | Es ist mißlich, jemandem die Wahrheit ins Gesicht zu sagen (Schiller) | Gewisse Dienste Königen zu leisten, ist mißlich (Ranke) | Die Mutter ist der Genius des Kindes (Hegel) | In deinem Nichts hoff' ich das All zu finden (Goethe) | Richtet nicht, auf daß ihr nicht gerichtet werdet (Bibl.) | Der echte Ring vermutlich ging verloren (Lessing) | Eines schickt sich nicht für alle (Goethe) | Ich wußte mich nie in die Welt zu schicken (Goethe) | Deines Ruhmes Schimmer wird unsterblich sein im Lied (Schiller) | Die größten Schwierigkeiten liegen da, wo wir sie nicht suchen (Goethe) | Ihr habt mich weidlich schwitzen machen (Goethe) | Nichts ist sicher dem Menschen (Ovid) | Siege, aber triumphiere nicht! (Ebner-Eschenbach) | Ich singe, wie der Vogel singt (Goethe) | Das Herz ruft nie die Sinne zu Hilfe (Schiller) | Tiefer Sinn liegt oft in kindlichem Spiel (Schiller) | Zum Teufel ist der Spiritus, das Phlegma ist geblieben (Schiller) | Still wie die Nacht, tief wie das Meer soll deine Liebe sein (adt. Liebesreim) | Ihr werdet einen stillen Mann an mir finden (Schiller) | Mir schwindelt vor der grenzenlosen Stille (Hölderlin) | Laß mich in vollen, durstigen Zügen trinken die freie, die himmlische Lust! (Schiller) | Du übersinnlicher, sinnlicher Freier, ein Mägdelein nasführet dich (Goethe) | Nennt mich, was für ein Instrument ihr wollt, ihr könnt mich zwar verstimmen, aber nicht auf mir spielen (Shakespeare) | Irrtum ist Irrtum, ob ihn der größte Mann, ob ihn der kleinste beging (Schiller) | Was ihn euch widrig macht, macht mir ihn wert (Schiller) | Es wird mir so, ich weiß nicht, wie (Goethe) | Alles Getrennte findet sich wieder (Hölderlin) | Bei Philippi sehen wir uns wieder (Shakespeare) | Immer war die Willkür fürchterlich (Schiller) | Um dich Winter, in dir Winter, und dein Herz ist eingefroren (Heine) | Mir ist es winterlich im Leibe (Goethe) ‖

Meine Frau, die Ilsebill,
will nicht so, wie ich wohl will. (Grimms Märchen)

Ihr müßt mich nicht durch Widerspruch verwirren!
Sobald man spricht, beginnt man schon zu irren. (Goethe)

Drum prüfe, wer sich ewig bindet,
ob sich das Herz zum Herzen findet! (Schiller)

Wer den Dichter will verstehen,
muß in Dichters Lande gehen. (Goethe)

Ich sei, gewährt mir die Bitte,
in eurem Bunde der Dritte. (Schiller)

Ich bin ein Teil des Teils, der anfangs alles war,
ein Teil der Finsternis, die sich das Licht gebar. (Goethe)

Das sind die Weisen,
die durch Irrtum zur Wahrheit reisen,
die bei dem Irrtum verharren,
das sind die Narren. (Rückert)

O daß sie ewig grünen bliebe,
die schöne Zeit der jungen Liebe. (Schiller)

Drei Lilien, drei Lilien,
die pflanzt ich auf mein Grab. (Volksl.)

Einstweilen, bis den Bau der Welt
Philosophie zusammenhält,
erhält sie das Getriebe
durch Hunger und durch Liebe. (Schiller)

Wer Wissenschaft und Kunst besitzt, hat auch Religion.
Wer jene beiden nicht besitzt, der habe Religion. (Goethe)

Und wie es rieselt und knittert darin!
Das ist die unselige Spinnerin,
das ist die gebannte Spinnlenor' … (Droste-Hülshoff)

Sie ist so sitt- und tugendreich,
und etwas schnippisch doch zugleich. (Goethe)

Nicht im Was, nur im Wie
liegt bei Tisch die Poesie. (Th. Nöthig)

Ich meine nicht vieles, sondern viel;
ein weniges, aber mit Fleiß. (Lessing)

Klingt im Wind ein Wiegenlied,
Sonne warm hernieder sieht. (Storm)

Zierlich Denken und süß Erinnern
ist das Leben im tiefsten Innern. (Goethe)

Allwissend bin ich nicht,
doch viel ist mir bewußt. (Goethe)

Erzittre vor dem ersten Schritte!
Mit ihm sind auch die andern Tritte
zu einem nahen Fall getan. (Gellert)

Ich vergeß das dunkle Antlitz nie,
immer, immer liegt es mir im Sinn. (Keller)

Liebes Bettchen, sprich für mich,
bin ich weg, sei du mein Ich! (Bechsteins Märchen)

Ich komme schon, ich fliege!
Ich bin ja schon leibhaftig auf der Stiege. (Bechsteins Märchen)

Hinter mir dunkel und vor mir klar,
daß niemand sehe, wohin ich fahr! (Bechsteins Märchen)

5.2.   Sprichwörter / Sprichwörtliches / Spruchweisheit

Wo viel Freiheit ist, ist viel Irrtum | Besser ein Ei im Frieden als ein Ochs im
Krieg | Man muß sich nach der Zeit richten, sie richtet sich nicht nach uns |
Nimm die Zeit, wie sie kommt! | Ein Bringer ist immer willkommen | Kleine
Birnen, lange Stiele | Geld stinkt nicht | Stille Wasser sind tief | Liebe ist blind |
Wer nicht mit mir ist, der ist wider mich | Was die Rechte gibt, soll die Linke nicht
wissen | Wer erzieht, der regiert | Eine Biene, die zu tief sticht, verliert den
Stachel | Wohltun bringt Zinsen | Hier bin ich und hier bleibe ich | Irren ist
menschlich | Leute ohne Kinder wissen gar nicht, daß sie leben | Viel Kinder, viel
Segen | Die Kinder können nichts für ihre Eltern | Wie man die Kinder gewöhnt,
so hat man sie | Das ist so gewiß, wie das Amen in der Kirche | Alte Liebe rostet
nicht | Was sich liebt, neckt sich | Wer nicht verlieren will, spiele nicht | Verlieren
ist oft großer Gewinn | Wie der Hirt, so das Vieh | Viel Wenig machen ein Viel |
Vorsicht ist die Mutter der Porzellankiste | Wes Brot ich eß, des Lied ich sing |
Kleinvieh macht auch Mist | Neben dem Schiff ist gut schwimmen | Schritt vor
Schritt kommt auch ans Ziel | Ein Friede ist besser als zehn Siege | Wer mit
silbernen Kugeln schießt, gewinnt | Williger Sinn hat flinke Beine | Wenn die
Spinnen im Regen spinnen, wird er nicht lange rinnen ||

Mit frommen Mienen
kann man den Himmel nicht verdienen.

Wie du mir,
so ich dir.

Geht auch alles in die Binsen,
immer mußt du freundlich grinsen.

Ein finsterer Blick
kommt finster zurück.

Licht ist Licht,
und sieht's der Blind' auch nicht.

Aufschieb
ist ein Tagedieb.

Vorsicht gebrauch in allen Dingen,
mit Vorwitz wird dir's nie gelingen.

Den höchsten Sieg erringt,
wer sich selbst bezwingt.

Tu mir nichts,
ich tu dir auch nichts!

Friede nährt,
Unfriede verzehrt.

Im Umgang manierlich,
doch nicht zu zierlich.

April, April,
der weiß nicht, was er will.

Zwischen Sarg und Wiege
ist nur eine Stiege.

Glück im Spiel,
Unglück in der Liebe.
Glück in der Liebe,
Unglück im Spiel.

Donner im April
viel Gutes zeigen will.

Allzu spitzig
ist nicht witzig.

5.3.   Redensarten / Wortgruppen

Nicht die Miene verziehen | die Minen springen lassen | das Spiel gewinnen | die
Spitze bieten | bis zur Siedehitze | sich wie im siebenten Himmel fühlen | auf die
Knie zwingen | bis in die Fingerspitzen | die Sinne verwirren | in der Tinte sitzen |
die Stimme des Gewissens ersticken | in den April schicken | leichtsinnig in den
Wind schlagen | sich im Winde biegen | eins hinter die Binde gießen | er lief wie
der Blitz | sich in Sicherheit (Erinnerung) bringen | nichts über die Lippen
bringen | mit Bitten in ihn dringen | etwas mit spitzen Fingern anfassen | wie
ein Fisch schwimmen | um des lieben Friedens willen | sich eine Frist erbitten | still
vor sich hin weinen | über das Ziel hinausschießen | stachlig wie ein Igel | sich in
Schwierigkeiten bringen | die Innung blamieren | den richtigen Instinkt besitzen |
Ironie des Schicksals | sich im Irrtum befinden | in sich hineinkichern | sich lieb
Kind machen | mit ihm ist nicht gut Kirschen essen | sich nicht an den Wimpern
klimpern lassen | die schwierigen Klippen umschiffen | in die Knie sinken | nicht
hinter die Kniffe kommen | mir kribbelt es in den Fingerspitzen | im schiefen
Licht stehen | immer das alte Lied anstimmen | ein Lied davon zu singen wissen |
hinter Schloß und Riegel bringen | wie die Dinge wirklich liegen | wie Blei in den
Gliedern liegen | mir und mich nicht unterscheiden | sich in fremde Dinge
mischen | sich in Mißkredit bringen | keine Mitgift mitbringen | im Mittelpunkt
des Interesses stehen | nicht im geringsten | für nichts und wieder nichts | mit
nichts zufrieden sein | sich nicht genieren | etwas nicht mit Sicherheit wissen |
wider besseres Wissen und Gewissen | sich Gewissensbisse machen | geschichtet
wie die Heringe | auf Nimmerwiedersehen verschwinden | wie es die Pflicht
befiehlt | wie die Pilze aus der Erde schießen | ein Prinzip auf die Spitze treiben |
nichts Richtiges wissen | etwas nicht richtig finden | es schickt sich nicht | sich in
etwas schicken | ein schiefes Gesicht ziehen | diesen Schimpf nicht auf sich sitzen
lassen | das Schlimmste hinter sich bringen | sich geschickt aus der Schlinge
ziehen | es wird sich finden | sich nicht sicher fühlen | Sieg über Sieg erringen |
die Rede mit Zitaten spicken | sich einen Brief nicht hinter den Spiegel stecken |
eine klägliche Figur spielen | giftig wie eine Spinne sein | nicht hieb- und stichfest
sein | sich stiefmütterlich behandelt wissen | wild wie ein Stier sein | sich in einen
stillen Winkel zurückziehen | sich auf die innere Stimme besinnen | klar wie dicke
Tinte | sich an die Stirne tippen | zwischen ihnen ist das Tischtuch entzwei-

geschnitten | die Übersicht verlieren | jemanden mit Blicken verschlingen | sich in einer Idee verspinnen | über etwas viel Tinte verspritzen | sich verziehen | mit ihm ist nicht viel los | sich wichtig finden | sich in Sicherheit wiegen | flink wie ein Wiesel | in Frieden hinziehen | sich in einer Zwickmühle befinden | die Birnen dicke haben | eine Lippe riskieren | nicht viel in die Milch zu brocken haben | mir nichts dir nichts | es gibt mir einen Riß | die Stirne bieten | wie du mir, so ich dir ||

5.4.   Paare

Hieb und Stich | Krieg und Frieden | Brief und Siegel | Sieger und Besiegte | hin und wieder | Schritt und Tritt | Sitz und Stimme | Singen und Klingen | Liebe und Triebe | dir und dich | nie und nimmer | Trinken und Sinken | ich und mich | Kniffe und Pfiffe | Wissen (Pflicht) und Gewissen | „Schminke und Tinte" | von Sieg zu Sieg | verbrieft und besiegelt | immer und wieder ||

6.   Wörter und Wortgruppen

6.1.   [i:] im Anlaut

Ibis Ibykos item Ithaka Iden Ida Ikarus Igel Igor | Ina ihnen ihresgleichen Iris irisch Ilias Ilion | Iwein Isaak Isar Isegrim Isis Island ||

6.2.   [i:] im Inlaut

6.2.1.   [i:] im Inlaut

Pinie spielen piekfein Spiegel | Biese Biwak biegsam Bi-(karbonat u. a.)[118] | tief Stiege Teakholz stieren | Dieb Diva dies Dienstag Diener | Kiesel Kiefer Kilo Kiel | Giebel gierig Gießen Gisa | Mime minus Milan Mieder | Nießbrauch Nieswurz nieder Niete | riechen Ried Riege Riemen | liefern lieb Lid liegen | Fibel viel Fiedel Fiesling | Wiesel wieso wieder-(kommen u. a.)[119] wider-(spiegeln u. a.) wiehern | Siebenschläfer Siedler Siegel Sirup | Schiefer Schienbein schielen Schieds-(mann u. a.) | Hieb hiesig hierfür | -ieren (z. B. studieren)[120] ||

6.2.2.   [i:] vor vokalisiertem /r/[121]

Pier Spier Tapir Bierseidel Tierfang Stier Fakir Gier mir Emir Panier Nierchen Pionier Kurier Trier Vierlinge Saphir wir Klavier Wesir schier hier Zier ||
Pier – Pia, dir – Dia, mir – Mia, Glier – Glia, wir – Via, schier – Schia ||

6.3.   [iː] im Auslaut

Akribie Partie Logopädie Melodie Parodie die nie Ironie Infanterie Ali Vieh
Fotografie wie sie Ski | -ie (z. B. Geographie) ‖

6.4.   [i˙] im Auslaut

Party Mutti Verdi Rowdy Bubi Alibi Leni Heini Toni Alkali Putzi ‖

6.5.   [ɪ] im Anlaut

Imker immanent immerhin Immortelle im-(portieren u. a.) | in-(diskret u. a.)
Inbegriff Indigo Indien individuell Ingenieur Ingrimm Inhaberin Inhalt
innen innig Inschrift Insel Instinkt Institut intelligent inne-(wohnen u. a.)
inzwischen Inter-(esse u. a.) intern Internist | Ilm Iltis illegal Illusion Ill il-
(lustrieren u. a.) | Ibsen Iktus irdisch Iffland Ichthyol Ich-(sucht u. a.) Izmir
Istrien Itzehoe ‖

6.6.   [ɪ] im Inlaut

6.6.1.   [ɪ] im Inlaut

Pilgrim Piste Pinscher Pigment Picknick | bissig bin Binse Bild billig | Tilde
Tip tippeln ticken | Differenz Disput dis-(harmonisch u. a.) Diktat Dill |
Kimmung kichern kindisch Kitt kitzlig | Gipfel giftig Gitter Gig | mißlich
Miß-(lingen u. a.) Minnesinger Milbe mild Milli-(gramm u. a.) Minister mit-
(bringen u. a.) Mitgift | nimmer Nippsachen Nickel nicken | Rippe Rinne Rind
Ritze dringlich | listig Linse Litfaßsäule Lichtblick blindlinks | Findling Finne
Finte Fittich filzig | Wippe Gewissensbisse windig Wildling widmen |
Simplizissimus sichtlich Sinnbild Silber Sittich | schimmeln schimpfen Schiffer
Schinken Schild Schilf schicklich | himmlisch hinderlich hin-(an u. a.) Hilfe
Hinter-(list u. a.) | zimperlich Zipperlein Ziffer Zink Zither | Pfiffikus Pfiffer-
ling | -in (z. B. Königin) -icht (z. B. Dickicht) -lich (z. B. sinnlich) -ig (z. B.
ansichtig) -ling (z. B. Findling) -isch (z. B. irdisch) -nis (z. B. Finsternis) -rich
(z. B. Fähnrich) ‖

6.6.2.   [ɪ] vor [ʃ]

Episch tropisch läppisch täppisch | diebisch weibisch silbisch lesbisch | Tisch
fanatisch apathisch ethisch | neidisch heldisch methodisch modisch | slowa-
kisch neckisch türkisch linkisch | magisch tragisch elegisch logisch | Gemisch
hämisch heimisch komisch | dänisch afrikanisch heidnisch höhnisch | frisch
militärisch kämpferisch räuberisch | bestialisch musikalisch moralisch seelisch |
Fisch äffisch wölfisch höfisch | Wisch | musisch persisch sächsisch physisch |
europäisch viehisch parteiisch ‖

382

6.6.3. [ɪ] vor konsonantischem /r/[122]

Pirmasens | Birgit Birne Birgel | Stirner | Dirham | Kirgise | Girlitz | schmirgeln | nirgends Nirwana nirgendwo | Viertel Firdusi | Wirbel Wirrwarr virtuell quirlig | Hirte | Zirbeldrüse Zirbelkiefer | irden irdisch irgend Irr-(licht, wisch) ||

6.7. [i:] – [ɪ]

6.7.1. [i:] und [ɪ] in Wortpaaren[123]

Minne – Miene, vermissen – vermiesen, Miete – Mitte, Bienen – binnen, bist – Biest, bitten – bieten, picken – pieken, Pips – Pieps, bitter – bieder, wieder – Widder, wirr – wir, sich – siech, nisten – niesten, List – liest, schlief – schliff, Tick – Tieck, Dille – Diele, Stiel – still, stieben – stippen, Ziele – Zille, Ziemer – Zimmer, Zimt – ziemt, Schiff – schief, schippen – schieben, hießen – hissen, gießen – Kissen, girren – gieren, Kinn – Kien, Kippe – Kiepe, Kieme – Kimme, Kissen – kiesen, Ricke – Rieke, Riff – rief, Ritt – riet, Britt – briet, Riß – Ries, im – ihm, ihn – in, irr – ihr, ihrige – irrige, Iren – irren ||

6.7.2. [i:] und [ɪ] in einem Wort

Pinguin | Biertisch Biertrinker Leichenbittermiene | tierisch tiefsinnig | Dienerin dienstwillig diebisch diktieren Diphtherie | Kiebitz Kickindiewelt | gierig | Minnedienst Mimik mißliebig | niedlich niedrig | Riesling riskieren friedlich kriegerisch | Liebfrauenmilch lieblich Liebling liederlich | fiktiv fingieren fixieren viehisch Vierlinge | widerlich Widerrist Widerwille Wißbegier | siebzig Sinfonie sinnieren Siegeswille | Schiedsrichter Schiffskiel Schieferstift | hiesig Hilfsdienst hinbiegen | ziemlich Zivilliste zierlich | Immobilien Imperativ imponieren impulsiv | indisponiert infiltrieren informieren inhalieren inklusive inserieren installieren intensiv interpretieren intim Intrige Invalide ||

6.8. [ɪ]/[i:] – [ʏ]/[y:]

6.8.1. [ɪ] oder [i:] und [ʏ] oder [y:] in Wortpaaren

Müller – Miller, Minze – Münze, Minden – münden, Mieze – Mütze, missen – müssen, mieten – Mythen, Binde – Bünde, Bitte – Bütte, Biene – Bühne, gebührt – gebiert, spülen – spielen, findig – fündig, First – Fürst, vier – für, fielen – fühlen, Schwüle – Schwiele, wühlen – Willen, sieden – Süden, sichtig – süchtig, sinnen – sühnen, Nisse – Nüsse, Kniffe – Knüffe, Liste – Lüste, liegen – lügen, Flüge – Fliege, glüht – Glied, diese – Düse, dienen – Dünen, dingen – düngen, Dünger – Dinger, dürr – dir, Tür – Tier, Stiele – Stühle, Tip – Typ, besticken – bestücken, Ziegel – Zügel, Ziege – Züge, zücken – Zicken, schieden – schütten, Schieler – Schüler, Hindin – Hündin, Hirte – Hürde, Kiel – kühl, kühn – Kien, Kissen – küssen, Kiste – Küste, Gier – Kür, Kiefer – Küfer, grünen – grienen, Rüben –

rieben, Riemen – rühmen, Riege – Rüge, trübe – Triebe, Gericht – Gerücht, berüchtigt – berichtigt, Brillen – brüllen, Sprünge – springe ‖

6.8.2. [ɪ] oder [i:] und [ʏ] oder [y:] in einem Wort

Bückling bündig Bürgerin Bühnenbild | tüchtig typisch natürlich | Dümmling dürftig | Küstrin künftig Kürbis Künstlerin | gültig begünstigen | Mützenschirm Müllerin mündlich Mythologie mystisch mündelsicher | Rück-(sicht, spiel) Frühling Rückenwind | lyrisch Flüchtling Glücks-(pilz, spiel) | Fürbitte Füchsin Füchse | Wüterich Wüstling Wüstenschiff | Sünderin Südwind | Schürzen-(kind, zipfel) | Hündin hügelig | züchtig zünftig | Über-(schrift, sicht) üppig über-(glücklich, wintern) ‖
Spießbürger | bildhübsch Birkengrün Bilderstürmer Bindegürtel | tiefschürfend Stimm-(Stil-)übung | kindertümlich Kirschblüte Kirchenschlüssel | Mittelstürmer mißgünstig Milchschüssel Mitgefühl | nimmermüde Knieschützer | liebenswürdig Freilichtbühne Lindenblüte Pflichtgefühl | Fingerspitzengefühl figürlich | Willkür Wind-(flüchter, mühle) | Schildbürger Schiebetür Schießprügel Schirmmütze Schiffsführer | Himmelsschlüssel hilfsbedürftig hintergründig hinüber | Zimmerschlüssel | Insektenrüssel irrtümlich Immergrün ‖

6.9. [ɪ] – [ɛ]

6.9.1. [ɪ] und [ɛ] in Wortpaaren

Bitten – Betten, Pinne – Penne, Fichten – fechten, Filz – Fels, Wille – Welle, Wicke – Wecke, Wischer – Wäscher, Silber – selber, nicken – necken, Nisse – Nässe, schippern – scheppern, Schinken – schenken, Schilf – Schelf, Schinkel – Schenkel, Rist – Rest, bin – Ben, Binz – Benz, Mitte – Mette, Sinn – Senn ‖

6.9.2. [ɪ] und [ɛ] in einem Wort

Besserwisser Bett-(himmel, zipfel) bildkräftig Bild-(fläche u. a.) Binnengewässer Blechkiste Blickfeld Brech-(Deckungs-)mittel Blindgänger Bremslicht brenzlig Brillengestell Deckanschrift Denk-(hilfe, schrift) deftig Denkerstirn Despotismus Destille Film-(festival, kassette, sternchen) Dichtemesser dichtgedrängt Dickerchen dickfällig different Diskette Dreckfink Dressing Drittkläßler Filzdecke fingerfertig ‖

/e/, /ɛ/, /ɛ:/, [ə]

/e/

Enges e (ungerundeter mittelhoher Vorderzungenvokal)

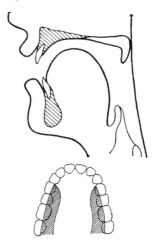

1.   Bildungsweise

Die Lippen sind locker von den Zähnen abgehoben und oval (halbweit) geöffnet (fast Lächeleinstellung, aber die Lippen nicht breitspannen und
an die Zähne ziehen). Der Zahnreihenabstand ist
gering. (Lippenöffnung und Zahnreihenabstand
sind etwas größer als beim *engen i*, vgl. /i/,
S. 374). Der vordere Zungenrand hat Kontakt
mit den lingualen Flächen der unteren Frontzähne; der vordere Zungenrücken ist zum vorderen Hartgaumen aufgewölbt; die seitlichen Zungenränder liegen an den palatinalen Flächen der
seitlichen oberen Zähne, deren Zahndämmen und
dem Hartgaumen. Das Gaumensegel ist gehoben.

/ɛ/

Weites *kurzes e* (ungerundeter mittelhoch-verminderter Vorderzungenvokal)

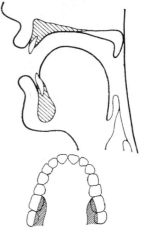

1.   Bildungsweise

Im Unterschied zum *engen e* ist die Lippenöffnung größer (Oberlippe gering vorgerundet,
Mundvorhof); mittlerer Zahnreihenabstand; die
Aufwölbung des vorderen Zungenrückens zum
vorderen Hartgaumen ist vermindert; die seitlichen Ränder der Mittel- und Hinterzunge liegen
an den palatinalen Flächen der oberen Back- und
Mahlzähne, deren Zahndämmen und dem Hartgaumen.

/ɛ:/

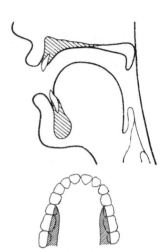

Weites langes e (ungerundeter mittelhoch-verminderter Vorderzungenvokal)

1. Bildungsweise

Im Unterschied zum *weiten kurzen e* sind Lippenöffnung und Zahnreihenabstand geringer, jedoch etwas größer als beim *engen e.*

[ə]

Schwachtoniges e (ungerundeter mittelhoher Mittelzungenvokal)[124]

1. Bildungsweise

Die Lippen sind gering von den Zähnen abgehoben und angedeutet oval geöffnet (Oberlippe gering vorgerundet); der Zahnreihenabstand ist gering (Lippenöffnung und Zahnreihenabstand richten sich im übrigen nach der Lautumgebung). Der vordere Zungenrand hat Kontakt mit den lingualen Flächen der unteren Frontzähne; der mittlere Zungenrücken ist mäßig zum Hartgaumen aufgewölbt; die seitlichen Ränder der Mittel- und Hinterzunge berühren die palatinalen Flächen der oberen Back- und Mahlzähne und deren Zahndämme (die gering gewölbte, breitflächige Zunge ist spannungslos). Das Gaumensegel ist gehoben.

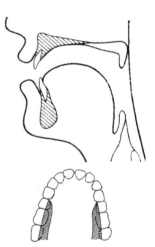

Das *schwachtonige e* ist artikulatorisch also nur schwach ausgeprägt, Lippenform und Zungenstellung kommen ihrer Ruhelage nahe, so daß eine indifferente Klangfarbe zwischen den *ö*- und *e*-Klängen entsteht.

2. Bildungsfehler und Abweichungen

2.1. Kurzes weites *e* wird zu offen gesprochen, dem kurzen [a] genähert. Besonders häufig tritt dies bei der Schreibung *ä* auf; denn man ist der irrigen Meinung, die unterschiedliche Schreibung müsse auch in der Lautung berücksichtigt werden, (die) *Kälte* und (der) *Kelte* unterscheiden sich lautlich nicht.

2.2. Besonders in der niederalemannischen, schwäbischen und obersächsischen Sprachlandschaft wird langes enges *e* häufig zu langem weitem *e* ([ɛ:]): *Ehre > Ähre, leben* ['le:bm̩] wie ['lɛ:bm̩] (oder sogar wie [lɛ:m]). An diesem Laut ist so gut wie keine artikulatorische Formung bzw. Spannung zu beobachten.

2.3. Im ostmitteldeutschen und oberdeutschen Sprachgebiet (besonders auffällig im Schwäbischen) wird andererseits langes enges *e* auch mit auffälligem /i/-Nachklang gesprochen, das [e:] wird diphthongiert, z. B. *lesen* ['le:zn̩] etwa wie ['le̯i·zn̩], vgl. 2.10.(Vgl. /o/, /ɔ/, 2.3., S. 418; /ø/, /œ/, 2.2., S. 440; /y/, /ʏ/, 2.3., S. 447.)

2.4. Langes enges *e* wird zu geschlossen (gespannt) gesprochen, dem langen engen *i* genähert, *leben* klingt fast wie *lieben*.

2.5. Das kurze unbetonte *e* (schwachtonige [ə]) in den unbetonten Vorsilben *be-, ge-* wird in oberdeutschen Regionen kurz eng [e] (wie in *Theater*) gesprochen bzw. kurz weit. Die gänzlich unbetonte Nebensilbe erhält einen Nebenton.

2.6. Schwachtoniges *e* der unbetonten Endungen *-el, -em, -en* wird volltonig gesprochen, entweder kurz weit oder übertrieben weit (breit), teilweise wie kurzes weites *ö*. Der Hauptton, der in der deutschen Sprache in der Regel auf der Stammsilbe (in einfachen Wörtern die erste Silbe) liegt, wird abgeschwächt (verliert an Nachdruck); dafür erhält die unbetonte Silbe einen deutlichen Nebenton, statt *haben* ['ha:bm̩] – ['ha:ˌbɛn] oder ['ha:ˌbœn].

2.7. In den Endungen *-el, -em, -en* wird das schwachtonige *e* stets unterdrückt; die Endsilben werden verstümmelt; der Vokal der Stammsilbe wird umgefärbt: *herbem* ['hɛʀbəm] entwickelt sich zu ['hɛʀm̩] oder [hɛ̯ɐ̯m], denn häufig gleicht sich der Lippenlaut [b] dem folgenden [m] an; und statt *sagen* ['ʐa:gŋ̍] hört man ['ʐa:ŋ̍].

2.8. Das lange weite *e* wird nicht weit, sondern eng gesprochen (also wie langes enges *e*), aus: *ohne Gewähr* wird *ohne Gewehr*. Im Niederdeutschen ist diese Vertauschung allgemein üblich. Von manchen Sprechern wird langes enges *e* statt des langen weiten bewußt verwendet, um das angeblich „ordinäre" [ɛ:] zu meiden.

2.9.   Übertrieben offene (breite) Aussprache des [ɛ:], etwa wie [æ], die auf zu starke Unterkiefersenkung zurückzuführen ist.

2.10.   Das [ɛ:] wird (v. a. in Schwaben) durch flüchtigen Nachklang eines schwachtonigen *i* oder *e* zu einem Zwielaut entwickelt, *näseln* ['nɛ:zln̩] zu etwa ['nɛ:ɪzln̩] oder ['nɛ:əzln̩]. Die Ursache liegt in Lippenbreitzug, zu engem Zahnreihenabstand und starkem Aufwölben des Vorderzungenrückens gegen den vorderen Hartgaumen (in der zweiten Phase), vgl. 2.3.

2.11.   Unter dem Einfluß von folgendem *r* werden langes enges *e* weit (offen) und kurzes weites *e* lang gesprochen, z. B. *Meer* [me:ɐ̯] wie [mɛ:a], *Berg* [b̥ɛʀk] wie ['b̥ɛ:ak]. Vgl. /r/, 2.3., S. 230.

3.   Abhilfevorschläge

3.1.   (zu 2.1., 2.2.)

Für kurzes weites *e* Unterkiefersenkung kontrollieren und ovalrunde Lippenform beachten. Den kleineren Zahnreihenabstand durch Konsonanten mit geringem Zahnreihenabstand wie [f], [v], [z], [ç], [j] unterstützen, Beispiele wie: *Sessel, fest, Weste, Semmel, sächlich, fechten, September* u. ä. (vgl. /f/, /v/, /z/, /ç/, /j/, jeweils 6.1.). Kurzes weites *e* im Anlaut noch zurückstellen und zunächst gegenüberstellen: *Mäntel – Mantel, Welt – Wald* usw. (vgl. 6.8.1., S. 400).

Die Gegenüberstellung erweitern um Wortpaare mit langem engen und langem weiten *e*, hier auch die Anlautposition berücksichtigen: *Beeren – Bären, denen – Dänen ... Ehre – Ähre, Esel – äsen* usw. (vgl. 6.12.1., S. 401 f.). Beim langen engen *e* auf flachrunde Lippenöffnung, etwa fingerbreite Unterkiefersenkung und steiles Aufrichten des Zungenrückens zum vorderen Gaumen achten (Spiegelhilfe!). Die gleiche Sorgfalt auf langes enges *e* im Auslaut verwenden: *See, Fee, geh* ... (vgl. 6.3., S. 398). Für den relativ engen Zahnreihenabstand wieder [z], [f], [v], für das Hochspannen des vorderen Zungenrückens [j], [ç], auch [k], [g] und dorsales [n], [t] verwenden (aber vorerst nur im Anlaut, da sonst durch eventuell zu engen Zahnreihenabstand bzw. zu starkes Hochwölben des Zungenkörpers beim *e* /i/-Nachklang entstehen könnte), folglich: *Seele Fehde Wedel ... Jena chemisch Kelim Geisha Nehrung Thema* u. ä. Dann erst Beispiele, in denen auf [e:] dorsale bzw. Konsonanten mit geringem Zahnreihenabstand folgen, wie: *Sesenheim Wesen wem ewig Efeu Esel; Segen fegen gegen Ekel* usw. mit schneller energischer Umstellung der Artikulatoren (keine gleitende Veränderung) auf den folgenden Laut. Zu Beginn eventuell an der Silbenfuge pausieren: *Se-senheim We-sen* usw.

3.2.   (zu 2.3.)

Diese eigentümliche Diphthongierung entsteht durch eine Gleitbewegung der Artikulatoren: allmähliches Verringern des Unterkieferabstandes und zu starkes Hinaufsteigen des Vorderzungenrückens, häufig bei Lippenbreitzug. Sie läßt sich am ehesten bei [e:] im Auslaut vermeiden: *Lee Klee Gelee ...* (vgl. 6.3., S. 398). Bemühen Sie sich, die artikulatorische Einstellung für enges *e* über den Laut hinaus beizubehalten! Beim [e:] im An- und Inlaut (anfangs in offener Silbe) auf nachdrückliche Wortbetonung und gradlinige Stimmführung achten: *edel Edith Eden ...* (vgl. 6.1., S. 398); *Pegel beten Sehne* usw. (vgl. 6.2.1., S. 398). Die Gegenüberstellung von [e:] und [i:] hier gleichfalls einbeziehen, in Wortpaaren: *Egil – Igel, Eden – Iden ...*, und in einem Wort (vgl. 6.7.1., 6.7.2., S. 400). U.U. trägt energische, bestimmte Sprechweise mit dazu bei, die unerwünschte Diphthongierung zu unterbinden. Hilfreich ist unbedingt, auf [e:] anfangs besonders apikale Konsonanten folgen zu lassen (v. a. /t, d; n, l/), damit die Artikulatoren schnell, entschieden und genau, eben ohne Gleitbewegung, auf den folgenden Konsonanten eingestellt werden können (vgl. 3.7.).

3.3.   (zu 2.4.)

Zahnreihenabstand und Zungenspannung kontrollieren, entspanntere Sprechweise anstreben. Besondere Übungen für [e:] siehe unter 3.1. und 3.2.

3.4.   (zu 2.5., 2.6.)

Diese Überbeachtung unbetonter Affixe tritt sowohl bei Sprechern mit mundartlicher Orientierung wie als individuelle Variante auf. Man stellt sie auch bei etwas gespreizter („frisierter") Sprechweise fest. Sie wird im allgemeinen als hyperkorrekt empfunden und lenkt außerdem die Aufmerksamkeit des Kommunikationspartners auf schwerfälligen Sprechfluß und -rhythmus.

Die Stammsilben sind nachdrücklich zu betonen, z. B. *Gehabe* [g̊ə'haːbə], *haben* ['haːbm̩], evtl. durch körperliche Unterstützung (z. B. Klopfen, Kopfneigen).

Zum anderen muß die Artikulationsmuskulatur für [ə] wirklich entspannt sein, z. B. in der Vorsilbe *be-* nicht durch übertriebenes Vorstülpen und Runden der Lippen das [ə] dem [œ] angleichen, oder bei *ge-* durch übertriebenes Hochspannen des Mittelzungenrückens ein enges *e* bilden. Die für /b/ aktivierten Lippen müssen sofort und entspannt in die Öffnungsstellung zurückkehren, die für /g/ gespannte Zunge muß schnell entspannt werden.

Insbesondere für die besagten Endungen Aussprachehinweise beachten (vgl. 4., S. 392), nach denen in flüssigem affektbetontem Sprechen das schwachtonige *e* häufig elidiert werden und der auslautende Konsonant silbisch auftreten kann.

Vielleicht ist es angebracht, das [ə] gelegentlich isoliert zu üben: Wir machen ein erstauntes Gesicht, bei dem der Unterkiefer locker herabhängt („da bleibt einem vor Staunen der Mund offen") und die Zunge breitflächig im Unterkiefer liegt. Versuchen Sie es nur, auch wenn Ihnen Ihr Gesicht im Spiegel u. U. sehr einfältig erscheint; es ist übrigens gar nicht so einfach, sich derart zu entspannen.

3.5.   (zu 2.7.)

Aussprachehinweise beachten!
Vergegenwärtigen wir uns, daß hier eine Silbe vorliegt, die erhalten bleiben muß; es sei in diesem Zusammenhang zunächst dahingestellt, ob mit Endsilben-[ə] oder ohne, so daß z. B. der auslautende Konsonant silbisch auftritt.

Zwar ist diese Silbe gänzlich unbetont, aber sie hat – wenn auch geringe – Zeitdauer. Führt uns der Vorsatz nicht zum Ziel, die Zwei- oder Mehrsilbigkeit durch leichte Pausierung, starke Betonung der Stammsilbe, präzise Bildung des Stammvokals, Wahrung der Betonungsabstufungen und der Zeitdauer zu beachten (z. B. *grö-ße-ren*) sowie durch sorgfältige Aussprache des silbenanlautenden Konsonanten, dann versuchen wir den Ausfall des schwachtonigen *e* bzw. das Verschleifen der Endung dadurch zu verhindern, daß wir die an sich unbetonte Silbe nebentonig beschweren (*hérbèm, lähmèn*). Dabei darf jedoch aus dem Endsilben-[ə] weder ein kurzes weites *e* ([ɛ]) noch ein kurzes weites *ö* ([œ]) werden.

Haben wir die umgangssprachliche „Verstümmelung" (z. B. statt *leben* ['le:bm̩] – [lɛ:m]) beseitigt, „bauen" wir diesen nur zu Übungszwecken verwendeten Nebenton selbstverständlich wieder ab, achten aber weiterhin auf sorgfältige Artikulation des Stammvokals und des anlautenden Konsonanten der Endsilbe und die dynamische Hervorhebung der Stammsilbe bzw. bei Wortzusammensetzungen auf den Hauptakzent (vgl. 3.4.).

3.6.   (zu 2.8., 2.9.)

Auch hier langes weites *e* dem langen engen *e* gegenüberstellen: *Bären – Beeren, Dänen – denen* … (vgl. 6.12.1., S. 401 f.). Für [ɛ:] hochrunde Lippenstellung und anfangs fast daumenbreiten Unterkieferabstand beachten (aber nicht übertreiben, zu starke Zungenspannung mit steilem Aufrichten der Vorderzunge vermeiden!), dagegen [e:] mit flachrunder Lippenform, engerem Zahnreihenabstand und starker Zungenspannung nach vorn-oben bilden.

Zur Unterstützung der angedeuteten Lippenvorrundung verwenden wir /p/ und /b/, die wir mit gleichsam „greifender" Tendenz (auf die Trinkstellung der Lippen) sprengen, und /ʃ/: *bäh Bär …, Pärchen spät … Schäre schäkern* usw. (vgl. 6.10.1., S. 401). Nicht den Vorderzungenrücken gegen den vorderen Hartgaumen wölben, denn sonst kann trotz weiterer Mundöffnung enges *e* entstehen.

Und mit Hilfe der *Pleuelübung* (S. 112 f.) sollten wir uns immer wieder um die Aktivierung und um die Wahrnehmung nuancierter Zungenspannung und -bewegung bemühen.

3.7. (zu 2.10.)

Wir beginnen mit [ɛ:] im Auslaut. Achten Sie darauf, daß die weite Mundstellung nicht eingeengt und die Aufwölbung des Vorderzungenrückens nicht zu steil wird, daß diese Einstellung der Artikulationsorgane über den Laut hinaus erhalten bleibt: *jäh zäh* ... (vgl. 6.11., S. 401). Langes weites *e* ([ɛ:]) im An- und Inlaut (in offener Silbe) sprechen wir zunächst mit kleiner Pause an der Silbenfuge unter Beachtung des oben Gesagten: *Ä-dil Ä-ther* ... (vgl. 6.9., S. 401); *schä-len jä-ten* ... (vgl. 6.10.1., S. 401). Wortbeispiele, in denen der auf [ɛ:] folgende Konsonant den [ɪ] oder [ə]-Einschub durch Lippen- und Kiefernähern ([s], [z], [f], [v], auch [m], [p], [b]) bzw. Hochspannen der Vorderzungen ([ç], [s], [z]) begünstigen könnten, stellen wir noch zurück (z. B. *Häschen, Hähnchen, Gläser, sträflich, Häwelmann, sämig, Säbel; Gespräch*). Um die Gleitbewegung zu unterbinden, üben wir mit [ɛ:] in offener Silbe vor anlautendem Vokal, vor apikalem [ʃ], [l], [n], [t] oder [d], die wir anfangs wieder durch eine kleine Pause vom [ɛ:] trennen: *Ä-olsharfe Ä-on Ä-schylus* ... *allmäh-lich Dä-ne tä-tig Schä-den* .... Dann *Äolsharfe, allmählich; glä-sern, Tä-felung, hä-misch, schä-kern, Nä-gel; gläsern, Täfelung* usw. mit schneller präziser Umstellung der Artikulationsorgane auf den folgenden Laut.[125] Auf bestimmte Sprechweise mit nachdrücklicher Akzentuierung und gradlinigem Melodieverlauf bedacht sein (vgl. 3.2.).

3.8. (zu 2.11.)

Vgl. /r/, 3.3., S. 233.

4. Aussprache

4.1. **Lang eng,** wie in *Beet*

a) bei Schreibung *ee* oder *eh*: *Leere, Meer, See; Lehre, mehr, Reh*
b) bei Schreibung *e* in betonter offener Silbe: *je, Leben*
c) bei Schreibung *e* in betonter Silbe vor einfachem Konsonanten, wenn in flektierten Formen des Wortes das *e* in offener Silbe steht: *Weg, schwer.*

4.2. **Kurz weit,** wie in *Bett*

a) bei Schreibung *e* oder *ä* vor Doppelkonsonanz, mehreren Konsonanten sowie vor *ng* und *sch*: *Welle, Kelte, Held, Kern, hetzen; Strenge, eng; fesch, Esche; Wälle, Kälte, hält, Hälfte, ätzen; Stränge; Gewäsch, Wäsche*
b) in der unbetonten Vorsilbe *ent-*: *entbehren.*

4.3.   **Lang weit,** wie in *wählen*

a) bei Schreibung *äh: jäh, Ähre*
b) bei Schreibung *ä*[126] in betonter offener Silbe: *jäten, säbeln*
c) für *ä* in betonter Silbe vor einfachem Konsonanten, wenn in flektierten Formen des Wortes das *ä* in offener Silbe steht: *Bär, sät.*

Ausnahmen und *Schwankungen*: s. GWDA (1982, 35).

4.4.   **Schwachtonig** (kurz unbetont), wie in *Tonne*

a) für *e* im unbetonten Wortauslaut: *Dame, Lippe*
b) in den unbetonten Vorsilben *be-, ge-: beladen, Gehalt.*
c) Die Realisation des schwachtonigen *e* in den unbetonten Endsilben auf *-en, -em, -el* wird vom vorausgehenden Laut mitbestimmt. Außerdem ist sie vom Wesen der sprachlichen Äußerung, ihrer Sprechforderung und von der Sprechsituation abhängig.[127] Wenn z. B. in ungebundener, flüssiger affektbetonter Rede das schwachtonige *e* elidiert wird, so liegt nicht etwa sprachlicher Verfall, Formstufenschwund vor, sondern es handelt sich um einen ökonomischen Assimilationsvorgang, der nicht erst jüngeren Datums bzw. landschaftsgebunden ist.

In der Endung **-en** muß nach den Nasalen [m], [n], [ŋ] (z. B. *brummen, weinen, singen*), nach /r/ (*fahren*) und [l] (*fehlen*) sowie den Monophthongen und Diphthongen (*säen, hauen*) das schwachtonige *e* gesprochen werden, während es nach Reibe- und nach Verschlußlauten, sprechsituativ bedingt, häufig ausfällt.

So kann nach Reibelauten die Endung *-en* als silbisches [n̩] realisiert werden (z. B. *reißen, reifen* wie ['ʀaɛsn̩], ['ʀaɛfn̩] bzw. ['ʀaɛfm̩]). Die Verschlußlaute verwandeln sich in die entsprechenden „Nasenlöselaute", unmittelbar auf die nasale Verschlußlösung folgt nach [b], [p] silbisches [m̩] und nach [g], [k] silbisches [ŋ̍], z. B. *lieben, Lappen* wie ['li:bm̩], ['lapm̩]; *Hagen, Haken* wie ['hɑ:gŋ̍], ['hɑ:kŋ̍].

In der Endung **-em** darf der Ausfall des schwachtonigen *e* nur nach Reibelauten eintreten (*heißem, leisem, hübschem, reichem, flachem, reifem* wie ['haɛsm̩], ['laɛzm̩], ['hʏpʃm̩], ['ʀaɛçm̩], ['flaxm̩], ['ʀaɛfm̩].

In der Endung **-el** muß das schwachtonige *e* nach Monophthongen, Diphthongen, nach [l] und /r/ realisiert werden, z. B. *Knäuel, Varel.*
Nach Reibe- und nach Verschlußlauten sowie nach Nasalen darf das Endsilben-*e* ausgestoßen werden, so daß *-el* als silbisches [l̩] auftritt (*Meißel, Gemengsel, Büschel, Kachel* wie ['maɛsl̩], [gə'mɛŋzl̩], ['bʏʃl̩], ['kaxl̩]; *Übel, Erpel, Mündel, Mittel, Vogel, Winkel* wie ['y:bl̩], ['ɛʀpl̩], ['mʏndl̩], ['mɪtl̩], ['fo:gl̩], ['vɪŋkl̩]; *Primel, Tunnel, Angel* wie ['pʀi:ml̩], ['tʊnl̩], ['aŋl̩]).

5. Aussprüche und Sätze

5.1. Geflügelte Worte / Dichtung

Ewig wechselt der Wille den Zweck und die Regel (Schiller) | Es gibt auch im Leben des Meeres keine ewigen Felsen (Ricarda Huch) | Der jeden ehrt, der ist Ehren wert (Chr. Lehmann) | Lieber ein Ende mit Schrecken, als ein Schrecken ohne Ende (Schiller) | In jedem Menschen ist etwas von allen Menschen (Lichtenberg) | Dem Menschen ist ein Mensch immer noch lieber als ein Engel (Lessing) | So sehr auch der Mensch für den Menschen das erste und wichtigste ist, so gibt es gerade nichts gegenseitig mehr Beschränkendes als die Menschen, wenn sie, enge zusammengedrängt, nur sich im Auge haben (Wilhelm v. Humboldt) | Vieles kann der Mensch entbehren, nur den Menschen nicht (Börne) | Was kann der Mensch auf Erden besseres tun, als zu lernen, Mensch zu sein! (Wilhelm v. Humboldt) | Die Menschen sind, trotz allen ihren Mängeln, das Liebenswürdigste was es gibt (Goethe) | Ernst liegt das Leben vor der ernsten Seele (Schiller) | Die Rebe wächst am edelsten, wo sie sich wehren muß (Bertram) | Mensch werde wesentlich: denn, wenn die Welt vergeht, so fällt der Zufall weg, das Wesen, das besteht (Silesius) | Ein edler Mensch zieht edle Menschen an und weiß sie festzuhalten (Goethe) | Ein edles Herz bekennt sich gern von der Vernunft besiegt (Schiller) | Man bessert das Menschengeschlecht, wenn man die Jugend bessert (Leibniz) | Das Leben lehrt jedem, was er sei (Goethe) | Herb ist des Lebens innerster Kern (Schiller) | Der Zweck des Lebens ist das Leben selbst (Goethe) | Der Mensch ist des Menschen erster und vorzüglichster Lehrer (Herder) | Der Lehrer ist nie fertig (Diesterweg) | Denn ich bin ein Mensch gewesen, und das heißt ein Kämpfer sein (Goethe) ‖

Man soll nie die Bärenhaut verkaufen, bevor man den Bären erlegt hat (La Fontaine) | Die mit Tränen säen, werden mit Freuden ernten (Bibl.) | Frevel ist's, den edlen Mann zu schmähen im Tode (Sophokles) | Die Träne quillt, die Erde hat mich wieder (Goethe) | Die Tränen sind des Schmerzes heilig Recht (Grillparzer) | Wohl dem, der seiner Väter gern gedenkt (Goethe) | Über Gräber vorwärts! (Goethes Wahlspruch) | Man muß die Stimmen wägen und nicht zählen (Schiller) | „Der Widerspenstigen Zähmung" (Shakespeare) | Es wehen zärtliche Lüfte mich an (Hölderlin) | Erwägen! Erwägen! Ich erwäge, daß hier nichts zu erwägen ist (Lessing) | Der Grundfehler des Menschen ist Trägheit. Er untergräbt in tausend Formen unser Wohlsein (Feuchtersleben) | Es ist nichts als die Tätigkeit nach einem bestimmten Ziel, was das Leben erträglich macht (Schiller) | Tätigkeit bedingt das Leben des Menschen; ja das Leben ist nichts anderes als Tätigkeit (Feuchtersleben) | Wer Tränen ernten will, muß Liebe säen (Schiller) ‖

Vater werden ist nicht schwer,
Vater sein dagegen sehr. (Busch)

Ach Schwesterchen in der Höh,
wie tut mir doch mein Herz so weh
in dieser tiefen See! (Grimms Märchen)

Aller Menschen Sinn und Mut
geht auf Ehre, Geld und Gut,
und wenn sie's haben und erwerben,
dann legen sie sich hin und sterben! (Hausinschrift)

O weh dir, Welt, wie schlimm du stehst!
Was du für Dinge jetzt begehst,
die ohne Schmerz kein Edler mag ertragen. (Walther v.d. Vogelweide)

Doch werdet ihr nie Herz zu Herzen schaffen,
wenn es euch nicht von Herzen geht. (Goethe)

Auch hab ich weder gut noch Geld,
noch Ehr und Herrlichkeit der Welt. (Goethe)

Der stumpfe Bursche bläht sich,
das steife Mädchen dreht sich. (Goethe)

Da muß sich manches Rätsel lösen,
doch manches Rätsel knüpft sich auch. (Goethe)

Ihm ist, als ob es tausend Stäbe gäbe
Und hinter tausend Stäben keine Welt. (Rilke)

Leichter träget, was er träget,
wer Geduld zur Bürde leget. (Logau)

5.2.   Sprichwörter / Sprichwörtliches / Spruchweisheit

Wer sich unter die Treber mengt, den fressen die Schweine | Unter schlechtem
Kittel schlägt oft das beste Herz | Dem Ärgsten gibt man das Beste | Neue Besen
kehren gut | Die Ersten werden die Letzten sein | Geben ist seliger denn Nehmen |
Ehre, dem Ehre gebührt | Selber essen macht fett | Wer sein Herz dem Ehrgeiz
öffnet, verschließt es der Ruhe (Chin.) | Ehrlich währt am längsten | Fünf Ämter,
sechs Mängel (Finn.) | Wer der Erste, der der Beste (Poln.) | Keiner ist mehr als
Mensch (Toskan.) | Der Mensch ist dem Menschen Verderben (Poln.) | Den Tod
segnest du weder weg, noch betest du ihn weg (Poln.) | Fremd ist elend | Je
strenger die Gesetze, je schlechter die Menschen | Unser Leben ist Lernen und
Vergessen | Ein magerer Vergleich ist besser als ein fetter Prozeß | Wer sich zum
Esel macht, dem will jeder seine Säcke auflegen | Ein Fehler, den man erkennt, ist
schon halb gebessert ||

Wenn sich der Bär will mästen, so schläft er | Die trägsten Tiere haben das zähste Leben | Mäßiges Glück währt am längsten | Wer im Frühjahr nicht sät, wird im Spätjahr nicht ernten | Frühe Saat trägt oft, späte nimmer | Wer zu spät kommt, hat das Nachsehen | Gut Gespräch kürzt den Weg | Trägheit ist des Teufels Kopfkissen (Holländ.) | Der Verrat fällt auf den Verräter zurück | Der Mensch verschläft viel Ungemach | Ehrlich währt am längsten | Leere Ähren stehen aufrecht | Zu jäh bringt Weh | Wie du säst, so wirst du ernten | Untreue schlägt ihren eigenen Herrn | Die Trägen finden Not allerwegen | Wenn es nicht Tränen gäbe, würden die Rippen verbrennen (Arab.) | Nächstenliebe ist die erste Tugend | Faule Schäfer haben gute Hunde | Wer sich leicht schämt, sündigt schwer (Talmud) | Besser spät als gar nicht | Tätigkeit ist des Lebens Salz ||

Finden und verhehlen
ist so gut wie stehlen.

Wer entbehrt der Ehre,
dem fehlt die beste Wehre.

Ehr' und Geld
treibt alle Welt.

Verloren Ehr'
kehrt nimmermehr.

Wer den Pfennig nicht ehrt,
ist des Talers nicht wert.

Andere Städtchen,
andere Mädchen.

Ich habe gesät,
ein andrer mäht.

Was sich soll klären,
das muß erst gären.

Wer gut schmert,
der gut fährt.

Pack schlägt sich,
Pack verträgt sich.

Müßige Mädchen
spinnen schlimme Fädchen.

Wer sich wehrt,
behält sein Pferd.

Märzenschnee
tut Saaten weh.

Man läßt ihn sprechen, man läßt ihn stechen;
es ist ein Vogel und ein Gebrechen. (Rätsel)

Der Lehrer wird hoch geehrt,
der selber tut, was er anderen lehrt.

Leben ohne Denken
ist Dürsten ohne Schenken.

Fallender Nebel und Nebelregen
schönes Wetter zu machen pflegen. (Bauernr.)

Der wohl sät,
der wohl mäht. (Bauernr.)

Ein bißchen zu spät
ist viel zu spät. (Spr. im Berliner Rathaus)

Des Menschen Freien,
sein Verderben oder Gedeihen.

Wer seine Muttersprache redet wie ein Pferd,
der ist Verachtung wert.

Juniregen
bringt reichen Segen. (Bauernr.)

Lichtmeß im Klee,
Ostern im Schnee.

Vorgesehen
ist besser als nachgesehen.

Geloben ist ehrlich,
halten beschwerlich.

Jung gelehrt,
alt geehrt.

Je mehr Ehr,
je mehr Beschwer.

Alles vergeht,
Tugend besteht.

Der sich ehrt,
der sich wehrt.

Besser den Magen verrenkt,
als dem Wirt was geschenkt.

Einen Kuß in Ehren
kann niemand verwehren.

Zeit und Geld
gewinnt die Welt.

Eigener Herd
ist Goldes Wert.

Ehr, Lehr, Wehr,
kein Mann braucht mehr.

5.3. Redensarten / Wortgruppen

Goldene Berge versprechen | Berge versetzen | 'nen Besen fressen | hier ist die Welt
mit Brettern vernagelt | einem einen Denkzettel geben | Dreck am Stecken haben |
jemandem geht es dreckig | ins Elend gehen | etwas nach der Elle messen |
zänkisch wie eine Elster | nicht von schlechten Eltern sein | der Esel in der
Löwenhaut | vom Pferd auf den Esel kommen | zu Essig werden | fechten gehen |
in die Federn gehen | das Fell gerben | Fersengeld geben | vom Fette zehren | das
Herz auf dem rechten Fleck haben | auf den rechten Fleck treffen | den Fleck
neben das Loch setzen | die bessere Hälfte | (nicht) mit leeren Händen kommen |
alle Hebel in Bewegung setzen | den Kelch bis auf die Hefe leeren | seinen Senf
dazugeben | wo brennt's denn? | eine Bresche legen | bei jemand ins Fettnäpfchen
treten | ein Herz und eine Seele | patenter Kerl | das Herz geht ihm wie ein
Lämmerschwänzchen | Lehrgeld geben | einem den Text lesen | jemanden ins
Gebet nehmen | das Messer an die Kehle setzen | mit dem kann man Pferde
stehlen | das bringen keine zehn Pferde fertig | einen Scheffel Salz mit jemandem
gegessen haben | in die Schere nehmen | den Wind aus den Segeln nehmen | auf
Stelzen gehen | in ein Wespennest stechen | durch Abwesenheit glänzen | vor
leeren Bänken predigen | seine Ehre beflecken | eine nette Bescherung | flehend
die Hände erheben | leeres Gerede | wie er geht und steht | im Wege stehen | aus
dem Wege gehen | verkehrtes Wesen | an allen Ecken und Enden | mit schwerem
Herzen | der Ernst des Lebens | zu Recht bestehen | eine Seele von Mensch | das
letzte Hemd weggeben (-nehmen) | Gespenster sehen | ein Ende mit Schrecken
nehmen | in sämtlichen Sätteln gerecht sein | hingehen, wo der Pfeffer wächst |
rettender Engel | das Mäntelchen nach dem Winde hängen | mit dem Herzen
denken ‖

Zum Verwechseln ähnlich | sprechend ähnlich | ein alltäglicher Mensch | mit
Elektrizität geladene Atmosphäre | aufgeklärtes Denken | er schläft wie ein
Bär | sich im Leben bewähren | ein erträgliches Leben | etwas ernsthaft erwägen |

die einschlägigen Verhältnisse kennen | sich einem Mädchen erklären | sich kläglich ernähren | die beste Gelegenheit erspähen | sich der Tränen erwehren | keine Märchen erzählen | ausgewählte Erzählungen | die Fäden des Gespräches | gähnende Leere | ein gemächliches Leben führen | ein gemeingefährlicher Verbrecher | die Gewähr übernehmen | den gnädigen Herrn spielen | sich wenig grämen | kein Härchen krümmen | morgens, wenn die Hähne krähen | sich gern häkeln | ein hämisches Lächeln | ein Jäger vor dem Herrn sein | ein jäher Schmerz | ein netter Käfer | ein klägliches Ende nehmen | von lähmendem Entsetzen befallen | ein spätes Mädchen | eine Milchmädchenrechnung aufstellen | zum Militär gehen | sich auf die Bärenhaut legen | der nächste Weg | sich redlich nähren | aus den Nähten gehen | er trägt sich mit neuen Plänen | eine fällige Prämie | einen Wechsel präsentieren | präsentiert das Gewehr! | schlechte Qualität | etwas unter Quarantäne stellen | sich wie gerädert fühlen | das Rätsel klärt sich auf | den Säbel wetzen | sich den Schädel einrennen | ein Schäferstündchen gewähren | sich in die Seele hinein schämen | ein Schläfchen machen | schläfriges Wetter | er schlägt über die Stränge | spät aufstehen | städtisches Leben | gestählte Nerven | sträfliches Gerede | tägliches Essen | ein träger Mensch | das Gesetz der Trägheit | unter Tränen lächeln | Tränen des Schmerzes | jemanden väterlich belehren | sich mit etwas das Leben vergrämen | ein verträglicher Mensch | die spärlichen Vorräte gehen zur Neige | gewählt reden | das Beste wählen | wahrheitsgemäß erzählen | zäh wie Leder | Zähler und Nenner | die Zähne fletschen | späte Zärtlichkeiten | ein schmähliches Ende nehmen | in Tränen ausbrechen | auf unrechter Fährte | zärtliches Wesen | auf den Nägeln (Nähten) brennen | die Zähne heben ‖

5.4.   Paare

Der und jener | Heller und Pfennig | Weg und Steg | in Dreck und Speck | drehen und wenden | hegen und pflegen | leben und weben | Recht und Gesetz | vergeben und vergessen | Herz und Seele | sterben und verderben | sich recken und strecken | geben und nehmen | lernen und vergessen | stehlen und hehlen ‖

5.5.   Lautüberfüllungen

Sechsundsechzig sechseckige Hechtsköpfe, sechsundsechzig sechseckige Hechtsköpfe … ‖

Violett steht recht nett,
recht nett steht Violett.

6. Wörter und Wortgruppen

6.1. [e:] im Anlaut

Epik episch Epos | Ebene ebnen Ebenholz Eberesche Eber | Ethik Ethos Eta ethisch | edel Edith Eden Eder | Ekel eklig Ekdal | Egel Egeln Egon | Emir Emu Emil | Enoch | Erika Erich Eros Erek | Elend Elen Elath Elan | Efeu Ephesos Ephraim | Ewer ewig Eva | Esau Esel | eher Ehe ehelich ehern ‖

6.2. [e:] im Inlaut

6.2.1. [e:] im Inlaut

Peene Pegel Pegnitz Peking | beten Beere Beerenlesen Bebra | Theke These Teelöffel Thema | Demut dem dehnen Dehmel | Kehle kegeln Kehre Kenia | Gehweg Gegenstand gegen-(sätzlich u. a.) Gegend | Medium Meltau Metrik mehrere | Neben-(beschäftigung u. a.) nebenher nebst Nehrung | Regel Rebe regnen Reling | Lebens-(abend u. a.) Lebewesen Lese Lehne | fehlgehen Fehltritt Fez Fete | Weser Wedel Wehe wehren | Seemann See-(bad u. a.) sehenswert Segel | Schema Schemel scheel Schere | jemand Jemen jeder jedenfalls | Hebamme Hehlerei Hederich Her-(kunft u. a.) | Zebra Zephir Zeder zetern ‖

6.2.2. [e:] vor vokalisiertem /r/[128]

Sper Sperrwerfen | Teer | dereinst derart derselbe | Kehraus Kehr-(besen u. a.) | Meer-(schaum u. a.) Schmerbauch Mehr-(wert u. a.) | Lehrauftrag Lehrbuch Lehr-(plan u. a.) | Pferd | wer Wermut Werther Wehr-(pflicht u. a.) Werfall wertlos Wert-(papier u. a.) schwerlich Schwer-(kraft u. a.) | sehr | Schermesser | Her-(gang u. a.) Herde Heerbann | Zergeld Zerpfennig | erst erstens Erde Erd-(achse u. a.) ehr-(lich, sam, würdig) Ehr-(furcht, geiz) ‖
Teer – Thea, leer – Lea, Ger – Gäa ‖

6.3. [e:] im Auslaut

Kanapee Coupé | Abbé | Varieté Charité Komitee Frottee Tee steh! | Ade Idee Orchidee | Pikee | geh! | Resümee Armee Renommee Kamee | Pralinee Tournee Schnee Matinee | Reh Spree Porreee Püree | Lee Klee Azalee Dublee Gelee Allee | Fee Café Toffee | Weh | See Frikassee Odyssee | Haschee Klischee Moschee Dragée | je he! Zee ‖

6.4. [ɛ] im Anlaut

Äbtissin Äpfel | Ebbe Ebbinghaus | etlich etwa etwas Etsch Etzel | Edda | Äcker Echse exakt eckig Ex-(port u. a.) Exil extra | Eger Egge Eggesin Eggerath | Emma Empfang Emphase Empfinden empören | endlich Ente Enthusiasmus Enz ändern ent-(blättern u. a.) | engherzig englisch Engel

Enkel | Elfe Elfenbein Ellbogen Ellipse Eltern | Effekt äffen Äffchen Effendi efferent | Espe Essen Esse Essenz Essig | Esche Eschenbach | Echo Echolalie Echternach ||

6.5. [ε] im Inlaut

6.5.1. [ε] im Inlaut

Pessimist Pestilenz Penne pellen petzen | Bestseller Bänkelsänger belfern betteln Beckmesser | Themse täppisch Tänzer Technik Thespis | dämpfen denken Delle Delta Delphin | kämmen kämpfen keß Kelte Kette | Gemme Genf Gänsefett gängeln Geßler | Messer Menschenwerk Meldestelle melken Mätzchen | Nessel Nesthäkchen nässen Nennwert Näscherei | Rechtshänder rechts-(kräftig u. a.) Reck Rente Rest | läppern lechzen Lettner Lexikon Lende | Festessen Vesper festländisch Feldstecher Felsennest | Wendeltreppe Wellblech Wellen-(brecher u. a.) welt-(fremd u. a.) Wett-(bewerb u. a.) weg-(fallen u. a.) | September Sendestelle senkrecht selbst-(herrlich u. a.) selbstän-dig | Scheffel Schenkel schellen Schelm Schärfe | Jenni Jettchen | Hemdsärmel Henkersknecht Helmstedt herzbeklemmend Häscher | Zechpreller Zensur Zentral-(heizung u. a.) ||

6.5.2. [ε] vor konsonantischem /r/[129]

Pergament Perle Persil Person Perserteppich | Berserker Bernadotte Berber Bad Berka Berta | Thermik Termin Tertia sterben Sterne | Derwisch Dermato-logie | Kerker Kerze | Germanist Gerberei Gerte Gertraud Gärten | Merkheft merken Märker Märzen | Nerven nervös | lärmen Lärche Lermontow | Ferne färben fertig Fermate | werben werfen Werner Werken | Serbien Sergeant seriös Serpentin | Sherpa Schärfe Scherge scherzen | Herbert Herberge Hermes Herta Herrscher härmen | Zervelatwurst Zerrbild | erben Erz Erker Ärger Ermitage Ermland Ärmel Ernst Erna Erle Erlangen Erfurt ||

6.6. [e:] – [ε]

6.6.1. [e:] und [ε] in Wortpaaren

Eta – Edda, fettig – Fetisch, Stege – stecke, Hebe – Heppe, beten – betten, Herde – Härte, Heer – Herr, scheele – Schelle, Reeder – Retter, Hehler – Heller, stehlen – stellen, Werther – Wärter, Beet – Bett, eben – ebben, den – denn, Kehle – Kelle, fehle – Felle, Sehne – Senne, zehren – zerren, Fehl – Fell, Hebbel – Hebel, Haeckel – Hegel, rege – Recke, Vera – Werra, Ecker – Eger, Elen – Ellen, Betel – Bettel, fehlen – fällen, Feld – fehlt, Fessel – Wesel, jener – Jänner, Leder – Letter, Lette – Lethe, Lende – lehnte, wenn – wen ||

6.6.2. [e:] und [ɛ] in einem Wort

Pendelverkehr | Bettelleben Betschwester Bergpredigt Bettfedern | Thema-
wechsel Stellvertreter Steckenpferd | Deckungsfehler Denkfehler Dessertmes-
ser | Kegelbrecher Kehrblech Kehrtwendung | gegenwärtig Geldeswert Gehpelz
Gelehrtenwelt Geldverlegenheit | Melkschemel Meerenge Meereswellen Mehr-
kämpfer | Nebel-(decke, feld) Neben-(akzent, beschäftigung) Nennwert | Rechts-
(drehung, pflege, wesen) Redewendung regelrecht Regenmenge | Lehnsessel
lehmgelb Lebensende Leberfleck lebensfremd | Federmesser Fehlerquelle
Fencheltee Feldweg Festrede | Weserbergland Wertschätzung | Seltenheitswert
Sessellehne Seelenmesse Sennesblättertee | Scheckverkehr Schelfmeer Scheren-
(stellung, treppe) | Hebewerk Hellene Hellseherei Herbstnebel Heckenschere |
ent-(behren u. a.) Emblem empfehlen Ehebrecher Ekzem extrem ||

6.7. [e:] – [i:]

6.7.1. [e:] und [i:] in Wortpaaren

Egel – Igel, Eden – Iden, Esel – Isel, Meter – Mieter, mehr – mir, beten – bieten,
Beere – Biere, Fete – Fiete, Meere – Miere, Wesen – Wiesen, Wesel – Wiesel,
weder – wieder, Segel – Siegel, Neger – Niger, leben – lieben, Lena – Lina, legen –
liegen, Stege – Stiege, zehren – zieren, Hebe – Hiebe, Kehl – Kiel, regeln – riegeln,
Teer – Tier, Fee – Vieh, Weh – wie ||

6.7.2. [e:] und [i:] in einem Wort

Bierhefe Dienstbefehl Ehe-(liebste, schließung, krise) ehewidrig ehr-(begierig,
erbietig) Ehrenfriedhof Federkiel Fliederbeere Fliesenleger Gegen-(liebe, dienst,
spieler) Gliederschwere Heeresflieger Friedensbewegung Kegel-(schieben, spiel)
Kielschwert Knie-(hebel, kehle) Krebstier Kriegs-(gegner, versehrte) Lebend-
vieh Lebens-(elixier, linie, krise) Lederstiefel Lehnsdienst Leserbrief Liebes-
(ehe, leben) Lieblingsthema Linienverkehr ||

6.8. [ɛ] – [a]

6.8.1. [ɛ] und [a] in Wortpaaren

Mäntel – Mantel, bellt – bald, Welt – Wald, Sättel – Sattel, netter – Natter, denn –
dann, wenn – wann, Deckel – Dackel, heften – haften, Helden – Halden, Mette –
Matte, bellen – ballen, Penne – Panne, Fest – fast, wässern – wassern, denken –
danken, schächten – schachten, Heft – Haft, Hecke – Hacke, lecken – lacken,
Drell – Drall, Kämpfer – Kampfer, Rest – Rast, Pest – paßt ||

6.8.2. [ɛ] und [a] in einem Wort

Bänkelsang Balkendecke Ballettänzerin Ballonsperre Ballwechsel Banden-(spektrum, werbung) Bankett Bannrecht Becherklang Beckenrand Belcanto Blankvers Blätterwald Brennkammer Dachfenster Dämmerzustand Dampf-kessel Dankadresse Deck-(mantel, blatt) Eck-(ball, bank, blatt) Deckelkanne Dengelhammer Denkansatz Fest-(halle, gewand) Feld-(flasche, marschall) ‖

6.9. [ɛ:] im Anlaut

Äther ätsch Äderchen Ägeus Ägis ähneln ähnlich Aisne Ähnlichkeit Ära Ähre Airbus Äser äsen Äschylus Äolsharfe Äon ‖

6.10. [ɛ:] im Inlaut

6.10.1. [ɛ:] im Inlaut

Spätling später spähen | bähen gebären Bärin | Täfelung Tätlichkeit -tät (z. B. Nationalität) Täve | dämlich Dänin Dädalus | Käfig Käfer Käse Käte | gähnen Gärung gälisch | Mäßigkeit gemäß gemächlich Mägde | Nägel nähen zunächst Genäsel Geschnäbel | Rätebund Stadträtin gefräßig Prämie Gespräch | lähmen Pläne Fläming einschlägig gläsern | Fähnlein Gefäß Fähe einfädeln Fähre | bewähren erwägen wählen während | säbeln Sämerei Gesäge Säkulum Säle | Schäferin beschämen beschädigen schäkern schälen | jählings Jähzorn jäten einjährig | häkeln behäbig Häsin | Zähneklappern Zähre ‖

6.10.2. [ɛ:] vor vokalisiertem /r/[130]

Pärchen spärlich Pair | Bär Bärchen Gebärde | Sekretär Militär totalitär sanitär Solitär | Milliardär legendär sekundär | prekär | vulgär | Mär Märchen primär | ordinär Veterinär originär Legionär Millionär | konträr temporär | Klärgrube Flair regulär populär muskulär singulär | gefährden Gefährte gefährlich ungefähr | Gewähr Gewährsmann | Emissär jährlich Mohair zärtlich ‖

6.11. [ɛ:] im Auslaut

Bäh mäh Schmäh prä jäh zäh ‖

6.12. [ɛ:] – [e:]

6.12.1. [ɛ:] und [e:] in Wortpaaren

Stät – steht, Bären – Beeren, Dänen – Denen, jäh – je, Beläge – Belege, Mähren – mehren, Mär – mehr, Gräte – Grete, sägen – Segen, säen – sehen, schämen – Schemen, stählen – stehlen, wägen – wegen, wähnen – Venen, währen – wehren, Zähren – zehren, Säle – Seele, Schwäre – Schwere, zäh – Zeh, Ähre – Ehre,

401

Räder – Reeder, lesen – läsen, lägen – legen, währt – Wert, Schäre – Schere, mäht – Met, nehmen – nähmen, Fäden – Fehden, gäben – geben, Gewehr – Gewähr, Städte – Stete, schäle – scheele, Rede – Räte, Fährte – Pferde ||

6.12.2. [ɛ:] und [e:] in einem Wort

Sägemehl Schädellehre zählebig ebenmäßig Märchenfee Krämerseele tränenselig Gesprächsgegner Rednergebärde erwähnenswert Leberkäse Nebelkrähe nähertreten Gärhefe Mehlgefäß Gefäßlehre Pferdemähne regelmäßig Fehlbeträge Fehlschläge Rehfährte Lehrmädchen Seenähe Seebäder lebensfähig Erdnähe lebendgebärend lebensgefährlich Lebensgefährte mehrjährig Seebär Lebensnähe Schneeschläger Schneehäschen schwerbeschädigt Schwertträger schwerverträglich sehbeschädigt ||

6.13. [ə] in unbetonten Affixen

6.13.1. be-

Bepacken bepinseln bebauen bebildern betäuben betören bedecken Bedenken bekämpfen Bekenntnis Begebenheit begegnen bemänteln bemerkenswert Benehmen benetzen berichtigen berechtigen Beleg belesen befähigen Befehl bewähren bewegen besänftigen besät beschäftigen beschenken behende behalten bezähmen bezeugen beehren beenden ||

6.13.2. ge-

Gepäck Gepolter Gebälk Gebet Getändel Getue Gedächtnis Gedeck Gekläff Geklatsche Gegacker Gegeifer gemächlich Gemälde genäselt genehm gerecht Gerede Gelege Gelenk Gefährte Gefälle Gewächs gewähren Geselle gesetzmäßig Geschäftsstelle Geschehen gehässig Gehege Gezeiten Gezänk Geächze Geäst ||

6.13.3. -e

Wippe Steppe Kappe Koppe | Liebe Rebe Labe Tube | Sitte Kette Matte Seite | Tide Rede Lade Weide | Pieke Theke Lake Luke | Wiege rege Waage Beuge | Stimme Gemme Ramme Summe | Schiene Tenne Wanne Zone | Tiere Schere Haare Mure | Wille Welle Stolle Schule | Tiefe Zofe Muffe Seife | diese Käse Speise Reuse | Tasche Wäsche Nische Rüsche | Seuche Fläche Leiche etliche ||

6.13.4. -em

Schlappem knappem schwippem plumpem | gelbem falbem herbem halbem | gutem sattem weitem lautem | rundem blindem wundem lindem, reizendem lebendem schwebendem weinendem | starkem schickem rankem schlankem |

kargem argem klugem zagem | armem lahmem dummem stummem |
meinem deinem seinem feinem | bangem langem engem geringem | ihrem
leerem wahrem dürrem | hellem vollem faulem heilem | nahem zähem
frohem neuem lauem freiem genauem ||

6.13.5. -en

Keimen reimen stimmen mimen | planen Tränen dienen öffnen | hängen
erlangen schlingen Jungen | fahren lehren waren irren | spielen wählen stehlen
Fohlen | Taljen Bojen Kojen Baljen | fliehen gehen bejahen drohen ruhen
flöhen glühen freien tauen streuen ||

6.13.6. -el

Varel Barrel | Spiegel Regel Nagel Vogel | Knäuel Bleuel Pleuel Greuel ||

/ɑː/, /a/

/ɑː/

Dunkleres a (hochrunder hinterer Flachzungenvokal)

1. Bildungsweise

Die Lippen sind gering, locker von den Zähnen
abgehoben (Mundvorhof) und hochrund geöffnet
(Lippen nicht breitspannen und an die Zähne ziehen). Der Zahnreihenabstand ist groß (ungefähr
daumenbreit). Der vordere Zungenrand hat Kontakt mit den lingualen Flächen der unteren Frontzähne; der vordere Zungenrücken ist leicht einge-
muldet; der mittlere Zungenrücken ist gering zum
hinteren Hartgaumen aufgewölbt (nicht den hinteren Zungenrücken zum Weichgaumen aufwölben); die seitlichen Zungenränder liegen an den

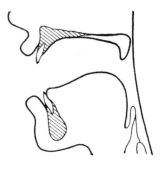

lingualen Flächen der seitlichen unteren Zähne (die Zunge liegt flach-breit, „löffelförmig“, auf dem Mundboden). Das Gaumensegel ist gehoben.

/a/

Helleres a (hochrunder vorderer Flachzungenvokal)

1. Bildungsweise

Im Unterschied zum *dunkleren a* sind Lippenöffnung und Zahnreihenabstand etwas kleiner; die
Aufwölbung des mittleren Zungenrückens ist vermindert und erfolgt zum mittleren Hartgaumen
(die Zunge ist leicht nach unten gespannt).

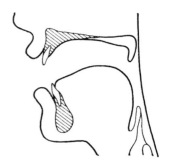

2. Bildungsfehler und Abweichungen[131]

2.1. Durch zu enge Lippenöffnung, kleinen Zahnreihenabstand und Zungen-verlagerung (Mittel- und Hinterzungenrücken sind zum weichen Gaumen geho-ben, die Hinterzunge ist zudem noch zur Rachenwand zurückgezogen) wird das hellere [a] verdunkelt zu etwa kurzem weitem [ɔ], *Bann* klingt wie *Bonn*.

2.2. Beide *a*-Phoneme werden durch Lippenbreitzug und engen Zahnreihen-abstand (manchmal nahezu Kieferschluß) – der gesamte Zungenrücken nähert sich dadurch dem Mundhöhlendach – flach („plärrig") gesprochen. Das kurze hellere *a* ([a]) z. B. hat Ähnlichkeit mit einem kurzen, sehr weiten *e* ([æ]).

2.3. Langes dunkleres [ɑ:] wird stark verdunkelt und zu langem weitem [ɔ:] bzw. [ɒ:] verdumpft. Sprecher mit bairischer oder obersächsischer Bindung z. B. artikulieren mitunter beispielsweise *Schah* [ʃɑ:] wie *Shaw* [ʃɔ:]. Die Lippen liegen an den Zähnen, verdecken sie. Der Unterkiefer ist wenig gesenkt. Der Vorder-zungenrand ist meistens kontaktlos; der Zungenkörper wird stark zurückgezogen, so daß sich der Hinterzungenrücken zum weichen Gaumen, Zäpfchen und zur Rachenwand wölbt; die Zungenwurzel drückt auf den Kehldeckel.

3. Abhilfevorschläge

3.1. (zu 2.1., 2.2.)

Sind die Fehlleistungen vor allem auf ungenügende artikulatorische Ausformung im Lippengebiet und auf zu geringen Zahnreihenabstand zurückzuführen, ver-schafft energische Sprechweise mit deutlichem Artikulieren v. a. von „Spreng-lauten" häufig schon Abhilfe, z. B. des anlautenden [t]: *Tanne Tatze Tapsen …* (vgl. 6.6.1., S. 414) *Tal Tat* usw. (vgl. 6.2.1., S. 413). Wir beachten hochrunde Lippenöffnung und lockere Unterkiefersenkung (bei der energischen Verschluß-sprengung) sowie untere Zungenkontaktstellung, die nach apikalem [t] schnell hergestellt werden muß.

Auch sorgfältiges Artikulieren mit anlautendem [p], das auf weite Mundöff-nung gesprengt wird, ist empfehlenswert. Und schließlich sei an notwendige Gegenüberstellungen von [a] und [ɔ] erinnert: *Mast – Most, Matte – Motte …* (vgl. 6.9.1., S. 416).

Die Verflachung des Klanges versuchen wir über [m], [n] (später auch [ŋ]) zu beheben: *Mann Malve Mamsell … Nanna Nasen …* (vgl. 6.6.1., S. 414); *Mal malen … Name Nadel* usw. (vgl. 6.2.1., S. 413); (*bangen Mangel langen … bang Tang …*). Das [m] und [n] (auf leichte Lippenstülpung und entspannte Unter-kiefersenkung achten) erweitern wir anfangs zu einem wohligen Brummen, als wollten wir ausdrücken, daß uns etwas sehr gut schmeckt. Wiederum die Gegenüberstellung verwenden, um beide *a* direkt von einer *e*-Klangfarbe abzusetzen (vgl. 6.11., S. 416).

(Abhilfevorschläge zur fest „eingeschliffenen" Zungenverlagerung unter 3.2.).

3.2. (zu 2.3.)

Die Beseitigung der Verdumpfung stellt Lerner und Lehrer vor eine schwere Aufgabe. Es ist nicht allein damit getan, den Zahnreihenabstand zu vergrößern, die Lippenöffnung weit zu runden und den Zungenkontakt herzustellen (der dialektal orientierte Sprecher aus den ober- und ostmitteldeutschen Sprachgebieten bringt trotzdem ganz „bequem" die *o*-Dumpfung zustande!), sondern die Artikulationsverlagerung – die sich ja nicht nur auf die *a*-Allophone erstreckt, ist zu beseitigen, d. h., die Artikulationsweise ist umzugestalten, was hier nur skizziert werden kann.

Zunächst gilt es, die Artikulationsmuskulatur zu lockern (*Kopfschüttelübung*, S. 115) und die Unterkieferbewegungen flexibel zu machen (*Kieferschüttelübung*, S. 115 f.). Man vermeide beim Kieferschütteln engen Zahnreihenabstand. Als Ausgangsstellung hat sich das Staunen mit offenem Munde stets gut bewährt. Ganz zwanglos stellte sich lockere Unterkiefersenkung ein, während die Anweisung „Mund aufmachen" oder „den Unterkiefer senken" regelmäßig mit verkrampftem Aufreißen des Mundes beantwortet wurde (sogenanntes Nußknakkersprechen). Freudig-erstauntes *ah* führt ebenfalls zu entspanntem Senken des Unterkiefers.

Auf diese Vorübungen folgt die *Pleuelübung*, S. 112 f. Beachten Sie, daß der Zungenkörper weich und breit vor- und zurückfedert. Der Unterkiefer muß entspannt hängen, und der vordere Zungensaum ist fest an die lingualen Flächen der unteren Frontzähne zu legen, eventuell sogar auf den Mundboden zu „stellen". Wir schwächen die Pleuelbewegung ab und drängen (saugen) das Zungenblatt – bei fixiertem Vorderzungenrand und Zahnreihenabstand – an die palatinalen Flächen der oberen Schneidezähne, deren Zahndamm und den vorderen Hartgaumen. Den Verschluß lösen wir auf dorsales [l], [n], [t], [ts] oder [d] + langes dunkleres [ɑ:]. Danach Wortbeispiele mit anfangs dorsalem [l], [n], [t], [ts] oder [d] (sowohl vor als nach dem [ɑ:]): *Lahn Laden … laben lasen …; Nadel … Nab Nase …; Tadel Tat … Tabor Tacitus …; Zahl Zahn … zahm Zamia …; Dahlie Daniel … Dasein Daja …* usf. Dann Erweiterung um Beispiele mit [j], [z], [b], [m]: *Japan Jason … Same Samland … Base Bahn … Pate Pavian … Maat Maja …* uswf. (vgl. 6.2.1., S. 413). Und nicht zuletzt das [ɑ:] (wenigstens) dem [o:] gegenüberstellen: *Made – Mode, baden – Boden* (vgl. 6.8.1., S. 415).

Auch über die *Zungenschleuderübung* (S. 116 f.) – auf *bla* – gelangt man zu einem „halsfreien" langen dunkleren [ɑ:]. Die vorschnellende Zunge löst den lockeren Lippenverschluß, legt sich für [l] mit ihrem vorderen Rand (das Zungenblatt ist hierbei gemuldet) kurz an den Oberlippensaum, schlägt herunter und ragt für [ɑ:] leicht über die Unterlippe hinaus. Ist uns auf diese Weise die Bildung eines unverlagerten klaren [ɑː] gelungen, bauen wir in den folgenden Übungen das Herausfedern der Zunge langsam ab (zunächst beim [ɑː], dann auch für [l]). Die anschließenden Wortbeispiele anfangs ebenfalls unter den Bedingungen des Zungenschleuderns üben: *blasen lasen laben* ...; *Nase Nabe* usf.

Zum Schluß sei noch an die *Kauphonation* erinnert (s. 3.8.3.12., S. 119 ff.). Um unsere Aufmerksamkeit ganz auf den genußvollen Eßvorgang zu lenken, üben wir zunächst mit realem Kaugut.

Wenn sich ungezwungene natürliche Kaubewegungen „eingeschliffen" haben, gehen wir zur Kauphonation mit fiktivem Kaugut über und beginnen, den aus den Kaubewegungen zufällig entstehenden Silben „artikulatorische Richtung" zu geben. Wir fügen häufiger den Vokal [ɑː] ein. Die nach Öffnung des Kaubisses entstehende gleitende Verbindung von dorsalem /nj/ bilden wir mit abgeschwächter langsamer Pleuelbewegung, bei der während der Unterkiefersenkung das hochgewölbte Zungenblatt (bei fixiertem vorderem Zungensaum) an den palatinalen Flächen der oberen Schneidezähne entlanggeführt und zwischen die weit geöffneten Zahnreihen vorgedrängt wird; und für das lange [ɑː] liegt die Vorderzunge zwar flach und löffelartig gemuldet, doch ihre Ränder schieben sich leicht über die Unterzahnreihe.

In diese Kausilben-Reihen „betten" wir Wörter, deren anlautende Konsonanten anfangs ebenfalls mit der beschriebenen Pleuelbewegung artikuliert werden: *mnjam njam njam n Jade, mnjam njam njam n ja* u. ä.; *mnjam njam nam Name* (*Nabe Nabel* usf.); weiter mit: *Dame Dasein ... Lama Labe ...*

Die Pleuelbewegung wird allmählich auf dorsale Bildung der anlautenden Konsonanten reduziert, die Kausilben werden eingeschränkt, dafür erweitern wir die Wortbeispiele und dehnen sie auf kleine Sätze aus. Und schließlich können wir auf beide Hilfen verzichten.

4.   Aussprache

4.1.   **Lang dunkler,** wie in *Wahn*

a) bei Schreibung *aa* oder *ah: Aal, Saat; Ahnung, Naht*
b) bei Schreibung *a* in betonter offener Silbe: *da, Vater*
c) bei Schreibung *a* in betonter Silbe vor einfachem Konsonanten, wenn in flektierten Formen des Wortes das *a* in offener Silbe steht: *Glas, Tag, Rad*
d) in den Suffixen *-bar, -nam, -sal, -sam: spürbar, Leichnam, Schicksal, folgsam.*

4.2.   **Kurz heller,** wie in *Mann*

a) bei Schreibung *a* vor Doppelkonsonanz, mehreren Konsonanten, sowie vor *ng* und *sch: Haff, ballen, alt, Napf, Latz, Wachs; bang, Zange; lasch, Tasche*

b) bei Schreibung *a* vor einfachem Konsonanten in einigen einsilbigen Wörtern, sowie in der unbetonten Endung *-am: ab, am, an, das, man, was; Bräutigam, Eidam, Bertram.*

Ausnahmen und *Schwankungen*: s. GWDA (1982, 37f.).

5. Aussprüche und Sätze

5.1. Geflügelte Worte / Dichtung

Das war alles damals! – Damals schien die Sonne in der rechten Weise; damals machte der Regen auf die rechte Art naß (Raabe) | Es hat der Gram sein Alter, wie die Jahre (Grillparzer) | Ich habe eine gute Tat getan! (Werfel) | Nun dappelt's und rappelt's und klappert's im Saal … (Goethe) | Ich habe nie verlangt, daß allen Bäumen eine Rinde wachse (Lessing) | Frei atmen macht das Leben nicht allein (Goethe) | Es kann sein, daß nicht alles wahr ist, was ein Mensch dafür hält, aber in allem, was er sagt, muß er wahrhaft sein (Kant) | Am Abend wird man klug für den vergangenen Tag (Rückert) | Wenn man das Dasein als eine Aufgabe betrachtet, dann vermag man es immer zu ertragen (Ebner-Eschenbach) | Die Axt im Hause erspart den Zimmermann (Schiller) | Tages Arbeit, abends Gäste (Goethe) | Im Anfang war die Tat! (Goethe) | Laßt das Vergangene vergangen sein! (Goethe) | Wo alles liebt, kann Karl allein nicht hassen (Schiller) | Allein der Vortrag macht des Redners Glück (Goethe) | Da ward aus Abend und Morgen der andere Tag (Bibl.) | Vor Tische las man's anders (Schiller) | Der Menschheit ganzer Jammer faßt mich an (Goethe) | Arm am Beutel, krank am Herzen (Goethe) | Arm in Arm mit dir, so fordr' ich mein Jahrhundert in die Schranken (Schiller) | Alles an ihm war alt … (Hemingway) | Kann ich Armeen aus der Erde stampfen? (Schiller) | Das ist bald gesagt und bälder noch getan (Goethe) | Ans Vaterland, ans teure, schließ dich an! (Schiller) | Wo Starkes sich und Mildes paarten, da gibt es einen guten Klang (Schiller) | Man kann vernichtet werden, aber man darf nicht aufgeben (Hemingway) ||

Ich bin so satt,
ich mag kein Blatt! (Grimms Märchen)

Als Adam grub und Eva spann,
wo war denn da der Edelmann? (a.d. Bauernkrieg)

Ein jeder kratzt und scharrt und sammelt,
und unsere Kassen bleiben leer … (Goethe)

Allen Gewalten
zum Trotz sich erhalten. (Goethe)

Erhabner Geist, du gabst mir, gabst mir alles,
warum ich bat. (Goethe)

Hast du mir weiter nichts zu sagen?
Kommst du nur immer anzuklagen? (Goethe)

Die Menschen dauern mich in ihren Jammertagen;
ich mag sogar die armen selbst nicht plagen. (Goethe)

Nach Mitternacht begrabt den Leib
mit Klang und Sang und Klage! (Bürger)

Wir wracken, wir hacken,
mit hangenden Nacken,
im wachsenden Schacht,
bei Tage, bei Nacht. (Engelke)

Das macht, es hat die Nachtigall
die ganze Nacht gesungen;
da sind von ihrem süßen Schall,
da sind in Hall und Widerhall
die Rosen aufgesprungen. (Storm)

Der kann nicht klagen über harten Spruch,
den man zum Meister seines Schicksals macht. (Schiller)

Der einen Anfang nie gewann,
doch allen Anfang machen kann. (Walther v. d. Vogelweide)

Stets liegt, wo das Banner der Wahrheit wallt,
der Aberglaube im Hinterhalt. (Platen)

Abermal ein Teil vom Jahre,
abermal ein Tag vollbracht,
abermal ein Brett zur Bahre
und ein Schritt zum Grab gemacht. (Günther)

Gar vieles kann, gar manches muß geschehen,
was man mit Worten nicht bekennen darf. (Goethe)

Ich sitze auf der Lade
und binde das Strumpfband über die Wade. (Bechsteins Märchen)

Ach, wie ist's möglich dann,
daß ich dich lassen kann. (Volkslied)

Aber hier, wie überhaupt,
kommt es anders, als man glaubt. (Busch)

Hab' ich die Kraft dich anzuziehn besessen,
so hatt' ich dich zu halten keine Kraft. (Goethe)

Bald gras' ich am Neckar,
bald gras' ich am Rhein. (aus „Des Knaben Wunderhorn")

Was ich bin und was ich habe,
dank' ich dir, mein Vaterland. (Hoffmann v. Fallersleben)

5.2.   Sprichwörter / Sprichwörtliches / Spruchweisheit

Auf Sparen folgt Haben | Wer die Wahl hat, hat die Qual | Gedacht – getan |
Habsucht macht, daß der Sack platzt | Allzu scharf macht schartig | Wasser hat
keine Balken | Habe Achtung vor dem Alter! | Abwechslung stärkt den Appetit |
Man soll den Tag nicht vor dem Abend loben | Der Klager hat stets was, wenn
nur der Prahler was hat | Gute Tage wollen starke Beine haben | Sparen bewahrt,
was Arbeit gewann | Wie die Frage, so die Antwort | Nach getaner Arbeit ist gut
ruhn | Armut ist ein schlimmer Gast | Wie man's macht, ist's falsch (macht man's
falsch) | Der Pfau hat adlig Gewand, diebischen Gang, teuflischen Sang | Hanne-
mann, geh du voran! | Es kommt alles in einen Magen | Guter Rat kommt über
Nacht | Verwandte Seelen finden sich zu Wasser und zu Lande | Wo ein Aas ist,
da sammeln sich die Geier | Es ist noch nicht aller Tage Abend | Man muß die
Sache angreifen, wo man sie fassen kann | Armut ist eine Haderkatz | Hattich ist
ein armer Mann| Die Gans lehrt den Schwan singen | Guter Anfang ist die halbe
Arbeit ||

Hart gegen hart
nimmer gut ward.

Klagen
füllt nicht den Magen.

Hans Übermaß
das Gütlein fraß.

Hoffen und Harren
macht manchen zum Narren.

Müßiggang
ist aller Laster Anfang.

Keine Antwort
ist auch eine Antwort.

Rat nach Tat
kommt zu spat.

Der Alten Rat,
der Jungen Tat
macht Krummes grad.

Danach der Mann geraten,
wird ihm die Wurst gebraten.

Naschen
macht leere Taschen.

Ein guter Magen
kann alles vertragen.

Rips, raps in meinen Sack,
ein anderer habe, was er mag.

Ruh' und Rast
ist halbe Mast.

Den Verrat liebt man,
den Verräter haßt man.

Man fang das Lied nicht zu hoch an,
daß man's zu Ende singen kann.
Allgemach
kommt wohl nach.

Narren und Affen
müssen alles begaffen.

Hitz' im Rat,
Eil' in der Tat
bringt nichts als Schad.

Vorgetan und nachbedacht
hat manchen in groß Leid gebracht.

Unglück, Nägel und Haar
wachsen durchs ganze Jahr.

Bienen und Schafe
ernähren den Mann im Schlafe.

Nach der Tat
finden auch die Narren Rat.

Wer den Aal nimmt beim Schwanz,
hat ihn weder halb noch ganz.

Man sieht uns wohl auf den Kragen,
aber nicht auf den Magen.

5.3. Redensarten / Wortgruppen

Zu allem Ja und Amen sagen | eine Sache muß Hand und Fuß haben | zarte
Bande | fahrende Habe | ein Nagel zum Sarg | Trübsal blasen | sich in die Haare
geraten | jemanden im Magen haben | zu Grabe tragen | Mann der Tat | nach
Gefallen | der alte Adam | sich Gewalt anmaßen | den Hals wagen | Maß halten |
in Bande schlagen | eine Sache beschlafen | den Schalk im Nacken haben | bei
etwas Haare lassen | jemand zappeln lassen | Hans Dampf in allen Gassen |
Verdacht fassen | jemandem bange machen | mit allen Wassern gewaschen | an
den Rand des Abgrunds wagen | von jemandes Gnade abhängen | eine abge-
kartete Sache | abgeklapperte Redensarten | jemandem den Rang ablaufen | aber
und abermals | nach Adam Riese | jemanden zur Ader lassen | an die falsche
Adresse geraten | das ist eine wahre Affenschande | keine blasse Ahnung haben |
falschen Alarm schlagen | alles in allem | alle naselang hinfallen | das ist ja
allerhand | etwas als Andenken hinterlassen | ein Wort gab das andere | eins tun
und das andere nicht lassen | das ist ja alles bloß Angabe | alles aus den Angeln
heben | Hand anlegen | Anno dazumal | den Anschluß verpassen | jemandem die
Hand antragen | was wandelt dich an? | der Apfel des Paris | er hat die Arbeit
nicht erdacht | einen langen Arm haben | den Atem anhalten | seine Rache an
jemandem auslassen | damit basta! | da war alles dran | jemandem in den Arm
fallen | die Maske fallenlassen | die Fassung bewahren | jemanden an den Rand
des Grabes bringen | Vater des Vaterlandes | Hand in Hand arbeiten | Hansestadt
Hamburg | jemandem den Marsch blasen | ein Jahr nach dem anderen | ein Mann
in besten Jahren | einen schwachen Magen haben | außer Rand und Band geraten |
von Stadt zu Stadt wandern | über allen Verdacht erhaben | au Backe, mein
Zahn! | kalt und warm aus einem Munde blasen | keine blasse Ahnung von etwas
haben | da hast du den Braten (Salat) | einen kleinen Dachschaden haben |

schlafen wie ein Dachs (Sack, Ratz) | Eulen nach Athen tragen | an den Falschen geraten | Farbe halten | das fünfte Rad am Wagen | alberne Gans! | alter Hase | die Sache hat einen Haken | jemanden am Kanthaken haben | sich etwas vom Halse schaffen | eine lange Hand haben | mein Name ist Hase | der blanke Hans | immer kalt Blut und warm angezogen! | mit Glacéhandschuhen anfassen | dein Vater war doch kein Glaser! | da platzt einem der Kragen | alle Karten in der Hand behalten | ab nach Kassel! | wie ein lackierter Affe! | zum Narren halten (haben) | mit einer langen Nase abziehen | die Nase zu tief ins Glas stecken | in die Parade fahren | mit einer Sache zu Rande kommen | in Schach halten | schachmatt sein | mit allen Schikanen | vom alten Schlag | ein Schlag ins Wasser | jetzt hat's aber geschnappt! | einen Schwamm im Magen haben | einen Sparren haben | Staat machen | den Standpunkt klarmachen | über den Strang schlagen | dem kann man ein Vaterunser durch die Backen blasen | einem die Waage halten | das hat sich gewaschen | nahe ans Wasser gebaut haben | einen über Wasser halten | den Aal beim Schwanze fassen | jemanden abkanzeln | eine Strafpredigt halten | der Abfall der Niederlande | eine musikalische Ader haben | einen Anschlag auf jemanden machen | es einem angetan haben | aus der Art schlagen | sich einen Ast lachen | der Bart ist ab! | jemandem das Wasser abgraben | sich nicht abhalten lassen | sich einen Mann backen lassen | der Freiheit eine Gasse bahnen | die Hand in der Tasche ballen | in Bann halten (schlagen) | du kannst dich begraben lassen | vor Lachen platzen | das besagt gar nichts! | er kann den Laden zumachen | nicht das Schwarze unter dem Nagel haben | ein anderes Faß anstecken ‖

5.4.   Paare

Dann und wann | ab und an | Rat und Tat | Schmach und Schande | Handel und Wandel | in Acht und Bann | Saft und Kraft | in Sack und Asche | Tag und Nacht | Kraft und Macht | Angebot und Nachfrage | Frage und Antwort | nach Jahr und Tag | Hammer oder Amboß ‖

6.   Wörter und Wortgruppen

6.1.   [ɑː] im Anlaut

Apex | Abend Abenteuer aber abermals aber-(malig u. a.) Abend-(mahl u. a.) Abel | Atem atmen Atrium | Adel adlig Ader Adalbert Adam Adler | Agens Agram | Ameise Amen Amokläufer Amor | Ahn ahnden Anis | Arie Art Aar Aron | Aal Alarich Alibi Ahle | Afrika Afra | Ave Avus | Asien aßen | Ajax | Ahorn | Aachen ‖

6.2. [ɑ:] im Inlaut

6.2.1. [ɑ:] im Inlaut

Pavian Pater Pate Page Paria | Base Bahn-(damm u. a.) Bali bahnen Bad |
Tafel Tat tadeln Tapir Tal | Dagobert damals Dahlie dazumal Damen | Kabel
Kaviar Kanon kahl Kate | Gabe Gabel Gas Gabi Gage | Maserung Maß-
liebchen Mal madig mager | Naab Nasenstüber Nadel Natrium Nach-(klang
u. a.) | Raab Rabe Rad raten rasen | Lama Labe Labsal Latsche Lava | Fama
faseln fahnden Fahne fade | Waage Wabe waten Watsche Wagen| Saphir
Satan Sage -sam (z. B. folgsam) -sal (z. B. Schicksal) | schaben Schale schade
Scham Schabernack | Jade Jagd Jaguar Januskopf János | Habicht Habgier
hapern Hase Haselnuß | zahlen Zahl Zahn zahm zagen ‖

6.2.2. [ɑ:] vor /r/[132]

Paarlauf Ehepaar | barfuß Bartwuchs Barzahlung -bar (z. B. spürbar) | Star
Starkasten | Darbietung Darlehen Darstellung | Karfreitag Karlstadt | Gar-
küche Garaus | Maar Marlis | nahrhaft | klar | Fahrt Fahrgeld Fahrzeug |
wahr wahrhaft Wahrsagerin | Saar Saarbrücken Saarland | Scharbockskraut
Schar | Jahrhundert jahraus jahrein | Haarausfall Harz ‖
Schar – Schah, Dinar – Dina, Primar – prima, lunar – Luna, rar – Rah, agrar –
Agra, Korsar – Korsa, Notar – Nota, Maar – Ma, Paar – Pa | Bart – Bad ‖

6.3. [ɑ:] im Auslaut

Papa Pa | bah | Haggada da ebenda | Mama, Ma, Ulema | nah, beinah | Agora
hurra Rah, Trara Menora | Allah lala | sah | Schah| ja tja jaja | ha haha aha ‖

6.4. [ɑˑ] im Auslaut

Opa Europa Mitropa Grappa | Tumba Tuba Kuba Samba | Ata Berta Delta
Gotha | Kanada Edda Oda Leda | Paprika Mokka Machorka zirka | Helga
Riga Liga Bodega | Oma Panama Puma Brahma | Ikebana Arena Angina
Berolina | Flora Zebra Lepra Jura | Manuela lila Skala Viola | Sofa Fifa |
Diva Lava Casanova Schiwa | Lisa rosa Riesa Prosa | Pascha Maharadscha
Rikscha Hodscha | Maja Soja Teja Troja ‖

6.5. [a] im Anlaut

Abt Abtei ab-(fahren u. a.) Appetit Applaus | Atlas Atlantik Attacke Attila
Attribut | Aktie Aktion Akzent Aktiv aktuell | Amme Ammoniak Amnestie
Amsterdam Amt | Analphabet Andacht Anfang an-(bauen u. a.) Anti-(pathie
u. a.) | Albert Alfred Algerien Alpen Altona | Affe affig Affekt Affrikata

Affix | Askese Aspirant Asphalt Assimilation Ast | Asche Aschenbrödel Aschxabad | Achterdeck achten achtzehn achtzig acht-(mal u. a.) ||

6.6.   [a] im Inlaut

6.6.1.   [a] im Inlaut

Pansen Pantoffel Paddel Patsche Panzer | Basalt bald Balz Ballast Bandit | Taps Tanz Tasche Tasse Tanne | Dampf Dam-(wild u. a.) dann Dattel Dackel | Kampf Kappe Kasse Kandis Kalb | Gaffel Galle Gatte Gasse Ganges | Mamsell Maske Mantel Mansarde Matsch | Naphtha naß Natter Nacht-(wache u. a.) Napf | Rand Rassel Racker rasten Ralle | Lasso Laster Landschaft Landsknecht Lanze | Faß fassen Fastnacht falten Falke | Wams Wappen Waffe was Wand | sabbern Sand sanft Salbe Sattel | Schaffner Schande Schalk -schaft (z. B. Rechenschaft u. a.) schachmatt | Hampelmann Hammer Haft Hanf Handlanger | Zander Zankapfel zappelig ||

6.6.2.   [a] vor /r/[133]

Partisan parken Parkett Parlament Partei | Barbe Barde Barkasse Barcelona Bartok | Tarnkappe stark tarnen Tarnowo Tartaros | Darmstadt Darwin Dardanellen | Karbunkel Karnickel Karte Kartoffel Karzer | Garde Gardine Garnison Garbe Garschin | Marta markant Marmelade Marzipan Marxismus | Narbe Narde Narkose Narbonne Narziß | Largo larvieren Lars | Farbe Farm Farce | Quarz Quark warnen Warte Warze | Sardine Sarkasmus sardonisch Sarkophag | Scharte schartig Scharm Scharteke scharwenzeln | Harfe Harke Harmonie hart Harmonium | Arbeit Artikel Arktis Argument arm Armee Arznei Arrak arrogant ||
Sarg – sag', Karl – kahl, Omar – Oma, Start – Staat, Harn – Hahn, Mars – Maß, starb – Stab, Mark – mag, scharf – Schaf, Markt – Magd | warten – waten, Barke – Bake ||

6.7.   [ɑ:] – [a]

6.7.1.   [ɑ:] und [a] in Wortpaaren

Scharte – scharrte, Pate – Padde, Bahn – Bann, Barre – Bahre, Bake – Backe, Maat – matt, Band – bahnt, Made – Matte, mahnen – Mannen, Masse – Maße, Jacken – jagen, Takt – tagt, Lack – lag, Lamm – lahm, Laken – lacken, Schlaf – schlaff, schaden – Schatten, Schall – schal, scharren – scharen, Wahn – wann, Rate – Ratte, kam – Kamm, Saat – satt, Al – All, Fall – fahl, straffe – Strafe, Star – starr, Schaf – Schaff, rasten – rasten, Stadt – Staat, Wahl – Wall, Aß – Aas, Stall – Stahl, hacken – haken, Kahn – kann, an – Ahn ||

6.7.2. [ɑ:] und [a] in einem Wort

Passatwind Pastorale Patentante Parmesankäse Parterreakrobatik | Bade-
anstalt Bahnhofswache Baldrian Ballade Balsam | Tabak Talismann Tatkraft
Tatsache Staatsanwalt | Dachschaden Dachgarten Dachshaar Dalmatien Da-
menmannschaft | Kaltschale Kantate Kaplan Kaskade Kastanie | Galaabend
Galapagosinseln Gamsbart Gangart ganztags | Magnat Mandat Mangan
Massage Schmalhans | nachtschlafend Nachbar Nachlaß Schnapphahn nahr-
haft | Prahlhans Bratapfel Bratpfanne Gratwanderung Radstand | langatmig
langsam Schlafanzug Schlafsack Blasebalg | Vaterland Fassade Fanfare Fast-
tag fabelhaft | wachsam Wallfahrer Walstatt Waterkant Wagenmacher | Sal-
band Sandale sangbar Samland Salatpflanze | Schabernack schandbar Schaf-
garbe Schadenersatz Schallblase | Januar Jaldati Japan jammerschade jahre-
lang | Hammer-(Hand-)schlag Hallenbad Halbjahr Hakenstange | Ansage
Amalgam Abgabe Abschlagszahlung Abdominalatmung Apparat Anklage
antipathisch Angelhaken asthmatisch Alltag Adamsapfel ||

6.8. [ɑ:] – [o:]

6.8.1. [ɑ:] und [o:] in Wortpaaren

Made – Mode, Maser – Moser, Maß – Moos, baten – boten, aufbahren –
aufbohren, baden – Boden, Bad – Boot, bahnen – Bohnen, bar – Bor, Waage –
Woge, Wahl – Wohl, wagen – wogen, Saale – Sohle, Saat – Sod, sagen – sogen,
Namen – Nomen, Nabel – Nobel, Naht – Not, laben – loben, Lahn – Lohn,
Lab – Lob, laden – Loden, lagen – logen, Tat – Tod, Stab – stob, schaben –
schoben, scharen – schoren, zagen – zogen, haben – hoben, Hase – Hose,
Hahn – Hohn, Gase – Gose, kahl – Kohl, Rabe – Robe, Rahm – Rom, Rasen –
Rosen, Rad – rot, Gras – groß, Ader – Oder, sparen – Sporen ||

6.8.2. [ɑ:] und [o:] in einem Wort

Papstkatalog Papstkrone Patensohn Spaßvogel sporentragend | Badeofen
Bodenvase Bootsmannsmaat Botschaftsrat Bahnhof | Tonvase Todes-(gefahr,
strafe) Tafelobst Talboden tadellos | Damen-(mode, hose) Domdekan Do-
sennahrung | Kohlrabi Kosename Kanarienvogel Kohlen-(gas, lager) kohl-
rabenschwarz | Gasofen Goseglas Gaskohle Gotengrab | Modedame makellos
Schmorbraten Magenoperation Malstrom | Notlage namenlos nachholen
Nasenbohrer Notarzt | Rahmsoße Rasenboden Brosamen Brachvogel Groß-
vater | lossagen lobesam Lavaboden Lagerobst Lohnzahlung | Voranschlag
fadenlos Fahndungsfoto Vogelname faserschonend | Wogenschlag wohlhabend
Wohltat Wohnwagen Wadenschoner | Solbad sagenumwoben Sahelzone
Sahnesoße Sozialwohnung | schadlos Schafschur schalenlos schamrot |
Hasenbrot Hoch-(bahn, sprache u. a.) Hof-(staat, rat) ||

6.9.   [a] und [ɔ]

6.9.1.   [a] und [ɔ] in Wortpaaren

Mast – Most, Matte – Motte, Bann – Bonn, paßt – Post, Haps – hops, ab – ob, schallen – Schollen, Latte – Lotte, Tanne – Tonne, Faß – Voß, Rast – Rost, Falter – Folter, Wanne – Wonne, sandte – sonnte, dann – Don, Haft – hofft, Halde – Holde, Halle – Holle, Hals – Holz, Kappe – Koppe, Kasten – Kosten, kalt – Colt, Ratte – Rotte ‖

6.9.2.   [a] und [ɔ] in einem Wort

Ammonshorn Postamt Lattenrost Sommeranfang Obdach Offenstall Mast-ochse Anzugsstoff Vollmacht Sandotter Bankrott Ballon Balkon Backbord Ostlandreiter Alterssport Alphorn Alternsforschung Backenknochen Alters-genosse Altstoff an-(docken, donnern), Baldriantropfen, Bankkonto, Bocksbart, Bombenanschlag, Dachgeschoß, Dampflok ‖

6.10.   Gegenüberstellung von [ɑ:] – [a] – [ɔ]

Fahl – Fall – voll, haken – hacken- hocken, Bahn – Bann – Bonn, Mate – Matte – Motte, lag – Lack – Lok, Laken – lacken – locken, schaden – Schatten – Schotten, Rate – Ratte – Rotte, rasten – rasten – rosten, Schalen – schallen – Schollen, hab's – Haps – Hops, bahnt – Band – Bond, Waage – Wache – Woche ‖

6.11.   Gegenüberstellung von [ɑ:] – [a] – [ɛ]

Bahn – Bann – Ben, Made – Matte – Mette, Maße – Masse – Messe, lag – Lack – Leck, Laken – lacken – lecken, Wahn – wann – wenn, Schaf – Schaff – Chef, Mate – Matte – Mette, Saat – satt – Set, fahl – Fall – Fell, Haken – hacken – hecken, Dan – dann – denn, Kahn – kann – Ken, raten – Ratten – retten, schal – Schall – Schell ‖

/o/, /ɔ/

/o/

Enges o (gerundeter mittelhoher Hinterzungenvokal)

1. Bildungsweise

Die Lippen sind stark, unverspannt vorgestülpt (Mundvorhof, Oberlippe gering angehoben) und eng gerundet geöffnet. Der Zahnreihenabstand ist gering (die Lippenvorstülpung ist schwächer, Lippenöffnung und Zahnreihenabstand sind etwas größer als beim *engen u*, vgl. /u/, S. 428). Der vordere Zungenrand hat Kontakt mit den lingualen Flächen der unteren Frontzähne; der vordere und mittlere Zungenrücken sind flach; der hintere Zungenrücken ist zum Weichgaumen aufgewölbt; die seitlichen Ränder der Mittel- und Hinterzunge berühren die palatinalen Flächen der oberen Back- und Mahlzähne und deren Zahndämme. Das Gaumensegel ist gehoben.

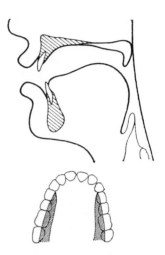

/ɔ/

Weites o (gerundeter mittelhoch-verminderter Hinterzungenvokal)

1. Bildungsweise

Im Unterschied zum *engen o* sind die Lippen schwächer vorgestülpt, und die Lippenöffnung ist größer; mittlerer Zahnreihenabstand (der Zahnreihenabstand ist etwa so groß wie beim *weiten e*, vgl. /ɛ/, S. 385); der mittlere Zungenrücken ist mäßig aufgewölbt; die Aufwölbung des hinteren Zungenrückens zum Weichgaumen ist vermindert; die seitlichen Ränder der Hinterzunge berühren die palatinalen Flächen der oberen Mahlzähne und deren Zahndämme.

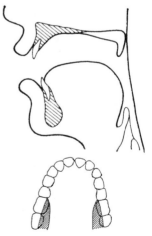

417

2. Bildungsfehler und Abweichungen

2.1. Kurzes weites *o* wird durch ungenügende Lippenstülpung und -rundung übertrieben offen gesprochen (entrundet), dem kurzen helleren *a* genähert: *Koppe* klingt wie *Kappe* (vgl. /ɑː, a/, 2.1., S. 405).

2.2. Durch zu enge Lippenrundung wird langes enges *o* zu geschlossen gebildet und ähnelt dem [uː]

2.3. Im obersächsischen Sprachgebiet wird statt des langen engen [oː] häufig ein Zwielaut gesprochen, etwa [ɔ‿u˙], z. B. *Oma* ['oːmɑ˙] wie etwa ['ɔ‿u˙mɔ˙]. (In der Leipziger Gegend wird [oː] sogar durch den mundartlichen Zwielaut [ʌ‿u˙] ersetzt, statt *so* [z̦oː] etwa [sʌ‿u˙].) Dieser mundartlich orientiere Diphthong geht häufig noch in ein *doppellippiges w* über (vgl. /e, ɛ, ɛː; ə/, 2.3., 2.10., S. 287 f.; /ø/ , /œ/, 2.2., S. 440; /y/, /ʏ/, 2.3., S. 447).

2.4. Unter dem Einfluß von folgendem *r* werden langes enges *o* entrundet zu langem weiten *o* und kurzes weites *o* gedehnt, z. B. *Chor* [koːɐ̯] wie [kɔːɑ], *Zorn* [t͜sɔʀn] wie ['t͜sɔ˙an].Vgl. /r/, 2.3., S. 230.

3. Abhilfevorschläge

3.1. (zu 2.1.)

Die Gegenüberstellung von [ɔ] und [a] trägt sehr dazu bei, nachhaltigen Aufschluß über die unterschiedlichen Lippenaktivitäten zu gewinnen, folglich Beispiele wie: *Lotte – Latte, Holle – Halle ...* (vgl. /ɑː, a/, 6.9.1., S. 416). In ähnlicher Weise aufschlußreich und anregend sind Übungen mit anlautendem [ɔ]: *Otto Olga Ocker ...* (vgl. 6.5., S. 425). An jene Übung, die „Sprengkraft" des anlautenden [p] bzw. [b] für die Labialisierung eines Vokals zu nutzen, sei erinnert: *Pollen Pony ... Bottich Bolle* usw. (vgl. 6.6.1., S. 425). Nachhaltigen Einfluß auf Lippenvorstülpung und -rundung können wir natürlich vom deutlichen [ʃ] erwarten: *Schopf Scholle Schotte* usw.

3.2. (zu 2.2.)

Die Annäherung des langen engen *o* an das lange enge *u* tritt verhältnismäßig selten auf. Es wird wohl genügen, wenn wir uns am besten durch Gegenüberstellungen die unterschiedliche Lippenformung verdeutlichen, z. B. *Schote – Schute, Note – Nute* usw. (vgl. 6.8.1., S. 426).

3.3. (zu 2.3.)

Im Zusammenhang mit der im allgemeinen auffällig energielosen Artikulationsweise und dem eigentümlich bewegten („kurvigen") Sprechmelos des obersäch-

sisch orientierten Sprechers liegt bei der Diphthongierung des [o:] ein fest einge-
schliffenes Bewegungsensemble vor, das erfahrungsgemäß schwer beeinflußbar
ist. Derartige Verschleifungen zu Zwie- bzw. Dreilauten können überdies ebenfalls bei anderen Monophthongen bzw. Diphthongen auftreten, so daß man sie
nicht isoliert betrachten und auch nicht losgelöst von der obersächsischen Intonation behandeln sollte.

Unsere Arbeit setzt demnach mit einer Beeinflussung der obersächsischen
Sprechmelodie ein. Wir bemühen uns, zunächst im einfachen Aussage- und Fra-
gesatz, um gradlinigen Verlauf der text- und hörerangemessenen Tonhöhenbewegungen.

Als nächstes müßten die eigenartigen Gleitbewegungen des Unterkiefers (sowohl vertikal als auch seltsam lateral-horizontal) unterbleiben, durch die der
Zahnreihenabstand zu stark eingeengt wird, und die Lippen aktiviert werden
(Vorstülpen und Runden!). Ich beginne die Abhilfevorschläge mit dem engen *o*
im Auslaut, das nur bedingt koartikulatorischer Verformung ausgesetzt und
zudem gut kontrollierbar ist: *Go horrido Po ... Lotto Kino Kilo*[134] usw. (vgl.
6.3., 6.4., S. 424f.). Während der /o/-Lautung Lippenstülpung und -rundung,
Zahnreihenabstand, intensive untere Zungenkontaktstellung und Zungenlage
nicht verändern und über das /o/ hinaus beibehalten! Das Abhilfe-Prinzip besteht
hier darin, dem /o/ Konsonanten vorangehen zu lassen, die mit Lippenstülpung
und -rundung, intensiver Zungenkontaktstellung und gewisser Zungenspannung
nach vorn-oben gebildet werden (können) bzw., auf die sich angestrebte deutliche
/o/-Artikulation mühelos vorformen läßt, also v. a. [t, d; n, l; ʃ, j], auch [p] und [b].
Um der Verlagerung von Mittel- und Hinterzungenrücken zum hinteren Weichgaumen und Zäpfchen entgegenwirken zu können, sollten die Ableitungslaute
generell dorsal gebildet werden.

Ähnliche Bedingungen können wir beim anlautenden wie beim inlautenden
engen *o* in offener Silbe voraussetzen. An der Silbenfuge kann gering pausiert
und somit koartikulatorisch bedingte Verformung des /o/ unterbunden bzw. eingeschränkt werden. Andererseits sollten wir bestrebt sein, dem /o/ eine ähnliche
Lautnachbarschaft bzw. -umgebung zu verschaffen wie oben erwähnt, z. B. wie
in: *Odenwald ohne Olaf ...* (vgl. 6.1., S. 424); *Donau Note Loden* usw. (vgl.
6.2.1., S. 424). Für den auf enges *o* folgenden Konsonanten gilt also der gleiche
oben genannte Gesichtspunkt: vorerst keine Laute, die engen Zahnreihenabstand
und enge (spaltförmige) Lippenöffnung begünstigen wie v. a. [f], [v], [s], [z]. Auf
nachdrückliche Wortbetonung und gradlinige Stimmführung achten sowie auch
mit energischer, „lautgreifender" Sprechweise bemüht sein, die unerwünschte Diphthongierung zu unterbinden. Zu gegebener Zeit, kontrollierend wie anregend,
immer wieder Gegenüberstellungen von [o:] und [u:] einbeziehen, z. B.: *Bode –
Bude, Note – Nute, Ton – Tun ...* (vgl. 6.8.1., S. 426). (Vgl. /e, ɛ, ɛ:; ə/, 3.2., S. 389,
3.7., S. 391).

3.4.   (zu 2.4.)

Vgl. /r/, 3.3., S. 233.

4.   Aussprache

4.1.   **Lang eng,** wie in *Boot*

a) bei Schreibung *oo* oder *oh: Moos; Mohr*
b) bei Schreibung *o* in betonter offener Silbe: *wo, Boden*
c) bei Schreibung *o* in betonter Silbe vor einfachem Konsonanten, wenn in flektierten Formen des Wortes das *o* in offener Silbe steht: *Lob, Ton.*

4.2.   **Kurz weit,** wie in *Holz*

a) bei Schreibung *o* vor Doppelkonsonanz, mehreren Konsonanten sowie vor *ng*
und *sch: mollig, Bottich, Polster, Topf, Born; Gong; Frosch, Groschen*
b) bei Schreibung *o* vor einfachem Konsonanten, wenn in flektierten Formen des
Wortes das *o* in geschlossener Silbe steht: *Don, Bison, Natron.*

Ausnahmen und *Schwankungen:* s. GWDA (1982, 39).

5.   Aussprüche und Sätze

5.1.   Geflügelte Worte / Dichtung

O, was sind die Großen auf der Woge der Menschheit! (Goethe) | Ist dies schon
Tollheit, hat es doch Methode (Shakespeare) | Was wolltest du mit dem Dolche,
sprich! (Schiller) | Der Not gehorchend, nicht dem eigenen Triebe (Schiller) | Vom
Himmel hoch, da komm' ich her (Luther) | Von einem Wort läßt sich kein Jota
rauben (Goethe) | Spät kommt ihr, doch ihr kommt (Schiller) | Morgenrot,
Morgenrot, leuchtest mir zum frühen Tod? (Hauff) | Schiller geht nach oben,
Goethe kommt von oben (Grillparzer) | Mich sendet die hohe Obrigkeit, die über
Leben und Tod spricht (Schiller) | Noch ein solcher Sieg, und ich bin verloren
(Pyrrhus) | Hier stock ich schon! Wer hilft mir weiter fort? (Goethe) | Dem
verblendeten Stolz fehlt es nie an Worten (Lichtenberg) | Ein Tor findet immer
noch einen größeren Toren, der ihn bewundert (Boileau) | Ich bin des trocknen
Tons nun satt (Goethe) | Mit Trommel und mit Saitenspiel, so sollt ihr mich
begraben (Lied) | O Tor, im Unglück ist der Trotz nicht förderlich (Sophokles) |
Wir wollen uns den grauen Tag vergolden, ja vergolden (Storm) | Hin ist hin,
verloren ist verloren (Bürger) | Ein großer Vorsatz scheint im Anfang toll (Goe-

the) | Die Sitte aber, sollt' er wissen, folgt dem Urteil nicht, sie folgt dem Vorurteil (Gutzkow) ||

Und immer weiter, hopp hopp hopp!
gings fort im sausenden Galopp,
daß Roß und Reiter schnoben
und Kies und Funken stoben. (Bürger)

Nicht Rosen bloß,
auch Dornen hat der Himmel. (Schiller)

Voran, voran! Nur immer im Lauf,
voran, als wollt es ihn holen (Droste-Hülshoff)

Da steh ich nun, ich armer Tor,
und bin so klug als wie zuvor. (Goethe)

Wir sind gewohnt,
wo es auch thront,
in Sonn' und Mond
hinzuleben, es lohnt. (Goethe)

Nach Golde drängt,
am Golde hängt
doch alles. (Goethe)

Hütet eure Ohren,
oder ihr seid Toren. (Walther v.d. Vogelweide)

Im Vorgefühl von solchem hohen Glück
genieß ich jetzt den höchsten Augenblick. (Goethe)

Gestern noch auf stolzen Rossen,
heute durch die Brust geschossen … (Hauff)

Kommt ein Vogel geflogen,
setzt sich nieder auf mein' Fuß … (Volkslied)

Etwas fürchten und hoffen und sorgen
muß der Mensch für den kommenden Morgen. (Schiller)

Drei Wochen war der Frosch so krank,
jetzt raucht er wieder, Gott sei Dank! (Busch)

5.2.   Sprichwörter / Sprichwörtliches / Spruchweisheit

Viel Stroh, wenig Korn | Umsonst ist der Tod | Leere Tonnen, großer Schall |
Volle Tonnen klingen nicht | Torf und Holz sind gut beisammen | Handwerk hat

goldenen Boden | Ein Tropfen macht das Meer nicht voller | Der Mensch hofft, solange er lebt | Auf einen groben Klotz gehört ein grober Keil | Keine Rose ohne Dornen | Goldener Hammer bricht eisernes Tor | Kleine Sorgen machen viele Worte, große sind stumm | Ein offenes Ohr kann jeder haben | Er ist noch nicht trocken hinter den Ohren | Verboten Obst ist süß | Worte schlagen kein Loch in den Kopf | Besser ein strohener Vergleich als ein goldener Prozeß | Heut soll dem Morgen nichts borgen | Nie kommt ein Unglück ohne Gefolge | Rot reimt sich mit Not und Tod | Kommt Zeit, kommt Rat | Wer viel fordert, bekommt viel | Wer zu viel fordert, bekommt nichts | Nicht was schön ist, ist Mode, sondern was Mode ist, ist schön | Morgen ist auch noch ein Tag | Mancher hat wohl große Ohren, aber er hört doch schlecht | Die Rosen verblühen, die Dornen bleiben | Wenn die Sonne scheint, erbleicht der Mond | Wer den Stock fürchtet, kann nur mit dem Stock regiert werden | Der Esel hat lieber Stroh denn Gold ||

Blüht eine Rose noch so schön,
läßt sie doch die Dornen stehn.

Wer probt,
der lobt.

Vorsorge
verhütet Nachsorge.

Rute und Stock
staubt nur den Rock.

Wird der Wolf genannt,
so kommt er schon gerannt.

Borgen
macht Sorgen.

Es ist nichts so fein gesponnen,
es kommt doch an das Licht der Sonnen.

Je oller,
je toller.

Dummheit und Stolz
wachsen auf einem Holz.

Morgenrot
mit Regen droht.

In der Not
schmeckt jedes Brot.

Heute rot,
morgen tot.

Wie gewonnen,
so zerronnen.

Zeit gewonnen,
alles gewonnen!

Wohlerzogen
hat nie gelogen.

5.3. Redensarten / Wortgruppen

Moral mit doppeltem Boden | wie Pilze aus dem Boden geschossen | einen großen Bogen machen | in hohem Bogen hinausgeflogen | grob wie Bohnenstroh | den Doktorhut bekommen | der Donner rollt | von dort kommen | vom Volk erhoben | jemandem einen Floh ins Ohr setzen | ohne Folgen | Fortsetzung folgt | seinem Kopfe folgen | Gehorsam fordern | in Form kommen | eine Person von großem Format | vor dem Forum des Volkes | eine frohe Botschaft | ein frommer Klosterbruder | der Frosch als Wetterprophet | mit dem Glockenschlag kommen | mit Gold aufgewogen | goldene Worte (Hochzeit) | nicht jedes Wort auf die Goldwaage legen | so ein Grobian! | große Rosinen im Kopfe haben | von etwas Herzklopfen bekommen | hoch hinaus wollen | die Hohe Pforte | hochgehen wie die Wogen des Stromes | politische Hochspannung | hochtrabende Worte | hohler Kopf | betrogene Hoffnung | sich einen Korb holen | nun ist Holland in Not | ins Holz geschossen sein | knochenhartes Brot | den gordischen Knoten durchhauen | die Volksseele zum Kochen bringen | nicht vom Kochtopf fortkommen | der Koloß von Rhodos | eine komische Rolle spielen | kurz vor Toresschluß kommen | zu Ohren (Wort) kommen | auf seine Kosten kommen | mit konstanter Bosheit | ins Konversationslexikon kommen | einen benommenen Kopf haben | den Kopf voll Sorgen haben | den Kopf oben behalten | einen hochroten Kopf bekommen | Kopf hoch! | das kann doch den Kopf nicht kosten | Stroh im Kopf haben | ungehobelter Klotz | des Lobes voll sein | ein lockerer (loser) Vogel | die Sorgen los sein | der Mode gehorchen | eine moralische Ohrfeige | vom Alkohol angezogen werden wie die Motten vom Licht | große Not leiden | die Oberhand bekommen | die hohe Obrigkeit | wie der Ochs vor dem Tor stehen | hinterm Ofen hocken (vorlocken) | nicht hinterm Ofen vorkommen | ohne roten Heller sein | rote Ohren bekommen | von Ohr zu Ohr tragen | ein Ozean von Wonne | hohles Pathos | eine verlogene (verkommene) Person | nationale (große, erfolglose) Politik | die Polizei holen | polizeiliche Vorschrift | eine große Portion | die Posaunen von Jericho | in die Posaune stoßen | die Pose des Diktators | auf verlorenem (vorgeschobenem) Posten stehen | ein großes Problem | Moses und die Propheten | rohes Obst | eine doppelte Rolle spielen | Senat und Volk von Rom | ein historischer (politischer) Roman | eine romantische Oper | wie die Rotte Korah toben | ein Schloß im Mond | vor Frost schlottern | Sohn des Volkes | der verlorene Sohn | der soll noch geboren werden | ein Sonnenstrahl der Hoffnung | auf der Sonnenseite wohnen | vom hohen Roß herunterkommen | Männerstolz vor Königsthronen | toll vor Zorn | in Sorgen umkommen | die Sorgen im Alkohol ertränken | ohne Sorgen sein | die Sorge für das tägliche Brot | sich zu Tode sorgen | für seinen Vorteil sorgen | der Orden vom goldenen Sporn | ein hoffnungsvoller Sproß | das Wort stockt im Munde | über einen Strohhalm stolpern | sich die Ohren verstopfen | der Tod pocht an | totale Mondfinsternis | in gewohntem Trott | trockener Humor | jemanden mit Spott verfolgen | seinen Vorteil verfolgen | hoffnungslos verloren sein | etwas aus bloßer Verstocktheit tun | ein verworrener Kopf | einen Vogel ins Garn locken | des Lobes voll sein | ein Gesicht voller Sommersprossen | vom Dorf kommen | von vorn (oben) | von wo? | von morgen an | den Boden vorbereiten | einen Vorgeschmack bekommen | die Mode vom vorigen Jahr | eine trockene Vorlesung | Vorsicht ist geboten | etwas Besonderes vorstellen wollen | verworrene Vorstellungen von etwas bekommen | in die Wochen kommen | für das Wohl des Volkes sorgen | das große Los gezogen (gewonnen) haben | Motten im Kopf haben | wie aus der Pistole geschossen ||

5.4. Paare

Spott und Hohn | Toben und Tosen | toll und voll | Sonne und Mond | Mord und Totschlag | Lohn und Brot | ersonnen und erlogen | Kost und Lohn | poltern und toben | Poesie und Prosa | sollen und wollen | Torheit und Stolz | Not und Tod | verdorben und gestorben | „Rohrdommel und Wiedehopf" ||

6. Wörter und Wortgruppen

6.1. [o:] im Anlaut

Opa Oper Opium Opel | oben Obacht Obolus Ober Oberin Oberon Oberst Obrigkeit Obus ober-(halb u. a.) Ober-(arm u. a.) oben-(an u. a.) O-Beine | Ode Odem Odenwald oder Odensee Odin Odium | Ohm Oma Omar Omen Omega | Ohnmacht ohne Onyx | Orient | Olaf | Ofen | o weh Ovolum | Ostern | Oheim oho | Ozean ||

6.2. [o:] im Inlaut

6.2.1. [o:] im Inlaut

Pol Podium Podex Poker Polo | Bohne bodenlos Botschaft Boa Bochum | Ton Todes-(not stoß) totgeboren Tokio | Dose Doge Doris Donau Dohle | Kobalt Kohl Kola Kohlen-(staub u. a.) kosen | Golem Golo Goya Gotha Gose | Moses Moped modisch mogeln Mole | Nomen nobel Not Note Nora | trostlos brotlos Rogen Rose Rom | lose Lohn loten Lotse Loden | Foto Vogel-(herd u. a.) Vogler Vogt Phobos | wohl-(bekannt u. a.) Wotan wogen wo-(vor u. a.) wohnen | Sofa Sojabohne Solei Soda Sodbrennen | Schober Schonen Schoner schon schofel | Hohn hohl Hokuspokus hoch-(sprachlich u. a.) Hochofen | Zobel Zofe Zone Zote ||

6.2.2. [o:] vor vokalisiertem /r/[135]

Empor | Bor Labor | Tor Rektor Motor Laudator Gladiator | Matador Korridor Kondor Louisdor Stridor | Chor Dekor | Mohr Schmortopf Humor Tumor Amor | Tenor Sonor | Rohr Juror Terror Horror | Chlor Flor Technicolor | Phosphor Vorposten vor-(handen u. a.) | Tresor Revisor Zensor Professor Aggressor | Major Senior Junior ||
Store – Stoa, Bor – Boa, Nor – Noah, Moor – Samoa ||

6.3. [o:] im Auslaut

Po Popo Pipapo | horido | Go | Rho Büro roh pro froh Stroh Gros | Floh hallo Rouleau | wo zwo | so wieso soso | ho hoho oho | Zoo ||

6.4.   [oˑ] im Auslaut

Peppo Tempo Kripo Aleppo | Mambo Garbo Turbo Jumbo | brutto netto
Lotto Toto | Bodo Toledo Torpedo Kupido | Bolko Sakko Disko Kasko |
Togo Indigo Embargo logo | Salomo Palermo Eskimo Ultimo | Brentano
Domino Juno Kino | Nero Gero Giro Karo | Polo Solo Kollo Kilo | Buffo
Info Trafo Ufo | bravo | Caruso Tasso Torso Korso | Palazzo Intermezzo
Paparazzo Terrazzo ‖

6.5.   [ɔ] im Anlaut

Opportunist Optiker Optimismus ob-(gleich u. a.) Obdach | Oblast Oblate
Obligation obligatorisch | Otmar Ottawa Ottomane Ottokar | Okklusion ok-
kult Okkupation Oktan | Omelette Omdurman Omnibus Omsk | ondulieren
Ontario Ontogenese | Onkel Onkologie | Olga Oldenburg Oldesloe Olm |
Offizier Offenstall Offerte oft | Osmane Osnabrück Osram Ost-(indien u. a.)
Oswald ‖

6.6.   [ɔ] im Inlaut

6.6.1.   [ɔ] im Inlaut

Post Pony Pott Polka Pommern | Bonn Bottich Bockshorn Bommel Bolle |
Topf Tonne toll Tommy Toffee | Doppelkopf Don Quichotte (Carlos u. a.)
Dock Dotter | Komma Kompost Kontrolle Kosmos Kopf | Gockel Gold
Gondel Gosse Gottsched | Mop Moskau mollig Molkerei Moscherosch |
Noppe Knopfloch Nolde Nock noch | Rost Roggen Rock Rondo Roß |
London Lockenkopf Flotte Locher Lobby | Phosphor von folgen voll-
(bringen u. a.) Volks-(abstimmung u. a.) | wonnevoll Wolf Wollstoff | Sommer-
(abend u. a.) Sonnen-(bad u. a.) sondern Sockel sollen | Schopf Geschoß
Scholle Schock Schotter | hopsen Holm Holzwolle holterdiepolter Hocke |
Zopf Zottelbär Zollstock ‖

6.6.2.   [ɔ] vor konsonantischem /r/[136]

Port Portal Portugal Portion Porzellan | borstig Borte Born Borke borgen |
Torpedo Torte Torgau Torquato Torso | Dorn dort Dortmund Dornicht Dorcas |
Korsar Kordel Korridor Kordova Korken | Gorbatschow Gordon Gorgonen
Gorgies | Mormone morbid Morgen-(land u. a.) Mortadella Morphologie | Nor-
wegen Nordhäuser Nord-(wind u. a.) Norma normal | Lordose Lord Lorbaß
Lorbeer | Formel Formalist Vordergrund Fortuna fordern | Wort-(bruch u. a.)
Worpswede | Sorbe sorglos Sorge sortieren Sorma | Schorle Schornstein | Hort
Horde Hornisse Hortensie Hormus | Ornament Orden Orthographie Orgel ‖

6.7.   [o:] – [ɔ]

6.7.1.   [o:] und [ɔ] in Wortpaaren

Kosten – kosten, Schoß – schoß, Floß – floß, rote – Rotte, zottig – zotig, Mole – Molle, Polen – Pollen, offen – Ofen, Wonnen – wohnen, wollig – wohlig, Ocker – Oker, Schotte – Schote, Sohlen – sollen, Roggen – Rogen, Gros – groß, Modder – Moder, Bock – bog, Boden – Bodden, Bohle – Bolle, Bord – bohrt, hold – holt, schlossen – Schloßen, Schrott – Schrot, Nonne – None, Lok – log, Pflock – flog, Toppen – toben, Socken – sogen, Zotte – Zote, Holz – hol's, Tor – Torr, Holle – hohle, Robbe – Robe, Pore – Porree, Flocken – flogen, Oder – Otter, Lotte – Lode, Dotter – Toter ‖

6.7.2.   [o:] und [ɔ] in einem Wort

Postbote Spottvogel Portion Popmode Porträtfoto | Bodenreform Bohrloch Bodenfrost | Todesopfer Totenkopf Tortenboden | Dolchstoß Doktor Dornenkrone | Kobold Kolchose kostenlos Kosewort Kohlkopf | Golfstrom Gotteslohn gottlob | Mollton Mongole Moleschott Moospolster | Not-(groschen, opfer) Nonnenkloster Nordpol | Rohrdommel Rohkost Roggenbrot Brotkorb Trockenofen | Losungswort Lohnstopp Schloßhof | Folklore Vollkornbrot Vollmond vollzogen Vorposten Folioformat | Wochenlohn wohlversorgt wolkenlos Wonnemond | Sodom Sommer-(vogel, wohnung) Sojasproß | Schonkost Schockschwerenot | hoffnungslos Hosenknopf hochachtungsvoll Hohenzollern Holzkohle | Opposition ob-(schon, wohl) Oberon Oberstock Ottomotor ‖

6.8.   [ɔ]/[o:] – [ʊ]/[u:]

6.8.1.   [o:] und [u:] in Wortpaaren

Moos – Mus, bog – Bug, Bude – Bode, Bohle – Buhle, Kur – Chor, Schub – schob, Note – Nute, tun – Ton, Ruhm – Rom, Rodel – Rudel, Brot – Brut, Flug – flog, Schur – schor, schwur – schwor, Sporen – Spuren, Lug – log, Hof – Huf, Ohr – Uhr, Hohn – Huhn, Trog – Trug, roh – Ruh, Polen – pulen, Boden – Buden, Bohne – Buhne, Schote – Schute, Store – stur, Loden – luden, Lore – Lure, Flor – Flur, toben – Tuben, Gote – gute, Kohlen – Kuhlen, Sohle – Suhle, rote – ruhte, grob – grub, groß – Gruß, Stuben – stoben, lodern – ludern ‖

6.8.2.   [ɔ] oder [o:] und [ʊ] oder [u:] in einem Wort

Butter- (Puder-)dose Losung Unter- (Tuch-, Pluder-)hose Notenpult Wurstbrot Vor-(schub, schule, hut) Vor-(mund, wurf) Rotbuche Zugvogel Mohn-(Honig-) kuchen Hosenbund ruhe-(mut-, ruhm)los furcht-(schonungs-)los Toresschluß unwohl Todes-(mut, stunde, urteil) Losbude Brotsuppe Schoßhund Operngucker Stroh-(hut, bude) Stoßtrupp Nonstopflug Knotenpunkt Lotosblume

Gotenzug Tobsucht Kohlenbunker Kokos-(Kola-)nuß Forum wohlgemut Wohltun Wohnstube Hoch-(Groß-)mut Hochschule Hohlkugel großspurig Blumenkohl Flug-(Ruder-)boot Fuhrlohn Fuß-(boden, note) Grudeofen Gutshof Humusboden Judaslohn Kugelstoßen Musensohn Nuthobel Schuhsohle Ureinwohner Zustrom Vogel-(flug, zug, schutz) ||

6.9.   Gegenüberstellung von [oː] – [ɔ] – [a]

Ofen – offen – Affen, Oder – Otter – Atter, Oker – Ocker – Acker, rote – Rotte – Ratte, holt – hold – halt, log – Lok – Lack, wohnen – Wonnen – Wannen, hohle – Holle – Halle, kosten – kosten – Kasten | Bohlen – Bollen – Ballen, Koma – Komma – Kammer ||

/u/, /ʊ/

/u/

Enges u (gerundeter hoher Hinterzungenvokal)

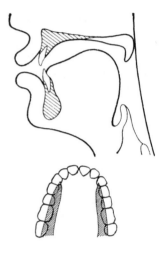

1. Bildungsweise

Die Lippen sind sehr stark, unverpannt vorgestülpt (Mundvorhof, Oberlippe gering angehoben,
aber ohne Zittern oder gar Naserümpfen) und
ganz eng gerundet geöffnet. Der Zahnreihenabstand ist gering. Der vordere Zungenrand hat
Kontakt mit den lingualen Flächen der unteren
Frontzähne; der hintere Zungenrücken ist stark
zum Weichgaumen aufgewölbt; die seitlichen Ränder der Mittel- und Hinterzunge berühren die palatinalen Flächen der oberen Back- und Mahlzähne und deren Zahndämme. Das Gaumensegel
ist gehoben.

/ʊ/

Weites u (gerundeter hoch-verminderter Hinterzungenvokal)

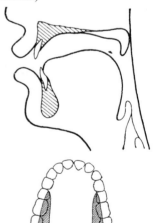

1. Bildungsweise

Im Unterschied zum *engen u* sind die Lippen
schwächer vorgestülpt, Lippenöffnung und Zahnreihenabstand etwas größer; der vordere Zungenrücken ist mäßig aufgewölbt; die Aufwölbung des
hinteren Zungenrückens zum Weichgaumen ist
vermindert; die seitlichen Ränder der Hinterzunge
berühren die palatinalen Flächen der oberen
Mahlzähne und deren Zahndämme.

428

2. Bildungsfehler und Abweichungen

2.1.   Kurzes weites *u* wird bei ungenügender Lippenstülpung und -rundung zu offen gesprochen (entrundet), dem kurzen [ɔ] genähert: *Summer* klingt fast wie *Sommer* (vgl. /o, ɔ/, 2.1., S. 418).

2.2.   Zu enge ungestülpte Lippenöffnung (meist spaltförmig statt rund) trägt dazu bei, daß langes enges *u* verdumpft wird. Weitere Ursachen: sehr geringer Zahnreihenabstand, in nahezu geschlossenem Kaubiß stehen die unteren Schneidezähne hinter den oberen; Zungenspitze kontaktlos, der Zungenkörper wölbt sich stark nach hinten-oben zur Rachenwand zum Zäpfchen.

3. Abhilfevorschläge

3.1.   (zu 2.1.)

Die beschriebene Entrundung wird häufig als maniert interpretiert, ein trifftiger Grund, sich mit ihr zu befassen.

Die Lippen vorstülpen (anfangs die Oberlippe spielerisch bis an die Nase heben, aber ohne Lippenzittern oder gar Naserümpfen) und stark runden. Übungen mit anlautendem /p/, /b/, /m/, also: *Puppe Pult ... Bummi Buffo ... Mumm mucken* usw. (vgl. 6.5.1., S. 436). Übertriebene Vorstülpung und Rundung ohne Verkrampfung weitgehend über das ganze Wort beibehalten. Untere Zungenkontaktstellung beachten! Dann /ʃ/ hinzunehmen, z. B. *schummeln Schuppe* usw. Die zur Richtigstellung des Lautes notwendige Überbetonung der Lippentätigkeit selbstverständlich kontinuierlich auf normale Aktivität abbauen.

Außerdem läßt sich die erforderliche Lippenaktivität recht gut bei anlautendem [ʊ] gewinnen: *Uppsala Umberto Unna ...* (vgl. 6.4., S. 436). Zur deutlichen Unterscheidung des [ʊ] von [ɔ] natürlich nicht auf die Gegenüberstellung verzichten: *Mull – Moll, Pump – Pomp* usw. (vgl. 6.7.1., S. 437). (Vgl. /o, ɔ/, 3.1., S. 418).

3.2.   (zu 2.2.)

Hier gilt es, zur Lippenform noch Zahnreihenabstand und Zungenstellung zu verändern, und das ist schon etwas schwieriger. Greifen wir die erste Übung im Prinzip wieder auf, Aktivierung der Lippen über labiale Konsonanten: *Puma Puste ... Buhne Buße ... Muhme Muße* usw. Mit der Verschlußsprengung für /b/ und /p/ (Behauchung nicht übertreiben!) zugleich den Unterkiefer etwas senken (untere Zungenkontaktstellung beachten!).

Nun noch ein Hinweis, der uns helfen soll, die unzulässige Auf- und Rückwölbung der Hinterzunge abzubauen: Wir bilden ein langes enges *i*, indem wir den vorderen Zungensaum an die lingualen Flächen der unteren Frontzähne legen und den Zungenrücken stark nach vorn-oben (zum vorderen Hartgaumen) spannen, wir engen die Lippenrundung sehr ein und stülpen die Lippen kräftig vor, gleiten also in ein langes enges *ü* über (geringe Unterkiefersenkung beachten!); wir lockern die Zungenspannung und haben ein langes enges *u* ([u:]), das wir sofort mit einem Wort verbinden, *i͜ ü͜ Udo* (*Ute   Uwe* ...); auch: *die͜ Ute, nie͜ uzen* u. ä.

Ähnliches können wir auch über palatales /k/ und /g/ erreichen: Mit starker Lippenvorstülpung und -rundung, unterer Zungenkontaktstellung und nach vorn-oben gespanntem Zungenrücken: *Kiemen   Kiesel* ... *(Kehle   Kelle* ...*) Küchlein   Kühle* ... sprechen. Dann zu *Kuba   Kuhle   Kuno* usw. übergehen (vgl. /k/, 6.1.1., S. 177; /g/, 6.1.1., S. 188).

Das Übungsprinzip besteht mithin darin, die Zungenartikulation für [u:] durch (hohe) Vorderzungenvokale und Mittelzungenkonsonanten günstig zu beeinflussen. Zur Stabilisierung der unteren Zungenkontaktstellung erinnere ich an die *Pleuelübung* (S. 112 f.).

4.   Aussprache

4.1.   **Lang eng,** wie in *Huhn*

a) bei Schreibung *uh: Schuh, Stuhl*
b) bei Schreibung *u* in betonter offener Silbe: *du, Bude*
c) bei Schreibung *u* in betonter Silbe vor einfachem Konsonanten, wenn in flektierten Formen da *u* in offener Silbe steht: *Flug, klug*
d) bei Schreibung *u* in der betonten Vorsilbe *ur-: Urlaub, urbar; Urteil* jedoch mit kurzem weitem *u.*

4.2.   **Kurz weit,** wie in *Kunst*

a) bei Schreibung *u* vor Doppelkonsonanz: *dumm, Mutter, Hunne*
b) bei Schreibung *u* vor mehreren Konsonanten, einschließlich den Konsonantenverbindungen *pf, x (chs, cks)* sowie vor *ng* und *sch* und in der unbetonten Ableitungssilbe *-ung: wund, Putsch, Putz, Sturm; tupfen; Lux, Fuchs, Mucks; jung, Lunge; Tusch, Tusche; Zeitung, Hoffnung;*
Ausnahme: Ist die Konsonantenhäufung durch Vokalausfall in jüngerer Zeit entstanden, bleibt das *u* lang eng: *grubt* (aus *grubet*)
c) bei Schreibung *u* vor einfachem Konsonanten, wenn in flektierten Formen das *u* in geschlossener Silbe steht: *Sirup, Klub.*

Ausnahmen und *Schwankungen:* s. GWDA (1982, 41).

430

5. Aussprüche und Sätze

5.1. Geflügelte Worte / Dichtung

Am guten Tag sei guter Dinge, und den bösen Tag nimm auch für gut (Bibl.) | Die Jugend will lieber angeregt als unterrichtet sein (Goethe) | Wunderlichstes Buch der Bücher ist das Buch der Liebe (Goethe) | Das Gute daran ist nicht neu, und das Neue ist nicht gut (Voß) | Ach Gott! die Kunst ist lang, und kurz ist unser Leben (Goethe) | In der Kunst ist das Beste gut genug (Goethe) | Mut zeiget auch der Mameluk (Schiller) | Die Mutter ist der Genius des Kindes (Hegel) | Natur und Kunst, sie scheinen sich zu fliehen und haben sich, eh' man es denkt, gefunden (Goethe) | Vom Handwerk kann man sich zur Kunst erheben, vom Pfuscher nie (Goethe) | Wenn der Purpur fällt, muß auch der Herzog nach (Schiller) | Der Weise sucht den ruhenden Pol in der Erscheinungen Flucht (Schiller) | Was rumpelt und pumpelt in meinem Bauch herum? (Grimms Märchen) | Fort mußt du, deine Uhr ist abgelaufen (Schiller) | Die Menschen sind den Umständen und nicht die Umstände den Menschen untertan (Herodot) | Ungerechtes Gut befängt die Seele, zehrt auf das Blut (Goethe) | Dir war das Unglück eine strenge Schule (Schiller) | Zuwachs an Erkenntnis ist Zuwachs an Unruhe (Goethe) | Mein Herz ist unruhig, bis es ruhet in dir (Augustinus) | Kein Weiser jammert um Verlust, er sucht mit freudigem Mut ihn zu ersetzen (Shakespeare) | Den Ursprung der Dinge vermag die Vernunft nicht zu erfassen (Moltke) | Der Widerspruch belebt die Unterhaltung (Carmen Sylva) | Man erträgt die Unbequemen lieber, als man die Unbedeutenden duldet (Goethe) | Was für die Gegenwart zu gut ist, ist gut genug für die Zukunft (Ebner-Eschenbach) | Der Frauen Zungen ja nimmer ruhen (Chamisso) | Knurre nicht, Pudel! (Goethe) ||

Ein guter Mensch in seinem dunklen Drange
ist sich des rechten Weges wohl bewußt. (Goethe)

Stock und Hut
steht ihm gut,
Hänschen Wohlgemut. (Wiedemann)

Hütet eure Zungen!
Das steht wohl den Jungen. (Walther v.d. Vogelweide)

Juwelen sprechen oft mit stummer Kunst,
gewinnen mehr als Wort des Weibes Gunst. (Shakespeare)

Ich bin zu alt, um nur zu spielen,
zu jung, um ohne Wunsch zu sein. (Goethe)

Kunst und Natur
sei auf der Bühne eines nur!
Wenn Kunst sich in Natur verwandelt,
so hat Natur mit Kunst gehandelt. (Lessing)

Kurz und gut? und gut?
Wo steckt das Gute? (Lessing)

Da steh ich nun, ich armer Tor!
Und bin so klug als wie zuvor. (Goethe)

Musik wird oft nicht schön gefunden,
weil sie stets mit Geräusch verbunden. (Busch)

Selbst im dicksten Publikum
schwebt dein Geist um mich herum. (Busch)

Das Publikum ist eine Kuh,
das grast und grast nur immerzu. (D. Fr. Strauß)

Rund sind die Gläser, rund sind die Flaschen,
rund das Geld in unseren Taschen. (H. Seidel)

Und die Mutter blickte stumm
auf dem ganzen Tisch herum. (Struwwelpeter)

Trunken müssen wir alle sein!
Jugend ist Trunkenheit ohne Wein. (Goethe)

Vom Unglück erst zieh ab die Schuld,
was übrig ist, trag in Geduld. (Storm)

Unruhig ist die Welt, unruhig ist das Herz,
und eins das andre setzt in Unruh' allerwärts. (Rückert)

Der hat keinen ehrlichen Tropfen Blut,
der dem Unschuldigen Schaden tut. (Rollenhagen)

Du mußt, eines Menschen Wert zu erfassen,
ihn erst über andere urteilen lassen. (H. Leuthold)

Schau dich nicht um,
dein Buckel ist krumm. (Grimms Märchen)

Schön Hühnchen,
schön Hähnchen,
und du schöne bunte Kuh,
was sagst du dazu?
Duks!
Du hast mit uns gegessen,
du hast mit uns getrunken,
du hast uns alle wohl bedacht,
wir wünschen dir eine gute Nacht. (Grimms Märchen)

Der Kuckuck ruft den ganzen Tag,
die Nachtigall hat ihre Stunden. (Greif)

5.2.   Sprichwörter / Sprichwörtliches / Spruchweisheit

Besser Unrecht leiden als Unrecht tun | Kleine Ursachen, große Wirkungen |
Verschuldetes Unglück ist schwerer zu tragen als unverschuldetes | Versuch macht
klug | Alte Wunde blutet leicht | Der Zufriedene hat immer genug | Allzuviel ist
ungesund | Unrecht Gut gedeihet nicht | Guter Gruß – guter Dank | Ungebeten –
ungedankt | Umgekehrt wird ein Schuh daraus | Ruhe nicht, bis du Gewissens-
ruhe gefunden hast | Der Dumme trägt das Herz auf der Zunge | Fuß vor Fuß
bringt gut vorwärts | Ein guter Baum bringt gute Frucht | Der Hund hat eine gute
Nase | Gesundheit ist das höchste Gut | Junge Huren, alte Betschwestern | Der
Krug geht so lange zum Brunnen, bis er bricht | Wenn die Kuh den Schwanz
verloren hat, merkt sie erst, wozu er gut war | Was nutzt der Kuh Muskate, sie
frißt ja Haberstroh | Trunkener Kutscher, taumelnde Pferde | Weit davon ist gut
vorm Schuß | Besser eine Stunde zu früh als eine Minute zu spät | Was du tun willst,
tue bald! | Besser umkehren als unrecht laufen | Armut ist des Reichen Kuh ||

Heirat ins Blut
tut selten gut.

Kummer
vertreibt Schlummer.

Übermut
tut selten gut.

Gute Zucht,
gute Frucht.

Guter Mut
macht gutes Blut.

Altklug
nie Frucht trug.

Ende gut,
alles gut.

Schlechter Umgang
ist der Tugend Untergang.

Innen Schmutz,
außen Putz.

In der Wut
tut niemand gut.

Junges Blut,
spar' dein Gut;
Armut im Alter wehe tut!

Der erste Trunk macht gesund,
der zweite fröhlichen Mund,
der dritte den Menschen zum Hund.

Junges Blut
hat Mut.

Wer einen Prozeß führt um eine Kuh,
gibt noch eine zweite dazu.

Summ, summ, summ,
Bienchen summ herum.

Im Dunkeln
ist gut munkeln.

Muh, muh, muh,
so ruft die bunte Kuh.

Muse
braucht Muße.

Schneller Entschluß
bringt oft Verdruß.

Beredter Mund
geht nicht zugrund.

Lustig und geduldig,
keinem Wirt was schuldig.

Muß
ist eine harte Nuß.

Trunkener Mund
tut Wahrheit kund.

Die Kunst zu hoffen heißt Geduld,
sie tilgt die größte Schuld.

Esel dulden stumm;
allzu gut ist dumm.

In einer Stunde
heilt keine Wunde

5.3.   Redensarten / Wortgruppen

Bruder Lustig (Leichtfuß) | dummer Junge | wunder Punkt | lustiges Huhn | unter
uns | durch die Blume | Ruhe vor dem Sturm | nur Geduld | drum herumgehen |
auf gutem Fuße stehen | sich krumm und bucklig lachen | den Buckel hinunter-
rutschen | er hat das Pulver nicht erfunden | sich keiner Schuld bewußt sein | nur
ruhig Blut! | nur den Bruchteil einer Sekunde | das Buch der Natur | Umschwung
der Stimmung | Umzug mit Musik | jugendliche Unruhe | Ungunst der Witte-
rung | der Sprung ins Dunkle (Ungewisse) | unten durch sein | beim Publikum
durchfallen | das Tischtuch durchschneiden | ein durchtriebener Bursche | einen
über den Durst getrunken haben | ein durstiger Bruder | nach Einbruch der
Dunkelheit | dem Zuchthaus entsprungen | unter der Fuchtel stehen | die Kunst
der Fuge | vor Wut funkeln | gut zu Fuß sein | zur Gesundheit! | die Glut der
Begeisterung | ein stummer Gruß | guten Mutes sein | zuviel des Guten tun | Gutes
tun um des Guten willen | die Worte im Munde herumdrehen | sich um Unange-
nehmes herumdrücken | den Kummer herunterschlucken | wie ein gerupftes
Huhn | nur Humbug! | unruhig wie wilde Hummeln | sich gesund hungern | der
Magen knurrt vor Hunger | unter guter Hut stehen | seine Jugend entschuldigt
alles | jugendlicher Übermut | Jugendliche haben Zutritt | eine putzige Kruke |
zum Kuckuck! | eine ruhige Kugel schieben | das ist zum Kugeln | ein guter
Kunde | seine Kunst versuchen | alles kunterbunt durcheinanderwerfen | kurz
angebunden sein | etwas kurz abtun | Lunte ans Pulverfaß legen | etwas unter
die Lupe nehmen | sich den Mund fusselig reden | ein gutgeschmiertes Mundwerk
haben | lustige Musikanten | etwas mit Muße tun | nur Mut! | Mutter Natur | am
Busen der Natur ruhen | zurück zur Natur! | eine gesunde Natur besitzen | von
Natur ruhig | eine ulkige Nudel! | unter den Nullpunkt gesunken | nur eine
Nummer unter vielen | eine dufte Nummer! | Durst nach Ruhm | ein Plus buchen |
keinen Schuß Pulver wert sein | etwas Punkt für Punkt untersuchen | seinen
wunden Punkt suchen | dunkler Punkt | einen guten Ruf haben | die Stunde ruft |
eine runde Summe | ein ruppiger Hund | Schluß der Vorstellung | den Schluß-
punkt unter etwas setzen | für eine Schuld gutsagen | Schuld auf Schuld häufen |
sich keiner Schuld bewußt sein | seine Schuldigkeit tun | ein unsicherer Schuldner |

die bittere Schule der Armut | Schutz suchen | unter dem Schutze der Dunkelheit | keine ruhige Stunde haben | zur guten Stunde kommen | sturmfreie Bude | Anschluß suchen | sein Heil in der Flucht suchen | einen guten Zug tun | den heiligen Ulrich anrufen | die Luft ist zum Umkommen | unter Umständen | etwas auf Umwegen versuchen | unbedingte Bettruhe | vor Ungeduld unruhig | ungelegener Besuch | etwas nur ungern tun | jugendliches Ungestüm | eine unglaubliche Zumutung | unhaltbare Zustände | Unkraut mit der Wurzel ausreißen | unruhiges Blut | ja, Pustekuchen! | den Kuckuck nicht mehr rufen hören | unter Verschluß | etwas unumwunden zugeben | unverwüstlicher Humor | eine urwüchsige Natur | ein verbummelter Student | ein vorsintflutlicher Hut | wie Unkraut wuchern | ein Wunder der Natur | Wurst wider Wurst | mit der Wurst nach der Butter werfen | von Stufe zu Stufe gesunken | durch Zuruf | dummes Huhn | etwas zum Schur tun | gut im Zuge sein | Hans Guckindieluft ||

5.4. Paare

Hunger und Durst | Schutz und Trutz | kurz und gut | durch und durch | Lug und Trug | Gut und Blut | ohne Zuck und Muck | Ruck und Zuck | Natur und Kunst | Jubel und Trubel | Schuld und Buße | Wirkung und Ursache | Zucker und Kuchen | munter und zufrieden ||

5.5. Lautüberfüllungen

In Ulm und um Ulm und um Ulm herum | Gut macht Mut, Mut Übermut, Übermut Hochmut, Hochmut Armut, Armut Demut, Demut macht gut ||

6. Wörter und Wortgruppen

6.1. [u:] im Anlaut

Ubier U-(Bogen, Boot) | Ute Uterus | Udet Udo Uhde Udine | Ukas | Unikum | Uri Urian Uriel Urias | Uhland Uli | Ufer | Uwe | Usedom Usus | Uhu | Uz uzen ||

6.2. [u:] im Inlaut

6.2.1. [u:] im Inlaut

Puste pudern Spuk Pute | Buße Buhne Buhle Busen | Tube Tumor -tum (z. B. Eigentum) Tunichtgut Tuch | Duma Duzbruder Duzfuß doubeln | Kuba kubisch Kugel Kuno | Guam Guben GutsMuths Gulasch | Muse Musiker vermuten schmusen | nun Nudel Nute Schnur | Rubikon Rubinstein Rudel Ruder | lugen Luke Blut fluten | Fusel Fuß Fuge fußen | Wut Schwur Wucher wuseln | Suse sudeln Sud Sure | Schubkarre Schuh-(macher u. a.) Schul-

(unterricht u. a.) Schute | Huhn Hub Huf Hupe | Zu-(buße u. a.) zu-(muten u. a.) Zugspitze Zulu ||

6.2.2. [u:] vor vokalisiertem /r/[137]

Spur pur | Topinambur Tambour | Armatur -tur (z. B. Reparatur) Natur Literatur Abitur Kultur stur | Dur Romadur Prozedur Pandur | Kur Merkur obskur | Figur Augur Kieselgur | nur Schnur | Flur Velours Silur | Sulfur Schraffur | Gravur Schwur Bravour | Rasur Frisur Zensur Klausur Professur Dressur | zur Azur | Uhr Ur-(laub u. a.) ||

6.3. [u:] im Auslaut

Puh | Tabu buh | du Voudou Kakadu | Kuh | Ruckedigu | muh muh | Gnu im Nu nanu | Froufrou Unruh Friedrichsruh | Lu Filou Clou | Sou | Schuh | Bijou | huh huhu juhu | zu dazu geradezu hinzu wozu immerzu ||

6.4. [ʊ] im Anlaut

Uppsala | Uckermark | Umberto Umbra Umbrien Umlaut umsonst Um-(schwung u. a.) Umma | Unna unten und uns Unze Unstrut Undine Un-(gunst u. a.) Unter-(schlupf u. a.) | Ungar Unke | Ulme Ulrike Ulrich Ulk Ulkus Ultimatum Ultraschall ultimo | Usbeke Uspenski Ussuri ||

6.5. [ʊ] im Inlaut

6.5.1. [ʊ] im Inlaut

Pußta Punsch Pult Putsch putzig | Bummi Buffo Buddel bunt Butter | Tummeln Tusche Tulpe Tunnel | dumpf Duft ducken dulden Durst | Kummet Kupplung Kuddelmuddel Kutte Kunst | Gulden Gunst Gunter Gusla Gulbransson | Mumm mulmig munden Muschel Muß | Nummer Genuß Null Nuß nutzen | Rumba Rußland rupfen Ruck Runde | Lump Schlummer Luft-(druck, pumpe, schutz) | Fussel Funke Funk-(spruch, turm) Futter | Wulst Wunde Wundersucht Schwund Schwulst | sumpfig Sub-(mission u. a.) -sucht (z. B. Ruhmsucht) Suffix Suffragette | schummern Schuppe Schuld Schutt Schutz | Hummel Humbug Hungerturm hundert Humperdinck | Zuchtbulle Zungenwurst | -ung (z. B. Hoffnung) ||

6.5.2. [ʊ] vor konsonantischem /r/[138]

Purpur purzeln | Burgenland Burgos Burgund Burjate Bursa | Turkistan Turkmenien | Durch-(bruch u. a.) Durst durstig | Kurbel Kurdistan Kurtage Kurve | Gurlitt Gurkha Gurnemanz | Murnau Murkelei | Nurmi | Furche Furnier Furtwängler | Wurst Wurzel | hurtig | Hurrikan ||

6.6.   [u:] – [ʊ]

6.6.1.   [u:] und [ʊ] in Wortpaaren

Zug – Zuck, Buhle – Bulle, Ruhm – Rum, Bug – Puck, Pute – Putte, Mus – muß, flucht – Flucht, spucken – spuken, Bruch – Bruch, sucht – Sucht, schulte – schulde, Muhme – Mumme, Stuhle – Stulle, pulen – pullen, Jute – Jutta, Schub – Schubs, Schuren – schurren, Stuben – Stubben, Russen – rußen | Huhne – Hunne, Suren – surren, Spurt – spurt, Gruber – Grubber ‖

6.6.2.   [u:] und [ʊ] in einem Wort

Publikum Puddingabitur Puderzucker Putschversuch Putztuch | Bundschuh Burschen-(hut, schuh) Buschblume Buchdruckerkunst | Turmuhr Sturmflut Sturzflug Stutenzucht Stuhluntersuchung | durch-(fluten, suchen) Durchzug | Kubus Kuckucksblume kugelrund Kumulus Kunstschule | Gugelhupf Gummi-(schuh, zug) Gutenachtkuß | Musikus Mußestunde Mutterkuchen Mund-(dusche, geruch) | Nudelsuppe Nußkuchen Schnupftuch | Brunnenstube Grund-(buch, zug) Rumkugel Rufnummer | Blut-(gruppe, sturz, druck) Luftzug Luntenschnur | Fundgrube Futurum Funkuhr Funkenflug Fuß-sprung | Wucherung Wurstbude | Suchtrupp Sumpf-(dotterblume, huhn) Suppenhuhn | Schulfunk Schusterjunge Schundliteratur Schuhnummer Schuldbuch | Humus Hungertuch Hundekuchen Humbug | Um-(z. B. Umzug) un-(z. B. unbefugt) unter- (z. B. Untersuchung) | Zukunft Zuckerhut Zuschuß zu-(z. B. Zuflucht) ‖

6.7.   [ʊ] – [ɔ]

6.7.1.   [ʊ] und [ɔ] in Wortpaaren

Mull – Moll, pullen – Pollen, Pulk – Polk, Pump – Pomp, Putz – potz, Kuppel – Koppel, Kult – Colt, golden – Gulden, Stock – Stuck, Ruck – Rock, Fuchs – Fox, Summer – Sommer, mußt – Most, Stolle – Stulle, Huld – hold, Trutz – Trotz, Guß – goß, Schuß – schoß, Schluß – Schloß, Spurt- Sport, Bulle – Bolle, Busch – Bosch, Schuppen – Schoppen, Schutt – Schott, ducken – docken, Runde – Ronde ‖

6.7.2.   [ʊ] und [ɔ] in einem Wort

Punktroller Spott-(lust, sucht) Spundloch pulvertrocken | Bulldogge Bundesgenosse Bocksprung Bombenschuß Bundespost | Torfmull stockdumm Topfgucker Tochtergeschwulst Tortenguß | Duftwolke Dorfschulze Dortmund Dumdumgeschoß Dummkopf | kopfunter Koppelung Cottbus kummervoll Kunststoff | Gold-(fuchs, kurs, junge) Gottes-(furcht, mutter) | Mundartforschung Mutterkorn Moschusgeruch Molluske Mundloch | Knochenbruch Nutzholz Nummernkonto Nußtorte | Rollsprung Rostschutz Brummochse

Krummholz   Stubbelkopf | Luftschloß   Lustmolch   Schluß-(folgerung, wort)
Schlummerrolle | Fuchsloch   Volks-(kunst, kunde)   Folterung   Vordergrund |
Wolfs-(hunger, schlucht)   Wolken-(bruch, kuckucksheim)   Wortbruch | Sommer-
schlußverkauf Sonderbus Sonnenschutz Subbotnik | Schutzzoll Schuldkomplex
Schutz-(hund, glocke) | Hoffnung   Hundsfott   huldvoll   Hungerblockade |
umkommen Umformer Unterrock unterordnen Unkosten unbesonnen ||

/ø/, /œ/

/ø/

Enges ö (gerundeter mittelhoher Vorderzungenvokal)

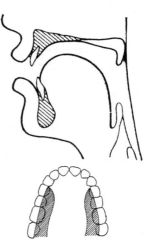

1. Bildungsweise

Die Lippen sind stark, unverspannt vorgestülpt und eng gerundet geöffnet (etwa wie beim *engen o*, vgl. /o/, S. 417). Der Zahnreihenabstand ist gering. Der vordere Zungenrand hat Kontakt mit den lingualen Flächen der unteren Frontzähne; der vordere und mittlere Zungenrücken ist zum vorderen Hartgaumen aufgewölbt (im Vergleich zum *engen e*, vgl. /e/, S. 385, ist die Zungenaufwölbung zum vorderen Hartgaumen vermindert); die seitlichen Zungenränder liegen an den palatinalen Flächen der seitlichen oberen Zähne, deren Zahndämmen und dem Hartgaumen. Das Gaumensegel ist gehoben.

/œ/

Weites ö (gerundeter mittelhoch-verminderter Vorderzungenvokal)

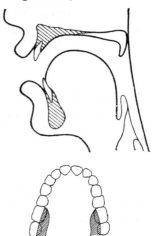

1. Bildungsweise

Im Unterschied zum *engen ö* sind die Lippen schwächer vorgestülpt, und die Lippenöffnung ist größer; mittlerer Zahnreihenabstand (der Zahnreihenabstand ist etwas kleiner als beim *weiten o*, vgl. /ɔ/, S. 417); die Aufwölbung des vorderen und mittleren Zungenrückens zum vorderen Hartgaumen ist vermindert.

2.   Bildungsfehler und Abweichungen

2.1.   Entrunden (ungenügendes Vorstülpen und Runden der Lippen) nähert /ø/ dem [e:] und /œ/ dem [ɛ], besonders nach oder vor [f], [v], [s], [z], [pf] oder auch [m], z. B.: *völlig, Wölfe, Söhne, Pförtner, Möwe* zu ['fɛlɪç], ['vɛlfə], ['ze:nə], ['pfɛʀtnɐ], ['me:və]; *öffentlich, Löwe, köstlich, Sömmerda* wie ['ɛfn̩tlɪç], ['le:və], ['kɛstlɪç], ['zɛmɐdɑ˙].

2.2.   Langes enges *ö* wird mit *i*- oder *e*-ähnlichem Nachklang gesprochen, der Monophthong geht in einen (mundartlichen) Langdiphthong über: *böse* ['bø:zə] zu ['bø:ⁱzə]. (Vgl. /e, ɛ ɛ:/; ə/, 2.3., S. 387, 2.10., S. 388; /o, ɔ/, 2.3., S. 418; /y, ʏ/, 2.3., S. 447).

2.3.   Unter dem Einfluß von folgendem *r* wird langes enges *ö* entrundet zu langem weiten *ö*, das eine gewisse Ähnlichkeit mit einem sehr breiten weiten *e* ([æ]) hat, z. B.: *Stör* [ʃtø:ɐ̯] wie [ʃtœ:ɑ]. Vgl. /r/, 2.3., S. 230.

3.   Abhilfevorschläge

3.1.   (zu 2.1.)

Zur Verdeutlichung des Unterschiedes (artikulatorisch und klanglich) stellen wir [ø:] und [e:], [œ] und [ɛ] in Wortpaaren einander gegenüber: *können – kennen, Hölle – Helle ... Möhren – mehren, Ösel – Esel* usw. (vgl. 6.7.1., S. 445). Besonders in den Übungen mit anlautendem [ø:] bzw. [œ] dürften unverspannte, starke Lippenstülpung und -rundung bereits unschwer möglich sein: *öd   Öl   ölig ...* (vgl. 6.1., S. 443); *Öttingen   Öchsle   Oelsnitz* usw. (vgl. 6.4., S. 444). Für das inlautende [ø:] bzw. [œ] bedacht sein, zunächst eine Lautumgebung auszuwählen, auf die die erforderliche Lippenaktivität vorgeformt bzw. bei der sie beibehalten werden kann, also [p, b, t, d, k, g; m, n, l] und v. a. [ʃ], z. B.: *pökeln ... Böhlau ... schön   Schönheit* usw. (vgl. 6.2.1., S. 443); *Tölpel ... Köchin ... Schöpfer   Schöllkraut* usw. (vgl. 6.5.1., S. 444). (Übungen im Prinzip wie bei /u, ʊ/, 3.1., S. 429).

3.2.   (zu 2.2.)

Die Diphthongierung des [ø:] beruht darauf, daß die wie für enges *o* vorgestülpten und gerundeten Lippen an die Zähne zurückgezogen und gespreizt (entrundet), der Zahnreihenabstand verkleinert und die Spannung des Zungenrückens nach vorn-oben verstärkt werden. Wir wählen zunächst Übungen mit finalem engen *ö*, bei denen Sie die erforderliche artikulatorische Einstellung über den Laut hinaus beibehalten können: *Bö   bleu ... Nexö   Malmö* usw. (vgl. 6.3., S. 444). Beim inlautenden engen *ö* an der Silbenfuge anfangs etwas pausieren, damit das verformende Vorformen des Folgelautes vermieden werden kann: *Köder ... Nöte ... Schöne* usw. (vgl. 6.2.1., S. 443). (Die erwähnte Zäsur nach

440

dem engen *ö* ist demnach bei sprechüblicher dorsaler Artikulation der Folge-
konsonanten besonders erwünscht.) Lautnachbarschaft bzw. -umgebung so gestalten, daß sie einerseits Lippenvorstülpen und -runden anregt und erhält sowie
andererseits die Gleitbewegung von Unterkiefer und Zungenrücken unterbinden
hilft. Die erforderliche labiale Aktivität läßt sich verhältnismäßig mühelos auf [p,
b, t, d, k, g; m, n, l] vorformen und ist bei [ʃ] sogar lautimmanent; folglich
Übungen mit: *Poel ... Böden ... töten ... König ... Nöte ... Schöne ...* Sie läßt
sich zwanglos beibehalten bei den auf [ø:] folgenden [ʃ, t, d, n, l], die außerdem
ungezwungen mit ausreichendem Zahnreihenabstand gebildet werden können.
Sie sollten apikal artikuliert werden, da ihre dorsale Artikulation durch Verringern des Zahnreihenabstandes und Verstärkung der Zungenspannung zum vorderen Zahndamm und Hartgaumen den *i*-Nachklang begünstigen könnte. Ungünstig in dieser Position sind weiterhin v. a. [f, v] und dorsales [s, z]. Insbesondere die Übungen für anlautendes [ø:] mit der Vorstellung von elastischen und
intensiven Greifbewegungen verbinden: *Öde Öland ölig ...* (vgl. 6.1., S. 443).
Auch energische, bestimmte Sprechweise mit nachdrücklicher Akzentuierung und
gradliniger Stimmführung einsetzen, um die unerwünschte Diphthongierung zu
unterbinden. Zu gegebener Zeit, kontrollierend wie anregend, immer wieder
Gegenüberstellungen von [ø:] und [e:] einbeziehen, z. B. *Höhlen – hehlen, lösen –
lesen, Ösel – Esel* usw. (vgl. 6.7.1., S. 445). (Vgl. /e, ɛ, ɛ:; ə/, 3.2., S. 389, 3.7.,
S. 391)

3.3.   (zu 2.3.)

Vgl. /r/, 3.3., S. 233.

4.   Aussprache

4.1.   **Lang eng,** wie in *Söhne*

a) bei Schreibung *öh: Föhn, Höhle*
b) bei Schreibung *ö* in betonter offener Silbe: *Bö, Möwe*
c) bei Schreibung *ö* in betonter Silbe vor einfachem Konsonanten, wenn in flektierten Formen des Wortes das *ö* in offener Silbe steht: *schön, Öl.*

4.2.   **Kurz weit,** wie in *können*

bei Schreibung *ö* vor Doppelkonsonanz, mehreren Konsonanten und vor *sch:
Löffel, Göttin, zwölf, könnte, plötzlich, Töpfer; löschen, Löschtrupp.*

Ausnahmen und *Schwankungen:* s. GWDA (1982, 42).

5. Aussprüche und Sätze

5.1. Geflügelte Worte / Dichtung

Was kann der Schöpfer lieber sehen als ein fröhliches Geschöpf (Lessing) | Strömt herbei, ihr Völkerscharen! (C. O. Sternau) | Die größte Deutlichkeit war mir immer die größte Schönheit (Lessing) | Höchstes Glück der Erdenkinder sei nur die Persönlichkeit! (Goethe) | Krönt den Sieger größre Ehre, ehret ihn das schönre Ziel (Schiller) | In den öden Fensterhöhlen wohnt das Grauen (Schiller) | Freude schöner Götterfunken … (Schiller) | Die schott'schen Völker empören sich (Schiller) | Nur ungewöhnliche Kraft darf nach Ungewöhnlichem streben (Th. Körner) | Wenn ehrgeizige Menschen nicht schöpferisch sein können, treten sie als Zerstörer auf (Hähnel) ||

Heute will ich fröhlich, fröhlich sein
keine Weis' und keine Sitte hören … (Claudius)

Röslein, Röslein, Röslein rot,
Röslein auf der Heiden. (Goethe)

Welch ein Ächzen, welch Gestöhn
dringt herauf zu unsern Höhn!
Alle sind sie schon ertötet,
Seen von ihrem Blut gerötet. (Goethe)

Wo immer die Welt am schönsten war,
da war sie öd' und leer. (Fontane)

Erröten macht die Häßlichen so schön
und sollte Schöne nicht noch schöner machen? (Lessing)

Ach, wenn die Götter uns betören,
können Menschen widerstehn? (Goethe)

5.2. Sprichwörter / Sprichwörtliches / Spruchweisheit

Böses Gewerbe bringt bösen Lohn | Böse Saat trägt böse Frucht | Böses muß mit Bösem enden | Höfliche Worte vermögen viel und kosten doch wenig | Wo Frösche sind, da sind auch Störche | Je größer die Hörner, je schöner der Ochs | Böse Zung' und böses Ohr sind beide eines Teufels | Ein fröhliches Herz macht ein fröhliches Angesicht | Schöne Leute haben schöne Sachen ||

Ein böser Geselle
führt den anderen zur Hölle.

Zu höflich
wird tölpelig.

Wieviel Köpfe,
soviel Kröpfe.

5.3.   Redensarten / Wortgruppen

Sich in die Höhle des Löwen wagen | schwören, daß die Kröten hüpfen | jemandem die Flötentöne beibringen | wie ein Ölgötze dastehen | zum Betören schön sein | die Flöhe husten hören | Böses mit Bösem vergelten | süße Töne flöten | sich an die Köchin gewöhnen | den Zögling verwöhnen | ein dröhnendes Gewölbe | versöhnter Gönner | es an der nötigen Höflichkeit fehlen lassen | bei den Göttern schwören | hört, hört! | Mehlklöße und geröstete Semmelbrösel | ein unmöglicher Tölpel! | über den Sprößling spötteln | öde und leer | eine öde Gegend | jemanden öffentlich verhöhnen (bespötteln) | die örtlichen Behörden | ein Pöstchen als Köder | Schlösser öffnen | einem Götzen göttliche Ehre erweisen | ein schöner Tölpel sein | das schöne Köln | jemanden gehörig schröpfen | ich könnte (möchte) schwören | ich möchte nicht stören | es strömt durch den Körper | alle Möglichkeiten ausschöpfen | förmliche Höflichkeit | höfliche Zöllner | höchst ungewöhnlich | eine spöttische Bemerkung überhören | jemanden gehörig vermöbeln | jemand ist völlig unmöglich | sich völlig entwöhnen ||

6.   Wörter und Wortgruppen

6.1.   /ø:/ im Anlaut

Öbster Öbstler Oebisfelde öd Ödland Öde Ödipus Ödenburg Öre Öl ölig Ölberg Öland Öfen Ösel Öse Österreich ||

6.2.   [ø:] im Inlaut

6.2.1.   [ø:] im Inlaut

Pöbel pökeln Poel | Böhmen böse Bösewicht Böden böig | töten tödlich Getöse betören Töne | dösen Döschen | Köder König Königen Köbis Köhler | Göpel Göre Goethe Göhren | Möbel möglich Möwe Möhre Mösien | Nöte nötigen nöhlen schnöde Knödel | Römer röhren Röschen Röte | Löhnung löslich löten Blöße blöde | Föhn Vögel Vögte Föhre Fötus | gewöhnen verwöhnen schwören gewöhnlich | Söhne versöhnen | Schöne Schöße | höhnen Höhle Höschen Höhe | zögern Zögling ||

6.2.2.   [ø:] vor vokalisiertem /r/[139]

Stör Provokateur Installateur Amateur Spediteur Redakteur Monteur Saboteur Dompteur | Kaskadeur Kommandeur Odeur Hasardeur Marodeur | Likör Claqueur Piqueur Cœur | Gör | Parfümeur Charmeur | Gouverneur Schwadroneur | Souffleur Jongleur Couleur Modelleur Kontrolleur | Föhr Förde | Graveur | Vulkaniseur Galvaniseur Friseur Hypnotiseur Narkotiseur Masseur Regisseur | Kascheur Retuscheur Arrangeur | Ingenieur Grandseigneur Voyeur Interieur | Hörfunk Behörde Zubehör Gehör Verhör Öhr ||

6.3.   [ø:] und [øˑ] im Auslaut

Bö bleu Jeu Adieu Milieu Diarrhö Seborrhö Nexö Pengö Malmö ‖

6.4.   [œ] im Anlaut

Öttingen Ötztal | Öchslein Öchsle | Oelnitz | Öffner Öffnung öffentlich öfters |
östlich ‖

6.5.   [œ] im Inlaut

6.5.1.   [œ] im Inlaut

Pöstchen Spötter Spöttelei | Böller Böttcher Böschung Böll Böcklin | Töpfer
Töchter Tönnchen Tölpel Töpfchen | Köpfe köstlich Köchin Köcher Köln |
Göttin göttlich Götze gönnen | Mönch Möckern Möller | Nöck Nönnchen |
Röcke Röllchen röntgen Rösselsprung kröpfen | Löffel Löcher plötzlich
Blöcke Klöppel | Völlerei Völkerball Völkchen völlig | wöchentlich wölben
zwölf Gewölbe Gewölle | Söller Söldner | Schöpfer Schößling schöpfen
Schöffe Schöllkraut | Hölzer Hölle ‖

6.5.2.   [œ] vor konsonantischem /r/[140]

Börde bördeln Börse | Törtchen | Dörpfeld Dörrobst Dörte | Körbe körnen |
Görlitz | Mörder Mörser | nörgeln Nörgelfritze | fördern förderlich Förster |
Wörlitz | einhörnig Hörselberg | örtlich Örtchen ‖

6.6.   [ø:] – [œ]

6.6.1.   [ø:] und [œ] in Wortpaaren

Höhle – Hölle, Höcker – Höker, Schöße – schösse, Röslein – Rößlein, blöken –
Blöcke, stör'ich – störrig, Öfen – öffnen, Möbel – Möpse, Tönchen – Tönnchen,
Köter – Cutter ‖

6.6.2.   [ø:] und [œ] in einem Wort und in Wortgruppen

Körpergröße Königsmörder | königlicher Söldner | höflicher Pförtner | schöner
Körper | geröstete Körner | nördliches Böhmen | völlige Versöhnung | plötzliche
Lösung | löbliche Gönner | wöchentliche Löhnung | göttliche Größe | schöpferi-
sche Nöte | höchstes Können | erhöhte Zölle | öffentliche Störung | Böhmische
Dörfer | Ölgötze ‖

6.7.   [œ]/[ø:] – [ɛ]/[e:]

6.7.1.   [œ] oder [ø:] und [ɛ] oder [e:] in Wortpaaren

Kölner – Kellner, Tönnlein – Tännlein, löcken – lecken, Wölfe – Welfe, Hölle – Helle, Möhren – mehren, lösen – lesen, Söhne – Sehne, Vögte – fegte, Gör – Ger, Höfe – Hefe, höhlen – hehlen, Möhre – Meere, verheeren – verhören, Ehre – Öhre, Esel – Ösel, Flöte – flehte, Recke – Röcke, kennen – können, Körner – Kerner, Körbe – Kerbe, Zelle – Zölle, Mächte – möchte, fällig – völlig, Wärter – Wörter, Böller – Beller, Röste – Reste, Möckern – meckern, Chöre – Kehre, Schwere – schwöre, stehst – stößt, lehnen – löhnen, Plötze – Plätze, ergötzen – ergetzen ||

6.7.2.   [œ] oder [ø:] und [ɛ] oder [e:] in einem Wort

Lederöl Lösegeld Löwenherz menschenunmöglich Möbelgeschäft Möchtegern Mörderhände Mörtelkelle Nennwörter Nölpeter Ölpresse Perióke Pökelhering Schneeglöckchen Schneekönigin schönfärben Schönheitsfehler Schöpsenfell Schwefelhölzchen Schweröl Seelöwe Selbstmörder Schöpfkelle Königssee Körperpflege Höhlenleben Mönchswesen ent-(stören u. a.) Rehböcke Erdensöhne Lösegeld Bergeshöhe Erdhöhle Lötstelle erdölhöffig Edelhölzer Größenverhältnisse herzförmig Höchstwert Höhlenmensch Kehlköpfe Ent-(löhnung u. a.) ||

/y/, /ʏ/

/y/

Enges ü (gerundeter hoher Vorderzungenvokal)

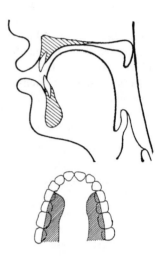

1.   Bildungsweise

Die Lippen sind sehr stark, unverspannt vorgestülpt und ganz eng gerundet geöffnet (etwa wie
beim *engen u*, vgl. /u/, S. 428). Der Zahnreihenabstand ist gering. Der vordere Zungenrand hat
Kontakt mit den lingualen Flächen der unteren
Frontzähne; der vordere Zungenrücken ist aufgerichtet und mit Beteiligung des mittleren Zungenrückens stark zum vorderen Hartgaumen aufgewölbt (im Vergleich zum *engen i*, vgl. /i/, S. 374, ist
die Zungenaufwölbung zum vorderen Hartgau-
men vermindert); die seitlichen Zungenränder lie-
gen an den palatinalen Flächen der seitlichen oberen Zähne, deren Zahndämmen
und dem Hartgaumen. Das Gaumensegel ist gehoben.

/ʏ/

Weites ü (gerundeter hoch-verminderter Vorderzungenvokal)

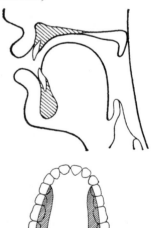

1.   Bildungsweise

Im Unterschied zum *engen ü* sind die Lippen
schwächer vorgestülpt, Lippenöffnung und Zahnreihenabstand etwas größer; die Aufwölbung des
vorderen und des beteiligten mittleren Zungenrückens zum vorderen Hartgaumen ist vermindert.

446

2. Bildungsfehler und Abweichungen

2.1. Entrunden (ungenügendes Vorstülpen und Runden der Lippen) nähert /y/ dem [i:] und /ʏ/ dem [ɪ], besonders nach oder vor [v], [f], [p͡f], [z], [s] oder auch [m], z. B. *Würfel, Wüste, Fürst, Füße, süß, müssen, Gemüse* wie ['ɣɪrfl̩], ['ɣi̱:stə], [fɪrst], [z̥i̱:s], ['mɪsn̩], [ɠə'mi̱:zə].

2.2. Kurzes weites *ü* darf nicht zu offen gesprochen werden, so daß es sich dem [œ] nähert (niederdeutsch orientierte Sprecher entrunden z. B. *Glück* [ɠlʏk] zu [ɠlœk]).

2.3. In einer Gleitbewegung wird langes enges *ü* mit /i/ zu einem mundartlichen Langdiphthong verbunden: *Gemüse* [ɠə'my:zə] zu [ɠə'my:ⁱzə], oder man hört einen *e*-ähnlichen *Nachklang*: ['hy̱:ᵊˌtɛn] statt ['hy:tn̩] *hüten*.[141] (Vgl. /e, ɛ, ɛ:; ə/, 2.3., S. 387, 2.10., S. 388; /o, ɔ/, 2.3., S. 418; /ø, œ/, 2.2., S. 440.)

3. Abhilfevorschläge

3.1. (zu 2.1.)

Wir verwenden wieder das bei /u, ʊ/, 3.1.(S. 429), ausgeführte und bei /ø, œ/, 3.1.(S. 440), angewandte Übungsprinzip: Unterschiede zwischen [y:] und [i:] sowie [ʏ] und [ɪ] hauptsächlich durch Gegenüberstellungen verdeutlichen: *Bühne – Biene, Züge – Ziege … Münze – Minze, münden – Minden* usw. (vgl. /i, ɪ/, 6.8.1., S. 383 f.) und – nachhaltige wechselseitige koartikulatorische Beeinflussung über die Lautnachbarschaft bzw. -umgebung anstreben.

3.2. (zu 2.2.)

Die besagte Entrundung wird auch als maniert interpretiert, ein triftiger Grund mehr, sich mit ihr zu befassen. Das bei /u, ʊ/, 3.1.(S. 429), beschriebene Übungsprinzip können wir hier ebenfalls verwenden. Lautbildung beachten: Für das weite *y* müssen die Lippen stärker vorgestülpt und enger gerundet werden, der Zahnreihenabstand kleiner und die Zungenspannung nach vorn-oben ausgeprägter sein als beim weiten *ö*. Mit Hilfe der Lautumgebung Lippen- und Zungenaktivität (bei fixiertem vorderem Zungensaum) den Erfordernissen anpassen, folglich insbesondere [p, b, m] und dental-alveolare Konsonanten zur Beeinflussung der /ʏ/-Bildung heranziehen. Bekanntlich können die dental-alveolaren [t], [d], [n], [l] nicht nur labialisiert gesprochen werden, sondern ihre dorsale Bildungsweise kann nachhaltig zur hier erforderlichen Zungenaktivität beitragen.

3.3. (zu 2.3.)

Die Diphthongierung des [y:] beruht im Prinzip auf dem gleichen Vorgang, wie er eingehend bei /ø, œ/, 3.2.(S. 440 f.), geschildert wird. Deshalb können wir das dort angewandte Übungsprinzip hier ebenfalls verwenden und lediglich skizzieren: Auf finales enges *y* : *Menü hü Fondue* ... (vgl. 6.3., S. 452) inlautendes enges *y* in offener Silbe, in der gering pausiert werden kann, folgen lassen: *Schüler* ... *Kühle* ... *gütig* usw. (vgl. 6.2.1., S. 451). Lautnachbarschaft und -umgebung so gestalten, daß sie, wie für [ø:], einerseits Lippenstülpen und -runden anregt und erhält sowie andererseits die einengende Gleitbewegung von Unterkiefer und Zungenrücken unterbinden hilft. Insbesondere die Übungen für anlautendes [y:] mit der Vorstellung von elastischen und intensiven Greifbewegungen verbinden: *Übel üben übermütig* ... (vgl. 6.1., S. 451). Zu gegebener Zeit immer wieder Gegenüberstellungen von [y:] und [i:] einbeziehen: *Rüge – Riege, Rüben – rieben, trübe – Triebe* usw. (vgl. /i, ɪ/, 6.8.1., S. 383 f.).

4. Aussprache

4.1. **Lang eng,** wie in *Bühne*

a) bei Schreibung *üh: kühn, wühlen*
b) bei Schreibung *ü* und *y* in betonter offener Silbe: *fügen, üben; Mythe, Analyse*
c) bei Schreibung *ü* und *y* in betonter Silbe vor einfachem Konsonanten, wenn in flektierten Formen des Wortes das *ü* bzw. *y* in offener Silbe steht: *Gemüt, schwül; Asyl, Typ.*

4.2. **Kurz weit,** wie in *dünn*

a) bei Schreibung *ü* vor Doppelkonsonanz, mehreren Konsonanten, sowie vor *ng* und *sch: Büffel, Hütte, Günstling, pünktlich, Gewürz, hüpfen, schützen; Jüngling; Gebüsch*
b) bei Schreibung *y* vor Doppelkonsonanz und mehreren Konsonanten: *Syllogismus, Myrrhe, Gymnastik, Sylt.*

Ausnahmen und *Schwankungen:* s. GWDA (1982, 44)

5. Aussprüche und Sätze

5.1. Geflügelte Worte / Dichtung

Jenes volle, überfließende Gefühl der Glückseligkeit (Novalis) | Das Überraschende macht Glück (Schiller) | Zu überzeugen fällt keinem Überzeugten schwer (Schiller) | Die Reben blühen und verschwenden Düfte (Rückert) | Verwünscht, dreimal verwünscht sei diese Reise! (Schiller) | Immer war die Willkür fürchterlich (Schiller) | Was man in der Jugend wünscht, hat man im Alter die Fülle (Goethe) |

Aller Zustand ist gut, der natürlich ist und vernünftig (Goethe) | Alle Blüten müssen vergehen, daß Früchte beglücken (Goethe) | Kein Bündnis ist mit dem Gezücht der Schlangen (Schiller) | Fürchte des Unglücks tückische Nähe (Schiller) | Die Glücklichen sind reich, nicht Reiche glücklich (F. Hahn) | Kühn ist das Mühen, herrlich der Lohn (Goethe) | Dem gewaltig strebenden Gemüte verzeih ich gern das Übermaß (Schiller) | Ein unnütz Leben ist ein früher Tod (Goethe) | Dich zu verjüngen, gibt's auch ein natürlich Mittel (Goethe) | Alle Menschen werden Brüder, wo dein sanfter Flügel weilt (Schiller) | Ich wollt, mir wüchsen Flügel (Scheffel) | Es führt kein andrer Weg nach Küßnacht (Schiller) | Lerne nur das Glück ergreifen, denn das Glück ist immer da! (Goethe) | Glück betört mehr Leute als Unglück (Luther) | Hüte dich, daß sich dein Feind mag hüten (Shakespeare) | Raum ist in der kleinsten Hütte für ein glücklich liebend Paar (Schiller) | Des Lebens Mühe lehrt uns allein des Lebens Güter schätzen (Goethe) | Pflücket die Rose, eh' sie verblüht (Usteri) | Wenn die Reben wieder blühen, rührt sich der Wein im Fasse (Goethe) ||

Blüte edelsten Gemütes
ist die Rücksicht; doch zuzeiten
sind erfrischend wie Gewitter
goldne Rücksichtslosigkeiten. (Storm)

Nie übe das, was über das Maß ist!
Überall von Übel ist das Über. (Rückert)

Schwer ist zu tragen das Unglück,
aber schwerer das Glück. (Hölderlin)

Wer im Frieden
wünscht sich Krieg zurück,
der ist geschieden
von Hoffnungsglück. (Goethe)

Der Frühling wird ja immer
gerühmt, wie sichs gebührt,
weil er mit grünem Schimmer
die graue Welt verziert. (Busch)

Decke dich, mein Wuschtüchelein,
für zwei Künstler mit Frühstück und bestem Wein. (Bechsteins Märchen)

Im Vorgefühl von solchem hohen Glück
genieß ich jetzt den höchsten Augenblick. (Goethe)

Arbeit und Fleiß, das sind die Flügel,
so führen über Strom und Hügel. (Fischart)

Wenn's fieberhaft durchaus im Staate wütet
und Übel sich in Übeln überbrütet ... (Goethe)

„Mich Henker!" ruft er, „erwürget!
Da bin ich, für den er gebürget!" (Schiller)

Der fühlt ein menschliches Rühren,
läßt schnell vor den Thron sie führen ... (Schiller)

Frühling soll mit süßen Blicken
mich entzücken und berücken. (Brentano)

5.2. Sprichwörter / Sprichwörtliches / Spruchweisheit

Überflüssig in der Welt ist nur, wer sich dafür hält | Verrückt und fünf ist neune | Wer tief pflügt, muß tief düngen | Wer's Glück hat, führt die Braut heim | Das Glück hat Flügel | Überfluß macht Übermut | Wer betrügen will, pfeift süß | Verbotene Früchte schmecken süß | Ein goldner Schlüssel öffnet viele Türen | Besser zurück, als übel vor | Wer leicht zürnt, sündigt leicht | Unglück im Spiel, Glück in der Liebe | Die Kühe, die am meisten brüllen, geben die wenigste Milch | Das Küken will klüger sein als die Henne | Wenn die Mühle steht, kann der Müller nicht schlafen | Dem Feigen weist das Glück den Rücken | Glück macht Freunde, Unglück bewährt sie ||

Überfluß
bringt Überdruß.

Kürze
ist der Rede Würze.

Frisch Gemüt –
frisch Geblüt.

Wer lügt,
der betrügt.

Ein glückliches Bubenstück
gilt für ein Tugendstück.

Gewalt und Lügen
nicht lange betrügen.

Adel sitzt im Gemüte
nicht im Geblüte.

Der eine hat die Mühe,
der andre schöpft die Brühe.

Würde
bringt Bürde.

Fürwitz
ist wenig Nütz.

Wirb!
Das Glück ist mürb.

So hörst du Schwüre,
steht die Lüge vor der Türe.

Brüder haben ein Geblüte,
selten aber ein Gemüte.

Kümmernisse
sind die härtesten Nüsse.

Der Schein trügt,
der Spiegel lügt.

Wer redet, was ihm gelüstet,
muß hören, was ihn entrüstet.

5.3. Redensarten / Wortgruppen

Vor Glück übermütig | die Bürgschaft übernehmen | unbegründete Vorwürfe | Unglück verhüten | Unglück über Unglück | sich (un)glücklich fühlen | Vergnügen (Glück, Unglück) wünschen | keine Müdigkeit verspüren (vorschützen) | der Willkür die Tür öffnen | nach Trüffeln wühlen | eine Blüte zerpflücken | etwas auf ein altes Übel zurückführen | Zurückhaltung üben | jemanden im Unglück zurücklassen | sich zurückgesetzt fühlen | sein Bündel schnüren | in Trübsal stürzen | Bedürfnis nach etwas fühlen | betrügerische Künste | eine dünne Brühe | Schlüssel am Büfett! | süße Früchte | drückende Schwüle | überführter Lügner | sich unangenehm berührt fühlen | sich etwas zu Gemüte führen | üppige Fülle | erfüllte Wünsche | fürstliche Einkünfte | sein Glück mit Füßen treten | den Staub von den Füßen schütteln | Glück im Unglück | vernünftige Gründe | sich die Hüften gürten | sich überall herumdrücken | etwas durch die Hintertür wieder einführen | ein hübsches Sümmchen | sich wie ein Jüngling fühlen | eine kühle Begrüßung | glühende (süße) Küsse | Küssen ist keine Sünd' | eine fühlbare Lücke (ausfüllen) | Lügen habe hübsche Beine | (un)gültige Münzen | mündliche Prüfung | etwas gründlich prüfen | etwas pünktlich erfüllen | an der Mütze rücken | rücklings niederstürzen | die Füße rühren | kein Lüftchen rührt sich | ein rührseliges Stück | an der Tür rütteln | durch eine Lücke schlüpfen | schlüpfrige Lektüre | in vollen Zügen schlürfen | müde Gesichtszüge | ein tüchtiges Stück | ein trübes Stündlein | Stürme der Entrüstung | stürmische Begrüßung | den Sündenbock spielen müssen | den Sündenbock in die Wüste schicken | üble Gerüche | jemandem Übles wünschen | über den Rücken laufen | über Gebühr | tückischer Überfall | mit Vorwürfen überschütten | überhitzte Gemüter | mit Süßigkeiten überladen | ein Gefühl der Überlegenheit | sich der Übermacht fügen | von Rührung übermannt | ein kümmerlicher Überrest | im Überschwang der Gefühle | überschwengliche Ausdrücke | Würde übertragen | Befürchtungen übertreffen | ein Stück zur Übung | Mühe vergüten | eine merkwürdige Type | künstlich gezüchteter Haß | sein Mütchen kühlen | Gerüchte übertreiben ||

5.4.   Paare

Hüben und drüben | grünen und blühen | Hülle und Fülle | lügen und trügen | dünn und dürftig | Glück und Tüchtigkeit | tüfteln und grübeln | Stück für Stück | demütig und wehmütig ||

6.   Wörter und Wortgruppen[142]

6.1.   [y:] im Anlaut

Übel üben über-(mütig u. a.) üblich übrig übrigens Über-(mut u. a.) Ystadt ||

6.2.   [y:] im Inlaut

6.2.1.   [y:] im Inlaut

Python Pythia Pyramus Pylades spüren | büßen Bücher bügeln Gebühren Bülow | Tücher Tüte Typ Stüber Stühle | Dübel Düse Dürer Dühring Duisburg | Kübel Küchlein Kühle kühn Kügelgen | gütig vergüten Güter | Mühsal Gemüse Mythe Mythos Myra | genügend Vergnügen schnüren Nystad | Rübe Rüpel Rüde Rüsche Rüge | lügen Lyra Flügeltür blühen glühen | Füße Fünen fügen fühlen Fühmann | wühlen Gewühl wütend Wüste | sühnen Süd südlich Asyl süßen | Schüler Schülerin schüren Schühchen Schübe | hüsteln Hüne Hühnerauge Hüte | zügeln Züge Zürich Zyklus Zyniker ||

6.2.2.   [y:] vor vokalisiertem /r/[143]

Spürnase spürbar | Gebühr ungebührlich | Haustür Türklinke | Kürlauf will-
kürlich Willkür | dafür hierfür wofür Fürsorge | Geschwür ||

6.3.   [y:] im Auslaut

Tutu Fondue perdu Liebesmüh Avenue Menü Parvenü Rue Gesprüh früh
Bellevue Revue Aperçu hü hottehü ||

6.4.   [ʏ] im Inlaut

6.4.1.   [ʏ] im Inlaut

Pünktchen pünktlich Pygmalion pyknisch Püppchen | Bündel Büttel Büsche
bücken Büffel | Tümpel Tüll Stümper Tücke Tüpfel | Düfte dünn düngen
dümmer Dysphasie | Kümmel Küche Küßchen verkünden verkümmern | günstig
Günstling gülden Güssel Gynt | Münster Müll Müller Mystik Mücke | Nymphe
Nüsse Nüstern nützen nüchtern | brünstig krümmen Krüllschnitt Krücke
zurück-(laufen u. a.) | lümmeln Lymphe Gelübde lynchen flüchtig | fündig
fünfzehn füttern Füssen Füller | Wünsche Wülste | Symbol sündig Sündflut
Sülze Sylphe | Schüsse schütten Schüppe Schütze | Hymne hübsch Hüfte
Hülle Hülse | züchten zünftig ||

6.4.2.   [ʏ] vor konsonantischem /r/[144]

Pyrmont | Bürde Bürzel Bürge Bürgerin | Türmer stürmen Stürmer stürzen |
dürfen | Kürzel kürzen Kürze | Gürzenich Gürteltier | schlürfen | fürchten |
Würfe Würze würfeln Würde Würzburg würgen | schürzen Schürze | Jürgen |
Hürde | zürnen ||

6.5.   [y:] – [ʏ]

6.5.1.   [y:] und [ʏ] in Wortpaaren

Fühlen – füllen, Wüste – wüßte, Bübchen – Püppchen, Flüge – flügge, Düne – dünne,
grünte – Gründe, Mühsal – müssen, Tür – dürr, sühnte – Sünde, müder – Mütter,
führst – Fürst, Züge – zücke, Hüte – Hütte, trügen – drücken, Fühler – Füller,
Füssen – (zu) Füßen, vergrübelt – verkrüppelt, Myra – Myrrhe, rügen – Rücken ||

6.5.2.   [y:] und [ʏ] in einem Wort

Lückenbüßer über-(brücken u. a.) Über-(fülle u. a.) Rückvergütung Frühstück
Gefühlserschütterung Glücksgefühl Verführungskünste Südfrüchte Blütendüfte
Frühlingslüfte Schülermütze Gründüngung Zündhütchen Zündschnüre Müllkü-
bel Tüllrüsche Hühnersüppchen Türfüllung Südküste Bühnenstück Bücherrük-
ken Flügelschürze Stühlerücken Rührstück überflüssig übermütig ||

452

[a̯e]

Zwielaut (fallender Diphthong)

1.   Bildungsweise[145]

Eine schnelle Gleitbewegung in einem Artikulationsverlauf verbindet kurzes *helleres a* (vgl. /a/, S. 404) und sehr kurzes *enges e* (vgl. /e/, S. 385) zu einer einsilbigen Einheit mit gewisser dynamischer Hervorhebung des ersten Lautbestandteils. Während der Gleitbewegung tritt also eine Dynamikabschwächung ein.

2.   Bildungsfehler und Abweichungen

2.1.   Umgangssprachlich wird aus dem Zwielaut ein Monophthong, nämlich langes *enges e: Beine* (ˈb̥a̯enə] zu [ˈb̥e:nə].

2.2.   Aus den zahlreichen, mundartlich bedingten Veränderungen greife ich einige heraus:

a) Ostniederdeutsche Mundarten haben breites weites *e* ([æ]) + enges *i*, statt *Eimer* [ˈa̯emɐ] – [ˈæ̯ːiˑmr] (vgl. /aː, a/, 2.2., S. 405). Die Lippen werden für diesen mundartlichen Zwielaut zu spaltförmiger Öffnung breitgezogen. Der Zahnreihenabstand wird sehr eingeengt, die Zungenspannung nach vorn-oben verstärkt sich. Das zweite Lautelement wird mit kurvig steigender Melodiebewegung lautiert.

b) In der Magdeburger Gegend hört man ein verdumpftes (hinteres) *a* ([ɒː] bzw. auch [ɔˑ]) und schwachen /ɪ/-Nachklang ([ɒˑⁱ]); die Artikulation ist zumeist auffallend energielos (vgl. /aː, a/, 2.3., S. 405).

c) Bayern verdunkeln das [a] durch enge Lippenöffnung, kleinen Zahnreihenabstand und Zungenverlagerung zu etwa kurzem weitem *o* und gleiten bei weiterem Verringern des Zahnreihenabstandes (so daß sich der Vorderzungenrücken stark dem vorderen Hartgaumen nähert) mit ansteigender Melodie zu [iː]: *dein* [d̥a̯en] zu etwa [d̥ɔ̯iːn] (vgl. /aː, a/, 2.1., S. 405).

d) In und um Leipzig spricht man ein sehr offenes verlagertes [a] („Nußknakker"-*a*) + flüchtiges *e* + *i* (etwa [aˑe̯iˑ]). Diese Triphthongierung mit ansteigender Tonhöhe steht in engem Zusammenhang mit der eigentümlich bewegten Sprechmelodie des obersächsisch orientierten Sprechers.

3. Abhilfevorschläge

3.1. (zu 2.1.)

Bildungsweise beachten! Von der weiten [a]-Mundstellung rasch in die engere [e]-Mundstellung hinübergleiten; aber die Lippen nicht breitziehen (prinzipiell auf hochrunde Lippenform bedacht sein) und den Zungenrücken nicht zu stark zum vorderen Hartgaumen wölben. Durch Gegenüberstellungen den beträchtlichen (artikulatorischen sowie klanglichen) Unterschied zwischen [a̯e] und [e:] verdeutlichen: *Geist – Geest, Eider – Eder* ... (vgl. 6.6.1., S. 461).
Erfolgversprechend ist gleichfalls, beide Lautmerkmale zu isolieren, also ausnahmsweise synthetisch vorzugehen.

Aus den Wörtern *Bann* [ba̱n] und *Energie* [enɛʀ'gi:] nehmen wir die Bestandteile [ba̱] und [en], die wir zu einem zweisilbigen Wort zusammenfügen, dessen Betonung auf der ersten Silbe liegt, das anlautende *e* der zweiten Silbe wird dabei mit festem Glottisschlageinsatz gesprochen: ['ba̱-ʔen]. Dann heben wir die Silbentrennung und den neuen Stimmeinsatz für [e] auf und verbinden die beiden Silben gleitend, behalten jedoch die nachdrückliche Betonung auf dem kurzen [a] bei: ['ba̱‿en]. Im Verlaufe des Einsprechens, bei dem auf die Kürze von [a] und [e] zu achten ist, wird die Bindung immer enger, bis schließlich die Zweisilbigkeit aufgehoben wird und beide Laute wohl in zeitlicher Aufeinanderfolge, aber in einem Artikulationsverlauf gesprochen werden: *Bein* [ba̱e̱n].
Übersicht:

1) ['ba̱-ʔen]	oder 1) ['ma-ʔes]	oder 1) ['ma-ʔents]
2) ['ba̱‿en]	2) ['ma‿es]	2) ['ma‿ents]
3) [ba̱e̱n] *Bein*	3) [ma̱e̱s] *Mais*	3) [ma̱e̱nts] *Mainz*

Unter Umständen ist es unvermeidbar, sich mit beiden Bestandteilen des Zwielauts in gesonderten Übungen zu befassen. Zur Behebung der *a*-Fehlbildungen vgl. /ɑ:, a/, 3.1., S. 405f., 3.2., S. 406; Übungen zum engen *e* siehe unter /e, ɛ, ɛ:; ə/, 6.1.–6.3., S. 398.

3.2. (zu 2.2.)

Zum Ausschleifen der erwähnten mundartlich bzw. koartikulatorisch bedingten Veränderungen sollte das [a̯e] zunächst in offener Silbe geübt werden, sowohl im Auslaut (vgl. 6.3., S. 460) als auch, mit kurzem Pausieren an der Silbenfuge, im Inlaut (vgl. 6.2., S. 460) und im Anlaut (vgl. 6.1., S. 459). Wesentlich ist, zumindest koartikulatorisch bedingte Verformungen des [a̯e] durch Lautnachbarschaft bzw. -umgebung auszuschließen oder wenigstens einzuschränken. Beide Bestandteile des Diphthongs sollten mit hochrunder Lippenstellung sowie ausreichendem Zahnreihenabstand gebildet werden; und beim zweiten Bestandteil ist starkes Heben des Zungenrückens nach vorn-oben zu vermeiden.

Auch zur Beeinflussung der mundartlichen Zwielautveränderungen sollten Gegenüberstellungen mit dem [a͜e] herangezogen werden, v. a.: [a͜e] – [eː] (vgl. 6.6.1., S. 461), [a͜e] – [ɑː] (vgl. 6.4.1., S. 460), [a͜e] – [iː] (vgl. 6.8.1., S. 461) und [a͜e] – [ɔ͜ø] (vgl. [ɔ͜ø], 6.4.1., S. 474).

Das unter 3.1. erläuterte Übungsprinzip kann hier natürlich ebenfalls verwendet werden.

4. Aussprache

Der Zwielaut [a͜e] wie in *Bein* ist zu sprechen

a) bei Schreibung *ei* oder *ai* im An-, In- und Auslaut: *Eisen; Hein, Weise; hei; Aigisthos; Hain, Waise; Hai*
b) wenn das Schriftbild *ey* oder *ay* zeigt: *Meyer; Mayer.*

5. Aussprüche und Sätze

5.1. Geflügelte Worte / Dichtung

Einsam bin ich, nicht alleine (Pius A. Wolff) | Das Schaudern ist der Menschheit bestes Teil (Goethe) | Der wahrhaft Freie im Geiste wird auch über den Geist selbst frei denken (Nietzsche) | Durch das Einfache geht der Eingang zur Wahrheit (Lichtenberg) | Vom Eise befreit sind Strom und Bäche … (Goethe) | Bereit sein ist alles (Shakespeare) | Dein ist mein Herz (W. Müller) | Frei sein wollen heißt frei sein! (Börne) | Zwei Seelen und ein Gedanke, zwei Herzen und ein Schlag (F. Hahn) | Freiheit, Gleichheit, Brüderlichkeit! (Frz. Revolution, 1789) | Freiheit ist nur in dem Reich der Träume (Schiller) | Der Geist, der stets verneint (Goethe) | Zu des Geistes Flügeln wird so leicht kein körperlicher sich gesellen (Goethe) | Deines Geistes hab' ich einen Hauch verspürt (Uhland) | Heil sei dem Tag, an welchem du bei uns erschienen (Lortzing) | Dem Heitern erscheint die Welt auch heiter (Goethe) | Störe meine Kreise nicht (Archimedes) | „Freiheit, die ich meine" (M. v. Schenkendorf) | Im Fleiß kann dich eine (die) Biene meistern (Schiller) | Wenn ich einmal soll scheiden, so scheide nicht von mir (P. Gerhardt) | Der Schein soll nie die Wirklichkeit erreichen (Schiller) | Wann wir schreiten Seit' an Seit' … (Arbeiterlied) | Neigung und Mißbehagen lagen beständig miteinander im Streit (Goethe) | Über ein altes Weib geht nichts, als ein Mann, der ein altes Weib ist (Nestroy) | Eurer Tapferkeit kann er den wohlverdienten Preis nicht weigern (Schiller) | Die höchste Weisheit ist, nicht weise stets zu sein (Opitz) | Mit solchem Streit verliert man Zeit und Weile (Goethe) | Es gibt mehr Toren als Weise, und auch bei den Weisen gibt es mehr Torheit als Weisheit (Chamfort) | Nein, ich leide keine Gewalt! (Goethe) ‖

Eifersucht ist eine Leidenschaft,
die mit Eifer sucht,
was Leiden schafft. (Schleiermacher)

Heiß mich nicht reden, heiß mich schweigen,
denn mein Geheimnis ist mir Pflicht. (Goethe)

Wem Zeit wie Ewigkeit und Ewigkeit wie Zeit,
der ist befreit von allem Streit. (Böhme)

Du gleichst dem Geist, den du begreifst,
nicht mir! (Goethe)

Ein Trost ist dennoch meinem Leid geblieben:
Ich gehe weinend, doch ich geh beweint. (Halm)

Beweinet den, der leidet,
nicht den, der scheidet! (Gerok)

Schweig, Herz, kein Schrei!
Denn alles geht vorbei! (Brentano)

Die alten Weiden neigen
sich auf dein Bett herein,
die Vöglein in den Zweigen,
sie singen treu dich ein. (Eichendorff)

Wir wollen sein ein einzig Volk von Brüdern,
in keiner Not uns trennen und Gefahr. (Schiller)

Und kann ich nur einmal recht einsam sein,
dann bin ich nicht allein. (Goethe)

Verzeiht! es ist ein groß Ergetzen,
sich in den Geist der Zeiten zu versetzen … (Goethe)

Was ihr den Geist der Zeiten heißt,
das ist im Grund der Herren eigner Geist,
in dem die Zeiten sich bespiegeln. (Goethe)

Ein Kerl, der spekuliert,
ist wie ein Tier, auf dürrer Heide
von einem bösen Geist im Kreis herumgeführt,
und ringsumher liegt schöne, grüne Weide. (Goethe)

Kein Feuer, keine Kohle kann brennen so heiß,
als heimliche Liebe, von der niemand nichts weiß. (Volkslied)

Wie fruchtbar ist der kleinste Kreis,
wenn man ihn wohl zu pflegen weiß. (Goethe)

Ach neige,
du Schmerzensreiche,
dein Antlitz gnädig meiner Not! (Goethe)

Dieses war der erste Streich,
doch der zweite folgt sogleich. (Busch)

Bedenke wohl die erste Zeile,
daß deine Feder sich nicht übereile. (Goethe)

Allein ist besser als mit Schlechten im Verein,
mit Guten im Verein ist besser als allein. (Rückert)

Wer nicht liebt Wein, Weib und Gesang,
der bleibt ein Narr sein Leben lang. (Luther)

Ein einzig böses Weib lebt höchstens in der Welt.
Nur schlimm, daß jeder seins für dieses einz'ge hält. (Lessing)

Die Semmeln bleiben klein,
und vor der Tür ist mein. (Bechsteins Märchen)

Das freie Meer befreit den Geist,
wer weiß da, was Besinnen heißt! (Goethe)

Du mußt, wenn die Träume sich scheiden,
zuletzt das Unleidliche leiden. (Grillparzer)

5.2.   Sprichwörter / Sprichwörtliches / Spruchweisheit

Einer für alle und alle für einen | Ein Keil treibt den andern | Fleiß macht aus
Eisen Wachs | Wer zeitig feiern will, muß fleißig arbeiten | Eigenruhm ist Neides
Same | Der Neidische ist sein eigener Henker | Wer leihet, der kauft sich einen
Feind mit seinem eigenem Geld | Schuster, bleib bei deinem Leisten! | Die Zeit
heilt alle Wunden | Klein, aber fein (mein) | Ein jedes Ding will Zeit zum Reifen
haben | Dem Reinen ist alles rein | Jedes Ding hat zwei Seiten | Wenn zwei sich
streiten, freut sich der Dritte | Was man treibt, muß man mit Ernst treiben |
Verletzt ist leicht, geheilt schwer | Zeihen ist leichter als beweisen | Die Zeit eilt
(heilt, teilt) | Das Schwein träumt von Eicheln | Auch ein gescheites Huhn legt die
Eier neben das Nest ‖

Besser allein
als in böser Gemein.

Ein faules Ei
verdirbt den ganzen Brei.

Dankbar sein
bricht kein Bein.

Früh weis'
wird bald ein Greis.

Eitelkeit
ein schlimmes Kleid.

Ohne Fleiß
kein Preis.

Die Faulen und die Dreisten
schreien am meisten.

Allzu fein
ist eitel Schein.

Reinlichkeit
zieret Knecht und Maid.

Leid
ist ohne Neid.

Neid
ist des Ruhmes Geleit.

Ein Nein zur rechten Zeit
erspart viel Widerwärtigkeit.

Zwei harte Steine
mahlen selten reine.

Wenn ein Geheimnis wissen drei,
so wird es bald gemein Geschrei.

Es ist kein Pfäfflein so klein,
es steckt ein Päpstlein darein.

Eile
mit Weile!

Scheiden
bringt Leiden.

Schweigen zur rechten Zeit
übertrifft Beredsamkeit.

Heirat in Eile
bereut man mit Weile.

Der Vorsatz allein
sprengt keinen Stein.

Kein Vorteil
ohne Nachteil.

Über meines Weib's Gekeife
tröstet mich die Tabakspfeife.

5.3.   Redensarten / Wortgruppen

Gleiches von gleichem bleibt Gleiches | mein ein und alles sein | mein eigen
Fleisch und Bein | einen Eid leisten | weiß wie Kreide sein | seine Reize feilbieten |
beiseite treten | sein Beileid bezeigen | sich kein Bein ausreißen | über seine eigenen
Beine stolpern | mit seinen Beinen auf der Erde bleiben | Streit(erei) bereinigen |
jemandem seine Freiheit beschneiden | ein Beweis seiner Zuneigung | um eines
Haares Breite zu weit sein | wie ein weiches Ei | einander gleichen wie ein Ei dem
andern | einen Eid verweigern | ein kleiner Eigensinn sein | ein bleibender Ein-
druck | heilige Einfalt! | einen nachteiligen Einfluß ausüben | ein eingefleischter
Junggeselle | Vorteile einheimsen | keinen einheitlichen Eindruck machen | keine
Einigung erreichen | die Einsamkeit meiden | jemandem reinen Wein einschenken |
bereits bei einer Kleinigkeit eingeschnappt sein | eine Beleidigung einstecken |
seine Zeit einteilen | in einen Verein eintreten | in feinem Einvernehmen mitein-
ander stehen | in ein Geheimnis eingeweiht sein | ein heißes Eisen | eiserner Fleiß |
eiserne Hochzeit | eisiges Schweigen | seinen Gesichtskreis erweitern | keine Feier
ohne Meier | eine gefeierte Schönheit sein | ins eigene Fleisch schneiden | Freitag,
der Dreizehnte! | gegen Krankheit gefeit sein | einem die Wahrheit geigen | die

Freiheit des Geistes | ein kleiner Geist sein | im Geiste dabei sein | der Geist der Zeit | in seinem Geiste arbeiten | eine gemeine Handlungsweise | geschmeidig wie eine Eidechse sein | viel Geschrei wegen einer Kleinigkeit | eine heikle Angelegenheit | ein heilloses Durcheinander | eine heilsame Arznei | ein heimliches Stelldichein | wie ein Papagei kreischen | seinen Leib einsetzen | jemandem die Kleider vom Leib reißen | einer wandelnden Leiche gleichen | etwas von der leichten Seite nehmen | Freud und Leid miteinander teilen | an einer schleichenden Krankheit leiden | seinen Leidenschaften freien Lauf lassen | jemandem seinen Beistand leihen | ein Leisetreter sein | seine Meisterschaft verteidigen | wie ein Pfeil davoneilen | ein Geheimnis preisgeben | eine Stimme wie ein Reibeisen haben | eine reichlich langweilige Arbeit | sich eine Scheibe abschneiden | eine Scheidewand niederreißen | seiner Eitelkeit schmeicheln | ein Schrei der Erleichterung | nach dem letzten Schrei gekleidet sein | etwas seiner Dummheit zuschreiben | einem heimgeigen | eine Reihe von Beispielen | voll reinster Heiterkeit sein | seine eigene Weise haben | allerlei Kindereien treiben | bescheiden wie ein Veilchen sein | zum Steinerweichen weinen | seiner Zeit weit vorauseilen | seines Zeichens ein Schneider sein | eine Anleihe zeichnen | jemanden des Meineides zeihen | es ist, um mit beiden Beinen hineinzuspringen | einem ein Bein stellen | keinen Dreier wert sein | das dauert ja eine kleine Ewigkeit | kein Heiliger sein | steinreich sein | dem Unheil in die Speichen greifen ‖

5.4. Paare

Mein und dein | meinerseits und deinerseits | meinesgleichen und deinesgleichen | Sein und Nichtsein | Stein und Bein | klein und fein | Sein und Schein | weit und breit | scheiden und meiden | frei und leicht | Fleisch und Bein | Freiheit und Gleichheit | Leib und Geist ‖

6. Wörter und Wortgruppen

6.1. [a͜e] im Anlaut

Eibsee | Eibe | Eid Eitelkeit | Eidam Eidechse Eider | Eike | Eigen-(heim u. a.) eigentlich | Eimer | eine einerlei einerseits eins einstweilen ein-(kleiden u. a.) einsam Einzel-(heit u. a.) einzig | Eiland eilig Eile Eil-(bote u. a.) | Eifer Eifel eifrig | Eiweiß | Eisheilige Eis-(zeit u. a.) Eisbein Eisen-(bahn u. a.) | Eichel Eich-(baum u. a.) Eichsfeld Ei-(dotter u. a.) ‖

6.2. [a͜e] im Inlaut

Peitsche peilen peinigen Peipussee | beißen Beicht-(stuhl u. a.) beispielsweise Bein-(kleid u. a.) bei-(seite u. a.) Beileid | Teil-(haberin u. a.) Steißbein Steif-

(heit, leinen) Steigeisen Stein-(adler u. a.) | dein gedeihen deinerseits | keimfrei
Kaiman Kaiser-(birne u. a.) keifen -keit (z. B. Reinlichkeit) | Geifer Geiser
geist-(los u. a.) Geistes-(wissenschaft u. a.) Geier | Meißel Meister-(singer u. a.)
Mainz Meilenstein Mai-(baum u. a.) | nein neidisch neigen Neiße | Reise-(be-
schreibung u. a.) Reisige reich-(haltig u. a.) Reichtum rein-(leinen u. a.) | Leibes-
(übung) Leib-(garde u. a.) Laien-(spiel u. a.) Leichen-(wagen u. a.) leicht-(fertig
u. a.) leid-(voll u. a.) Leit-(artikel u. a.) gleich-(bleiben u. a.) klein-(laut u. a.) -lein
(z. B. Schwesterlein) | Feind abgefeimt fein-(stellen u. a.) Feigheit Feier-(lichkeit
u. a.) | Weisheit Weiß-(bier u. a.) Wein-(bau u. a.) Weichteile weiter-(leiten u. a.) |
Saibling Seilerei Seidel Seiten-(teil u. a.) seihen | Schein-(heiligkeit u. a.) Schei-
de-(brief u. a.) Scheitel scheitern | Heim-(kehr u. a.) heimat-(lich u. a.) Heil-
(kunde u. a.) heißa heidi -heit (z. B. Freiheit) | Zeichen-(block u. a.) zeigen Zeit-
(geist u. a.) zeihen ||

6.3.   [ae̯] im Auslaut

Bei vorbei dabei | Partei Bastei Kartei Abtei Datei | Nackedei Melodei | Kai
Lakai | Papagei | Mai | Brei drei frei Schrei Schneiderei Streiterei Schleiferei
-ei (z. B. Reiterei) | Lorelei Blei Schlei Klei Schmeichelei Vielerlei Allerlei
Einerlei | Weih entzwei auwei | sei | Polizei ||

6.4.   [ae̯] – [ɑː]

6.4.1.   [ae̯] und [ɑː] in Wortpaaren

Meinen – mahnen, Meiler – Maler, Maid – Mahd, Bein – Bahn, Pein – Pan, weil –
Wal, seine – Sahne, Weide – Wade, Wein – Wahn, seit – Saat, Neid – Naht, Lein –
Lahn, leiden – laden, Teil – Tal, scheiden – schaden, Hein – Hahn, Kain – Kahn,
Keil – kahl, Reim – Rahm, reisen – rasen, Seil – Saal | Eis – Aas, Eisen – Asen,
eilen – aalen, einen – ahnen, Eidam – Adam ||

6.4.2.   [ae̯] und [ɑː] in einem Wort

Einbahnstraße Malerei Leinsame Laientheater Heimfahrt Malzeichen Ameise
Bei-(trag, name, schlag) Hahnrei Weimar weissagen Wahr-(heit, sagerei, zeichen) wahrscheinlich Treibjagd Heirat Wadenbein Kainsmal Heim-(Beicht-)
vater Reiseplan Bahnsteig Dasein Heiligabend Reiherschnabel Reisewagen
Wagnerei Heilbad Leiterwagen ||

6.5.   Gegenüberstellung von [ɑː] – [a] – [ae̯]

Aas – Aß – Eis, Ahne – Anne – Eine, Aale – alle – Eile, Maße – Masse – Meise,
Maat – matt – Maid, Bahn – Bann – Bein, fahl – Fall – feil, Wahn – wann – Wein,

Wahl – Wall – weil, nagen – Nacken – neigen, laden – Latten – leiden, lahm – Lamm – Leim, Stahl – Stall – steil, Kahn – kann – kein, Rahmen – rammen – reimen, Wate – Watte – Weite, Saat – satt – seit, kam – Kamm – Keim ‖

6.6.   [ae̯] – [e:]

6.6.1.   [ae̯] und [e:] in Wortpaaren

Weih – Weh, Maid – Met, seit – seht, eilen – Elen, feil – Fehl, Weiber – Weber, weit – weht, Seile – Seele, seihen – sehen, Leiber – Leber, dein – den, sei – See, Klei – Klee, zeihen – Zehen, Geist – Geest, Eider – Eder, drei – Dreh, Hai – he, Eidam – Edam, Leine – Lene, beißen – besen, Reigen – Regen, leise – Lese, Eiben – eben ‖

6.6.2.   [ae̯] und [e:] in einem Wort

Meerschweinchen Mehl-(brei, speise) Weinrebe Rehbein Reichswehr Reißfeder Leidwesen Baikalsee Seereise Hefeteig Hege-(meister, zeit) Heilsarmee Heilserum Heidelbeere Beerenzeit Edel-(weiß, stein) Ehren-(kleid, zeichen) Leineweber Leichenrede Leisetreter feindselig Beipferd Fehlanzeige Ein-(ehe, gebung, sehen) Reiherfeder schneeweiß Weißklee Eisschnee Heimwehr ‖

6.7.   Gegenüberstellung von [e:] – [ɛ] – [ae̯]

Stehlen – stellen – steilen, eben – ebben – Eiben, den – denn – dein, Kehle – Kelle – Keile, fehle – Fälle – Feile, Sehne – Senne – seine, Elen – Ellen – eilen, wen – wenn – Wein, Peene – Penne – Peine, Rebe – Rebbe – Reibe, hehlen – Helen – heilen, Ren – Renn – rein, wehte – Wette – Weide, Met – Mett – Maid ‖

6.8.   [ae̯] – [i:]

6.8.1.   [ae̯] und [i:] in Wortpaaren

Steiß – stieß, ein – ihn, keimen – Kiemen, Keiler – Kieler, Keifer – Kiefer, Rhein – Rhin, Leiber – lieber, Leid – Lied, Wein – Wien, zeigen – Ziegen, einen – ihnen, Keil – Kiel, Neider – nieder, feil – viel, Eiger – Igor, Eider – Ida, Seidel – siedeln ‖

6.8.2.   [ae̯] und [i:] in einem Wort

Beichtspiegel Beinschiene Schienbein Schieß-(scheibe, eisen) Beispiel Bier-(seidel, zeitung) Biedermeier bienenfleißig Brief-(geheimnis, schreiber) Ehrbeleidigung Ehrenzeichen Ehe-(streit, scheidung) Eigenliebe Edel-(stein, weis) Geigenspiel Heim-(spiel, tier) Gliederreißen Keilriemen Grießbrei Heilklima Heimat-(lied, vertriebene) Kleinbetrieb ‖

6.9.   Gegenüberstellung von [iː] – [ɪ] – [ae̯]

Mienen – minnen – meinen, Biest – bist – beißt, wieder – Widder – weiter, ihnen – innen – einen, liest – List – leihst, Tieck – Tick – Teig, Stiel – still – steil, Ziele – Zille – Zeile, hießen – hissen – heißen, Kien – Kinn – kein, Kieme – Kimme – Keime, rief – Riff – Reif, briet – Britt – breit, Ries – Riß – Reis, siecht – Sicht – seicht, ihn – in – ein ‖

[a͜o]

Zwielaut (fallender Diphthong)

1. Bildungsweise[146]

Eine schnelle Gleitbewegung in einem Artikulationsverlauf verbindet kurzes *helleres a* (vgl. /a/, S. 404) und sehr kurzes *enges o* (vgl. /o/, S. 417) zu einer einsilbigen Einheit mit gewisser dynamischer Hervorhebung des ersten Lautbestandteils. Während der Gleitbewegung tritt also eine Dynamikabschwächung ein.

2. Bildungsfehler und Abweichungen

2.1. Umgangssprachlich wird aus dem Zwielaut ein Monophthong, nämlich langes enges *o*, mitunter etwas verdumpft, zuweilen mit *e*-ähnlichem Nachklang, z. B.: *glauben* ['g̊la͜o:bm̩] wie ['g̊lo:bm̩] oder ['g̊lo:ᵊm] oder sogar ['g̊lo:m̩].

2.2. Im obersächsischen Sprachgebiet hört man statt des Zwielautes u. a. ein flaches langes *a*, *Haus* [ha͜os] klingt etwa wie [hɒ:s].

2.3. Aus den weiteren, mundartlich bedingten Veränderungen greife ich folgende heraus:

a) Schwaben und Alemannen verdunkeln das zweite Lautmerkmal, aus [a͜o] wird [a͜u˙]. Die Lippenrundung ist zu eng, der Zahnreihenabstand zu klein; die Zungenspitze gibt häufig den Kontakt mit den unteren Frontzähnen auf, der Zungenrücken wölbt sich zum Weichgaumen.
b) Beim obersächsisch orientierten Sprecher hört man einesteils langes verdumpftes *a* (etwa [ɒ:] bzw. [ɔ:]), andere bilden einen Dreilaut: ein sehr offenes verlagertes *a* („Nußknacker"-*a*) gleitet über verdumpftes *o* zu verdumpftem *u* mit ansteigender Tonhöhe. Oder man hört nur flaches *a* + [ə].

3. Abhilfevorschläge

3.1. (zu 2.1., 2.2.)

Bildungsweise beachten! Von der weiten [a]-Stellung schnell in die engere [o]-Stellung gleiten; aber die Lippen weder stark vorstülpen noch zu eng runden, und die Zunge nicht zurückziehen. Durch Gegenüberstellungen den beträchtlichen Unterschied zwischen [a͜o] und [o:] sowie [a͜o] und [ɑ:] verdeutlichen: *Laut –*

463

Lot, flau – Floh ... (vgl. 6.6.1., S. 469); *faul – fahl, Laube – Labe* usw. (vgl. 6.4.1., S. 468).

3.2.   (zu 2.3.)

Zum Ausschleifen der erwähnten Veränderungen sollte auch das [a͜o] vorerst in offener Silbe geübt werden, sowohl im Auslaut (vgl. 6.3., S. 468) als auch, mit kurzem Pausieren an der Silbenfuge, im Inlaut (vgl. 6.2., S. 468) und im Anlaut (vgl. 6.1., S. 467). Wesentlich ist, zumindest koartikulatorisch bedingte Verformungen des [a͜o] durch Lautnachbarschaft bzw. -umgebung auszuschließen oder wenigstens einzuschränken. Beide Bestandteile des Diphthongs sollten mit hochrunder Lippenstellung, ausreichendem Zahnreihenabstand und unterer Zungenkontaktstellung gebildet werden. Die oben erwähnten Gegenüberstellungen erweitern um [a͜o] – [uː]: *Haut – Hut, Zauber – Zuber* usw. (vgl. 6.8.1., S. 469).

Die bei [a͜e] (3.1., S. 454) näher beschriebene Übung des Zusammengleitens der beiden Lautmerkmale können wir beim [a͜o] ebenfalls durchführen:

1) ['pa-ˀol]   oder: 1) ['b̥a-ˀo]   oder 1) ['ta-ˀoʃ]
2) ['pa-͜ol]   2) ['b̥a-͜o]   2) ['ta-͜oʃ]
3) [pa͜ol] *Paul*   3) [b̥a͜o] *Bau*   3) [ta͜oʃ] *Tausch*

Unter Umständen ist es unvermeidbar, sich mit beiden Bestandteilen auch dieses Zwielauts in gesonderten Übungen zu befassen. Zur Behebung der *a*-Fehlbildungen vgl. /aː, a/, 3.1., 3.2., S. 405 ff.; Übungen zum kurzen engen *o* siehe /o, ɔ/, 6.4., S. 425.

4.   Aussprache

Der Zwielaut [a͜o] wie in *Baum* ist zu sprechen

für *au* im An-, In- und Auslaut: *aus; Haus; Tau*.

5.   Aussprüche und Sätze

5.1.   Geflügelte Worte / Dichtung

Man muß dem Augenblick auch was vertrauen (Schiller) | Ein vertrauliches Geplauder wird laut (Goethe) | Dein graues Auge schaut hinauf (Dehmel) | Nur was wir selber glauben, glaubt man uns (Gutzkow) | Laune löst, was Laune knüpfte (Schiller) | Das Auge mit Schaudern hinuntersah (Schiller) | Ein Schauspiel, aber ach, ein Schauspiel nur! (Goethe) | O daß ich tausend Zungen hätte und einen tausendfachen Mund! (J. Mentzer) | Ich bin zu Hause zwischen Tag und Traum (Rilke) | Kalt staunenden Besuch erlaubst du nur (Goethe) | Das

Grausen weht, das Wetter saust (Bürger) | Der Bauer ist ein Fruchtbaum, alle übrigen Stände mehr die Raupen, die von seinen Blättern schmausen (Weber) | Brauch oder nicht! Es gibt sich auch (Goethe) | In einem aufgeräumten Zimmer ist auch die Seele aufgeräumt (Feuchtersleben) | Aufklärung ist der Ausgang des Menschen aus seiner selbstverschuldeten Unmündigkeit (Kant) | Die Frau, welche das Haus nicht erbaut, reißt das Haus nieder (Riehl) | Als eine Frau lesen lernte, trat die Frauenfrage in die Welt (Ebner-Eschenbach) | Besser laufen als faulen (Goethe) | Die meisten unserer Schauspieler sind überall Schauspieler, ausgenommen auf der Bühne (Mohr) ||

Ein graues Auge, ein schlaues Auge,
auf schelmische Launen deuten die braunen … (Bodenstedt)

Es war einmal ein Lattenzaun,
mit Zwischenraum, hindurchzuschauen.

… und nahm den Zwischenraum heraus
und baute draus ein großes Haus. (Morgenstern)

Und mit Erstaunen und mit Grauen
sehen's die Ritter und Edelfrauen … (Schiller)

Mit vielen läßt sich schmausen,
mit wenigen läßt sich hausen. (Goethe)

Meines Lebens schönster Traum
hängt an diesem Apfelbaum. (Busch)

Werde kein gelehrter Klauber,
Wissenschaft ist fauler Zauber. (Fontane)

Wer der Frauen Auge scheuet,
hat die Freude nie geschaut. (Rückert)

Öffne dich, du stille Klause,
denn die Ahnfrau geht nach Hause. (Grillparzer)

Nicht Wünschelruten, nicht Alraune,
die beste Zauberei liegt in der guten Laune. (Goethe)

Bauern sind zum Rauben,
ist der Krieger Glauben. (Logau, 1654)

5.2.   Sprichwörter / Sprichwörtliches / Spruchweisheit

Aus den Augen aus dem Sinn | Trau, schau, wem! | Was die Augen sehen, glaubt das Herz | Der Sonne im August ist nicht zu trauen | Was der Bauer nicht kennt, nennt er Kartoffelkraut | Aus dem Regen in die Traufe | Vor einem grauen Haupte sollst du aufstehen | Aus fremder Haut ist gut Riemen schneiden | Eine gebratene Taube fliegt keinem ins Maul | Pfau, schau deine Beine! | Der Raupen wegen muß man den Baum nicht umhauen | Wenn erst ein Fuß strauchelt, straucheln beide | Tausch ist kein Raub | Vertrauen erweckt Vertrauen | Wem viel erlaubt ist, der soll sich am wenigsten erlauben | Man füllt den Bauch eher als das Auge | Wo Rauch aufgeht, muß Feuer sein | Das Maul ist wie ein Gaul, beide haben den Zaum nötig | Wenn der Bauer auf den Gaul kommt, reitet er stolzer als ein Edelmann | Ein fleißiger Bauer ist edler als ein fauler Edelmann | Weinende Braut, lachende Frau | Die Frau hat tausend Seelen ||

Wer kauft, was er nicht braucht,
muß bald verkaufen, was er braucht.

Gut gekaut
ist halb verdaut.

Blaue Augen – Himmelsaugen,
braune Augen – Liebesaugen,
schwarze Augen – Diebesaugen,
graue Augen – Katzenaugen.

Ist eine liebe Frau im Haus,
so lacht die Freude zum Fenster hinaus.
Wo die Frau schwärmt aus dem Haus,
da geht alles kunterbunt und kraus.

Was du hast in deinem Haus,
das plaudre nicht vor andern aus.

Maientau
macht grüne Au.

Tabak ist ein edles Kraut,
ob man's raucht, schnupft oder kaut.

Nach gutem Tau
wird der Himmel blau.

Einem geschenkten Gaul
schaut man nicht ins Maul.

Aufgeschoben
ist nicht aufgehoben.

Beim Tauschen
laß niemand lauschen.

Eine Hausfrau
sei keine Ausfrau.

Borgen und Schmausen
endet mit Grausen.

Wer den Acker nicht baut,
dem wächst Unkraut.

Bei jedem Kauf
heißt's: „Augen auf!"

Was man nicht kaut,
wird nicht verdaut.

Das – ist der Daumen,
der – schüttelt die Pflaumen,
der – liest sie auf,
der – bringt sie nach Haus',
und der – ißt sie alle auf.
(Kinderspielvers)

Es lernt niemand aus,
bis das Grab ist unser Haus.

Augen auf!
Kauf ist Kauf.

5.3.   Redensarten / Wortgruppen

Auf dem laufenden sein | auf Brautschau gehen | außer Haus verkaufen | seinen Augen kaum trauen | jemand die Daumenschrauben aufsetzen | sich aus dem Staube machen | die Frau des Hauses | vor Staunen die Augen aufreißen | einem

Augenaufschlag vertrauen | mit einem blauen Auge davonkommen | die Haube aufbinden | sich wie ein Pfau aufblasen | in Rauch aufgehen | die Augen aufhalten| kein Mißtrauen aufkommen lassen | eine Behauptung aufstellen | einem aufgestörten Ameisenhaufen gleichen | viel Staub aufwirbeln | den Gaul beim Schwanze aufzäumen | den Daumen aufs Auge setzen | wie saures Bier ausbieten | ein Ausbund von Faulheit | sein Bedauern ausdrücken | etwas wie eine Traube ausdrücken | auf Raub ausgehen | seine Laune an jemandem auslassen | eine faule Ausrede gebrauchen | traurig ausschauen | seinen Rausch ausschlafen | vor ausverkauftem Haus spielen | sich die Augen ausweinen | auf der faulen Haut liegen | eine Jungfrau unter die Haube bringen | das ist zum Aus-der-Haut-fahren | aus dem Staunen nicht herauskommen | das ist kaum glaublich | einen Schauder über die Haut laufen spüren | seine Lauscher aufrichten | auf die Pauke hauen | aus einem Saulus ein Paulus werden | auf Raub ausgehen | das Haus sauberhalten | die Trauben sind ihm zu sauer | Schaum ums Maul haben | wie ein Gaul schnaufen | Bauklötzer staunen | das paßt wie die Faust aufs Auge | einen Strauß ausfechten | der Traum ist aus | eine verstaubte Weltanschauung | jemandem seine Frau anvertrauen | jemandem das Vertrauen aussprechen | vertrauensvoll zu jemandem aufschauen | von Haus aus | Vertrauen mißbrauchen | Bauern ausfragen | draufschlagen wie der Bauer auf den Wolf | in Bausch und Bogen (ver)kaufen | es wurde ihm blau vor den Augen | etwas ausposaunen | aus der Schule plaudern | fauler Zauber | die Augen aufknöpfen | ein Auge auf etwas haben | zu tief ins Auge schauen | sich die Augen aus dem Kopf schämen ||

5.4.   Paare

In Saus und Braus | Maul- und Klauenseuche | grau in grau | von Haus zu Haus | Aussage gegen Aussage | Staub zu Staub | Tausende und aber Tausende | Auge um (in) Auge ||

5.5.   Lautüberfüllungen

Wer brauchen ohne zu gebraucht, braucht brauchen überhaupt nicht zu gebrauchen ||

6.   Wörter und Wortgruppen

6.1.   [ao] im Anlaut

Autor Auto-(bahn) authentisch autsch | Audienz Auditorium Audorf | Augsburg Auktion Auktionator Augapfel | August Augen-(braue, blick, trost) Augustin | Aura Aurelie Aurikel Aurora | Aula | Auf-(lauf u. a.) Aufkauf auf-(bauschen u. a.) | Aus-(dauer u. a.) Auslaut aus-(tauschen u. a.) Außen-(dienst u. a.) außer-(halb u. a.) Australien Austria | au Aue Auer-(hahn, ochse) ||

6.2.   [a̯o] im Inlaut

Pause Paula Pausche Pauker | Baum-(wolle u. a.) bauen Bau-(klempner u. a.) Bauern-(haus u. a.) | Taumel Tauben-(post u. a.) Tauf-(pate u. a.) tausend-(fach u. a.) Staub-(sauger u. a.) | Dauer-(lauf u. a.) Daus Daunen | Kaupelei Kauf-(haus u. a.) Kauz kauen | Gauner Gaudi Gaupe | Mausgrau Mauer-(werk u. a.) Maure Maurer-(meister u. a.) Maul-(beere u. a.) | Nauen Naumburg Nautik Nausikaa | Raum-(kunst u. a.) Rausch-(gift u. a.) Raub-(bau u. a.) Frauen-(arzt u. a.) Trauer-(marsch u. a.) | Lauf-(paß u. a.) Laub-(baum u. a.) Laut-(lehre u. a.) Laune Laute | faulen Faun Faust-(ball u. a.) | Saum Sauhatz Saulus Sauer-(kraut u. a.) | Schau-(bude u. a.) Schauder schauen Schauer Schaukel | Haubitze Haupt-(wort u. a.) Haus-(frau u. a.) hauen | zaubern Zauber-(flöte u. a.) zaudern ||

6.3.   [a̯o] im Auslaut

Aufbau Ausbau -bau (z. B. Hausbau) | Tau Sonnen-(Mehl-, Schlepp-)tau Kotau | Moldau Dau Radau | Moskau Zwickau | Breisgau Oberammergau | Donau genau | Drau Frau rauh grau | lau flau Plau schlau blau | Pfau | Wauwau | Sau Dessau | Schau Warschau -schau (z. B. Rundschau) | Kabeljau | Hau, Verhau ||

6.4.   [a̯o] – [ɑ:]

6.4.1.   [a̯o] und [ɑ:] in Wortpaaren

Maul – Mal, maulen – malen, faul – fahl, saugen – sagen, Laube – Labe, Laus – las, Daumen – Damen, Staub – Stab, taugen – tagen, stauchen – stachen, Zaun – Zahn, Schaum – Scham, Haufen – Hafen, kaum – kam, Raum – Rahm, Brauch – brach, Traun – Tran, rauben – Raben, aus – aß, Sau – sah, Dau – da, Schau – Schah, mausern – Masern, Trauben – traben, rauh – Rah, Zaum – zahm, Haube – Habe ||

6.4.2.   [a̯o] und [ɑ:] in einem Wort

Dauerbackwaren brauchbar Rauchwaren Warenhaus Frauenarzt Autobahn Straßenbau Ameisenhaufen Ahnfrau Aberglaube Außenhafen Staub-(Bauch-) lage ausladend Auslage auftragen aufsagen Dauerauftrag Faulgas Bauabnahme Bau-(jahr, rat, plan) Bauchnabel Frauen-(bad, wahlrecht) Schaumbad Kaufladen Saufgelage Lauf-(bahn, graben) ||

6.5.   Gegenüberstellung von [ɑ:] – [a] – [a̯o]

Rabe – Rappe – Raupe, Hasen – hassen – hausen, Aas – Aß – aus, fahl – Fall – faul, sagen – sacken – saugen, Labe – Lappe – Laube, kam – Kamm – kaum, Flame – Flamme – Pflaume, Maße – Masse – Maus, Maat – matt – Maut ||

6.6.   [a̯o] – [o:]

6.6.1.   [a̯o] und [o:] in Wortpaaren

Mauser – Moser, Baude – Bode, maulen – Molen, Frau – froh, Laut – Lot, Hauch – hoch, Sau – so, flau – Floh, rauh – roh, Laub – Lob, Tauben – toben, Paul – Pol, faulen – Fohlen, Pauker – Poker, lauten – loten, Raum – Rom, Zauber – Zober, Prau – pro, grau – Gros, baut – Boot, Gau – Go, Braut – Brot, Pause – Pose ‖

6.6.2.   [a̯o] und [o:] in einem Wort

Bohnenkraut auf-(bohren, holen) aus-(booten, holen) Bauernbrot Groß-(aufnahme, auftrag, baustelle) baumhoch Braun-(kohl, kohle) Bootsbau Frauenkloster Haus-(bewohner, boot, telefon) Brotaufstrich Mode-(haus, ausdruck, frauen) Haupt-(person, bahnhof, wohnsitz) Kohlen-(schaufel, staub) Hoch-(bau, haus) Lohn-(ausfall, ausgleich, pause) Mauer-(krone, vorsprung) ‖

6.7.   Gegenüberstellung von [o:] – [ɔ] – [a̯o]

Pose – Posse – Pause, rote – Rotte – Raute, Molen – Mollen – maulen, Schote – Schotte – schaute, groß – Gros – Graus, Boden – Bodden – Bauden, stoben – stoppen – staupen, logen – locken – laugen, Lote – Lotte – Laute, Roben – robben – rauben, sogen – Socken – saugen ‖

6.8.   [a̯o] – [u:]

6.8.1.   [a̯o] – [u:] in Wortpaaren

Schmausen – schmusen, Auto – Udo, Faust – fußt, Nautik – Nute, laugen – lugen, blaut – Blut, Dau – du, Taube – Tube, Schau – Schuh, Hauf – Huf, Haut – Hut, mau – muh, lau – Lu, Daunen – Dunen, Maure – Mure, Zauber – Zuber, saure – Sure, Daumen – Duma, Taube – Tube ‖

6.8.2.   [a̯o] nd [u:] in einem Wort

Aufbauschule Aufruf aufsuchen ausbluten Aus-(fuhr, flug) Autoreisezug Bauern-(gut, tum) Baugrube Baumkuchen Fußballbraut Gutshaus Grubenbau Blumenfrau Blutsauger Brauchtum Budenzauber Flug-(saurier, tauglichkeit) Fausthandschuh Frauenschuh Haupt-(beruf, buch, figur) Haus-(besuch, buch, flur) ‖

6.9.   Gegenüberstellung von [u:] – [ʊ] – [a̯o]

Ruhm – Rum – Raum, Mus – muß – Maus, las – laß – Laus, Bruch – Bruch – Brauch, tust – Dust – taust, Stuben – Stubben – stauben, Lupe – Luppe – Laube, Buhle – Bulle – Paule, Muren – murren – Mauren, Luder – Luther – lauter ‖

[ɔ̯ø]

Zwielaut (fallender Diphthong)

1.   Bildungsweise[147]

Eine schnelle Gleitbewegung in einem Artikulationsverlauf verbindet kurzes *weites o* (vgl. /ɔ/, S. 417) und sehr kurzes *enges ö* (vgl. /ø/, S. 439) zu einer einsilbigen Einheit mit gewisser dynamischer Hervorhebung des ersten Lautbestandteils. Während der Gleitbewegung tritt also eine Dynamikabschwächung ein.

2.   Bildungsfehler und Abweichungen

2.1.   Mundartlich weit verbreitet (besonders im Bayrischen und Obersächsischen) ist die Entrundung des [ɔ̯ø] zu [a̯e], obersächsisch sogar zu dessen mundartlicher Form [a̯i˙]: *Leute* ['lɔ̯øtə] wie ['la̯i˙tə]. Diese Annäherung des [ɔ̯ø] an [a̯e] oder [a̯i˙] beruht darauf, daß die für beide Lautelemente erforderliche Lippenvorstülpung und -rundung zugunsten anfangs weiter, dann spaltförmiger Mundöffnung (Lippenbreitzug) aufgegeben wird; dabei engt sich der Zahnreihenabstand gleitend ein (energielose Bewegung). Im Zusammenhang mit den Verspannungen im Lippengebiet und dem zu engen Zahnreihenabstand nähert sich der Vorderzungenrücken stark dem vorderen Hartgaumen.

2.2.   Durch zu enge Lippenrundung, zu geringen Zahnreihenabstand und zu starke Zungenspannung nach vorn-oben verwandelt sich das zweite Lautmerkmal, das [ø], in [y] (bisweilen sogar in [y:]).

2.3.   Schwaben entrunden das zweite Lautelement [ø] zu /i/, indem sie die Lippen nicht vorgestülpt und gerundet lassen, sondern sie zu spaltförmiger Mundöffnung breitziehen. Der Zahnreihenabstand ist verkleinert, die Spannung des Zungenrückens nach vorn-oben nimmt zu. Der Nachdruck verlagert sich auf das zweite Lautelement: *Häuschen* ['hɔ̯øsçn̩] wie ['hɔi̯:sçn̩]. Mitunter auch bei gezierter Sprechweise zu beobachten.

2.4.   In den Umgangssprachen der obersächsischen Sprachlandschaft kann man einen deutlichen *i*-Nachklang hören, der Zwielaut [ɔ̯ø] geht in einen Dreilaut über, etwa wie [ɔ̯ø˙i̯˙], mit leichter Tonerhöhung. Auch hier sind wieder Lippenbreitziehen, Verkleinern des Zahnreihenabstandes und Aufwölben des Zungenrückens nach vorn-oben festzustellen.

3. Abhilfevorschläge

3.1. (zu 2.1.–2.4.)

Ich unterstreiche: Der Zwielaut [ɔø] ist mit kräftigem Lippenvorstülpen, deutlichem Lippenrunden und mittlerem Zahnreihenabstand zu sprechen. Diese Mundstellung muß unbedingt über beide Lautelemente beibehalten und beim Übergang zum folgenden Laut nicht zu früh aufgegeben werden. Der erste Bestandteil ist akzentuiert. Beide Teile sind in kontinuierlicher, rascher Gleitbewegung zu sprechen. Gradlinige Stimmführung beachten.

Diese Hinweise lassen sich auch bei [ɔø] am besten in offener Silbe befolgen, sowohl im Auslaut (vgl. 6.3., S. 474) als auch, mit kurzem Pausieren an der Silbenfuge, im Anlaut (vgl. 6.1., S. 473) und im Inlaut (vgl. 6.2., S. 473 f.). Wesentlich ist, zumindest koartikulatorisch bedingte Verformungen des [ɔø] durch Lautnachbarschaft bzw. -umgebung auszuschließen oder wenigstens einzuschränken. So könnten v. a. [f], [v], [s], [z], [ç], auch [ts] und [m] spaltförmige Mundöffnung und zu engen Zahnreihenabstand begünstigen. Wie die anderen Diphthonge auch das [ɔø] in Gegenüberstellungen üben, v. a. [ɔø] – [ae̯] (vgl. 6.4.1., S. 474), [ɔø] – [y:] (vgl. 6.10.1., S. 476) und [ɔø] – [i:] (vgl. 6.8.1., S. 475).

Unter Umständen ist es ratsam, sich mit beiden Bestandteilen auch dieses Zwielauts in gesonderten Übungen zu befassen: Übungen zum kurzen weiten *o* siehe /o, ɔ/, 6.5., 6.6.1., S. 425; zum engen *ö* siehe /ø, œ/, 6.1., 6.2.1., 6.3., S. 443 f.

4. Aussprache

Der Zwielaut [ɔø] wie in *Zeug* wird gesprochen

a) bei Schreibung *eu* und *äu* im An-, In- und Auslaut: *Eule, Beute, Heu; äußerst, Säure, Allgäu*

b) bei Schreibung *oi* und *oy* in eingedeutschten Wörtern: *Boiler, Oie; Boy, Lloyd.*

5. Aussprüche und Sätze

5.1. Geflügelte Worte / Dichtung

Grau, teurer Freund, ist alle Theorie … (Goethe) | Freundestreue prüft man erst im Sturm (Körner) | Mehr als befreundet, weniger als Freund (Shakespeare) | Wenn Freund zu Freunde kommt, stirbt des Verleumders Macht (Rückert) | Gebeugt vom Druck des Kreuzes und der Schmach (Lenau) | Das sollst du am Kreuze bereuen (Schiller) | Freut euch des Lebens! (Hölty) | Nur Ungeheures tilgt das Ungeheure (F. v. Saar) | Niemand, der sich nicht selbst überzeugt, wird von dir überzeugt werden (Platen) | Zu neuen Ufern lockt ein neuer Tag (Goethe) | Tatloses Bereuen erschlafft; ein neues Leben mit neuen Vorsätzen beginnen, ist die rechte Reue (A. Stahl) | Der Teufel ist neutral (C. Brentano) | Treue im Kleinsten macht die Treue dir leicht in dem Größten (Lavater) ||

Das ist seine Beute,
was da kreucht und fleugt. (Schiller)

Am guten Alten
in Treuen halten,
am kräft'gen Neuen
sich stärken und freuen
wird niemand gereuen. (Geibel)

Und im Kreise scheu
umgeht er den Leu … (Schiller)

Nur das erfreut,
was sich als ew'ges Heut' erneut. (Rückert)

Verleg' sie sich auf Neuigkeiten!
Nur Neuigkeiten ziehn uns an. (Goethe)

5.2.   Sprichwörter / Sprichwörtliches / Spruchweisheit

Ein Zeuge ist einäugig | Die Zwiebel hat sieben Häute – ein Weib neun | Ein neuer Freund ist wie ein neuer (junger) Wein | Freude muß Leid, und Leid muß Freude haben | Der Adler erzeugt einen Adler. Die Eule aber gebiert eine Eule (Russ.) | Die Stunde, die ihr heute säumt, bringt keiner mehr zurück | Gebranntes Kind scheut das Feuer | Reiche Leute haben viel Freunde | Keine Scheuer ohne Mäuse | Untreue wird mit Untreue bezahlt | Ein freudiger Hauptmann macht freudig Kriegsvolk | Ein treuer Freund ist ein starker Schutz | Wer Freunde ohne Fehler sucht, bleibt ohne Freund (Oriental.) | Ein treuer Zeuge lügt nicht ||

Große Keulen schlagen große Beulen.	Es ist eine schlechte Freud', die Reue hat zum Geleit.
Geteilte Freude ist doppelte Freude.	Das Neue, das Treue.
Jedermanns Freund ist niemandes Freund.	Späte Reu' macht Schaden neu.
Träume sind Schäume!	Heute gefreit, morgen gereut.
Flachs bei Feuer ist nicht geheuer.	Wohl Brotfreunde, aber keine Notfreunde.
Ihr lieben Leut', was das bedeut'? Hat sieben Häut', beißt alle Leut'.	Bei Wölfen und Eulen lernt man heulen.

Es ist kein Häuslein,
es hat sein Kreuzlein.

Treue Lieb' bei Weib und Kind,
treuer Freund und treu' Gesind',
Heil dem Manne, der das find't!

Zu vieles Neue
stört alte Treue.

Neuerung
macht Teuerung.

5.3. Redensarten / Wortgruppen

An Äußerlichkeiten hängen | Bedenken äußern | aufs Äußerste gefaßt sein | sich
aufbäumen | seine Reue beteuern | das Recht beugen | alte Bräuche erneuern |
Träume deuten | sich deutlich erinnern| der deutsche Michel | eine eindeutige
Zweideutigkeit | aus dem Häuschen sein | ins Heu fahren | mit keuchendem Atem |
alle Schleusen öffnen | treue Freundschaft | Freund Hein | wie Spreu, die der
Wind zerstreut | seiner Überzeugung treu bleiben | neun Häute haben | keinen
Deut wert sein | durchs Feuer gehen | sich ins Zeug legen | die Spreu vom Weizen
trennen | arm am Beutel | ein teuflisches Gebräu | sich ins Fäustchen lachen |
Mäuschen spielen | vor Wut schäumen | am Zeug flicken | ein Schräubchen locker
haben | heulende Meute | späte Reue | das Licht scheuen | scheu wie ein Reh | was
das Zeug hält | vor Freude heulen ||

5.4. Paare

Treue um Treue | fleucht und kreucht | Streu und Heu ||

6.   Wörter und Wortgruppen

6.1.   [ɔø] im Anlaut

Eupen Eupnoe | Euter Euterpe Euthanasie Eutin | Euklid Eukalyptus | äugen
Eugen Eugenik | Eumenide | Eunuch | eure Euripides Euro Eurasien Eu-
ryanthe Eurydike | Eulalia Eule Euler | Euphonie Euphrat Euphorion | äußern
äußerst Äußerlichkeit Äußerung Eusebius Eustachische Röhre | euch Eucha-
ristie | euer (Greifswalder) Oie ||

6.2.   [ɔø] im Inlaut

Spoiler | bäuchlings bäumen Beuge Beute Boiler Gebäude | Täufling täuschen
teufen Teufel Täufer | Däumchen deucht Deutsch-(kunde u. a.) Deut | Keuch-
husten wiederkäuen Keule Käuferin Keuper | Geuse Gäule | Mäulchen Mäuse
meutern Gemäuer | neuerdings neun-(malklug u. a.) Neurologie neu-(modisch
u. a.) neutral | Rheuma räuchern Räude Räume räuspern | läuten Leuchte
Leuna Leute Lloyd | Fäulnis Fäustling feucht Feuer-(stein u. a.) | Säure ver-
säumen Säufer Säugling Säule Säugetier | scheuen scheuern schäumen

Scheuer | Häuer Häufchen Häuserblock häuten Gehäuse | Zeug Zeugung einzäunen Zeugma Zeugnis ‖

6.3.   [ɔø] im Auslaut

Cow-(Call-, Play-)boy | toi toi toi | Allgäu | neu Hanoi | Misdroy treu untreu Spreu Streu Gebräu | Leu | Efeu | Konvoi | Scheu | joi | Heu ahoi ‖

6.4.   [ɔø] – [a̯e]

6.4.1.   [ɔø] und [a̯e] in Wortpaaren

Scheunen – scheinen, Häuser – heiser, neun – nein, läuten – leiten, Leuchter – leichter, Leute – Leite, Lloyd – Leid, heulen – heilen, Läuse – leise, Keule – Keile, Eule – Eile, Euter – Eiter, Eugen – eigen, euer – Eier, Reuse – Reise, räumen – reimen, zeugen – zeigen, Feuer – Feier, Mäuler – Meiler, Boy – bei, Heu – Hai, Beule – Beile, Säule – Seile, Mäuse – Meise, Fäuste – feiste, Bräu – Brei, freuen – freien ‖

6.4.2.   [ɔø] und [a̯e] in einem Wort

Teufelei einäugig Mäuslein Neuzeit Fräulein Feuchtigkeit Feuerstein neureich Freibeuter kaisertreu Meuterei einläuten Deutschtümelei Polizeigebäude Weizenspreu Zeugnisverweigerung Gebäudereinigung Bäuchlein Däumlein Häublein Häuflein Häuslichkeit Käuzlein Äußerlichkeit Säulenheiliger Beutelschneiderei Schleiereule Zeitvergeudung Deutschmeister ‖

6.5.   [ɔø] – [oː]

6.5.1.   [ɔø] und [oː] in Wortpaaren

Eupen – open, Eule – Ole, beugen – Bogen, Beute – Bote, Keule – Kohle, Geuse – Gose, Mäuse – Moose, meutern – modern, neu – no, Rheuma – Roma, läuten – loten, Lloyd – Lot, Säule – Sole, Zeug – zog, Reuse – Rose, Läuse – lose, Scheunen – schonen, zeugen – zogen, Heu – ho ‖

6.5.2.   [ɔø] und [oː] in einem Wort

Zeulenroda Beutenhonig Brotbeutel Eulenvogel euphonisch euphorisch Europa Feuchtbiotop Feuer-(bohne, probe, tod) Feuersnot Feuerzangebowle freudlos Freudenbotschaft Heulton Groß-(feuer, kreuz, steingräberleute) Heuerbüro Heu-(boden, monat) Hochdeutsch Neuhochdeutsch Kohlen-(feuer, säure) groß-(bäuerlich, mäulig, räumig) Heulboje neumodisch Neumond ‖

6.6.   Gegenüberstellung von [o:] – [ɔ] – [ɔø]

Gose – Gosse – Geuse, Sohlen – sollen – Säulen, Rose – Rosse – Reuse, Kohle –
Kollo – Keule, Lote – Lotte – Leute, None – Nonne – Neune, Roma – Rommé –
Räume, Bowle – Bolle – Beule, hohle – Holle – Heule, Oder – Otter – Euter,
Toter – Dotter – Deuter ‖

6.7.   [ɔø] – [ø:]

6.7.1.   [ɔø] und [ø:] in Wortpaaren

Eulen – ölen, eure – Öre, Bäume – Böhme, Keule – Köhler, Räumer – Römer,
läuten – löten, Feuer – Föhre, Scheune – Schöne, heulen – Höhlen, Häuschen –
Höschen, Räude – Röte, bäumen – Böhmen, Häufchen – Höfchen ‖

6.7.2.   [ɔø] und [ø:] in einem Wort

Möbelhäuser königstreu Goethefreund Kreuz-(erhöhung, verhör) neufran-
zösisch Neuntöter Öl-(feuerung, säure) Räuberhöhle Störgeräusch, Störfeuer
Streudöschen Euböa Eukalyptusöl Eulenvögel feuchtfröhlich Höhensteuer ‖

6.8.   [ɔø] – [i:]

6.8.1.   [ɔø] und [i:] in Wortpaaren

Eure – ihre, beugen – biegen, Beute – biete, Täufer – tiefer, Reuse – Riese, Keule –
Kiele, Käufer – Kiefer, Läuse – Lise, Meute – Miete, neu – nie, räuchern –
riechen, räumen – Riemen, Leuna – Lina, Lloyd – Lied, säugen – siegen, Säule –
Siele, Freude – Friede, Zeuge – Ziege ‖

6.8.2.   [ɔø] und [i:] in einem Wort

Mieterfreuden Keulenhiebe Käufer-(Verkäufer-)miene Mietshäuser Neugier
Neuralgie Eulenspiegel Eurythmie Säugetier Neuries Neuwied Friedensfeuer
Neusiedler Treuhandgebiet Diebesbeute Deutschlandlied Freundesliebe Lie-
besfreuden ‖

6.9.   Gegenüberstellung von [i:] – [ɪ] – [ɔø]

Riese – Risse – Reuse, biete – Bitte – Beute, Miete – Mitte – Meute, Kiefer –
Kiffer – Käufer, stieben – stippen – steupen, Riesen – rissen – Reusen, biegen –
picken – beugen, Ire – Irre – eure ‖

6.10.   [ɔø] – [y:]

6.10.1.   [ɔø] und [y:] in Wortpaaren

Keule – Kühle, räumen – rühmen, Räude – Rüde, Zeuge – Züge, Hcu – hü,
Käufer – Küfer, häuten – hüten, Meute – Mythe, heute – Hüte, leugnen – lügen,
bläuen – blühen, Räuber – rüber, scheuchen – Schühchen, Stäubchen – Stüb-
chen ‖

6.10.2.   [ɔø] und [y:] in einem Wort

Deutschtümelei Beutezüge Düsenflugzeug Euphrosyne Feuerwehrübung Früh-
neuhochdeutsch Führungszeugnis Kreuzblütler Bücherfreund Kühlhäuser
Lügengebäude Prüfungszeugnis Pseudonym Psychoneurose reumütig Säufer-
trübsinn Säureüberschuß ‖

476

Abkürzungsverzeichnis

adt.	altdeutsch	M.	Musculus, Muskel
Arab.	Arabisches Sprichwort	Mm.	Musculi (P.), Muskeln
Bauernr.	Bauernregel	Militär.	Militärwesen
Bibl.	Biblischer Spruch	nd.	niederdeutsch
C.	Cartilago, Knorpel	Niederländ.	Niederländisches Sprich-
Cc.	Cartilagines (P.), Knorpel		wort
Chin.	Chinesisches Sprichwort	Norw.	Norwegisches Sprichwort
Dän.	Dänisches Sprichwort	Oriental.	Orientalisches Sprichwort
Engl.	Englisches Sprichwort	P.	Plural, Mehrzahl
Estn.	Estnisches Sprichwort	Pers.	Persisches Sprichwort
Finn.	Finnisches Sprichwort	Poln.	Polnisches Sprichwort
Galiz.	Galizisches Sprichwort	Russ.	Russisches Sprichwort
gr.	griechisch	sächs.	sächsisch
GWDA	Großes Wörterbuch der	Sard.	Sardinisches Sprichwort
	deutschen Aussprache	Schott.	Schottisches Sprichwort
Hausi.	Hausinschrift	Schweiz.	Schweizer Sprichwort
Hebr.	Hebräisches Sprichwort	Seemannsspr.	Seemannssprache
Holländ.	Holländisches Sprichwort	Serb.	Serbisches Sprichwort
humor.	humoristisch	Spr.	Spruch
IL	Indifferenzlage, physiologi-	Sprichwörtl.	Sprichwörtliches
	sche Sprechstimmlage	sth.	stimmhaft
Inschr.	Inschrift	stl.	stimmlos
Isländ.	Isländisches Sprichwort	Tosk.	Toskanisches Sprichwort
Ital.	Italienisches Sprichwort	Türk.	Türkisches Sprichwort
Japan.	Japanisches Sprichwort	Volksl.	Volkslied
lat.	lateinisch	Walach.	Walachisches Sprichwort
Lett.	Lettisches Sprichwort	WDA	Wörterbuch der
Lit.	Litauisches Sprichwort		deutschen Aussprache
Lombard.	Lombardisches Sprich-		
	wort		

Terminologische Erläuterungen

addental (lat.): an den palatinalen Flächen der oberen Frontzähne

Affix (lat.): zum Wortstamm hinzutretendes Wortbildungselement

Affrikate (lat.): relativ enge Verbindung von unbehauchtem Verschlußlaut und (im allgemeinen) homorganem medialem Engelaut (z. B. [t͡s])

alveolar (lat.): in der Sprecherziehung den oberen (meistens vorderen) Zahndamm betreffend

Alveolen (lat.): u. a. Zahntaschen im Ober- und Unterkiefer, in der Sprecherziehung synonym für oberen Zahndamm

Amplitude (lat.): Schwingungsweite, Weite des Abstandes zwischen Ausgangs- und Umkehrpunkt einer Schwingung

Anlaut, absoluter: Wortanlaut bei Sprechbeginn bzw. nach einer Sprechpause

apex (lat.): Spitze

apikal: die Spitze, in der Phonetik die Zungenspitze betreffend

Auslaut, absoluter: Wortauslaut bei Sprechende bzw. vor einer Sprechpause

cartilago (lat.): Knorpel

cavum (lat.): Höhle, Höhlung, Hohlraum

corona (lat.): Kranz

costa (lat.): Rippe

crico-: von *kríkos* (gr.) Ring, Kreis, *Cartilago cricoidea:* Ringknorpel

Diphthong (gr.): vokalischer Zwielaut mit der sprachlichen Funktion eines einfachen Vokals

diphthongieren (gr.): Wandel eines einfachen Vokals zum Diphthong

Distanz, laryngo-faukale (l.-f. Weite bzw. Enge): Gestaltung jenes Teils der supraglottalen Schallräume, der sich vom mittleren Kehlraum über den oberen Kehlraum und Mundrachen bis zur Rachenenge erstreckt

distinktiv (lat.): unterscheidend

dorsal (lat.): den Rücken, in der Phonetik den Zungenrücken betreffend

dorsum (lat.): Rücken

durus (lat.): hart

Dysphonie, hyperfunktionelle: gesteigerte Bewegungstätigkeit, Bewegungsüberschuß, also Überfunktion der am Sprechen, sowohl an der Atmung, der Phonation als auch der Artikulation, beteiligten sowie die forcierte Inanspruchnahme der am Sprechen unbeteiligten Muskulatur (z.B. der Hals- und mimischen Muskulatur). Die Stimme ist überanstrengt, sie klingt gepreßt, hart, heiser, rauh, häufig überhöht, auch hauchig, mitunter gequetscht und „knödlig", sie ist kaum modulationsfähig

Dysphonie, hypofunktionelle: herabgesetzte Bewegungsfähigkeit, Schwäche, also Unterfunktion der am Sprechen, insbesondere an der Phonation und Artikulation, beteiligten Muskulatur, „Nichtmehrkönnen". Die Stimme ist kraftlos, sie klingt hauchig, belegt, heiser, wie „verschleiert", sie ist intensitätsarm, matt, leise und kaum modulationsfähig

elidieren (lat.): die Elision betreffend

Elision (lat.): Ausfall bzw. Auslassen eines Lautes (im Wortinneren bzw. am Wortende)

epi- (gr.): in Zusammensetzungen u. a. auf, über, oberhalb, *C. epiglottidis:* Knorpel „oberhalb" der Glottis = Kehldeckel

Exspiration (lat.): Ausatmung

fauces (lat.): Rachen, Kehle, *Isthmus faucium:* Rachenenge

faukal (lat.): den Rachen betreffend

final (lat.): in der Phonetik den (Wort-)Auslaut betreffend

Frequenz (lat.): Zahl der Schwingungen in einer Zeiteinheit. Wird als Zeiteinheit die Sekunde verwendet, ist die Maßeinheit Hertz (Hz)

homogenetisch (gr./lat.): artgleich, in der Phonetik Laute mit gleichem Artikulationsmodus, z. B. alle Verschlußlaute

homorgan (gr./lat.): ortsgleich, in der Phonetik Laute mit gleicher Artikulationsstelle, z. B. /m/ und /p/, /b/

478

hyoid-: von *hyoeides* (gr.) ypsilonähnlich, *os hyodeum*: der y-förmige Knochen = Zungenbein

hyper- (gr.): in Zusammensetzungen über-, ober-, oben (Gegensatz hypo-)

hypo- (gr.): in Zusammensetzungen unter-, unten (Gegensatz hyper-)

initial (lat.): in der Phonetik den (Wort-)Anlaut betreffend

Inspiration (lat.): Einatmung

interdental (lat.): zwischen den oberen und unteren Frontzähnen gebildet

isthmus (gr./lat.): (Land-)Enge

Kaubiß: Die Backzähne stehen aufeinander, die unteren Schneidezähne stehen (bei normaler Zahnstellung) ein wenig hinter den oberen (*geschlossene* Form).

Beim *geöffneten* Kaubiß berühren sich die Kauflächen der Backzähne nicht (es ist also ein sehr geringer Zahnreihenabstand vorhanden), die oberen Frontzähne stehen (bei normaler Zahnstellung) gleichfalls noch ein wenig vor den unteren und versperren die Einsicht in die Mundhöhle.

Kopfbiß: Die Schneidekanten der Frontzähne stehen aufeinander, bei normaler Zahnstellung muß hierzu der Unterkiefer etwas vorgeschoben werden (*geschlossene* Form).

Beim *geöffneten* Kopfgebiß stehen die Schneidekanten der Frontzähne etwas übereinander, ohne sich zu berühren (also senkrechter Abstand zwischen den Schneidezähnen)

koronal (lat.): in der Phonetik den vorderen Rand der Zunge betreffend

Kortex (lat.): Großhirnrinde

kortikal (lat.): die Großhirnrinde betreffend, von ihr ausgehend

Kyphose (gr.): Verbiegung der Wirbelsäule nach hinten (Sitzbuckel im Lendenabschnitt, Rückenbuckel)

labial (lat.): die Lippen betreffend

labium (lat.): Lippe

lateral (lat.): seitlich, nach den Seiten zu

lingual (lat.): auf die Zunge (oder Sprache) bezogen

Lordose (gr.): Verbiegung der Wirbelsäule nach vorn (Hohlkreuz)

Luftverschwendung, phonatorische: derjenige „Anteil der bei der Phonation entweichenden Luft, der nicht in tönende Schwingungen versetzt wird", TROJAN (1952, 160)

meso- (gr.): in Zusammensetzungen mittel-, mitten, zwischen

mollis (lat.): weich

Monophthong (gr.): einfacher Vokal

monophthongieren (gr.): Wandel eines Zwielauts zum Monophthong

Morgagnische Ventrikel: nach Giovanni Battista MORGAGNI (1682–1771, Begründer der mikroskopischen pathologischen Anatomie) benannte Ventrikel (mittlerer Kehlraum)

Nachvollzug, funktioneller: Übertragen sprachlicher Abläufe vom Sprecher auf den Hörer. Innersprachliche Prozesse werden ausgelöst, die inneres Sprechen anregen. In gewissen Grenzen werden sprachliche Abläufe (also auch Fehlspannungen wie z. B. überhöhtes oder heiserangestrengtes Sprechen) durch den Hörer funktionell mit- bzw. nachvollzogen.

os, oris (lat.): Mund

oral (lat.): den Mund betreffend

os, ossis (lat.): Knochen, Bein

palatal (lat.): den (vorderen oder harten) Gaumen betreffend

palatinal (lat.): auf den Gaumen bezogen

pars (lat.): Teil

partial (lat.): einen Teil betreffend

plica (lat.): Falte (Plissee: enge, gleichmäßige Stoffaltung)

Präfix (lat.): vor den Wortstamm oder ein Wort gesetzte Vorsilbe (z.B.: *be-, ent-, ge-, ver-, zer-*)

redundant (lat.): die Redundanz betreffend, in der Phonologie und Phonetik im Sinne von zusätzlich

Redundanz (lat.): eigentlich Überfülle, in der Informationstheorie und Kommunikationswissenschaft jener Teil einer übertragenen Nachricht, der ohne Informationsverlust weggelassen werden kann

relevant (lat.): erheblich, wichtig, bedeutsam

Resonanz (lat.): Mitschwingen eines schwingungsfähigen Systems bei Anregung durch eine Anstoßfrequenz in der Nähe seiner Eigenfrequenz. Sie führt u. a. zum Verstärken und Hervorheben derjenigen Teiltöne der Erregerfrequenz, die dem Eigenton des Resonators ganz oder teilweise entsprechen

Resonator (lat.): Schwingungsfähiges System, das bei Erregung von außen in einer bestimmten Eigenfrequenz schwingt. Als Resonatoren können beispielsweise alle luftgefüllten Hohlkörper wirksam sein, auch die Hohlräume des Ansatzrohres.

Respiration (lat.): Atmung

Rhema (gr.): aktuelle Information über das Thema (z. B.: *Der Bauch* (Thema) *ist ein böser Ratgeber* (Rhema))

sagittal (lat.): parallel zur Mittelachse des Körpers

Silbe, geschlossene: Silbe, die mit einem Konsonantbuchstaben endet (z.B. *luf-tig*)

Silbe, offene: Silbe, die mit einem Vokalbuchstaben endet (z. B. *Berli-ner*)

Sphinkter (gr.): Ring-, Schließmuskel

Sprecheinheit: zusammenhängend gesprochene Wortgruppe

subkortikal (lat.): unterhalb der Großhirnrinde gelegen

Suffix (lat.): an den Wortstamm oder ein Wort gehängte Nachsilbe (z. B.: *-ung, -heit, -lich*)

Thema (gr.): Ausgangspunkt einer Aussage (z. B.: *Der Bauch* (Thema) *ist ein böser Ratgeber* (Rhema))

thyreo-: von *thyreós* (gr.) (türförmiger) Schild, *C. thyreoidea:* Schildknorpel

Triphthong (gr.): vokalischer Dreilaut mit der sprachlichen Funktion eines einfachen Vokals

triphthongieren (gr.): Wandel eines Zwielauts (bzw. einfachen Vokals) zum Triphthong

„Überluft": s. Luftverschwendung, phonatorische

uvular (lat.): das Zäpfchen betreffend

velar (lat.): in der Phonetik das Gaumensegel (auch den gesamten hinteren oder weichen Gaumen) betreffend

velum (lat.): Segel

ventriculus (lat.): „Bäuchlein", kleiner Magen, in der Anatomie für Tasche, Hohlraum, Kammer

Ventrikel: s. ventriculus

vestibulum (lat.): hier: Vorraum, eigentlich: Vorhalle vor oder in dem Hause (Vestibül: Vorflur, Vor- oder Treppenhalle)

„wilde" Luft: s. Luftverschwendung, phonatorische

Zungenblatt: Oberseite der Vorderzunge

Tabellen der Umschriftzeichen

Konsonanten und Lautverbindungen

Umschrift-zeichen	Lautbezeichnung bzw. -erklärung	Beispiel	Beispiel in Umschrift
/p/	Fortis-Verschlußlaut *p*	*Lippe*	['lɪpə]
/b/	Lenis-Verschlußlaut *b*	*Liebe*	['li:bə]
/t/	Fortis-Verschlußlaut *t*	*Motte*	['mɔtə]
/d/	Lenis-Verschlußlaut *d*	*Mode*	['mo:də]
/k/	Fortis-Verschlußlaut *k*	*Lücke*	['lʏkə]
/g/	Lenis-Verschlußlaut *g*	*Lüge*	['ly:gə]
/m/	sth. Nasenlaut *m*	*Mann*	[man]
/n/	sth. Nasenlaut *n*	*nein*	[naen]
/ŋ/	sth. Nasenlaut *ng*	*Fang*	[faŋ]
[ʀ]	sth. Schwinglaut *r* (*Zäpfchen-r*)	*Rede*	['ʀe:də]
[r]	sth. Schwinglaut *r* (*Zungenspitzen-r*)	*Rede*	['re:də]
/l/	sth. Seitenengelaut *l*	*Land*	[lant]
/f/	Fortis-Engelaut *f*	*fein*	[faen]
/v/	Lenis-Engelaut *w*	*Wein*	[ʋaen]
/s/	Fortis-Engelaut *s*	*Rosse*	['ʀɔsə]
/z/	Lenis-Engelaut *z*	*Rose*	['ʀo:zə]
/ʃ/	Fortis-Engelaut *sch*	*schön*	[ʃø:n]
/ʒ/	Lenis-Engelaut *sch*	*Loge*	['lo:ʒə]
/ç/	Fortis-Engelaut *ch* (*Ich-Laut*)	*ich*	[ɪç]
/j/	Lenis-Engelaut *j*	*Koje*	['ko:jə]
/x/	Fortis-Engelaut *ch* (*Ach-Laut*)	*ach*	[ax]
[ʁ]	sth. Lenis-Engelaut *r* (*hinteres Reibe-r*)	*Rede*	['ʁe:də]
/h/	stl. Hauchlaut *h*	*Hand*	[hant]
[p͡f]	Affrikate	*Pfand*	[p͡fant]
[t͡s]	Affrikate	*zu*	[t͡su:]
[Φ]	doppellippiger Fortis-Engelaut *f*		
[β]	doppellippiger Lenis-Engelaut *w*		

Vokale

Umschrift-zeichen	Lautbezeichnung bzw. -erklärung	Beispiel	Beispiel in Umschrift
/i/	enges *i*	*Liebe*	['li:bə]
/ɪ/	weites *i*	*Lippe*	['lɪpə]
/e/	enges e	*den*	[d̥e:n]
/ɛ/	kurzes weites *e*	*denn*	[d̥ɛn]
/ɛ:/	langes weites *e*	*Städte*	['ʃtɛ:tə]
[ə]	schwachtoniges *e*	*Labe*	['la:bə]
/ɑ:/	dunkleres *a*	*fahl*	[fɑ:l]
/a/	helleres *a*	*Fall*	[fal]
/u/	enges *u*	*Mus*	[mu:s]
/ʊ/	weites *u*	*muß*	[mʊs]
/o/	enges *o*	*Schote*	['ʃo:tə]
/ɔ/	weites *o*	*Schotte*	['ʃɔtə]
/y/	enges *ü*	*Hüte*	['hy:tə]
/ʏ/	weites *ü*	*Hütte*	['hʏtə]
/ø/	enges *ö*	*Höhle*	['hø:lə]
/œ/	weites *ö*	*Hölle*	['hœlə]
[ae̯]	Zwielaut *ei*	*mein*	[mae̯n]
[ao̯]	Zwielaut *au*	*lau*	[lao̯]
[ɔø̯]	Zwielaut *eu*	*neun*	[nɔø̯n]
[ɐ̯]	vokalisiertes *r*	*mir*	[mi:ɐ̯]
[ɐ]	vokalisches *r*	*Vater*	['fa:tɐ]
[æ]	sehr weites [ɛ], [a]-ähnlich		
[ɒ:]	verdumpftes, labialisiertes [ɑ:], [ɔ:]-ähnlich		
[ʌ]	sehr weites ungerundetes [ɔ], [a]-ähnlich		

Zusätzliche Unterscheidungszeichen

Umschrift-zeichen	Lautbezeichnung bzw. -erklärung	Beispiel	Beispiel in Umschrift
[ː]	nachgestellter Doppelpunkt zur Kennzeichnung der vollen Länge des Vokals	*Staat*	[ʃtɑːt]
[·]	halbhoch- und nachgestellter Punkt zur Kennzeichnung der Halblänge des Vokals sowie der gewissen Längung des Konsonanten	*Lotto* *Schaffell*	['lɔto·] ['ʃɑːf·ɛl]
[']	hochgestellter senkrechter Kurzstrich vor der zu betonenden Silbe zur Kennzeichnung des Hauptakzents im Wort	*Leben*	['leːbm̩]
[ˌ]	tiefgestellter senkrechter Kurzstrich vor der zu betonenden Silbe zur Kennzeichnung des Nebenakzents im Wort	*Verkaufs-stellenleiter*	[fɐ'kao̯fsʃtɛlənˌlae̯tɐ]
[̥]	Kreis unter bzw. über dem Konsonantzeichen zur Kennzeichnung der Stimmlosigkeit bzw. Reduktion der Stimmhaftigkeit infolge Koartikulation	*Hausbau*	['hao̯sb̥ao̯]
[ˌ]	senkrechter Kurzstrich unter bzw. über dem Konsonantzeichen zur Kennzeichnung der Silbigkeit des Konsonanten	*Haken*	['hɑːkŋ̍]
[ʰ]	hoch- und nachgestelltes h zur Kennzeichnung der Behauchung	*hat*	[hatʰ]
[‿]	angedeuteter Halbbogen unter zwei Umschriftzeichen zur Kennzeichnung von Affrikaten und Diphthongen bzw. Diphthongoiden	*Pfund* *nein*	[pf̮ʊnt] [nae̯n]
[ˀ]	hygienischer Glottisschlageinsatz, aphonematisches Grenzsignal	*vorerst*	['foːɐ̯ˀeːɐ̯st]

483

Anmerkungen

[1] Angeregt durch diese Publikation werden inzwischen die Bestandteile der Sprechbildung – Respiration, Phonation, Artikulation – als Elementarprozesse bezeichnet.

[2] Der Druck im Pleuraspalt (Intrapleural- oder Intrathorakaldruck) ist wesentlich geringer als der Luftdruck in den Lungen. Der auf der Innenfläche der Alveolen ruhende Luftdruck ist gleich dem atmosphärischen Druck, die Lunge befindet sich also bereits in ihrer Ruhestellung in Spannung.

[3] Die Exkursionsweite des Zwerchfells beträgt bei ruhiger Atmung zwischen 1 und 3 cm, sie kann bei forcierter Atmung bis zu 8 cm und darüber ausmachen. Sie hängt von verschiedenen Faktoren ab und ist „größten individuellen Schwankungen unterworfen" (SCHMITT, 1981, 83).

[4] Die Zwerchfellbewegungen spiegeln sich also an der vorderen Bauchwand wider, lediglich ihre Auswirkungen nehmen wir wahr, sie selbst laufen für uns unfühlbar ab und können nicht bewußt aktiv beeinflußt werden. Wir sind nur in der Lage, das Zwerchfell passiv zu beeinflussen, z. B. über die seitliche Erweiterung des unteren Brustkorbes, die Stütze und den Atemwurf.

[5] Indem die Bauchmuskulatur während der Einatmung auf die unteren Rippenbogen einen Abwärtszug ausübt, ist sie auch Gegenspieler zum unteren Brustkorb.

[6] Während nach dieser Auffassung sich die Lunge passiv bei der Atmung verhält (sie wird geatmet), sprechen andere Theorien ihr eine gewisse Eigenaktivität zu. P. VOGLER führt sogar aus, daß sich die Lunge in einem organeigenen Rhythmus ausdehnen und zusammenziehen soll. Jene Meinung, daß die Atmung keine rein mechanische, a l l e i n „durch die Atemmuskulatur unterhaltene Funktion" sei (KOFLER 1955, 87), ist einsehbar.

[7] An dem exspiratorischen Hochstand des Zwerchfells ist auch der negative Druck im Pleuraspalt beteiligt. Während er sich bei der Einatmung verstärkt, verringert er sich bei der Ausatmung und zieht das erschlaffte Zwerchfell nach oben in den Brustraum (*intrathorakaler* oder *intrapleuraler Sog*). Nach R. LUCHSINGER liegt am Ende der Ausatmung ein erheblicher Teil der Zwerchfelloberfläche der Brustkorbinnenwand an, „bis etwa zur sechsten oder siebenten Rippe hinauf" (1951, 4).

[8] Der Luftverbrauch steigt mit wachsender Stimmstärke, auch der subglottale Druck nimmt zu (allerdings stärker als die Menge der ausgeatmeten Luft). E. DIETH führt aus, „daß der Verschleiß von Luft bei stimmlosen Lauten größer ist als bei den entsprechenden stimmhaften" (1950, 82) und gibt (verallgemeinernd) an, daß mit wachsender Stimmhaftigkeit der Luftverbrauch abnimmt. Der Luftverbrauch während der Ausatmung steht also „in einem direkten Verhältnis zur Tätigkeit der Stimmlippen und des Ansatzrohres" (ADERHOLD 1998, 117).

[9] Da wir über mehrere Atemzentren verfügen, die in verschiedenen Bereichen des Zentralnervensystems liegen (auch in der Großhirnrinde), diese außerdem keine anatomische Einheit, sondern nur ein physiologischer Begriff sind, ist es angebracht, n i c h t von e i n e m Atemzentrum zu sprechen.

[10] Die zentrale Steuerung und die chemische Regulation der Atemzentren ist überaus kompliziert (zum anderen wird die Atmung noch von anderen Mechanismen, auch durch psychische Vorgänge beeinflußt). Über sie informiert die entsprechende Fachliteratur eingehend und umfassend, während wir notwendigerweise stark vereinfachten.

[11] Nach H. BLAHA (1957, 29) blieben Asthmaanfälle aus, wenn ein Stoff, der bei Mundeinatmung einen Asthmaanfall auslöste, durch die Nase eingeatmet wurde. Bei Hunden, denen man die Nase zustopfte und somit die Nasenatmung unterband, traten asthma-

ähnliche Zustände auf. Es ist nicht übertrieben, wenn gesagt wird, daß die Nase eine Schutzfunktion für die Lunge ausübt.

Schon bei Behinderung der Nasenatmung sollen die Keime in der Mundhöhle im Durchschnitt auf das Doppelte anwachsen. Unter den Folgen der Mundatmung bei stillgelegter Nasenatmung wird „insbesondere mangelnde Leistung des Zentralnervensystems" genannt (SCHMITT 1981, 22).

[12] Zu enge Nasengänge (z. B. durch Wucherungen, bei Schnupfen) behindern die Nasenatmung oder heben sie auf. Andererseits führen zu weite Nasenwege zum Austrocknen der Schleimhäute; von den unangenehmen (meist krankhaften) Begleiterscheinungen sei noch die Anfälligkeit für Erkältungen (Entzündungen) der oberen und unteren Atemwege erwähnt.

[13] H. KRECH: Kurze Einführung in die Grundlagen der Sprecherziehung, in: Deutschunterricht, 9. Jg., Berlin 1956, H. 5, S. 293.

[14] Vgl. Anmerkung 28.

[15] Vgl. Anmerkung 28.

[16] Außerdem steht er über verschiedene Muskeln u. a. mit der Rachenwand, dem Unterkiefer, der Zunge und der Schädelbasis in Verbindung, also in einem Funktionszusammenhang mit dem Brustkorb und dem Ansatzrohr.

[17] W. und A. ZENKER (1960, 1 ff.) schreiben diese Stimmlippenverkürzung dem Ringknorpel-Rachenmuskel (M. crico-pharyngeus) zu. (Vgl. Anmerkung 29.) Daß die Rahmenmuskulatur die Stimmlippen im groben entspannt und spannt, die sogenannte „Rahmenspannung" bewirkt, bleibt unwidersprochen bzw. wird erneut bestätigt.

[18] Über den Bau des M. vocalis bestehen bis heute unterschiedliche Ansichten.

[19] Die Schwingungen hängen also nicht allein von einem pneumatischen Mechanismus ab. Nach H. LULLIES hängt die Spannung und Spannungsverteilung im Stimmuskel von der Frequenz der Nervenimpulse ab „und von dieser die Frequenz der Schwingungen" (RANKE/LULLIES 1953, 215). Es wird u. a. für möglich gehalten, daß nicht nur das Einschwingen der Stimmlippen zu Beginn der Phonation, sondern auch die Umstellung der Glottis durch Nervenimpulse geschieht oder erleichtert wird, während die Aufrechterhaltung der Schwingungen durch den Luftstrom erfolgt. Die oben erwähnte Tatsache, daß die Stimme durch periodische Unterbrechungen des kontinuierlichen Ausatmungsstromes infolge rhythmischer Gegenschlagbewegungen der Stimmlippen entsteht, also niemals ohne Luft, bleibt dadurch unberührt.

[20] Während vom Anblasedruck die *Lautstärke* bestimmt wird, ist die *Tonhöhe* der Stimme von der Spannung und der Länge der Stimmlippen abhängig.

[21] Nach anderer Auffassung wird das Einwärtsschwingen der Stimmlippen nicht durch muskelelastische Kräfte verursacht, sondern gleichfalls durch den Luftstrom: Durch die Abnahme des subglottischen Druckes nach der Glottisöffnung soll eine Sogwirkung entstehen, die die Stimmlippen zusammenführt, also zueinander saugt (nach den *strömungstechnischen* = aerodynamischen Gesetzen für Stromlinien in Engpässen).

[22] Nach der *neuro-muskulären* (neuro-chronaxischen) Theorie des französischen Physiologen Raoul HUSSON soll die Ausatmungsluft nur das tönende Medium, aber nicht das Agens der Stimmlippenschwingungen sein. Er nimmt an, daß sie aktiv durch Nervenimpulse, die das Zentralnervensystem steuert, ausgelöst werden, und zwar „Schlag für Schlag". Das heißt, der Stimmuskel soll sich im Rhythmus der Frequenz der Nervenimpulse kontrahieren.
Die Mehrzahl der Laryngologen und Physiologen lehnt diese These ab, denn es konnte nicht belegt werden, daß die bei der Phonation in den Kehlkopfnerven nachgewiesenen Nervenimpulse, „deren Frequenz mit der der Stimmbandschwingungen" übereinstimmt (RANKE/LULLIES 1953, 213), zentralen Ursprung haben. Zum anderen ist es nach bisheriger Kenntnis der Physiologie der Nerven unwahrscheinlich, daß die Stimmlippenmuskulatur sich unter Nervenkontrolle so schnell kontrahieren kann. Für d^4 (eine

Höhe, die Mme. Mado ROBIN erreicht), müßten es 2322 Kontraktionen pro Sekunde sein. Entsprechende Untersuchungen konnten jedoch nur maximal 59 Einzelkontraktionen des Stimmuskels pro Sekunde durch Nervenimpulse experimentell nachweisen. Die Voraussetzungen, „daß die Muskulatur der Stimmlippen im Frequenzbereich der Stimme ... auf jeden Nervenimpuls mit einer Kontraktion antworten kann" (RANKE/ LULLIES 1953, 213), liegen nicht vor. Außerdem konnte nachgewiesen werden, daß bei 20–40 Reizimpulsen pro Sekunde eine Dauerkontraktion der Stimmlippenmuskeln auftritt, die sich in einer Dauerzusammenziehung der Stimmritze äußert und somit Stimmlippenschwingungen unmöglich macht.

[23] Der *Ton* im physikalischen Sinne entsteht durch einfache und harmonische Schwingungen, die als Sinuskurve dargestellt werden können, und ist im Unterschied zum Klang obertonfrei.

[24] Im Gegensatz zum *Geräusch*, bei dem ein aperiodischer Schwingungsverlauf vorliegt, in dem die unharmonischen Obertöne überwiegen, handelt es sich *Klang*, den unser Ohr meistens als einheitlichen „Ton" auffaßt, um komplizierte, periodische Schwingungen (Überlagerung mehrerer Sinusschwingungen verschiedener Amplitude und Frequenz). Ein Klang setzt sich aus *Teil-* (oder Partial-)*tönen* zusammen. Den I. Teilton bezeichnet man als *Grundton*. Er ist der tiefste, jedoch nicht immer stärkste Teilton und bestimmt die *Tonhöhe* des Klanges. Die übrigen Teiltöne werden *Obertöne* genannt. Da die Frequenzen der Obertöne stets ganzzahlige Vielfache der Schwingungszahl des Grundtones sind, heißen sie auch *harmonische* Ober- oder *Teiltöne*. Von ihrer Zahl, Anordnung und Stärke hängt die *Klangfarbe*, der Klangcharakter des Lautes, ab. Ihre klangformende Gruppe (Energiezentrum) trägt die Bezeichnung *Formant*. Für unser Ohr verschmelzen die Teiltöne meistens zu einem Klang mit einer bestimmten Tonhöhe.

[25] Nach heutiger Terminologie *hyperfunktionelle Dysphonie* (vgl. Terminologische Erläuterungen, S. 478).

[26] Nach der von F. SCHWEINSBERG (1946, 146–151, 163–167) im Anschluß an GIESSWEIN, TONNDORF und TRENDELENBURG aufgestellten, im einzelnen jedoch nicht überzeugenden *akusto-physikalischen Arbeitshypothese,* sollen in der IL die Stimmlippenschwingungen (bzw. die durch sie erregten subglottalen Luftschwingungen) den Eigenschwingungen des Bronchialbaumes entsprechen. (Wie jeder Resonator hat der Bronchialbaum einen Eigenton, auf den er resonierend anspricht, wenn in seiner Nähe ein gleicher oder nahezu gleicher Ton erklingt.) Oder anders ausgedrückt – dem Hauptton der natürlichen Sprechstimmlage entspricht der Eigenton (Grundton) des Bronchialbaumes und den Nachbartönen die Resonanzbreite des Bronchialbaumes. (Der Bronchialbaum wirkt als sogenannter „weicher" Resonator, der auf einen Tonbereich = Resonanzbreite, anspricht.) Da das vorausgesetzt wird, folgert man, daß die subglottalen Luftschwingungen mechanisch und resonatorisch unterstützend auf die Stimmlippenschwingungen und Stimmlippenmuskulatur zurückwirken: Vergrößerung der Schwingungsweite der Stimmlippen (und damit der Tonstärke), leichteres Ansprechen der Stimmlippen, Verstärkung des Grundtones und der tieferen Obertöne des „primären Tones" (auf der der volle Klang der natürlichen Sprechlage beruht). Alle diese Faktoren könnten begreiflich machen, daß und warum man nur in der IL mühelos, lange und laut sprechen kann; denn bei ständigem Überschreiten der IL würden die unterstützenden Einflüsse ausfallen.

„Die Untersuchungen am natürlichen Windrohr des lebenden Menschen zeigen jedoch, daß das System Trachea + Bronchien + Lungen einen so tiefen Eigenton und eine so hohe Dämpfung hat, daß ein Einfluß auf den Stimmklang im allgemeinen nicht zu erwarten ist" (RANKE/LULLIES 1953, 234).

[27] Im Unterschied zum *physiologischen Stimmumfang*, der etwas größer ist, soll der, individuell jedoch unterschiedliche, *musikalische* Stimmumfang eines Erwachsenen etwa 2 Oktaven betragen. Als tiefster Ton, den Bassisten klar produzieren können, wird das

Kontra-F (F_1 = 43 Hz) angegeben, die höchsten Sopranstimmen (z. B. Jennifer JOHNSON) sollen a^4 (3480 Hz) erreichen (vgl. LUCHSINGER/DUBOIS 1956).

[28] Im Unterschied zum lauthaften („äußeren") Sprechen – lautloses, unhörbares Sprechen. Zum besseren Verständnis sei noch vorausgeschickt, daß es nicht gleichzusetzen ist mit *„innerer Sprache"*; denn hierunter versteht man Sprache ohne Sprechmotorik und Stimme. Sie ist zentrale Vorbereitung der aktiven Sprachleistungen (Sprechen und Schreiben) und Voraussetzung für die mehr passiven Sprachleistungen des Verstehens und Lesens (für „verstehendes Verarbeiten des empfangenen Sprachmaterials"). Es handelt sich gewissermaßen um ein In-Gedanken-Formulieren, das stumm und ohne Artikulationsbewegungen abläuft; aber alles, was erforderlich ist, „um gedankliche Inhalte mit dem Zeichenmaterial der Sprache zu formulieren, ist vorhanden".
Die innere Sprache ist jedoch mehr als ein „bloßes Denken in Wortvorstellungen und Sprachbegriffen". Neben dem akustischen Wortbild enthält sie (beim Hören, Lesen und Schreiben) auch eine optische, sprech- und schreibmotorische Komponente („erweiterte innere Sprache", A. PICK). Da wir zuerst Sprechen und Sprachverstehen und dann Lesen und Schreiben lernen, ist der sprechmotorische und der akustische Faktor tiefer verankert als die Funktionsabläufe des Lesens und Schreibens (bzw. als die optische und schreibmotorische Komponente). Der akustisch-motorische Faktor steht immer in Bereitschaft und wird „gelegentlich als Funktionshilfe herangezogen". So scheint für den günstigen Ablauf gewisser innersprachlicher Prozesse (z. B. zur Verdeutlichung eigener gedanklicher Formulierungen, zum besseren und leichteren Verstehen und Verarbeiten gelesener Inhalte) ein bestimmter Intensitätsgrad der Sprechmotorik und das In-Betrieb-Setzen des akustischen Sektors der inneren Sprache nötig.
Hier und dann setzt nun das *innere Sprechen* ein. „Sobald bei der innersprachlichen Formulierung das sprechmotorische Konzept die Intensität erlangt, daß sich deutliche Sprechbewegungsvorstellung einstellen, dann kommt es auch zu einer peripheren Artikulationshandlung." Inneres Sprechen ist „wesentlich *mehr* und grundsätzlich anderes als innere Sprache". Es tendiert zum lauthaften Sprechen, dessen Motorik es sich bedient, während der phonische Anteil unterdrückt wird; es ist ein „Akt unvollkommener äußerer Sprechhandlung", äußeres Sprechen ohne Phonation.
Doch der motorische Anteil beschränkt sich nicht auf mehr oder weniger ausgeprägte periphere Artikulationsbewegungen (z. B. auf Lippen- und Zungenbewegungen). Die zur äußeren Sprechhandlung tendierenden körperlichen Begleiterscheinungen erstrecken sich u. a. auch auf die Atmung und das Stimmorgan. Es ist nachgewiesen, daß die Atmungsabläufe der Sprechatmung ähneln, daß die Aktivität der äußeren und inneren Kehlkopfmuskulatur höher als in der Ruhesituation, allerdings geringer als beim Phonieren ist.
Inneres Sprechen mit verschiedenen und graduell unterschiedlichen physischen Begleiterscheinungen tritt beim Hören gesprochener Sprache, beim Lesen und Schreiben auf. Intensivierte Denkprozesse beteiligen nicht nur weitgehend inneres Sprechen, sondern (wie erwähnt) für den günstigen Ablauf gewisser Denkprozesse scheint eine bestimmte Beteiligung der Sprechmotorik geradezu notwendig zu sein (stummes bis leises – meist auch sorgfältig-langsames – Mit- oder Nachsprechen bis zum lauten Denken u. a. zum Bewältigen aufgenommener [gehörter] schwieriger Gedankengänge sowie zum leichteren [richtigen] Sprachverstehen beim Lesen).
Die Art und Weise der organischen Begleiterscheinungen ist vom Wesen der sprachlichen Inhalte (seien sie schriftlich fixiert, innersprachlich formuliert oder durch äußere Sprechhandlung realisiert), damit zugleich vom Charakter ihrer stimmlich-sprecherischen und sprachlichen Realisierung abhängig, selbstverständlich auch vom Hörer oder Leser usw. (also von dem, bei dem inneres Sprechen ausgelöst wird).
Innere Sprache kann sich zum „inneren Dialog" mit sich selbst oder einem Gesprächspartner ausweiten. Inneres Sprechen kann (wie in dem Fall, von dem wir ausgingen)

ungünstige Folgeerscheinungen haben. Die physiologischen Ursachen dieser Erscheinungen sind noch nicht geklärt; in unserem Beispiel führen wir sie auf Fehlspannungen zurück.

Grundsätzlich beruhen diese Erscheinungen auf dem wechselseitigen Zusammenhang von Sprache, Sprechen und Denken. Sie belegen auf ihre Weise den psycho-physischen Zusammenhang des Denk-Sprech-Vorganges. Ich verweise auf F. KAINZ (1954, 148ff.) und E. KURKA: Zur Beeinflussung der Stimme durch inneres Sprechen bei maschineller Schreibarbeit, Phil. Diss. Halle 1958.

[29] Im Rahmen dieser Erörterungen muß es dahingestellt bleiben, ob der Brustbein-Schildknorpelmuskel die Annäherung der Stimmlippenansätze bewirkt, indem er (bei fixiertem Ringknorpel) den Schildknorpel nach hinten kippt (R. SCHILLING), oder ob der Ringknorpel-Rachenmuskel der Antagonist des Ring-Schildknorpelmuskels ist und bei festgestelltem Schildknorpel die Platte des Ringknorpels (und die aufsitzenden Stellknorpel) nach vorne kippt, somit die Stimmlippen verkürzt (ZENKER/ZENKER 1960). Auch der Luftröhren- oder *Trachealzug* (eine Kraft, die bestrebt ist, den Ringknorpelbogen zu senken und damit die Ringknorpelplatte vorzukippen) wirkt im Sinne einer Stimmlippenverkürzung.

[30] Im Anschluß an H. FERNAU-HORN (1956, 365ff.; 1954, 243f.).

[31] Der Grad der Stimmkraft soll dem jeweiligen Grad der Federungskraft entsprechen.

[32] Ist eine Stimmbehandlung (Stimmumschulung) angezeigt, reicht die „Tiefenwirkung" der „*Abknallübung*" nicht aus. Dazu ist sie auch nicht gedacht, mit ihr kann man vielmehr in relativ kurzer Zeit den hygienischen Glottisschlageinsatz (quasi isoliert) hervorbringen.

[33] In Heinrich HEINES „Romanzero" (1. Buch, „Der Dichter Firdusi") befindet sich folgende Belegstelle:
Schach Mahomet hat gut gespeist,
Und gut gelaunet ist sein Geist.

[34] Der Begriff „Artikulationsbasis" wird unterschiedlich interpretiert und sogar verworfen (vgl. KRECH 1954, 92ff.; DIETH 1950, 135; ADERHOLD 1998, 152ff.). Begriff und Bedeutung der sogenannten Artikulationsbasis – sowohl grundsätzlich als auch auf die deutsche Sprache bezogen – sind zu wenig erforscht und geklärt (vgl. KELZ 1974). Bereits die Bezeichnung mit der Orientierung auf ausschließlich artikulatorisches Geschehen und der Assoziation von etwas Unverrückbarem ist nicht zu vertreten. Außerdem leistet die Einengung des Begriffs auf ausschließlich statische und/oder dynamische Faktoren Vorschub für den anatomischen Begriff der Artikulationsbasis als vererbbarer, rassen- oder nationalitätsbedingter nativistisch-somatischer und physiologischer Beschaffenheit. Wenn schon mit diesem terminologisch anfechtbaren und interpretatorisch umstrittenen Begriff gearbeitet wird, wofür jedoch kein zwingender Grund besteht, muß eine eindeutige Distanzierung von der biologistischen These einer angeborenen Artikulationsbasis und eine Differenzierung in „Artikulationsbasis" im *engeren* Sinne (auf die artikulatorische Teilfunktion bezogen) und im *weiteren* Sinne (Einziehen der prosodischen Mittel und des phonologischen Systems der entsprechenden Sprache) vorgenommen werden. Dem entspricht O. ZACHERS Unterscheidung von „artikulatorischer, phonetischer und phonologischer Basis" (1969, 54ff.). Die „Artikulationsbasis" ist grundsätzlich ein sozialer Begriff (SINDER 1948, 39; 1960, 74ff.) und wird durch einen funktionellen physiologisch-genetischen, gennematischen und phonologischen Aspekt determiniert (HÄUSLER 1961, 249ff.; 1962, 213ff.).

[35] Beim *offenen Näseln* (auch Hyperrhinophonie) ist der Gaumensegelverschluß zu gering oder der Abschluß zwischen Mund und Nasenräumen fehlt ganz, so daß die Mundlaute durch in der Nase entstehende Geräusche oder durch übermäßige Nasalität entstellt werden.

488

Die häufigsten angeborenen *organischen* Ursachen sind Gaumenspalten; erworbene organische Defekte entstehen u. a. durch Geschlechtskrankheiten, Gaumensegellähmungen nach Diphtherie, Grippe, Nervenverletzungen.

Beim *funktionell offenen Näseln* (es hat keinen krankhaften Organbefund, aber das Gaumensegel schließt nicht ausreichend bzw. hängt ständig schlaff herab) ist nur der Vokalklang verändert. Es sei an die schnarrende und näselnde Sprache der preußischen Militärs erinnert, bei denen sich diese Form des Näselns zu einer Art Modejargon ausweitete.

Das *geschlossene Näseln* (auch Hyporhinophonie) ist ein auffällig anasales Sprechen („Stockschnupfensprache"). Eigentümlich ist der „verstopfte" Klang der Nasenlaute; denn der Nasenweg ist geschlossen bzw. stark beengt.

Verengungen der Nasenlichtung durch Nasenscheidewandverbiegung, Vergrößerung der Muscheln, Nasenpolypen oder entzündliche Schwellungen (z. B. Schnupfen) – also raumbeengende Zustände vorwiegend im vorderen Teil der Nase – führen zum *organischen vorderen geschlossenen Näseln.* Die klangliche Beeinträchtigung ist nicht so ausgeprägt wie beim *hinteren organischen geschlossenen Näseln,* das auf Vergrößerungen der hinteren Muschelenden, Wucherungen im Nasenrachen, Nasenrachengeschwülsten, Verwachsungen zwischen Gaumensegel und Rachenwand beruht.

Bei starkem *Schnupfen* entsteht im allgemeinen auffällig *anasales* Sprechen: Der Nasenweg ist durch Schwellungszustände behindert oder gar undurchgängig („verstopft"). Andererseits kann bei Infekten der oberen Luftwege auch eine gewisse *Hypernasalität* auftreten: Wegen der Entzündung der Schleimhäute ist der Nasenverschluß undicht.

Funktionelles geschlossenes Näseln liegt vor, wenn man das Gaumensegel gewohnheitsmäßig ständig gehoben wird und den Nasenweg abschließt.

„*Gemischtes Näseln*" entsteht durch das Zusammentreffen der Ursachen des geschlossenen und des offenen Näselns. Somit beruht es in einer Kombination der Resonanzverminderung der drei Nasenlaute mit der Entstellung aller Mundlaute durch nasale Beiklänge" (LUCHSINGER/ARNOLD II 1970, 667).

[36] Bei der sog. *Bauchrednerstimme* z. B. liegt u. a. extrem h o h e r Kehlkopfstand, weit nach hinten zurückgezogene Zunge, hinabgepreßter Kehldeckel, auffällig verkleinerter Kehlraum vor. Das Klanggepräge ist grell, gepreßt, dünn.
Maximal t i e f e r Kehlkopfstand mit wesentlich erweiterten supraglottalen Kehlräumen und auffälliger Rachenweite liegt beim *Jodeln* vor.
Vgl. *Gähnübung* S. 113 f., *Federungsübung,* S. 52 ff.

[37] S. 3.4.3.1., S. 78.

[38] Die Hartgaumenlaute werden auch Vordergaumenlaute oder vereinfachend nur Gaumenlaute genannt.

[39] Die Weichgaumenlaute werden auch Hintergaumenlaute oder vereinfachend auch Gaumensegellaute genannt.

[40] Statt vorderer Zungenrand oder -saum wird auch die Bezeichnung Zungenkranz verwendet; dementsprechend: Zungenkranzlaute.

[41] Sind sowohl Artikulationsstelle als auch artikulierendes Organ die Lippen, verwendet man die Bezeichnung *bilabial.*

[42] H. CALM: Lehrbuch der Sprechtechnik, Dessau o. J., 5. Aufl., S. 47, z. B. unterscheidet [s] mit apikaler und [z] mit dorsaler Bildung.

[43] Vgl. G. LOTZMANN: Zur Aspiration der Explosive im Deutschen, in: Wiss. Z. Humboldt-Univ. Berlin, Ges.-Sprachw. R. Jg. VIII (1958/59) Nr. 2/3, S. 149–185.

[44] Der senkrechte Strich, z. B. ... taub | ich ..., kennzeichnet das Ende einer Sprecheinheit. Die Art (Größe) der folgenden Sprechpause wird nicht unterschieden und besonders gekennzeichnet.

[45] Vgl. GWDA 1982, 28f.

[46] Zu dieser Auffassung verleitet oftmals das Schriftbild, das aber bekanntlich – wenn auch unvollkommen – nur die Sprachlaute aufzeichnet, jedoch nicht die unterschiedlichen Schälle und fortlaufenden Organbewegungen. Die Anweisung „Sprich jeden Buchstaben deutlich aus!" ist unsinnig. Denn wie in anderen Sprachen besteht auch in der deutschen Sprache ein Mißverhältnis zwischen Schrift und Aussprache, decken sich Buchstabe und Laut nicht durchgängig. So enthält der *eu* geschriebene Zwielaut weder ein *e*- noch ein *u*-Phonem. Den stimmlosen Engelaut [ʃ] gibt die Schrift durch die Buchstabenverbindung *sch* wieder, die Lautverbindungen [ks] und [ts] bezeichnen wir u. a. mit dem Buchstaben *x* und *z*. So wie die geschriebene deutsche Sprache einer einheitlichen Normierung unterliegt, der *Rechtschreibung,* die schließlich im „Duden" ihren Niederschlag fand, gilt für die gelautete deutsche Sprache die *Rechtlautung.*
Theodor Siebs faßte in dem 1898 erstmalig erschienenen Werk „Deutsche Bühnenaussprache" eine ausgleichende Regelung und Normierung der höchsten Formstufe der Bühnenaussprache (Sprechweise des Schauspielers im klassischen Versdrama) zusammen. Sie erhielt 1922 eine gewisse amtliche Anerkennung und wurde faktisch als allgemein verbindlich erklärt. „Neben den ‚Duden' für die Rechtschreibung trat der ‚Siebs' für die Rechtlautung" (Krech 1967, 64), jedoch mit der wesentlichen Einschränkung, daß er, wie für den Schauspieler, so auch in den anderen Lebensbereichen, nur Norm war und bleibt; denn die nach 27jähriger Pause 1957 unter dem Titel „Deutsche Hochsprache, Bühnenaussprache" erschienene 16. Auflage sowie weitere Auflagen des Buches sind einem elitären Grundsatz verpflichtet. Der „Siebs" blieb und ist breiten Kreisen unbekannt.
Normierungsgrundlage des 1964 erstmals aufgelegten WDA ist die Rundfunkaussprache, und zwar hauptsächlich in Nachrichtensendungen sowie in Lesungen belletristischer Texte. Die Formstufe vornehmlich des Nachrichtensprechers wird als „d i e a l l g e m e i n g ü l t i g e A u s s p r a c h e" bezeichnet, „die von jedem verstanden und realisiert werden kann" (WDA 1974, 11). Diese gesprochene Existenzweise der Standardsprache wird als *Standardaussprache* (bzw. Standardlautung) bezeichnet.
Diesem Grundsatz ist auch die Fortführung des WDA, das 1982 erschienene GWDA verpflichtet. Durch die Erweiterung seiner Datenbasis wird die Form der Lautung in adäquaten Sendungen des Bildfunks in die Charakterisierung der Standardaussprache einbezogen, die, abhängig von der Sprechsituation, eine gewisse Variationsbreite aufweist (vgl. GWDA 1982, 13), (vgl. 3.6., S. 90f.).

[47] Ausführliche Darstellung s. GWDA 1982, 70ff.

[48] Der unter der Intonation subsumierte Komplex wort- und satzphonetischer Komponenten wird hier lediglich skizziert. Für eine eingehende Beschäftigung verweise ich auf die entsprechende Fachliteratur, besonders auf E. Stock und Chr. Zacharias (1982; 1975).

[49] Es ist gewiß nicht uninteressant, daß beispielsweise für die Erarbeitung der Vokalklänge fast j e d e r Vokal, *weites langes e* (/ɛ:/) und die Diphthonge ausgenommen, schon einmal als „Ausgangsvokal" gewählt wurde. Deshalb soll auf einige Empfehlungen, die gelegentlich mit Vehemenz vertreten wurden, eingegangen werden.
Vor dem so oft angeratenen Beginn mit dem [ɑ:] ist nur zu warnen. Begründungen, wie das *a* sei der erste Buchstabe des Alphabets oder es habe die größte Kieferöffnungsweite und deshalb ließe sich von ihm aus die Mundhöhle am leichtesten für die anderen Vokale gestalten, sind nicht stichhaltig. Ohne Zweifel ist das [ɑ:] der schwierigste Vokal der deutschen Sprache. Gerade der notwendige große Zahnreihenabstand ist so schwer herzustellen. Andererseits birgt die große orale Weite die Gefahr des offenen Näselns und des Zurückziehens der Zunge und damit der Lautverdumpfung.
Und gegen den Anfang mit dem *schwachtonigen e* ([ə]) sprechen die von seinen Verfechtern genannten Vorzüge. Eben, weil dieser Laut artikulatorisch nur schwach ausgeprägt ist, die Stellung und Spannung der Artikulationsorgane ihrer Ruhelage nahe-

kommen, ist der übergangslose Anschluß anderer Vokale bzw. Laute mit ihren spezifischen Artikulationsanforderungen schwierig.

Auch die Bevorzugung der Vorderzungenvokale – besonders des Hochzungenvokals [i:] – kann ihre Nachteile haben. Lippenbreitzug und zu enger Zahnreihenabstand können auftreten, die eine geringe artikulatorische Ausformung und gequetschte („plärrige") Stimmgebung begünstigen.

[50] Nach H. FERNAU-HORN (1954, 243).

[51] Vgl. H. FERNAU-HORN (1956, 366).

[52] Die Beschreibung der Lautfarbe bzw. Klang- und Geräuschnuancen von nonverbalen Stimm- und Artikulationsübungen ist sehr schwierig. Außerdem handelt es sich nicht um konstante Lautvarianten, so daß hier, wie in den folgenden Basisübungen, auf eine phonetische Transkription verzichtet werden muß, andererseits auch aus dem Grunde, um eventuelle Anregungen zu unzweckmäßigen stereotypen Lautfolgen mit gewisser bzw. spezifischer artikulatorischer Ausformung auszuschalten.

[53] Der waagerechte Strich über dem Vokal kennzeichnet die Länge, der Akut die dynamische Hervorhebung.

[54] Nach der *Reflextheorie* PAWLOWS tritt dies bei günstigen Bedingungen ausgeprägt ein. Und wir haben wohl alle schon erlebt, daß uns der Duft einer Speise oder eine leckere Schaufensterauslage „das Wasser im Munde zusammenlaufen" ließ.

[55] Im Zusammenhang mit der Kauphonation Wörter, bei deren Aussprache sich angenehme Vorstellung mit sprecherisch-stimmlichem Ausdruckswert verbinden kann/soll.

[56] Die Beschreibung der Lautbildung korrespondiert mit den entsprechenden Angaben im GWDA (1982) und berücksichtigt die Forschungsergebnisse von G. LINDNER (1975). Ergänzungen und Modifikationen erklären sich aus praktischen Erfahrungen und sprecherzieherischen Gesichtspunkten gemäß der pädagogischen Absicht des Buches.

[57] Die Ausspracheregelung fußt auf dem GWDA (1982) und berücksichtigt die Forschungsergebnisse von G. MEINHOLD (1973).
Es wird in der Hauptsache die Aussprache in deutschen Wörtern festgehalten, für Fremdwörter und Namen, ebenfalls für Schwankungen und Ausnahmen, ist das GWDA heranzuziehen.

[58] S. auch /ʃ/, 6.1.2., S. 312; /s, z/, 6.4.1., S. 298.

[59] Der in Klammern gesetzte Bestandteil des Gefüges ist auswechselbar. Es soll also angedeutet werden, daß mit dem ersten Bestandteil (hier z. B. *ab-*) weitere Beispiele gebildet werden können, z. B.: *ablenken Abmachung ...*

[60] Um Wiederholungen zu vermeiden, wurde bei ähnlichen oder gleichen Wortgruppen und Redensarten nur das unterscheidende Wort bzw. die andere Wendung in Klammern nachgesetzt, z. B.: *im Pool (Paradies, Paß) = im Pool | im Paradies | im Paß*.

[61] Vgl. MEINHOLD, G. und E. STOCK (1963, 137ff.).

[62] Der Wechsel von Lenes und Fortes in der Reihenfolge (auch bei der paarweisen Gegenüberstellung anderer Konsonanten) wurde aus pädagogischen Gründen vorgenommen (Vermeidung von Perseveration).

[63] Die Artikulationsstelle kann, koartikulatorisch bedingt, in der Zone von den palatinalen Flächen der oberen Frontzähne bis zum vorderen Hartgaumen liegen.

[64] Vgl. Anmerkung 63.

[65] S. auch /ʃ/, 6.1.3., S. 312f.; /s, z/, 6.4.2., S. 298.

[66] Die Artikulationsstelle kann, koartikulatorisch bedingt, in der Zone vom vorderen Hart- bis zum vorderen Weichgaumen liegen.

[67] S. auch /v/, 6.2.4., S. 278.

[68] Vgl. Anmerkung 67.

[69] S. auch /s, z/, 6.4.3., S. 298.

[70] S. auch /n/, 6.2.4., S. 216f.

[71] Im allgemeinen sind Fehler in der Aussprache des /m/ selten.

72 Die Doppelschreibung des *m* dient hier zur Kennzeichnung eines etwas länger anhaltendenen [m].

73 Die Artikulationsstelle kann, koartikulatorisch bedingt, in der Zone von den palatinalen Flächen der oberen Frontzähne bis zum vorderen Hartgaumen liegen.

74 Vgl. Anmerkung 73.

75 S. auch /g/, 6.2.3., S. 190.

76 Die Artikulationsstelle kann, koartikulatorisch bedingt, in der Zone vom vorderen Hart- bis zum vorderen Weichgaumen liegen.

77 J. FAUST: Aktive Entspannungsbehandlung, 6. Auflage, Stuttgart 1964.

78 J. H. SCHULTZ: Das autogene Training, 12. Auflage, Stuttgart 1966.

79 Die Anwendung der Klopfmassage (S. 19) ist in unserem Zusammenhang nicht notwendig.

80 *Hinteres Reibe-r, Zäpfchen-r* und *Zungenspitzen-r* werden auch als *konsonantisches r* bezeichnet.

81 Vgl. Anmerkung 80.

82 Das *Zungenspitzen-r* wird in der deutschen Sprache der Gegenwart als territoriale oder bzw. und idiolektale Variante angesehen. Wer es „von Haus aus", akustisch relativ unauffällig, spricht, sollte es jedoch beibehalten, da es stimm- und sprechhygienisch günstig ist; denn es „reißt" die Bildung der Vokale nach vorn. Auch vom Klang her gebührt ihm vor allen /r/-Varianten der Vorzug.

83 Vgl. Anmerkung 80.

84 François Joseph TALMA (1763–1826), berühmter französischer Schauspieler.

85 Vgl. H. ULBRICH (1972, 141ff.).

86 S. auch /p/, 6.1.3., 6.1.4., S. 131; /b/, 6.1.3., 6.1.4., S. 139f.; /t/, 6.1.3., 6.1.4., S. 155; /d/, 6.1.3., 6.1.4., S. 161f.; /k/, 6.1.5., 6.1.6., S. 177f.; /g/, 6.1.4., 6.1.5., S. 189; /f/, 6.1.3., 6.1.4., S. 268; /v/, 6.1.3., S. 277; /ʃ/, 6.1.6., S. 313.

87 Die Verschlußstelle kann, koartikulatorisch bedingt, in der Zone von den palatinalen Flächen der oberen Frontzähne bis zum vorderen Hartgaumen liegen.

88 Vgl. Anmerkung 87.

89 S. auch /p/, 6.1.5., 6.1.6., S. 131; /b/, 6.1.5., 6.1.6., S. 140; /k/, 6.1.7., 6.1.8., S. 178; /g/, 6.1.6., 6.1.7., S. 189; /f/, 6.1.5., 6.1.6., S. 268; /ʃ/, 6.1.7., S. 313f.

90 Vgl. E. KURKA: Zur Aussprache der Lautkombination [kv] = qu im Hochdeutschen, in: Phonetica, Vol. 13, H. 1–2, Basel u. New York 1965, S. 53–58.

91 S. auch /k/, 6.1.9, 6.1.10., S. 178.

92 S. auch /ʃ/, 6.1.8., S. 314.

93 Die *s*-Phoneme zählen wegen ihrer geringen Artikulationsbreite zu den schwierigsten Lauten der deutschen Sprache. Unter allen Sprachlauten sind sie am häufigsten gestört; denn bereits geringfügige Abweichungen von der normativen Bildungsweise können deutlich hörbare Artikulationsstörungen bedingen. Deshalb entscheiden wir uns für das *Zungenrücken-s*, das wegen der unteren Zungenkontaktstellung nicht nur leichter zu bilden (und leichter zu erlernen) ist, sondern bei dem „die Ermüdungsgefahr und damit die Möglichkeit der Fehlleistung bei mangelnder Konzentrationskraft geringer [ist]" (KRECH 1969, 14), während das *Zungenspitzen-s* leichter zum „Lispeln" neigt („Fast alle Fehlleistungen unseres Patientenkreises ergaben sich auf Grund apikaler Einstellung", KRECH 1969, 14). Letztlich entscheidet natürlich das akustische Ergebnis; so muß eine sprechübliche, akustisch nicht gestörte apikale *s*-Bildung nicht unbedingt umgestellt werden.

94 Ersatz des /s/ durch [f] bzw. des /z/ durch [v]: *Sigmatismus labio-dentalis.*

95 Zungenspitze bzw. Vorderzungenrand jedoch nicht anpressen – Gefahr des *Sigmatismus addentalis.*

96 Nach dem griechischen Buchstaben Σ (Sigma) = s. Mit *Sigmatismus* wird auch die falsche Aussprache des [ʃ] bezeichnet.

[97] Ich verweise auf H. KRECH (1969).
[98] In dieser wie in den anderen Ableitungsfolgen wurden vornehmlich Varianten mit Vorderzungenvokalen ausgewählt. Nach Möglichkeit sollten vor allem ungerundete Vorderzungenvokale (/i, ɪ, e, ɛ/) verwendet werden, sowohl vor dem Ableitungslaut als auch nach dem *s*, da diese Vokale bekanntlich starke Zungenspannung nach vorn-oben aufweisen und somit ebenfalls als Ableitungslaute fungieren.
Die Beispiele dieser Ableitung wie der anderen Lautkombinationen sind jeweils zu entsprechenden Reihen zu erweitern, z. B.: *reich – reich's, weich – weich's, gleich – gleich's* usw.; *Xenophon Xenien Xanten* usw.; *fix wichs Knicks* usw.; *fixieren Wichse knicksen* usw.
[99] Schwankungen s. GWDA (1982, 60).
[100] Da /z/ im Wortanlaut nur dann stimmhaft ist, wenn es in stimmhafter Nachbarschaft steht, in den Übungen für [z] also ergänzen: *die Summe | ein Sumpf* usw.
[101] Das /ʒ/ wird von der koartikulatorisch bedingten Stimmlosigkeit weniger betroffen, „weil es meistens als fremder Laut empfunden wird, dessen Stimmhaftigkeit bewußt erhalten wird" (GWDA 1982, 49).
[102] S. auch /ç/, 6.7., S. 332.
[103] Vgl. /ʃ/, 3.1., S. 306.
[104] Vgl. /k/, 4., S. 173.
[105] Einzelheiten und Ausnahmen s. GWDA (1982, 79, 80, 83, 85, 87, 89, 91, 93, 94, 95, 96, 100, 101, 102, 104).
[106] S. auch /n/, 6.2.9., S. 218; /r/, 6.2.18., S. 243 f.; /l/ 6.2.9., S. 259 f.
[107] Vgl. Anmerkung 106.
[108] S. auch /ʃ/, 6.6., S. 320.
[109] Vgl. /ç/, 4., S. 325.
[110] Streng genommen ist /h/ nicht lokalisierbar. Da /h/ als einziger Konsonant der deutschen Sprache mit völliger Öffnung des Ansatzrohres gebildet wird, bezeichnet man es auch als „Öffnungskonsonant". Es wird nur vor vollstimmigem Vokal gesprochen, ist gleichsam dessen *gehauchter Einsatz* (vgl. 2.3.2.2., S. 41 f.).
[111] Weitung der hinteren Mundhöhle und des Mundrachens erreichen wir auch über die *Gähnübung*, S. 113 f.
[112] S. auch /p/, 6.5., S. 132.
[113] S. auch /f/, 6.5., S. 270.
[114] Sigmatische Störungen werden bei /s, z/ erwähnt (S. 289 f.).
[115] Vgl. E. HARTMANN: Bestehen Unterschiede zwischen der Affrikata /ts/ und der Lautfolge *t + s*?, in: Zs. f. Phonetik, Sprachwissenschaft und Kommunikationsforschung, Bd. 17, H. 5, Berlin 1964, S. 387–390.
[116] S. auch /t/, 6.5., S. 156.
[117] S. auch /s, z/, 6.7.3, S. 302.
[118] Der in Klammern gesetzte Bestandteil des Gefüges ist auswechselbar. Es soll also angedeutet werden, daß mit dem ersten Bestandteil (hier z. B. *Bi-, wieder-*) weitere Beispiele gebildet werden können, z. B. *bilabial Bimetall …; wiederholen Wiederkehr …*
[119] Vgl. Anmerkung 118.
[120] Indem nur das Suffix (hier die Suffixerweiterung *-ieren*) aufgeführt wird, soll angedeutet werden, daß mit ihr weitere Beispiele gebildet werden können, z. B. *probieren halbieren …*
[121] Vgl. /r/, 4., S. 234.
[122] Vgl. Anmerkung 121.
[123] Der Wechsel von lang-engen und kurz-weiten Allophonen in der Reihenfolge (auch in der paarweisen Gegenüberstellung anderer Vokale) wurde aus pädagogischen Gründen vorgenommen (Vermeidung von Perseveration).
[124] Auch *kurzes unbetontes e, Murmel-* oder *Zentralvokal* genannt.

[125] Sowohl die breite Aussprache als auch die Diphthongierung ist wieder Ausdruck der Tendenz zu unpräziser (nuschelnder) Artikulation bei vielen obersächsischen Sprechern. In der Umgangssprache ist die Lautbildung häufig durch energielose (nachlässige) Kieferbewegungen (übertriebenes Öffnen wie Verengen) und ungenaue Zungeneinstellung gekennzeichnet. Und die Zwielautbildung mit gleichzeitiger Tonerhöhung des zweiten Lautbestandteils steht im Zusammenhang mit der eigentümlich kurvigen Sprachmelodie, so daß sich die Übungen nie ausschließlich auf den einzelnen Laut erstrecken, sondern grundsätzlich eine Umgestaltung der Artikulationsweise und der Sprechmelodie anstreben sollten.

[126] Vor allem in Eigennamen wird die Schreibung *ae* verwendet: *Baedecker, Caesar.*

[127] Vgl. G. MEINHOLD: Die Realisation der Silben [-ən], [-əm], [-əl] in der deutschen hochgelauteten Sprache, in: Zs. f. Phonetik, Sprachwissenschaft und Kommunikationsforschung. Bd. 15, H. 1/2. Berlin 1962, S. 1–19.

[128] Vgl. Anmerkung 121.

[129] Vgl. Anmerkung 121.

[130] Vgl. Anmerkung 121.

[131] Anlautendes [a], [ɑː] wird gepreßt, mit deutlichem kehligem Knacken und Kratzen eingesetzt. Diese an einen unphysiologischen Stimmeinsatz (unhygienischer Glottisschlag) gebundene Erscheinung kann auch bei anderen anlautenden Vokalen auftreten; sie ist darüber hinaus Ausdruck einer starken Verkrampfung des gesamten Menschen. Bei [ɑː] wie [a] sind auffällige verspannte Engen (wie unter 2.2.) festzustellen.

[132] Vgl. Anmerkung 121.

[133] Vgl. Anmerkung 121.

[134] Im unbetonten Wortauslaut eingedeutschter Wörter ist der Vokal eng und halblang. Zur unterschiedlichen Quantität des engen Vokals in Fremdwörtern vgl. GWDA (1982, 30).

[135] Vgl. Anmerkung 121.

[136] Vgl. Anmerkung 121.

[137] Vgl. Anmerkung 121.

[138] Vgl. Anmerkung 121.

[139] Vgl. Anmerkung 121.

[140] Vgl. Anmerkung 121.

[141] Hier liegen mundartliche Diphthonge mit langem Vokal vor, die Bewegung der Artikulationsorgane gleitet von engerer zu weiterer Einstellung.

[142] Vgl. /i, ɪ/, 6.8., S. 383 f.

[143] Vgl. Anmerkung 121.

[144] Vgl. Anmerkung 121.

[145] Vgl. 3.4.3.12., S. 83 f.

[146] Vgl. Anmerkung 145.

[147] Vgl. Anmerkung 145.

Literaturhinweise

ADERHOLD, E.: Sprecherziehung des Schauspielers, 5. Aufl., Berlin 1998.

ADERHOLD, E. und E. WOLF: Sprecherzieherisches Übungsbuch, 11. Aufl., Berlin 1999.

BARTH, E.: Einführung in die Physiologie, Pathologie und Hygiene der menschlichen Stimme, Leipzig 1911.

BECKER, K.-P. und M. SOVÁK: Lehrbuch der Logopädie, 3. Aufl., Berlin 1983.

Beiträge zur deutschen Ausspracheregelung, hrsg. v. H. KRECH, Berlin 1961.

BLAHA, H.: Die Asthmafibel, Berlin 1957.

BORCHARDT, W., G. WUSTMANN und G. SCHOPPE: Die sprichwörtlichen Redensarten im deutschen Volksmund, 7. Aufl., Leipzig 1955.

BÜCHMANN, G.: Geflügelte Worte, 32. Aufl., Berlin 1972.

CLARA, M.: Das Nervensystem des Menschen, 3. Aufl., Leipzig 1959.

COBLENZER, H. und F. MUHAR: Atem und Stimme. Anleitung zum guten Sprechen, 11. Aufl., Wien 1992.

Deutschunterricht (Zs.), Berlin.

Die Behandlung der gestörten Sprechstimme – Stimmfunktionstherapie, hrsg. v. E.-M. PFAU und H.-G. STREUBEL, Leipzig 1982.

DIETH, E.: Vademecum der Phonetik, Bern 1950.

DORNSEIFF, F.: Der deutsche Wortschatz nach Sachgruppen, 6. Aufl., Berlin 1965.

DRACH, E.: Sprecherziehung. Die Pflege des gesprochenen Wortes in der Schule, 13. Aufl., Frankfurt/M., Berlin, Bonn 1969.

Duden. Deutsches Universalwörterbuch, hrsg. u. bearb. v. Wiss. Rat u. d. Mitarb. d. Dudenred. unt. Leitg. v. G. DROSDOWSKI, 2. Aufl., Mannheim, Wien, Zürich 1989.

Duden. Stilwörterbuch der deutschen Sprache (Der große Duden, Bd. 2) von G. DROSDOWSKI unter Mitwirkung der Dudenredaktion, 6. Aufl., Mannheim 1971.

Duden. Aussprachewörterbuch (Der große Duden, Bd. 6), bearb. v. M. MANGOLD in Zusammenarbeit mit der Dudenredaktion, 4. Aufl., Mannheim 2000.

EDEL, H. und K. KNAUTH: Grundzüge der Atemtherapie, 4. Aufl., Dresden 1984.

ESSEN, OTTO VON: Allgemeine und angewandte Phonetik, 5. Aufl., Berlin 1979.

FERNAU-HORN, H.: Zur Übungsbehandlung funktioneller Stimmstörungen, in: Folia Phoniatrica, Vol. 6, No. 4, Basel, New York 1954, S. 239–245.

FERNAU-HORN, H.: Prinzip der Weitung und Federung in der Stimmtherapie, in: „HNO", Wegweiser für die fachärztliche Praxis, 5. Band, H. 12/1956, S. 365–368.

FIUKOWSKI, H.: Sprechwissenschaftliche Überlegungen zur Pflege unserer Sprache, in: Sprachpflege, 13. Jg., H. 12/1964, S. 241ff., 14. Jg., H.1/1965, S. 13ff..

FIUKOWSKI, H.: Zur Sprecherziehung für Krippenerzieherinnen im Rahmen der Aus- und Weiterbildung der Werktätigen, in: Sprechwissenschaftliche Arbeit in der DDR, hrsg. v. H. MÜLLER und E. STOCK, Halle (S.) 1973, S. 92–97.

FIUKOWSKI, H.: Zur Sprachentwicklung und Sprecherziehung des Krippenkindes, in: Sprechwirkung, hrsg. v. E. STOCK und J. SUTTNER, Halle (S.) 1976, S. 198–204.

FIUKOWSKI, H.: Reihenfolge und Positionen der Laute in der muttersprachlichen Artikulationsschulung, in: Beiträge zu Theorie und Praxis der Sprechwissenschaft, hrsg. v. E.-M. KRECH und E. STOCK, Halle (S.) 1981, S. 21–33.

FIUKOWSKI, H.: Zur Sprecherziehung für Lehrerstudenten – Aufgaben, Probleme, Möglichkeiten, in: Sprechwirkungsforschung, Sprecherziehung, Phonetik und Phonetikunterricht, hrsg. v. E.-M. KRECH und E. STOCK, Halle (S.) 1982, S. 157–169.

FIUKOWSKI, H.: Zum Beitrag sprecherischer Gestaltungsmittel zur Wirksamkeit der rhetorischen Kommunikation, in: Wiss. Z. K.-Marx-Univ. Leipzig. Ges.- u. Sprachwiss. R. 32 (1983) 5, S. 505–511.

FIUKOWSKI, H.: Zu Wortübungen und Lautpositionen in der Artikulationsschulung, in: Ergebnisse der Sprechwirkungsforschung, hrsg. v. E.-M. KRECH, J. SUTTNER und E. STOCK, Halle (S.) 1987, S. 456–461.

FIUKOWSKI, H.: Sprecherziehung in der Dolmetscherausbildung, in: Entwicklungstendenzen der Sprechwissenschaft in den letzten 25 Jahren, hrsg. v. E.-M. KRECH und E. STOCK, Halle (S.) 1989, S. 29–42.

FIUKOWSKI, H.: Phonostilistik der deutschen Standardsprache und Wörterbuchkodifikation, in: Methodische Grundlagen der Sprecherziehung, hrsg. v. E. STOCK und H.-H. SCHMIDT, Halle (S.) 1990, S. 87–92.

FIUKOWSKI, H.: Zum kinästhetischen Faktor im Ausspracheunterricht am Beispiel Deutsch als Zielsprache, in: sprechen II/1990, S. 10–16.

FIUKOWSKI, H.: Zu Lautschwächungen in der deutschen Standardaussprache, in: Proceedings of the Fourteenth International Congress of Linguists, hrsg. v. W. BAHNER, J. SCHILDT und D. VIEHWEGER, Berlin 1991, S. 426–429.

FIUKOWSKI H. und G. PTOK: Sprechstile ausgewählter Berufsgruppen, in: Fachliche Textsorten. Komponenten – Relationen – Strategien, hrsg. v. H. KALVERKÄMPER und K.-D. BAUMANN, Tübingen 1996, S. 663–682.

FORCHHAMMER, J.: Die Sprachlaute in Wort und Bild, Heidelberg 1942.

FRITZSCHE, K.-H.: Haltungsfehler und Haltungsschäden bei Kindern und Jugendlichen, 3. Aufl., Berlin 1961.

FRÖSCHELS, E.: Chewing method as therapy. Arch. Otorhinolaryngol. 56 (1952), 427–434.

GEISSNER, H.K.: Kommunikationspädagogik. Transformationen der „Sprech"-Erziehung, St. Ingbert 2000.

GEISSNER, H.: Sprecherziehung. Didaktik und Methodik der mündlichen Kommunikation, 2. Aufl., Frankfurt/M. 1986.

GEISSNER, H.: Sprechwissenschaft. Theorie der mündlichen Kommunikation, 2. Aufl., Frankfurt/M. 1988.

GERICKE, I.: Elektromyographische Untersuchungen zur Respirations- und Phonationsleistung von Oberflächenmuskeln des Rumpfes und des Halses, Habil.-Schrift, Berlin 1966.

Großes Wörterbuch der deutschen Aussprache, hrsg. v. einem Kollektiv, hauptverantwortl. für d. Bearbeit.: U. STÖTZER, Leipzig 1982.

GUNDERMANN, H.: Die Berufsdysphonie, Leipzig 1970.

GUTZMANN, H.: Stimmbildung und Stimmpflege, 3. Aufl. München u. Wiesbaden 1920.

GUTZMANN, H.: Physiologie der Stimme und Sprache, 2. Aufl., Braunschweig 1928.

HÄUSLER, F.: Die russische Artikulationsbasis, in: Wiss. Z. Univ. Halle, Ges.-Sprachw., X/1, S. 246–260, Febr. 1961.

HÄUSLER, F.: Die Begriffsbestimmung der Artikulationsbasis – phonetisch oder phonologisch?, in: Innsbrucker Beiträge zur Kulturwissenschaft, Sonderheft 15, Innsbruck 1962, S. 213–221.

HERBST, L.: Untersuchungen zur Indifferenzlage der Stimme. Studien zur Problematik des physiologischen Hauptsprechtonbereichs, Phil. Diss. Halle 1965.

JAWOREK, F. u. E. ZABORSKY: Die Behandlung von Stammelfehlern. Sprachheilpädagogisches Übungsbuch. 3. Aufl., Berlin 1981.

JESCH, J.: Grundlagen der Sprecherziehung, 2. Aufl., Berlin 1973.

JESCHEK, J.: Die Erforschung der menschlichen Stimme, in: Forschungen und Fortschritte, 38. Jg., Berlin 1964, H. 7, S. 193–197, H. 8, S. 229–231.

KAINZ, F.: Psychologie der Sprache, Bd. III, Stuttgart 1954.

KELZ, H.: Artikulationsbasis und phonetische Bestimmungsparameter, in: Kommunikationsforschung und Phonetik, hrsg. v. G. UNGEHEUER, Hamburg 1974, S. 217–238.

KLEESTADT, E.: Zur qualitativen Analyse der Sprechatmung, in: Z. f. Hals-, Nasen- und Ohrenheilkunde, Bd. 12, II, 1925, S. 257–277.

KOFLER, L.: Die Kunst des Atmens, 21. Aufl., Kassel und Basel o. J. (1955).

KOHLER, K.: Einführung in die Phonetik des Deutschen, 2. Aufl., Berlin 1995.

KRAMER, J.: Der Sigmatismus. Bedingungen und Behandlungen, 2. Aufl., Solothurn 1967.

KRECH, E.-M.: Zum gegenwärtigen Gebrauch des Glottisschlageinsatzes in der allgemeinen deutschen Hochlautung, Phil. Diss. Halle 1964.

KRECH, H.: Zur Artikulationsbasis der Hochlautung, in: Zs. f. Phonetik und allgemeine Sprachwissenschaft, 8. Jg., H. 1/2, Berlin 1954, S. 92–107.

KRECH, H.: Die Behandlung gestörter S-Laute, 2. Aufl., Berlin 1969.

KRECH, H.: Einführung in die deutsche Sprechwissenschaft/Sprecherziehung, 2. Aufl., Potsdam 1967.

KRECH, H.: Atmung und Sprechwissenschaft, in: Sprechkunde und Sprecherziehung, Bd. IV, hrsg. v. Chr. Winkler, Emsdetten/Westf. 1959, S. 37–56.

KRECH, H.: Die kombiniert-psychologische Übungstherapie, in: Wiss. Z. Univ. Halle, Ges.- u. Sprachw. R., Jg. VIII, 1958/59, H. 3, S. 397–430.

KRETSCHMER, E.: Körperbau und Charakter, 7. u. 8. Aufl., Berlin 1929.

KRUMBACH, K. J.: Sprechübungen (Sprich lautrein und richtig!), bearb. v. W. BALZER, 8. erw. Aufl. v. M. SEYDEL, Leipzig 1932.

Lernschwierigkeiten in der deutschen Sprache, hrsg. v. W. D. ORTMANN. Teil III. München 1976.

LINDNER, G.: Der Sprechbewegungsablauf. Eine phonetische Studie des Deutschen, Berlin 1975.

LINDNER, G.: Einführung in die experimentelle Phonetik, Berlin 1969.

LINDNER, G.: Grundlagen und Anwendung der Phonetik, Berlin 1981.

LIPPERHEIDE, F. V.: Spruchwörterbuch, München 1907.

LUCHSINGER, R. und G. E. ARNOLD: Handbuch der Stimm- und Sprachheilkunde, 2 Bde., 3. Aufl., Wien, New York 1970.

LUCHSINGER, R. und C. DUBOIS: Phonetische und stroboskopische Untersuchungen an einem Stimmphänomen, in: Folia Phoniatrica, Vol. 8, Basel, New York 1956, Nr. 4, S. 201–210.

LUCHSINGER, R.: Stimmphysiologie und Stimmbildung, Wien 1951.

LULLIES, H. u. D. TRINCKER: Taschenbuch der Physiologie, 3 Bde., Jena 1968–1977.

MARTENS, C. und P.: Phonetik der deutschen Sprache. Praktische Aussprachelehre, 3. Aufl., München 1971.

MATER, E.: Rückläufiges Wörterbuch der deutschen Gegenwartssprache, 3. Aufl., Leipzig 1970.

MEINHOLD, G.: Zur Realisation des Endsilben-ə in der allgemeinen deutschen Hochlautung, Phil. Diss. Berlin 1964.

MEINHOLD, G.: Deutsche Standardaussprache. Lautschwächungen und Formstufen, Friedrich-Schiller-Univ. Jena 1973.

MEINHOLD, G. und E. STOCK: Stimmlosigkeit und Stimmhaftigkeit der Verschlußphase (Plosion) bei deutschen Medien im absoluten Anlaut und nach stimmlosen Lauten, in: Zs. f. Phonetik, Sprachwissenschaft und Kommunikationsforschung, Bd. 16, H. 1–3, Berlin 1963, S. 137–148.

MEINHOLD, G. und E. STOCK: Phonologie der deutschen Gegenwartssprache, 2. Aufl., Leipzig 1982.

MENZERATH, P. und A. DE LACERDA: Koartikulation, Steuerung und Lautabgrenzung, Berlin, Bonn 1933.

Methodische Probleme der Sprecherziehung, hrsg. v. E. KURKA und J. SUTTNER, Wiss. Z.
Univ. Halle, XVII 68 G, H. 5.
MUTHMANN, G.: Rückläufiges deutsches Wörterbuch. Handbuch der Wortausgänge im
Deutschen mit Beachtung der Wort- und Lautstruktur, 3. Aufl., Tübingen 2001.
NADOLECNY, M.: Untersuchungen über den Kunstgesang, Berlin 1923.
ORTHMANN, W.: Sprechkundliche Behandlung funktioneller Stimmstörungen, Halle 1956.
ORTMANN, W. D.: Minimalpaare im Deutschen, hrsg. v. Goethe-Institut, München 1981.
ORTMANN, W. D.: Rechnersortiertes Wortmaterial für Übungen zur deutschen Aussprache,
München 1980.
PAHN, J.: Stimmübungen für Sprechen und Singen, Berlin 1968.
PANCONCELLI-CALZIA, G.: Die Stimmatmung. Das Neue – Das Alte (Nova Acta Leo-
poldina. Neue Folge, Bd. 18, Nr. 123), Leipzig 1956.
PAROW, J.: Funktionelle Atmungstherapie, 3. Aufl., Stuttgart 1973.
PASCH, E.: Methodik der Entspannungs- und Atmungstherapie, Leipzig 1970.
POMPINO-MARSCHALL, B.: Einführung in die Phonetik, Berlin, New York 1995.
PREISSLER, W.: Stimmumfänge und Gattungen der menschlichen Stimme. Arch. Sprach-
und Stimmheilkunde, 3, 1939, S. 65–85.
RANKE, O. F. und H. LULLIES: Gehör, Stimme, Sprache, Berlin, Göttingen, Heidelberg
1953.
RAUSCH, R. und I.: Deutsche Phonetik für Ausländer. Ein Lehr- und Übungsbuch, 2.
Aufl., Berlin, München, Leipzig 1991.
RICHTER, A.: Deutsche Redensarten, sprachlich und kulturgeschichtlich erläutert, hrsg. v.
O. Weise, 5. Aufl., Leipzig 1930.
RÖSLER, A. und H. SCHEIBEL: Die fröhliche Sprechschule, 5. Aufl., Halle 1964.
RUOFF, A.: Häufigkeitswörterbuch gesprochener Sprache, 2. Aufl., Tübingen 1990.
SCHMIEDER, W.: Lustbetonte Sprechübungen, Berlin 1962.
SCHMITT, J. L.: Atemheilkunst, 6. Aufl., Bern 1981.
SCHÖNHÄRL, E.: Die Stroboskopie in der praktischen Laryngologie, Stuttgart 1960.
SCHUBIGER, M.: Einführung in die Phonetik, 2. Aufl., Berlin, New York 1977.
SCHWEINSBERG, F.: Stimmliche Ausdrucksgestaltung im Dienste der Kirche, Heidelberg
1946.
SEEMANN, M.: Sprachstörungen bei Kindern, 4. Aufl., Berlin 1974.
SEIDNER, W. und J. WENDLER: Die Sängerstimme, 3., erw. Aufl., Berlin 1997.
SEILER, F.: Das deutsche Sprichwort, Straßburg 1918.
SEILER, F.: Deutsche Sprichwörterkunde, München 1922.
SERGIJEWSKI, M.W.: Die Regulation der Atmung, in: Wissenschaft und Fortschritt, 7. Jg.
Berlin 1957, H. 2, S. 33–36.
SIEBS, TH.: Deutsche Aussprache, hrsg. v. H. DE BOOR, H. MOSER und CHR. WINKLER,
19. Aufl., Berlin 1969.
SINDER, L. R.: Voprosy fonetiki, Leningrad 1948.
SINDER, L. R.: Obscaja fonetika, Leningrad 1960.
SMITH, S.: Remarks on the physiology of the vibrations of the vocal cords, in: Folia
Phoniatrica, 6, 1954, S. 166–178.
Sprachpflege, Zeitschrift für gutes Deutsch, Leipzig. Ab 1990 unter dem Titel: Sprachpflege
und Sprachkultur.
STOCK, E. u. CHR. ZACHARIAS: Deutsche Satzintonation. 4 Schallplatten mit Beiheft, 5.
Aufl., Leipzig 1975.
STOCK, E. und CHR. ZACHARIAS: Deutsche Satzintonation, 3. Aufl., Leipzig 1982.
STOCK, E., U. STÖTZER und J. SUTTNER: Wie spricht mein Kind?, in: Schriftenreihe
Elternhaus und Schule, H. 56, 2. Aufl., Berlin 1975.
STOCK, E.: Zur Anwendung neuerer Lernmethoden im Phonetikunterricht, in: Wiss. Z.
Univ. Halle XIX 70 G, H. 2, S. 91–100.

STÖTZER, U.: Deutsche Intonation. Eine Schallplatte mit Beiheft, 7. Aufl., Leipzig 1974.

STÖTZER, U.: Deutsche Aussprache. Buch mit 2 Schallplatten, Leipzig 1976.

STÖTZER, U.: Deutsche Phonetik. Schallplattenkurs. 1. Aussprache der Wörter im Deutschen, 4 Platten mit einem Beiheft; 2. Deutsche Satzakzentuierung und Intonation, 4 Platten mit einem Beiheft, 4. Aufl., Leipzig 1975.

TRENSCHEL, W.: Das Phänomen der Nasalität, Berlin 1977.

TROJAN, F.: Der Ausdruck der Sprechstimme, 2. Aufl., Wien 1952.

ULBRICH, H.: Instrumentalphonetisch-auditive R-Untersuchungen im Deutschen, Berlin 1972.

UNGEHEUER G.: Elemente einer akustischen Theorie der Vokalartikulation, Berlin, Göttingen, Heidelberg 1962.

VOSS, H. und R. HERRLINGER: Taschenbuch der Anatomie, Bd. I, 13. Aufl., Jena 1969, 15. Aufl., Jena 1975, Bd. II, 13. Aufl. Jena 1967, 15. Aufl., Jena 1974.

WÄNGLER, H.-H.: Atlas deutscher Sprachlaute, 7. Aufl., Berlin 1981.

WÄNGLER, H.-H.: Grundriß einer Phonetik des Deutschen, 4. Aufl., Marburg 1983.

WÄNGLER, H.-H.: Leitfaden der pädagogischen Stimmbehandlung, 3. Aufl., Berlin 1976.

WEHRLE, H. und H. EGGERS: Deutscher Wortschatz, 13., unveränd. Aufl., Stuttgart 1967.

WEINERT, H.: Die Bekämpfung von Sprechfehlern, 6. Aufl., Berlin 1968.

WENDLER, J., W. SEIDNER, G. KITTEL und U. EYSHOLDT: Lehrbuch der Phoniatrie und Pädaudiologie, 3., völlig neu bearb. u. erw. Aufl., Stuttgart, New York 1996.

WINCKEL, F.: Elektroakustische Untersuchungen an der menschlichen Stimme, in: Folia Phoniatrica, Vol. 4, Basel, New York 1952, S. 92–113.

WINKLER, CHR.: Lautreines Deutsch, 6. Aufl., Braunschweig 1969.

WINKLER, CHR.: Deutsche Sprechkunde und Sprecherziehung, 2. Aufl., Düsseldorf 1969.

Wörterbuch der deutschen Aussprache, hrsg. v. einem Kollektiv, hauptverantwortl. für d. Bearbeit.: U. STÖTZER, 4. Aufl., Leipzig 1974.

Wörter und Wendungen. Wörterbuch zum deutschen Sprachgebrauch, hrsg. v. E. AGRICOLA unter Mitwirkung v. H. GÖRNER u. R. KÜFNER, 7. Aufl., Leipzig 1975.

ZACHARIAS, CHR.: Sprecherziehung, 5. Aufl., Berlin 1976.

ZACHER, O.: Deutsche Phonetik, 2. Aufl., Leningrad 1969.

Zeitschrift für Phonetik, Sprachwissenschaft und Kommunikationsforschung, Berlin.

ZENKER, W. und A.: Über die Regelung der Stimmlippenspannung durch von außen eingreifende Mechanismen, in: Folia Phoniatrica, Vol. 12, Basel, New York 1960, No. 1, S. 1–36.

Sachwortverzeichnis

502

503